# O ÚLTIMO TSAR

# ROBERT SERVICE

# O ÚLTIMO TSAR

*Tradução*
Milton Chaves de Almeida

1ª edição

Rio de Janeiro | 2018

Copyright © Robert Service 2017
Publicado originalmente em 2017 pela Pan Macmillan, uma divisão da Macmillan Publishers International Limited.

Título original: *The Last of the Tsars*

Capa: Sérgio Campante
Imagem de capa: © Getty Images Brazil / Hulton Fine Art Collection – RM Editorial Images

Texto revisado segundo o novo
Acordo Ortográfico da Língua Portuguesa

2018
Impresso no Brasil
*Printed in Brazil*

---

### CIP-BRASIL. CATALOGAÇÃO NA PUBLICAÇÃO
### SINDICATO NACIONAL DOS EDITORES DE LIVROS, RJ

---

S514u

Service, Robert, 1947-
O último tsar / Robert Service; tradução de Milton Chaves de Almeida. – 1ª ed. – Rio de Janeiro: Difel, 2018.
462 p.: il.; 23 cm.

Tradução de: The last of the tsars
Inclui bibliografia e índice
Inclui encarte
ISBN 978-85-7432-149-3

1. Rússia – História – Nicolau II, 1894-1917. 2. Rússia – Reis e governantes – Biografia. 3. União Soviética – História – Revolução, 1917-1921. I. Almeida, Milton Chaves de. II. Título.

CDD: 947.083
17-49640        CDU: 94(47+57)"1894-1917"

Meri Gleice Rodrigues de Souza – Bibliotecária CRB-7/6439

---

Todos os direitos reservados. Não é permitida a reprodução total ou parcial desta obra, por quaisquer meios, sem a prévia autorização por escrito da Editora.

Direitos exclusivos de publicação em língua portuguesa somente para o Brasil adquiridos pela:
DIFEL – selo editorial da
EDITORA BERTRAND BRASIL LTDA.
Rua Argentina, 171 – 2º andar – São Cristóvão
20921-380 – Rio de Janeiro – RJ
Tel.: (21) 2585-2000 – Fax: (21) 2585-2084

Atendimento e venda direta ao leitor:
mdireto@record.com.br ou (21) 2585-2002

**A Lara, Dylan, Joely e Keira**

# Sumário

| | |
|---|---|
| Lista de Ilustrações | 9 |
| Mapas | 11 |
| Agradecimentos | 15 |
| Introdução | 17 |
| 1. O Tsar de Todas as Rússias | 21 |
| 2. No Supremo Quartel-General | 28 |
| 3. A Revolução de Fevereiro | 35 |
| 4. A Abdicação | 40 |
| 5. Tsarskoye Selo | 53 |
| 6. A Vida em Família | 61 |
| 7. O Governo Provisório | 67 |
| 8. A Proposta dos Britânicos | 73 |
| 9. Regras e Rotinas | 79 |
| 10. Sobre a Vida dos Governantes | 85 |
| 11. O Dilema de Kerensky | 94 |
| 12. Transferência para um Local Remoto | 101 |
| 13. Destino: Tobolsk | 109 |
| 14. O Plenipotenciário Pankratov | 115 |
| 15. A Revolução de Outubro | 124 |
| 16. A Dispersão dos Romanov | 132 |
| 17. A Casa da Liberdade | 137 |
| 18. Aprendendo com os Outros | 142 |
| 19. Sem Nada para Fazer | 148 |

| | |
|---|---|
| 20. "Outubro" em Janeiro | 153 |
| 21. Os Debates de Moscou | 162 |
| 22. Planos de Resgate | 168 |
| 23. O Futuro da Rússia | 177 |
| 24. Camaradas em Marcha | 183 |
| 25. Tobolsk e Moscou | 191 |
| 26. O Comissário Yakovlev | 199 |
| 27. A Ordem de Transferência | 205 |
| 28. Rumo ao Sul, para Tiumen | 212 |
| 29. Destino a ser Confirmado | 221 |
| 30. Para a Casa dos Ipatiev | 230 |
| 31. Os Urais e seus Bolcheviques | 238 |
| 32. Enquanto Isso, em Tobolsk | 247 |
| 33. Tolerando Ecaterimburgo | 252 |
| 34. Uma Noção da Vida Real | 262 |
| 35. A Guerra Civil | 268 |
| 36. Manobras Alemãs | 274 |
| 37. Os Últimos Dias na Casa | 282 |
| 38. A Armadilha de Ecaterimburgo | 287 |
| 39. O Apoio de Moscou | 293 |
| 40. O Homem que não queria ser tsar | 298 |
| 41. Opções Reduzidas | 303 |
| 42. Morte no Porão | 310 |
| 43. A Retirada do Exército Vermelho | 315 |
| 44. Assassinatos, Acobertamentos e Impostores | 321 |
| 45. A Ocupação Tchecoslovaca | 326 |
| 46. Os Romanov Sobreviventes | 333 |
| 47. A Investigação dos Antibolcheviques | 340 |
| 48. Discussões sem Concessões | 349 |
| 49. Posfácio | 358 |
| Bibliografia | 365 |
| Notas | 375 |
| Índice Remissivo | 439 |

# Lista de Ilustrações

1. Nicolau II e seu filho Alexei (Bridgeman Images)
2. Nicolau em vestes moscovitas (Arquivo da Hoover Institution)
3. Grigory Rasputin, a única pessoa que conseguia acalmar o jovem Alexei durante as crises de hemofilia (Arquivo da Hoover Institution)
4. O trem imperial em que Nicolau II assinou o ato de abdicação (Arquivo da Hoover Institution)
5. General Mikhail Alexeiev (Arquivo da Hoover Institution)
6. Grão-duque Mikhail Alexandrovich (Arquivo da Hoover Institution)
7. Rascunho do documento de abdicação (Arquivo da Hoover Institution)
8. Nicolau II, Alexandra, suas quatro filhas e seu filho (Bridgeman Images)
9. Alexandra cuidando do filho Alexei (Arquivo da Hoover Institution)
10. Alexandra na cadeira de rodas em Tsarskoye Selo (Arquivo da Hoover Institution)
11. Carta de "Niki" à mãe, Maria Feodorovna, de Tsarkoye Selo (Arquivo da Hoover Institution)
12. Olga Romanov e Ana Vyrubova (Acervo Geral, Biblioteca Beinecke de Livros e Manuscritos Raros, Yale University, Álbum 3 da Família Romanov, página 53, imagem nº 7)
13. Nicolau II e Jeorge V (Arquivo da Hoover Institution)
14. Alexandre Guchkov (Arquivo da Hoover Institution)
15. Alexandre Kerensky (Arquivo da Hoover Institution)
16. Pável Milyukov (Arquivo da Hoover Institution)
17. Sir George Buchanan (Arquivo da Hoover Institution)
18. General Lavr Kornilov (Arquivo da Hoover Institution)
19. Alexandre Kerensky entre oficiais e soldados do exército (Arquivo da Hoover Institution)

20. A Casa da Liberdade, em Tobolsk (Arquivo da Hoover Institution)
21. Setor do destacamento da guarda da Casa da Liberdade (Arquivo da Hoover Institution)
22. Nicolau e Alexandra na varanda da casa em Tobolsk (Arquivo da Hoover Institution)
23. Carta de Nicolau enviada à mãe dois dias após a Revolução de Outubro (Arquivo da Hoover Institution)
24. Nicolau e Alexei cuidando das galinhas na Casa da Liberdade (Bridgeman Images)
25. Olga Romanov puxando o irmão Alexei num trenó (Arquivo da Hoover Institution)
26. Vasily Pankratov (Arquivo da Hoover Institution)
27. Yevgeny Botkin, o dedicado médico particular dos Romanov (Bridgeman Images)
28. Sydney Gibbes (Fotografia original, de autoria desconhecida)
29. Baronesa Sophie Buxhoeveden (Fotografia original, de autoria desconhecida)
30. Pierre Gilliard (Acervo particular)
31. Estação de Ecaterimburgo nº 1 (Arquivo da Hoover Institution)
32. A casa dos Ipatiev (Arquivo da Hoover Institution)
33. Alexandre Beloborodov (Cortesia do autor)
34. Filipp Goloschekin (Cortesia do autor)
35. Yakov Yurovski (Cortesia do autor)
36. Vladimir Lenin (Cortesia do autor)
37. Yakov Sverdlov (Cortesia do autor)
38. Parede suja de sangue da casa dos Ipatiev (Arquivo da Hoover Institution)
39. Trem blindado usado por unidade militar da Legião Tchecoslovaca (Arquivo da Hoover Institution)
40. O início do relatório de Mirolyubov (Arquivo da Hoover Institution)
41. A imperatriz viúva Maria Feodorovna durante a Primeira Guerra Mundial (Bridgeman Images)
42. Telegrama de "Alex" para "Minnie" (Arquivo da Hoover Institution)

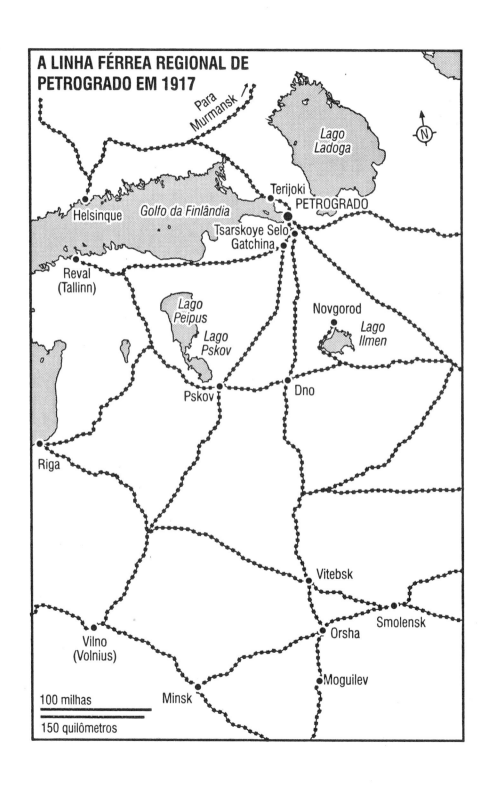

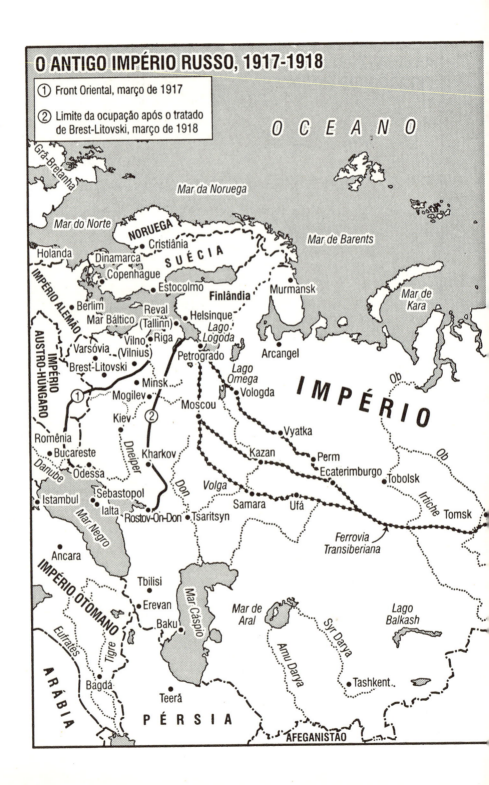

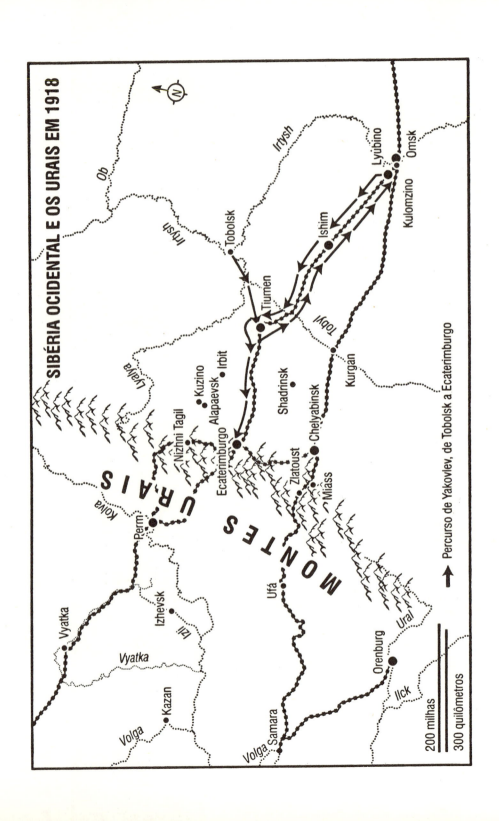

# Agradecimentos

Meu agradecimento e meu amor vão para minha esposa, Adele Biagi, que leu o rascunho do livro. O último tsar é um novo interesse para mim, e os comentários de Adele foram, como sempre, de inestimável valor. Eu não teria conseguido escrever estes capítulos sem a sua ajuda. Outros que examinaram o rascunho foram Semion Lyandres, Simon Sebag Montefiore e Ian Thatcher. Semion compartilhou comigo sua *expertise* na Revolução de Fevereiro de 1917; Sebag me auxiliou sobre a dinastia Romanov, bem como sobre a questão das nacionalidades na Rússia; Ian forneceu-me valiosa assessoria sobre questões genéricas relacionadas à interpretação de provas históricas. Estou em dívida com eles pela boa vontade que tiveram de se afastar de seus próprios projetos.

Sou grato também a Katya Andreyev pela ajuda com relação à terminologia da Igreja Ortodoxa Russa; a Richard Clogg, por sua assessoria relacionada às origens dos estudos feitos pelos russos acerca da história do Império Bizantino; a Paul Gregory, por suas dicas de livros sobre a história da Sibéria; a Lena Katz, por suas explicações sobre a história das tradições linguísticas dos judeus radicados na Rússia; a Norman Naimark, por haver esclarecido aspectos da história dos judeus no período revolucionário; a Robert Sells, por sua ajuda num estágio inicial das pesquisas sobre questões médicas envolvendo os Romanov; a Nick Walshaw, por me ter concedido acesso a recortes de jornal de propriedade da família sobre reportagens de atividades militares britânicas no Mar Negro; e a Andrei Zorin, por nossas conversas sobre legislação e tradições relacionadas à abdicação e sucessão do poder imperial russo. Linda Bernard, Lyalya Kharitonova, Carol Leadenham, Anatole Shmelev e Lora Soroka, funcionárias do Arquivo da Hoover Institution, prestaram-me assistência irrestrita a todas as minhas indagações; gostaria de agradecer também a Maria Quinonez e Terry Gammon, da Biblioteca da Hoover Institution, por seu eficiente repasse de livros raros e microfilmes, e igualmente à alegre solicitude de Richard Ramage, da Biblioteca de História Russa da St. Antony's College, na busca de dados perdidos. Meu agente, David Godwin, foi uma fonte inesgotável de incentivo durante todo o projeto; a editora da Macmillan Georgina Morley teve participação constante e direta no aperfeiçoamento do rascunho final.

A Hoover Institution, sob a gestão dos diretores John Raisian e Tom Gilligan, bem como de Eric Wakin, o chefe de administração de seus acervos, apoiou constantemente os trabalhos de pesquisa. Sou profundamente grato também à Fundação Sarah Scaife, por seu patrocínio. Deixo aqui também o meu muito obrigado a Andrew Romanov, o neto da grã-duquesa Xênia Alexandrovna, por haver autorizado o acesso aos documentos da família preservados no Arquivo da Hoover Institution.

Para facilitar a leitura, grafei Nicolai II apenas como Nicolau e usei a forma convencional na grafia de nomes de outras personalidades conhecidas, como Kerensky. Nos demais casos, apliquei o padrão de transliteração da Union of Congress. Até janeiro de 1918, os russos usavam o calendário juliano, o qual tinha uma diferença de treze dias de atraso em relação ao calendário gregoriano. Por isso, para evitar equívocos de interpretação pelos leitores, alterei todas as datas, onde necessário, de modo que ficassem de acordo com o calendário gregoriano. As exceções a essas alterações estão indicadas nas notas finais, nas quais, pelo menos nos casos em que alguém houvesse continuado a usar o sistema juliano em seus registros, mesmo depois da mudança no uso de um calendário para o outro, deixei a referência intacta e acrescentei a abreviatura CA (de Calendário Antigo) — aliás, Nicolau era um tradicionalista que detestava qualquer mudança na forma de se indicar o tempo. Todas as traduções de termos e expressões russas são minhas. Também incluí mapas de malhas ferroviárias que, como veremos, se mostrarão instrumentos úteis para a compreensão dos acontecimentos de fevereiro de 1917, bem como para explicar por que o comissário Yakovlev conduziu Nicolau e sua família numa viagem por estranhos caminhos, em abril de 1918, para conseguir chegar a Ecaterimburgo.

O rascunho final deste livro foi escrito num momento em que nossa família passou por uma grande expansão; a obra é dedicada aos nossos netos Lara, Dylan, Joely e Keira.

**Robert Service**
Setembro de 2016

# Introdução

O tsar Nicolau II é uma figura muito controversa do século XX. Seus admiradores afirmam que foi um marido e um pai de família amoroso, que fez o melhor para proteger a Rússia da onda de revolucionários malignos que o destronaram na Revolução de Fevereiro de 1917 e que, no ano seguinte, o assassinaram juntamente com sua família. Já seus detratores apresentam uma imagem muito diferente; para estes, ele era um tirano reacionário e obstinado, cujas ações desestabilizaram o país e destruíram oportunidades para se evitar a catástrofe que sobreviria décadas depois. Em minha opinião, é errado preferir uma imagem a outra. A verdade é que ele foi as duas coisas ao mesmo tempo, ou seja, um homem e um governante complexo e contraditório.

Na elaboração desta obra, estabeleci como objetivo estudar os acontecimentos em torno da vida de Nicolau ao longo dos dezesseis meses posteriores à sua destituição do poder. Durante todo esse tempo, ele ficou detido na vila imperial de Tsarskoye Selo, em Tobolsk, e, por fim, em Ecaterimburgo, com pouca esperança de ser libertado. Antes, ele raramente dizia o que pensava a seus ministros, e era notório seu hábito de dizer uma coisa e fazer outra. No entanto, após a abdicação forçada, ele não via mais motivo para transmitir impressões enganosas, exceto quando precisava tentar aliviar as preocupações da esposa e dos filhos enquanto ficaram presos. Partes dessa história foram contadas muitas vezes, geralmente com justificável ênfase na execução horripilante da família na região dos Montes Urais, em julho de 1918, e, muitas vezes, com alegações, embora menos justificáveis neste caso, de que um ou mais membros da família haviam conseguido fugir do local da chacina. Cheguei à conclusão de que parcelas do mundo literário anglófono têm uma propensão quase sociopática para acreditar que um pelotão comunista de fuzilamento bem armado e disciplinado, em um ambiente fechado, teria sido capaz de tamanha incompetência. De qualquer forma, as provas, grande parte das quais está à disposição da apreciação pública, devem ser submetidas a exame meticuloso, e procurarei fazer isto aqui.

Em 1917, houve muitos debates em torno da possibilidade de se enviar Nicolau para um local seguro no Reino Unido. Mas, ainda que seu primo Jorge V não tivesse rejeitado essa ideia, quão realista teria sido essa decisão, levando em conta os obstáculos políticos na Rússia de então? E quanto aos permanentes mistérios da última e problemática viagem de Nicolau, de Tobolsk a Ecaterimburgo, em abril de 1918?

Embora as mortes de Nicolau e sua família, em 17 de julho de 1918, certamente exijam um novo exame à luz de antigos e novos documentos históricos, os meses anteriores à sua execução também demandam atenção. No cativeiro, Nicolau teve tempo para refletir acerca do período em que, desde 1894, ele se manteve no poder. Mesmo assim, é surpreendente a raridade com que se tenham consultado seu diário e o registro de suas conversas para se tentar compreender seu pensamento. Além do que escreveu para si mesmo e disse a outras pessoas, existe um manancial de informações que tem sido reiteradamente ignorado, sobretudo a longa lista de obras literárias e históricas que Nicolau leu para se distrair enquanto foi mantido sob ociosidade forçada. Ao longo de sua vida, houve controvérsias em torno de seus objetivos políticos, e suas preferências literárias nos fornecem um reflexo de suas meditações íntimas. Considerados como um todo, seu diário, o registro dos comentários verbais e as leituras realizadas por ele nos dezesseis meses anteriores à sua morte nos proporcionam uma oportunidade única para saber se ele tinha arrependimentos com relação às decisões que tomou enquanto esteve no poder. Esses dados nos dizem com exatidão o tipo de governante que ele queria ser e permitem que verifiquemos se, tal como alguns têm afirmado, era mesmo um autocrata convicto e um antissemita radical que fazia concessões políticas apenas sob coerção.

Eles podem servir também para esclarecer os pensamentos de Nicolau sobre a situação revolucionária em 1917–1918 e sua visão acerca das perspectivas da Rússia. Ele vinha tentando entender as circunstâncias que estavam fora de seu controle e sujeitas a mudanças imprevisíveis. Fora do âmbito de sua comitiva, havia três pessoas com quem ele trocava ideias. Uma delas era Alexandre Kerensky, responsável pelos cuidados com o monarca em nome do Governo Provisório, cujos integrantes governaram entre as revoluções

## INTRODUÇÃO 19

de fevereiro e outubro de 1917. Mas havia outras duas pessoas que tinham conversas mais íntimas com o tsar, a respeito das quais ainda persiste a necessidade de se historiar. Elas são Vasily Pankratov e Vasily Yakovlev. Pankratov era socialista-revolucionário, e Yakovlev, bolchevique. Ambos foram bem-sucedidos agentes do governo encarregados da detenção da família Romanov em Tobolsk. As conversas que tiveram com o ex-imperador de todas as Rússias diminuíram o monte de suposições que tinham sobre ele?

O livro dá atenção especial também ao ambiente político, econômico e social nas imediações dos locais de detenção dos Romanov. Afinal, esse é também um assunto que tem sido tratado apenas superficialmente nas obras de história. Os bolcheviques de Tobolsk e Ecaterimburgo tinham seus próprios pontos de vista com relação à melhor forma de lidar com a questão dos Romanov, e as relações entre eles e o governo soviético viviam sujeitas a momentos de tensão. Tobolsk foi invadida por membros da Guarda Vermelha de outras localidades, movidos pelo desejo de corrigir o que consideravam incapacidade de Lenin para manter a família imperial em condições seguras de detenção; em Ecaterimburgo havia um comando bolchevique com vários membros que estavam querendo matar Nicolau com ou sem a aprovação de Lenin.

A decisão definitiva foi executar não apenas o ex-tsar, mas também todos os membros de sua família sob custódia dos soviéticos. Desde a década de 1990, pesquisadores russos vêm ampliando o banco de documentos para uma investigação destinada a descobrir a pessoa de quem partiu essa ordem e por quê. Espero poder reunir essas fontes de informação com as que descobri em Moscou e na Califórnia para determinar o porquê dos assassinatos e descobrir quando, onde e como isso aconteceu. Os telegramas enviados entre Moscou e Ecaterimburgo têm sido submetidos a análises frequentes, mas, por si sós, não bastam para explicar o que aconteceu, e pretendo investigar a situação militar e de segurança tanto em Ecaterimburgo como em Moscou — fator não menos importante na investigação — nas semanas que antecederam as execuções. Outro fator que deve ser levado em conta é a relação de Moscou com Berlim. Acredito que somente assim será possível averiguar o grau de um provável envolvimento de Lenin no episódio — afinal, o papel desempenhado por ele nesse acontecimento tem sido alvo de muita controvérsia e conjectura na Rússia nas últimas três décadas, tais são as questões que justificam e incentivam a elaboração deste livro.

As pesquisas começaram quando deparei com uma documentação de valor excepcional, relacionada aos últimos meses de vida de Nicolau II. No verão de 2013, eu estava vasculhando o Arquivo da Hoover Institution quando a assistente de arquivista Linda Bernard perguntou se eu não estaria interessado nos documentos referentes aos Romanov guardados no cofre da instituição. Entre eles, estavam os documentos da abdicação de Nicolau II. No ano seguinte, Lora Soroka, que administra o Projeto do Acervo de Documentos sobre a Rússia, mencionou alguns documentos então recém-catalogados — a Coleção de Agnes M. Diterikhs —, resultantes da investigação antibolchevista de 1918–1920 sobre a morte dos Romanov. Foi então que descobri também que a Hoover tinha uma caixa de documentos que antes era denominada "o dossiê do tsar" — a base da longa data incontestada proposição de que um ou mais dos membros da família Romanov conseguiu fugir de Ecaterimburgo, conjectura que é justamente contrária àquilo que os documentos revelam. Embora essas fontes de informação constituam a espinha dorsal de minhas pesquisas, descobri também a existência de um manancial inédito de novos documentos sobre os membros da família Romanov.

Os pensamentos e as experiências que Nicolau teve após a Revolução de Fevereiro de 1917 têm muito a nos dizer sobre o que aconteceu na Rússia nas duas primeiras décadas do século XX. Em seus últimos dezesseis meses de vida, o ex-imperador, um homem rígido, porém modesto, sem as devidas qualidades para exercer um cargo de governante, foi vítima de uma tragédia pessoal numa nação em que desempenhou papel de considerável importância, fator esse que a levou a uma catástrofe. Ele foi poupado de tomar conhecimento dos piores estágios dos horrores em massa que se seguiram à sua destituição somente porque foi executado no primeiro ano da Revolução de Outubro. Todavia, para o ex-imperador, o que ele soube, mesmo por trás das portas fechadas dos cativeiros, foi o suficiente.

# 1. O Tsar de Todas as Rússias

Em 1916, os russos realizaram uma aparatosa cerimônia em Irkútski, a grande cidade siberiana situada ao sul do lago Baical, numa época em que a Grande Guerra estava fazendo um número pavoroso de vítimas fatais nos fronts oriental e ocidental. O objetivo era tentar elevar o moral das populações dessa região longínqua do Império Russo. Fazia vinte e cinco anos que Nicolau II visitara a Sibéria, numa época em que era apenas herdeiro do trono dos Romanov e estava fazendo uma turnê pelo mundo que incluíra passagens por Viena, Trieste, Grécia, Egito, Índia, China e Japão.[1] Para comemorar a visita do imperador à remota cidade siberiana, o governador-geral Alexandre Pilts fez um discurso perante os dignitários siberianos em que elogiou a coragem das forças imperiais: "Numa recente audiência com nosso soberano imperador, ele fez a gentileza de me dizer o seguinte: 'Assim que a guerra terminar, reunirei minha família e passarei um tempo em Irkútski como seu convidado.'" A audiência saudou o anúncio com ruidosas salvas de comemoração. Afinal, era incrível o fato de que nenhum imperador reinante tinha ido à Sibéria desde a conquista da região por mercadores e soldados russos, em fins do século XVI. Siberianos de toda parte e de todos os estratos sociais se sentiam desprezados e abandonados, e habitantes leais ao império ficaram aguardando com ansiedade a visita do tsar Nicolau e de sua família.[2]

Era impossível prever que, em menos de um ano, ele retornaria à Sibéria não como o tsar de todas as Rússias, mas como um reles prisioneiro, Cidadão Romanov. Ele, que tinha enviado milhares de prisioneiros políticos para campos de trabalho forçado, presídios ou para o exílio na Sibéria, seria levado para um local de detenção em Tobolsk. Destituído do poder na Revolução de Fevereiro de 1917, ele e sua família seriam mantidos sob rigorosa vigilância na pequena cidade do oeste siberiano, que, por ironia do destino, tinha uma das maiores prisões do império, se bem que os Romanov houvessem sido poupados do dissabor de um aprisionamento em suas celas e, em vez disso, acabassem sendo confinados na residência do governador da província. Mas, na Revolução de Outubro de 1917, os bolcheviques derrubaram o Governo Provisório e, alguns meses depois, transferiram a família imperial para Ecaterimburgo, local de sua base de poder nos Montes Urais, enquanto pensavam no que fazer com eles. Em julho de 1918, os revolucionários tomaram a decisão de matar todos os membros da família. Estes, levados para um porão, foram sumariamente fuzilados junto com seu médico, seus empregados e um de seus cães de estimação.

Sujeito de baixa estatura e frágil compleição, Nicolau havia sucedido o pai, Alexandre III, um homenzarrão, em 1894. O tsar herdara a pele branca como neve da mãe, Maria Feodorovna (Dagmar quando solteira), de origem dinamarquesa, e perdia a vermelhidão provocada pela exposição ao sol do verão à medida que o outono se aproximava.[3] Gostava de se entregar a poucos divertimentos, exceto participar de sessões de caça no inverno e atirar em faisões no outono, mas achou melhor abandonar essas distrações durante à guerra.[4]

Havia um traço asceta na personalidade de Nicolau, e até nas noites de inverno ele deixava a janela aberta. Adorava sentir o ar fresco em qualquer estação e fazia pelo menos duas horas diárias de exercício ao ar livre — ou quatro, se tivesse oportunidade para isso.[5] Não hesitava em caminhar de um palácio a outro sem sobretudo, mesmo no dia mais frio de dezembro. O imperador, embora de corpo aparentemente frágil e modos delicados, era bastante resistente.[6] Não se importava com uma vida de luxos. Quando em trajes civis, vestia o mesmo terno que vinha usando desde os tempos de solteiro. Suas calças pareciam um tanto desalinhadas, e suas botas, surradas. Para se alimentar, preferia pratos simples da culinária russa, como sopa de beterraba, sopa de repolho ou mingau de aveia — a refinada culinária europeia não o seduzia. Não era um grande consumidor de bebida alcoólica e, quando, em banquetes, lhe punham champanhe à mesa tomava apenas alguns goles em sinal de sociabilidade; dava garrafas de vinho da adega do Palácio de Alexandre ao comandante de sua guarda pessoal com o seguinte comentário: "Bem, você sabe. Eu não bebo." Uma testemunha contou que, em jantares com a família, geralmente ele tomava um copo de *slivovitz* envelhecido seguido de um copo de vinho Madeira. Embora outras pessoas houvessem mencionado a ingestão de outros tipos de bebida, todas concordavam que ele era uma pessoa de frugalidade excepcional no consumo de álcool.[7]

Tradição era algo importante para ele. Entre seus ancestrais, o tsar condenava o reinado de Pedro, o Grande, por julgar que ele havia rompido o curso natural do desenvolvimento histórico da Rússia. E não gostava da capital, São Petersburgo, pois acreditava que não condizia com os costumes da velha Moscóvia. Segundo a maneira de pensar de Nicolau, a cidade tinha sido fundada com base em "sonhos apenas".[8] Já a herança russa dos séculos anteriores ao reinado do tsar Pedro o fascinava. Dominado por essa ideia, usava com frequência uma longa camisa vermelha. Ordenou que sua comitiva e seus assessores evitassem usar palavras de origem estrangeira e costumava riscá-las nos relatórios que ministros e generais lhe enviavam. E chegou a considerar a mudança dos trajes oficiais da corte para algo mais parecido com o que usavam no reinado do imperador Alexei, o fundador da dinastia Romanov, no início do século XVII.[9] Nicolau via a si mesmo como uma espécie de quintessência do verdadeiro russo. Adorava a música de Tchaikovsky.[10] E seu entusiasmo foi tanto que, após um concerto em Livádia com a cantora Nadezhda Plevitskaya, ele disse, transbordando euforia: "Sempre achei que ninguém poderia ser mais russo do que eu. Sua voz e seu canto mostraram que eu estava errado. Agradeço-lhe, do fundo do coração, este sentimento."[11]

Embora Nicolau fosse um cristão sincero, detestava missas demoradas e ter de se ajoelhar durante o culto.[12] Sua fé se firmava em ideias que até mesmo alguns de seus assessores achavam que não passavam de pura superstição — o apoio que ele dava a Grigory Rasputin, um místico que se autoproclamara um homem "santo" e cujas bebedeiras e atos de promiscuidade se tornaram um escândalo público, era tido como prova de sua excentricidade. Tanto que Nicolai Basily, o ministro das Relações Exteriores e oficial de ligação no supremo comando do Exército, comentaria depois: "Ele nasceu no dia santo de Jó e acreditava que, por isso, estava condenado pelo destino. Achava que tinha de pagar por seus ancestrais, cuja tarefa [de governar] havia sido muito mais fácil."[13]

Embora poucas pessoas o temessem, Nicolau inspirava respeito e tinha uma "presença" que desencorajava qualquer um de contradizê-lo.[14] Sydney Gibbes, que foi o preceptor de seus filhos, descreveu-o assim: "Era, geralmente, uma pessoa solene e reservada, embora se mostrasse encantadoramente descontraída com aqueles de quem gostava e em quem confiava. Conquanto fosse de estatura mediana, cada centímetro seu era o de um imperador. Seus gostos eram simples, como os de um típico cavalheiro do interior. Abominava intrigas e toda espécie de fingimento e falsidade."[15] Com certeza, o tsar escutava com atenção cada um de seus mais destacados ministros e tinha aversão a francas manifestações de discordância. Mas Gibbes era um admirador ingênuo. Aliás, Nicolau sabia simular perfeitamente uma forma de deixar alguém com a impressão de que ele concordava com seus conselhos. Por isso, eram muitas as pessoas que se decepcionavam quando ele fazia justamente o contrário do que parecia ter prometido. Foi tsar por mais de duas décadas, diferente de todos os seus ministros. Essa longa permanência no poder lhe dera uma confiança injustificável na própria capacidade de julgamento e discernimento. Ele sempre procurava designar personalidades públicas obedientes para compor seu Conselho de Ministros, mas, quando um deles, Piotr Stolypin, mostrou sinais de opiniões conservadoras independentes, ele perdeu a confiança nele — Stolypin sabia que a luz de seu prestígio político vinha se apagando desde alguns anos antes de seu assassinato, em 1911. Situações de tensão entre o imperador e o primeiro-ministro eram frequentes, mas Nicolau se livrava daqueles que se recusavam a andar rigorosamente na linha.

Na cerimônia de coroação, em 1896, ele jurou manter seus poderes autocráticos e exortou seus críticos a abandonar quaisquer "sonhos insensatos" de democratização. Afinal, quando garoto, ele fora educado pelo preceptor ultraconservador Konstantin Pobedonostsev, sob cuja orientação foi imbuído dos princípios do absolutismo, da dinastia, da importância das questões militares e das tradições da religião oficial. E jamais se afastou seriamente desses valores.

Em 1905, a turbulência revolucionária quase tomara de assalto o Império Russo inteiro, quando todas as classes sociais, das mais altas às mais baixas, clamaram por mudanças. Trabalhadores entraram em greve e, guiados pelos militantes revolucionários, elegeram seus próprios conselhos ("sovietes") para a defesa de seus interesses. Muitos camponeses realizaram ações violentas contra ricos proprietários de terras. Nas regiões fronteiriças do império, poloneses, georgianos e outros desencadearam revoltas. Houve também motins em navios da frota do Mar Negro e entre soldados que retornavam de derrotas na constante guerra com o Japão, no Extremo

Oriente. Em outubro de 1905, Nicolau divulgou um manifesto prometendo reformas fundamentais. No ano seguinte, foi eleita uma Duma Federal com sua autorização e segundo condições que previam a legalização de partidos políticos, bem como o abrandamento da censura. Mas, quando os integrantes da Duma se recusaram a apoiar suas políticas, ele e Stolypin modificaram as regras eleitorais de modo que conseguissem formar um corpo de representantes menos rebelde. Quando até mesmo esse golpe contra o movimento em prol da democracia na Rússia fracassou em seu objetivo de sufocar as vozes dissidentes na Duma, Nicolau teve de se acostumar a governar em meio a críticas constantes.

Suas atitudes eram as de um governante que sempre achava que tinha razão. Ele lidava com o descrédito do público albergando-se no aconchego familiar. Sua esposa, Alexandra, nascida princesa Alice de Hesse e criada na Inglaterra, na corte da rainha Vitória, que era sua avó, alimentava sua propensão de governar sem consultar a vontade popular. Tratava-se de uma íntima parceria com base em valores comuns e forte atração sexual.[16] Alexandra fortalecia sua determinação de governar sem aconselhamento sempre que o conselho parecia prejudicar sua autoridade pessoal e seu status de imperador. Ela recomendava uma atitude severa para com os que se recusassem a apoiá-lo: "Seja Pedro, o Grande; Ivan, o Terrível; o Imperador Paulo, esmague todos com os pés."[17] Vários membros da família estendida Romanov ficavam horrorizados com a relutância de Nicolau em contemporizar com a opinião alheia, e sua própria mãe achava que Alexandra exercia influência excessiva e maligna nesse sentido. Rasputin era apenas uma das pessoas que a parcela educada e instruída da sociedade achava que ele deveria banir da corte. Mas Nicolau insistia em fazer o que bem entendia e, assim, mandou avisar a críticos veementes do turbulento "homem santo" que eles poderiam ser afastados da equipe de assessores do imperador.[18] O conde Vladimir Frederiks, o idoso ministro da corte que tinha servido no reinado de Alexandre II e Alexandre III, foi um dos poucos que se livrou do afastamento da equipe, embora houvesse sido advertido laconicamente de que não deveria interferir em questões políticas: "Isto", avisou Nicolau, "é assunto meu."[19] O fato de membros da hierarquia da Igreja Ortodoxa Russa antipatizarem com Rasputin não incomodava o imperador, que se sentia atraído por tradições de religiosidade popular. Aos seus olhos, Rasputin era o exemplo perfeito da inveterada sabedoria e bondade da nação.

Nicolau não era apenas um cristão fervoroso, mas também um militar patriota que reverenciava o Exército Russo e queria tornar a Rússia mais poderosa e mais próspera do que aquela de quando ascendeu ao trono. Seu sentimento nacionalista o acompanhava desde a infância. Alimentava um desprezo eterno pelos alemães, embora tivesse se casado com uma alemã.[20] Tinha também o mesmo ódio que o pai nutria pelos judeus, aos quais acusava de procurar dissolver os laços que uniam os russos comuns. Nicolau acreditava que tenebrosas forças judaicas haviam estado por trás da agitação revolucionária de 1905–1906 e, quando organizações nacionalistas reacionárias foram criadas, ele manifestou sua aprovação. O presidente do Conselho de Ministros, Stolypin, ficou horrorizado com o fato de a União dos Povos da Rússia e a nominalmente similar União do Povo Russo terem liberdade para fomentar distúrbios com seus *pogroms* nas regiões fronteiriças ocidentais.[21]

Apesar de haver assegurado a Stolypin que ele contava com seu apoio, Nicolau se recusou a aceitar as decisões da Justiça contra os acusados de excessos de violência. As Uniões foram organizações precursoras do fascismo de meados do século XX. Nicolau aceitou com satisfação um cartão de membro da União do Povo Russo e declarou: "O fardo do poder que me puseram sobre os ombros no Kremlin, em Moscou, Eu o suportarei e tenho certeza de que o povo russo Me ajudará. Prestarei contas do exercício de Minha autoridade a Deus."[22] Alexandra apoiou sua atitude, achando que tais organizações continham em seus núcleos "súditos saudáveis, sensatos e fiéis" a seu marido. "Suas vozes", garantiu-lhe a consorte, "são a voz da Rússia, e não da sociedade ou [de membros] da Duma."[23] Nicolau não foi o único monarca de seu tempo com inclinações políticas grosseiras e uma esposa ignorante e obcecada. Muito menos deve-se estranhar o fato de que estivesse pouco familiarizado com os cabedais de alta cultura da nação. Nicolau evitava os intelectuais e firmava suas convicções na crença de que tinha profunda e sólida compreensão das coisas relacionadas com o povo russo. Quando se encontrava com camponeses em suas frequentes peregrinações a locais sagrados, experimentava a certeza de que bastava mantê-los isolados de propaganda ideológica alienígena e perniciosa para que tudo ficasse bem na Rússia. Não lhe ocorria a ideia de que os camponeses russos pudessem nutrir autênticos ressentimentos contra o sistema de poder que seus ancestrais lhe haviam imposto. Ele vivia e respirava na atmosfera de um conservadorismo extremo e complacente.

O TSAR DE TODAS AS RÚSSIAS

No entanto, o tsar era mais complexo do que aparentava. Apesar de seu desprezo por eleições e para com a maior parte dos políticos da Duma, não vivia obcecado pelo desejo de poder absoluto — nesse aspecto, tinha ideias mais liberais do que sua adorada esposa. Ele explicou isso ao preceptor de seus filhos, Pierre Gilliard: "Jurei, na solenidade de ascensão ao trono, manter intacta a forma de governo que recebi de meu pai e passá-la como tal a meu sucessor. Nada pode desobrigar-me do cumprimento de meu juramento; somente poderá modificá-la meu sucessor quando subir ao trono."[24] E isso não foi uma ideia passageira. Aliás, até antes da Grande Guerra, ele havia dito a Sophia Buxhoeveden: "Alexei não se dobrará. Ele repudiará o que for desnecessário. Estou preparando o terreno para ele."[25]

Todavia, enquanto foi imperador, cumpriu da melhor maneira possível o juramento feito na coroação. Por baixo da suave aparência exterior, jazia a essência couraçada de um homem pertinaz. Por isso, quer fossem súditos leais, quer fossem militantes revolucionários, as pessoas viam nele apenas inflexibilidade. Os legalistas o admiravam, vendo nele um tsar forte, que enfrentava os que trabalhavam contra as melhores tradições do império, e haviam comemorado o tricentenário da dinastia Romanov com imensa satisfação. Já os revolucionários viam Nicolau como o Imperador Sanguinário ou Nicolau, o Carrasco da Forca. Entre esses dois polos de opinião existiam milhões de súditos que queriam mudanças, mas receavam a turbulência que a revolução poderia desencadear. A experiência de distúrbios em 1905–1906 havia intimidado muitos, levando-os a uma atitude de resignação política. Ao mesmo tempo havia um sentimento generalizado de que as coisas não poderiam simplesmente continuar daquela maneira. As parcelas instruídas da população do império sentiam certo constrangimento com relação à Rússia em comparação com a situação política de outras grandes potências — e Nicolau deveria ser considerado culpado por sua insistência em conservar o máximo de poder e de responsabilidade pessoais. Já era uma situação tóxica, venenosa, muito antes da deflagração da Grande Guerra de 1914.

## 2. No Supremo Quartel-General

A partir de 1915, quando a situação no Front Oriental se estabilizou, as forças armadas russas instalaram o supremo quartel-general, conhecido como Stavka, na vizinha Moguilev. Situada na margem esquerda do rio Dniepre, fazia décadas que a cidade era ligada a Kiev por navios a vapor e, a quase dois quilômetros a sudeste, havia uma estação ferroviária. Mas o tráfego comercial permanecera baixo, mesmo em tempos de paz. Moguilev era um lugar em que pouca coisa acontecia durante o dia e, à noite, menos ainda. Mesmo sendo uma capital de província, era inegavelmente suja e sombria. Embora a maior parte de seus 50 mil habitantes fosse russa, fazia muito tempo que existia uma minoria de judeus na cidade.[1] A vida no local transcorria tal como acontecia desde muitos séculos. Em Moguilev, o que mais poderia lembrar um sistema de transporte moderno eram seus bondes puxados por cavalos. O Hotel Bristol servia vinho, mas não vodca, em virtude da instituição de uma "lei seca" em 1914, cuja vigência estava prevista para o fim da guerra. Ainda assim, a cidade tinha problemas com desordeiros. E a presença do tsar pouco adiantou para aumentar a capacidade da polícia e do exército em manter a lei e a ordem. Mesmo em tempos de paz, a Rússia sempre foi turbulenta, e em tempos de guerra tornava-se cada vez mais ingovernável.[2]

Todo dia, às 10 horas da manhã, Nicolau ia a pé, da Casa do Governador, um prédio de dois andares construído no século XIX, ao gabinete do intendente do exército, onde recebia o relatório verbal do dia de Mikhail Alexeiev, o chefe do estado-maior. Assim que Alexeiev terminava de explicar os últimos planos militares, Nicolau voltava para a Casa do Governador e cuidava da correspondência de seus ministros a serviço em Petrogrado (como a cidade de São Petersburgo passara a ser chamada, de modo que soasse menos alemã) ou se ocupava com as visitas de adidos diplomáticos estrangeiros.[3]

Ao meio-dia, Nicolau entrava na sala de jantar para cumprimentar as duas dúzias de oficiais escolhidos como comensais que haviam recebido um cartão informando: "Vossa Senhoria está convidada a tomar café com Sua Majestade amanhã." Nicolau, sorridente, trocava apertos de mão com cada um dos convidados e, acompanhado por Alexeiev à sua direita, escutava com atenção o que tinham a dizer sobre o front. Dois pratos simples eram servidos e depois Nicolau permanecia algum tempo no local para conversar com alguns dos convivas escolhidos por ele mesmo. Seguia-se a isso uma pausa de uma ou duas horas para descanso. Mas era uma ocasião em que Nicolau geralmente aproveitava para fazer uma caminhada com um dos membros da comitiva, enquanto os integrantes do estado-maior retornavam ao trabalho. O jantar era servido às 18 horas e, mais uma vez, Nicolau se sentava à cabeceira da mesa. Depois de servidos todos os pratos, ele anunciava: "Cavalheiros, permissão para fumar." Aliás, ele mesmo havia estabelecido a moda do uso de cigarreira. Geralmente, ele apagava seu primeiro cigarro — um sinal de nervosismo, pois acendia outro logo em seguida e o fumava. Todas as noites havia a exibição de um filme ou um espetáculo musical, ao qual Nicolau comparecia acompanhado do filho. Uma banda militar tocava a marcha do Regimento Preobrajênski, e o imperador se acomodava no camarote do governador, onde entabulava amáveis conversas com as esposas dos oficiais lotados no Stavka.[4]

Embora Nicolau gostasse das horas desfrutadas na companhia dos integrantes de suas forças armadas, tinha de se manter a par dos assuntos de Estado correntes no restante do país. Afinal, além dos assuntos militares, ele vivia preocupado com questões de política externa e exercia controle pessoal sobre decisões de suma importância. Da capital, o ministro das Relações Exteriores o mantinha sempre informado sobre a instável situação da Rússia no contexto internacional. Nicolau contava também com a assessoria do presidente do Conselho de Ministros e de seu ministro do Interior para mantê-lo a par de notícias relacionadas à segurança política.

No que se refere a outros assuntos, ele mais acompanhava do que legislava. Piotr Stolypin o convencera de que, se quisessem evitar mais turbulências revolucionárias, deveriam ter uma política agrária que fomentasse a ascensão de uma classe de fazendeiros donos de pequenas propriedades. Stolypin argumentara que as tradições comunais dos camponeses russos implicavam a noção de responsabilidade individual. Enfatizara, ademais, a necessidade de ser dada a devida atenção ao sentimento de orgulho nacionalista dos russos em detrimento de outros povos do império — e ambos estavam de pleno acordo em relação a isso, por mais que Nicolau não houvesse tomado nenhuma iniciativa para resolver a questão. Aliás, em se tratando de outros assuntos governamentais, sua falta de iniciativa foi ainda maior. Os anos anteriores à guerra foram um período em que a indústria vinha se recuperando da situação quase revolucionária de 1905–1906. Nicolau deixou a encargo de seus ministros a tarefa de supervisão, lendo zelosamente relatórios, mas contribuindo pouco para a discussão. Após a eclosão da Grande Guerra, logo ficou patente que a Rússia tinha uma necessidade urgente de melhorar a coordenação de sua produção industrial, o que ocasionou a criação das chamadas comissões industriais da produção de guerra, cuja estrutura envolvia industriais e seus próprios empregados. O resultado foi um debate público mais clamoroso do que gostaria aquele autocrata que existia em Nicolau, mas ele aceitou a situação. Na verdade, ele não tinha escolha se quisesse mesmo obter a vitória no Front Oriental.

O tsar percebeu, contudo, que estava perdendo o controle da situação política em Petrogrado. A imperatriz fazia de tudo para mantê-lo informado, chamando sua atenção para o que ela considerava discursos e atividades perversos na Duma. Ele reservava os cargos dos ministérios mais importantes a pessoas de incontestável lealdade. No deflagrar das hostilidades bélicas, sobrecarregara-se com o incompetente e idoso Ivan Goremykin, que sabia muito bem que era incapaz de entender os requisitos de uma governança moderna. Em 1916, Goremykin implorou, com sucesso, para ser aposentado, e Nicolau o substituiu pelo burocrata jovem e pouco entusiasmante Boris Stürmer, apenas para substituí-lo pelo não menos dinâmico Alexandre Trepov. Essa sucessão de nomeações e demissões em todos os setores do Conselho de Ministros causou sérios transtornos na administração pública e fez com que Nicolau visse as crescentes dificuldades que esses acontecimentos geravam no processo de fornecimento de alimentos para as cidades e os exércitos. Vinha ocorrendo, também, uma crescente desorganização na produção industrial. Não obstante, Nicolau rejeitou a ideia dos que argumentavam que o próximo presidente do Conselho de Ministros deveria ser alguém em quem os dirigentes da Duma pudessem confiar. Em vez disso, nomeou para o cargo o conde Nicolai Golitsyn, que estava tão animado para ocupá-lo quanto estivera Goremykin.

Nunca ocorreu a Nicolau que devia haver algo de muito errado, se não existia mais ninguém disposto a chefiar o governo para ele. Os debates na Duma beiravam a crítica aberta ao tsar. O líder progressista Pável Milyukov estava determinado a criar um gabinete cujos integrantes pudessem ser escolhidos por ele e por seus aliados políticos, e quando criticou com veemência o caos e a corrupção no auge do poder, em novembro de 1916, questionou várias vezes: "Será isso estupidez ou traição?"[5] Nicolau preferiu ignorar o episódio. Seu interesse maior continuava nas forças armadas, e era com muita tristeza que conversava com os comandantes no centro do supremo quartel-general por ocasião dos fracassos em operações militares. O tsar queria que soubessem que ele estava tão empenhado no objetivo de esmagar os alemães quanto eles. Quando soube da crescente dificuldade para se levarem suprimentos para o front, ele disse: "Não consigo dormir de jeito nenhum à noite quando penso na ideia de que o exército possa estar passando fome." As pessoas notavam "seus olhos tristes e o aspecto sombrio, transtornado, de seu semblante."[6]

Os anos da guerra pesaram tanto nele que até chegou a ficar com uma aparência quase macilenta. A baronesa Sophie Buxhoeveden, confidente de sua esposa, chegou a se perguntar se ele não estaria com problemas nos rins. Quando ela questionou o dr. Yevgeny Botkin a respeito disso, ele confidenciou: "O coração dele não está funcionando muito bem. Estou dando iodo à Sua Majestade, mas que isso fique entre nós."[7]

Derrotas no front em 1915 o tinham levado à depressão, quando os exércitos germânicos frequentemente arremetiam sobre a parte russa do território polonês, mas, no verão de 1916, os russos finalmente conseguiram uma vitória significativa no setor austro-húngaro da batalha, com o general Alexei Brusilov experimentando empregar formações com tropas de assalto. O sucesso de Brusilov obrigou os alemães a transferirem as forças militares do Front Ocidental, e a Rússia já não parecia um dos mais fracos entre os Aliados. Nicolau ficou animado. Ele sempre quis fazer algo que pudesse ajudar o esforço de guerra, e sua alegria na companhia dos soldados que estavam pondo suas vidas em risco era inequívoca. E ninguém no Stavka tinha a menor dúvida de sua importante sinceridade. Embora seus momentos de maior alegria fossem aqueles ao lado de sua família, ele estava ansioso para cumprir o que considerava seu dever dinástico nas imediações do front. A óbvia desvantagem, porém, era o fato de que sua formação militar o equiparara somente com qualificações que não iam além das de um oficial mediano. Ele não entendia nada de questões estratégicas e operacionais e tinha consciência disso — deixando esse assunto unicamente nas mãos de Alexeiev.[8] Na visão do imperador, sua maior contribuição era funcionar como uma figura de proa para o esforço de guerra do império e, ao mesmo tempo, fornecer incentivo paternal a seus comandantes militares, incluindo aqueles como Alexeiev, que eram muito mais velhos do que ele. Suas simplicidade, compostura e sincera preocupação para com todos os "seus" oficiais e soldados impressionavam a todos no quartel-general.

Ele se dava bem com Alexeiev, que vinha comandando o estado-maior desde 1915, quando Nicolau se transferiu para o QG e dispensou os serviços do grão-duque Nicolau Nikolaevich, primo em primeiro grau de seu pai, tornando-o vice-rei do Cáucaso.[9] Para Alexeiev, essa foi uma chance para moldar o alto comando à sua imagem. Ele se livrou de todos os aristocratas e encheu o estado-maior de técnicos competentes, como ele mesmo. Já no início de 1917, ele havia criado, com sete generais e oitenta e sete oficiais, o núcleo de assessores encarregados de operar o aparato de guerra a partir de Moguilev. Esperava-se que todos dormissem, se alimentassem e pensassem no esforço de guerra russo. Os suprimentos que Alexeiev levou para o Stavka não incluíam livros. Aos membros do estado-maior, exceto quando faziam uma pausa para refeições, não era concedido um momento de distração sequer durante o expediente.[10] Alexeiev causava um misto de assombro e admiração entre os subordinados com as muitas horas seguidas que permanecia trabalhando em sua mesa.[11] Assim como o imperador, ele desprezava o luxo e preferia roupas e alimentação simples, mas vinha chegando às raias da exaustão depois que teve alguns problemas de saúde, como cálculo renal e enxaqueca. E desprezou conselhos para trabalhar menos. O avanço de Brusilov sobre o Front Oriental o convenceu de que os alemães e os austro-húngaros podiam ser derrotados. Com sua atitude, portanto, Alexeiev estava dando um exemplo de fé e dedicação. A guerra existia para ser vencida.[12]

Todavia, a lealdade de Alexeiev para com seu soberano foi se esfacelando silenciosamente e ele chegou a manter conversas secretas com políticos que pretendiam transferir o trono para um Romanov menos reacionário.[13] Foi movido por essa ideia que ele tentou persuadir Nicolau de que seria melhor para ele e para o país contemporizar com os dirigentes da Duma.

Assim, enquanto apresentava relatórios sobre questões operacionais ao tsar, ele aproveitava para mencionar o agravamento da situação política. Nicolau ouvia, mas não mudava de opinião.[14] Ele se mostrava, no entanto, mais flexível em conversas com generais que haviam servido com seu pai, o reverenciado Alexandre III, e um deles — Kaufman-Turkestanski, que era membro do Conselho de Estado — o procurou para externar as mesmas opiniões manifestadas por Alexeiev. O resultado foi o mesmo: Nicolau se revelou obstinadamente contrário à ideia de permitir que os dirigentes da Duma definissem suas políticas governamentais, embora não se houvesse mostrado avesso à indicação de ministros com uma visão que servisse para melhorar as relações entre a Duma e o governo.[15] Membros da família Romanov também falharam na tentativa de persuadi-lo. O jovem e impetuoso grão-duque Dmitri Pavlovich acabou sendo alvo de uma repulsa categórica e degradante quando implorou que Nicolau mudasse de atitude. Até mesmo a mãe de Nicolau, Maria Feodorovna, não conseguiu provocar um arranhão sequer em sua obstinação. O moderado Nicolau agia como se já tivesse feito concessões demais, autorizando a criação da Duma em 1906. Sua mente era uma couraça impenetrável, e ninguém no Stavka ousava tocar no assunto, embora quase todos os seus integrantes concordassem com Alexeiev.[16]

Se o imperador chegou a pensar na ideia de formar um governo "que tivesse de prestar contas à Duma", certamente deixou de lado essa intenção após dezembro de 1916, quando uma conspiração de aristocratas, personalidades da alta sociedade e políticos assassinou Rasputin. Nicolau e Alexandra ficaram horrorizados. Rasputin conquistara a afeição deles como a única pessoa capaz de trazer serenidade a seu filho e herdeiro Alexei, que sofria de hemofilia, quando a doença se manifestou — os médicos se mostraram incapazes de solucionar o problema nas crises frequentes do menino. Rasputin dissera a eles que as preces da família seriam suficientes para ajudar o filho.[17] Contudo, durante a guerra, sua fama continuara aumentando. E começaram a circular boatos de que ele se aproveitara da permanência de Nicolau em Moguilev para ter um caso com Alexandra. Era sabido que ele aceitava suborno para interceder em questões de indicação para cargos em ministérios. Ele tinha suas próprias ideias sobre assuntos externos e desaconselhara o tsar a entrar na aliança contra a Alemanha e o Império Austro--Húngaro. Com isso, começou a se formar na Duma e em outros círculos da vida pública a opinião de que ele poderia muito bem estar promovendo a causa alemã na corte e nutrindo a esperança de convencer o imperador da conveniência de um acordo de paz separado com a Alemanha. O casal imperial sabia das histórias que se aventavam a respeito do místico, mas teimava em ignorá-las, e ficou em estado de choque quando seu corpo foi retirado das águas gélidas do rio Neva, no centro de Petrogrado.

Dois dos conspiradores, o príncipe Félix Yussupov e o arquirreacionário representante da Duma, Vladimir Purishkevich, esperavam frustrar as supostas medidas que estavam sendo tomadas na corte com vistas à retirada do país da guerra. Nos círculos políticos mais amplos, a notícia da morte de Rasputin fez surgir a esperança de que Nicolau recobraria o próprio juízo e aceitaria chegar a um acordo com os conservadores e os liberais da Duma. Na verdade, o assassinato, por haver tirado de Nicolau a única pessoa capaz de aliviar o sofrimento do jovem Alexei, serviu apenas para aumentar sua determinação de se manter no caminho que sempre trilhara. Para ele, a reforma era algo intolerável.

# 3. A Revolução de Fevereiro

No começo de 1917 havia uma grande possibilidade de se repetirem os violentos distúrbios em Petrogrado. Fazia anos que os trabalhadores estavam insatisfeitos com as condições de vida que se haviam agravado muito durante a guerra. Embora os salários tivessem aumentado com a expansão da produção de armamentos, não conseguiam acompanhar o aumento desenfreado da inflação. Os problemas habitacional, de ampliação e manutenção de redes de esgoto e o de fornecimento de serviços básicos de saúde pioraram. Em dezembro de 1915 — e depois também em dezembro de 1916 — houve uma onda de greves que foi interrompida com dificuldade pela polícia política. Embora ativistas revolucionários fossem presos com frequência, as queixas da classe trabalhadora continuaram intensas.

Enquanto isso, na Duma, perduravam as queixas e o clima de insatisfação, aumentado com a recusa de Nicolau de contemporizar com seus integrantes após o assassinato de Rasputin. Na corte, todos entenderam que o casal imperial não queria que se fizesse nenhuma menção ao nome do místico: achavam o trágico acontecimento muito doloroso.[1] Contudo, políticos liberais e conservadores queriam seguir em frente. Intensificaram-se os debates sobre possíveis vantagens de um golpe de Estado em razão da intransigência do imperador. Em 27 de fevereiro, as sessões da Duma foram retomadas, e, tal como descobriu Alexandre Protopopov, o então ministro do Interior, em pouco tempo os planos de atos subversivos estavam sendo estudados. O que tornou a situação duplamente explosiva foi o fato de que o movimento grevista havia começado a se intensificar de novo nas fábricas de armamentos, centros industriais fundamentais para as chances do exército no Front Oriental, num momento em que os alemães estavam se preparando para uma nova ofensiva. Além do mais, as trabalhadoras nas empresas têxteis que produziam sobretudos para os soldados estavam indignadas com a piora no fornecimento de alimentos. Nicolau estava com Alexandra em Tsarskoye Selo quando recebeu avisos da Central de Polícia sobre o rápido agravamento da situação. O casal imperial encarou esses alertas com desconfiança, acreditando que as agências de espionagem tinham interesse em assustá-lo.[2] Não era uma crença totalmente infundada. Em toda parte, serviços secretos procuravam justificar os poderes e os recursos a eles concedidos, e não eram raras as ocasiões em que exageravam a gravidade de ameaças ao *status quo*.

Diante disso, Nicolau II não viu razão para adiar seu retorno para Moguilev e partiu para lá em 5 de março.[3] Ele disse a Sophie Buxhoeveden que uma mensagem urgente a ele enviada por Alexeiev era o motivo de sua partida:

> Ele insiste que eu vá para lá imediatamente. Não consigo imaginar o que seja, pois não deve ser nada importante em minha opinião, mas ele me enviou um segundo telegrama e talvez precise realmente discutir algo comigo pessoalmente, algo que não pode registrar no papel e mandar que um mensageiro do exército me entregue. Em todo caso, ficarei lá uns três ou quatro dias e depois voltarei. Muitas coisas idiotas andaram acontecendo enquanto estive fora.

Isso levou Alexandra a apresentar um protesto ao quartel-general, manifestando-se contra a viagem do marido, mas ela não se queixou mais depois que soube que Nicolau já tinha informado a Alexeiev que, em breve, estaria com o general em Moguilev e que nada o faria mudar de ideia.[4] Alexandra ficou triste com a decisão do soberano, mas não tentou impedi-lo de seguir em frente. Nicolau era uma pessoa obstinada e, quando decidia fazer algo, era difícil fazê-lo retroceder.

Tanto Nicolau como Alexandra subestimaram demais os crescentes perigos políticos. Alexandra estava preocupada em cuidar dos filhos, que haviam contraído sarampo. Mas Protopopov telefonou para o palácio e relatou os distúrbios de rua a Alexei Volkov, o criado particular do tsar. Alexandra se recusou a aceitar que a situação era crítica, tendo dito a Volkov: "Não, não é possível. Não pode haver uma revolução na Rússia. Os cossacos nunca se amotinarão."[5] Pura ilusão. Três dias após a partida de Nicolau, foram ouvidos disparos de armas de fogo perto do Palácio de Alexandre, e o fornecimento de água foi cortado.[6] Ainda que os cossacos permanecessem leais ao império, outros soldados já vinham contestando a legitimidade da monarquia.

No dia seguinte, greves e manifestações de protesto se espalharam por todos os bairros da capital, e guarnições do exército tiveram dificuldade em controlar as multidões. Organizações revolucionárias clandestinas — de socialistas-revolucionários, mencheviques e bolcheviques — viram nisso mais uma oportunidade para desestabilizar a ordem política e começaram a apregoar a derrubada da monarquia. Em 7 de março, os trabalhadores da fábrica de armas de Putilov se juntaram aos participantes de uma greve geral e se tornou patente que alguns dos soldados estavam passando para o lado dos manifestantes. Nicolau ordenou a prisão imediata dos líderes rebeldes, sua usual reação a desafios vindos da classe trabalhadora, mas os comandantes das guarnições e a polícia não foram capazes de conter o aumento da manifestação dos trabalhadores da indústria e dos amotinadores no exército. Portanto, acabou se revelando impossível proibir a realização de manifestações. Petrogrado se tornara ingovernável, e as tropas despachadas para debelar o movimento dos trabalhadores acabaram se unindo a eles e lhes dando apoio armado. Políticos da Duma fizeram reuniões secretas para discutir sobre a melhor forma de lidar com a crise. Enquanto isso, regimento após regimento se rebelava contra a monarquia. Comandantes que se esforçavam para manter a ordem eram ignorados; alguns chegaram a ser linchados. Todas as insatisfações e ressentimentos que vinham aumentando desde a crítica situação revolucionária de 1905–1906 vieram de novo à tona.

Em conversas com oficiais da guarda real do Palácio de Alexandre, a imperatriz chamou os insurgentes de tolos que logo mudariam de ideia e se acalmariam. Quando os relatórios foram se revelando cada vez mais deprimentes, ela exclamou: "Pelo amor de Deus, que não haja derramamento de sangue por nossa causa!"[7] Num tom ainda mais dramático, disse aos guardas: "Não imitem o pesadelo da Revolução Francesa, tentando defender a escada de mármore do palácio!"[8] Ela temeu o pior quando ouviu dois tiros no parque do lado de fora: na verdade, eram disparos de soldados da guarnição atirando em cisnes na lagoa. Eles mataram também algumas cabras e gazelas que pastavam nas proximidades. Não se fez nenhuma ameaça de atos de violência contra a família imperial, mas Alexandra viu nisso um sinal do que estava por vir e declarou: "Está começando!"[9] Embora suportasse tudo estoicamente, seus criados notaram que ela chorava quando ficava sozinha. Sua fortaleza moral era excepcional e reforçada por sua fé cristã. Quando a camareira Maria Tutelberg tentou consolá-la, ela observou: "Nosso sofrimento não é nada. Veja o suplício de nosso Salvador e quanto ele sofreu por nós. Se isso é necessário para a Rússia, estamos preparados para sacrificar nossas vidas e tudo o mais."[10]

Em 10 de março, o grão-duque Mikhail, o irmão mais novo do imperador, telefonou para Mikhail Rodzianko, o presidente da Duma, de sua residência em Gatchina, desesperado com a situação em Petrogrado. Mas Rodzianko não pôde proporcionar-lhe nenhum consolo. Os dois combinaram de se encontrar na capital para uma conversa diante de testemunhas. No encontro, Rodzianko disse ao grão-duque o que ele achava que era o mínimo que deveria ser feito com urgência e aconselhou Mikhail a enviar um telegrama ao irmão dizendo que ele estava à beira do abismo. Ponderou que Nicolau tinha de aceitar a necessidade de transferir Alexandra para o palácio em Livádia, às margens do Mar Negro, de modo que as pessoas pudessem ver que ela não estava mais influenciando as políticas públicas. Acrescentou que, simultaneamente, ele deveria permitir que a Duma Federal anunciasse a intenção de formar um "governo representativo".[11]

Então, Rodzianko enviou uma carta a Nicolau o instando a desfazer seu governo e a criar outro, aproveitando para adverti-lo de que, se Protopopov permanecesse no cargo, haveria problemas nas ruas. Golitsyn, presidente do Conselho de Ministros, apoiou com entusiasmo a iniciativa de Rodzianko, e ambos exortaram o imperador a reconhecer a urgência da situação. Argumentaram que era necessário formar um gabinete que pudesse contar com um apoio político mais amplo e, assim, propuseram que ou o príncipe Lvov, ou o próprio Rodzianko fosse o escolhido para chefiá-lo. O grão-duque Mikhail entrou em contato com Alexeiev por uma linha direta, implorando que ele contatasse Golitsyn e expusesse o caso a Nicolau. Embora Alexeiev estivesse com febre na ocasião, encontrou forças para se levantar da cama e tentar conseguir uma audiência com o tsar, na qual, mais ou menos conforme recomendado por Rodzianko e Golitsyn, implorou que o imperador aceitasse o plano.[12] Nicolau ouviu o que ele tinha a dizer, mas se recusou a mudar sua posição: ele havia chegado à conclusão de que as pessoas estavam querendo enganá-lo ou elas mesmas estavam enganadas. Assim, ele deixou o telegrama de Rodzianko sem resposta. Mas enviou uma carta a Golitsyn, enfatizando, rispidamente, que uma mudança de governo era inconveniente na situação atual.[13]

Ele estava reagindo à insatisfação pública com o governo como sempre fizera. Ademais, durante a guerra, mostrou-se ainda mais intolerante para com a ameaça revolucionária do que o normal. Ele sempre achou que a pronta adoção de medidas repressoras era a melhor solução. Embora mantivesse frequentes contatos com Petrogrado por telegrama, seus ministros não lhe enviaram, em tempo hábil, informes a respeito da enormidade da revolta. Ele dava como certo que, enquanto procurava concentrar-se nos planos de Alexeiev para as ações militares no Front Oriental, as tropas leais ao governo debelariam a rebelião dos insurgentes. Ele estava irremediavelmente distante da realidade. Em 12 de março, adiou a realização da sessão na Duma na tentativa de acalmar a situação política em Petrogrado. Mas os líderes da Duma se recusaram a permanecer na condição de meros observadores. Na tarde de 12 de março, formaram um Comitê Provisório, com Rodzianko como presidente, objetivando intervir nos acontecimentos, independentemente das ordens de Nicolau. Militantes socialistas entraram em ação no mesmo dia. Em reação ao estado de espírito dos manifestantes nas ruas, tomaram providências para criar um Soviete de Deputados de Operários e Soldados de Petrogrado e, à noite, estabeleceram um Comitê Executivo. Com operários e soldados desacatando o governo impunemente, estava instituída uma situação revolucionária.[14]

Embora o Comitê Provisório já se considerasse uma espécie de embrião de um futuro governo, seus membros sabiam que precisavam conquistar a aprovação dos integrantes do soviete. A essa altura, um "governo misto" estava em vias de ser formado, e os dirigentes socialistas do soviete estavam determinados a manter sua influência sobre o curso dos acontecimentos.

# 4. A Abdicação

Na noite de 13 para 14 de março de 1917, Alexeiev enviou um telegrama do supremo quartel-general ao general Ivanov, que chegaria a Tsarskoye Selo naquela manhã; ele queria que o oficial pressionasse Nicolau para que este fizesse um acordo com a Duma antes que fosse tarde demais.[1]

Ao longo do dia, Alexeiev foi ainda mais longe após chegar à conclusão de que o tempo de Nicolau havia se esgotado e de que agora ele tinha de deixar o poder. Embora se sentisse mal com a possibilidade de parecer desleal, ele não conseguia ver como o exército poderia travar uma guerra vitoriosa enquanto a capital estivesse dominada por distúrbios. Na ocasião em que Nicolau se achava no trem em Pleskov, Alexeiev tomou a inaudita decisão de contatar comandantes por telegrama no front para lhes perguntar se concordavam com ele. Na mensagem, manifestou seu receio de que militantes revolucionários paralisassem o funcionamento da malha ferroviária inteira; disse ainda que previa a eclosão de uma guerra civil se medidas drásticas não fossem tomadas. Prometeu a seus colegas comandantes que apresentaria as ideias ao imperador se eles aprovassem seu plano. As rápidas respostas foram amplamente favoráveis. Alexeiev transmitiu a Nicolau, ainda em Pleskov, o consenso dos militares em torno da questão e acrescentou à mensagem um apelo pessoal ao senso de dever patriótico do imperador num momento em que o alto comando havia perdido a confiança nele.[2] Se Nicolau ainda vinha alimentando a pretensão de se manter firme no poder, o telegrama de Alexeiev abalou sua capacidade de resistência, e o tsar afirmou, no telegrama de resposta, que faria qualquer sacrifício pelo bem da Rússia.[3]

Todavia, o tsar ainda não havia chegado ao ponto de uma rendição total, e ninguém sabia o que ele faria em seguida. Tendo-se apercebido disso, Alexeiev solicitou ao consultor jurídico Nicolai Basily que redigisse um manifesto para que Nicolau assinasse, concedendo poderes a Alexeiev para

A ABDICAÇÃO 41

criar um novo governo.[4] Mas as notícias demonstraram que as autoridades da capital haviam perdido o controle da situação. Alexeiev, que não se havia recuperado totalmente de uma gripe severa, acabou chegando à conclusão de que esse tipo de documento seria fraco demais. Raciocinou, pois, que Nicolau teria de se desligar totalmente do poder. Inferiu que, se ele continuasse no trono, haveria caos no país. Nicolau tinha de se afastar definitivamente.

Em 15 de março de 1917, uma enxurrada de conselhos alcançou Nicolau em Pleskov na forma de um telegrama enviado por Alexeiev. O primo do imperador, Nicolai, disse a ele, sem meias palavras, que ele tinha de repassar a outrem seu legado de poder, aparentemente a Alexei. A palavra *abdicação* não foi usada. Já o general Brusilov foi um pouco menos direto, dizendo que a Rússia seria arruinada, a menos que ele concordasse em abdicar do trono em favor de Alexei, nomeando Mikhail como regente. Acrescentou que uma decisão rápida era fundamental. Alexeiev transmitiu ambas as mensagens quando resolveu enviar uma de sua autoria. Ele não poderia dizer a seu soberano o que ele deveria fazer, mas sua intenção foi clara: "Rogo a Vossa Majestade que tome a decisão que o Senhor Deus o inspirar."[5] Acentuou ainda que ele e seus colegas comandantes concordavam com a necessidade de ele abdicar.[6] Conquanto, antes, ele houvesse pressionado respeitosamente o imperador a trabalhar em conjunto com a Duma, agora ele não via alternativa para sua concordância em abrir mão do trono — e, pela primeira vez, Alexeiev expôs suas opiniões sem a costumeira deferência com que se dirigia a Nicolau. A Rússia estava sendo dominada por uma insurreição política. No mínimo, teria de haver uma mudança de governante se os russos quisessem manter sua eficiência militar no Front Oriental.

Nicolau não fez nenhuma objeção. É que, embora não tivesse muito boa opinião sobre os ministros e desprezasse quase todos os políticos, ele adorava as forças armadas e seu alto comando. Amava também Alexandra, mas ela estava em Tsarskoye Selo, e não com ele. Especulou-se que Rodzianko e outros na capital haviam exagerado a intensidade dos distúrbios em Petrogrado na mensagem enviada ao tsar. Realmente, Rodzianko estava irritado com a teimosa recusa de Nicolau em cooperar com a Duma e vinha conspirando para tirá-lo do poder. Apesar disso, suas mensagens enviadas ao Stavka refletiam com precisão o que trabalhadores e soldados estavam fazendo na capital, e agora Alexeiev tentava convencer Nicolau de que, se quisessem mesmo vencer a guerra, o tsar teria de deixar o poder. Para um governante que tinha grande admiração pelos feitos militares de seu país, isso foi um choque quase insuportável. A União dos Povos da Rússia não tinha nenhuma utilidade para ele e não mantinha nenhuma convivência regular com seus líderes. Já com os membros do estado-maior geral, ele mantinha contato diário. Quando Alexeiev expôs suas considerações a respeito da situação revolucionária, Nicolau não tinha mais reservas de resistência política ou emocional.

Contudo, antes que tomasse qualquer tipo de providência, ele solicitou a presença, naquela mesma tarde, do professor Serguei Feodorov no vagão imperial. Feodorov, que era médico, fizera parte da equipe encarregada de cuidar da saúde de Alexei desde antes da guerra — em conversa com o dr. Botkin e um pediatra chamado dr. Raukhufs, havia proposto que recorressem a tentativas com alguns procedimentos terapêuticos mais drásticos do que os que outros médicos consideravam prudentes. Essa discordância entre os médicos refletia a impotência dos profissionais da medicina diante da hemofilia: médicos vinham experimentando a aplicação de tratamentos que, na maioria das vezes, pareciam causar mais danos do que benefícios ao paciente. Mas Feodorov, um profissional versado, procurava manter-se informado sobre as últimas teorias do mundo da medicina; ademais, conseguia explicar o que estava fazendo de um modo que tranquilizava os pacientes e numa linguagem que permitia que os leigos entendessem seus procedimentos.[7] Em 1915, ele se mudara, na condição de médico particular de Nicolau, para o supremo quartel-general, onde lhe foram concedidas acomodações particulares num dos trens e ele se mantinha em frequente contato com os comandantes e as autoridades da corte. Ele havia se tornado um dos empregados de maior confiança do imperador.[8] Feodorov não recebera nenhum aviso acerca do assunto que o imperador queria tratar com ele. Espantado, quase não conseguiu acreditar no que estava ouvindo. O imperador não estava recorrendo a um ministro ou a um general, mas a ele, um simples médico, para ajudá-lo a ponderar a mais grave questão de sucessão imperial na história da dinastia dos Romanov.

Ficou claro que Nicolau estava certo de que Alexei, então com 12 anos de idade, continuaria vivendo na companhia do pai. Feodorov achou que o tsar estava sendo ingênuo:

— Vossa Majestade acha mesmo que Alexei Nikolaevich permanecerá em sua companhia após a abdicação?

A ABDICAÇÃO 43

— E por que não? — questionou Nicolau. — Ele ainda é uma criança e, naturalmente, deve permanecer com a família até atingir a maioridade. Até lá, Mikhail Alexandrovich governará como regente.

— Não, Majestade, isso será praticamente impossível e parece óbvio, considerando todas as coisas, que Vossa Majestade de forma alguma poderá contar com isso.

Nicolau, claramente transtornado, mudou de assunto, perguntando:

— Fale-me com toda a sinceridade, Serguei Petrovich, a respeito do fato de a doença de Alexei ser mesmo incurável.

— Vossa Majestade — respondeu Feodorov sem meias palavras —, a ciência afirma que esta doença é incurável, mas muitas pessoas convivem com ela até uma idade considerável, embora a saúde de Alexei Nikolaevich vá depender de toda a espécie de contingência.

Nicolau, quase como que falando consigo mesmo, disse baixinho:

— Neste caso, não posso me separar de Alexei. Isso estaria além de minhas forças... de mais a mais, caso seu estado de saúde não permita que isso aconteça, então terei o direito de mantê-lo ao meu lado.[9]

Depois que Feodorov partiu, Nicolau refletiu sobre as opções que tinha e tomou uma decisão rapidamente e de importância igualmente histórica: ele transferiria o poder não para Alexei, mas para seu irmão, Mikhail.[10] Assim, pelo menos a dinastia dos Romanov seria preservada. Depois de Alexei, Mikhail era seu parente do sexo masculino mais próximo; além do mais, era sabido que ele tinha reservas para com o modo pelo qual Nicolau governara. Isso poderia ajudar a assegurar uma transição de governo pacífica, enquanto, ao mesmo tempo, a imagem política de Nicolau fosse se apagando com o escoar de seus dias de aposentadoria. Em breve, pois, Nicolau trataria de justificar sua decisão ressaltando que, até o nascimento de Alexei, ele vinha preparando Mikhail para o trono. Portanto, Mikhail era um candidato adequado para ocupar o cargo.[11]

Embora isso fizesse algum sentido do ponto de vista médico e genealógico, era uma escolha que infringia a lei de sucessão instituída pelo imperador Paulo, em 1796. Paulo odiava sua mãe, Catarina, a Grande, e a lei criada por ele foi uma das retaliações às maldades que ela cometera contra o filho. O tsar sabia também que sua mãe conspirara para a morte de seu pai — o marido dela —, Pedro III. Com a medida, Paulo tencionava impossibilitar que algum dia uma mulher ambiciosa ascendesse ao poder da forma cogitada por Nicolau. Até a promulgação da lei, ficava a critério do imperador titular nomear seu sucessor, que podia ser de ambos os sexos. Paulo mudou isso com uma simples canetada, determinando que o primogênito de todo futuro monarca se tornasse o sucessor automático do pai. Caso o monarca não tivesse filho do sexo masculino, o sucessor deveria provir de parentes masculinos, começando por seu irmão mais velho. A dinastia poderia continuar a existir com uma imperatriz no trono apenas na improvável eventualidade de não existirem candidatos do sexo masculino. O problema é que, embora sem querer, Paulo privou seus sucessores do direito de influenciar o que deveria acontecer se algum dos futuros monarcas optasse por renunciar ao trono. Assim, o imperador podia perder o poder saindo do trono pelas portas da morte ou da abdicação, mas não podia nomear seu sucessor: apenas a lei podia ditar quem ocuparia o trono.

Mas Nicolau foi criado para ser um autocrata e estava desesperado. E, afinal de contas, ele era o tsar. De mais a mais, ainda acreditava que podia fazer o que quisesse. O rascunho do documento de abdicação que Basily havia preparado para Alexeiev foi transmitido de Moguilev para Pleskov antes das 19h30 do dia 15 de março.[12] Nessa ocasião, nem Alexeiev nem Basily estavam cientes da decisão de Nicolau de excluir seu filho da linha de sucessão; na citação que fizeram de Alexei no documento, ele constava como imperador e Mikhail, como regente. A tensão aumentava em Moguilev, enquanto aguardavam uma resposta de Pleskov. Um grupo, incluindo o grão-duque Serguei e Basily, se reuniu na sala do oficial de serviço, ao lado do telégrafo de Hughes, no edifício do estado-maior geral. De vez em quando, o general Lukomski entrava na sala. Depois que fora avisado, por volta de 1h30 da madrugada de 16 de março, da iminente chegada de uma mensagem, o grupo correu para o aparelho e ficou observando a máquina imprimir a versão final do documento. Viram que, em quase todos os aspectos, era igual ao que Basily havia redigido para Alexeiev. Contudo, a principal diferença teria uma consequência de enorme importância. Nicolau transmitia o trono não a seu filho, mas a seu irmão, Mikhail. Assombrado, o grão-duque Serguei desabou no sofá; todos ficaram estupefatos.[13]

Basily sabia, graças às aulas de seu curso de graduação, dadas pelo especialista em Constituição professor Nicolai Korkunov na Universidade de São Petersburgo, que a questão da abdicação não aparecia em nenhuma parte do *corpus* da lei russa e, embora o possível imperador pudesse renunciar

A ABDICAÇÃO 45

solenemente ao trono, não havia nada prescrevendo a forma pela qual isso se daria ou sob quais condições o imperador poderia invalidá-la. Mas algo que estava claramente especificado era a sucessão automática do primogênito do imperador. Nicolau não tinha o direito de tirar Alexei da condição de herdeiro imediato do trono. Portanto, seu plano era totalmente ilegal.[14]

Enquanto isso, os acontecimentos tinham levado o Comitê Provisório criado pela Duma a agir. Na noite de 14 para 15 de março, ele havia escolhido dois de seus membros, Alexander Guchkov e Vasily Shulgin, para que fossem de trem a Pleskov e rogassem a Nicolau que abdicasse.[15] A viagem durou sete horas, já que foi interrompida com frequência por soldados que lotavam todas as estações pelo caminho. Guchkov e Schulgin chegaram ao destino às 22 horas do dia 15 de março de 1917.[16] Àquela altura, o ambiente político havia se transformado em Petrogrado, pois os membros do Comitê Provisório, tendo-se reunido nas primeiras horas daquela tarde, resolveram jogar com a sorte, unindo-se aos revolucionários, e estabeleceram um Governo Provisório, chefiado por Georgy Lvov.[17] O novo gabinete de ministros decretou a liberdade de imprensa, de reunião e de associação, e prometeu realizar eleições para formar uma Assembleia Constituinte com base no sufrágio universal de adultos. Os ministros achavam que o desempenho da Rússia na Grande Guerra se beneficiaria com a revolução que eles lideravam. Estavam convictos de que a destituição de Nicolau permitiria que conseguissem o apoio patriótico da população em geral. Logicamente, tudo seria mais fácil se conseguissem persuadir o tsar a deixar o poder sem resistência — e isso aumentava a importância da missão que Guchkov e Shulgin estavam realizando.[18]

Eles avisaram o general Nicolai Rúzski, que comandava o setor norte do Front Oriental, de sua pretendida chegada ao local, mas não revelaram nenhum indício do que tencionavam dizer ao imperador.[19] A viagem foi cansativa, e Shulgin se sentia constrangido com o fato de não ter trazido trajes de corte consigo. Nicolau estava pronto para recebê-los, apesar da hora avançada. O conde Frederikhs os conduziu ao vagão imperial, juntamente com Rúzski. Os visitantes de Petrogrado ficaram surpresos com a calma e a atitude amistosa do tsar, observando o soberano enquanto este se dirigia à sua pequena mesa para se sentar, de onde os convidou a fazer o mesmo. O conde Cirilo Naryshkin permaneceu no vagão para fazer anotações em nome do imperador. Embora não deixasse transparecer, Shulgin trazia, no fundo, certa preocupação quanto à possibilidade de Guchkov arruinar o clima favorável ressuscitando velhas discórdias. Mas ele não precisava se preocupar com isso; Guchkov estava sendo extremamente cortês, se bem que quase não olhasse para Nicolau — e não era por acanhamento, mas por causa de seu hábito de olhar para baixo quando tinha de se concentrar.[20]

Guchkov falou francamente sobre as implicações de um motim nas guarnições militares. Recomendou, pois, que Nicolau reconhecesse quanto sua insistência em permanecer no trono seria catastrófica. Ponderou que ele precisava entender que estava tudo acabado para o tsar em Petrogrado e que Moscou já se encontrava em estado de agitação política. Explicou que não havia nenhuma conspiração sistemática, mas um movimento anárquico por parte da população. Guchkov informou também que líderes da Duma tinham criado um Comitê Provisório para tentar estabilizar a situação e controlar as tropas. Os sociais-democratas já dominavam os acontecimentos e andavam lançando clamores para a instituição de uma "república socialista". Estavam sendo feitas promessas de transferir terras para os camponeses e que, em breve, isso poderia causar impacto no Front Oriental. Se Nicolau quisesse impedir isso, teria de abdicar em favor de seu filho Alexei e tornar o grão-duque Mikhail o regente do império. Guchkov acentuou também que estava falando em nome de um grupo cuja maior parte dos integrantes era favorável ao estabelecimento de uma monarquia constitucional. Por fim, pediu que Nicolau encarasse a realidade: "Espero que Vossa Majestade entenda que não pode contar com nada. Só lhe resta uma opção, que é seguir o conselho que estamos lhe dando, de que Vossa Majestade tem de abdicar do trono."[21]

Quando ele sugeriu que o tsar precisaria de algum tempo para pensar no assunto, Nicolau o interrompeu com educação e objetou: "Não tenho necessidade de pensar bem no assunto. Já tomei a decisão de abdicar do trono. Até as 3 horas, eu estava disposto a optar pela abdicação em favor de meu filho, mas depois entendi que não posso me separar dele." Após um breve silêncio, ele acrescentou calmamente: "Espero que vocês compreendam isto [...] Foi por essa razão que decidi abdicar em favor de meu irmão."[22]

A manifesta intenção de Nicolau deixou Guchkov e Shulgin pasmos. Afinal, haviam chegado lá esperando ter uma difícil contenda em torno do problema da abdicação, embora esperassem alcançar seu objetivo usando de persuasão — explicando que eram monarquistas que achavam que sabiam o que era melhor para a monarquia. Tempos depois, Guchkov observou que tinha ido lá sabendo que, se o empreendimento falhasse, ele seria preso e talvez até mesmo enforcado, mas decidira perseverar, pois achava que uma regência era a única solução para a Rússia.[23] Ele sabia que seria difícil atingir seu objetivo no clima de ânimos exaltados predominante na capital. Em sua visão da situação, a melhor coisa a fazer seria providenciar a elaboração do documento na calada da noite e anunciar os resultados à Rússia de manhã. Recusava-se a aceitar que isso equivaleria a um golpe de Estado, mas ele e seus simpatizantes estavam claramente determinados a destituir do cargo os piores integrantes da equipe governamental de Nicolau II: ele tinha em mira "os Stürmer, os Golitsyn, os Protopopov".[24] Ele não queria que Mikhail fosse um regente forte. Ao contrário, Guchkov optou por ele justamente porque o considerava alguém "sem determinação". Para ele, Mikhail era apenas uma "pessoa pura e bondosa".[25]

Guchkov explicou seu raciocínio da seguinte forma: "Achamos que a imagem do pequeno Alexei Nikolaevich seria um fator apaziguador na transferência de poder."[26] Conforme explicou depois, a ideia era persuadir Nicolau de que essa era a melhor forma de esvaziar a lista de [maus] políticos. Já Alexei era "um menino a respeito do qual era impossível falar algo de ruim", e os exaltados sentimentos de indignação do povo que vinham inundando as ruas de Petrogrado se aplacariam em pouco tempo.[27] Guchkov estava tentando fazer todo o possível para que o próximo imperador não exercesse nenhum poder de fato, e Alexei deveria ser o guia iluminado a salvar a Rússia de uma catástrofe política.[28] Mas a inesperada declaração de Nicolau o fez abandonar essa planejada série de acontecimentos. Houve um momento de empatia mútua quando os dois emissários da capital disseram que compreendiam a importância dos sentimentos paternos e que não iriam pressioná-lo. Declararam-se de acordo com a inesperada proposta de que fosse Mikhail o escolhido para ascender ao trono.[29]

Essa concordância consolou Nicolau, que perguntou se eles podiam dar garantias de que essa decisão restauraria o estado de tranquilidade do país. Eles responderam que não anteviam nenhuma complicação que pudesse advir dessa medida, e Schulgin entregou ao tsar um rascunho do ato de abdicação. Explicaram que partiriam para Petrogrado dentro de uma hora e tinham de levar um documento assinado com eles. Nicolau saiu do vagão, levando o documento consigo e retornando vinte minutos depois. Guchkov e Schulgin leram por inteiro o texto que o imperador havia recebido de Basily no supremo quartel-general. Endossaram o teor integralmente, mas Shulgin queria acrescentar uma condição estabelecendo que Mikhail se comprometeria a governar "em total e indissolúvel concórdia com os representantes do povo nas instituições legislativas". Guchkov, por sua vez, ponderou que Nicolau deveria incluir em seu ato de renúncia uma ordem nomeando Georgy Lvov presidente do Conselho de Ministros.[30] Nicolau assentiu e foi até o escritório emendar o texto. Guchkov aproveitou a oportunidade para sair do vagão imperial e anunciar aos que estavam reunidos lá fora: "Nosso Pai Tsar [*tsar batyushka*] está de pleno acordo conosco e fará tudo que for necessário." Os circunstantes soltaram brados de aprovação. Depois disso, Guchkov voltou para o vagão a fim de esperar junto com Shulgin o retorno do imperador.[31]

Algum tempo depois, circularia a história de que Guchkov e Shulgin não tinham a mínima ideia do acordo que estavam estabelecendo. Shulgin se queixaria disso: "No que se refere à ideia de que não conhecíamos a Lei Fundamental, eu mesmo tinha muito pouco conhecimento dela. Mas, logicamente, não a ponto de não saber que a abdicação em favor de Mikhail não estava de acordo com a lei de sucessão."[32]

Às 23h40, Nicolau reapareceu no vagão com o manifesto de abdicação assinado. Sem excesso de formalidade, entregou uma cópia a Guchkov. Para que não dissessem depois que ele havia agido sob pressão, indicou no manifesto que o tinha assinado às 15 horas daquele mesmo dia.[33] Guchkov e Shulgin haviam conseguido o que queriam.[34] De acordo com Alexander Kerensky, o proeminente advogado e militante socialista-revolucionário, a notícia foi transmitida a Petrogrado imediatamente, naquela mesma noite, por uma linha direta. Nicolau enviou também uma carta ao príncipe Georgy Lvov, pondo os cuidados com sua segurança nas mãos dele.[35] Estava tudo acabado. O imperador de todas as Rússias havia renunciado ao trono sem nenhum tipo de resistência. Agora, o homem que vinha tentando recuperar seus poderes autocráticos desde a Revolução de 1905–1906 estava reduzido à condição de simples cidadão. Seu estado de tensão começava a se dissipar e, embora estivesse exausto, sentia também uma estranha sensação de alívio. À 1h45 da madrugada de 16 de março de 1917, ele enviou o seguinte telegrama a seu irmão Mikhail: "Petrogrado. À Sua Alteza — Espero estar com você em breve, Nicky."[36] Essa foi a primeira vez que alguém dirigiu a palavra ao grão-duque dessa forma.

A ABDICAÇÃO    49

Nenhum Romanov havia abdicado ao trono em três séculos de dinastia. Assassinatos eram outra questão. Pedro III perdeu a vida no palácio, onde caiu vitimado por um golpe de Estado, em 1762, e Paulo foi morto em 1801. Em 1881, um grupo terrorista matou Alexandre III. Esse último incidente foi gravado em letras de fogo na memória da população russa; ocorreu em 1º de março do calendário gregoriano — ou em 14 de março no juliano. Shulgin ficou aliviado quando viu que Nicolau havia assinado a abdicação em 15 de março, e não no dia do aniversário deste último assassinato.[37]

A calma de Nicolau não se repetiu no Stavka quando a notícia chegou a Moguilev. O general Alexeiev, o grão-duque Serguei Mikhailovich e Basily ficaram arrasados. Afinal, Nicolau tinha rejeitado a proposta de sucessão deles.[38] Desesperado, o grão-duque Serguei se estatelou na cadeira e disse: "Está tudo acabado!" Visto como pessoa modesta, gentil e discreta, no Stavka todos achavam que Mikhail parecia despreparado para ocupar o trono. Ninguém ali conseguia imaginá-lo na condição de imperador. Alexeiev voltou a afirmar que Alexei e um regente seriam a melhor opção.[39] Mas foi Nicolau, e não Alexeiev, quem assinou os documentos de abdicação. A única coisa que Alexeiev podia fazer era aconselhar, tentar persuadir o imperador e conformar-se com tudo que o soberano decidisse. Para oficializar o processo, ele ordenou que Basily fosse encontrar-se com Nicolau no vagão, na estrada de ferro em Orsha, onde ele e o imperador tiveram uma conversa. Nicolau o deixou abismado com sua tranquilidade e impassibilidade, não lhe dando nenhum sinal de possíveis sequelas dos graves acontecimentos recém-ocorridos. Seu longo reinado estava prestes a chegar ao fim da noite para o dia, mas ele não parecia estar preocupado com nada.[40] De Orsha, Nicolau seguiu para Moguilev, aonde seu trem chegou às 20h20. Na plataforma, fileiras de soldados aguardavam sua chegada.

Antes de sair do vagão, Nicolau mandou que chamassem Alexeiev. Finalmente demonstrando alguma emoção, ele abraçou seu general.[41]

Enquanto isso, os acontecimentos em Petrogrado continuavam a suceder-se de forma imprevisível. Em meados do dia 16 de março, um grupo de ministros do Governo Provisório e de líderes da Duma se encontrou na pequena sala de recepção da residência de Mikhail em Petrogrado para discutir a ideia de ele se tornar imperador. Guchkov e Shulgin tinham acabado de chegar da viagem a Pleskov, e Rodzianko os convidara para participar da reunião. Ele também pediu que não divulgassem a notícia do ato de abdicação de Nicolau. Ponderou que os políticos tinham de se preparar para o próximo estágio da situação crítica em Petrogrado.[42]

Rodzianko, Guchkov, Milyukov, Kerensky e o industrial liberal Alexander Konovalov estavam entre os presentes, numa reunião em que houve exaltada troca de opiniões. Foi uma ocasião dolorosa para todos. Guchkov insistia em afirmar que o país precisava de um tsar; rogou que Mikhail aceitasse o trono legado pelo irmão com a promessa de convocar uma Assembleia Constituinte. Milyukov queria também que o trono fosse passado para Mikhail, mas se envolveu numa altercação acirrada com Guchkov sobre questões referentes à Constituição. O incidente pareceu um mau prenúncio para as perspectivas do Governo Provisório de apaziguar a situação política na capital. Guchkov argumentou que, em razão da emergência dos tempos de guerra, todas as medidas tomadas por ministros seriam justificáveis. Mas, embora Guchkov e Milyukov achassem que Mikhail deveria tornar-se imperador, Kerensky se opunha com veemência à ideia e insistia que Mikhail deveria recusar a subida ao trono, reconhecendo o fato de que as ruas estavam cheias de milhares de operários e soldados indignados e protestando contra a monarquia. Advertiu-o da possibilidade de uma guerra civil se Mikhail tentasse tornar-se o sucessor de seu irmão. Para Kerensky, essa era a questão prática mais importante, e não um princípio republicano. Acrescentou que Mikhail poria a própria vida em risco se concordasse em fazer o que Nicolau queria.[43]

A certa altura da discussão, Mikhail levou Rodzianko e Lvov para um canto, deixando apreensivos os outros presentes na sala. Guchkov temia a possibilidade de que Mikhail estivesse prestes a consultar sua ambiciosa esposa, contra a qual existia uma suspeita generalizada de que queria tornar-se imperatriz, se bem que ela estivesse em casa, em Gatchina. O clima de tensão impregnava todos na sala. Quando Guchkov se retirou para dar um telefonema, Kerensky exigiu que ele dissesse com quem pretendia conversar. Guchkov respondeu que só iria entrar em contato com a esposa. Kerensky estava tão nervoso quanto todos os demais, mas com suficiente autocontrole para pedir a Mikhail que não falasse com ninguém ao telefone. Mikhail protestou, dizendo que falaria somente com a esposa, mas que agradeceria se lhe concedessem um tempo para consultar a própria consciência: foi sua única imposição. Quando voltou para a reunião, disse, num tom de voz firme, mas repassado de apreensão, que ele pretendia renunciar ao trono. Assim, a

A ABDICAÇÃO 51

discórdia entre Kerensky e os defensores de uma solução monárquica acabou se mostrando desnecessária. Guchkov disse então que não podia mais concordar em fazer parte do Governo Provisório — e só desistiu de seu intento de deixar o governo quando Kerensky implorou que desistisse da ideia.[44]

Mikhail assinou seu documento de "abdicação", que, na verdade, deveria ter sido chamado de renúncia, no início da tarde do dia 16 de março. O ato foi divulgado pouco tempo depois, na mesma hora do documento de abdicação que seu irmão Nicolau assinara. No documento, Mikhail exortava os cidadãos a que obedecessem ao novo Governo Provisório. Acrescentou que nutria a esperança de que se realizassem eleições para a formação de uma assembleia constituinte.[45] Alexandra soube dos acontecimentos apenas de forma fragmentária. Por volta das 16 horas de 16 de março de 1917, o conde Pável Benkendorf, o mestre de cerimônias da corte, falou-lhe sobre o boato de que seu marido tinha abdicado. Ela achou difícil acreditar que ele pudesse haver tomado uma decisão tão importante com tamanha rapidez. Afinal, Nicolau sabia quanto seu filho estava doente. Ele certamente não podia ter abdicado em favor de Alexei. Uma hora depois, chegaram boletins de Petrogrado esclarecendo o que havia acontecido, e Alexandra soube que Nicolau tinha passado seus poderes imperiais — ou pelo menos tentara fazer isso — a seu irmão Mikhail.[46] Enquanto isso, essa mesma informação deixou Nicolau profundamente abalado. Ele contava com a concordância de Mikhail em sucedê-lo no trono. Para Nicolau, a dinastia era uma responsabilidade sagrada. Mas ele se recusava a culpar Mikhail: "Não posso julgar sua atitude sem conhecer os detalhes do acontecimento."[47] No entanto, ele encarou o manifesto de Mikhail com grande indignação, tendo registrado em seu diário: "Deus sabe quem foi a pessoa que o convenceu a assinar um lixo como esse!"[48]

Quando, em 19 de março de 1917, o general de divisão John Hambury-Williams, chefe da missão militar britânica, foi convidado para um encontro com o imperador em Moguilev, notou a diferença que havia agora nas cercanias do supremo quartel-general russo. Viu que, do lado de fora dos portões, havia apenas "homens ociosos". Mas viu que havia também, impedindo a passagem, "uma sentinela com a braçadeira vermelha da revolução no braço". Os soldados revoltosos já estavam sinalizando que eles eram o verdadeiro poder no país. A sentinela impediu Hambury-Williams de caminhar para o local do encontro pela via enlameada, até que um dos membros da comitiva do imperador apareceu para solucionar o problema.[49] As acomodações do imperador eram um infausto sinal dos novos tempos. O piano de cauda permanecia ali, mas os vasos de flores haviam sido retirados, e as fotografias que antes adornavam sua mesa haviam sido empacotadas. Deparou com Nicolau trajando o uniforme cáqui. Viu que ele estava pálido e cansado, com fundas olheiras emoldurando seus olhos, embora ele houvesse conseguido saudar a chegada do convidado com um sorriso. Ele tinha recebido uma carta da esposa por intermédio de um oficial que sentira necessidade de escondê-la por baixo da túnica.[50]

Moguilev, onde, poucos dias antes, pessoas se haviam aglomerado exclamando saudações ao soberano, estava passando pela mesma transformação política que Petrogrado e o restante da Rússia. Duas bandeiras vermelhas enormes pendiam agora das janelas da assembleia legislativa da cidade.[51] Moradores circulavam com fitas vermelhas nas roupas. Não havia, em parte alguma, um policial sequer. A revolução havia triunfado.[52]

# 5. Tsarskoye Selo

Durante todo o tempo que antecedeu a tomada de importantes decisões por parte de Nicolau e seu irmão Mikhail, a imperatriz Alexandra esteve no Palácio de Alexandre, em Tsarskoye Selo, freneticamente à espera de informações sobre o que estava acontecendo. Quando notícias deram conta do agravamento da situação dos Romanov, Rodzianko telefonou para o general Alexei Resin, o comandante do Regimento de Infantaria de Unidades Remanescentes, para aconselhar que a imperatriz deixasse o Palácio de Alexandre, levando consigo o restante da família. Quando Resin respondeu que as crianças estavam doentes, Rodzianko permaneceu impassível: "Quando uma casa está em chamas, a pessoa leva as crianças." De acordo com Ana Demidova, a criada da imperatriz, quando a mensagem foi transmitida a Alexandra, ela, no início, concordou, mas depois resolveu que não sairia, argumentando que o palácio em Tsarskoye Selo era seu lar, e ela se recusava a abandoná-lo.[1] Alexandra culparia Rodzianko pela decisão de Nicolau de abdicar. Portanto, na visão dela, Nicolau não precisava ter abdicado.[2] Para uma mulher que estava acostumada a dar conselhos políticos ao marido, foi um período de grande frustração. Afinal, a Rússia estava entrando numa situação de emergência revolucionária, e o casal imperial, pela primeira vez em seu casamento, ficou impossibilitado de trocar confidências. Agora, Nicolau abrira mão do trono e seu único pensamento era poder voltar para ela o mais rapidamente possível.

No início, tal como seu nome ("Vila do Tsar") sugere, Tsarskoye Selo era um refúgio campestre da família imperial. No coração do vilarejo ficava o Palácio de Alexandre que Nicolau e Alexandra haviam transformado no lar da família. Depois de 1905, tornou-se o local de permanente refúgio do casal e de seus filhos, em que ficavam ao abrigo da ruidosa agitação da capital. O edifício era mais parecido com a mansão campestre de um aristocrata britânico do que com as outras residências dos Romanov, e era onde a família imperial se sentia mais à vontade. Nos tempos de paz, se estivessem lá, podiam chegar à capital dentro de uma hora se fosse necessário, e seus parques e lagoas lhes proporcionavam a paisagem e o ambiente tranquilo que tanto apreciavam. Nicolau, um entusiasta das caçadas, montara seus troféus de caça no saguão de entrada. Em seus quartos, Alexandra vivia cercada das fotografias autografadas de monarcas vivos e falecidos, incluindo as da finada rainha Vitória e do rei Eduardo VII. O escritório de Nicolau tinha sempre mapas espalhados por toda parte, usados por ele quando estudava planos militares. No palácio havia também um quadro em tamanho natural retratando a rainha Vitória, bem como retratos dos tsares anteriores a Nicolau II: Nicolau I, Alexandre II e Alexandre III.[3]

Com o passar dos séculos, apareceram nas redondezas muitas mansões e quartéis. Aliás, o local se tornara um grande centro militar. Construíram ali uma estação ferroviária para facilitar viagens dos Romanov quando vinham do Palácio de Inverno, na capital. Para além da área habitada havia pântanos e brejos, em que mosquitos tornavam a vida um tormento nos meses de verão, mas os Romanov permaneciam nas dependências seguras e cercadas do palácio.[4] Os quartéis abrigavam 40 mil soldados.[5]

A maior parte da população de Tsarskoye Selo não era formada de moradores permanentes, mas de soldados a serviço da segurança da família, e o comportamento deles em relação aos Romanov mudou quando a revolução chegou à vizinha Petrogrado. Passaram a circular imediatamente informes de comemorações políticas regadas a copiosas doses de vodca. Em alguns regimentos, chegaram a fazer execuções da *Marselhesa*, a canção da Revolução Francesa. Por algum tempo, houve rumores de uma conspiração para disparar canhões contra o Palácio de Alexandre. A unidade da guarda real recebeu ordens para se precaver contra possíveis ataques desse tipo.[6] Todavia, os tiros de fuzil continuaram, e todos sabiam que a situação no país era explosiva.[7] Alexandra suportou tudo com muita coragem. Enquanto esperava o marido voltar, enviou-lhe um telegrama com expressões de solidariedade, em que a emoção venceu a gramática: "Você, meu amor, meu anjo querido, não posso nem pensar naquilo pelo qual você pode ter passado ou está passando — fico desesperada. Ó, Deus: certamente recompensaremos* cem

---

* No original, "we will recompense 100-fold for your suffering" e, tal como observado pelo autor, a forma mais correta seria "receberemos uma recompensa cem vezes maior do que o seu sofrimento". (*N. T.*)

# TSARSKOYE SELO

vezes mais por todo o seu sofrimento."[8] Quando começou a ouvir o barulho lá fora, procurou socorrer-se das íntimas reservas da própria coragem. Sentiu que o destino da família não estava mais nas mãos dos Romanov.

As medidas do Governo Provisório em relação aos Romanov eram acompanhadas de perto pelo Soviete de Petrogrado, cuja pressão era intensa e contínua. Numa reunião, em 16 de março, o Comitê Executivo do soviete tinha exigido a prisão da "dinastia Romanov" e cogitava a possibilidade de agir por conta própria se o Governo Provisório se recusasse a fazer isso. Ao mesmo tempo, o Comitê Executivo reconheceu que Mikhail Romanov não representava nenhum perigo real e podia ser poupado do encarceramento, mas deveria ser mantido sob a supervisão do "exército revolucionário". Quanto ao grão-duque Nicolai, deveria ser chamado de volta do Cáucaso e acompanhado por rigorosa vigilância durante a viagem para Petrogrado. Os revolucionários mostraram certa relutância em prender Alexandra, bem como o restante das mulheres dos Romanov, e acabaram resolvendo adotar um processo de solução gradual, de acordo com o comportamento individual de cada uma na velha ordem política.[9] A liderança soviética continuava determinada a impedir que Nicolau buscasse asilo no exterior, e Nicolai Chikheidze, um dos líderes mencheviques do Soviete, informou com satisfação ao seu Comitê Executivo que um ministro tinha avisado ao gabinete que o soviete podia prender Nicolau se isso fosse autorizado.[10]

Ministros pretendiam resolver o assunto em 20 de março, decretando que Nicolau e Alexandra permanecessem confinados em Tsarskoye Selo por um bom tempo. A esperança era que a questão da monarquia acabasse caindo no esquecimento.[11] Porém, quando, naquele mesmo dia, Kerensky apareceu no soviete de Moscou, teve de lidar com clamores exigindo a execução de Nicolau. Kerensky respondeu que o Governo Provisório não endossaria nenhuma medida nesse sentido e que ele seria o Marat da Revolução Russa.[12]

Nesse ínterim, o gabinete de ministros ordenou que o general Alexeiev montasse uma unidade para escoltar o imperador em sua viagem partindo de Moguilev. Um grupo de parlamentares da Duma seria enviado à localidade para supervisionar o processo.[13] Alexeiev transmitiu uma mensagem às estações ferroviárias ao longo da rota da viagem, repetindo a salvaguarda instituída para garantir a segurança de Nicolau em sua transferência para o Palácio de Alexandre.[14] Às 23 horas de 20 de março, quatro representantes da Duma — Alexandre Bublikov, Vasily Vershinin, Semeien Gribunin e

Savéli Kalinin — partiram de Tsarskoye Selo com destino a Moguilev, a serviço do governo, chegando a Vitsyébski antes de prosseguirem para Orsha. Bublikov e Vershinin responderam a perguntas do público nas estações pelas quais passaram. Chegaram a Moguilev no meio da tarde de 21 de março, sendo saudados enquanto se dirigiam ao Supremo Quartel-General, onde Bublikov explicou os detalhes de sua missão a Alexeiev. Após uma breve conversa sobre questões práticas da operação, Alexeiev acompanhou os emissários até o trem imperial para transmitir as exigências diretamente a Nicolau. Na ocasião, o ex-imperador estava conversando com sua mãe no trem ao lado.[15] Depois que acabou de tomar as providências finais para partir, o tsar deixou a composição. Sua tarefa mais difícil foi despedir-se do estado-maior do Supremo Quartel-General. Na sequência, lágrimas correram entre os presentes.[16] Foi como se nenhum dos oficiais conseguisse acreditar no que estava acontecendo.[17] Nicolau havia assinado também uma declaração de despedida para que circulasse entre os elementos das forças armadas, na qual afirmara que desejava a eles tudo de bom na luta contra o inimigo estrangeiro, mas o Governo Provisório proibiu sua publicação.[18]

Somente um oficial de sua equipe de guarda-costas teve permissão de acompanhá-lo a Tsarskoye Selo, pois ainda imperava um clima de apreensão quanto a uma possível tentativa violenta de reverter o ato de abdicação.[19] Nicolau se tornara um cidadão comum, e sua segurança era agora assunto do Governo Provisório. A locomotiva ganhou forças e partiu de Moguilev às 16h50.[20] Num trem formado por dez vagões, os emissários da Duma seguiram viagem no último deles. Um vagão inteiro foi reservado para a comitiva, da qual fizeram parte os aristocratas Vasily Dolgorukov, Cirilo Naryshkin e outros, juntamente com o professor Feodorov. Homens influentes no passado, eles se reuniram num local privativo para uma discussão sobre o futuro incerto na política e em suas vidas. O poder de decisão estava exclusivamente nas mãos de Bublikov e seus colegas da Duma, os quais eram os únicos que podiam alterar a rota ou enviar e receber telegramas. Pararam em Orsha e depois em Vitsyébski. Os membros da Duma se revezavam no exercício de suas atribuições. Quando iniciaram o último trecho da viagem, enviaram instruções por telegrama a um comitê de recepção numa estação em Tsarskoye Selo, mandando que se preparassem para a chegada deles.[21]

O general Lavr Kornilov já tinha feito uma visita a Tsarskoye Selo em 21 de março, na companhia do coronel Yevgeny Kobylinsky.[22] Com um laço vermelho fixado no peitilho, ele não deixava dúvida de que era a favor da revolução. Quando entrou no Palácio de Alexandre, os criados lhe disseram que a imperatriz ainda estava na cama, ao que Kornilov respondeu: "Pois digam a ela que isso não é hora de dormir!" Somente então, ele revelou quem era.[23] A imperatriz os manteve esperando por mais dez minutos, até que finalmente os recebeu no quarto das crianças. Kornilov lhe dirigiu a palavra tratando-a por "Vossa Alteza" e falou da "grave tarefa" de lhe informar que o governo decidira pôr não só ela como a família imperial sob detenção. Avisou que, dali em diante, ela teria de entrar em contato com Kobylinsky se quisesse fazer alguma solicitação. Acrescentou que os Romanov podiam continuar a contar com seu séquito, mas os que optassem por permanecer lá teriam de aceitar as mesmas condições de confinamento no palácio. Kornilov dispensou a guarda imperial inteira, substituindo-a por um regimento de fuzileiros, em cujos integrantes ele achava que podia confiar.[24]

Ele encarregou Kobylinsky de comandar a guarnição de Tsarskoye Selo, com Pável Kotsebu como seu subordinado e comandante do Palácio de Alexandre.[25] Kobylinsky havia sido ferido no início da guerra e ainda estava sofrendo de inflamação num dos rins.[26] Ele tivera uma rápida recuperação numa das casas de convalescença de Tsarskoye Selo, de onde foi transferido para um batalhão de reservistas (onde se recuperou o suficiente para iniciar um caso amoroso com a enfermeira e professora Cláudia Bitner).[27] Seus colegas oficiais tinham respeito por ele e o consideravam uma pessoa "serena, calma e equilibrada".[28] Contudo, embora Kobylinsky soubesse agir com discrição política, Kotsebu se comportava como se a revolução não houvesse acontecido. Guardas no palácio viam suas intensas conversas com Ana Vyrubova que todos sabiam ser confidente de Alexandra. Mas logo Kornilov o substituiu pelo coronel Pável Korovichenko, um especialista em legislação militar e um dos parceiros de Kerensky. Quanto a Vyrubova, foi demitida logo em seguida, durante uma visita de Kerensky. Após uma despedida da imperatriz banhada em lágrimas, testemunhada por Kobylinsky e Korovichenko, ela foi levada para uma prisão em Petrogrado.[29]

Os Romanov gozaram de total privacidade nas dependências do Palácio de Alexandre, onde nenhum soldado foi posto para vigiar seus quartos.[30] Mas havia regras ditando a forma pela qual deveriam comportar-se do lado de fora de suas paredes, e só podiam visitar o parque da propriedade mediante combinação prévia.[31] Todos que continuaram no palácio de Tsarskoye Selo automaticamente concordaram com a prisão domiciliar por um bom tempo. Aos que não se achavam dispostos a se submeter a isso, foi solicitado que partissem imediatamente. Poucos partiram, visto que era grande a lealdade ao imperador e à sua família. Em pouco tempo, as consequências dessa escolha ficaram patentes. Os moradores do palácio podiam caminhar pelo parque interno, mas somente em horas específicas e sempre sob constante vigilância. Contatos com o mundo exterior podiam ocorrer apenas com a permissão do novo comandante da guarda do palácio, Korovichenko.[32]

O trem chegou à estação de Tsarskoye Selo às 11h30 do dia 22 de março de 1917. Nicolau e Dolgorukov ainda achavam que podiam contar com o respeito que o público tivera por eles numa fase anterior de suas vidas. Mas teriam uma surpresa desagradável.[33] É que o costumeiro destacamento militar havia sido totalmente substituído quatro horas antes — alguns dos oficiais substituídos pretendiam receber o imperador com clamores de saudação, tal como tradicionalmente faziam, algo que as novas autoridades revolucionárias estavam determinadas a impedir.[34] Pelo que Nicolau pôde observar, não havia nenhum general no comando da tropa, apenas oficiais subalternos, aguardando na plataforma.[35] De algum modo, ele não percebeu a função que Kobylinsky tinha no grupo.[36] Quando a limusine parou no portão do Palácio de Alexandre, os homens da guarda, numa atitude que lhe pareceu estranha, demoraram um pouco para abri-lo. E não por acaso. Tanto os soldados como os oficiais queriam mostrar que agora os tempos eram outros. No interior do palácio, o modo de agir da guarda era idêntico. Nicolau segurou instintivamente a ponta do chapéu para saudar os guardas. Pela primeira vez na vida, nenhum deles respondeu com qualquer tipo de saudação.[37]

Agora, o cidadão Romanov tinha de aprender regras que outras pessoas estavam impondo a ele. Com sua abdicação, a Rússia se tornara uma república, e ele tinha perdido o elevado status de que desfrutara desde o nascimento. O restante de sua família passou pela mesma transformação. Foi também em 22 de março de 1917 que o Governo Provisório revogou a nomeação de seu primo Nicolau Nikolaevich para ocupar o posto de comandante militar na frente de combate no Cáucaso. Essa revogação foi feita de forma respeitosa. Foi-lhe enviada uma mensagem antes de sua chegada a Moguilev solicitando que se exonerasse do posto. Lvov não gostou da ideia de destituí-lo. Mas fez pressão para que isso acontecesse, declarando que o Governo Provisório não podia ficar indiferente à voz do povo, que se opunha integralmente à ocupação de cargos de autoridade por qualquer membro da família Romanov.[38] O grão-duque Nicolai chegou ao Supremo Quartel-General em 23 de março, um dia antes de ter recebido a mensagem. Em 24 de março de 1917, ele acatou a solicitação de Lvov e transferiu suas responsabilidades a Alexeiev, chefe do estado-maior geral.[39] Como resultado disso, não restava nenhum parente do ex-imperador ocupando um cargo oficial importante. Os efeitos da Revolução de Fevereiro haviam alcançado os amigos e parentes dos Romanov.

Tudo parecia de pernas para o ar; o mundo tinha mudado e continuava mudando. Pela primeira vez, os homens do destacamento militar postados no Palácio de Alexandre não saudaram sua chegada. Em vez disso, Nicolau teve de ficar esperando o oficial do dia aparecer para entrar no palácio. O constrangimento foi deliberado. As autoridades em Tsarskoye Selo estavam dando um sinal da nova situação: o tsarismo ruíra e havia chegado uma nova era na história da Rússia. Não que Nicolau fosse ser impedido de juntar-se à esposa e aos filhos. Ao contrário, ministros pretendiam mantê--lo confinado nas dependências do palácio. Tanto que, assim que o oficial de serviço apareceu, exclamou com voz forte e clara: "Abram os portões para o ex-imperador!"[40] (A formalidade verbal serviu para confirmar que as coisas tinham sido subvertidas de fato.) Nicolau manteve a compostura e nenhum dos soldados disse ou fez algo inconveniente ou grosseiro enquanto ele se dirigia à residência. No primeiro dos aposentos dos filhos, Alexandra foi a primeira a dar as boas-vindas ao marido. Eles sorriram, beijaram-se e abraçaram-se. Em seguida, deixaram o quarto para se reunir com seu filho e suas filhas.[41]

O palácio ficou fechado para pessoas de fora, e os Romanov foram postos em prisão domiciliar. Nicolau, sua esposa e seus filhos eram os únicos da família na residência, e nenhum de seus outros parentes teve autorização para visitá-los. A mãe do tsar, a imperatriz viúva Maria, partiu de Moguilev na mesma hora que ele, mas seguiu direto para Kiev. Quando chegou ao destino, ela anunciou o desejo de rumar para a Crimeia, ao sul. Em 5 de abril de 1917, ela partiu para lá com uma reduzida escolta militar. Antes da retirada e da dispersão da guarda, ela entregou fotografias autografadas aos seus membros.[42]

Nicolau e seus familiares procuraram adaptar-se à nova situação, mas um pequeno acontecimento os deixou transtornados. Eles haviam providenciado discretamente o enterro de Rasputin na capela da propriedade. Quando os novos soldados descobriram isso, desenterraram o caixão e arrancaram a tampa para examinar o corpo. E acharam, ao lado da bochecha direita do defunto, a imagem de um santo assinada por "Alexandra, Olga, Tatiana, Maria, Anastácia e Anya [sic] [Vyrubova]". O comandante da guarda mandou que transferissem o caixão para a estação ferroviária Srednyaya Rogatka, com o objetivo de fazerem um sepultamento secreto nas proximidades.[43] O próprio presidente-ministro Lvov revogou essa ordem e mandou que Kobylinsky entregasse o caixão e seu conteúdo ao comissário Kuptchínski, que deixou o gabinete para se encontrar com ele. Apesar da tentativa de Kuptchínski de ocultar o que estava acontecendo, a notícia logo se espalhou e Kuptchínski foi detido por uma multidão antes de conseguir chegar a Petrogrado. Depois de uma briga por causa do corpo, Kuptchínski julgou prudente mandar cremá-lo e, assim, evitar o risco de alguém acabar furtando o defunto.[44]

Um grupo de estudantes universitários das vizinhanças e alguns soldados foram incumbidos da tarefa, transportando o corpo para uma floresta, onde fizeram sua incineração numa pira funerária. Senhoras idosas que veneravam a memória de Rasputin tiveram de ser levadas do local. Mas foi usado pouco combustível. Assim que o fogo foi aceso, a gasolina se esgotou e as chamas não conseguiram dar conta do recado. A essa altura, havia espectadores no local, alguns convictos de que isso era uma prova de que o falecido tinha sido um santo. Os estudantes refizeram a pira e, dessa vez, a incineração foi bem-sucedida, com as chamas deixando de consumir apenas o seu esqueleto. O pequeno grupo decidiu espalhar os ossos pela clareira, mas isso serviu apenas para incentivar as velhas senhoras a recolhê-los, com vistas a preservá-los em relicários depois. Com o aumento da comoção, os cansados estudantes recolheram os ossos remanescentes, voltaram para a faculdade e os atiraram numa grande fornalha.[45] Rasputin se revelara quase tão indestrutível morto quanto havia sido em vida. Mesmo assim, a notícia não foi transmitida à família imperial. Uma vez que seus membros não eram mais reais participantes da vida política, não seriam informados de nada, exceto no que se referisse a assuntos de família. Eram prisioneiros em todos os sentidos, menos no nome.

# 6. A Vida em Família

Nicolau e Alexandra se adoravam. Mesmo após décadas de casamento, as cartas que ela enviava ao marido revelavam uma paixão intocada, e ele, por sua vez, não era menos afeiçoado à esposa. Mas a mútua dependência impediu que ele enxergasse as fraquezas da mulher em seu papel de consorte. Alexandra tinha uma arrogância que imperatrizes e rainhas de outros tempos e outras terras procuravam moderar com certa teatralidade. Mas ela simplesmente não conseguia simular emoções ou fingir que estava gostando de algo quando, na verdade, estava se sentindo entediada ou infeliz. Sua incapacidade de se cobrir com certa calidez a prejudicou junto à opinião pública russa.[1] Autoritária e fanática, acabou se afastando da maioria dos parentes do marido, incluindo sua mãe, Maria Feodorovna. E se contentava em se manter isolada. Alexandra sempre se comportava como se pudesse ter certeza de que tinha Deus e a sensatez ao seu lado.

Isso não teria sido muito importante se o Império Russo não houvesse sido atormentado por uma profunda crise política, uma crise cuja culpa muitos atribuíam a um imperador fraco demais para resistir ao aconselhamento político de uma esposa autoritária. À medida que foram aumentando as dificuldades internas e externas do país, cresceu também o ódio por ela. A imperatriz sempre considerara dever seu fortalecer a convicção do marido quanto à necessidade de se aferrar a tradições autocráticas. Dias antes dos acontecimentos de fevereiro, ela escreveu: "Eu gostaria muito de poder ajudá-lo a carregar esse fardo! Você é corajoso e perseverante — sinto e sofro em minha alma, junto com você, *muito mais* do que sou capaz de expressar em palavras." Ela acrescentou na mensagem o pensamento de que o finado Rasputin — "nosso querido amigo" — estava rezando por ele em outro mundo.[2] Nicolau e Alexandra não tinham como ser mais diferentes um do outro: ela era impetuosa, ao passo que seu marido era calmo. Ela tomava decisões rapidamente; ele demorava a fazer isso. Todas as noites, eles tinham uma conversa particular, ocasião em que tratavam de assuntos que os vinham preocupando, mas nunca conversavam sobre política na presença de outras pessoas.[3] Ambos concordavam com relação a quase tudo e, embora ela o influenciasse na escolha de ministros, não existem provas de que o tivesse desviado de uma linha de ação política que ele apoiasse.[4]

Mas ela mesma deu motivos para ser considerada mais culpada pelos acontecimentos do que ele. Kobylinsky, que era o típico exemplo de homem de sua época, achando que o marido deveria ter domínio total sobre a esposa, afirmou: "Ela dominava a família e mantinha o marido subjugado à sua vontade." De fato, Nicolau era avesso a tomar decisões com respeito a qualquer assunto prático importante sem consultá-la ou, pelo menos, passou a mostrar que era depois da abdicação. Quando lhe apresentavam uma questão, sua resposta típica era: "Que será que minha esposa acha? Vou perguntar a ela."[5] Alexandra era arrogante e detestava demonstrações de fraqueza. Uma das frases que vivia repetindo era: "Melhor cometer erros do que não tomar decisões."[6] Tinha aversão à ostentação e luxo. Tanto que usava apenas dois colares de pérolas. Era o máximo que se permitia em matéria de opulência.[7] Era preferencialmente vegetariana — pelo menos isso Alexandra tinha em comum com o "herético" Leon Tolstói.[8] Quando irritada, seu rosto corava.[9] Durante a maior parte do tempo ostentava um semblante de alguém que vivia aborrecida, mas também conseguia ter empatia por pessoas em dificuldades.[10] Geralmente, era uma pessoa reservada e, talvez por isso, muitos a achavam esnobe. Porém, quando algo a agradava, exibia um sorriso que encantava a todos. Suas filhas conheciam melhor esse lado da imperatriz do que as pessoas do lado de fora da família; elas a chamavam de Solzinho.[11]

O casal imperial tinha o costume de conversar em inglês. Nascida na condição de princesa de Hesse na Alemanha imperial e batizada com o nome de Alice, a imperatriz perdeu a mãe aos 6 anos de idade e passava boa parte de suas longas férias no Reino Unido com sua avó, a rainha Vitória. Depois da guerra com os japoneses de 1904–1905, ela resolveu falar russo em ocasiões formais, de modo que se mostrasse compromissada com a causa do país que adotara, embora o único problema fosse expressar-se com certa lentidão, já que pronunciava cada palavra cuidadosamente.[12] Detestava reuniões com a alta sociedade russa e vivia cercada por um grupo de confidentes que eram tão temperamentais quanto ela. Para que essas confidentes fizessem parte da corte, a principal qualidade que precisavam ter era a disposição de sempre concordar com a imperatriz e compartilhar de seus preconceitos. Ela mesma costurava as próprias roupas e, durante a guerra, passou muitas horas cuidando de feridos no hospital de Tsarskoye Selo. Estudava com avidez livros sobre temas religiosos. Nas horas de lazer, tocava às vezes duetos de piano com Sophie Buxhoeveden, que dizia modestamente que talvez ela fizesse Wagner, Grieg e Tchaikovsky se contorcerem no túmulo.[13]

Alexandra sabia — e essa era sua maior causa de sofrimento — que fora sua herança genética que transmitira a terrível doença da hemofilia a Alexei, seu único filho homem. Aliás, ela dizia a seus amigos íntimos que se achava uma ave de mau agouro.[14] Afinal, seu tio, seu irmão e dois sobrinhos seus haviam morrido prematuramente por causa da doença. Ela sabia que seu filho poderia ter o mesmo destino. Essa era uma das razões para voltar-se a Deus.[15] Ela jamais poderia esquecer-se ou talvez até mesmo perdoar a si mesma pela doença de Alexei. Yevgeny Botkin, um dos médicos da família, fez discretamente seu próprio estudo clínico dos Romanov. Os professantes da ciência médica da época tinham descoberto que a síndrome de uma hemorragia fatal acometia somente meninos que fossem hemofílicos. Achavam, contudo, que mulheres também podiam apresentar sintomas que não eram nada agradáveis. Diziam que mulheres de famílias que transmitiam a doença de uma geração para outra ficavam propensas a crises de histeria depois de passarem pela menopausa — e Botkin concluiu que isso explicava os episódios de êxtase religioso de Alexandra.[16] Mas ele jamais revelaria essas deduções à imperatriz ou a seu marido. Ele era leal à família imperial e se orgulhava de poder servi-la até o fim, independentemente do tipo de fim que ocorresse.

A imperatriz tinha paixão por misticismo e achou nas antigas tradições religiosas russas um canal para dar vazão a esse sentimento. Assim que abraçou o Cristianismo Ortodoxo, passou a se dedicar de corpo e alma à nova fé.[17] E nunca se arrependeu da mudança de uma religião para outra. Tanto assim que declarou certa vez: "O protestantismo é muito chato!"[18]

Ela continuava a ver o falecido Rasputin como a encarnação do princípio da virtude e da verdade primordiais da Igreja Ortodoxa russa. Quando sua criada Maria Tutelberg levantou suspeitas em relação a ele, a imperatriz lhe cortou a palavra e comentou: "Não foi entre teólogos e eruditos que Nosso Salvador escolheu seus discípulos, mas entre simples pescadores e carpinteiros. O Evangelho ensina que a fé pode mover montanhas." Em seguida, ela apontou para um quadro retratando um dos milagres de Jesus e afirmou: "Esse Deus continua vivo. Acredito que meu filho ressuscitará. Sei que me consideram louca por causa de minha fé. Mas, com certeza, todos que acreditaram foram mártires."[19] Embora fervorosa e devota, ela não tinha como deixar de ver que suas orações não produziam nenhuma melhora no estado de saúde do filho. Até porque as emergências médicas se repetiam e, portanto, ele podia morrer a qualquer momento. Foi por isso que Rasputin se tornou tão importante para ela, tal como Pierre Gilliard observaria:

> Então, quando ela conheceu Rasputin, ficou convicta de que, se recorresse a ele quando Alexei Nikolaevich estivesse doente, o garoto sobreviveria. Seu filho continuaria vivo. Ela não sabia como, mas Alexei Nikolaevich iria melhorar. Se quiser, chame isso de coincidência, mas os fatos da intimidade [obshchenie] com Rasputin e o alívio da doença de Alexei Nikolaevich coincidiram mesmo.

Alexandra acreditava nisso. Mesmo porque ela não tinha mais nada a que se agarrar e isso lhe permitia ficar em paz consigo mesma. Estava convicta de que Rasputin fora quase um santo e um intermediário entre ela e Deus.[20]

Sem Rasputin, ela se dedicou, da melhor forma possível, a tentar salvar o próprio filho.

Alexei e sua mãe viviam unidos por fortes laços de afeto. Gilliard comentou a esse respeito:

> Se ele fosse procurá-la vinte vezes por dia, ela nunca deixaria de beijá-lo. Pude perceber que, toda vez que se despedia do filho, ficava com medo de nunca mais vê-lo. Parece-me também que sua religião fracassou no objetivo de lhe dar o que ela esperava: as crises que ele sofria continuaram a ocorrer, ameaçando sua vida. Mas o milagre que ela ficara esperando nunca aconteceu.[21]

Alexei continuou com a saúde ruim durante quase o ano inteiro. Todavia, embora "nosso amigo" estivesse morto, felizmente não houve nenhuma crise provocando ferimentos ou hemorragia.[22]

O garoto procurava ser forte sempre. Sentia frequentes dores atrozes nas pernas, mas, na maioria das vezes que as pessoas perguntavam se estava sentindo dores, ele negava.[23] De vez em quando, porém, ele mesmo perguntava: "O que você acha? Será que vai passar?"[24] Quando o garoto se achava relativamente disposto, Gibbes, seu preceptor, brincava de "polícia e ladrão" com ele.[25] Alexei adorava brincar também com seu jogo de soldadinhos e se divertia com a balalaica.[26] Kobylinsky guardava na memória a lembrança de um garoto inteligente e vivaz que falava inglês e francês. (Nunca tentaram ensinar-lhe alemão.)[27] Seus pais e suas irmãs o apelidaram de Bebê — um sinal de que não pareciam ter pressa de que ele chegasse logo à idade adulta — e, assim, ele se acostumou com a ideia de ver a si mesmo como nada mais que uma criança. Embora não fosse intelectualmente fraco, não foi um aluno precoce, e fazia parte das obrigações de seus preceptores Pierre Gilliard e Sydney Gibbes participarem de qualquer brincadeira que o garoto imaginasse do lado de fora do palácio. Ambos os professores, assim como Botkin, estavam encantados demais com sua relação com os Romanov para se sentirem rebaixados e, de qualquer forma, eles se divertiam também. Tal era igualmente o caso de jovens como Kolya Derevenko, filho de um dos médicos, ao qual pediam para que brincasse com o pequeno Romanov durante o dia. Todos os Romanov e os integrantes da corte estimavam a meiguice de Alexei.

Nicolau abdicou numa época de doenças na família, quando suas quatro filhas, Olga, Tatiana, Maria e Anastácia, ficaram de cama, acometidas de sarampo, provavelmente contraído de Alexei. Além disso, Olga e Tatiana sofriam de pleurisia.[28]

Olga era uma jovem modesta e falava francês, inglês e alemão. Gostava de cantar e tinha uma boa voz de soprano. E desenhava bem. Evitava roupas vistosas.[29] As pessoas percebiam que Olga amava mais o pai do que a mãe.[30] Tatiana era mais parecida com Alexandra e estava sempre ao seu lado.[31] Decidida e um tanto mandona, ela ajudava a manter a ordem na casa, e um de seus professores diria depois que, se a imperatriz tivesse sido removida do ambiente doméstico, Tatiana se incumbiria facilmente de preencher o lugar dela na família.[32] Maria era a beldade do lar. Conhecida pelas pessoas de fora como Mashka, era uma desenhista talentosa e extremamente amiga das outras irmãs. Conversava frequentemente com os guardas imperiais, tendo acabado por descobrir o nome de suas esposas e chegado a perguntar quantos filhos tinham e o tanto de terras que possuíam. Robusta e sempre benevolente, para algumas pessoas ela lembrava o avô, Alexandre III. Tanto assim que toda vez que Alexei solicitava: "Mashka, preciso que me carregue!", Mashka sempre concordava com o maior prazer.[33] Anastácia tinha baixa estatura, mas era atraente e saudável. Adorava descobrir os pontos fracos das pessoas e nunca perdia a oportunidade de caçoar delas. Mas tinha também um lado positivo: era uma "comediante nata".[34] Entre os parentes, era tratada pelo carinhoso apelido de "Schvibzik" ["Diabinho"].[35]

A família feliz acabou se vendo em circunstâncias que nunca teria imaginado possível. No entanto, os Romanov eram fortes. Apenas Alexandra tinha dificuldade para sorrir. Ressentida com o que considerava uma conspiração de importantes políticos para forçar seu marido a deixar o trono, vivia quase sempre num estado de espírito sombrio. E sentia muita falta de seu intenso trabalho nas casas de saúde de Tsarskoye Selo. Mas até ela conseguia ver que tinha de aparentar que estava sendo forte. E, assim, ela e as filhas procuraram valer-se dos simples prazeres que as mantinham unidas: leituras, passatempos caseiros e costura. Alexei brincava com seus soldadinhos e arminhas de brinquedo. Nicolau passava horas cortando lenha para a lareira. Despojados agora de suas antigas responsabilidades públicas, procuravam todos aproveitar oportunidades para se distrair. A família inteira queria manter o moral alto enquanto aguardava o desenrolar dos acontecimentos.

# 7. O Governo Provisório

Não houve nenhum momento em que o Governo Provisório teve ímpetos de tratar os Romanov com severidade, e Nicolau procurava ter o cuidado de não fazer nada que pudesse constranger o conselho de ministros. Ambos os lados cooperavam para tornar o confinamento em Tsarskoye Selo o mais suportável possível. Ainda assim, subsistiu entre os ministros o desejo de averiguar a verdade sobre histórias que davam conta de que Nicolau ou Alexandra haviam travado negociações secretas com os alemães durante a guerra e, por isso, o conselho criou a Suprema Comissão de Inquérito Extraordinária, cujos membros eram experientes em investigações oficiais e jurídicas e cuja incumbência era descobrir se algum Romanov havia tentado tirar a Rússia da guerra e assinar um acordo de paz separado com a Alemanha. Se eles encontrassem provas incriminatórias, provavelmente o casal imperial teria sido acusado de alta traição.[1]

O Soviete de Petrogrado enviou soldados para Tsarskoye Selo sob o comando do líder socialista-revolucionário, coronel Serguei Mistislávski. Fizeram a viagem em viaturas blindadas. Mistislávski pertencia à ala esquerdista de seu partido e, por um momento, teve-se a impressão de que haveria violência. Envergando o uniforme militar, o coronel gesticulou com uma carta enviada por Chkheidze solicitando que Kobylinsky lhe desse toda a assistência possível. Mistislávski exigiu então permissão para falar com Nicolau pessoalmente.[2] De acordo com Kobylinsky, ele exigiu também a transferência de Nicolau para a Fortaleza de Pedro e Paulo, em Petrogrado.[3] Quando, de forma categórica, Kobylinsky se recusou a fazer isso, Mistislávski respondeu com a voz alterada: "Bem, coronel, você sabe que haverá derramamento de sangue agora e será sobre sua cabeça que ele cairá." Ao que Kobylinsky retrucou: "Então, que assim seja! Se cair, caiu, mas, ainda assim, não posso atender a sua solicitação." Enquanto observava Mistislávski retirar-se do local, Kobylinsky achou que o assunto estava encerrado. Na verdade, Mistislávski acabou persuadindo os guardas que o deixassem entrar no Palácio de Alexandre, onde convenceu o capitão a permitir que ele entrasse na residência, prometendo que iria apenas observar o imperador, sem falar com ele. Mistislávski voltou para Petrogrado, onde informou que os Romanov estavam sendo devidamente mantidos sob custódia.[4]

Entre os integrantes do conselho de ministros, Kerensky foi o que teve maior contato direto com Nicolau depois que todas as questões atinentes aos Romanov foram postas sob os cuidados do ministro da Justiça.[5] Esteve muito ocupado até 3 de abril, quando, afinal, teve tempo de ir a Tsarskoye Selo e conversar com o ex-imperador. Em seu primeiro encontro com Nicolau, tratou o tsar por "Nicolau Alexandrovich", como se ele fosse um simples cidadão russo. No entanto, Kerensky às vezes se esquecia e voltava a chamá-lo de "Vossa Majestade" [*Velichestvo*]. Nicolau fez menção a isso para os membros da corte; foi uma das poucas coisas que ele achou engraçada durante a conversa com o ministro da Justiça.[6] Já os criados da corte foram menos indulgentes e não gostaram muito do ministro. Kerensky comparecia ao palácio trajando uma blusa russa típica e um casaco surrado com duplas fileiras de botões, mas eles estavam acostumados com cerimônias na corte em que os ministros sempre usavam trajes a rigor e não viam por que uma simples revolução poderia melhorar a situação do país.[7] Notaram também com tristeza que ele viajava para Tsarskoye Selo na limusine do imperador, dirigida por seu antigo motorista. Os criados do palácio não viam isso com bons olhos.[8]

Kerensky cumpria zelosamente seus deveres, conversando não apenas com Nicolau, mas também com Alexandra e Alexei. Conquanto fosse famoso em toda a Rússia, visto como o advogado que havia atacado os bastiões do tsarismo, Kerensky sentia agora que era importante para ele conhecer a família imperial e acabou perguntando o que seus integrantes achavam da ideia de conseguir asilo político na Inglaterra. Além disso, verificava pessoalmente as condições de segurança no interior e nas áreas externas do Palácio de Alexandre.[9] Foi dessa forma que ele soube, por intermédio de um criado do palácio, que a ex-imperatriz e Ana Vyrubova haviam começado a queimar uma pilha de documentos no fogão da residência. Investigações feitas entre outros criados confirmaram a história. Armado com essa prova de capacidade de dissimulação de Alexandra, Kerensky confiscou todos os documentos oficiais e pessoais da família imperial, de modo que ela não conseguisse prejudicar o trabalho da Comissão de Inquérito Extraordinária.[10] Tomou providências para afastar Vyrubova do palácio. Ela estava doente e de cama no dia em que ele a visitou, e sua aparência desleixada o deixou enojado: achou que ela não tinha nenhuma noção de dignidade ou amor-próprio. Sem mais cerimônias, ordenou que a prendessem, juntamente com outra das confidentes de Alexandra, Lili Dehn, e ambas foram enviadas para a Fortaleza de Pedro e Paulo.[11]

Alguns dias depois, Kerensky voltou a Tsarskoye Selo com o coronel Korovichenko, a quem nomeou comandante do quartel local. Ele queria isolar os Romanov. Deliberou que os criados fossem submetidos às mesmas condições e que dissessem a eles que escolhessem entre ficar ou partir. O palácio deveria permanecer isolado do mundo. Dali em diante, seria necessário solicitar autorização a Kerensky para que alguém pudesse pôr os pés nas dependências da residência palaciana. Determinou ainda que toda correspondência passasse pela censura.[12] Kerensky acompanhou com cuidado o trabalho da Comissão de Inquérito Extraordinário e exigiu que o baú contendo as cartas de Nicolau fosse inspecionado. Nicolau assentiu, mas se recusou a entregar uma que afirmou ser de natureza íntima. Quando Korovichenko arrebatou a carta de suas mãos, Nicolau perdeu a paciência, mas, como foi inútil protestar, exclamou: "Ora, neste caso, vocês não vão precisar de mim aqui. Vou fazer uma caminhada."[13]

Alexandre Guchkov foi outro político que conseguiu acesso ao palácio em Tsarskoye Selo. Transformado em ministro do Exército e da Marinha, quis verificar se estava tudo em ordem com a guarnição da localidade. Chegou sem avisar e sua entrevista com Nicolau foi muito diferente das que tivera num período anterior, incluindo a realizada no trem em Pleskov algumas semanas antes. Dessa vez, Guchkov não se achava na condição de requerente ou suplicante e, tal como Nicolau sabia muito bem, podia tornar as coisas difíceis para a família, se quisesse. Mas Nicolau conseguiu lidar bem com a situação, e a conversa transcorreu num clima sério e cordial. A única coisa desagradável foi quando Guchkov começou a se retirar do local, momento em que ficou claro que fazia parte dos oficiais de sua escolta um sujeito hostil, que disse rispidamente aos membros da comitiva imperial: "Vocês são nossos inimigos. E nós somos inimigos de vocês. Todos vocês aqui são mercenários." Surpresos, os que presenciaram a cena acharam que a bebida devia estar subindo à cabeça do acompanhante. Volkov, criado particular de Nicolau, respondeu no mesmo tom: "O nobre cavalheiro está enganado a respeito de nossa cortesia." Isso não foi um desafio ou uma ameaça, mas um sinal de que os membros da comitiva imperial conservavam seu senso de dignidade quanto às formas aceitáveis de tratamento. Guchkov fingiu que não ouviu a réplica atrevida e nem chegou a virar o rosto.[14]

Em junho de 1917, Kerensky, que havia substituído Guchkov no Ministério da Guerra, tomou a medida de isolar fisicamente o imperador da imperatriz. Achou que isso facilitaria o trabalho da Comissão de Inquérito Extraordinária, se ela achasse necessário interrogá-los. Kerensky informou isso a Nicolau pessoalmente, enquanto Korovichenko recebeu a desagradável tarefa de comunicar essa decisão a Alexandra. A ordem foi explicada também ao conde Pável Benkendorf e à duquesa Elizaveta Naryshkina, que, até então, supervisionara os trabalhos e assuntos diários da corte. A medida foi aplicada da forma mais digna possível, se bem que o casal houvesse tido permissão para jantar junto, com a única condição de que Korovichenko sempre os acompanhasse na ocasião. Na verdade, a Comissão de Inquérito Extraordinária não conseguiu encontrar uma única prova de que Nicolau houvesse trabalhado para estabelecer um acordo de paz separado com a Alemanha. O kaiser Guilherme lhe enviara de fato uma carta fazendo uma proposta, mas Nicolau ordenara que um de seus assessores respondesse que ele não tinha nenhuma intenção de lhe dar uma resposta. Kerensky não estava tão seguro em relação à Alexandra, e às conhecidas inclinações de Rasputin no sentido de achar uma forma de acabar com o conflito aumentaram suas constantes suspeitas. Contudo, Alexandra acabou sendo inocentada também, e Kerensky revogou a ordem para que mantivessem marido e mulher separados.[15]

Alexandra jamais contara com a possibilidade de se dar bem com ele, já que ele era um dos mais radicais entre os ministros revolucionários do Governo Provisório. A imperatriz o via com imensa desconfiança, e ele, por sua vez, tinha para com ela a mesma atitude de hostilidade generalizada entre o povo, por conta do papel desempenhado por ela na política antes da Revolução de Fevereiro. A situação entre eles poderia ter continuado irremediável, mas, depois da primeira visita dele ao Palácio de Alexandre num desmazelo lamentável, Kerensky passou a se apresentar com elegância, usando casaca e suspensórios.[16] Isso a divertiu. Vendo que ele estava constrangido, ela achou engraçado sua patente incapacidade de ocultar a própria vergonha e insegurança.[17] Quando ele pediu para conversar com Alexandra no escritório de Nicolau, ela mandou informar que Kerensky deveria dirigir--se ao seu quarto. Como Kerensky achou que não havia razão para contestar essa opção, simplesmente concordou. Para a surpresa de ambos, eles tiveram uma conversa agradável. Atrás das portas fechadas, o criado Volkov ouviu muitas risadas. Volkov perguntou depois a Alexandra o motivo de tanto riso. Ela revelou que Kerensky tinha prometido que a família não ficaria confinada na Fortaleza de Pedro e Paulo. Explicou que ele havia contado algumas piadas. Alexandra estava começando a simpatizar com ele e, em dado momento, disse ao criado: "Ele não será problema. É um bom sujeito. Dá para conversar com ele."[18]

Todavia, Nicolau não conseguia entender a incapacidade do governo em governar com mais firmeza. "Certamente", indagou ele, "Kerensky será capaz de conter este descalabro? Como é possível uma coisa destas? Alexandre Feodorov foi posto lá pelo povo. O povo deve obedecer, e não se entregar à prática de desordens e violências. Kerensky, o favorito dos soldados."[19] Mas Nicolau aplaudiu Kerensky por ter endossado a retomada de operações no front, o que soou como música aos ouvidos do destronado tsar. Até porque isso era pelo menos um atestado de que o Governo Provisório não tinha desistido de lutar. Nicolau fez um requerimento solicitando permissão para providenciar uma missa de intercessão em favor das forças militares russas na igreja de Tsarskoye Selo.[20] Achava que era tudo que ele podia fazer depois que fora destituído do poder. Almejava muito identificar-se com os objetivos militares do país.[21] Alexandra passara a comedir-se menos sempre que ambos conversavam sobre qual dos dois era o mais responsável pelo infortúnio da família. As explosões de raiva da esposa deixavam Nicolau nervoso, e ele começou a mandar que ela se calasse. Antes, não era assim que ele costumava tratá-la, tanto na presença de membros da corte como nas ocasiões em que se achavam a sós. Em anos anteriores, se discordassem um do outro, o imperador lidaria com isso simplesmente procurando ignorar o conselho da esposa. Portanto, essa brusca rispidez com que passara a tratar a consorte era um sinal de sua grande aflição — afinal, ele sempre gostara de conversar com calma e decência.[22]

Mas, geralmente, Nicolau isentava Kerensky de culpa. Tanto que, um dia, numa conversa com Sophie Buxhoeveden, ele disse: "É um homem que me poderia ter sido útil; é uma pena que eu não o tenha conhecido antes."[23] No entanto, ele foi menos magnânimo com os políticos que, na visão dele, tinham arquitetado sua queda:

Perdoo Rodzianko, pois ele amava este país. Ele se iludiu e acabou sendo enganado, pois não era inteligente e se submetia muito facilmente à influência de seus assessores. Mas era um homem honesto e um patriota, se bem que a seu modo. Com relação à Milyukov, acredito também que ele amava o seu país, embora igualmente à sua maneira, mas era um homem partidarista, um sectarista — e, para ele, o partido deve estar acima da pátria. No trabalho que fez para o partido, trabalhou contra seu próprio país. Guchkov, bem, está aí um homem do qual tenho muita desconfiança, pois é muito ambicioso; ele seria capaz de qualquer coisa para conquistar o poder. Jamais compreendeu que seus interesses pessoais nunca tiveram um lado ditado pelo amor a seu país. Tudo que ele fazia era para a glória de si mesmo, Guchkov.[24]

Havia pouco rancor nessa invectiva; apenas amargura resultante da subsequente turbulência na Rússia. O único arquiteto da destituição de Nicolau que ele realmente detestava era Guchkov. Tanto que o imperador gostava de se lembrar de que se negara a estender-lhe a mão para cumprimentá-lo numa de suas reuniões.[25]

Continuava a afligir Nicolau o fato de que as autoridades se recusavam a divulgar, entre as forças armadas, seus derradeiros apelos para que demonstrassem obediência ao Governo Provisório. Mas ele repreendeu Sophie Buxhoeveden por ela ter deixado de se persignar quando estavam sendo feitas orações em benefício do conselho de ministros: "O Governo Provisório é um governo da Rússia. Você pode até não gostar do príncipe Lvov e de seus colegas, mas tem que rezar para que Nosso Senhor Jesus Cristo nos oriente na governança do país."[26] Sempre o homem zeloso no cumprimento de deveres. Sempre o patriota.

# 8. A Proposta dos Britânicos

A abdicação levara Nicolau e o Governo Provisório a pensar na possibilidade de solucionar a questão dos Romanov enviando a família inteira para o exílio. As tradições de expatriação russas tinham duas variantes básicas. A maioria dos exilados que deixaram o império nos reinados de Nicolau e de seu pai fez isso para fugir das condições de pobreza extrema ou da opressão da polícia secreta russa, a Okhrana. Seus destinos favoritos eram Suíça, França, Alemanha, Estados Unidos e Inglaterra. "Colônias" de exilados eram fortes em todos esses países e só começaram a diminuir de número após a Revolução de 1917. O Governo Provisório poderia ter escolhido uma dessas opções de destino — durante algum tempo, a Inglaterra foi a mais cotada —, mas também havia uma alternativa diferente. Se os ministros quisessem, as autoridades podiam enviar pessoas para longínquas regiões do império. Esse sistema de "exílio administrativo" existiu por séculos como uma forma de impedir que vilões interferissem em assuntos públicos, usado frequentemente para tirar de ação indivíduos cujas transgressões não merecessem encarceramento imediato.

Em 15 de março de 1917, em sua primeira reunião, o Governo Provisório já pensava na possibilidade de enviar os Romanov para o exílio. O ministro das Relações Exteriores, Pável Milyukov, presidiu o debate. Ele defendeu a ideia de abrigá-los numa residência no exterior, argumentando que garantir a segurança da família na Rússia seria difícil. Mas não demorou muito para que os ministros chegassem à conclusão de que não havia necessidade de enviar para o exterior todos os membros do grande clã dos Romanov. Em vez disso, acharam melhor concentrar seus esforços em Nicolau e Mikhail e em suas famílias, que poderiam transformar-se em fonte de problemas se ficassem em Petrogrado ou numa localidade próxima. Mesmo sem ter chegado a uma conclusão definitiva, o conselho abonou a ideia de retirá-

-los de Tsarskoye Selo. A proposta de Milyukov de enviar os Romanov definitivamente para o exterior foi rejeitada, embora tivesse sido mantida em aberto, como uma alternativa ao exílio interno. É que os ministros precisavam verificar primeiro se Nicolau concordaria em se transferir para alguma parte da Rússia determinada pelo Governo Provisório; eles também esperavam impor condições à sua liberdade de locomoção.[1]

Nicolau estava acalentando ideias parecidas com as de Milyukov. Afinal, já que havia perdido o trono, queria afastar-se do ambiente político russo. Assim que voltou para Moguilev depois de abdicar do trono em Pleskov, ele pegou um lápis e emitiu um comunicado declarando seu desejo de se exilar num país estrangeiro. Pediu que a família tivesse permissão de permanecer em Tsarskoye Selo até que seus filhos se recuperassem do sarampo. Depois disso, ele e seu grupo poderiam viajar sem estorvos para a Península de Murmansk e embarcar num navio no litoral russo. Porém, ao mesmo tempo, ele queria que lhe dessem garantias de que poderia voltar para a Rússia após a Grande Guerra e morar em seu palácio em Livádia, na Crimeia.[2]

Em 17 de março, o general Alexeiev repassou as ideias de Nicolau — com exceção da exigência de garantias para morar em Livádia — ao ministro-presidente Lvov e ao ministro Milyukov. Dois dias depois, ele recebeu de Petrogrado um telegrama com a aprovação da proposta. O Governo Provisório concordou em deixá-lo permanecer em Tsarskoye Selo até poder viajar para o litoral do Mar Branco e embarcar num navio para o exterior. Usando o telégrafo de Hughes (que permitia que se trocassem mensagens instantâneas), Lvov e Guchkov contataram o Supremo Quartel-General para verificar as intenções do imperador com mais detalhes. Eles queriam saber para onde ele queria ir. Alexeiev não pôde dar uma resposta, visto que Nicolau ainda estava fazendo consultas à sua mãe e aos seus primos de primeiro grau Serguei Mikhailovich e Alexandre Mikhailovich sobre o mesmo assunto. Seu plano foi esclarecido horas depois, naquela mesma noite, quando ele pediu para conversar sobre a possível viagem com Hanbury-Williams. Nicolau somente cogitaria adotar a ideia se o governo britânico aceitasse recebê-lo como exilado e se mostrasse disposto a oferecer ajuda da Marinha Real. Hambury-Williams enviou um telegrama a Londres imediatamente, endossando a solicitação do imperador.[3]

Milyukov ficou contente em saber que o monarca deposto concordava com ele. Os perigos com que os Romanov podiam defrontar-se na Rússia

A PROPOSTA DOS BRITÂNICOS     75

ainda não haviam desaparecido, e o Governo Provisório ainda não tinha um controle satisfatório da situação na capital. No mesmo dia ele conversou com os embaixadores britânico, francês e italiano, e falou sobre a possibilidade de expulsarem os Romanov do país. No dia seguinte, Maurice Paléologue, o embaixador francês, conversou com Milyukov novamente, enfatizando a necessidade de se tornar isso uma das prioridades do Governo Provisório. Tanto Paléologue como Milyukov tinham na memória o sangrento precedente de Luís XVI. Próximo ao fim da tarde, Paléologue examinou com Sir George Buchanan, na embaixada britânica, as alternativas de que dispunham. Durante o chá, Lady Buchanan manifestou suas preocupações quanto ao perigo a que os Romanov ficariam expostos se fossem obrigados a permanecer em Tsarskoye Selo, localidade situada a apenas 25 quilômetros de distância de Petrogrado. Os dois embaixadores concordaram então que a melhor opção era providenciar para que um cruzador da Marinha Real os pegasse em Murmansk.[4]

Em 21 de março de 1917, Milyukov tomou a iniciativa de adotar o plano com Buchanan e pediu que ele acelerasse o processo da tomada de decisão em Londres. Solicitou também que os britânicos prometessem que fariam com que Nicolau se abstivesse de interferir na política russa a partir do exílio, embora não tivesse feito disso uma exigência para o acordo: seu desejo urgente era assegurar a partida para o mais breve possível.[5] Buchanan voltou com uma resposta dos britânicos em 23 de março. Informou que tanto o rei como o gabinete de ministros teriam a satisfação de oferecer asilo ao imperador até o fim da guerra. A principal dúvida deles, porém, era com relação à questão de quem forneceria os recursos financeiros para a manutenção dos Romanov. Milyukov respondeu afiançando que o Governo Provisório se comprometeria a fazer uma generosa dotação, mas pediu que isso fosse mantido sob sigilo.[6] Para ambos os países, prover o imperador de recursos financeiros seria uma questão delicada. Na Rússia, era provável que apenas uns poucos ex-súditos seus aprovassem isso; na Grã-Bretanha, milhões de pessoas o consideravam um tirano cuja queda deveria ter acontecido muito tempo antes.

Em todo caso, não seria possível conseguir nada na cúpula do poder político russo sem a aprovação de Petrogrado. Quando seu Comitê Executivo realizou um debate em 22 de março, houve os que ficaram furiosos com a possibilidade de que Nicolau tivesse permissão para deixar o país. Os dirigentes soviéticos já tinham dado ordens a unidades do exército para que assumissem o controle de todas as estações pelas quais o trem do imperador pudesse passar. E quando, dois dias antes, o coronel Mistislávski fizera uma visita a Tsarskoye Selo, chegara ao local munido de ordens para prender Nicolau se houvesse sinais de qualquer tentativa de transferi-lo para outra localidade. Contudo, o Comitê Executivo continuava a deixar claro sua disposição de romper com o Governo Provisório. A pressão alcançou o efeito desejado quando Kerensky, o ministro da Justiça, garantiu a Chkheidze que o conselho de ministros havia concordado em abandonar a ideia de enviar Nicolau para o exílio na Inglaterra.[7] O Soviete de Petrogrado aprovou uma resolução em que argumentou que, se Nicolau fosse para a Inglaterra, conseguiria acesso a recursos financeiros que o capacitariam a conspirar contra a revolução. Desse modo, criou-se um comitê para continuar a pressionar Lvov e seu conselho de ministros. Sob hipótese nenhuma, os Romanov deveriam ter autorização para deixar a Rússia. A ala militar do Soviete enviou telegramas a unidades do exército de todos os postos de fronteira e às postadas em todas as estações ferroviárias, visando impedir que saíssem do país. Assim que Nicolau voltasse para Tsarskoye Selo, deveria permanecer lá por prazo indeterminado — e a ala militar enviou comissários para garantir o cumprimento dessa determinação.[8]

Milyukov ficou deprimido com essa reviravolta nos acontecimentos e, em seu encontro seguinte com Paléologue, depois de expressar satisfação com a atitude oficial dos britânicos, ele informou ao diplomata: "Infelizmente, é tarde demais."[9] Kerensky tinha convencido o Governo Provisório de que o Soviete de Petrogrado tomaria todas as providências para impedir que os Romanov partissem.[10] Em 24 de março de 1917, Milyukov informou essa decisão aos presentes na cerimônia formal no Palácio de Mariinsky em que foi ratificado o reconhecimento do Governo Provisório pela comunidade internacional.[11]

Os políticos de Londres e a família real britânica haviam ficado sem saber dos últimos acontecimentos políticos em Petrogrado. Em 25 de março de 1917, Buchanan entregou um telegrama pessoal do rei Jorge a Nicolau. No dia seguinte, Milyukov disse ao embaixador que esse tipo de comunicado oficial não era mais aceitável. Ponderou que a Rússia tinha passado por uma revolução e que Nicolau fora forçado a deixar o trono. Frisou que contatos diretos entre os primos monárquicos eram indesejáveis, principalmente num momento em que o Governo Provisório tinha dificuldade para manter o Soviete de Petrogrado como aliado, e que, de qualquer forma, a família imperial não poderia viajar enquanto as filhas do casal não se recuperassem do sarampo.[12] Aliás, Milyukov já tinha explicado que os dirigentes soviéticos jamais autorizariam a execução desse plano. Portanto, como Kerensky, o ministro da Justiça, atuava como vigia do Soviete de Petrogrado no conselho de ministros, Milyukov, como ministro das Relações Exteriores, teria de agir com cuidado se quisesse continuar a alimentar a esperança de promover sua proposta de exilar a família imperial no exterior.[13] Milyukov externou suas frustrações numa conversa com Nicolai Basily, que, em nome do general Alexeiev, estava atuando como oficial de ligação junto ao Governo Provisório. Já Guchkov, sentindo-se menos inibido com a ideia de agir, sustou temporariamente as ações para levar adiante a proposta e depois organizou uma viagem de trem para os Romanov sem consultar ninguém.[14]

Mas o fato é que o Soviete de Petrogrado se opunha inexoravelmente à ideia de permitir que a família imperial partisse para o exterior e contava com o apoio necessário nas guarnições militares, bem como entre os trabalhadores ferroviários, para fazer prevalecer sua vontade. Para ele, a concordância de Jorge V em lhe conceder asilo político era questão de somenos importância. E o Governo Provisório não ousaria opor-se à liderança soviética enquanto ela estivesse lutando para impor sua autoridade ao país. Enquanto os ministros tivessem controle suficiente da situação, pouco importaria aquilo que o rei Jorge ou o primeiro-ministro David Lloyd George propusessem.

Em 26 de março de 1917, Kerensky se dirigiu à ala dos soldados no Soviete de Petrogrado para tentar acalmar os ânimos em relação à questão. Ele pediu aos ouvintes que acreditassem que ele era uma pessoa que tinha lutado árdua e longamente contra a monarquia. Declarou que nenhum dos que estavam sob custódia em Tsarskoye Selo conseguiriam a liberdade sem a autorização dele. Lançando mão de um floreio de retórica, pediu aos soldados que ou o excluíssem de seu meio de uma vez, ou passassem a confiar nele. Mas boatos em torno de sua atitude indulgente para com Nicolau II lhe causaram certo aborrecimento. Ele confessou que o grão-duque Dmitri Pavlovich continuava em liberdade, mas justificou essa situação citando a participação direta de Dmitri Pavlovich no assassinato de Rasputin. De fato, para Kerensky, não havia dúvida de que esse membro do clã dos Romanov merecia ser considerado inimigo do tsarismo — e ele não via razão para que ele não continuasse a servir ao exército russo na distante Pérsia. Kerensky foi firme também na defesa da ideia de permitir que o general Ivanov continuasse a viver exclusivamente sob prisão domiciliar. Argumentou que Ivanov era um homem doente e que, segundo diagnósticos médicos, estava à beira da morte.[15]

No entanto, o Governo Provisório continuou a apoiar a ideia de exilar a família imperial no exterior. Consequentemente, não surpreende que Nicolau e Alexandra tenham ficado confusos com relação ao futuro. Impedidos de se coligar aos canais de informação anteriores, podiam contar apenas com o que Kerensky lhes relatava no Palácio de Alexandre e o que liam nos jornais diários. À medida que o choque provocado pelo que acontecera com eles foi diminuindo, foram concebendo os mais variados propósitos para solucionar a própria situação, compartilhando-os com pessoas próximas. A ideia de morar em Londres na condição de monarcas depostos não lhes era atraente, e Alexandra disse a Pierre Gilliard que, se eles realmente fossem para o exílio no exterior, prefeririam morar numa das colônias britânicas ou na Noruega.[16] Apesar disso, Sydney Gibbes enviou uma carta à sua tia Hattie, dizendo: "Nossos destinos [aqui] estão completamente arruinados e é muito provável que eu deixe a Rússia e volte para a Inglaterra com meu 'aluno'."[17] Evidentemente, Nicolau e Alexandra não haviam abandonado inteiramente a ideia de conseguir asilo no Reino Unido. Todavia, a decisão de partir não dependia deles. Além disso, nem mesmo o Governo Provisório podia garantir a segurança deles se partissem de Tsarskoye Selo rumo ao norte.

# 9. Regras e Rotinas

O Governo Provisório estabeleceu regras minuciosas para a vida dos Romanov no Palácio de Alexandre. Eles eram obrigados a permanecer nas dependências da residência a maior parte do tempo e tinham permissão para ficar na varanda e numa parte do parque apenas entre as 8 e as 18 horas. Somente duas entradas de acesso ao palácio deveriam ser usadas, e a polícia pré-revolucionária foi retirada do local. (Aliás, seus integrantes já tinham desaparecido de todas as estações ferroviárias de Petrogrado e de outros lugares.) Todos os telefones foram desligados, exceto o usado pelo comandante da guarda do palácio; a central de telegrafia foi desativada. Os membros da corte que quiseram continuar a serviço da família imperial tiveram a permissão de fazê-lo, mas sob a condição de que jamais deixassem o palácio. Quando chamavam um médico, era necessário que um oficial militar o acompanhasse.[1]

No dia em que as normas foram instituídas, Sydney Gibbes estava numa viagem à capital. Quando voltou para Tsarskoye Selo, foi proibido de entrar no palácio. Gibbes recorreu ao embaixador britânico, Sir George Buchanan, para que intercedesse junto ao Governo Provisório. Após muita demora, chegou ao local uma carta, assinada por cinco ministros, negando-lhe autorização de acesso ao palácio, e ele não pôde entrar na residência.[2] É possível que o conselho de ministros receasse que Gibbes acabasse atuando como intermediário entre Nicolau e as autoridades britânicas num momento em que o Governo Provisório pretendia estabelecer controle total das comunicações com Londres. E nenhum dos assessores de Nicolau foi tão leal ao imperador quanto Gibbes o fora. Após a abdicação, várias autoridades imperiais deixaram a corte aos poucos. Alguns dias depois, Nicolau foi abandonado pelos condes Piotr Apraxin, Cirilo Naryshkin, Alexandre Grabbe e pelos assessores militares Alexandre Mordvinov e o duque Nicolai Lichtenberg.[3] Os Romanov tiveram de se acostumar a rotinas de isolamento e inspeções.

80 O ÚLTIMO TSAR

Quando as pessoas lhes enviavam cartas, tinham de especificar seus nomes para que as autoridades pudessem rastreá-las se houvesse necessidade.[4] Cópias do regulamento foram enviadas ao Soviete de Petrogrado, com a finalidade de assegurar aos partidos revolucionários que os integrantes da destronada dinastia continuavam sob controle.[5]

Embora o palácio tivesse sido isolado do restante de Tsarskoye Selo, o barulho nos quartéis era quase sempre audível. Durante os meses de março e abril, houve marchas políticas acompanhadas de bandas militares. A família não gostou da agitação, e Nicolau detestou a série interminável de execuções da *Marselhesa* e da *Marcha fúnebre*, de Chopin. E viu-se levado ao limite da própria resistência no dia em que as novas autoridades mandaram abrir uma cova coletiva no parque do palácio com vistas a enterrar e homenagear as pessoas que haviam perecido na luta para derrubar a monarquia na Revolução de Fevereiro. A melodia de Chopin impregnou tão profundamente as cabeças dos Romanov que, depois, não conseguiam deixar de reproduzi-la com assobios.[6] Nesse sentido, e somente nesse sentido, os Romanov absorveram o espírito da revolução. Em todos os outros aspectos, eles o desprezavam e abominavam, tal como sempre haviam feito.

Para se manterem informados dos acontecimentos relacionados à política e à guerra, recorriam aos jornais. Kobylinsky presenciava a entrega diária de um pacote de jornais que incluía o *Russkoe slovo*, o *Russkaya volya*, o *Rech*, o *Novoe vremya*, o *Petrogradskii listok* e o *Petrogradskaya gazeta*. Jornais britânicos e franceses também eram entregues no palácio. O *Rech*, veículo de imprensa oficial do principal partido liberal, o Partido Constitucional Democrata (ou Kadets), era não só tido como o mais esquerdista de todos, mas também considerado um instrumento odioso pelo casal imperial antes de 1917. O Kadets se deslocara um tanto para a direita política após a revolução e talvez Nicolau tivesse passado a achá-lo menos condenável do que outrora. Ele não sentia necessidade, porém, de pedir que lhe entregassem os diários vinculados aos mencheviques e aos socialistas-revolucionários, e muito menos aos bolcheviques. Obviamente, portanto, achava que sabia o suficiente a respeito deles. Ele havia encerrado a própria individualidade pensante num estanque invólucro de ideias que o tinham servido desde a ascensão ao trono, tendo reservado sua curiosidade para empregar no que considerasse conveniente e apropriado. Enfim, sua rigidez intelectual era absoluta.

Todavia, ele e a família reconheciam que tinham de se acostumar com o fato de não ocuparem mais a cúpula do poder e do prestígio, e uma constante rotina diária era um de seus consolos. À exceção de Alexandra, todos se levantavam cedo, e Nicolau fazia uma caminhada com Dolgorukov no parque interno para conversar sobre a situação dos últimos dias. Gostava também de fazer algum trabalho físico antes de voltar para o palácio — serrar e rachar lenha eram duas de suas tarefas favoritas. Alexandra, mesmo adoentada e não tendo mais permissão para cuidar dos soldados feridos nos hospitais de Tsarskoye Selo, concentrava-se em trabalhos de costura e bordado. Sentada na cadeira o dia inteiro, conseguia alívio do sofrimento que a situação lhe impunha trabalhando com as mãos — alguns dos presentes que ela dava às pessoas tinham linhas de preces costuradas neles.[7]

Às 13 horas, a família fazia uma refeição reunida. Em seguida, os jovens Romanov saíam do palácio para se exercitar um pouco no jardim e depois retornavam para suas salas de estudo. O chá era servido às 16 horas. Após, eles tornavam a sair da residência para respirar um pouco de ar fresco. O jantar era servido às 19 horas.[8] Não sofriam nenhum tipo de privação material, e os padrões da culinária foram mantidos; a família manteve também um grupo consideravelmente grande de cortesãos e criados. Embora os membros da família imperial cumprissem o regulamento de permanência obrigatória na residência, raramente perdiam a oportunidade de reclamar de qualquer coisa que achassem desagradável — Alexandra, aliás, se queixava com previsível veemência. Em seus quartos palacianos, os encarcerados Romanov ficavam à vontade. Antes isolados da alta sociedade por opção própria, agora estavam privados do contato com as enfermarias dos hospitais em que Alexandra e suas filhas tinham cuidado de soldados feridos. Naquela fase de isolamento voluntário, Nicolau e Alexandra viam nisso uma forma de proteger os filhos do que consideravam influências indesejáveis e, antes de 1914, não estabeleceram diálogo com outras famílias europeias com vistas a encontrar pretendentes para alguma das jovens. Agora, porém, a guerra tornara impossível conseguir bons partidos. As jovens eram mantidas, em uma espécie de redoma de sentimentos e emoções estanques. Olga, a mais velha, já tinha 21 anos, mas, como as irmãs, era mais imatura do que jovens de sua idade. Elas e seu irmão não conheciam nenhuma outra condição existencial e eram provavelmente imaturos também.

A família inteira retribuía o respeito que recebia do coronel Kobylinsky, que se dava bem com Nicolau, mas que desistira de chamá-lo de "Sua Majestade", tendo passado a se dirigir a ele apenas como Nicolau Alexandrovich.[9] Já os soldados sob seu comando não eram tão cordiais e, quase sempre, havia um clima de tensão no parque da propriedade. É que a alimentação da guarnição sofria as consequências do agravamento geral do fornecimento de suprimentos no norte da Rússia. As tropas estavam irritadas com o fato de terem de comer lentilhas em vez de pão. Isso tinha sido causa de insatisfação na Revolução de Fevereiro e continuava a irritá-las, agora sob o controle do Governo Provisório, com sua irritação intensa assumindo a forma de raiva dirigida à família imperial.[10]

Por isso, um dia, um dos soldados matou uma das duas pequenas cabras que havia no parque. Ana Vyrubova achara que ele estava apontando a arma para ela e apresentara queixa. Mas nem os soldados nem os oficiais deram a menor importância ao incidente: haviam ficado para trás os dias em que bastava à corte imperial estalar os dedos para ser obedecida. No dia seguinte, outro soldado matou a segunda cabra.[11] Além disso, às vezes os soldados dirigiam insultos aos Romanov. Em certa ocasião, um dos soldados, depois que vira Nicolau de relance, gritou para os colegas: "Vejam para onde vai o nosso dinheiro! Vejam como eles vivem!" Apesar disso, Nicolau nunca deixou de tentar ter um bom relacionamento com as pessoas que ele continuava a considerar "seus" soldados, tanto que os cumprimentava um a um com um cordial "olá" (zdravstvuyte). Volkov chegou a presenciar um encontro em que um soldado deixou de responder ao cumprimento. Nicolau presumiu que ele simplesmente tinha algum problema de audição e repetiu o cumprimento num tom de voz mais alto. Mas, ainda assim, o soldado se negou a responder. Dali em diante, Volkov passou a acreditar que todos na guarnição eram favoráveis à revolução que havia derrubado a monarquia.[12]

Para manter distância entre a família e seus captores, o general Kornilov substituía a guarda periodicamente. Por ocasião da partida de um regimento, Nicolau foi se despedir deles e estendeu a mão para o comandante. Seguiu-se uma cena lamentável. O oficial deu um passo atrás para não se deixar tocar por Nicolau, que manteve a mão estendida no ar. Nicolau ficou tão descontrolado que deu um passo à frente e, com lágrimas nos olhos, segurou o oficial pelos ombros e perguntou: Caro companheiro, qual a razão de tudo isso?" A resposta foi curta e grossa: "Eu sou do povo. Quando as pessoas estendiam a mão para cumprimentá-lo, você se recusava a fazer isso. Agora, não estenderei a mão para você."[13]

Apesar disso, o criado Alexei Volkov percebeu um abrandamento na atitude hostil dos soldados que se acostumaram a ver Nicolau trabalhando com um machado e um serrote. Alguns de seus oficiais chegaram a pedir fotografias autografadas dos Romanov. Volkov repassou a solicitação que a família teve imenso prazer em atender. Já outros oficiais eram mais hostis e se recusavam a trocar apertos de mão com Nicolau quando entravam em serviço.[14] A velha Rússia estava sendo virada de ponta-cabeça. Na Páscoa, por exemplo, observava-se no exército a tradição de se dar meia garrafa de vinho de mesa a cada comandante de regimento. Acontece que soldados do 2º Regimento se recusaram a ficar de fora desse benefício e fizeram um alvoroço tão grande que Kobylinsky acabou cedendo e dando à tropa cinquenta garrafas de vinho. A disciplina, já então enfraquecida, estava diminuindo cada vez mais — tanto que o mesmo regimento repreendeu um de seus próprios suboficiais por ter beijado a mão do imperador. Foi uma situação desconcertante e dolorosa para Nicolau.[15]

Porém, ele não foi o único Romanov a sofrer com o comportamento dos soldados da guarnição. Em 10 de junho de 1917, seu filho Alexei estava brincando do lado de fora do palácio com seu fuzil de brinquedo — um dos brinquedos de que mais se orgulhava — quando soldados em serviço se assustaram. Acontece que Alexei não estava manejando um instrumento de guerra, mas uma miniatura feita para ele por uma fábrica russa e, embora o brinquedo pudesse efetuar disparos se carregado, Alexei não tinha mais balas. O garoto fora educado para se sentir parte das tradições militares do país e, como era criança, gostava de brandir a arma apenas fazendo de conta que era um soldado, em inocentes folguedos pelo parque. Mas soldados acharam que não era bem assim; alegaram que ele estava manejando uma arma perigosa. Quando ordenaram que ele a baixasse, Alexei desatou a chorar. O incidente foi levado ao conhecimento de Kobylinsky, que conversou sobre isso com Gilliard e Alexandra Tegleva, a babá dos filhos do imperador. Kobylinsky se comoveu com a situação do tsaréviche, mas achou prudente apreender o pequeno fuzil.[16]

Incidentes desse tipo avivaram a chama do horror que Nicolau sentia pela situação revolucionária do país. Afinal, seus maiores temores estavam se materializando. Geralmente, ele evitava fazer comentários políticos, mesmo entre os membros da corte. E era mais cauteloso ainda em suas correspondências, por saber que tudo que escrevesse poderia ser lido pelas autoridades. Contudo, numa das cartas enviadas à mãe, Maria Feodorovna, ele não conseguiu conter mais a vontade de desabafar e disse a ela: "É impossível descrever com palavras o crime terrível que está sendo cometido pelos que estão corrompendo o exército!"[17] Mas Alexandra se recusava a sufocar a própria indignação. Em 10 de junho, ela enviou uma carta ao general Alexandre Syroboyárski, herói de guerra e ex-paciente seu, para falar sobre a situação de "Sodoma e Gomorra na capital".[18] Com toda a confiança de uma ex-imperatriz, ela ponderou:

A psicologia da[s] massa[s] é uma coisa terrível. Nosso povo não tem cultura — é por isso que, como um rebanho, se deixa levar pela maré. Todavia, somente se alguém conseguir ajudá-los a entender que foram enganados, as coisas poderão tomar outra direção. Trata-se de um povo capaz, mas muito confuso, e não compreende nada. Enquanto os maus estiverem em toda parte, determinados a causar destruição, por Deus deixem os bons tentar salvar este país![19]

# 10. Sobre a Vida dos Governantes

Nicolau mantinha longe de pessoas de fora da família seus mais secretos pensamentos — todos conheciam muito bem sua proverbial reticência, e até seu diário pessoal é uma escassa fonte de revelações íntimas. Mas existe uma parte de sua vida em que ele deixou um rastro de vestígios reveladores de sua jornada existencial. Em Tsarskoye Selo, o ex-imperador se tornou um leitor voraz. O verão no norte da Rússia é famoso por suas "noites brancas", quando a escuridão é de curta duração. Durante as longas horas de luz natural, Nicolau procurava pôr em dia a leitura de livros que havia deixado de ler nos anos anteriores, e os livros que escolhia para ler evidenciam a tentativa do ex-imperador de entender os extraordinários acontecimentos de então.

A essa altura, os temas que inundavam de preocupações e interesses sua mente eram os mesmos de sempre: deveres morais, destino, religião, soberania nacional, poder militar e governança política. Ele nunca tivera o hábito de conversar sobre esses assuntos com seus ministros. Agora, logicamente, ele não tinha ministros com quem pudesse conversar, mas, mesmo quando tocava nesses assuntos em conversas com seus cortesãos, tais como Dolgorukov ou Gilliard, ainda se comportava como se fosse imperador: não buscava nessas ocasiões oportunidade para uma autêntica troca de pontos de vista com eles, e eles mesmos não se sentiam inclinados a romper sua privacidade. E, pelo visto, no que diz respeito a essas questões, Nicolau não desabafava nem mesmo com Alexandra, que, por sua vez, se refugiava nas páginas da Bíblia e nos livrinhos de orações cristãs. Além do mais, o imperador se aferrava à ideia de que era necessário transmitir uma imagem de pessoa forte, preservando, assim, a própria dignidade. Parece, portanto, que a única forma que ele encontrou para comungar na crença dos pensamentos de outras pessoas era sentar-se horas a fio para ler as obras de seus autores favoritos. Seus "interlocutores" não podiam responder, e era assim que ele queria que as coisas ficassem. Ele havia sido criado para acreditar que ser um tsar era não ter de responder nem prestar contas de seus atos a ninguém. Nicolau era uma fortaleza humana.

Mas ele era uma fortaleza de coração tenro. À noite, lia para animar e alegrar os familiares. Começava com histórias de Anton Tchecov.[1] Depois, ele os entretinha com *O vale do terror* e *O cão dos Baskerville*, de Arthur Conan Doyle — fazia tempos que Sherlock Holmes era um dos personagens favoritos dos Romanov.[2] Romances policiais de outros escritores eram populares também entre os membros da família, incluindo os de Gaston Leroux, dos quais o primeiro foi *O mistério do quarto amarelo*.[3]

Quando a leitura era apenas para si mesmo, satisfazia sua eterna paixão pela história do exército imperial, compulsando as duas obras que tinham sido publicadas pouco antes da eclosão da Grande Guerra: *A Rússia no Danúbio*, de L. A. Kasso, e *A Rússia para os russos*, do general A. N. Kuropatkin.[4] Na primeira, Kasso se concentrou na questão do tratado de Bucareste de 1812, por meio do qual foi cedida a "melhor parte da Moldávia" ao Império Russo — na opinião do autor, medida que representou um benefício inestimável para São Petersburgo.[5] Já Kuropatkin, em sua vasta trilogia, registrou as campanhas militares russas desde o remoto passado moscovita até o século XX, observando que, nas últimas décadas, perdurara o lamentável fracasso na tentativa de se concretizar o objetivo da "Rússia para os russos". Kuropatkin faz veementes ataques ao aumento no número de estrangeiros que se tornaram donos de indústrias na Rússia, asseverando que os próprios judeus do império exerceram influência maligna nos interesses nacionais. Numa violenta explosão de antissemitismo, ele reproduziu a história a respeito de um panfleto encontrado em cima do corpo de um soldado judeu morto na guerra russo-japonesa de 1904–1905. Kuropatkin citou as presumíveis orientações transmitidas por um rabino, exortando outros judeus a se infiltrarem em círculos governamentais em toda a Europa. De acordo com ele, provavelmente havia uma conspiração entre os judeus para conquistar o poder estatal com um plano de controle financeiro, tratar os cristãos como seus inimigos e sabotar países inteiros com medidas capazes de provocar insatisfação no seio das classes operárias.[6]

Kasso era um patriota conservador e partidário do imperialismo, ao passo que Kuropatkin era um racista fanático e ultranacionalista. Ele adorava "seu" exército, no qual pensava o tempo todo. Para ele, como sempre,

SOBRE A VIDA DOS GOVERNANTES                                      87

a glória e a grandeza do país estavam nas mãos de suas forças armadas. Ele insistia em endossar a ideia de que forças alienígenas triunfantes estavam trabalhando contra o bem-estar da adorada Rússia. Enfim, pois, o simples fato de que Nicolau se voltara para os livros de Kasso, e principalmente para os de Kuropatkin, mostrava o rumo que seus pensamentos estavam tomando.

Nicolau leu também *A história do Império Bizantino*, de F. I. Uspensky, que lançou luz sobre os diferentes caminhos históricos trilhados pelos países da Europa Oriental e Ocidental sob a influência das Igrejas Ortodoxa e Católica, respectivamente. Nos melhores capítulos da obra, Uspensky relata a malfadada tentativa do imperador romano Juliano de revogar, no século IV, o status do cristianismo de religião oficial do Estado.[7] A obra continha longas citações da sátira de Juliano intitulada *O inimigo da barba*.[8] Uspensky não se restringiu a acontecimentos em Bizâncio, mas também pesquisou as primeiras agitações na busca de soberania política e identidade religiosa, em toda a Europa e no Oriente Médio, até a era das invasões árabes.[9] Era basicamente uma continuação de *Declínio e queda do Império Romano*, de Edward Gibbon, e não havia nada semelhante na historiografia contemporânea em nenhum lugar do mundo. Nicolau, reconhecidamente alguém que não era dado a falar muito de si mesmo ou a externar as próprias ideias e opiniões, achou a obra "um livro muito interessante".[10]

Mas, se ele teve mesmo um escritor favorito em Tsarskoye Selo, não foi Conan Doyle, Kuropatkin ou Uspensky, mas o poeta e romancista Dmitri Merejkowski. Tanto que, um dia após o outro, ele foi lendo a série de romances organizados sob o título *Cristo e Anticristo*. Merejkowski era um destacado membro do grupo literário simbolista, do qual faziam parte os poetas Alexandre Blok e a esposa de Merejkowski, Zinaida Gippius. Esses romances propunham uma vívida reconfiguração dos acontecimentos históricos compreendidos entre os tempos da Roma do século IV até a Rússia do século XIX. Merejkowski tinha paixão pelas tradições sociais e religiosas da antiga Rússia. Sua excêntrica teologia o levara a ter problemas com a Igreja ortodoxa, a ponto de se organizarem manobras para excomungá-lo. Além disso, a agitação revolucionária o havia transtornado profundamente e, embora sua série de romances apresentasse diversos temas, variando de um país para outro, eram os problemas russos atuais que ocupavam o centro de suas preocupações. Nicolau leu todos os seus romances no espaço de alguns dias.

O primeiro deles, *A morte dos deuses*, tinha o imperador romano Juliano como seu personagem central, o qual se denominava o Anticristo. Juliano reinou de 361 a 363 e revogou o decreto pelo qual Constantino, meio-irmão de seu pai, tornara o cristianismo a única religião oficial do império. Merejkowski disse na obra que os cristãos viviam em constante conflito entre si, fenômeno presente, aliás, em toda a Rússia do século XX. O autor apresenta também uma descrição de Juliano em que ele se mostra disposto a discutir teologia com os membros de sua família e de sua corte. Juliano aparece na obra como alguém que está longe de ser uma pessoa impiedosa e insensível, mas é visto pelo autor também como um homem obcecado e refratário a bons conselhos. Quando a descrição do fim de sua vida e de seu reinado chega ao fim, numa batalha sangrenta com o Império Sassânida dos persas, a última linha do romance propõe: "Noite e tempestade, de mãos dadas, avançavam a passos rápidos." Merejkowski não deixou claro se considerava Juliano o verdadeiro Anticristo presente no pensamento teológico cristão multissecular. Seu principal objetivo implícito era assinalar a imperfeição da vida na Terra, mesmo entre os cristãos. Para ele, só Deus conhece a verdade.

Nicolau registrou: "Terminei de ler *Juliano*, do qual gostei."[11] O herói do segundo volume, *Deuses ressuscitados*, era Leonardo da Vinci.[12] Algumas das melhores passagens da obra discorrem sobre as cogitações do pintor quanto à forma pela qual ele deveria criar uma imagem de Jesus Cristo. No romance, o autor analisa a vida de artistas renascentistas, pregadores religiosos e pensadores, como Savonarola e Maquiavel, e acentua a relação da humanidade com Deus. Mas, à exceção dos relatos elegantes e sucintos das reflexões de Leonardo sobre pintura, o texto tem muitas passagens longas e enfadonhas. No capítulo mais impressionante, ele descreve um sabá de feiticeiras — Merejkowski nunca foi alguém de deixar que seu fervor religioso o impedisse de dar vazão às suas ideias doentias. Florença é retratada como uma cidade extravagante, agitada e indecente. Seu *Deuses ressuscitados* termina com uma lição profética, em que o autor prevê que, depois da queda de Roma e Bizâncio, seria a vez de a Rússia tornar-se a "Terceira Roma" da história.[13] Merejkowski tinha algo do pregador sacro em sua personalidade. Ele estava querendo dizer que somente seu país tinha a capacidade de mostrar a Europa o caminho da salvação — e, com suas convicções milenaristas, ele tinha certeza de que tal era o caso ainda no século XX.

SOBRE A VIDA DOS GOVERNANTES

Depois desse, Nicolau se voltou com avidez para *Pedro e Alexei*, o último romance da trilogia *Cristo e Anticristo*.[14] O tema girava em torno de um dos períodos decisivos da história da Rússia moderna: o reinado de Pedro, o Grande. E seu teor era provocador. No coração do livro pulsa o conturbado relacionamento entre Pedro e seu filho Alexei. Pedro é um homem extremamente brutal. Vemos o pior de seus desmandos no tratamento dispensado à Igreja, às suas doutrinas e práticas. O autor evidencia um forte contraste entre o imperador e o tsarzinho Alexei, retratado como uma pessoa calma, estudiosa e respeitosa. Quando pai e filho se desentendem, Alexei o chama de o Anticristo — obviamente, era justamente isso o que Merejkowski achava de Pedro. O livro termina com a seguinte previsão:

> "Um dia, tudo acabará na Rússia com uma revolta terrível, e a autocracia cairá, pois milhões de pessoas clamarão a Deus contra o tsar", escreveu Weber, cidadão de Hanover, anunciando de São Petersburgo a morte do tsaréviche.[15]

Publicado meses antes da crise revolucionária de 1905, *Pedro e Alexei* acabou sendo considerado uma profecia dos problemas que estavam por vir, e sua fama não parou de crescer.

Nicolau comentou em seu diário que *Pedro e Alexei* era uma obra bem escrita e que lhe causara "forte" impressão.[16] A predição apocalíptica da queda dos Romanov deve ter tocado numa ferida. Deve ter sido o caso também da presença do nome do tsarzinho no livro. Aliás, parece que Nicolau tinha certa obsessão com respeito aos seus ancestrais que haviam tido problemas com a questão da sucessão. Foram vários os tsares que tiveram esses problemas, desde Pedro, o Grande, no início do século XVIII, até Alexandre I, que reinou de 1801 a 1825. Os agentes da censura imperial, por mais rigorosos que pudessem ser, se abstinham de impedir que escritores examinassem os prós e os contras de governantes russos do passado. Evidentemente, a leitura desses livros por Nicolau em seu período de acontecimentos traumáticos serviu para lhe proporcionar algum consolo. Todavia, conquanto Pedro assassinara seu filho Alexei, Nicolau, por outro lado, preferira abrir mão do trono a se separar do filho. É pouco provável que essa pungente diferença tenha passado despercebida por Nicolau. Tudo que sabemos a seu respeito torna muito provável que ele tenha endossado a agressiva condenação de

90 O ÚLTIMO TSAR

Merejkowski da transformação da Rússia empreendida pelo imperador
Pedro: Nicolau deve ter sentido uma dor pungente com o espezinhamento
das tradições russas por parte de seu ancestral.

Após a leitura da série *Cristo e Anticristo*, ele escolheu para ler o romance
de Merejkowski *Alexandre I*. Com uma imagem nada lisonjeira de governos
autoritários, o romance propõe que o país foi grosseiramente administrado
durante a maior parte do reinado. Mas trata com carinho Elizaveta, a esposa
de Alexandre, e Sofia, a filha dele com sua amante Maria Naryshkina. Merejkowski apresenta na obra uma descrição benevolente da família Romanov,
como, por exemplo, quando, em 1824, Sofia reflete sobre o que poderia estar
preocupando seu pai:

> Ela fixou o olhar em seu rosto. Viu que ele estava pensando ou havia aca-
> bado de pensar em alguma coisa, algo muito pessoal — talvez uma coisa
> tão terrível quanto o que estava acontecendo com ela. Mas no que seria? De
> repente, lembrou-se: 11 de março era o aniversário da morte do imperador
> Pável I. Ela sabia o que esse dia significava para ele; sabia que seu avô não
> tinha morrido de morte natural e que seu pai vivia pensando nisso, sempre
> se atormentando com o fato, embora não falasse com ninguém a esse res-
> peito. Ainda que não soubesse de tudo, ela poderia fazer suposições. Muitas
> haviam sido as vezes que ela tivera vontade de conversar e fazer perguntas,
> mas jamais ousara.[17]

Merejkowski foi gentil também nas linhas que traçou a respeito dos
conspiradores da Revolta Dezembrista que objetivavam provocar reformas
radicais no país quando, em 1825, Alexandre morreu e foi sucedido por Nicolai, seu irmão mais novo, classificando-os, o autor, como homens dignos que
achavam que tudo se havia pervertido na Rússia. Um deles, o poeta Kondraty
Ryleyer, exclama: "As crianças da Rússia tomaram Paris e libertaram a
Europa: roguemos a Deus que elas libertem a Rússia!"[18]

O fascínio de Nicolau para com as vidas de tsares anteriores continuou
durante todo o verão. Esses livros não faziam parte dos que ele lia para a
família à noitinha e não existe sinal de que conversasse a respeito deles com
Alexandra, muito menos com algum membro da corte. Mas ele queria organizar os próprios pensamentos para tentar entender melhor a situação, e a
férvida imaginação de Merejkowski a respeito da história russa foi a maneira
que encontrou para fazer isso. E manteve tudo em segredo.

SOBRE A VIDA DOS GOVERNANTES

Merejkowski não era nenhum admirador de Nicolau e, em 1907, escrevera o seguinte, numa obra que só pôde ser publicada na França:

Acreditamos que, mais cedo ou mais tarde, soará a voz atroante da revolução russa, na qual o toque da trombeta do arcanjo repercutirá no velho cemitério da Europa, anunciando a ressurreição dos mortos.[19]

E afirmou também:

Geração após geração, recai sobre a casa dos Romanov, assim como aconteceu na Casa de Atreu, misteriosa maldição. Assassinato combinado com adultério, sangue misturado com lama — "o quinto ato da tragédia encenada numa casa de tolerância". Pedro assassinou o próprio filho; Alexandre I, seu pai; Catarina II, seu marido... A unção de Deus na testa do tsar se transformou em maldição, na marca de Caim.[20]

Essa análise sinistra levantou a questão da aptidão da dinastia para governar a Rússia. O próprio Nicolau procurou uma resposta para isso na monografia historiográfica de N. K. Shilder sobre o imperador Paulo, que governou desde 1796 até o dia de seu assassinato, cinco anos depois.[21] O verdadeiro ponto central da obra jazia no reinado da mãe de Paulo, Catarina, a Grande, que ascendeu ao trono em 1762. Catarina se tornou imperatriz graças à sua participação no conluio para assassinar o marido, Pedro III, que era o pai de Paulo. Shilder fez pesquisas sobre os três governantes e concluiu que apenas Catarina merecia algum respeito, apesar dos nefandos métodos de que se utilizara para chegar ao trono. Porém, embora considerasse Paulo incapaz de ser o sucessor da mãe, ele propôs a consoladora ideia de que a revogação das políticas implantadas por sua mãe deixara intactos os avanços fundamentais de sua antecessora. Ele chegou à conclusão de que Paulo era incapaz de cumprir "os deveres sagrados" da monarquia e tratava os russos como simples escravos. Ninguém, portanto, lamentou seu assassinato por um grupo de ex-oficiais do exército insatisfeitos — é que, na frase marcante de Shilder, ele "tencionava criar para si uma corte impenetrável, mas o que conseguiu foi cavar a própria sepultura".[22] O livro propunha ainda que a única coisa lamentável era que Alexandre I, o filho de Paulo e herdeiro do trono, se mostrou também abaixo das expectativas do povo, principalmente quando transformou o carrancudo e severo Alexei Arakcheyev em presidente do Departamento de Assuntos Militares do Conselho de Estado. Arakcheyev se esforçou bastante para transformar a Rússia numa imensa praça de guerra. De acordo com Shilder, essa foi a semeadura da Revolta Dezembrista de 1825, cujas sementes germinaram na humilhação da Guerra da Crimeia.[23]

Nicolau, com seu jeito lacônico de sempre, comentou: "Muito interessante."[24] Não há nenhum indício, porém, de que ele tenha endossado a aprovação implícita de Shilder da necessidade de se realizar algum tipo de reforma. O mais provável é que ele tenha ficado fascinado com a saga do conflito entre as gerações da família imperial e com as implicações políticas. No entanto, suas opiniões sobre o que deveria ou poderia ser feito com relação à governança da Rússia não mudaram.

Quando não estava lendo algo sobre seus antepassados, na maior parte das vezes escolhia obras que versassem sobre confinamento, resgate ou fuga de cativeiro. Várias delas foram sobre a Revolução Francesa. No inverno de 1917–1918, ele se dedicou à leitura de *Noventa e três*, de Victor Hugo, um romance ambientado na época de uma revolta monárquica contra a República, em fins da década de 1790.[25] O líder dos rebeldes era o marquês de Lentenac, que acaba desembarcando de navio na Bretanha. Em Paris, o governo, sob a chefia de Maximilien Robespierre, envia Gauvain para capturá-lo.[26] Lentenac acaba preso, mas consegue fugir, e, embora Victor Hugo se mostrasse inequivocamente simpático à revolução e contrário ao guilhotinado Luís XVI, reservou um espaço na obra para retratar Lentenac e outros monarquistas de modo favorável. Gauvain deixa de agir rigorosamente de acordo com as políticas do governo e até facilita, deliberadamente, a fuga de Lentenac do cativeiro. Na crise que se instala após o episódio, as autoridades acusam Gauvain de traição e mandam executá-lo.[27] Embora Nicolau talvez tenha se embevecido com o heroísmo abnegado de Lentenac, certamente deve ter ficado transtornado com o quadro em que Hugo apresentou os objetivos da revolução. Afinal de contas, Nicolau foi vítima de sonhos de liberdade, igualdade e fraternidade.

Outro livro cujo tema versou sobre a questão do cativeiro e suas consequências traumáticas foi *O Conde de Monte Cristo*, de Alexandre Dumas, ambientado no período pós-napoleônico. O personagem principal, Edmond Dantès, é injustamente condenado a cumprir pena de prisão no Château de If. Após ter sido levado às raias do suicídio, ele consegue entrar em contato com um colega de prisão que estava à beira da morte e que lhe revelou o local em que havia, na Ilha de Monte Cristo, um tesouro escondido. Acaba entrando no caixão do colega prisioneiro, deixando-se enterrar vivo, como forma de tentar fugir da prisão. Depois que consegue sair do caixão, recupera secretamente a própria liberdade. Sua primeira tarefa foi encontrar o tesouro e tornar-se um homem rico. Em seguida, ele volta para a França e inicia a caçada aos que haviam sido responsáveis por sua condenação, desencadeando um processo de vingança com uma complicada série de planos envolvendo disfarces e outros ardis. Quando consegue vencer a própria raiva, Dantès se abstém de perpetrar contra suas possíveis vítimas o que há de pior. O romance de Dumas é um estudo sobre os atos de crueldade, da astúcia, da obsessão e da inutilidade decorrentes da sede de vingança. É improvável que Nicolau estivesse disposto, tal como Dantès, a perdoar seus inimigos ou até mesmo a esquecer o que ele considerava o mal que lhe tinham feito. Talvez, na verdade, estivesse mais propenso a se ater à imagem da nobreza mergulhada num estado de grande tensão. Nicolau estava determinado a enfrentar estoicamente suas dificuldades.

# 11. O Dilema de Kerensky

O Governo Provisório mandou elaborar e publicar às pressas uma biografia de Nicolau de autoria anônima com o objetivo de anular qualquer tendência do público de se lembrar dele com afeição. Criaram uma extensa lista de acusações. Retrataram Nicolau como uma pessoa pouco instruída e arrogante. Disseram que sua formação profissional se restringia às forças armadas, mas que seu efetivo serviço militar consistira apenas no esforço de vestir um uniforme. Argumentaram que, por isso, a Rússia havia sido transformada num "campo de batalha" em 1905 e que Nicolau só tinha autorizado a realização de reformas políticas para revogá-las logo depois, em 1907, com sua revisão unilateral da lei eleitoral. A campanha contra ele prosseguiu, com a acusação de que ele pusera canalhas no cargo de ministro e prestigiara o "bêbado, depravado, ignorante e aventureiro Grishka Rasputin". No livreto, os autores questionaram também se ele não havia permitido que Rasputin e a imperatriz Alexandra se tornassem amantes. Afirmaram que Milyukov, Kerensky e Chkheidze haviam se pronunciado corajosamente contra Nicolau na Duma. Acrescentaram que Nicolau tinha preparado o equivalente a "uma geração inteira de carrascos da forca" e que ele era "o tirano dos tiranos". Observaram ainda que a única coisa nele que os surpreendera foi o fato de ele, quando destituído do trono, não ter dado um tiro na própria cabeça. Ao contrário disso, ele passou a ocupar seu tempo com o cultivo de flores e caminhadas no jardim de seu palácio imperial, enquanto seus ex-súditos apenas observavam tudo isso com imperioso desprezo.[1]

Integrantes do conselho de ministros e líderes soviéticos competiam entre si para remover de lugares públicos estátuas e placas em homenagem à dinastia Romanov.[2] Mesmo assim, os bolcheviques e outros revolucionários alimentaram uma polêmica contra a presumível indulgência do conselho para com Nicolau, o Sanguinário, levando à divulgação de dezenas de

O DILEMA DE KERENSKY

reportagens e livretos em que seus autores afirmavam que o ex-imperador participara de uma conspiração para deixar a Rússia vulnerável à conquista pela Alemanha.[3] Kerensky foi alertado sobre a possibilidade de ter de enfrentar problemas. De fato, ele acabou sendo vítima dos próprios esforços e foi acusado de ter objetivos contrarrevolucionários. O fato é que bolcheviques se infiltraram entre as tropas de serviço em Tsarskoye Selo, onde criaram uma atmosfera de paranoia. Até mesmo pequenos incidentes podiam aumentar o clima de tensão. Quando um veículo automotor avançou acidentalmente sobre os limites do parque, houve temor de que se tratasse de uma tentativa de retirar o ex-imperador de seu cativeiro. Foram levados pelo pensamento de que, como a guarnição militar de Tsarskoye Selo vinha apoiando o Governo Provisório, seus ministros poderiam estar planejando usá-la, em substituição aos indisciplinados soldados de Petrogrado.[4]

Kerensky vinha sendo a estrela em ascensão do Governo Provisório antes mesmo da crise de abril, quando se descobriu que Pável Milyukov, o ministro das Relações Exteriores, enviara telegramas aos governos dos países aliados reafirmando os compromissos da Rússia com os objetivos da guerra acordados com Londres e Paris nos tratados secretos de 1915. Esses acordos teriam envolvido a possibilidade de anexação da região do Dardanelos pela Rússia. O Soviete de Petrogrado, chefiado pelos mencheviques e pelos socialistas-revolucionários, havia optado por apoiar o conselho de ministros — que fora criado unicamente porque os sovietes da capital e de outras localidades tinham dado consentimento —, mas sob a condição de que mantivessem toda uma série de liberdades democráticas e restringissem sua atuação à aplicação de uma estratégia militar defensiva. Mas a iniciativa de Milyukov abalou o acordo entre o conselho e o Soviete de Petrogrado, levando os revolucionários que se lhe opunham a organizar manifestações de protesto contra ele. Ademais, naquele mesmo mês, desde a volta de Lenin da Suíça, dias antes, o Comitê Central dos Bolcheviques já vinha se empenhando no objetivo de derrubar o Governo Provisório. Lenin acusava os mencheviques e os socialistas-revolucionários de traidora rendição política às forças capitalistas com sua atitude de aceitar a existência do conselho de ministros de Lvov, acrescentando que os telegramas de Milyukov foram usados como provas de que os ministros estavam envolvidos numa conspiração imperialista com os aliados do Ocidente que se chocava com os interesses fundamentais dos trabalhadores da Rússia e do exterior.

A crise política chegou ao fim com a exoneração de Milyukov e Guchkov, e com o estabelecimento de uma nova coalizão governamental que incluía líderes dos mencheviques e dos socialistas-revolucionários do Soviete de Petrogrado, com as partes havendo aprendido a lição de que agora a Rússia ficaria sujeita à governança de um "poder político dualista", exercido pelo Governo Provisório e pelo Soviete. Embora Lvov houvesse permanecido no cargo de presidente, foi Kerensky, promovido a ministro da Guerra, a fonte de grande parte do dinamismo nas tomadas de decisão com respeito a questões de relações internacionais e de operações militares. O líder socialista-revolucionário Victor Chernov, como ministro da Agricultura, conduziu cada vez mais as políticas agrárias no sentido contrário ao dos interesses dos ricos proprietários de terras; os influentes mencheviques Irákli Tseretéli e Matvei Skobelev diminuíram as últimas restrições às atividades do movimento operário. Kerensky fez constante pressão para que as autoridades concordassem com o lançamento de uma nova ofensiva contra o setor austro-húngaro do Front Oriental na Ucrânia.

O sucessor de Milyukov no cargo de ministro das Relações Exteriores foi Mikhail Tereshchenko, um rico financista e membro do Partido Progressista, que prosseguiu com o plano de enviar os Romanov para o exterior. A ideia original de uma viagem por mar a partir de Murmansk fora abandonada, pois esbarrara na possibilidade de o Soviete de Petrogrado impedir que os Romanov usassem a ferrovia norte para chegar ao Mar Branco. Com isso, Tereshchenko ficou pensando se talvez não seria melhor fazê-los atravessar a Finlândia primeiro e depois o Mar do Norte, partindo de um porto na Escandinávia. Ele e o embaixador Buchanan travaram conversas em que discutiram essa ideia.[5] Como exatamente os Romanov entrariam no território finlandês não ficou muito claro. Embora o ducado da Finlândia ficasse a menos de 50 quilômetros de Petrogrado, a viagem exigiria que usassem partes da malha ferroviária russa, sujeitas a rigorosa vigilância e controle por políticos soviéticos. Se partir de Murmansk era algo impraticável, é difícil entender por que fazer o mesmo da cidade fronteiriça russo-finlandesa de Terijoki teria sido mais fácil. Mas Tereshchenko tentava ser otimista; afinal, ele herdara um legado problemático de Milyukov e nutria a esperança de conseguir tirar algo de bom da situação.

A disposição dos britânicos em acolher os Romanov começou a diminuir depois que o rei Jorge teve tempo para refletir nas possíveis complicações para si mesmo e para a Casa dos Windsor. No começo, ele havia pensado em pôr sua residência em Balmoral à disposição de seu primo Nicolau, mas acabou mudando de ideia. No início de junho, quando foi procurar Tereshchenko, Buchanan estava visivelmente abalado. Com lágrimas nos olhos, pediu que o ministro lesse uma carta que ele havia recebido do chefe do gabinete do ministro das Relações Exteriores britânico, Sir Charles Harding. Este informava na carta que seu país tinha revogado a oferta de asilo. Explicou a decisão indagando como os russos poderiam esperar que Jorge V acolhesse o ex-tsar em sua terra quando o próprio Governo Provisório estava lançando dúvidas sobre seu compromisso de combater os alemães.[6] Essa decisão acabou com toda e qualquer possibilidade de um exílio no exterior, exceto na ocasião em que o governo dinamarquês se ofereceu para receber a imperatriz viúva e suas filhas. Maria Feodorovna recusou a oferta, em razão da gravidez da grã-duquesa Olga. Assim como a maior parte das pessoas, os Romanov faziam pouca ideia do crescente risco à sua sobrevivência.[7]

Tereshchenko repassou a notícia do problema de exílio a Lvov e Kerensky. O Governo Provisório pôs o assunto na agenda, mas a questão era considerada tão delicada que a discussão foi realizada sem demora. Seu tema central girou em torno da crença dos ministros de que, se não era mesmo possível que os Romanov fossem para o Reino Unido, eles deveriam pelo menos ser tirados de Tsarskoye Selo. Desse modo, incumbiram Kerensky de resolver o problema, e ele pensou, inicialmente, na possibilidade de transferir Nicolau e sua família para uma das propriedades de seus parentes Mikhail Alexandrovich e Nicolai Mikhailovich. Depois de refletir, resolveu abandonar essa ideia. Apercebeu-se dos perigos de transportar a família através de um território cheio de trabalhadores e camponeses que os detestavam. Achou que seria igualmente perigoso tentar levá-los para a Crimeia, onde a imperatriz viúva fixara residência.[8]

Enquanto isso, no Front Oriental, os exércitos russos obtinham sucesso, pelo menos até os alemães haverem transferido para lá, às pressas, reforços do norte e as Potências Centrais terem ocupado mais território ucraniano do que nunca — levando os bolcheviques a organizar uma manifestação para protestar contra o Governo Provisório, incluindo seus ministros mencheviques e socialistas-revolucionários. Movidos pelo objetivo de impedir o crescimento da influência dos bolcheviques, os mencheviques e os socialistas-revolucionários participaram da manifestação e tentaram transformá-la em uma marcha em apoio de suas políticas. Entretanto, quando chegou do Front Oriental a notícia do fracasso da ofensiva militar de junho, os bolcheviques organizaram mais uma manifestação contra o governo. O conselho de ministros percebeu que isso poderia ser uma fachada para a realização de um golpe de Estado e proibiu essas atividades nas ruas da capital. Sua própria unidade interna se desintegrou depois que ministros do Kadets saíram às ruas para protestar contra planejadas concessões a exigências dos ucranianos de soberania. Em meados de julho, Petrogrado se encontrava envolta em turbulências, e tropas leais foram enviadas para dispersar a manifestação bolchevique. Providenciaram também a publicação de arquivos indicando que os bolcheviques haviam sido beneficiários de uma ajuda financeira dos alemães. Por fim, expediram um mandado de prisão contra Lenin e outros líderes bolcheviques.

Nicolau ficou horrorizado quando soube da grave crise que eclodira na vizinha Petrogrado, tendo registrado em seu diário em 18 de julho:

Choveu durante a manhã inteira, mas, pouco antes das 14 horas, o sol apareceu; próximo à noitinha, esfriou mais. Passei o dia como sempre. Em Petrogrado, os dias têm sido de desordem, com tiroteios e tudo. Muitos marinheiros e soldados chegaram de Kronstadt ontem para marchar contra o Gov[erno] Provisório. Uma confusão total! Mas onde estão as pessoas que poderiam assumir o controle desse movimento e acabar com esta insensatez e este derramamento de sangue? A sementeira de todo o mal está em Petrogrado, e não em toda a Rússia.[9]

Ele continuava a acreditar que uma liderança de pulso firme e medidas repressivas poderiam acabar com protestos nas ruas. Achava, ademais, que Petrogrado era a fonte de todos os problemas do país: nunca lhe ocorreu que a indignação que os manifestantes haviam expressado nas ruas era sentida por um crescente número de pessoas nas províncias. Aliás, a crise revolucionária era uma crise da Rússia inteira.

O Governo Provisório conseguiu sobreviver apenas à custa da exoneração de Lvov e da promoção de Kerensky ao cargo de ministro-presidente. Kerensky preservou as políticas socioeconômicas da coalizão anterior, mas seu conselho de ministros teve de operar sem a participação de mencheviques e socialistas-revolucionários, que deram prioridade à melhoria de sua situação nos sovietes. Embora ele mesmo fosse um socialista-revolucionário,

Kerensky pretendia impor a autoridade do Governo Provisório a todos os partidos socialistas; chegou também a reinstaurar a pena de morte nas forças armadas e estabeleceu um regime de estreita cooperação com o general Kornilov, a quem nomeou supremo comandante em chefe, sobre a forma pela qual deveriam empregar tropas para restabelecer a ordem política na capital.

Além dos muitos de seus enormes problemas, Kerensky não podia dar-se ao luxo de ignorar a questão dos Romanov, pois a recusa de Londres de cooperar com o projeto de exílio no exterior da família imperial não eximia o Governo Provisório do dever de lhe dispensar cuidados e proteção. No entanto, os britânicos continuavam a ser aliados dos russos, e o fato de muitas pessoas no Reino Unido detestarem Nicolau por ser um tirano sanguinário não diminuiu os clamores de outros sobre o destino dos Romanov. A par disso, os jornais bombardeavam o público com uma série de reportagens e boatos sobre suas condições de confinamento. Kerensky, que estava extremamente necessitado de financiamento e colaboração estratégica do Ocidente, tinha de demonstrar que a Rússia era capaz de observar normas legais em sua luta pela vitória no Front Oriental. Ele se tornara um protetor de Nicolau involuntariamente e sabia que ele e seu conselho de ministros pagariam um alto preço se algo terrível acontecesse à família. Os recentes distúrbios em Petrogrado mostraram que ele não podia garantir a segurança da família imperial no Palácio de Alexandre. Se as violentas turbulências nas ruas se tornassem constantes, o derramamento de sangue poderia espalhar-se para a vizinha Tsarskoye Selo. A hostilidade para com Nicolau continuava generalizada e intensa, e estava claro para Kerensky que poderia ser muito fácil para um destacamento militar rebelde tomar de assalto o Palácio de Alexandre.

Kerensky chegou à conclusão de que teria de achar um novo local para o confinamento deles. Enquanto isso, os outros parentes dos Romanov levavam uma vida tranquila e discreta em várias partes do país. Mikhail, o irmão de Nicolau, se recolhera em sua residência na vizinha Gatchina depois de haver renunciado ao trono, e o Governo Provisório resolveu deixá-lo em paz, acreditando que ele era politicamente inofensivo.

A mãe deles, a imperatriz viúva Maria Feodorovna, esperava continuar em Kiev, mas o conselho de ministros não gostou da ideia de ver qualquer Romanov tornar-se causa de agitação numa cidade grande e achou melhor que ela fosse para Ai-Todor, ao sul, na Crimeia, onde tinha uma casa.

O grão-duque Nicolau Nikolaevich fixou residência nas vizinhanças depois que perdeu seu posto militar na Revolução de Fevereiro.[10] A península da Crimeia estava se transformando numa espécie de depósito de Romanov, e o grão-duque Mikhail sonhava em mudar-se para lá após a Páscoa. Essa perspectiva o deixava animado, tal como ele mesmo disse à sua mãe: "Acredito que, em Ai-Todor, a senhora achará mais fácil lidar com tudo o que aconteceu." Todavia, ao mesmo tempo, ele a exortou a pensar seriamente na possibilidade de buscar asilo no exterior e lhe recomendou a Dinamarca, dizendo que era um bom destino.[11] Enquanto isso, a Crimeia se tornava uma das bases do autoproclamado Partido dos 33 e de outros grupos monarquistas radicais que tinham acesso à agência telegráfica de Chaira. Se Nicolau fosse transferido para lá, certamente sua presença no local daria mais ânimo ainda a eles. A possibilidade de ocorrerem distúrbios levou a administração pública de Sebastopol a despachar uma comissão de inquérito armada para Ialta. A sua consequência foi que os comissários decidiram eliminar todas as chances de os Romanov usarem linhas telefônicas e telegráficas. Ainda assim, com o apoio do autoproclamado Comitê Central da Sociedade para o "Progresso do Tsarismo e da Rússia Sagrada", as agitações em prol do tsar prosseguiram, e a Crimeia continuou a ser uma região preocupante para o governo.[12]

A decisão final em relação à questão caberia ao Governo Provisório — estava longe o tempo em que os Romanov podiam fazer o que quisessem. O próprio Kerensky precisava agir com cautela e não tinha nenhuma intenção de permitir que Nicolau e sua família fossem para o exterior, ainda que houvesse a possibilidade remota de conseguirem achar unidades militares e ferroviários leais ao tsar dispostos a transportá-los para Murmansk, a fim de embarcar num navio da Marinha britânica. Ele estava tendo muito trabalho com o enfrentamento de acusações dos bolcheviques, que afirmavam que ele era o Napoleão russo e que estava traindo a causa revolucionária, e teriam aproveitado toda oportunidade para repreendê-lo severamente por qualquer indício de indulgência para com a antiga dinastia governante. Ao mesmo tempo, Kerensky não tinha condições de deixar que Nicolau, Alexandra e seus filhos se mudassem para a Crimeia. O Governo Provisório tinha de continuar encarregado de sua custódia, e Ai-Todor ficava longe demais de Petrogrado, justamente numa época em que as estruturas de comunicações, de transportes e de administração governamental estavam se desmantelando. Mas, afinal, para onde enviá-los?

# 12. Transferência para um Local Remoto

Enquanto estudava as implicações políticas e geográficas da questão, Kerensky consultou V. N. Pignatti, comissário provincial de Tobolsk que foi à capital participar de uma conferência de todos esses comissários. A cidade de Tobolsk, situada no oeste da Sibéria, era pequena, tranquila, distante e pouco afetada pelo burburinho típico das grandes cidades. Parecia o local ideal para a detenção dos principais integrantes da casa dos Romanov.[1] Antes, no entanto, Kerensky tomou a precaução de criar uma comissão, chefiada pelo ex-deputado da Duma Vasily Vershinin e pelo engenheiro socialista-revolucionário Pável Makarov, para inspecionar as condições locais. Assim que Kerensky recebeu deles um relatório tranquilizador, deu o sinal verde para transferirem a família para Tobolsk.[2]

Ele sabia que poderia haver problemas com a escolta armada que levaria os Romanov para Tobolsk. As tropas de Tsarskoye Selo não confiavam em Kobylinsky e nomearam seu próprio comissário — um segundo-tenente armênio chamado Domodzyants — para supervisionar o processo de transferência dos Romanov. Kobylinsky, que o considerava uma pessoa grosseira, não podia fazer nada para revogar essa decisão. Domodzyants sempre aparecia no parque do palácio quando a família imperial estava lá. Ademais, ele tratava os Romanov com desrespeito e seguia o exemplo de seus camaradas militares anteriores, recusando-se a trocar apertos de mão com Nicolau. Quando o presidente do Soviete informou a Kerensky a nomeação de Domodzyants, Kerensky exclamou: "Sim, eu sei. Mas certamente vocês poderiam ter escolhido outra pessoa, e não esse grosseirão, idiota e canalha!" Mas Kerensky, assim como Kobylinsky, não tinha poder para dispensar Domodzyants. Em Tsarskoye Selo, o poder estava nas mãos do Soviete. Domodzyants disse aos soldados que repudiassem as persistentes tentativas do imperador de conversar com os integrantes do serviço da guarda. Isso irritou Kobylinsky a tal ponto que ele pediu a Nicolau que desistisse de cumprimentar os soldados, e o tsar atendeu a solicitação. Kobylinsky e Nicolau concordavam com a necessidade de se manter um clima de serenidade tanto dentro como fora do palácio.[3]

Kerensky solicitou a Kobylinsky que assumisse o posto de comandante militar em Tobolsk e providenciou para que ambos conversassem com o presidente do Soviete de Tsarskoye Selo e seu chefe do setor militar. Depois que fez todos jurarem manter sigilo, Kerensky revelou a intenção de transferir os Romanov para outro local na semana seguinte, escoltados por Kobylinsky. Kerensky conversou com os outros dois indivíduos em particular: ele queria ter certeza de que todas as "organizações democráticas" locais continuariam a apoiar o Governo Provisório. Embora ele achasse que podia confiar em Kobylinsky para cumprir as ordens à risca, sua experiência no cargo lhe ensinara a agir com cautela e, assim, se recusou a revelar até mesmo a Kobylinsky, pelo menos por ora, o lugar para o qual os Romanov seriam levados. Todo o projeto foi envolto em mistério. Tudo que Kerensky disse quando o dia da partida se aproximou era que ninguém deveria deixar de levar agasalhos.[4]

Alguns dias antes da partida, Kerensky ordenou que Kobylinsky escolhesse os oficiais para participar da viagem. Kobylinsky sabia que isso era inviável. Embora, em tese, ele pudesse escolher quaisquer membros dos três regimentos de Tsarskoye Selo, havia ficado para trás o tempo em que ele podia optar por quem ele quisesse. Nenhum comandante de regimento podia mais dar ordens à tropa. Agora, esse poder estava nas mãos dos comitês de soldados. Desse modo, Kobylinsky pensou em tentar estabelecer um acordo. Proporia que, dos cinco oficiais lotados em cada companhia, os comitês tivessem permissão para escolher dois deles.[5] O comitê do 4º Regimento de Infantaria disse a ele que seus integrantes já haviam escolhido o segundo-tenente Dekônski, que havia liderado o movimento de oposição ao emprego da guarnição no front. Eles também pareciam saber para onde os Romanov seriam levados. Obviamente, tinham fontes confidenciais. Isso foi o cúmulo para Kobylinsky, que foi procurar Kerensky para pedir que escolhesse entre ele e Dekônski. Kerensky perdeu a paciência e tirou Dekônski da lista, mas ao preço da recusa de muitos soldados de integrar o destacamento — e seus substitutos, pelo menos na opinião de Kobylinsky, eram de qualidade inferior.[6]

## TRANSFERÊNCIA PARA UM LOCAL REMOTO

Embora Kobylinsky fosse comandar os elementos militares da comissão, o socialista-revolucionário Pável Makarov foi nomeado comissário do Governo Provisório — Kerensky não queria deixar Kobylinsky sem alguém que o supervisionasse ou usar apenas Makarov como sua fonte de informações. Assim, mandou que Vershinin o acompanhasse. A presença de Makarov na comissão provocou risadas no conde Ilya Tatishchev, o confidente de Nicolau, que achou muita graça em saber que Makarov era um socialista--revolucionário.[7] Foi um solitário momento de descontração numa ocasião sombria (e Tatishchev nunca explicou por que achara as coisas tão engraça das). Kerensky confirmou que o dr. Botkin acompanharia Nicolau na condição de médico particular, enquanto o dr. Vladimir Derevenko trabalharia como médico dos soldados.[8] Foi nesse momento que Kobylinsky soube que eles iriam para a cidade siberiana de Tobolsk, mas não teve permissão de contar isso à família imperial. Nicolau encarava tudo com esforçada paciência. Sua única solicitação foi que pusessem o estandarte com a imagem da Mãe Santíssima no trem, de forma que pudesse ser usada no aniversário de Alexei — e até mesmo esse pequeno favor teve de ser levado à apreciação dos soldados para a devida aprovação.[9]

Kerensky disse ao imperador que se preparasse para uma viagem de mudança para uma nova residência, pedindo também que reconhecesse que isso seria para o bem da família, e acrescentou: "Você acredita em mim?" Ao que Nicolau respondeu: "Acredito."[10] A essa altura, era cada vez maior a relação harmônica entre Kerensky e Nicolau, que disse à baronesa Buxhoeveden: "Logicamente, suas convicções políticas são diferentes das minhas. Ele sempre foi socialista e nunca fingiu ser outro tipo de pessoa, mas é um patriota e ama a Rússia."[11]

Ainda assim, Kerensky procurava ser cauteloso com o que dizia a Nicolau e se absteve de revelar seu destino com receio de que a notícia acabasse vazando e chegasse ao conhecimento de inimigos da monarquia que pudessem organizar algum tipo de ataque. (Ele obviamente não tinha nenhuma preocupação quanto a uma possível tentativa de resgate por parte de monarquistas.) Ele assegurou a Nicolau que não havia motivos para se preocupar. Na resposta que deu a Kerensky, Nicolau foi o homem estoico de sempre: "Não estou preocupado. Confiamos em você. Se você disse que precisamos nos mudar, isso significa que é necessário. Confiamos em você."[12] Nicolau se consolava com a ideia de que, assim que as eleições para a formação da Assembleia Constituinte fossem realizadas e a situação política se acalmasse, ele poderia retornar para Tsarskoye Selo ou estabelecer-se em outro lugar qualquer que preferissem.[13] Três ou quatro dias antes da partida, Kerensky aconselhou os Romanov para que levassem mais agasalhos, pois não gostava da possibilidade de vê-los sofrer com o clima frio que teriam pela frente.[14] Isso provocou suposições de que seriam levados para algum local na Sibéria — e, logicamente, eles estavam certos.

Nicolau, aconselhado por Kerensky, reduziu o tamanho da comitiva e dispensou os serviços de alguns de seus melhores cortesãos. Elizaveta Naryshkina, que vinha sofrendo de inflamação nos pulmões, estava doente demais para fazer uma longa viagem. Além do mais, o idoso Pável Benkendorf servira a ele com lealdade durante anos, mas vivia adoentado — e o estado de saúde de sua esposa também era ruim. Nicolau decidiu substituir Benkendorf por Ilya Tatishchev. O convite foi repassado a Tatishchev por intermédio de Kerensky e Pável Makarov: "Isso me surpreendeu: afinal de contas, eu não era cortesão. Mas, como o soberano manifestou esse desejo, não duvidei um momento sequer de que era meu dever satisfazer a vontade dele."[15] Tatishchev não sabia que a primeira opção de Nicolau havia sido Cirilo Naryshkin, mas, depois que Naryshkin lhe pedira vinte e quatro horas para pensar na proposta, Nicolau resolvera procurar alguém menos hesitante. A única pergunta de Tatishchev foi para saber se a ideia partira de Nicolau ou de Kerensky. Quando soube que a iniciativa fora de Nicolau, aceitou o convite imediatamente.[16]

O plano era fazer com que os Romanov partissem de Tsarskoye Selo na calada da noite, às 23 horas do dia 13 de agosto. Kerensky fez um discurso ao destacamento militar que Kobylinsky havia organizado. Pronunciou-se com seu costumeiro tom carregado de veemência emocional:

> Vocês estiveram encarregados de vigiar e proteger a família imperial aqui. Agora, terão de assumir o serviço da guarda em Tobolsk, para onde a família imperial está sendo transferida por decreto do Conselho de Ministros. Lembrem-se: ninguém deve atingir um homem quando ele estiver estendido no chão. Comportem-se com decência, e não de forma abominável. Mantimentos serão distribuídos ao preço do distrito de Petrogrado. Tabaco e sabão lhes serão entregues pessoalmente. Seus soldos serão pagos diariamente.

TRANSFERÊNCIA PARA UM LOCAL REMOTO

Kerensky, que tinha tantas outras preocupações, não visitou todos os regimentos que forneceram soldados. Alguns desses regimentos se achavam mais mal equipados em matéria de uniformes do que outros, e Kobylinsky notou que alguns de seus membros se haviam tornado relaxados nos cuidados com a própria aparência e pareciam com o moral baixo. Lamentou a desatenção de Kerensky para com esse problema e ponderou depois que isso acarretaria consequências nos meses posteriores à partida deles de Tsarskoye Selo.[17]

Mikhail, o irmão de Nicolau, foi ao palácio para se despedir dos parentes. Soubera por acaso da transferência da família real e se apressou para ver o que estava acontecendo. Corria um boato de que Kerensky tinha Kostroma em mente como destino.[18] À meia-noite, quando Kerensky apareceu no palácio, proibiu Mikhail de se encontrar com o irmão.[19] Mas, logo depois, voltou atrás e deu permissão para o encontro, apenas tomando a precaução de permanecer no recinto junto com seu ajudante e ordenando: "Conversem!"[20] Enquanto isso, o tsarzinho se pôs atrás da porta para escutar a conversa de seu tio Mimi com seu pai.[21] A conversa durou dez minutos e foi principalmente sobre saúde.[22] Tempos depois, Nicolau falou a Sophie Buxhoeveden sobre isso:

> Imagine só: Kerensky tinha acabado de chegar acompanhado de Misha. Ficamos tão emocionados que não conseguimos desabafar. Kerensky, tapando os ouvidos com as mãos, ficou sentado na outra extremidade do escritório. Meu irmão disse baixinho: "Você me entendeu." Não entendi a atitude dele, mas o que seria possível dizer-lhe àquela altura? Assim, eu disse [apenas]: "Que Deus o proteja!" E nos abraçamos.[23]

De qualquer forma, a experiência convenceu Mikhail de que ele estava certo desde março, quando se manifestara a favor da ideia de sua mãe buscar asilo no exterior: as coisas estavam ficando mais difíceis para os Romanov, e o futuro parecia sombrio.[24]

A família estava extremamente preocupada e apreensiva, e o dr. Botkin tomou a iniciativa de providenciar um frasco de comprimidos para acalmá-la.[25] A comitiva seguiu para a estação ferroviária, mas ninguém mais do Palácio de Alexandre chegou lá senão várias horas depois. Provisões para cinco dias de viagem foram postas no trem, levando a comitiva imperial a achar que a Sibéria devia ser o seu destino.[26] O primeiro sinal de movimentação nesse sentido ocorreu às 6 horas da manhã com a chegada de uma limusine transportando Kerensky e Kobylinsky. Esse último portava um pedaço de papel com a seguinte determinação: "Obedeçam às ordens do coronel Kobylinsky como se fossem minhas. Alexandre Kerensky."[27] Levava também uma considerável quantia em dinheiro para a manutenção da família imperial e o pagamento da comitiva: Kerensky queria que eles levassem uma vida confortável no seu novo destino.[28]

Armada com fuzis, uma unidade militar ficou de prontidão. A não ser pela presença dos soldados, a estação estava deserta, pois a transferência dos Romanov estava sendo mantida em segredo. Kerensky se comportou com absoluta retidão, como se a Revolução de Fevereiro não tivesse acontecido. A Nicolau, ele disse simplesmente: "Adeus, Vossa Majestade." Como sempre fazia, beijou a mão de Alexandra.[29] Acompanhando a família no caminho para a plataforma, estavam Dolgorukov, Benkendorf e um grupo de oficiais fiéis. Havia dois trens, com os Romanov seguindo viagem juntos no primeiro deles. Compenetrado na missão de funcionar como olhos e ouvidos de Kerensky em sua ausência, Vershinin embarcou na composição. Presente também na escolta estava o segundo-tenente Efimov, membro da guarnição de Tsarskoye Selo — Kerensky tinha de se resguardar de qualquer suspeita de que poderia estar fazendo algo contrário aos interesses da revolução.[30] Um compartimento individual foi reservado a cada um dos Romanov, bem como para cada um de seus dependentes, e havia também um vagão-restaurante especial.[31] Já havia amanhecido em 14 de agosto quando os motores da locomotiva ganharam força e ela ficou pronta para partir. As horas de espera tinham chegado ao fim, e os Romanov começaram a relaxar e torcer para que tivessem paz e tranquilidade em seu novo destino.

Os trens seguiram na direção de Perm, nos Urais. A locomotiva da frente, numa tentativa grotesca de desviar a atenção, estava coberta com uma bandeira japonesa. Isso serviu apenas para surtir efeito contrário. Militantes do sindicato dos ferroviários se aproximaram do trem e provocaram o maior alvoroço, até que, por fim, Vershinin agitou diante deles uma cópia das ordens de Kerensky.[32] Retomada a viagem, fizeram paradas em estações minúsculas ao longo da via, onde, durante o dia, os Romanov tinham permissão para sair de seus compartimentos a fim de esticar as pernas. Mas não houve permissão para que parassem em pequenas e grandes cidades.[33]

Durante a viagem, a ex-imperatriz insistiu para que permitissem que fizesse suas refeições apenas com o filho, em seu compartimento.[34] O restante da família estava disposto a lidar com a nova experiência da melhor maneira possível, uma experiência nos esconsos rincões da Rússia, o que era algo inteiramente novo para todos eles. Quando, nas semanas seguintes, Sydney Gibbes solicitou que Anastácia redigisse um relato da viagem em inglês, ela mencionou nos escritos a ocasião em que o trem fizera uma parada no meio do caminho, perto de uma casinha, onde um garotinho se aproximou do vagão dos Romanov e pediu um jornal a ela. Ele a chamou de "tio". Anastácia respondeu com doçura que ela não tinha nenhum jornal e ressaltou que ela era "tia", e não "tio". Foi então que ela se lembrou de que tinha cortado o cabelo e que agora parecia menos feminina do que de costume — o episódio provocou muitas risadas entre os soldados que presenciaram a cena.[35]

No entardecer de 17 de agosto, o trem parou na estação de Tiumen.[36] Os Romanov desembarcaram e fizeram baldeação, ainda sob escolta, para duas barcas, a *Rus* e a *Kormilets*. A última delas era a mais confortável e foi essa embarcação que transportou a família imperial pelo rio até Tobolsk. Na viagem para o norte, a barca passou pelo pequeno povoado de Pokrovskoie, despertando na imperatriz um sentimento de nostalgia: "Era aqui que Grigory Efimovich [Rasputin] morava. Era nesse rio que ele costumava pescar e, às vezes, levava peixes para nós em Tsarskoye Selo."[37]

Em 19 de agosto, quando o vapor chegou ao cais em Tobolsk, Makarov e Vershinin tiraram Alexei Volkov da escolta e foram inspecionar a casa do governador, edificação capaz de proporcionar o espaço, o conforto e a reclusão que Kerensky desejava para abrigar a família imperial. Antes da Revolução de Fevereiro, tinha sido ocupada por Nicolai Ordovsky-Tanaevsky, então governador da província. Do outro lado da rua, havia um imponente casarão de centro urbano pertencente a um comerciante conhecido como Kornilov, e era lá que pretendiam fazer com que a maior parte dos integrantes da comitiva dos Romanov morasse.[38] Makarov e seus companheiros descobriram que praticamente nenhum preparativo tinha sido feito para a chegada do grupo dos Romanov e que a casa estava suja e em completa desordem. Volkov solicitou que fizessem reformas consideráveis antes que os Romanov se mudassem para lá. Makarov e Vershinin concordaram com a ideia e os Romanov tiveram permissão para ficar na barca durante uma semana até que os trabalhos fossem concluídos.[39] Enquanto isso, os habitantes da cidade lotaram os espaços do cais, na esperança de ter algum contato visual com as celebridades.[40] Kerensky continuava a pensar no problema dos Romanov. Ele ordenou que Makarov e Vershinin providenciassem para que a dama de companhia Margarita Khitrovo não chegasse nem perto da casa do governador. Determinou também que outros visitantes de Petrogrado fossem impedidos de fazê-lo.[41]

Com a devida correção na execução dos procedimentos administrativos, foi solicitado a Nicolau que assinasse uma declaração atestando que tudo fora feito de modo apropriado e satisfatório até a chegada a Tobolsk.[42] A maior parte da família não teve dificuldade para sair da barca andando e alcançar o cais sozinha, à exceção da imperatriz e de Alexei, que estavam se sentindo fracos e tiveram de ser carregados.[43] Após o desembarque, Nicolau e sua filha Tatiana seguiram na frente, levados por uma limusine para a casa em que passariam os seis meses seguintes. O restante da família foi transportado logo depois.[44]

# 13. Destino: Tobolsk

Em consultas a seus antigos diários, Nicolau ficou surpreso quando descobriu que tinha feito uma visita a Tobolsk em sua viagem pela Sibéria em 1891. Ficou na cidade apenas algumas horas e não conseguia lembrar-se de nada a seu respeito. Isso tinha acontecido numa época, quando ele soube examinando suas anotações, em que uma esquadra da Marinha francesa estava ancorada ao largo de Kronstadt.[1]

Embora Kerensky não houvesse estado em Tobolsk, sabia que a localidade oferecia as vantagens de uma capital de província, com boas linhas telegráficas, conquanto permanecesse uma cidade pequena, tranquila e distante. Com pouco mais de 20 mil habitantes, era um lugar em que todos sabiam o que seus vizinhos andavam fazendo. Tobolsk tinha certo encanto justamente porque era muito distante dos grandes centros populacionais. Ignorada quando se traçaram os planos da construção da Ferrovia Transiberiana, ficava a pouco mais de 240 quilômetros ao norte da estação ferroviária mais próxima, que se localizava em Tiumen. Na visão de Kerensky, essas condições eram uma vantagem clara para o êxito de seus objetivos, pois ele queria eliminar o risco de um resgate. Enquanto cidades como Ecaterimburgo e Tchelyabínski haviam ficado inchadas de gente e indústrias pouco antes de, no início da década de 1890, os primeiros trilhos da Ferrovia Transiberiana terem sido assentados, Tobolsk ainda era muito parecida com a cidade-mercado em que se transformara depois que, três séculos antes, Iermak e seus cossacos iniciaram a conquista da Sibéria. As grandes mudanças na economia e na cultura que vinham transformando regiões-chave do velho império ainda estavam para dar os primeiros sinais de que estavam chegando lá.[2]

Os poucos estrangeiros que visitavam Tobolsk não a achavam nada pitoresca ou aconchegante. Havia apenas dois hotéis decentes. As ruas não tinham pavimentação e o sistema de esgotos era primitivo; quando chovia, as pessoas tinham de improvisar passeios de tábuas para evitar a lama.[3] Mas, com seu jeito antiquado, a cidade tinha algum esplendor, com suas catedrais se elevando bem acima de ruas residenciais e comerciais. Havia mais de vinte outras igrejas ostentando paredes caiadas bem cuidadas e cúpulas douradas. Negociantes e padres circulavam apressados por suas ruas. Sua feira anual secular continuava a funcionar, com caçadores levando suas peles de animais pará negociar e comerciantes regateando o valor das peças. (Mesmo assim, havia uma crescente concorrência de Tiumen, situada ao sul — e Tiumen tinha a vantagem de ficar próxima à linha férrea.) A província tinha uma população fixa, travando pouco contato com outras partes do país e do mundo. Os únicos recém-chegados à localidade eram os 25 mil camponeses que haviam feito longas caminhadas a partir do próprio território russo e da Ucrânia, amparados pelo programa criado pelo primeiro-ministro Piotr Stolypin antes da guerra, com o objetivo de permitir que cada um deles desmatasse quarenta acres de floresta ou áreas com vegetação rasteira e criasse sua própria fazenda sem ter de pagar arrendamento a proprietários de terras, tal como haviam tido de fazer em suas províncias de origem. Rapidamente, construíram cabanas e começaram a vender peles de animais, nozes e produtos artesanais enquanto iam desenvolvendo seus negócios agrícolas.[4]

Não havia nenhuma indústria na província, pois, até então, ninguém tinha descoberto qualquer dos valiosos minerais que estavam sendo extraídos em outros lugares da Sibéria. A agricultura era praticada quase da mesma forma que nos séculos anteriores. Exceção digna de nota foi a inovação na produção de laticínios. A primeira fábrica de manteiga foi criada em 1894 e, já no início da Grande Guerra, havia 1.200 delas.[5]

De vez em quando, as autoridades locais cogitavam a forma pela qual poderiam levar os avanços do mundo para a cidade. Dois dos maiores rios da Rússia, o Irtiche e o Tobol, se encontravam no sopé da grande colina da cidade, ponto a partir do qual suas águas fluíam para o norte pela expandida calha do Rio Irtiche, até chegarem ao Oceano Ártico. A partir de fins do século XIX, os britânicos haviam sido pioneiros no uso de rotas de comércio que se estendiam pelo norte da Sibéria, e o vapor *Louisa* chegara à região em 1876, proveniente de Hull, com uma carga de minério de ferro, açúcar e azeite de oliva.[6] Os anciães de Tobolsk haviam torcido para que esses acontecimentos pusessem um fim ao isolamento da cidade, possibilitando, assim, que ela se modernizasse economicamente e crescesse. Ninguém podia duvidar que as florestas da província seriam capazes de concorrer fortemente com a indústria madeireira sueca no mercado mundial se pelo menos uma infraestrutura de transportes fosse implantada no local. Tal poderia ser o caso também dos produtos da pecuária e da pesca. Além disso, estavam sendo descobertas reservas de minério de ferro nas partes austrais da província, perto de Tiumen, e assim as perspectivas de longo prazo da região ocidental da Sibéria pareciam muito atraentes.[7]

Infelizmente, o governo imperial ignorou os apelos das autoridades de Tobolsk solicitando ajuda no sentido de criar condições para que navios a vapor partissem do norte e ligassem a província à Europa. Poucos navios, à exceção de vapores noruegueses, fizeram viagens regulares para a meridional Tobolsk após a viagem do *Louisa* — mesmo depois, houve muito pouca necessidade de transporte de carga e passageiros para incentivar outras empresas estrangeiras a seguir o precedente. Por isso, Tobolsk permaneceu quase totalmente desconhecida fora da Rússia, e suas trocas comerciais continuaram predominantemente regionais ou realizadas com outras cidades russas, embora a construção da Ferrovia Transiberiana tenha provocado pelo menos um aumento na circulação de mercadorias e pessoas entre Tobolsk e Tiumen. A navegação fluvial, porém, continuou a ser a forma de transporte mais rápida, tal como havia sido durante séculos. No entanto, as condições climáticas numa latitude tão setentrional tornavam impossíveis as viagens de barcos e navios de novembro até fins de abril, período em que as águas viravam enormes placas de gelo. Ao longo de todo o inverno siberiano, Tobolsk permanecia na condição de um município isolado por neve e gelo, ao qual só se podia chegar com trenós ou carroças puxados por cavalos através do caminho sulcado na margem norte do Tobol.[8]

Os invernos longos, rigorosos e o isolamento geográfico haviam transformado a cidade num local perfeito para uma das maiores prisões do Império Russo. O Presídio de Tobolsk era um depósito de condenados por atividades revolucionárias e, após a perda da Ilha Sacalina na guerra russo-japonesa de 1904–1905, ficou abarrotado de detentos em razão de mais prisioneiros terem sido transferidos para lá porque não podiam continuar sob detenção em locais no litoral do Pacífico.[9] A prisão dominava visualmente a praça principal, juntamente com a catedral de "cinco ogivas" e o prédio

112 O ÚLTIMO TSAR

da secretaria de administração fazendária local. No interior das instalações da prisão de trabalhos forçados, a disciplina era ultrarrígida, e as punições, severas. Poucos prisioneiros conseguiam fugir, pois múltiplas barreiras de muros altos separavam os blocos de celas dos brancos muros externos.[10] O rigor das condições de encarceramento do Presídio de Tobolsk aumentou após a crise revolucionária de 1905-1906, e o diretor da prisão, Ivan Moguilev, ganhou a fama de homem feroz, por conta dos castigos que impunha aos prisioneiros que, de algum modo, o desafiassem. Açoitamentos eram comuns. Após um protesto coletivo, ele decretou que dezesseis prisioneiros fossem enforcados e enterrados na prisão. O Presídio de Tobolsk se tornou notório por isso, até mesmo em comparação com os padrões de encarceramento tsaristas da década anterior à Revolução de 1917, visto que protestos de presidiários também chegavam ao conhecimento de quem estivesse do lado de fora de seus muros.[11]

A cidade também era um dos tradicionais locais de exílio administrativo.[12] Aliás, muitos exilados optavam por permanecer em Tobolsk, mesmo depois de terem cumprido pena. Poloneses tinham sido enviados para lá em levas numerosas após a supressão da revolta nacionalista de 1867, e a cidade acabou ficando com uma considerável minoria de poloneses.[13]

Quando Nicolau II foi derrubado, o Governo Provisório decretou anistia para todos os prisioneiros políticos, e criminosos comuns também foram soltos. Carcereiros e policiais locais fugiram, tomados de pânico. Ocorreram distúrbios urbanos, mas depois a tranquilidade foi restabelecida e a cidade voltou a uma situação de maior estabilidade. Porém, todos se lembravam de sua pavorosa história de sistema penal, e Kerensky sabia que, se Nicolau fosse para Tobolsk, essa medida pareceria justamente o que ele merecia pelo isolamento e o encarceramento que impusera aos inimigos da velha ordem. E isso acabaria beneficiando Kerensky politicamente, já que ele não podia se dar ao luxo de parecer que estava sendo indulgente para com os Romanov. Mesmo assim, não havia nenhuma intenção de pô-los na prisão, muito menos sujeitá-los a trabalhos forçados. Ao contrário, a ideia era mantê-los numa situação digna, mas não com o mesmo alto nível de vida e de conforto do Palácio de Alexandre. E deveriam ser protegidos de danos físicos também. Por isso Tsarskoye Selo deixara de ser apropriado como local de confinamento. Kerensky sabia, pelo que vira no relatório apresentado por Vershinin e Makarov, que Tobolsk era uma localidade extraordinariamente

# DESTINO: TOBOLSK

tranquila para uma cidade russa no verão de 1917. Seu único problema com comportamento turbulento acontecera em anos anteriores, quando Rasputin, procurando um pouso para descansar de suas atividades na capital, fizera uma longa visita à cidade. Enchendo a cara de bebida noite após noite, vociferou, ameaçou e fez propostas indecentes a uma série de moradoras locais. Obteve também autorização de um fiscal municipal para oficiar como padre na Igreja Ortodoxa local; chegou a conseguir até uma promoção para bispo de um sujeito nada recomendado de Tobolsk chamado Varnava.[14]

Mas essas coisas eram águas passadas, e os líderes políticos locais estavam tentando dissociar a cidade da imagem de Rasputin. Sua administração municipal continuava a funcionar normalmente. Economicamente, Tobolsk se achava quase totalmente isolada do restante da Rússia, e seus habitantes estavam sofrendo menos do que as pessoas em Petrogrado, Moscou e em outros grandes centros industriais cujos suprimentos alimentícios haviam praticamente esgotado. Na distante cidade, porém, os fazendeiros levavam seus produtos para os mercados, soldados eram mais disciplinados do que os de outras localidades e havia respeito pela lei. Chegaram a criar um soviete, mas a presença de bolcheviques nele era irrisória, e os que encabeçavam o movimento operário na cidade eram os socialistas-revolucionários e os mencheviques.

O Governo Provisório, portanto, tinha boas razões para acreditar que havia tomado uma decisão acertada quando optara por enviar os Romanov para Tobolsk. É verdade que sindicatos de fora de Tobolsk desconfiavam dos planos e providências de Kerensky. Já em 18 de agosto, quando a família estava a bordo do vapor saído de Tiumen com destino a Tobolsk, o Soviete do Município de Ecaterimburgo — ainda não dominado pelos bolcheviques — estava manifestando preocupações em relação à transferência. Numa mensagem enviada ao Comitê Executivo Central do Congresso de Sovietes de Todas as Rússias, em Petrogrado, seus dirigentes informaram a disseminação de boatos segundo os quais os Romanov estavam de fato rumando para Harbin, cidade chinesa pouco além da fronteira com a Rússia. Esse mesmo soviete enviou telegramas a outros sovietes das cidades ao longo da Ferrovia Transiberiana, solicitando que investigassem os boatos e tomassem as precauções que considerassem necessárias.[15] A liderança socialista em Ecaterimburgo se achava totalmente desinformada acerca do paradeiro da família e de para onde estava sendo levada. Mas sua mensagem de queixas era um prenúncio de acontecimentos posteriores, quando sovietes regionais, tanto do oeste da Sibéria como dos Urais, chegaram à conclusão de que Tobolsk não podia ser deixada à própria sorte e intervieram em benefício da segurança da causa revolucionária.

Kerensky sabia muito bem que órgãos do movimento operário "das regiões vizinhas" podiam acabar agindo por conta própria, desacatando a autoridade de seu governo. O Soviete de Tsarítsin, na região do Volga, se declarou uma república independente e incentivou outras cidades a desafiar o conselho de ministros em Petrogrado. Com a fonte de créditos bancários secando, a economia russa seguia em queda livre, fábricas estavam sendo fechadas e os camponeses se recusavam a repassar seus estoques de grãos aos órgãos de abastecimento oficiais. O aparato normal do poder estatal estava se desintegrando. Não existia mais polícia, e as deserções no Front Oriental iam se tornando comuns. Apesar disso, Kerensky se manteve fiel à causa dos aliados — é que seu destino estava indissoluvelmente vinculado a uma derrota antecipada da Alemanha, ainda que ela tivesse de ser conseguida no norte da França em vez de na Polônia ou na Ucrânia. Por enquanto, ele torcia para que tivesse conseguido pelo menos solucionar um de seus problemas, ao transferir Nicolau e sua família para a capital de uma remota província no oeste da Sibéria.

# 14. O Plenipotenciário Pankratov

Após semanas de hesitação, Kerensky nomeou o comissário plenipotenciário que ele queria ver como encarregado do confinamento da família imperial em Tobolsk. Sua escolha recaíra sobre o veterano revolucionário Vasily Pankratov, a quem ele convocou para uma entrevista. No início, Pankratov recusou a incumbência, mas, depois de um apelo para que atinasse com seu senso de dever, acabou concordando. Ele mesmo escolheu seu subcomissário — Alexandre Nikolsky, um socialista-revolucionário que, assim como ele, havia cumprido pena de exílio na Sibéria.[1] Suas ordens consistiam em supervisionar o "destacamento com a missão especial de proteger o ex--imperador e sua família". Esse destacamento, que era composto por 337 soldados e sete oficiais recrutados por Kobylinsky nos 1º, 2º e 4º Regimentos de Fuzileiros da Guarda Imperial, já havia chegado a Tobolsk. Pankratov deveria assumir as funções de Vershinin e Makarov, e enviar por telegrama um relatório quinzenal a Kerensky.[2]

Kerensky encontrara um diamante em forma de homem, mas isso não ficou óbvio de imediato, visto que Pankratov não tinha nenhuma experiência militar, mas apenas um histórico de dedicação à causa revolucionária. A escolha, porém, não deixou Kobylinsky tranquilo. O que ele achava ainda mais inquietante era a história de que Pankratov, por causa de uma discussão em torno de uma mulher, havia assassinado um policial na juventude.[3] E o ocorrido nada tinha a ver com rivalidade passional. Na verdade, Pankratov, um jovem ativista político na época, tinha sido pego numa armadilha da polícia, que estava procurando membros de A Vontade do Povo, uma organização responsável pelo assassinato de Alexandre II, em 1881. Embora não houvesse tido nenhuma participação no crime, ele era conhecido como alguém que revelava afinidade com os objetivos da conspiração e estava na lista dos que deveriam ser presos assim que fossem avistados. Quando, três anos depois, a polícia conseguiu alcançá-lo, ocorreu um tiroteio sangrento, no qual um policial foi atingido fatalmente por uma bala disparada pela arma de Pankratov. Finalmente preso e levado a julgamento, não houve misericórdia para ele, e Pankratov foi condenado a cumprir pena de quatorze anos de detenção no presídio de Shlisselburg, seguida de um exílio administrativo na Sibéria de vinte e sete anos.

Na prisão, dedicou-se a suprir as deficiências em sua educação formal. Embora tivesse recebido uma instrução apenas rudimentar, era um autodidata ávido de conhecimentos. Suas habilidades literárias floresceram e não demorou muito para que passasse a colaborar com matérias manuscritas para um jornal extraoficial do presídio, sob o pseudônimo de Plebeu. Valendo-se dos anos que trabalhara como torneiro-mecânico na fábrica de Semyannikov, produziu uma denúncia de peso dos abusos sofridos pelos aprendizes.[4] Quando o cumprimento da pena em Shlisselburg chegou ao fim, ele foi transferido para o exílio em Vilyuisk, na província de Yakútski, onde obteve autorização para cursar geologia, apesar de sua condição de assassino condenado. A queda da dinastia o deixou livre para viajar para onde bem entendesse, mas ele se apaixonara pelo gelo, pela neve, pela tundra e pelas renas siberianas, e agora, depois do longo tempo passado atrás das grades, apreciava degustar os puros sabores da natureza e desfrutar de liberdade quase total. Embora, a essa altura, fosse um homem decente, cansado, que começava a sentir o peso da idade, Pankratov ainda queria fazer coisas que lhe enchessem de satisfação, mas foi com óbvia relutância que concordou em supervisionar os homens que haviam comandado um sistema que ele tinha combatido tão arduamente.[5]

Após aceitar o encargo, Pankratov partiu de Petrogrado para Tobolsk na companhia de Nikolsky. Eles pegaram um trem para Tiumen e depois embarcaram num vapor para Tobolsk, onde chegaram ao porto em 14 de setembro de 1917.[6] Ninguém em Tobolsk, principalmente os Romanov, tinha como saber o que esperar. Gilliard sentia desprezo por Pankratov, vendo nele um simples velho condenado, e achava que Kerensky pretendia humilhar o imperador.[7] Por sua vez, nem Pankratov nem Nikolsky sentiam necessidade de conquistar a simpatia dos Romanov. Afinal, eles eram revolucionários veteranos que haviam sofrido muito durante o governo tsarista, e a primeira impressão que Nicolau teve de Pankratov não foi das melhores: "Pankratov, o novo comissário do Governo Provisório, chegou e se instalou na casa da comitiva imperial, juntamente com seu assistente, que parecia uma espécie de ajudante militar sujo e desmazelado. [Pankratov] mais parece um operário ou um professor paupérrimo. Ele atuará como censor de nossas correspondências."[8]

Pankratov e Nikolsky iniciaram o trabalho tal como haviam planejado e requisitaram alojamento na casa de frente para a residência na qual os Romanov estavam confinados, imóvel que pertencera a membros da família Kornilov local. Os Romanov se mantinham na expectativa dos piores acontecimentos possíveis e, de fato, seus receios iam se materializando. Haviam se acostumado com um tratamento cordial por parte de Kobylinsky e agora parecia que o recém-chegado comissário enviado por Kerensky serviria apenas para arruinar suas vidas.

Mas Pankratov acabou se revelando uma pessoa dotada de um caráter mais complexo do que eles haviam imaginado; porquanto, embora falasse com os acompanhantes da família com um cigarro de soldado na boca, abria uma exceção quando tratava com o imperador, não se abstendo de fumar, mas segurando o cigarro na mão durante a conversa. Essa pequena diferença sinalizava o desejo de manter um relacionamento viável com Nicolau.[9] Enquanto Pankratov era calmo e afável, Nikolsky, por sua vez, era sempre descortês: "Mas por que cargas d'água [membros da corte] podem entrar e sair com tamanha liberdade daqui?" Ordenou, pois, que fossem todos fotografados e lhes dessem crachás para entrar na casa.[10] E não parou por aí: fez questão de que os Romanov fossem fotografados também. Embora adorassem tirar fotografias uns dos outros, eles reagiram com indignação à exigência de Nikolsky. Sua resposta à revolta dos Romanov foi brusca: "No passado, éramos forçados a fazer isso. Agora, é a vez deles."[11] Repreendeu também Alexei por ficar espreitando através de uma fresta na cerca do jardim e, quando Alexei respondeu com objeções, Nikolsky não deixou dúvidas de que era ele quem mandava e não toleraria nenhum tipo de pressão de uma família que não tinha mais os direitos de seus ancestrais. Os tempos haviam mudado.[12]

Os Romanov não viam motivos para elogiar Nikolsky. Mesmo assim, subestimaram o papel desempenhado por ele na tentativa de acalmar a situação na cidade. Nikolsky conseguiu habilmente apaziguar os ânimos dos soldados. Depois da tomada do poder pelos bolcheviques, era também fundamental impedir que o Soviete de Tobolsk interferisse no regime de

## 118 O ÚLTIMO TSAR

confinamento na casa do governador se Pankratov e Nikolsky quisessem manter o controle da situação, e era Nikolsky quem organizava as necessárias consultas mútuas para a devida cooperação. Nikolsky era mais diplomático do que a família imperial poderia imaginar.[13]

Depois de solicitar a Kobylinsky que reunisse os elementos do destacamento da guarda, Pankratov explicou a eles as ordens vindas de Petrogrado. Falou sobre a importância de um comportamento decente por parte deles e acentuou que não deviam considerar-se juízes com poderes sobre o destino de Nicolau II. Acrescentou que os deveres do destacamento continuariam vigentes até a eleição de uma Assembleia Constituinte, a única que poderia tomar uma decisão definitiva sobre o futuro da família Romanov.[14] Os soldados acabaram simpatizando com Pankratov, e esse com eles. Quase todos eram soldados com experiência em batalhas, e não apenas elementos de guarnição de treinamento e serviço. Como inicialmente não houve hospedagem disponível, muitos tiveram de procurar abrigo no cais, mas aceitaram a situação sem reclamar. Pankratov, pessoalmente, se dedicou a fazer o melhor possível em benefício deles. Organizou um esquema de ensino para os muitos que não haviam recebido nenhuma instrução básica. Fez palestras na Casa do Povo sobre assuntos públicos, bem como sobre ciências da natureza, geografia e história da cultura dos povos, ao passo que Nikolsky lhes deu aulas de contabilidade.[15] Pankratov e Nikolsky personificavam uma antiga tradição política russa cujos adeptos acreditavam que todas as revoluções fracassariam se as pessoas que as apoiassem não soubessem ler e escrever. Para eles, os esforços da transformação política tinham de ser complementados pelo avanço cultural.

No início, essa iniciativa foi bem recebida pelos soldados, mas, já em novembro daquele ano, começou a enfrentar dificuldades, visto que a maioria dos participantes abandonava o programa assim que viam ter aprendido o suficiente para seus próprios objetivos. Além do mais, o restante do destacamento caçoava dos colegas que continuavam no projeto para estudar geometria.[16]

Pankratov também teve de enfrentar um problema um tanto inesperado quando o Governo Provisório providenciou o transporte de Tsarskoye Selo para Tobolsk de móveis, carpetes e outras coisas da família imperial.[17] Tatiana Nicolaievna enviou uma carta a Margarita Khitrovo em 17 de outubro de 1917 observando que os carpetes tornavam a casa muito mais aconchegante.[18] Mas houve dificuldade com relação a outros itens da bagagem. Alguns dos baús continham garrafas de vinho caro. Enquanto ficaram no trem, não houve problema, mas, quando deixaram um dos baús cair durante o transporte para o navio-vapor de Tiumen, provocando a quebra de garrafas, todos sentiram o cheiro de álcool. Um dos soldados a bordo repassou a informação aos colegas. Já tinha havido problemas na cidade quando soldados invadiram uma adega de vinhos e roubaram todo o estoque. A nova e inesperada remessa de vinhos caros tinha o potencial de provocar distúrbios nas ruas. Os ânimos já estavam se exaltando.[19]

Pankratov solicitou orientação ao Governo Provisório. Explicou que o destacamento da Guarda Imperial estava agitado por causa da carga e que duvidava que Kerensky tinha permitido que a entregassem em Tobolsk. Questionou principalmente a pretensa sensatez por trás da decisão de se providenciar a remessa de tamanha quantidade de álcool, cuja simples chegada já havia posto os soldados em situação de intensa discórdia uns com os outros.[20]

Na ausência de orientações de Petrogrado, ele designou alguns soldados para vigiar a remessa ainda a bordo do navio e mandou que transmitissem uma reprimenda ao soldado que havia divulgado a notícia procedente do vapor. Ainda assim, a notícia sobre a chegada do vinho vazou da guarnição e se espalhou pela cidade. Com isso, formou-se rapidamente uma clamorosa multidão, lançando brados de protesto: "Nós derramamos nosso sangue na frente de batalha!" Diante disso, Pankratov mandou chamar o prefeito e comandante da milícia da cidade. O presidente do Soviete de Tobolsk, dr. Varnakov, apareceu também. Pankratov anunciou que gostaria que a milícia levasse o vinho para um lugar seguro. O chefe da milícia escarneceu da ideia, possivelmente porque não confiava em seus próprios homens. Pankratov propôs, então, que as garrafas fossem distribuídas entre os hospitais locais. Quando essa ideia também foi ridicularizada, Pankratov concluiu que ele mesmo tinha de se incumbir dos cuidados com a carga, usando soldados do destacamento da casa do governador. A sequiosa multidão, porém, não se deixou intimidar, levando Pankratov a pressentir que atos de violência estavam prestes a acontecer. Acabou por concluir que só lhe restava optar "pela destruição do vinho ou pela aniquilação de pessoas". Sua solução foi mandar que Nikolsky despejasse todo o álcool no rio.[21]

Os circunstantes ficaram horrorizados com o desperdício de vinho de ótima qualidade. Pessoas bradaram: "Vejam quanta coisa boa está sendo despejada no Irtiche por causa do capricho de um comissário!" Outras afiançaram que, na verdade, a remessa havia sido destinada para o uso exclusivo dos oficiais. Chegou a se deflagrar uma discussão em torno disso, levando a multidão a exigir provas das ordens de Petrogrado com relação à carga. Houve até ameaças de transformar Kobylinsky em refém e de se organizar um ataque contra a casa do governador. Mas Pankratov era um homem de muita fibra. Mantendo-se firme, insistiu para que obedecessem à sua ordem até o fim. O vinho fino que havia sido transportado de Tsarskoye Selo foi diluído nas águas frias e profundas de um rio do oeste da Sibéria. A raiva da multidão passou. A vontade de Pankratov prevaleceu.[22]

Quando essa situação atingiu seu ponto crítico, a família imperial não fazia ideia do que estava acontecendo.[23] Se a tivessem consultado, provavelmente teria dado pouca importância à perda do vinho, pois se abstinha da ingestão de álcool. Sua comitiva, no entanto, teve uma atitude diferente. Afinal de contas, vinhos brancos e tintos eram um dos poucos privilégios que ainda lhe restavam em seu transformado ambiente de serviço e da corte, e seus membros receberam a notícia com desalento. Mais uma pequena regalia lhes havia sido retirada. E sua antipatia para com Nikolsky era tanta que logo presumiram que tinha sido ele, e não Pankratov, o responsável pela decisão de se livrar do vinho — e Nikolsky, na visão deles, havia feito isso por simples e pura maldade.[24] Enquanto isso, Pankratov continuava inabalável na condição de favorito de todos. Os Romanov já tinham aprendido a gostar de Kobylinsky. Agora, Nicolau sentia também uma crescente confiança em Pankratov e lhe parecia tranquilizador o fato de que Kobylinsky e Pankratov achavam que podiam trabalhar juntos sem conflitos desnecessários. Pankratov era um sujeito calmo e aberto ao convencimento. E, embora tivesse motivos para guardar ressentimentos para com a família, depois de suas experiências como presidiário, estava mostrando que era uma pessoa de alma nobre.

Nicolau procurou aproveitar o clima favorável e solicitou que Tatishchev tivesse permissão para lhe fazer companhia em Tobolsk. Depois que recebeu garantias de Pankratov, Kerensky deu seu consentimento imediatamente. Mas não gostou de saber que Margarita Khitrovo conseguira ter acesso à cidade em fins de agosto. Com isso, Khitrovo estabelecera contato com Anastácia Gendrikova, que era uma das preceptoras das crianças, e com o dr. Botkin e, com a permissão de Kobylinsky, deu presentes à família imperial, principalmente doces e miniaturas de imagens sacras. Todavia, como ela sempre fora alguém muito impressionável, logo passou a dizer a outras pessoas que Kobylinsky estava tramando um destino atroz para os Romanov. Suas crises de histeria levaram as autoridades a realizar uma vistoria em seu quarto de hotel e, por fim, prendê-la. Em seguida, elas a enviaram para Moscou.[25] Na ocasião, circulava também a informação de que dez monarquistas anônimos estavam planejando partir de Pyatigorsk, no norte do Cáucaso, com o objetivo de estabelecer contato com Nicolau. Havia pouca dúvida de que seu maior objetivo era libertar a família imperial. Embora Kerensky tivesse mandado realizar uma investigação, não houve consequências sérias, pois o grupo nunca chegou ao seu destino.[26]

Kerensky estava tão confiante no controle da situação que concordou com o pedido de Nicolau para um passeio a pé por Tobolsk.[27] Mas Pankratov, numa atitude inesperada, recusou-se a acatar a autorização. Quando Nicolau perguntou se ele estava preocupado com uma possível tentativa de fuga, Pankratov disse que não e explicou que estava simplesmente seguindo as ordens do governo. Disse também que vinha ocorrendo uma proliferação de boatos na imprensa. Nicolau estava tendo um caso com outra mulher? Ele havia se divorciado de Alexandra? Estava querendo entrar para um monastério? Observou que rumores desse tipo estavam se espalhando rapidamente pelo país e haviam chegado ao Front Oriental. Com isso, advertiu ele, os que odiavam a monarquia queriam agora pôr um fim àquilo que viam como indulgência para com os Romanov — e Pankratov tivera de enviar telegramas aos jornais de Petrogrado para refutar os informes falsos. Mas unidades do exército postadas nas linhas de combate continuavam a fazer ameaças de enviar um destacamento para matar os Romanov e seu protetor Pankratov. Também no clube dos operários, faziam-se apelos para tratar Nicolau e Alexandra como criminosos e colocá-los na prisão. Portanto, como Pankratov conhecia a situação local melhor do que o Governo Provisório, não acatou a decisão de Kerensky.[28]

Nicolau, apoiado por Botkin e Dolgorukov, continuou a questionar quando os Romanov poderiam fazer passeios e caminhadas fora dos limites da propriedade.[29] Botkin chegou a enviar um telegrama endereçado diretamente a Kerensky. Quase no fim de setembro, a família ficou animada quando o médico recebeu uma resposta autorizando para que passeassem de carro na periferia da cidade. Mais uma vez, Pankratov discordou da ideia. Explicou a Nicolau que não podia garantir a segurança da família e, ao mesmo tempo, enviou um telegrama a Kerensky esclarecendo que não dispunha de um carro adequado para isso, observando que, de qualquer forma, o passeio exigiria o uso de muitas charretes para transportar a guarda.[30] Mas Nicolau não perdeu as esperanças. Outra de suas ideias era ver se Kerensky autorizaria que os Romanov se mudassem para o vizinho mosteiro de Ivanóvksi, situado a alguns quilômetros de Tobolsk. Alexei Volkov foi enviado para inspecionar o local. Em sua entrevista com a abadessa, ele explicou as necessidades diárias da família. A abadessa aprovou o projeto e propôs que ocupassem uma casa, com as devidas condições para isso, na área do mosteiro. Pankratov partiu, então, para uma visita ao local. Porém, como a ideia nunca lhe agradara, o plano foi discretamente abandonado.[31]

Os Romanov ficaram animados, no entanto, com a autorização de Pankratov para que participassem da missa na igreja de Tobolsk pela primeira vez, em 14 de outubro.[32] Ficaram todos ansiosos e acordaram cedo para se aprontar. A ideia era que fossem a pé para a vizinha Igreja da Anunciação, mas, em cima da hora, a imperatriz solicitou uma cadeira de rodas por causa de dores nas pernas. Expressando-se em francês, Nicolau falou delicadamente sobre o assunto com os filhos quando se reuniram no jardim. Eles ficaram exultantes com a perspectiva daquilo que, para eles, seria uma espécie de libertação. Eram menos de quinhentos passos até a igreja, e uma fileira de soldados se manteve de guarda por todo o caminho. A fascinante elegância do casaco preto de pele de raposa das filhas do tsar impressionou os espectadores, levando-os a implorar permissão aos gritos para assistir à missa. Pankratov lhes negou as súplicas terminantemente. A família só poderia assistir à missa se estivesse rigorosamente sozinha na igreja.[33] No entanto, conforme as palavras de Nicolau em carta enviada à sua irmã Xênia, a comoção era intensa e, quando os Romanov começaram a se aproximar da igreja, os próprios soldados saíram da formação e se reuniram em volta deles. Nicolau comparou o episódio a uma situação em que ele e a família pareciam alvos de uma caçada, mas ficou tão animado que chegou a dar risadas.[34]

Enquanto ele e os demais retornavam para o local do cativeiro, o clero providenciou para que fizessem soar nos sinos da igreja um repique que simbolizava claramente seu apoio aos Romanov. É que, embora Pankratov houvesse feito tudo para minimizar o fato, o padre Alexei Vasilev encontrou um jeito de dividir sua alegria com os habitantes de Tobolsk que pensavam e sentiam como ele.[35] A surpresa pôs o astral de Nicolau nas alturas. Ele sempre acreditara que era mais popular do que seus inimigos afirmavam, e a experiência de ir caminhando para a igreja e voltar de lá a pé reforçou essa impressão.

Já para Pankratov, a ocasião só serviu para aflorar lembranças dolorosas em seu pensamento. Quando ficou observando os criados carregarem Alexandra na cadeira de rodas pela escadaria do jardim acima, não pôde evitar comparar as contrastantes condições de confinamento da ex-imperatriz com as que experimentara na Fortaleza de Pedro e Paulo, em São Petersburgo. A cela que ocupara na Prisão de Trubetskoy era escura e úmida, de onde, por anos a fio, podia ver o céu apenas pelas grades de uma janela congelada. Por isso, quando estava sendo transferido para o presídio de Shlisselburg, fremiu de emoção com a súbita visão de árvores, arbustos, neve e toda a imensidão do céu. Continuou a viagem como se estivesse em êxtase. Teve a impressão de que as próprias árvores o estivessem escoltando e, alucinado, começou a achar que seus galhos eram seres animados tomados de curiosidade pelo estranho atravessando as entranhas da natureza. Com grilhões nos tornozelos e nos pulsos, caminhava com dificuldade. Embora Pankratov jamais se esquecesse de seus longos anos de encarceramento, guardou segredo dos pensamentos e sensações que teve naquele dia em Tobolsk, mas teve a magnanimidade de se comiserar da vida que os Romanov eram obrigados a levar agora.[36]

# 15. A Revolução de Outubro

Enquanto os Romanov procuravam adaptar-se às circunstâncias em Tobolsk, em outras partes do país a crise revolucionária se agravava. Petrogrado se encontrava num estado de tensão constante e, por isso, Kerensky concluiu que uma drástica imposição da autoridade do Governo Provisório aos sovietes e às guarnições do exército se fazia necessária.

Com isso em mente, ele chegou a um acordo com o general Kornilov para transferir os soldados confiáveis do Front Oriental para a capital. Kornilov, comandante em chefe desde julho, se tornara o favorito dos oficiais do exército e da direita política. No fim de agosto, na Conferência de Estado em Moscou reunindo emissários de todos os partidos e instituições públicas da ala direita dos bolcheviques, ele foi homenageado e aclamado como um potencial ditador que, por si só, poderia restabelecer a ordem no país. A essa altura, Kerensky já não desfrutava mais de ampla popularidade, visto que as dificuldades econômicas e militares haviam aumentado. Quando ele chegou ao local do evento acompanhado de seus guarda-costas, um oficial do exército perguntou por que ele precisava desse tipo de proteção. Diante da surpresa de Kerensky com a pergunta, o oficial explicou com insolência que um esquema de segurança tão grande assim era comum apenas para um caixão.[1] Como se não bastasse, um coronel cossaco o deixou extremamente irritado quando disse: "Não pense, sr. ministro, que não tenha nenhuma importância para os cossacos a questão de quem deve ocupar o Palácio de Inverno: se Alexandra Feodorovna com um cetro nas mãos ou se Alexandre Feodorovitch com uma seringa [no braço]!" Foi uma alusão ao presumido uso de morfina que Kerensky fazia para aliviar sua mente atribulada.[2] Embora a história talvez fosse pura invenção, o fato de as pessoas a estarem espalhando era um sinal do enfraquecimento da popularidade de Kerensky.

A REVOLUÇÃO DE OUTUBRO 125

Apesar disso, Kerensky continuou a confiar em Kornilov, até que trocas de certos telegramas impressos o levaram a concluir que Kornilov estava tramando um golpe de Estado usando soldados transferidos da frente de batalha para executá-lo. Em 9 de setembro, ele demitiu Kornilov do posto de comandante em chefe e mandou que cancelassem a transferência de tropas. A essa altura dos acontecimentos, Kornilov decidiu prosseguir com a rebelião às claras. Nisso, grupos de socialistas, incluindo bolcheviques, trataram de alcançar às pressas os trens que já haviam partido com destino a Petrogrado e persuadiram os soldados a retornar às suas bases. Kornilov e seus seguidores foram encarcerados na prisão de Bykhov. Ele negou que havia tido ambições ditatoriais; alegou que vinha executando fielmente as determinações de Kerensky até o momento em que recebeu a ordem para interromper a transferência de soldados. Mas é inegável o fato de que, se Kornilov tivesse chegado com um grande número de soldados, muitos membros do Kadets e elementos da direita o teriam incentivado a assumir uma função política. Além do mais, a vitória de Kerensky contra seus intentos teve o curioso resultado de enfraquecer o Governo Provisório. Sem a ajuda dos sovietes, ele não teria conseguido fazer com que os trens voltassem, e, durante o restante do mês, à medida que os bolcheviques iam fortalecendo sua presença na capital, sua autoridade foi se enfraquecendo.

Fazia semanas que Nicolau vivia em estado de preocupação crescente, mas ficou animado com a notícia de que Kornilov pretendia levar forças militares para Petrogrado com o objetivo de sufocar a ação dos bolcheviques.[3] Contudo, o ex-imperador estava tentando agarrar-se a uma inútil tábua de salvação se achava que sua própria situação iria melhorar com isso. Kornilov não fez nenhuma tentativa de defender a causa monarquista. Longe disso: ele deixaria oficialmente registrada sua crença de que a dinastia era responsável por trazer problemas fatídicos à Rússia.[4] Em seus apelos ao povo russo, concentrou a argumentação no perigo mortal com que a pátria se defrontava então e advertiu os ouvintes da incapacidade de o Governo Provisório lidar com a situação.[5] Pelo menos com esse argumento de Kornilov, Nicolau podia concordar.

Na tarde de 11 de setembro, Nicolau leu telegramas informando que Kornilov se havia rebelado e fora exonerado do cargo de comandante em chefe.[6] Como suas condições de confinamento permitiam que ele continuasse a ter acesso a notícias, em 18 de setembro ele escreveu em seu diário:

Telegramas chegam aqui duas vezes por dia; muitos são redigidos de forma tão obscura que é difícil acreditar neles. É óbvio que existe muita confusão em Petrogrado e que [houve] mais uma mudança na composição do governo. Aparentemente, o plano do general Kornilov fracassou. Ele e a maior parte dos generais e oficiais que o apoiaram foram presos, e as unidades do exército que partiram rumo a Petrogrado foram mandadas de volta. O tempo está maravilhoso, quente.[7]

Essa foi a última vez que ele se referiu a acontecimentos na capital ao longo de algumas semanas, enquanto procurava dedicar-se à acomodação e à adaptação da família e da comitiva em Tobolsk. Sua rotina durante o dia se resumia apenas à leitura de livros e à produção de lenha para a lareira e, à noite, ele tentava animar a esposa e os filhos. Mas isso não significa que ele tivesse deixado de se importar com o destino do país. Ele vivia em estado de constante preocupação para com a situação militar, e os jornais sempre davam motivos para o pessimismo.

O fornecimento de alimentos à maioria das cidades estava diminuindo a cada semana, e a providência de Kerensky de enviar pelotões do exército às regiões interioranas para confiscar grãos fracassou em seu objetivo de remediar a situação. Era cada vez maior o número de camponeses que se recusavam a pagar taxas de arrendamento a proprietários de terras; nas áreas rurais da Rússia, eram as comunas agrícolas dos camponeses, e não as autoridades do governo, que exerciam o poder. Nesse ínterim, a qualidade da alimentação nas cidades sofrera uma queda considerável. Indústrias começaram a fechar, já que a fonte de seus estoques de matérias-primas e linhas de crédito secou. Algumas das grandes fábricas encerraram suas atividades definitivamente. Com a inflação avançando desenfreada, a tensão nas relações entre patrões e empregados aumentou muito. Mesmo nas situações em que donos de fábrica cederam a pressões de sindicatos para o aumento de salários, trabalhadores sofreram queda significativa em seu padrão de vida. O industrial Pável Ryabushínski foi bastante incisivo: "Será necessário que as mãos esqueléticas da fome e da miséria agarrem o pescoço desses falsos amigos do povo, desses membros de vários comitês e sovietes, para que eles consigam voltar à razão."[8] Esse tipo de observação permitiu que o Partido Bolchevique afirmasse que a elite econômica pretendia infligir terríveis condições de vida ao "povo". Assim, quando dirigentes de sovietes,

A REVOLUÇÃO DE OUTUBRO

sindicatos e comitês de fábricas concorreram a reeleições, os bolcheviques levaram vantagem sobre os mencheviques e os socialistas-revolucionários. Aos poucos, o Partido Bolchevique chegou à liderança de comitês executivos de sovietes.

Quando aumentou a conscientização de que havia a possibilidade de os camponeses tomarem as propriedades dos donos de terras, recrutas na frente de batalha e nas guarnições ficaram alvoroçados. Fazia muito tempo que os oficiais haviam perdido o controle sobre seus homens, e deserções passaram a ocorrer em massa. O alto comando alemão viu nisso uma chance para avançar sobre as linhas defensivas ao longo do litoral do Báltico e ocupar Riga. Uma linha de trincheiras que permanecera mais ou menos nas mesmas condições desde meados de 1915 fora rompida, e as forças armadas russas perderam seus efetivos militares. Os aliados do Ocidente viram com desconfiança a solicitação de ajuda financeira de Kerensky. Alemanha, o Império Austro-Húngaro, França, Reino Unido e Estados Unidos estavam convictos de que a Rússia estava prestes a sofrer uma derrota decisiva, a menos que ocorresse uma transformação considerável em Petrogrado.

Foi justamente em favor dessa derrota que Lenin se manifestou no início da Grande Guerra. Ponderou que os internacionalistas socialistas dos países beligerantes tinham o dever de incentivar a derrocada dos governos imperialistas de seus países. Por ocasião de seu retorno da Suíça, ele conquistara o apoio dos bolcheviques a favor da queda do Governo Provisório e do estabelecimento de um governo socialista baseado no "poder soviético". Asseverou que esse tipo de governo consolidaria o apoio popular com medidas, tais como a retirada do exército russo da guerra, a transferência de terras cultiváveis para o controle dos camponeses, a nacionalização dos bancos e das grandes companhias industriais, a implantação de um sistema de "controle das fábricas e das minas pelos operários" e a proposta de concessão do direito de soberania nacional a minorias étnicas. Achava que, assim que conseguisse o consentimento de seu crescente partido político, a única questão pendente de solução seria a respeito de quando e como eles deveriam pôr em prática seu projeto revolucionário. Porém, o Comitê Central dos Bolcheviques se mostrou relutante quanto à execução das recomendações que ele enviara de seu esconderijo na Finlândia. Louco para ver as coisas acontecerem, ele voltou a Petrogrado e acabou persuadindo o Comitê Central a tomar o poder na primeira oportunidade. Trótski, que se tornara bolchevique pouco tempo antes, no verão, criou uma estratégia para uma insurreição que coincidiria com a abertura do segundo Congresso Pan-Russo de Sovietes.

A estratégia foi posta em prática em 7 de novembro de 1917 (ou em 25 de outubro, de acordo com o calendário antigo) com o uso de tropas de guarnições e da Guarda Vermelha fiéis ao Soviete de Petrogrado. Kerensky fugiu do Palácio de Inverno, e o Governo Provisório deixou de existir. Os insurretos declararam que agora o poder estava nas mãos dos sovietes. O novo Conselho do Comissariado do Povo — ou Sovnarkom — foi formado, com Lenin escolhido como presidente e Trótski como ministro das Relações Exteriores do Comissariado do Povo. Baixaram-se decretos referentes à paz e à questão das terras. Sovietes de outras partes do antigo império russo foram estimulados a expulsar de seus postos os elementos da antiga administração e a exercer sua própria autoridade pública. No campo, onde ainda existiam uns poucos sovietes, ordenaram aos camponeses que fizessem revoluções a seu modo e demonstrassem fidelidade ao Sovnarkom. Embora os bolcheviques, como partido, não tivessem maioria no Congresso, os mencheviques e os socialistas-revolucionários lhes fizeram um favor, com sua decisão de se retirar das sessões como forma de protesto. Conversações foram entabuladas para se tratar da formação de um governo de coalizão com mencheviques e socialistas-revolucionários. Lenin e Trótski não conseguiram impedir que o Comitê Central dos Bolcheviques explorasse essa possibilidade, uma vez que, provavelmente, era um fundamento lógico na mente da maioria dos bolcheviques e seus partidários para derrubar Kerensky. Quando as conversações fracassaram, os bolcheviques ficaram sozinhos no governo.

Cada vez mais, passaram a se denominar "comunistas" para que se diferenciassem dos mencheviques e dos socialistas-revolucionários, bem como para enfatizar seu objetivo final de criar uma sociedade sem governo, burocracia ou exército. O fato de estarem implantando um governo ditatorial para alcançar esse objetivo não lhes parecia uma contradição. Eram pessoas que acreditavam que sutilezas doutrinárias e lógicas tinham menos importância do que ações revolucionárias. Ao contrário dos mencheviques e dos socialistas-revolucionários, estavam confiantes de que, para onde a Rússia fosse, os países da Europa central e ocidental seguiriam também rapidamente. Os bolcheviques previam que a Grande Guerra terminaria logo,

A REVOLUÇÃO DE OUTUBRO

minada por revoluções proletárias que tirariam os "burgueses" do sistema de poder. Em breve, achavam eles, os trabalhadores, e não a classe capitalista, dominariam a política. Previam também que a organização disciplinada e o grande contingente de pessoas se tornariam um obstáculo definitivo ao sucesso de uma contrarrevolução. Achavam que podiam esperar — pelo menos os bolcheviques fervorosos — que a era da história da humanidade futura prevista por Karl Marx e Friedrich Engels no século XIX finalmente se concretizaria. Lenin e seus camaradas viviam e respiravam a ideia de que o comunismo, tantas vezes ridicularizado por ser uma utopia delirante, estava prestes a ser efetivamente instituído. E quase todos presumiam que isso aconteceria enquanto ainda estivessem vivos.

No início, os diários de Nicolau e Alexandra mostraram que ambos estavam pouco informados acerca dos acontecimentos extraordinários na capital. No dia em que os bolcheviques tomaram o poder, Nicolau rachou lenha e teve uma consulta com o dentista Serguei Kostrítski, que estava de partida para a Crimeia; escreveu sobre como adorara o ar fresco: "Outro excelente dia, com leve geada." Alexandra verificou a temperatura (6 graus negativos) e registrou: "É um lindo dia de sol."[9]

Mas a tomada de poder pelos bolcheviques em Petrogrado havia causado confusão em Tobolsk. Os jornais da capital chegavam apenas em intervalos irregulares às cidades, e as informações que veiculavam eram contraditórias e dependiam muito da linha política de cada um deles. Pankratov e Kobylinsky acabaram ficando numa situação ultrajante. Designados para os cargos por Kerensky, eles não tinham nenhuma ligação com o novo governo chefiado por Lenin e Trótski, e o Sovnarkom não fez nenhuma tentativa de se comunicar com eles.[10] Na capital, os acontecimentos se sucediam atropeladamente. Embora Kerensky tivesse deixado o Palácio de Inverno, reapareceu alguns dias depois nas Colinas de Pulkovo como comandante da milícia formada por cossacos e outros voluntários. Deposto do cargo de ministro-presidente, ele queria reverter o que Lenin e Trótski tinham feito. Mas soldados e membros da Guarda Vermelha leais ao Sovnarkom os rechaçaram, e Lenin consolidou o poder bolchevique. Nicolau desistiu de continuar registrando seus pensamentos acerca desses acontecimentos extraordinários. Quase não se referiu mais à Revolução de Outubro, tendo feito unicamente o seguinte registro uma quinzena depois:

Tem nevado muito. Faz bastante tempo que não chegam jornais de Petrogrado; telegramas também. Isto é revoltante em tempos tão difíceis quanto este. Nossas filhas têm brincado com trenós, saltando deles em cima de montinhos de neve. As vésperas foram celebradas às 21 horas.[11]

Num período de quase quatro semanas, ele limitou os comentários que registrou em seu diário a assuntos de sua rotina diária: livros que estava lendo, tarefas ao ar livre, cartas que escrevera e a piora das condições do tempo.

Mas falou a membros da comitiva a respeito de seu sentimento de horror. Como registrou Sydney Gibbes:

Assim que a luta [em Petrogrado] começou, Tobolsk ficou isolada do restante do mundo e, durante muito tempo, nenhum jornal foi entregue. Mas aí, de repente, recebemos um grande fardo de jornais ao mesmo tempo e todos os detalhes das mais terríveis minúcias nos foram revelados. Eu nunca tinha visto o imperador tão abalado. Durante algum tempo, ele ficou totalmente incapaz de dizer ou fazer qualquer coisa, e ninguém ousou dizer uma palavra sequer.[12]

O Governo Provisório enfrentara a situação sem recorrer a medidas repressivas excessivamente severas, mas os bolcheviques eram um fenômeno imprevisível e terrível.

Em 1º de dezembro, o diário de Nicolau ganhou seu primeiro registro com observações diretas sobre a política dos soviéticos:

Chegou a inacreditável notícia de que três representantes de nosso V Exército tinham viajado para um encontro com os alemães num local situado além de Dvinsk [atual Daugavpils], onde assinaram um armistício provisório com eles. Eu jamais teria sido capaz de prever um pesadelo como esse. Como é possível que os salafrários dos bolcheviques tenham tido a coragem de concretizar seu acalentado sonho de propor um acordo de paz ao inimigo sem consultar o povo, num tempo em que o adversário ocupou grande parte de nosso território?[13]

Ele escreveu isso tomado de profunda e sincera emoção e parece que não lhe ocorreu que nem ele nem seus ancestrais, no que se refere a consultas ao povo e à rigorosa observância da manifesta vontade popular, se comportaram de uma forma nem um pouco diferente daquela como Lenin e Trótski agiram. Mesmo ciente da própria história, não teve escrúpulos de consciência em sua linha de raciocínio. Tampouco viu a incoerência absurda de acusar os bolcheviques do pecado de terem feito exatamente aquilo que, durante meses, eles disseram que tencionavam fazer: pôr fim à carnificina no Front Oriental e transformar a política global com exemplos e ações concretas. Mas o que esses mesmos bolcheviques não disseram foi que, se a paz e a "revolução socialista europeia" não resultassem de suas negociações de trégua, seu passo seguinte seria iniciar uma "guerra revolucionária" na Europa central.

# 16. A Dispersão dos Romanov

Embora Nicolau e sua família levassem uma vida confortável com os subsídios concedidos pelo Governo Provisório, seus parentes viviam em condições precárias. O grão-duque Georgy Mikhailovich se retirara para sua propriedade de Ritierve, na Finlândia. Desde 1809, esse país havia sido uma região autônoma controlada pelos russos e, embora Helsinque e outras cidades houvessem passado por distúrbios provocados pelas exigências de independência pelos finlandeses, suas regiões campestres eram tão tranquilas que levaram Georgy Mikhailovich a acreditar que poderia ficar livre das turbulências políticas em Petrogrado.

Ele logo sentiu os efeitos da desintegração generalizada da economia russa e ficou impossibilitado de cuidar da propriedade como sempre fizera. Com suas finanças no vermelho, teve de demitir seus muitos criados para equilibrar as contas. Disse que se sentia mal por ter feito isso, mas ficou com a consciência tranquila, pois seu dinheiro simplesmente havia acabado. Os criados voltaram para suas terras natais na esperança de sobreviver às condições turbulentas. Georgy procurou levar uma vida discreta. Ele sempre achou — assim como Nicolau, em março de 1917 — que a melhor solução seria conseguir refúgio na Inglaterra e sondou discretamente algumas possibilidades durante vários meses. Sua filha Xênia já estava morando lá, em Worthing, para onde fora, por acaso, no início da guerra. Mantiveram uma troca de correspondências repletas de afeto — ele vazava nas cartas seu extremado amor de pai preocupado com a filha. Ao mesmo tempo, condenava veementemente os "patifes" do governo britânico que lhe haviam recusado visto — e dirigia seu maior desprezo ao embaixador Buchanan, a quem acusara de haver tido a maldade de frustrar seu expediente de usar os serviços de um diplomata norueguês amigo seu para enviar suas cartas ao Reino Unido.[1]

## A DISPERSÃO DOS ROMANOV

Em 11 de julho de 1917, o grão-duque Georgy Mikhailovich apresentou à filha uma análise crítica dos males da Rússia não só grosseira, mas também simplória:

> Os fariseus criaram a revolução, e os russos acharam que iriam consertar as coisas razoavelmente bem, mas, logicamente, logo fracassaram em seu intento de consertar as coisas, pelo menos de forma minimamente satisfatória. Sobretudo porque tiraram o "Ungido de Deus" do trono, e isso é um grande pecado. Logicamente, o Senhor Deus punirá todos eles severamente por isso. Não tenho nenhuma dúvida disso. Eles se esqueceram totalmente de Deus, e Ele os punirá por isso.[2]

Eis, portanto, a essência da mentalidade da família Romanov: antissemitismo misturado com monarquismo cristão, expressos numa linguagem que combinava gíria racista e presunção. Logo depois da Revolução de Fevereiro, o grão-duque Nicolai Mikhailovich, numa carta enviada à imperatriz viúva, atribuiu os problemas do país às pessoas de escolas e universidades — e os judeus eram os que ele considerava mais culpados.[3] Quanto ao grão-duque Georgy Mikhailovich, ninguém diria que era o membro mais rico em ideias do clã dos Romanov, tampouco as turbulências revolucionárias serviram para induzi-lo a se afeiçoar a reflexões profundas. Ele era como uma folha levada pelo vento, desejoso de que suas rajadas o transportassem para sua filha, em Worthing.[4]

Três dias depois que os bolcheviques tomaram o poder em Petrogrado, Georgy Mikhailovich enviou uma carta à imperatriz viúva, em sua casa na Crimeia, lamentando a Revolução de Outubro. Ele observou, equivocadamente, que o pai de Kerensky havia adotado Lenin quando ainda era garoto. (O velho Kerensky tinha sido o diretor da escola de ensino médio de Lenin.) Quando ele começou esse palavrório, afirmou que dois judeus, Lenin e Trótski, comandavam o regime "maximalista". (O avô de Lenin havia sido judeu apóstata, mas Lenin foi criado conforme os preceitos da Igreja Ortodoxa Russa.) Segundo previsão do grão-duque: "Essa aventura não vai durar muito." Ele torcia muito para sua rápida aniquilação, pois estava convicto de que "os judeus" — pelo menos dessa vez ele se absteve de usar um termo pejorativo — estavam controlando tudo na Rússia por ordem de uma operosa rede de agentes alemães. Para ele, o Sovnarkom não passava de um "governo de traidores". Achava que só podia confiar nos generais Alexei Kaledin e Lavr Kornilov para restaurar a ordem no país — e recebeu com satisfação relatos informando que os cossacos do Don haviam proclamado Kaledin ditador. Ele mesmo havia chegado à conclusão de que Kerensky era um inútil. Na opinião de Georgy Mikhailovich, Kerensky traíra a Rússia já em maio de 1917, quando aceitou o socialista-revolucionário Víctor Chernov como colega de governo no ministério.[5]

Em 19 de setembro, Nicolau enviou de Tobolsk uma carta à mãe na qual relatava as condições caóticas na capital antes da partida da família. Falou-lhe também a respeito da viagem para a Sibéria. Informou que não tinha, porém, nenhuma notícia do que havia acontecido com seu irmão Mikhail desde o encontro deles no Palácio de Alexandre. Embora Nicolau quase nunca se queixasse de nada, classificou como "impossíveis" as condições de habitabilidade da casa do governador, pelo menos até antes de ela ter sido reformada.[6]

Em 19 de dezembro, Xênia enviou uma carta a seu irmão Nicolau. A essa altura, ela estava morando com a mãe na propriedade de Ai-Todor, na Crimeia, sob a vigilância de Vasily Vershinin, que tinha verificado as condições em Tobolsk para Kerensky. Xênia disse que ele era "uma pessoa muito doce e gentil". Mas acrescentou que a tomada do poder pelos bolcheviques lhe havia tirado toda autoridade e, por isso, ele teve de passar a acatar as determinações do Soviete de Sebastopol. E acentuou que os tempos haviam mudado radicalmente. Para Xênia, era motivo de satisfação ver que seus guardas concordavam em se dirigir uns aos outros usando a palavra familiar russa para *você*. Disse também que achava alguns deles *simpáticos*. Com relação às condições de vida no campo, ela comentou: "Então eles declararam trégua [no Front Oriental]. [...] As coisas ficam mais difíceis a cada hora. Todos vêm recebendo notícias desoladoras a respeito de suas propriedades; estão pilhando tudo e ninguém ousa dar um pio em relação a isso: vamos acabar todos na miséria. Estamos pensando em como conseguiremos sobreviver e ganhar o pão nosso de cada dia. Decidimos abrir um hotel e dividir as tarefas entre nós." Xênia, por exemplo, pretendia trabalhar como camareira.[7]

Na resposta que enviou à irmã, Nicolau se manifestou a favor da ideia de abrirem um hotel. Disse que os dias em que se sentia melhor eram aqueles em que podia realizar tarefas braçais, mas achava as noites mais tranquilas,

A DISPERSÃO DOS ROMANOV

tendo em vista que podia isolar-se de tudo.[8] Foi o mais próximo que chegou de confessar que estava desesperado — e talvez somente a Xênia pudesse ter escrito algo assim: parece que ele nunca baixou a guarda entre os companheiros de cativeiro na casa do governador.

Quanto à imperatriz viúva, Xênia informou que ela havia acabado de se recuperar de um surto de gripe em Ai-Todor. Observou que os comunistas tinham prendido seu irmão Mikhail, que quase subira ao trono na Revolução de Fevereiro, levando-o para Petrogrado. Contudo, acertadamente, Xênia presumiu que, àquela altura, Mikhail tivera permissão para retornar para sua casa em Gatchina. A Revolução de Outubro a deixara horrorizada. Assim como Nicolau, ela estava perplexa com os saques nas adegas de vinho que havia no subsolo do Palácio de Inverno. Enquanto o país inteiro era assolado por violências e conflitos políticos, foi esse um exemplo de delinquência popular que mais lhe feriu a sensibilidade, e explicou a Nicolau que teria preferido saber que haviam sido os alemães, e não os russos, os que tinham perpetrado um "ultraje tão selvagem".[9] Olga, a irmã mais nova de Xênia, também ficou estarrecida com o vandalismo e disse em carta enviada a Nicolau que isso nunca teria acontecido no Governo Provisório: ela ficou muito transtornada com a destruição de quadros magníficos de Valentin Serov.[10] Em 14 de fevereiro de 1918, Xênia contou a Nicolau que elas tinham ficado isoladas em Ai-Todor durante três meses e meio, sem poder sair de casa e sem permissão de receber visitas. Ela soube, pelos jornais, da violência contra oficiais. Mencionou "um tremendo massacre" em Sebastopol, dizendo que o violento distúrbio se espalhara para Ialta, onde corpos tinham sido jogados no mar.[11]

Xênia e sua mãe poderiam ser consideradas sortudas apenas pelo fato de a distância que estavam de Petrogrado lhes dar alguma proteção. Já o restante do clã foi vítima de uma piora no tratamento dispensado pelos revolucionários após a queda do Governo Provisório. Os bolcheviques estavam determinados a endurecer as condições de confinamento de todos os que haviam ficado sob a custódia deles.

O grão-duque Mikhail estava muito apreensivo. Pouco antes da queda de Kerensky, ele enviou uma carta à mãe, em 24 outubro, relatando seus problemas de úlcera e comentando que suas chances de se mudar para o exterior se haviam dissipado.[12] No início da Revolução de Outubro, ele voltou a escrever para dizer: "Que momento terrível todos têm que suportar!" Orava a Deus, rogando a Ele que desse forças à sua mãe para lidar com o trauma. Embora torcesse por tempos melhores para a "atormentada Rússia", estava desesperado para deixar o país.[13] Mas suas chances, que, na ocasião, já eram escassas, se esvaíram totalmente quando os bolcheviques tomaram o poder. Em 18 de novembro de 1917, ele informou à mãe que o Comitê Militar Revolucionário do Soviete de Petrogrado tinha ordenado sua transferência de volta para a capital. Contou que marinheiros de Helsinque supervisionavam sua rotina diária, mas, observou ele, a atitude deles era ameaçadora. Mikhail se consolava com a esperança de que as coisas melhorariam quando a Assembleia Constituinte fosse eleita e a família pudesse finalmente buscar exílio no exterior. Ele deixara de alimentar o sonho de que os Romanov tivessem algum futuro na Rússia.[14]

# 17. A Casa da Liberdade

A Casa da Liberdade, tal como a Casa do Governador foi denominada, em consonância com os tempos revolucionários, por si só teria sido grande o suficiente se os Romanov tivessem levado para lá apenas seus cozinheiros e criados de Tsarskoye Selo. Mas eles tinham feito uma redução mínima da comitiva e, inicialmente, Pierre Gilliard fora o único de seus integrantes a quem havia sido concedido um quarto exclusivo na residência.[1] Os demais receberam acomodações coletivas na casa dos Kornilov — todo dia, tinham de ir caminhando para a residência principal para prestar seus serviços à família. Além dos membros da comitiva, Pankratov e Kobylinsky eram as únicas pessoas que tinham permissão de pôr os pés na propriedade. O destacamento da guarda, como em Tsarskoye Selo, tinha de permanecer do lado de fora. Na maioria dos dias, até a hora de dormir, a residência ficava cheia de gente e bastante movimentada, e os Romanov tentavam comportar-se como sempre haviam feito. Status e decoro continuaram importantes, se bem que Sydney Gibbes, com sua atenção aos costumes e à decência, notou que alguns membros da comitiva estavam tendo maior contato visual com a família imperial do que fora aceitável outrora, mas, sob outros aspectos, a antiga etiqueta foi preservada. E ficava admirado ao constatar como os Romanov conseguiam pelo menos levar uma vida semelhante a uma situação de normalidade nas novas circunstâncias.[2]

Era uma vida claustrofóbica, e pequenas discórdias entre membros da comitiva se tornaram frequentes quando o isolamento se fez sentir mais intensamente. Ilya Tatishchev tentava manter a paz: "Não podemos ser mesquinhos. Não podemos ser mesquinhos!"[3] A solução lógica foi procurar ocupar o tempo com atividades internas que pudessem aliviar a tristeza. Gibbes e Gilliard conseguiam distrair os filhos de Nicolau com eficiência, dando-lhes aulas e passando-lhes dever de casa. O jardim funcionava como outra válvula de escape das energias represadas. Havia também as apresentações teatrais. Em certa ocasião, Nicolau chegou a participar, assumindo o papel de protagonista de *O Urso*, de Anton Tchekhov.[4] O próprio Nicolau adaptou o texto para permitir que Olga e Maria fizessem parte do elenco.[5] Os Romanov tiravam fotografias uns dos outros e as mandavam para revelação e impressão nos estabelecimentos locais.[6] Partidas de besigue serviam também para entretê-los nos finais de tarde.[7]

Em 23 de setembro de 1917, Maria Nikolaevna enviou uma carta à imperatriz viúva — sua avó — para tranquilizá-la. Comentou que estava encantada com o pequeno jardim e com as galinhas, os patos e os quatro porquinhos, de que a família estava cuidando.[8] Também havia perus, dos quais os Romanov mais jovens, incluindo Alexei, gostavam de cuidar. Acrescentou que na área do jardim havia uma quadra de tênis, ainda que sem rede. A propósito da quadra e outras coisas mais, Anastácia Nikolaevna disse numa carta enviada à sua amiga Ekaterina Zborovskaya: "Não é tão ruim assim, mas passamos a maior parte do tempo procurando bolas na vala e em lugares semelhantes. Ficamos sentados na janela e nos distraímos observando quando os transeuntes passavam."[9] Kolya Derevenko, o filho do médico da família, fazia visitas à residência para brincar com Alexei em dias previamente combinados.[10] Aliás, Alexei enviou uma carta animadora à "querida vovó" em 5 de novembro de 1917: "Durante o dia, papai racha lenha com minhas irmãs ou limpa as aleias. Espero que a senhora tenha se recuperado da doença. Enviamos todos um grande beijo e sempre nos lembramos de você."[11] Tal como acontecia em Tsarskoye Selo, Nicolau era acompanhado por Dolgorukov, Tatischev, Gilliard ou uma de suas filhas em seus trabalhos externos; é que estava determinado a se manter em forma. Já Alexandra ainda preferia passar os dias na cadeira, lendo ou costurando. As filhas do tsar não paravam de usar as câmeras, e Kobylinsky achava que a atmosfera estava menos tensa do que no Palácio de Alexandre.[12]

Olhando a rua da varanda da residência, os Romanov procuravam familiarizar-se com Tobolsk. Anastácia registrou por escrito algumas das coisas que lhe deram a impressão de ser diferentes das que vira em outros lugares. Notou que a correspondência não chegava de carruagem, tal como acontecia em Tsarskoye Selo, mas num trenó com sinos retinindo. Observou também que, no inverno, os camponeses iam trabalhar usando longos casacos de pele, os quais, curiosamente, eles e os moradores da cidade cha-

A CASA DA LIBERDADE 139

mavam de "estimulantes", e que, embora a maioria dos russos usasse botas de inverno de cores sombrias na neve, os camponeses da província de Tobolsk mandavam que tingissem as suas de vermelho vivo.[13] É óbvio, portanto, que a família nutria autêntica curiosidade pelas regiões dos antigos domínios de Nicolau com as quais tivera apenas um contato passageiro. Mas os cativos Romanov eram não só proibidos de caminhar pelas ruas, mas também de se comunicar com a população. Isso significava que tinham de reunir informações sobre a localidade principalmente de coisas que os membros da comitiva, que podiam ir à cidade sempre que quisessem, lhes contassem.[14]

A Casa da Liberdade era confortável, embora um tanto fria e exposta a geladas correntes de ar — por sinal, Tatiana Nikolaevna disse numa carta à sua amiga Margarita Khitrovo que os quartos ocupados por seu pai e seu irmão eram os únicos mantidos devidamente aquecidos.[15] Essa foi uma das primeiras indicações da necessidade que a família teria de ser mais econômica no controle do orçamento do que o fora no Palácio de Alexandre. Nicolau e Alexandra tinham pouca familiaridade com as necessidades práticas e simplesmente assinavam faturas solváveis apenas com os recursos financeiros próprios do ex-imperador, complementados por um subsídio do governo. De refeições, no entanto, eles ainda dispunham à farta. No desjejum, eram servidos dois pratos e havia café matinal com uma *zakuska*. O almoço chegava a ter três pratos, seguidos, no fim da tarde, por chá, servidos com iguarias e bolos.[16] Os Romanov passaram a jantar na companhia de Botkin, Ilya, Tatishchev, Vasily Dolgorukov, Anastácia Gendrikova, Ekaterina Schneider, Pierre Gilliard e Sydney Gibbes. Já membros subalternos da comitiva não tinham esse privilégio, mas podiam comer e beber à vontade, e levar para suas famílias, nas cidades, bolsas cheias de comida. A Casa da Liberdade causou certo impacto na economia local, já que os empregados dos Romanov compravam todo o estoque dos escassos mantimentos disponíveis na localidade. Por isso, depois que soube das críticas que andavam fazendo na cidade, Pankratov passou a proibir que os empregados levassem comida para casa. A proibição irritou os criados, que disseram, em suas queixas, que seu salário era insuficiente para sustentar suas famílias. Pankratov respondeu sugerindo que se queixassem a Nicolau.[17]

Todavia, na verdade, as finanças da família não estavam tão bem quanto a maioria das pessoas em Tobolsk pensava, e logo depois da mudança de Tsarskoye Selo para lá, ela teve dificuldade para equilibrar as contas na Casa da Liberdade. Nicolau havia perdido o acesso a qualquer conta bancária e, na falta de dotações suficientes das autoridades do soviete da capital, a família tinha de comprar seus mantimentos a crédito. Com isso, era inevitável que suas dívidas aumentassem cada vez mais. Kobylinsky percebeu que essa situação não podia continuar por muito tempo. Quando solicitou orientação financeira na filial de Tobolsk do Banco Estatal, eles o aconselharam a procurar um empresário chamado Yanuschkevich para lhe pedir um empréstimo. Yanuschkevich, que ainda retinha grande parte da própria riqueza, emprestou 20 mil rublos, mas sob a condição de que Yevgeny Kobylinsky, Vasily Dolgorukov e Ilya Tatishchev fossem fiadores da dívida — e os três concordaram. Eles não disseram nada a Nicolau a respeito dessa negociação.[18] Era uma providência que só podia adiar o dia em que o último rublo fosse gasto, e os principais membros da comitiva estavam nervosamente cientes de que os Romanov estavam vivendo acima de suas posses.

Alexandra nunca foi uma pessoa dada a gastar nada além do absolutamente necessário, mas sua compreensão acerca da situação financeira não era lá essas coisas. Porquanto, assim como o restante da família, ela sempre ficara isolada das circunstâncias comuns da vida com que outras pessoas da sociedade se defrontavam. Em Tobolsk, eles ficaram mais isolados do que nunca dessa realidade.

A única chance que os Romanov tinham de conseguir uma vaga ideia da vida do lado de fora da Casa da Liberdade era quando iam à missa na Igreja da Anunciação.[19] E, a partir de 25 de dezembro de 1917, o padre Alexei Vasilev tornou isso difícil para eles, quando resolveu dedicar a tradicional oração da Igreja Ortodoxa em benefício da saúde da família e de uma vida longa ao imperador e a seus familiares.[20] Foi sua maneira de expressar desagrado para com a recusa de Pankratov de permitir que ele lecionasse sobre a Sagrada Escritura aos jovens Romanov.[21] Vasilev era uma figura importante na cidade e havia entrado para a duma local numa aliança com o Kadets; além disso, dava aulas de religião na escola de ensino médio para meninos.[22] Sua oração foi uma provocação consciente, pois ele repetiu palavras que faziam parte do ofício religioso tradicional antes da Revolução de Outubro.[23] Diante dessa provocação, os soldados de serviço presentes na igreja fizeram um grande rebuliço (Kobylinsky havia autorizado que muitos dos soldados mais velhos ficassem no interior da igreja para se aquecer).

A CASA DA LIBERDADE

141

Chegaram a ameaçar fuzilar o padre. Mas o bispo Germogen resolveu o problema banindo Vasilev para um mosteiro, e Kobylinsky se absteve de punir os militares encrenqueiros. Germogen era uma figura importante na Igreja Ortodoxa Russa e se retirara publicamente do Sínodo Sagrado em 1912, por não concordar com a crescente influência de Rasputin. Embora não fosse afeito a controvérsias, não hesitou em tomar essa decisão, apesar dos problemas que poderia acarretar.[24] Ele era monarquista também e, quando transferiu Vasilev, fez isso para poupá-lo, bem como o restante do clero, de retaliações das autoridades soviéticas.

Um novo padre, Vladimir Khlynov, foi designado para o cargo, pois era mais discreto do que Vasilev. Apesar disso, os soldados concluíram que os Romanov deveriam ser proibidos de frequentar a igreja e que as missas em seu benefício deveriam ser oficiadas na Casa da Liberdade. No entanto, Kobylinsky conseguiu estabelecer um acordo com eles, por meio do qual a família poderia ir à igreja, mas não com a mesma regularidade.[25] Ainda assim, a solidariedade do clero para com os Romanov continuava a deixar os guardas nervosos, e faziam questão de presenciar as missas oficiadas na Casa da Liberdade. A paciência dos militares chegou ao limite quando, certa feita, o oficiante fez uma prece à Santa Alexandra. Um dos soldados, quando ouviu o nome Alexandra, presumiu que se tratava da imperatriz. Ele e os demais colegas suspeitaram que uma prece estivesse sendo dedicada aos integrantes da dinastia destituída. Veio em seguida o costumeiro alvoroço, até que alguém pegou um calendário eclesiástico e conseguiu provar que existia um santo com esse nome.[26] Uma lição estava sendo dada à família de que, mesmo que ela se comportasse do jeito que as autoridades determinassem, isso não seria suficiente: todos tinham de se conformar com os ditames dos que simpatizavam com o governo soviético — embora ninguém fosse capaz de prever o que eles poderiam decidir a cada novo dia.

# 18. Aprendendo com os Outros

Os Romanov ficaram encantados com o comissário Pankratov e seu jeito cordial, firme e inteligente de administrar a Casa da Liberdade. Quando Kostrítski, o dentista favorito da família, chegou da Crimeia para verificar as condições de sua saúde bucal, deparou com um exemplar das memórias de Pankratov relatando seu exílio na Sibéria. A simples existência de um livro como esse poderia ter ampliado a distância que havia entre Pankratov e os cativos na Casa da Liberdade. Mas, em vez disso, conforme relatou o dentista a Nicolau, o conteúdo da obra revelou um homem que não guardava ressentimentos. Na ocasião, os Romanov conheceram também os detalhes do assassinato que resultara na prisão de Pankratov. "Por que", perguntou Alexandra ao dentista, "ele não gosta de policiais?" Alexandra não conseguia entender a fase anterior da vida do ex-presidiário. Afinal, Pankratov parecia muito gentil e irrepreensível. A imperatriz quase não conseguia acreditar que ele tivesse cumprido pena num dos presídios do marido. Em todo caso, ela se uniu ao restante da família no respeito que todos passaram a devotar ao comissário de Kerensky.[1]

Por outro lado, à medida que Pankratov foi conseguindo sondar cada vez mais a personalidade de Nicolau, alcançou uma compreensão mais profunda de suas limitações. O comissário afirmou, na cara do imperador, que as explosões de raiva da população durante seu longo reinado não haviam sido desprovidas de um motivo sério. Disse com veemência que milhões de súditos de Nicolau se sentiam muito ressentidos com a forma pela qual haviam sido tratados. Observou que, por isso, houvera distúrbios durante a guerra contra o Japão em 1904–1905. Falou também das explosões de violência em Barnaul e Kuznetsky no verão de 1914, quando chegaram os documentos determinando a mobilização militar — o próprio Pankratov havia testemunhado isso em seu exílio na Sibéria e visto pessoas saquearem

APRENDENDO COM OS OUTROS

lojas de bebida. Assinalou que os distúrbios em Petrogrado em fevereiro e março de 1917 haviam tido suas origens nesses mesmos ressentimentos. Pankratov pediu a Nicolau que refletisse seriamente no porquê de a Alemanha e a Áustria terem evitado o mesmo caos quando resolveram partir para a guerra. Argumentou que os déspotas eram sempre pegos de surpresa quando o povo decidia finalmente dar um basta em seus excessos. Nada disso, contudo, serviu para convencer Nicolau, que pensou um pouco antes de perguntar: "Mas por que destruir um palácio? Por que não deter a multidão? [...] Por que permitir roubos e a destruição de tesouros?"[2]

Os dois descobriram, entretanto, que podiam entender-se bem com relação à Sibéria. Pankratov estava se tornando uma pessoa excepcional na vida de Nicolau. Enquanto Rasputin fizera parte da corte, ninguém que questionasse o pensamento do imperador conseguia permissão para participar de seu círculo íntimo. Após a morte de Rasputin, tanto em Tsarskoye Selo como em Tobolsk, ninguém que ousasse contradizê-lo seria capaz de integrar a comitiva. Nicolau vivia numa espécie de redoma criada por ele mesmo e que era ainda mais isolante do que aquelas em que se encastelavam seus monarcas rivais no exterior. Pankratov começou a quebrá-la. Como ex-prisioneiro de uma colônia penal, era profunda sua experiência com o dia a dia siberiano; tinha uma familiaridade excepcional com os grupos étnicos na gélida região norte. Pierre Gilliard ouviu por acaso uma conversa, que durou mais de uma hora, em que Pankratov relatava suas explorações na bacia do rio Lena. Nicolau e Pankratov adoravam conversar um com o outro — e Nicolau, esquecendo-se da razão pela qual Pankratov fora parar nos rincões da Sibéria, incentivava seu acompanhante a contar histórias de sua vida. Estavam unidos em sua confiança no grande futuro reservado à Rússia nas profundezas da tundra e da floresta de coníferas. O ex-imperador e seu ex-condenado comungavam do mesmo entusiasmo pela pátria.[3]

No entanto, Alexandra não compartilhava da admiração do marido por Pankratov e, quando precisava comunicar-se com ele, preferia usar o dr. Botkin como intermediário. Botkin desempenhava esse papel com satisfação. Ele se condoía muito do sofrimento da imperatriz e procurava ajudá-la em tudo que ela quisesse — e repassava com regularidade suas solicitações às autoridades.[4]

Pankratov nunca simpatizou com a imperatriz. A frieza glacial demonstrada por ela sempre que ele estava por perto não era nada cativante, e ela evitava revelar o menor sinal de gratidão pelos pequenos regalos que ele conseguia obter para a família. Apesar de seu espírito generoso, passou a sentir um crescente desprezo pela atitude dela. E isso não aconteceu apenas porque ele era um revolucionário populista hostil à antiga dinastia reinante. É que, logo depois de ter assumido suas obrigações em Tobolsk a mando do Governo Provisório, aceitou chefiar também a campanha local destinada a arrecadar contribuições voluntárias para o esforço de guerra russo contra a Alemanha. Não demorou muito até que fossem procurá-lo para se queixar dos Romanov, dizendo que eram muito mesquinhos. Ele resolveu lidar com o problema entregando o formulário de solicitação de contribuição a Tatishchev e ficou esperando para ver o que acontecia. Não conseguia acreditar na avareza dos Romanov, até que, por fim, soube que a família imperial tinha doado apenas 300 rublos. "Será que foi por avareza ou falta de consideração?", perguntou-se ele. "Ou foi um sinal de vingança?" Pankratov chegou depois à conclusão de que não era nenhuma coincidência o fato de que tinha sido a imperatriz quem assinara o cheque.[5]

O restante da família era totalmente diferente, e Pankratov gostava do fato de que Nicolau e suas filhas se mostrassem ávidos pela produção de lenha para aquecer a residência e pela remoção de neve das aleias. Os revolucionários davam como certo que eles se comportariam como os mimados beneficiários de grandes privilégios. Seu gosto por trabalhos braçais foi uma surpresa. Ainda assim, Pankratov continuava a acreditar que a família sempre se mantivera artificialmente isolada da vida comum no país que ela governava. Ademais, na opinião dele, a criação que tiveram servira apenas para tolher seu desenvolvimento individual. Nicolau e Alexandra haviam encerrado o restante da família numa redoma de regras de etiqueta, ao passo que o poder e o orgulho da herança dinástica os levaram a desenvolver uma visão estreita e irrealista da vida. Apesar disso, Pankratov continuou otimista. Ele vira o suficiente para acreditar em suas construtivas potencialidades de concidadãos e concluiu que não era tão tarde assim para que eles dessem início a transformações pessoais. (A bem da verdade, é difícil que ele acreditasse que isso fosse possível no caso da antipática imperatriz.)[6]

Ele notou as lamentáveis tentativas de Nicolau para fazer os filhos progredirem nos estudos. Nicolau encarregou-se de ensinar história russa a Alexei, fazendo, em conjunto com ele, o estudo de um livro — provavelmente o famoso compêndio de S. A. Chistyakov, achado depois entre os pertences dos Romanov — sobre Pedro, o Grande.[7] Chegou a se gabar numa carta enviada à mãe, em Kiev: "Estou estudando história russa com Alexei, algo que adoro e — posso dizer — conheço bem."[8] Mas Pankratov não concordava com a opinião de que o ex-imperador fazia de si mesmo e duvidava que Nicolau soubesse muita coisa sobre o assunto, exceto no que se refere a exércitos e guerras russas — até porque o próprio Nicolau não escondia o fato de que o passado militar do país sempre fora seu interesse permanente.[9]

Ainda assim, Nicolau reconhecia a necessidade de efetuar mudanças na equipe de professores e foi pedir conselhos a Pankratov. Ficou sabendo que este não tinha muito boa opinião de Anastácia Gendrikova e Ekaterina Schneider, que vinham trabalhando como preceptoras dos jovens. Recomendou, pois, que Nicolau contratasse Cláudia Bitner, uma mulher com oito anos de experiência numa escola de Tsarskoye Selo. (Pankratov evitou mencionar que ela era amante de Kobylinsky.) O imperador gostou da ideia e disse que iria consultar a imperatriz, que concordou imediatamente.[10] Bitner havia chegado a Tobolsk no mesmo vapor que Pankratov e Nikolsky. Enquanto retomava seu relacionamento com Kobylinsky, estava em busca de um emprego no liceu como professora de francês. Todavia, de acordo com o dr. Botkin, as filhas dos Romanov intervieram, apoiando a ideia de ela se tornar sua preceptora. Com isso, a senhorita Bitner voltou rapidamente para Tsarskoye Selo, a fim de rescindir seu contrato com a escola em que trabalhava, antes de retornar para Tobolsk na companhia do colega professor Sydney Gibbes. Mulher determinada e que sabia muito bem o que queria, ela informou a Pankratov que queria discutir as condições do emprego a sós com a imperatriz. Nicolau e suas filhas a receberam de braços abertos no escritório, onde o ex-imperador foi lacônico: "Minha esposa está esperando por você." Na conversa que veio a seguir, Alexandra se mostrou tão cordial e empolgada que Bitner resolveu aceitar o convite.[11]

Ela ficou gratamente surpresa em ver quanto a imperatriz podia ser gentil em seus contatos diários. Quando Alexandra indagou, por simples curiosidade, se a professora estava enviando dinheiro à sua mãe, Bitner explicou que estava com pouco dinheiro — resposta que levou Alexandra a fazer questão de lhe dar algum do próprio bolso.[12] Bitner ficou igualmente impressionada com Nicolau. Com seus modos irrepreensíveis, geralmente ele causava impressão positiva nas pessoas que ainda não haviam formado uma opinião negativa a seu respeito. Bitner notou que, toda vez que precisava faltar ao trabalho por motivo de doença, ele sempre perguntava como a professora estava quando ela retornava. Ela se sentiu inclinada a fazer algo de bom por ele.[13] No entanto, ela considerava Nicolau e Alexandra culpados pelo que via como pobreza cultural de seus filhos. Na avaliação dela, era chocante a ignorância deles em literatura, história e geografia russas. Em matéria de poesia, conheciam um pouco de Pushkin, menos ainda de Lermontov e não tinham nem ouvido falar de Nekrasov.[14] Não chegou a ser uma surpresa que Nekrasov, um escritor antitsarista reverenciado entre os revolucionários, mas que não era um poeta de primeira categoria, não tenha exercido alguma influência em seus espíritos. Levado por um desejo maroto, Pankratov insistiu para que Bitner lesse em voz alta alguns de seus poemas para os alunos. Quando ela fez isso, escolheu "Mulheres russas" e "Nariz vermelho de frio". Algum tempo depois, ela informou a Pankratov que as filhas dos Romanov tinham ficado encantadas. "Por que nunca nos disseram que tínhamos um poeta assim tão maravilhoso?", haviam perguntado os familiares de Nicolau."[15]

Enquanto isso, Alexei estava longe de ser um aluno exemplar, levando Bitner a se decepcionar quando ele disse que preferia que ela lesse tudo para ele em voz alta. A professora acabou conformando-se com a ideia de que talvez sua doença o tivesse incapacitado desse jeito. A imperatriz, embora louca pelo filho, era menos indulgente nesse caso específico, fazendo uma comparação desfavorável dele com o pai, que fora um leitor voraz quando garoto.[16] De qualquer forma, sob todos os outros aspectos, Alexei conquistou o coração de Bitner. Ela viu que o tsarzinho era um jovem dócil, mas corajoso, que detestava pedir ajuda e que só fazia isso quando era absolutamente necessário. Bitner dizia com frequência: "Alexei Nikolaevich, sua perna está doendo." E ele sempre respondia do mesmo jeito. "Não. Não está doendo." Ao que ela retorquia: "Mas é óbvio que está." Contudo, o garoto era pertinaz: "A senhora sempre acha que está doendo, mas, na verdade, não está." Todavia, ambos sabiam a verdade e assim, numa ocasião memorável, ele resolveu dividir suas preocupações com ela: "O que a senhora acha? Será que esta coisa [a doença] deixará de me incomodar um dia?"[17]

Com 13 anos de idade, estava se transformando numa pessoa com ideias próprias. Qualquer tipo de desperdício o deixava irritado. Numa atitude estoica, embora não tivesse as mesmas preferências culinárias da família, abstinha-se de pedir algo diferente para comer. Acreditava também que as despesas da casa tinham de ser mantidas o mais baixas possível. Cuidava de seus pertences com muito cuidado.[18] O curioso é que ele preferia Tobolsk a Tsarskoye Selo, havendo afirmado: "Aqui, é melhor. Lá, eles me enganaram. Enganaram-me muito",[19] se bem que, aparentemente, ele nunca tivesse explicado o de que estava se queixando. Mas não demorou muito para que começasse a alimentar desconfianças em relação à vida na Casa da Liberdade também, visto que alguns dos empregados da família começaram a tomar certas liberdades. Um dia, portanto, o tsarzinho perguntou a Bitner: "Diga-me, Cláudia Mikhailovna, por que todos estão nos enganando?" Ao que Bitner respondeu: "Por que acha que está sendo enganado? Quem o está enganando?" Alexei explicou que, certo dia, o dr. Derevenko mandou que ele fosse tomar banho. A ordem foi dada, e o garoto sentou e ficou esperando até informarem que a água estava pronta. Depois de um longo tempo, disseram a ele que o encanamento estava com defeito. Mas, no dia seguinte, ele soube que, em vez dele, fora Maria Tutelberg, uma das camareiras, quem usara a banheira. O respeito pela observância da etiqueta da corte estava em decadência, e o ex-herdeiro percebeu isso rapidamente sem a ajuda de ninguém.[20]

# 19. Sem Nada para Fazer

Nicolau e Alexandra se transformaram em leitores vorazes depois da Revolução de Fevereiro. Em seu esforço para transmitir suas convicções e visão religiosas ao filho, Alexandra estudou *Reflexões sobre a liturgia divina*;[1] e, para sua própria edificação espiritual, leu uma obra sobre a história geral do cristianismo.[2] Embora Alexandra houvesse arrumado a própria bagagem com cuidado, Nicolau abriu mão de levar um bom sortimento de livros de Tsarskoye Selo para a nova residência. Por sorte, Pankratov autorizou que ele solicitasse livros emprestados da biblioteca do liceu de Tobolsk. Nicolau estudou, pois, *Tobolsk e sua periferia*, de K. Golodnikov.[3] Devorou também *História universal*, de Oskar Jäger.[4] Além disso, Sydney Gibbes lhe emprestou um exemplar de *Breve história do povo inglês*, de J. R. R. Greene. (Gibbes sempre levava a obra para o caso de ser preso.) O livro apresentava uma análise otimista dos séculos de desenvolvimento da Inglaterra e tivera boa saída em várias edições londrinas. Conforme relatado por Gibbes, Nicolau se retirou com a obra nas mãos após o café da manhã e, já por volta das 11 horas, havia terminado de lê-la. Na verdade, de acordo com o diário de Nicolau, ele levou doze dias para concluir a leitura. Quando devolveu o livro a Gibbes, disse que tinha estudado várias obras como essa na juventude e que se sentia grato pela chance de ter podido reavivar sua familiaridade com o assunto.[5]

Todavia, ele reservou a maior parte de seu tempo para a leitura dos clássicos da literatura russa do século XIX. Eles não tinham feito parte de sua formação, pois seu pai, Alexandre III, uma pessoa ignorante, achava que as artes podiam corrompê-lo. Assim, de 26 de setembro em diante, Nicolau aproveitou com gosto a oportunidade de preencher as lacunas em sua educação lendo as histórias de Nicolai Leskov.[6] Tamanho foi o seu fascínio que, em 16 de outubro, leu para a família em voz alta *O roubo*, de Leskov;[7] e depois fez a mesma coisa com *O casamento*, de Nicolai Gogol.[8] Algum tempo depois, leu junto com seus familiares também *Drácula*, de Bram Stoker;[9] em seguida, visando enriquecer seu cabedal de instrução pessoal, voltou à leitura dos clássicos russos e, em março de 1918, leu pela primeira vez *Anna Karenina*, de Leon Tolstói. E confessou que ficou totalmente absorto na leitura da obra.[10] Em seguida, passou à leitura de obras de Miguel Lermontov.[11] E depois aos romances de Vsevolod Solovyov.[12] Nesse ínterim, para leituras com a família, ele escolheu *Relatos de um caçador*, de Ivan Turgueniev, seguido por seus romances *Na véspera, Fumo* e *Águas da primavera*.[13]

Leu também em voz alta para os familiares as histórias de Pimpinela Escarlate, personagem criado pela baronesa Orczy, como forma de entretê--los à noitinha.[14] Ambientadas na época da Revolução Francesa, as histórias da autora eram cheias de profunda solidariedade para com a realeza e a aristocracia e total desprezo pelos plebeus de Paris. A leitura, pelo tsar, da primeira página da história inicial deu uma ideia do que viria a seguir:

> Uma multidão frenética, avançando num atropelo turbulento, de pessoas que são seres humanos apenas na aparência, pois, aos olhos e aos ouvidos, não passam de criaturas selvagens animadas por paixões vis, pela sede de vingança e pela sanha do ódio [...]. Durante a maior parte do dia, a guilhotina não parou com seu trabalho macabro: ceifou tudo de que a França se orgulhara nos últimos séculos, de nomes ancianíssimos e sangue azul, fazendo-a pagar o tributo do desejo de liberdade e fraternidade da plebe de uma fúria infrene.[15]

O herói de Orczy era Sir Percy Blakeney, homem alto e de olhos azuis que atravessava sorrateiramente o Canal da Mancha em missões secretas para resgatar "aristos". Suas histórias sempre retratavam aristocratas, tanto ingleses como franceses, como pessoas fortes e generosas, ao passo que revolucionários como Maximilien Robespierre e Jean-Paul Marat eram descritos como homens medíocres, corroídos pela volúpia insana de objetivos assassinos. Quando homens e mulheres ingleses dos estratos inferiores da sociedade apareciam de passagem nas páginas de suas obras, sabiam pôr-se em seu lugar, ao contrário dos franceses, e eram leais, patrióticos e costumavam ser engraçados.

Com certeza, a visão reacionária de Orczy deve ter aumentado o fascínio que Nicolau e sua família tinham por ela. Desde 1903, a autora ostentava as

150                  O ÚLTIMO TSAR

credenciais de campeã de vendas no mundo da literatura, quando sua peça com o título original de *Pimpinela Escarlate* estreou num teatro londrino. Fazia tempos que Nicolau era um admirador seu e, em 1917, leu os cinco romances dela publicados até então.[16] O ex-imperador era um homem que vivia em condições de confinamento, embora não estivesse — ou talvez achasse que não estivesse — sob a ameaça de uma execução. Mas é evidente que ele e sua família extraíam algum alívio psicológico da leitura das histórias de Orczy. Simpativazam com sua visão política reacionária. (Orczy, uma húngara conservadora típica, vivia retratando os judeus como pessoas porcas, lamurientas, intrigantes e indignas de confiança e, quando ela fez Sir Percy Blakeney se disfarçar de negociante judeu numa de suas histórias, suas ações e comportamento se mostraram perfeitamente de acordo com esse estereótipo.)[17] Kobylinsky observaria depois que Nicolau simplesmente "não gostava de judeus" e, em geral, os chamava de *zhidy* ("fariseus").[18] Nicolau resumiu seus sentimentos em relação à questão numa carta enviada à mãe: "Uma coisa é certa: enquanto esses fariseus permanecerem no controle dos destinos deste país, tudo continuará piorando — afinal, o que a Rússia significa para eles?"[19]

Em novembro de 1917, ele enviou uma carta à sua irmã Xênia com uma lista de revolucionários de esquerda que haviam adotado pseudônimos para disfarçar suas origens judaicas:

> Lenin — Ulyanov (Tsederblyum)
> Steklov — Nakhamkes
> Zinoviev — Apfelbaum
> Kamenev — Rozenfeld
> Gorev — Goldman
> Mejóvski — Goldenberg
> Martov — Tsederbaum
> Sujanov — Gimmer
> Zagórkski — Krakhman
> Meschkóvski — Gollender[20]

Lenin e outros foram listados por erro. Embora um de seus avôs tivesse sido judeu, não havia ninguém chamado Tsederblyum entre seus antepassados. Mas Nicolau não estava preocupado com a exatidão. Aquilo que mais o empolgava era tentar provar que os judeus eram capazes de qualquer

SEM NADA PARA FAZER 151

artimanha para chegar ao poder — aliás, era isso o que ele achava que tinha acontecido na Rússia desde a sua queda do trono.

É verdade que havia um excesso de militantes judeus em todos os níveis da liderança bolchevique em comparação com o percentual de judeus na população do império. Eles eram importantes também nos partidos dos mencheviques e dos socialistas-revolucionários, e até mesmo entre os democratas-constitucionalistas. Em outras organizações liberais, também havia membros influentes que eram judeus. Outros grupos nacionalistas e étnicos forneciam muitos ativistas que tinham cargos de autoridade no movimento revolucionário, incluindo bolcheviques — georgianos, letões e poloneses eram figuras importantes entre eles. Mas era a mais pura ficção acreditar, tal como Nicolau fazia, que principalmente os judeus da Rússia tivessem organizado uma conspiração político-religiosa centralizada. De mais a mais, o ex-tsar estava ignorando o papel que ele mesmo desempenhara na atração para seu governo da hostilidade de muitos súditos judeus politicamente influentes: não se pode dizer que ele manteve rigoroso segredo de seu entusiasmo pela União dos Povos Russos e outras organizações de extrema-direita que ajudaram a incitar pogroms contra judeus antes da guerra, e teria sido surpreendente se a lembrança generalizada dessa violência houvesse sido esquecida ou perdoada. Enfim, seu nome sempre fora sinônimo de intolerância religiosa nas terras que ele governara.

Nicolau procurava consolo em suas práticas cristãs e, mais ou menos em março de 1918, tomou a decisão de que leria a Bíblia de cabo a rabo, um plano que abandonou rapidamente, em favor da leitura de outros livros que ele tinha em suas prateleiras.[21] Um dos livros que devorou era uma das piores obras já publicadas: *A iminente chegada do anticristo e do reino do mal à terra*, de Serguei Nilus.[22]

Publicado pela Igreja Ortodoxa Russa em 1917, era a edição ampliada de um livro que fora lançado doze anos antes. Nilus era padre, autoproclamava-se místico e era um antissemita fanático. Ele reproduziu nos capítulos da obra, palavra por palavra, os notórios "Protocolos dos Sábios de Sião", os quais circulavam pela Rússia e pelo exterior desde o início da década de 1900, cuja finalidade era apresentar a transcrição das atas de uma suposta convenção internacional de lideranças judaicas realizada em Paris, com vistas a organizar uma trama destinada a permitir que os judeus conseguissem que o mundo inteiro passasse a ser controlado por eles. Os "protocolos" eram, na verdade, pura falsificação, produzida com dados de múltiplas origens obscuras. Nilus os publicara para tentar afastar os russos do socialismo, fomentando o ódio contra os judeus, acusando-os de ser a causa de todos os males do Império Russo. No salve-se quem puder político da Revolução de Outubro, os sacerdotes da Igreja Ortodoxa, diante da possibilidade de explorar o problema do antissemitismo pondo os serviços de sua editora à disposição dele, não tiveram escrúpulos. O fato de os protocolos serem pura invenção fora constatado por uma investigação que Stolypin instaurara em 1906 e, segundo consta, o próprio Nicolau concluiu: "Esqueçam os protocolos. Não é possível defender as coisas sagradas com métodos escusos."[23]

Mesmo assim, Nicolau voltou a se interessar pelo livro em Tobolsk, como se o resultado da investigação de Stolypin nunca tivesse sido alcançado. Assim, a partir da noitinha de 9 de abril de 1918, ele passou a lê-lo em voz alta para a esposa e os filhos. Ele alternava a leitura do livro com as de passagens dos Evangelhos, pois era o período da Quaresma, e os Romanov estavam estudando os quatro evangelistas. Mas Nilus havia se tornado a grande preocupação de Nicolau, que elegeu *A iminente chegada do anticristo* como a principal fonte de informações que achou que deveria apresentar à família na Sexta-Feira Santa e no Domingo de Páscoa; ele continuou a ler incessantemente a obra para os familiares nos dias seguintes, até chegar à última página.[24] Gostou das denúncias contra os maçons e os judeus, e concluiu que era "uma leitura muito oportuna".[25] Assim como Nilus, Nicolau acusava os judeus na Rússia de serem sedentos pelo poder. Ele via os russos como "pessoas bondosas, requintadas, generosas". Pelo menos foi isso que Bitner deduziu de suas observações, acreditando que o ex-tsar presumia que, assim que a onda revolucionária passasse, seu povo retornaria ao velho jeito governável de ser — na visão de Nicolau, a situação era apenas temporária. Bitner concordou quando Kobylinsky comentou que o imperador acreditava que os judeus haviam passado a controlar a vida dos russos e acabaram levando-os a se enveredar pelo caminho revolucionário.[26]

Evidentemente, Nicolau endossava a ideia de que destacados professantes da fé judaica haviam arquitetado uma conspiração internacional para a ruína da civilização mundial. *A iminente chegada do anticristo* norteava seu raciocínio, e ele queria que Alexandra e o restante da família sorvessem cada palavra da obra e sentissem a mesma repugnância que ele tinha por essa suposta conspiração global.

# 20. "Outubro" em Janeiro

Com o passar dos meses, Nicolau procurava manter-se a par dos acontecimentos e começou a receber de novo o londrino *The Times* e o parisiense *Journal des Débats*, enquanto Alexandra lia o também londrino *Daily Graphic*.[1] Os membros de sua comitiva continuavam a lhes repassar tudo que descobriam em suas visitas à cidade. Tobolsk, assim como todos os lugares do país, estava inundada de comentários e boatos, e as pessoas estavam sempre externando suas opiniões sobre o Sovnarkom. Mas eram poucas as informações precisas. O Soviete continuava, tal como vinha sendo o caso desde a Revolução de Fevereiro, nas mãos dos mencheviques e dos socialistas-revolucionários. Embora as cidades industriais da Rússia estivessem sucumbindo ao avanço dos bolcheviques, Tobolsk permanecia na mesma situação em que se achava quando sob a administração do Governo Provisório. E, embora Kerensky tivesse sido destituído do poder, as pessoas nomeadas por ele continuavam a exercer autoridade na distante cidade. Pankratov e Kobylinsky, particularmente, não corriam o risco de ser substituídos. O Sovnarkom tinha crises demais para solucionar em Petrogrado para se preocupar com uma cidade pacata e remota como Tobolsk. Desde que os Romanov fossem mantidos sob rigoroso controle e parecesse que não havia nenhum perigo de eles tentarem fugir, Lenin e a liderança bolchevique não viam razão para realizar mudanças no corpo da guarda. Pela primeira vez na vida, Nicolau era visto como alguém que não tinha quase nenhuma importância para o governo russo.

Quando soube, em 31 de novembro de 1917, que os bolcheviques haviam assinado um armistício com os alemães, ele escreveu em seu diário: "Eu jamais teria sido capaz de prever um pesadelo como esse. Como é possível que os salafrários dos bolcheviques tenham tido a coragem de concretizar seu acalentado sonho de propor um acordo de paz sem consultar o povo, num tempo em que grande parte do nosso território está sendo ocupada pelo inimigo?"[2] Ele raramente se expressava com essa veemência quando escrevia apenas para si mesmo. Talvez alimentasse a esperança de que outras pessoas lessem seu comentário um dia.

O Sovnarkom estava determinado a acabar com os combates no Front Oriental e começou a desmobilizar as tropas do velho Exército russo. Os soldados das unidades com membros mais idosos foram os primeiros a receber seus documentos ordenando que voltassem para casa, mas o destacamento encarregado do serviço de guarda na Casa da Liberdade não podia ser reduzido sem prejuízo para o esquema de segurança do confinamento. Na maioria dos casos, os substitutos dos veteranos desmobilizados eram mais jovens e mais impacientes e, por isso, os militantes revolucionários da cidade estavam tendo mais facilidade para manipulá-los.[3] Era cada vez mais difícil impor disciplina às tropas. Quando os Romanov criaram um montinho de neve no jardim, os soldados da guarda o desfizeram, alegando que alguém poderia atirar da rua nos cativos — e eles, os soldados, acabariam sendo responsabilizados por isso.[4] Pankratov e Kobylinsky nunca podiam dar como certo que seriam obedecidos: tinham sempre de negociar com seus comandados. Nicolau, em todo caso, tal como fizera em Tsarskoye Selo, tentou fazer amizade com os soldados. Afeiçoou-se muito ao segundo-tenente Tur e ao sargento Grischenko, com os quais gostava de conversar. E jogava xadrez com alguns dos outros militares. Quando os integrantes do contingente eram substituídos, não raro soldados de partida subiam sorrateiramente a escada para lhe beijar a mão e se despedir dele.[5] Mas essas despedidas o deixavam constrangido e, quando ele perguntava quem viria substituí-los no serviço de guarda da família, ninguém no destacamento conseguia dar-lhe uma resposta.[6]

Os homens do destacamento em Tobolsk não gostavam de ser mantidos no serviço da guarda dos Romanov e viviam perguntando por que tinham de permanecer lotados em seus regimentos. Enquanto isso, outros soldados chegavam das frentes de combate na Alemanha e na Áustria, e ficavam vagando pelas ruas; em pouco tempo, havia 2 mil deles circulando pela cidade. Sua falta de disciplina se tornou notória. A visão de seus sobretudos assustava muitos moradores e deixava as autoridades encarregadas da segurança na Casa da Liberdade nervosas, pois esses soldados vinham falando em derramamento de sangue. Por conta disso, pela primeira vez desde a

"OUTUBRO" EM JANEIRO 155

sua transferência de Tsarskoye Selo, a integridade física dos Romanov se viu diante de um risco crescente. Pessoas desconhecidas enviavam cartas com ameaças a Nicolau, cartas que Pankratov e seus assessores interceptavam e queimavam. Mensagens obscenas dirigidas às filhas dos Romanov recebiam o mesmo tratamento. Quando membros da comitiva imperial se queixaram do rigor do confinamento, as autoridades acentuaram que a única barreira de proteção que havia entre eles e os autores de um possível ataque violento contra os confinados era o "destacamento de operações especiais". Pankratov explicou isso claramente ao dr. Botkin e pediu que ele conscientizasse Nicolau desse perigo para o bem de toda a família.[7]

De todas as formas possíveis, os Romanov foram oficialmente informados de que não podiam mais contar com um tratamento privilegiado. Nicolau recebeu um cartão de racionamento em que constavam seu nome e endereço completos e indicava que seu status social era de "ex-imperador" (*eks-Imperator*). Agora, até ele precisava ter um cartão desses para comprar mantimentos básicos, como farinha, óleo de cozinha, sal, velas, açúcar, sabão, sêmola e aveia. Portadores desses cartões tinham permissão para fazer compras tanto na loja oficial da cidade como na Cooperativa da Autoconsciência.[8]

Nicolau ficou horrorizado com a contínua agitação nas cidades russas desde a sua abdicação. Os Romanov nunca ficaram em situação de muito perigo por parte dos cidadãos de Tobolsk, e provavelmente Kobylinsky tinha razão quando afirmou que muitas pessoas estavam contentes em vê-los por lá, mas sentiam muito medo de demonstrar isso publicamente.[9] Aliás, muitas delas ficavam encantadas em vê-los a caminho da igreja, e alguns moradores chegaram a lhes enviar guloseimas feitas em seus próprios lares, como forma de lhes transmitir votos de saúde e felicidade. Por conta disso, a Casa da Liberdade não sofreu de escassez nos últimos meses de 1917.[10] Porém, o clima de tensão estava aumentando até mesmo em Tobolsk, principalmente entre soldados e ex-soldados. Nicolau estava apreensivo. Embora desprezasse instituições e processos democráticos, acabou se vendo numa situação em que começou a depositar suas esperanças na longamente esperada Assembleia Constituinte. Vivia perguntando a Pankratov quando os constituintes se reuniriam em Petrogrado. Infelizmente, Pankratov, tal como muitos, não fazia ideia de quando isso aconteceria.[11]

Cartas enviadas e recebidas pelos Romanov continuavam a ser examinadas pelas autoridades antes de seguir para os destinatários, levando a família imperial a adotar medidas para proteger sua confidencialidade. Às vezes, Alexandra entregava mensagens escritas em eslavônio litúrgico a Ana Vyrubova, endereçadas a um antigo enfermeiro de Tsarskoye Selo chamado Zhuq.[12] Ela usava também Sydney Gibbes e a criada Ana Utkina para levar correspondências à agência dos correios.[13] Anastácia, por sua vez, pedia que sua amiga Ekaterina Zborovskaya enviasse cartas à empregada dos Romanov Ana Demidova, já que Demidova ficava sob vigilância menos rigorosa. Anastácia também enviava algumas de suas cartas sem submetê-las ao exame de Pankratov.[14] E ela quase não tentava esconder do mundo exterior o lugar onde os Romanov estavam confinados — algum tempo antes, ela chegara a enviar uma carta a Ziborvskaya citando o nome da Casa do Governador, indicando os quartos ocupados por eles e incluindo uma fotografia da edificação vista da rua.[15] Era praticamente impossível que ela conseguisse fazer mais para explicar as exigências práticas para uma tentativa de resgate — os Romanov estavam tentando manter-se abertos a toda possibilidade de solução de seu problema.

Nicolau gostava da forma como Pankratov agia para controlar os problemas suscitados por membros do destacamento da guarda. Era uma tarefa difícil, e tanto Pankratov como Kobylinsky estavam constrangidos com o declínio na disciplina e na ordem. Os soldados se queixavam com frequência da qualidade da comida do refeitório. Além do mais, viram que quase sempre os Romanov deixavam sobras de carne nos pratos — e não conseguiam entender por que o "Nikolashka", tal como chamavam o imperador, tinha direito a esse luxo. Eles não gostavam de dormir em cima de mesas enquanto o ex-tsar tinha uma cama confortável. Irritava-os também o fato de estarem ganhando menos do que ganhavam antes de sua transferência para Tobolsk. Assim, quando as garantias financeiras dadas a eles, em agosto de 1917, perderam a validade por causa da Revolução de Outubro, ameaçaram abandonar seus postos e assaltar as lojas da cidade. Diante disso, Kobylinsky tomou a prudente decisão de aumentar o soldo dos militares e providenciar a melhoria de suas refeições.[16] Embora isso tenha acalmado as coisas por algum tempo, logo voltaram as manifestações de ressentimento. Alguns dos soldados, apenas por diversão, entalharam palavras obscenas nos balanços usados pelas filhas dos Romanov.[17]

Enquanto isso, a agitação política se intensificava no destacamento, visto que os socialistas-revolucionários, que sempre foram combativos, viram-se confrontados por um desafio de um exilado político chamado Pisarévski,

"OUTUBRO" EM JANEIRO 157

um sujeito que editava o jornal social-democrata *Rabochaya pravda* e era presidente do soviete de Tobolsk. Kobylinsky, incapaz de compreender que uma ruptura entre bolcheviques e mencheviques tinha pouca importância em Tobolsk, tomou a equivocada decisão de torná-lo um bolchevique incondicional. Acontece que Pisarévski dava crédito a histórias de que os Romanov estavam tentando fugir. A política na região estava em estado de completa confusão e o Comitê Executivo do Soviete Regional da Sibéria Ocidental de Omsk exigia com frequência que a família imperial fosse transferida para uma prisão. Tobolsk ainda não havia caído numa situação de domínio exclusivo pelos sovietes, e seu governador de província ainda era nomeado pelo Governo Provisório. Só que Pisarévski, se não era bolchevique, tinha simpatia pelo Sovnarkom e, assim, chamou para si a responsabilidade de impor a "autoridade dos sovietes" na cidade. Ele foi à Casa da Liberdade exigir uma entrevista com o imperador depois que soube de uma história de que ele tinha fugido ou escapado na noite anterior. Era tudo pura fantasia — tal como Pankratov acentuou com firmeza, todos os Romanov mantidos em Tobolsk haviam ido à igreja naquela manhã.[18]

No entanto, Pisarévski não desistiu de seus objetivos. Embora houvesse aceitado que os Romanov ainda se achavam no devido lugar, estava convicto de que Pankratov não era confiável. Num de seus discursos ao destacamento, Pisarévski o acusou de "contrarrevolucionário".[19]

Em 14 de janeiro — dia de Ano-Novo no antigo calendário russo —, Olga e Tatiana, muito febris, acabaram ficando acamadas. Os médicos acharam que podia ser rubéola, e a família foi a pé para a Igreja da Anunciação assistir à missa sem as duas jovens. No dia seguinte, o diagnóstico foi confirmado, conquanto ambas estivessem se sentindo um pouco melhor vinte e quatro horas depois. Alexei pegou a doença infecciosa em 16 de janeiro, assim como Maria, vinte e quatro horas depois. Nicolau permaneceu calmo diante desses imprevistos. Ele estava muito mais abalado com os crescentes sinais de grosseria no 2º Regimento de Fuzileiros — na visão dele, os soldados do 4º Regimento pareciam mais amistosos.[20] Os do 2º Regimento estavam exigindo doses diárias de vodca e aumento de salário, e as preocupações com possíveis atos de desobediência eram tantas que as autoridades prometeram aumentar seus salários para 400 rublos por mês.[21]

De Petrogrado, chegaram notícias informando que, de uma hora para outra, em 19 de janeiro, o Sovnarkom resolveu fechar a Assembleia Constituinte. As eleições foram realizadas em novembro, tal como previsto, e o resultado foi uma tremenda decepção para a coalizão de bolcheviques e socialistas-revolucionários de esquerda, a qual não obteve mais do que um quarto dos votos. Os socialistas-revolucionários conquistaram mais assentos do que qualquer partido adversário. Inconformados, os bolcheviques se queixaram de que as listas de candidatos tinham sido feitas antes da dissidência dos socialistas-revolucionários de esquerda. Era o mesmo que dizer que estes estavam mais bem representados na Assembleia do que mereciam. Mas outro fator que pesaria também nos resultados eram os decretos do Sovnarkom relacionados com a paz e as terras do país, cujo impacto nas eleições ainda estava por ser conhecido, quando a votação terminasse. Em todo caso, essas foram eleições livres, disputadas com base no sufrágio universal adulto — e elas tinham sido realizadas sob a supervisão de autoridades soviéticas. Quando, em 18 de janeiro, a Assembleia Constituinte foi convocada, o líder socialista-revolucionário Víctor Chernov reivindicou o direito de formar um governo, e foi organizada uma manifestação pública em apoio. No dia seguinte, o Sovnarkom ordenou que fossem encerrados os trabalhos na assembleia. A ordem foi executada por marinheiros da base naval de Kronstadt, cujo líder, o anarquista Anatoli Jelezniakov, protestou, anunciando com rispidez: "A guarda está cansada!"

Sem soldados e armas para resistirem, Chernov e outros líderes socialistas-revolucionários fugiram para Samara, na região do Volga, onde estabeleceram um governo alternativo, denominado Comitê dos Membros da Assembleia Constituinte (ou Komuch, no acrônimo russo). Com a criação de seu próprio governo e a organização de seu próprio Exército Popular, eles tinham por objetivo tomar o poder do Sovnarkom e reivindicar a restauração dos direitos dos representantes eleitos para compor a assembleia. De Samara, eles e suas forças se expandiram para outras cidades do Volga. Chernov expulsou os bolcheviques de seus postos antes de executar seu plano de avançar sobre a capital russa. Nos primeiros meses de 1918, essa foi a maior ameaça ao "poder soviético", ameaça comandada pelos socialistas que contestavam a legitimidade da Revolução de Outubro.

Como Pankratov bem sabia, essa série de acontecimentos enfraqueceu toda a sua autoridade na Casa da Liberdade em Tobolsk. Ele havia concordado em permanecer no cargo de comissário apenas até a convocação da Assembleia Constituinte na capital. Mas o Sovnarkom havia fechado a

"OUTUBRO" EM JANEIRO 159

assembleia e dissolvido todos os órgãos vinculados ao Governo Provisório. Uma vez que fora Kerensky que o designara para o cargo, Pankratov concluiu que seus deveres e sua utilidade haviam chegado ao fim.[22] Sua lógica foi confirmada quando os deputados de Tobolsk indicados para compor a assembleia retornaram de Petrogrado. No destacamento da guarda, começaram a tomar providências para eleger novos comandantes e criar um novo comitê de soldados; essas providências foram incentivadas pelas autoridades soviéticas da capital. Elas nunca se conformaram com a situação em Tobolsk, já que era uma cidade praticamente sem bolchevique. Foi por isso que delegaram poderes ao Comitê Executivo do Soviete Regional da Sibéria Ocidental, em Omsk, para supervisionar a situação na cidade. Omsk estava formalmente encarregada de lidar com toda a região circunscrita pela hierarquia organizacional soviética, e o Sovnarkom vinha solicitando que ela mantivesse a cidade sob constante controle, dando especial atenção à Casa da Liberdade.

Todavia, em condições revolucionárias, nada era assim tão simples. Os membros de algumas unidades do destacamento estavam ávidos para ficar livres de Pankratov, enquanto outros alimentavam a esperança de conseguir persuadi-lo a permanecer no cargo. Essa acirrada disputa, contudo, serviu apenas para aumentar a determinação de Pankratov. Ele acreditava que havia chegado a hora de partir.[23]

Desse modo, entregou sua carta de exoneração ao comitê dos soldados em 24 de janeiro de 1918, declarando que sabia que haveria mais problemas se ele continuasse no cargo. Kireyev, o presidente do comitê, confirmou sua concordância com o raciocínio de Pankratov numa declaração juramentada.[24] Pankratov passara a maior parte da vida submetido à vontade arbitrária das autoridades. Se algo ruim acontecesse com a família imperial, ele queria ter provas de que não era culpa dele. Assim que se exonerou, foi se despedir de Nicolau.[25] Ambos sabiam que as consequências desse afastamento seriam prejudiciais aos Romanov. Nicolau enviou uma carta confidencial, em inglês, à sua mãe: "O homem que comandava as coisas aqui acabou sendo afastado de nossos soldados. Só temos nosso querido coronel [Kobylinsky], que veio para cá conosco. Ele não lê nossas cartas, tampouco as que recebemos da senhora; sempre as entrega pessoalmente para aparentar, diante de outras pessoas, que as coisas não mudaram."[26] Transmitiu uma mensagem, portanto, num inglês muito pouco claro, talvez porque tencionasse manter seu

160 O ÚLTIMO TSAR

conteúdo indecifrável aos olhos bisbilhoteiros dos bolcheviques se, por acaso, eles interceptassem a carta. Provavelmente também, Nicolau queria, com isso, deixar um registro adequado dos fatos para a posteridade.

Foi um dia de mudança turbulento, visto que o comitê dos soldados quis mostrar que tinha autoridade, ordenando que Sophie Buxhoeveden deixasse a casa dos Kornilov.[27] Buxhoeveden era malquista pelos soldados. Uma crise de apendicite a impedira de acompanhar os Romanov em sua transferência para Tobolsk. Após a operação, ela fez a viagem sozinha, num trem cheio de soldados indisciplinados, alguns dos quais circulavam pelos corredores de seu vagão gritando: "Morte aos burgueses!" Quando ela se apresentou em Tobolsk, em 5 de janeiro de 1918, a unidade da guarda em serviço na Casa da Liberdade se recusou, por algum tempo, a deixá-la entrar. Aparentemente, os soldados antipatizaram com suas roupas finas, principalmente com seu casacão cinza.[28] Como não teve escolha, transferiu-se para o alojamento com uma tal de srta. Mather, uma amiga de sua mãe na cidade.[29]

O comitê de soldados não perdeu tempo para se livrar de Pankratov e Nikolsky, ordenando que deixassem a casa dos Kornilov.[30] Os dois ficaram perplexos com esse comportamento autoritário. Tatiana Botkina ouviu, sem querer, Nikolsky dizer: "Jamais imaginamos que partiríamos antes de vocês." Nikolsky estava levando consigo uma pequena mala e usando "um alto chapéu preto, felpudo e ostentoso, que o fazia parecer mais ainda com um assaltante". Como não estava de bom humor, quando lhe perguntaram para onde ele e Pankratov iriam, ele respondeu: "Não sabemos. Vamos procurar um cantinho qualquer em que possamos tratar nossos ressentimentos!"[31] Pankratov e Nikolsky permaneceram em Tobolsk por mais um mês antes de sua partida para Chita, aonde chegaram em março de 1918.[32] Os Romanov procuraram enfrentar a nova situação com certo otimismo e bom ânimo. Eles gostavam do fato de o inverno ser mais luminoso em Tobolsk do que em Tsarskoye Selo, levando Alexei a cavar túneis na neve e ficar brincando de engatinhar através deles.[33] Tudo que podiam fazer era torcer por dias melhores.

Em 28 de janeiro, o segundo-tenente Pável Matveiev e o chefe do comitê de soldados, Kireyev, um oficial subalterno do 1º Regimento de Fuzileiros, decidiram impor a autoridade do destacamento da guarda. Kireyev transferiu a própria cama para a Casa da Liberdade e se instalou com todo o conforto na sala de reuniões. Essa decisão transtornou e afrontou os

"OUTUBRO" EM JANEIRO

Romanov. Georgy, seu empregado de pernas tortas encarregado dos fogos da casa, a quem todos chamavam de Georgique, cobriu Kireyev de insultos e maldições, ameaçando jogar a ele e sua cama na rua. O verdadeiro poder, no entanto, estava nas mãos dos soldados. Para eles, contudo, Kireyev havia rompido com o espírito democrático do momento. Se eles mesmos tinham de viver no desconforto na guarnição próxima, por que seria diferente para ele?[34] Assim, puseram Matveiev em seu lugar, levando-o a se instalar num quarto na casa dos Kornilov, do outro lado da rua, em cuja porta ele pendurou uma placa informando: "Aposento do camarada Pável Matveievich Matveiev." Alguém deve ter comentado que havia um erro de grafia na palavra "aposento", e logo apareceu na porta uma placa mais modesta que agora dizia simplesmente: "Cidadão P. M. Matveiev." Algum tempo depois, quando conseguiu uma promoção, ele tentou melhorar seu nível de instrução comprando um globo terrestre e alguns livros, passando também a ter aulas particulares com professores locais.[35]

O destacamento da guarda achou por bem buscar orientação em Moscou e transmitiu um telegrama solicitando o envio de um comissário bolchevique. Nesse ínterim, impôs restrições adicionais ao direito da família Romanov de tomar ar fresco sem um esquema de vigilância. Mas os soldados se cansaram dessa tarefa e os membros da família imperial tiveram permissão formal para se exercitar durante duas horas, em dois dias da semana, sem acompanhamento militar.[36] Todavia, foram proibidos de assistir a missas e, por isso, a família não teve mais permissão de fazer seus passeios a pé até a Igreja da Anunciação.[37] Os Romanov sabiam que provavelmente suas condições de cativeiro piorariam, e a família inteira compartilhava a sensação de um perigo crescente.[38]

# 21. Os Debates de Moscou

O Sovnarkom realizou um de seus raros debates sobre a questão dos Romanov em 29 de janeiro de 1918.[1] Contudo, foi total o seu desinteresse em complementar suas recentes instruções para lidar com a situação em Tobolsk. A decisão unilateral de Pankratov de se exonerar do cargo não teve nenhum impacto sobre as autoridades centrais, que achavam que já tinham feito o suficiente ao determinar a adoção de regras de confinamento mais severas na Casa da Liberdade e repassar a tarefa de supervisão do esquema ao Comitê Executivo do Soviete Regional da Sibéria Ocidental, em Omsk. Mas isso ainda deixava nas mãos do Sovnarkom o problema da decisão do que fazer em longo prazo. A solução consensual era levar Nicolau para a capital e submetê-lo a um julgamento público. A ideia do Sovnarkom era usar o processo judicial para denunciar os abusos de poder e os privilégios presentes no governo tsarista. Seus membros queriam mostrar que Nicolau tinha sido o centro de toda a autoridade política. Afinal, as eleições para a composição da Assembleia Constituinte haviam demonstrado que a maior parte dos homens e das mulheres da Rússia e das regiões fronteiriças rejeitava o bolchevismo. Obviamente, o Sovnarkom queria popularizar seus objetivos, e o julgamento de Nicolau serviria a essa finalidade. Lenin e seus colegas comissários do povo consideravam extremamente necessário divulgar a justificativa de sua tomada do poder e, assim, conquistar apoio para o sistema de governo socialista que pretendiam implantar no país, estendendo-o a toda a Rússia e depois à Europa.

Apesar de suas previsões da ocorrência de subversões e de uma guerra revolucionária na Alemanha, o Sovnarkom teve de se sujeitar às condições resultantes de suas negociações com as Potências Centrais. Depois que o armistício entrou em vigor no Front Oriental, a próxima etapa das negociações foi a troca de representantes diplomáticos entre Petrogrado e Berlim. Ambas as partes achavam isso detestável. As autoridades soviéticas desprezavam a elite alemã, considerando-a imperialista; já ministros e comandantes alemães achavam que os bolcheviques eram a escória revolucionária do mundo. Mas Lenin viu uma chance para propagar a causa marxista no envio de uma missão diplomática a Berlim, e Erich Ludendorf, o comandante militar de fato dos germânicos, pretendia fazer com que a Rússia ficasse sob seu controle enquanto enfrentava o problema dos exércitos aliados no Front Ocidental. Missões diplomáticas da Alemanha e do Império Austro--Húngaro chegaram a Petrogrado na noite de 28 para 29 de dezembro de 1917, onde permaneceram durante três dias nos melhores hotéis da cidade. Entre seus colegas, havia autoridades britânicas, francesas e americanas vinculadas às missões diplomáticas de seus respectivos países.[2] Enquanto os alemães se esforçavam para pressionar o governo soviético a assinar um acordo de paz separado para encerrar os combates no Front Oriental, os emissários dos Aliados argumentavam que a opção mais vantajosa para a Rússia estava na retomada das investidas contra os exércitos alemães. Com o desfecho da Grande Guerra em jogo, as potências beligerantes permitiram que a questão dos Romanov desse lugar à ação.

Enquanto isso, o Sovnarkom reconheceu que o plano que tinha para os Romanov podia fracassar. Embora poucas pessoas, na primavera de 1917, houvessem lamentado a derrubada da monarquia, Lenin e outros revolucionários sabiam que isso poderia mudar facilmente. As famílias de camponeses, especialmente, poderiam opor-se à ideia de submeter Nicolau a interrogatórios, e era muito possível que houvesse uma onda de simpatia para com o ex-imperador. O Sovnarkom também via a possibilidade de ter de enfrentar controvérsias em torno de qualquer tipo de pena que lhe fosse imposta. Se milhões de camponeses eram capazes de sentir pena de Nicolau, seria necessário agir com cautela em relação ao futuro tratamento que viesse a ser dado ao ex-tsar. Deveria ser executado ou permanecer preso? Se preso, por quanto tempo? Somente o Sovnarkom podia tomar essas decisões, mas Lenin não via necessidade de pressa na solução do caso. A coalizão governante, formada por bolcheviques e socialistas-revolucionários, discutia a conveniência de assinar um acordo de paz separado com a Alemanha na Grande Guerra. Lenin era favorável à assinatura, mas ele fazia parte de uma minoria no Sovnarkom e no Comitê Central dos Bolcheviques. Era natural que a questão da opção pela guerra ou pela paz tivesse prioridade sobre

164 O ÚLTIMO TSAR

a dos Romanov. Desse modo, inicialmente o Sovnarkom decidiu apenas mandar que Nicolai Alexeiev, o socialista-revolucionário de esquerda que fora comissário da Agricultura, lhe repassasse as resoluções referentes ao caso da família imperial aprovadas pouco tempo antes no Congresso Pan--Russo de Deputados Camponeses. O Sovnarkom queria avaliar as opiniões dos habitantes do campo.[3]

Alexeiev se apresentou com as informações solicitadas em 20 de fevereiro de 1918, quando a questão dos Romanov voltou a ser prioridade no plano de ação das autoridades, acompanhado por Moisei Urítski, que chefiava o setor de Petrogrado da nova polícia política, conhecida como Tcheka. Após algumas discussões, o Sovnarkom resolveu solicitar ao Ministério da Justiça e a dois representantes do Congresso de Deputados Camponeses que preparassem documentos sobre Nicolau colhidos em investigações. A data da transferência de Nicolau de Tobolsk para outro local foi adiada para a ocasião em que o Sovnarkom tivesse analisado bem a questão, mas finalmente o processo estava ganhando ritmo e caráter de urgência no núcleo da liderança soviética.[4]

Nesse ínterim, não houve nenhum acontecimento digno de nota, exceto uma ordem de redução de despesas do ministro da Propriedade Estatal e do socialista-revolucionário Vladimir Kálerin, que a enviaram por telegrama, em 23 de fevereiro de 1918, informando que o Sovnarkom não tinha mais condições de sustentar a vida confortável dos Romanov. Informaram também que, dali em diante, a dotação estatal seria fixada num subsídio mensal de 600 rublos por pessoa e que não haveria a concessão de nenhuma verba para a manutenção da comitiva imperial. Nicolau tinha de escolher entre demitir alguns de seus empregados ou mantê-los, pagando os salários com recursos próprios, e solicitou a Tatishchev, Dolgorukov e Gilliard que pensassem numa forma de lidar com a situação. Depois de um debate difícil, marcado por sensações de pesar, eles chegaram à conclusão de que a única solução era mesmo reduzir a comitiva. O imperador concordou, e decidiram que aqueles que não tinham como se sustentar ou não podiam ser mantidos na folha de pagamento teriam de deixar a casa.[5] O início da mudança foi marcado para 1º de março.[6] Gilliard jamais se esqueceria do tempo em que manteiga e café se tornariam artigos de luxo no cativeiro dos Romanov.[7] O imperador teve de se livrar de doze membros de sua equipe de empregados e reduziu o salário dos que nela permaneceram.[8]

OS DEBATES DE MOSCOU

Os empregados dispensados reagiram afundando na bebida — ainda havia muito álcool na Casa da Liberdade. Alguns deles ficaram tão bêbados que passaram engatinhando pelos aposentos da família imperial para chegar aos seus quartos, onde desabaram em estado de completa inconsciência.[9] A nova situação representava outro estágio no processo de degradação moral. Até então, os membros da comitiva haviam observado os padrões de comportamento tradicionais, mas, como seus serviços não eram mais necessários, não viam mais motivo para satisfazer essas expectativas.

Alexandra chegou a alimentar a esperança de conseguir minorar os problemas dos empregados que estavam de partida dando-lhes mais três meses de salário. Porém, quando ela examinou a própria situação financeira, viu que não teria recursos para isso. A solução encontrada por ela foi reduzir em um terço, durante esse período, os salários dos empregados mantidos na equipe e usar o restante para pagar as pessoas que estavam sendo demitidas. Além disso, pretendia cortar ainda mais as despesas para compensar as perdas sofridas pelos que haviam permanecido com a família.[10] No entanto, quando ela e Gilliard examinaram as contas, descobriram que os rombos no orçamento eram maiores do que ela havia imaginado.[11] Ela rogou a Gilliard que explicasse a situação aos outros empregados. Ele, inevitavelmente, deparou com uma explosão de descontentamento. Os empregados ficaram furiosos com a redução de salário, embora estivessem sendo bem alimentados e ainda tivessem um teto para morar, numa residência confortável.[12] A lealdade à família imperial estava sendo abalada. Tatiana Botkina observou que vários integrantes da criadagem começaram a apresentar questionáveis reivindicações de reembolso de despesas e se apossar de pacotes de mantimentos destinados aos Romanov.[13]

Partidários da monarquia fora da Casa da Liberdade ajudaram secretamente a manter as despesas da casa. Vladimir Schtein, o ex-governador de Moguilev, tinha feito uma viagem a Tobolsk em janeiro de 1918 e, quando retornou para Moscou, falou aos monarquistas sobre a dificuldade financeira de Nicolau. Schtein arrecadou 250 mil rublos antes de sua volta a Tobolsk, onde entregou o dinheiro a Tatishchev e Dolgorukov.[14] Do interior da residência, Nicolau chegou a vê-lo de relance na rua. Em 26 de março de 1918, incluiu um registro em seu diário manifestando gratidão, com um comentário sobre "uma generosa quantia em dinheiro de boas pessoas, nossas conhecidas". Schtein também levou chá e livros para os Romanov.[15]

166                  O ÚLTIMO TSAR

A família não tinha nenhuma informação acerca do que estava planejado para eles no longo prazo. Souberam, porém, de uma discussão travada na capital que afetaria todos os seus integrantes. Em 23 de fevereiro de 1918, o Comitê Central dos Bolcheviques finalmente aceitou o argumento de Lenin de que um acordo de paz separado seria a única maneira prática de salvar a Revolução de Outubro.[16] Desde dezembro, Lenin encabeçara um movimento, formado pela minoria de seus membros, em defesa da aceitação das condições propostas pelos alemães para a retirada dos russos do conflito. Mas ele esbarrou na resistência da maioria de seus integrantes. Para estes, não fazia sentido ser bolchevique se isso implicasse a necessidade de assinarem um acordo com a mais rapinadora potência econômica e militar da Europa. Muitos deles viam claramente que a Rússia estava na iminência de uma derrota no Front Oriental. Aliás, o velho exército russo decidira demonstrar sua insatisfação com as condições no conflito abandonando as trincheiras. Na verdade, não havia mais uma frente de batalha, e os alemães poderiam arremeter com violência contra Petrogrado quando quisessem. E tão grande era o perigo que as autoridades haviam decidido transferir a capital para Moscou e mandaram que tomassem providências, com o máximo de urgência, para que trens levassem para lá os integrantes do governo soviético e a maior parte de seus dirigentes.

O tratado foi assinado em 3 de março, em Brest-Litóvski, uma cidade perto do Front Oriental. Com esse acordo, Lenin proporcionou ao Sovnarkom "uma pausa para tomar fôlego", mas pagou caro por isso, pois teve de expulsar os socialistas-revolucionários de esquerda da coalizão governante e acabou vendo os bolcheviques se dividirem em duas facções. Com o tratado, o Sovnarkom teria de abrir mão de quaisquer reivindicações de soberania sobre as terras fronteiriças ocidentais do antigo Império Russo. Os alemães avançaram com ímpeto sobre a Ucrânia e terras além, ocupando depois a Crimeia, a província do Don e o norte do Cáucaso. Marcharam até mesmo sobre Rostov, no sul da Rússia.

Os Romanov, porém, não foram tomados de surpresa pelos acontecimentos, embora o *Pravda* não fosse um dos jornais que costumassem ler. Quando Lenin pareceu embaraçado, com poucas chances de vitória, numa luta desesperada para persuadir os bolcheviques dos benefícios de um acordo de paz independente, Alexandra sentiu instintivamente que ele acabaria conseguindo o que queria. Tanto que escreveu: "Os alemães estão em

Pleskov. A paz será alcançada sob as condições mais terríveis, vergonhosas e ruinosas para a Rússia."[17] Ela nunca fora muito boa em matéria de previsões políticas, mas pelo menos dessa vez acertou em cheio. Na ocasião, Nicolau rememorou o fato de que Alexandra sofrera frequentes acusações de que estava conspirando contra os interesses do próprio país. Agora, ele questionava: "Quem exatamente é o verdadeiro traidor?" O tratado de Brest-Litóvski lhe parecia uma enorme desonra para a Rússia e uma traição dos Aliados. Em 19 de março, ele exclamou após o jantar: "É uma tremenda vergonha para a Rússia e o equivalente a um suicídio! Eu jamais teria podido acreditar que o Kaiser Guilherme e o governo alemão fossem capazes de estender as mãos para esses canalhas que traíram o próprio país!"

Não havia quem não percebesse o desespero de Nicolau. Tempos depois, Gilliard comentou: "O tratado de Brest-Litóvski o abalou profundamente e o deixou tão deprimido que acabou afetando-o fisicamente. Dali em diante, ele envelheceu muito. Todos nós em Tobolsk vimos que ele tinha agora uma palidez horrível, olheiras grandes e profundas e sua barba bastante grisalha."[18]

Alexandra nutria o mesmo sentimento pelo episódio de Brest-Litóvski; ela achava que somente uma intervenção divina poderia remediar a situação. Em 19 de março de 1918, ela disse numa carta enviada a madame Syroboyarskaya:

> Que tempos são estes? O que teremos pela frente? Este acordo de paz é vergonhoso. É a coisa mais repugnante a que chegaram num só ano. Seu único resultado foi destruir tudo. O exército está sendo aniquilado rapidamente; portanto, como resistir ao inimigo? Uma paz humilhante. Mas Deus é maior que tudo e talvez Ele faça algo com relação a esta situação, diante da qual as pessoas são simplesmente impotentes. Algo acontecerá para salvar tudo. Ficar sob o jugo dos alemães é pior do que [estar sob] o domínio opressivo dos tártaros. Não, o Senhor não permitirá tamanha injustiça e endireitará todas as coisas.

A preocupação da esposa do imperador tinha relação com o futuro da Rússia. Ainda não havia ocorrido a ela ou a Nicolau que o tratado poderia ter consequências para a família Romanov. Aliás, as relações do Sovnarkom com os alemães estavam prestes a afetar todos os aspectos dos assuntos públicos da Rússia. Quando os dirigentes bolcheviques voltassem à questão do que fazer com os Romanov, o fator representado pela Alemanha sempre teria prioridade em suas considerações. Enquanto isso, quase imperceptivelmente, o perigo aumentava.

# 22. Planos de Resgate

Organizações monarquistas tinham ficado perplexas e desmoralizadas com a queda da dinastia, e o curso dos acontecimentos em 1917 seguiu numa direção totalmente contrária aos seus objetivos. Elas entenderam que qualquer tentativa de resgatar os Romanov do Palácio de Alexandre, em Tsarskoye Selo, teria sido uma operação suicida, visto que a grande guarnição local estava cheia de soldados que odiavam Nikolashka. Certamente, o Soviete de Petrogrado os teria mobilizado para capturar e prender a família e seus libertadores. Nenhum grupo de conspiradores estava se preparando para agir. O monarquismo era apenas uma ideia; ainda não era um movimento.

A transferência dos Romanov para Tobolsk, seguida pela Revolução de Outubro, havia tirado alguns monarquistas de uma situação de meses de inércia. Mas, embora estivessem ávidos para fazer algo decisivo, nunca ficou claro como imaginavam realizar o resgate da família imperial. Afinal, os riscos eram enormes. Se conseguissem penetrar na Casa da Liberdade, o destacamento da guarda resistiria à tentativa e haveria derramamento de sangue. Além do mais, uma perseguição à equipe de resgate seria inevitável caso ela conseguisse fugir do local levando consigo a família imperial. E também não havia nenhuma chance de utilizarem transporte fluvial para o norte, pelo Oceano Ártico, ou para o sul, na direção de Tiumen, pelo menos não até o degelo, na primavera. Nos meses de inverno, a única forma de viajar seria em carruagens ou trenós puxados por cavalos. Se a equipe de resgate pegasse a estrada para Tiumen ou para Omsk, as forças do Exército Vermelho a interceptariam facilmente, assim que o Soviete de Tobolsk acionasse o alarme, informando o que estava acontecendo. Outra possibilidade seria uma equipe de resgate embrenhar-se pela floresta do outro lado do rio, seguindo para o lado oeste da cidade, mas, se adotasse essa alternativa, ainda teria de decidir para onde rumar em seguida. Cidades pequenas e grandes estavam cheias de inimigos. A fuga da Casa da Liberdade seria apenas o início de suas dificuldades.

A figura mais ativa nos trabalhos da causa monarquista depois da Revolução de Fevereiro era Nicolai E. Markov, conhecido por muitos como Markov-II, um homem que havia comandado a União dos Povos da Rússia antes de 1917 e fora um dos deputados da Duma desde 1907. Sujeito de porte avantajado e cabelos longos, causava forte impressão. Antissemita virulento, usava acintosamente o termo judaico "Gói" como pseudônimo em seus artigos de jornal. Markov-II era também fanático pela autocracia, e sua principal crítica a Nicolau, quando ainda na condição de imperador, era ele ter-se curvado muitas vezes à opinião de políticos liberais. Ele se recusava a aceitar que a Revolução de Fevereiro era irreversível. Via no resgate e na restituição de Nicolau ao poder uma providência de máxima urgência.

Aparentemente, o banqueiro e produtor de açúcar Karl Yaroshinski doara 175 mil rublos para os planos que estavam sendo elaborados por grupos monarquistas.[1] Yaroshinski era um financista dinâmico que acumulara grande fortuna durante a guerra. Ele tinha o controle acionário de cinco bancos de grande porte e conheceu a família imperial por conta de um financiamento das casas de saúde em que Alexandra e suas filhas haviam trabalhado como enfermeiras voluntárias até a Revolução de Fevereiro.[2] Quando Kerensky se tornou ministro-presidente, Yaroshinski o procurou para apresentar um plano de recuperação da combalida situação financeira do país. Ofereceu-se para fornecer assessoria usando recursos próprios, sem dúvida com vistas a lucrar pessoalmente no futuro enquanto fazia o melhor possível em benefício da Rússia. Kerensky enviou o projeto para apreciação do Ministério da Fazenda, que logo o rejeitou — e Yaroshinski desapareceu da vida pública.[3] Depois, quando os bolcheviques tomaram o poder em Petrogrado, ele deixou que Markov-II martelasse seus ouvidos com planos de libertação dos Romanov.

Markov-II se comunicara por cartas com a imperatriz, nos dias em que os Romanov ficaram em Tsarskoye Selo, por intermédio de Yulia Den, uma das confidentes de Alexandra. Quando os Romanov foram transferidos para Tobolsk, ele despachou em missão um oficial do Regimento da Crimeia para tentar localizar seu paradeiro com vistas a organizar uma operação de resgate. Ele esperava poder envolver Ana Vyrubova na operação, mas ela se recusou a cooperar e se queixou do fato de que ele já havia enviado um oficial do exército ao oeste da Sibéria. Ela achava que Markov-II estava complicando seus esforços para conseguir a libertação dos Romanov; e Bóris Solovyov, que comandava a operação organizada por ela, cuja base era em Tiumen, tomou providências para impedir que o emissário de Markov-II se transferisse para Tobolsk.[4]

Solovyov, um oficial do exército, tinha 28 anos em 1918 e ostentava a fama de monarquista fervoroso. Homem impetuoso, quase entrou em luta corporal com Piotr Palchínski, vice-ministro do Comércio e da Indústria do Governo Provisório, que o deixou irritado quando falou das arbitrariedades do governo de Nicolau II.[5] Findo o regime, em vez de voltar para seu regimento, começou a trabalhar para Yaroshinski, a quem ele e outros persuadiram a financiar uma missão a Tobolsk.[6] Solovyov, no entanto, não era apenas um confesso entusiasta da extinta monarquia, mas também um seguidor de Rasputin. Graças a seu relacionamento com o místico, ele namorou e se casou com sua filha Matryona. Para Nicolau e Alexandra, isso era excelente. Muitos monarquistas russos ainda tinham uma visão bem desfavorável de Rasputin, mas, em meio aos distúrbios políticos de 1917, quando poucos tinham a ousadia de se manifestar publicamente em defesa de Nicolau, Solovyov ficou de certa forma conhecido como um homem que só queria mesmo ajudar os Romanov. Ele tinha também o preparo militar para executar projetos arriscados que intimidavam ex-membros da corte imperial. Jovem e enérgico, Solovyov parecia disposto a pôr em risco a própria segurança para salvar Nicolau e sua família.

Em 20 de janeiro de 1918, com uma bagagem contendo dinheiro, chocolates, perfumes, artigos de cama e mesa e presentes, ele partiu de Petrogrado numa viagem para Tobolsk, cuja rota passava por Ecaterimburgo e Tiumen. Levou também três pacotes com cartas de Ana Vyrubova e do casal Vladimir e Eugênia Voeikov — os Voeikov haviam feito parte da comitiva imperial antes da Revolução de Fevereiro, ele na condição de chefe da corte e ela na de dama de companhia.[7] Solovyov tratou de ocultar a própria identidade com o máximo de cuidado e, enquanto ficou em Tiumen, se apresentava sob o pseudônimo de Stanislau Korjenévski.[8]

Mais tarde, ele afirmaria haver repassado o dinheiro que recebera para doar aos Romanov ao criado particular Alexei Volkov, que, por sua vez, o entregara à imperatriz.[9] Contente com o presente, ela começou a trocar

PLANOS DE RESGATE

correspondência com Solovyov.[10] Volkov enviou uma mensagem da parte da imperatriz aconselhando o oficial a travar relações com o padre Alexei Vasilev.[11] Foi provavelmente a Solovyov que Alexandra fez a seguinte solicitação em 6 de fevereiro de 1918: "Diga-me o que você acha de nossa situação. O desejo de todos nós é conquistar o direito de levar uma vida tranquila, como uma família comum, longe da política, de conflitos e intrigas. Escreva com franqueza, pois receberei sua carta confiante em sua sinceridade."[12] Na resposta, Solovyov evitou demonstrar excesso de otimismo: "Sou-lhe profundamente grato pela manifestação de suas impressões e por sua confiança [...]. De uma forma geral, a situação está muito difícil e pode vir a ficar crítica. Estou convicto de que o necessário é conseguirmos ajuda de amigos fiéis ou mesmo um milagre, de forma que tudo possa acabar bem e concretizar-se seu desejo de uma vida tranquila. Cordialmente, seu devotado B[óris]."[13]

Mais ou menos por ocasião do recebimento da carta, Solovyov decidiu passar a pé na frente da Casa da Liberdade em plena luz do dia. Tal como havia esperado, ele foi reconhecido pelos Romanov — Anastácia, Maria e Tatiana estavam naquele momento na janela, olhando para a rua. Em seguida, a imperatriz escreveu um bilhete e mandou que uma criada o repassasse a Solovyov. Na mensagem anterior enviada a ela, Solovyov havia sido obscuro com referência às perspectivas de resgate e Alexandra não tinha nenhuma esperança de que isso acontecesse, exceto por intervenção divina:

Você confirmou meus temores: Agradeço-lhe a sinceridade e a coragem. Nossos amigos estão em algum lugar distante e desconhecido ou talvez nem existam. Oro a Deus incansavelmente e somente Nele deposito minhas esperanças. Você fala em milagre, mas não é um milagre o fato de o Senhor tê-lo enviado a nós? Que Deus o proteja — agradecidamente, A.[14]

Alexandra nunca conhecera Solovyov pessoalmente, mas seguiu a própria intuição e depositou sua confiança nele. Afinal, estava desesperada. Solovyov era um dos poucos de fora da comitiva que conseguira romper a barreira de isolamento em torno da vida da família e das circunstâncias vividas por ela. Aos seus olhos, ele era o cavalheiro perfeito, disposto a se sacrificar pela causa dinástica e pela fé cristã.

Já algumas pessoas em Tobolsk e em outros lugares não o viam com tanta benevolência assim. Nem mesmo sua esposa gostava dele. Afinal de contas, seu casamento sempre fora difícil e Matryona sofria agressões frequentes.[15] Queixava-se também da atitude do marido com relação a dinheiro. No registro de seu diário feito em 2 de março de 1918, ela assinalou que Yaroshinski era um dos doadores de seu esposo: "Sei quanto dinheiro Yaroshinski [sic] deu a Bória [ou seja, Bóris], mas ele não quer me dar nenhum tostão. Acha que seu dinheiro pertence somente a ele e que o meu é dele também."[16] Era praticamente certo que Solovyov estivesse embolsando parte dos recursos financeiros que haviam sido enviados para aliviar a situação dos Romanov ou resgatá-los. Parece que ele enviou apenas 35 mil rublos, uma pequena parcela dos 175 mil doados por Yaroshinski, à imperatriz.[17] Anos depois, Yaroshinski afiançou que nunca fizera negociações diretas com Solovyov. Logicamente, talvez Yaroshinksi não houvesse tido perfeito conhecimento da cadeia de transferências financeiras que se formou depois que o dinheiro saiu de Petrogrado; e não se sabe se foi transferido de uma vez ou parceladamente. Ainda assim, Solovyov era visto como um sujeito fraudulento pelos simpatizantes da família imperial, que observavam de perto a operação que ele e o padre Alexei Vasilev haviam criado em Tobolsk.

Solovyov era uma pessoa que não gostava de ser contrariada. Além do mais, era trapaceiro e, sempre que seus recrutas contestavam sua autoridade, ele os denunciava secretamente, apoiado em falsas razões, ao Soviete de Tobolsk, que tinha a satisfação de mandar prendê-los.[18] Tatiana Botkina sentia desprezo por ele e não era muito diferente o que nutria por Vasilev também, um sacerdote que parecia mais interessado em ganhar dinheiro do que em conseguir a libertação dos Romanov; ela desconfiava que talvez Vasilev estivesse também manobrando para, no fim de tudo, ficar com uma boa imagem perante todos e beneficiar-se se algum dia Nicolau voltasse para o trono.[19]

Solovyov e Vasilev costumavam exagerar sobre o tamanho e a capacidade de realização de sua "organização" — e Vasilev, um beberrão inveterado, falava, quando bêbado, de um plano para libertar a família.[20] Ambos afirmavam contar com trezentos oficiais infiltrados em Tobolsk. Embora aceitasse a hipótese de que talvez houvesse alguns recrutas dessa espécie na cidade, Tatiana Botkina questionava se existiam mesmo tantos homens bem preparados no local, tal como Solovyov e Vasilev diziam.[21] Na opinião dela, Solovyov e Vasilev não passavam de mentirosos e visionários. Quando ela se encontrou por acaso com um desses recrutas, ele lhe contou como havia

PLANOS DE RESGATE 173

chegado a Tiumen e que estava vivendo lá disfarçado como trabalhador braçal.[22] Botkina achou significativo o fato de que o recruta nem chegara a pôr os pés em Tobolsk e concluiu que as esperanças da família imperial estavam sendo fomentadas artificialmente. Acreditava que o conde Yakov Rostovtsev era o único apoiador financeiro que conseguira providenciar para que um de seus homens partisse de Tiumen e fizesse chegar 80 mil rublos, por intermédio do dr. Botkin, às mãos de Dolgorukov. (Parece que essa foi a quantia em dinheiro que Dolgorukov levaria consigo para Ecaterimburgo, em abril.) Os Botkin também travaram conhecimento com um engajado monarquista que morou por vários meses em Tobolsk, mas souberam depois que ele pertencia a um grupo que evitara completamente a ideia de criar um plano sério para resgatar os Romanov.[23] Aliás, havia uma suspeita cada vez maior de que Solovyov não era apenas um vigarista, mas também um agente a serviço dos alemães. Provas dessa suspeita só apareceram em 1919, quando descobriram que ele tinha documentos de espionagem alemães, fato que levou Botkina a concluir que ele pretendia destruir a família imperial.[24]

Solovyov e Vasilev também não causaram boa impressão num jovem segundo-tenente chamado Konstantin Melnik, que ficou em Tobolsk em setembro de 1917 e depois em maio de 1918. Ele chegou à conclusão de que a "organização" deles era uma fraude. Até onde pôde perceber, eles retinham a maior parte do dinheiro destinado aos Romanov e não faziam nada para providenciar sua libertação. Segundo consta, Vasilev pediu e recebeu 14 mil rublos para objetivos que não foram revelados a Melnik, mas este estava certo de que Vasilev não tinha a intenção de fazer coisa boa com esse dinheiro.[25]

Serguei Markov era outro jovem membro das forças armadas que se pôs à disposição de Markov-II como agente a serviço da causa monarquista. Poucos dias antes da abdicação, ele conseguira infiltrar-se sorrateiramente no Palácio de Alexandre, em Tsarskoye Selo, onde perguntou à imperatriz se podia ajudá-la.[26] Como orgulhoso oficial do Regimento de Cavalaria da Crimeia, considerava uma traição os motins ocorridos na Revolução de Fevereiro.[27] Em março de 1918, Markov partiu para Tobolsk sob a identidade falsa de um comerciante chamado Marchenko com o objetivo de formular um plano de resgate eficiente.[28] Ele ignorou o aviso de Markov-II, o chefe de seu grupo, de que havia muito pouco dinheiro disponível para realizar uma operação arriscada como essa. Em Tiumen, ele procurou Solovyov, que já havia estabelecido contato com os Romanov. Tudo que ouviu de

174 O ÚLTIMO TSAR

Solovyov o convenceu de que ele seria capaz de realizar sua missão. Depois de uma troca de trenós puxados por cavalos, ele chegou a Tobolsk, onde se hospedou num hotel praticamente vazio, perto do centro da cidade, no qual bolcheviques eram os outros principais ocupantes do estabelecimento. Enquanto eles trabalhavam para a destruição da iniciativa privada na Rússia, ele fingia ser um simples negociante — e sabia que precisava ter cuidado com o próprio comportamento.[29]

Markov se apresentou discretamente a Sophia Buxhoeveden e lhe mostrou os pacotes que havia trazido de Petrogrado. Buxhoeveden os repassou ao criado pessoal Volkov, que os levou para a Casa da Liberdade.[30] Markov se apresentou ao administrador da diocese local, bispo Germogen, um dia após ter assistido a uma missa e explicou seus objetivos em Tobolsk. Germogen lhe respondeu: "Deus o recompensará por isso."[31] Markov contatou também o padre Alexei, no mosteiro de Abalak, o qual tinha como hóspede Kirpichnikov, um dos criados dos Romanov.[32]

Kirpichnikov era um dos membros mais humildes da comitiva; ele trabalhava na cozinha e cuidava dos porcos que os Romanov haviam comprado depois que foram para Tobolsk. (Ele criava também seus próprios porcos e demarcara uma parte do quintal para isso.) Sujeito desalinhado e de uma força excepcional, era amado por sua lealdade, mas os ocupantes da residência detestavam o fato de que ele preparava as comidas da família e dos animais usando as mesmas panelas. Kirpichnikov não sabia o que as pessoas pensavam dele e de seus modos, mas havia dias em que o cheiro ficava tão insuportável que os Romanov e os membros da comitiva subiam às pressas para os cômodos do andar de cima, fechando as portas logo em seguida. Gibbes, uma pessoa exigente, não suportava ficar na Casa da Liberdade quando Kirpichnikov estava preparando a comida dos porcos — incapaz de suportar os vapores fétidos e pungentes sem reclamar, ele dizia que estava gripado e se refugiava no quarto, onde ficava dias inteiros com as janelas abertas durante o inverno. Mas os soldados do destacamento da guarda confiavam em Kirpichnikov e, assim, ele conseguia levar cartas e doces para a Casa da Liberdade, onde os entregava aos Romanov.[33]

A imperatriz guardava no fundo vívidas lembranças de Markov e respondia com alegria às cartas e aos livros enviados por ele. Tanto que lhe enviou um presente por intermédio do padre Alexei: "Ao Pequeno M., com os cumprimentos de muita gratidão do Comandante e um presente de suas

PLANOS DE RESGATE 175

Majestades, um grande cachimbo de marfim." O padre explicou que, como Alexandra não sabia qual seria o melhor presente que poderia dar a Markov, escolhera o cachimbo, na esperança de que ele se lembrasse dela sempre que o acendesse.[34] Não demorou muito para que Alexandra manifestasse preocupação com a segurança de Markov, uma vez que achava provável que ele acabasse sendo reconhecido por Kobylinsky e Bitner, os quais o tinham visto em Tsarskoye Selo e talvez decidissem denunciá-lo. Afinal, embora Kobylinsky fosse prestimoso para com os Romanov, era um dos emissários do Governo Provisório e, em última análise — na opinião de Alexandra —, eles não poderiam confiar nele. Desse modo, acabou aconselhando Markov a voltar para a companhia de Solovyov, que, àquela altura, estava morando em Pokrovskoie.[35] Mas cautela era algo incompatível com a personalidade de Markov. Depois que trocou mensagens com a imperatriz, ele passou algumas vezes na frente da Casa da Liberdade para que os Romanov o vissem. Alexandra o viu por acaso, quando estava na varanda. Em 25 de março de 1918, ela escreveu em seu diário: "Vi meu ex-membro do Regimento Crimeia passar, e Schtein também."[36]

No entanto, foi o mais perto que Markov chegou de uma tentativa de resgate. O bispo Germogen não se surpreendeu com isso, pois já havia chegado à conclusão de que a monarquia na Rússia continuava muito mal organizada e que acabara sendo tirado do poder pelos ventos impetuosos da revolução.[37] Markov era ousado, e até insolente, mas não podia fazer mais do que pavonear-se na frente da Casa da Liberdade.

Irritado com a inércia dos colegas monarquistas, Markov não parava de fazer planos para tentar libertar os Romanov. Na visão dele, havia várias possibilidades. Uma delas era reunir o maior número possível de oficiais de cavalaria de que Markov-II conseguisse dispor e enviá-los com rapidez para Tobolsk. Ele achava que o isolamento geográfico da cidade agiria a seu favor e contava com a ajuda de monarquistas estabelecidos em Tiumen. Havia também simpatizantes nas forças do Exército Vermelho que Markov achava que poderia organizar para realizar um ataque surpresa à Casa da Liberdade. Outra ideia consistia em fomentar um falso levante camponês contra os bolcheviques nas cercanias de Tobolsk e explorar a resultante situação crítica enviando uma força armada à cidade e assumindo o controle da família Romanov. Markov acreditava que conseguiria preparar-se para isso criando condições para que os monarquistas desertassem do Exército

Vermelho e ficassem escondidos em Tobolsk até o momento crucial. A ideia era concentrar um núcleo de forças armadas decisivas perto da Casa da Liberdade.[38]

Enquanto isso, Nicolau também procurava motivos para continuar otimista. Ele tinha a forte impressão de que Kobylinsky queria seu bem, embora assumisse uma atitude severa quando ficava diante dos olhares dos guardas do destacamento.[39] Os dois se davam bem, pelo que Nicolau agradeceu em seu diário: "Kobylinsky é meu melhor amigo."[40] Tatiana Botkina, aliás, achava que os sentimentos de solidariedade para com os Romanov eram muito mais generalizados em Tobolsk do que as pessoas se atreviam a demonstrar; ela chegou a dizer a seus confidentes que Nicolau depararia com muitos soldados e barqueiros dispostos a ajudá-lo caso ele estivesse disposto a tentar fugir do cativeiro.[41] Corria até o boato de que um grupo de fuzileiros sob as ordens do segundo-tenente Malyschev tinha avisado a Kobylinsky que, se uma missão de resgate fosse organizada enquanto eles estivessem no serviço da guarda, eles não interviriam.[42] Alexandra se valia dessas suposições, procurando assegurar aos familiares e à comitiva que o destacamento a serviço na Casa da Liberdade continha graduados e suboficiais que se mantinham discretamente solidários para com a situação de Nicolau e alimentavam um sentimento de culpa pelo que as outras pessoas tinham feito a ele. Ressaltou também o fato de que eles continuavam a deixar presentes secretamente na casa na forma de pães ázimos ou flores, para a família.[43]

Como, de fato, se pode explicar isso se todos odiavam os Romanov? Alexandra negligenciava o fato de que o antigo império era uma sociedade dividida e de que muitos milhões de cidadãos continuavam a detestar Nicolau, o Sanguinário, ou, na melhor das hipóteses, eram indiferentes ao seu destino. Muito natural, que a família tentasse consolar-se com a ideia de que era amada pela maioria dos russos comuns. Mas a natureza de seus pensamentos estava longe da situação revolucionária da Rússia.

# 23. O Futuro da Rússia

Durante o período em que ficou no cativeiro, Nicolau não demonstrou nenhum arrependimento pela forma como havia governado o país. Ele e Alexandra acreditavam piamente que os problemas militares e políticos da Rússia eram inteiramente causados por forças malignas estranhas. Na visão de Nicolau, a Revolução de Fevereiro fora a maior tragédia da história da Rússia e, se alguma vez ele achou que poderia ter agido de outra forma para impedir que ela acontecesse, manteve isso em segredo e, em vez de arrependimento, ele se orgulhava da crença de que cumprira o seu dever, tal como explicou a Gilliard: "Na cerimônia de ascensão, jurei manter intacta a forma de governo legada por meu pai e repassá-la do mesmo jeito a meu sucessor."[1] Depois que deixou Tsarskoye Selo, nunca mais mencionou a crise da abdicação. Não foi o caso de Alexandra, que externava a crueza de seus sentimentos, dizendo-se convicta de que Nicolau não teria deixado o trono se ela estivesse com ele em Moguilev, e não com a família. Mas ela não culpava o marido pelo que acontecera. Para ela, o que estava feito, feito estava e, agora, tinha a responsabilidade de lidar, da melhor forma possível, com a situação e com seus desdobramentos; seu amor por Nicolau continuava tão intenso quanto a necessidade que tinha do amor dele.

Os Romanov detestavam tudo que tivesse relação com a Revolução de Outubro e, quando souberam que o governo soviético havia substituído o calendário juliano pela versão do gregoriano usada no restante da Europa, Nicolau ficou horrorizado. Quando se levantou da cama em 1º de fevereiro, ficou surpreso assim que soube que tinha acordado quase duas semanas depois. Não gostou nada da ideia de que, por assim dizer, havia perdido treze dias inteiros na vida e previu: "Esses mal-entendidos e confusões nunca terão fim."[2]

Nicolau, porém, não se sentia inclinado a fazer comentários sobre as outras novas medidas e os programas político-econômicos do governo soviético. Já com relação a questões envolvendo alemães, a guerra e as forças armadas russas, a história era outra. Em 20 de fevereiro de 1918, ele registrou em seu diário: "A julgar pelos telegramas, a guerra contra a Alemanha foi reiniciada, já que o armistício expirou; mas parece que não temos mais nada na frente de batalha, o exército foi desmobilizado, armas e suprimentos foram abandonados à mercê do destino e do inimigo, que avança: que vergonha e que horror!"[3]

Nicolau compartilhava das dores patrióticas suscitadas pela derrota militar; ele não conseguia imaginar que alguém pudesse não querer resistir aos alemães. Para ele, era tudo ou nada. A honra da Rússia, na visão dele, tinha sido manchada. Em 25 de fevereiro, acrescentou aos seus apontamentos: "Hoje, chegaram telegramas informando que os bolcheviques, ou o Sovnarkom, tal como o denominam, aceitaram um acordo de paz segundo as condições humilhantes do gov[erno] alemão, em razão do fato de que as forças inimigas estão avançando e não existe nada que possa detê-las. É um pesadelo."[4]

Mas qual a explicação que Nicolau e Alexandra tinham para a desintegração da Rússia? Em conversas com Gilliard, Nicolau culpava Kerensky pelo desmantelamento do exército, embora, na verdade, Kerensky não houvesse desejado que isso acontecesse. Ele tinha, porém, uma opinião muito mais negativa de Lenin e Trótski, a quem via como traidores conscientes que tinham recebido grandes somas em dinheiro em troca de serviços prestados aos alemães.[5] Para ele, o tratado de Brest-Litóvski era uma desonra para a Rússia e uma traição dos Aliados. Nicolau, com o avanço dos meses, viu-se atormentado por dolorosos pensamentos sobre derrocada militar, desintegração territorial e humilhação diplomática. A dissolução do exército em 1917 não só lhe causara muito sofrimento, como também lhe dera muito que pensar a respeito de seu trauma pessoal. Mas ele jamais imaginara que um governo russo assinaria um acordo de paz um dia como o que Lenin havia insistido em assinar — se bem que até o próprio Lenin o tivesse chamado de "revoltante".

Nicolau e Alexandra tinham um desprezo absoluto por Guilherme, que eles achavam que havia extrapolado os limites da decência.[6] Para eles, algumas coisas eram inaceitáveis, mesmo no frenesi da guerra. Antes de 1917, Alexandra dissera ao criado Volkov: "Ele é um ator, um comediante de teatro, uma pessoa fictícia." Após a assinatura do tratado de Brest-Litóvski, ela disse

O FUTURO DA RÚSSIA

com veemência: "Eu conheço sua natureza mesquinha, mas jamais pensei que pudesse se rebaixar a ponto de entrar em acordo com os bolcheviques. Que vergonha!"[7] Princesa nascida em Hesse, Alemanha, nunca tivera muito tempo para a casa de Hohenzollern. Em Tobolsk, Bitner testemunhou suas invectivas contra o Kaiser e sua Alemanha. Sobre o episódio, Alexandra se explicou a Kobylinsky: "As pessoas me acusam de ter amor pelos alemães. Ninguém sabe quanto odeio Guilherme por todo o mal que ele fez recair sobre a minha terra natal!" Ela frisou que estava se referindo à Rússia, e não ao país em que nascera. A imperatriz previu que a Alemanha também desmantelaria sob os golpes do destino, tal como acontecera com a Rússia — e disse isso com uma ponta de sadismo. Ela escreveu ao general Alexandre Syroboyárski, seu antigo paciente no hospital de Tsarskoye Selo: "Em minha opinião, essa 'doença contagiosa' se espalhará para a Alemanha, mas será muito mais perigosa e pior lá, e vejo nisso a única salvação para a Rússia."[8]

Quando, em 19 de março, Nicolau soube de uma reportagem, por intermédio de Vasily Dolgorukov, informando que os alemães estavam exigindo garantias do estado de saúde e de segurança dos Romanov, ele teve um acesso de raiva: "Se isso não é uma manobra para me desmoralizar, ainda assim é um insulto à minha pessoa!"[9] A família procurou desvincular a própria imagem de tudo que se relacionasse com os alemães. As filhas dos Romanov chegaram a doar os presentes que o kaiser Guilherme lhes dera numa viagem de iate.[10]

Os Romanov tentavam consolar-se com fantasias sobre os militares russos. Alexandra disse numa carta a Ana Vyrubova:

> Existe algo de estranho na índole dos russos — de uma hora para outra, a pessoa se torna imoral, má, cruel e irracional, mas, ao mesmo tempo, pode transformar-se em outro tipo de ser humano. Isso se chama falta de caráter. No fundo, são crianças grandes, sem educação. Sabemos muito bem que, em tempos de guerra, todas as paixões se exacerbam. É horrível o que elas fazem, com suas matanças, mentiras, roubos e aprisionamentos — mas temos de aguentar firme, nos limpar e nos renovar.[11]

Depois que a Guarda Vermelha de Omsk se amotinou, Cláudia Bitner perdeu a paciência quando Alexandra disse que, se pelo menos os oficiais tivessem alguma iniciativa, os soldados obedeceriam.[12] E a imperatriz acrescentou: "As pessoas dizem que eles são maus. Mas eles são bons. Basta observá-los. Quando fazem a ronda, eles sorriem. Eles são boas pessoas."[13] Para Bitner, isso era uma besteira, e ela disse a Alexandra que a imperatriz estava fora de sintonia com a realidade e não tinha a mínima ideia do que os soldados realmente achavam dela. O fato de eles se comportarem respeitosamente na presença da família não significava nada. Bitner asseverou que, embora Alexandra acreditasse que os soldados russos eram "cordiais, simples, bondosos", esses mesmos soldados vinham tratando seus próprios oficiais de uma forma estarrecedora.[14]

Ninguém tinha falado com Alexandra de maneira tão convincente desde que ela fora para a Rússia, em 1894, e ela não conseguiu conter as lágrimas. Ficou indignada principalmente com a afirmação de Bitner de que ela vivia alheia à realidade. E retorquiu com veemência que sabia o que as outras pessoas falavam a seu respeito. Num clima de ânimos exaltados, trocavam afirmações vagas. Tal como muitas vezes acontece em qualquer discussão acirrada, nenhuma das duas estava conseguindo argumentar com clareza. Quando teve tempo para refletir no que havia sido dito, Bitner presumiu que Alexandra devia ter achado que estava criticando seu relacionamento com o finado Rasputin. Ainda se tratava, obviamente, de um assunto doloroso para Alexandra.[15] Na verdade, Bitner estava acentuando o que vinha acontecendo com as forças armadas. Ela só queria que ficasse bem entendido, de uma vez por todas, que a imperatriz não fazia ideia das dificuldades que o exército havia enfrentado na Grande Guerra. Na visão de Bitner, era uma insensatez realçar o contraste entre oficiais e soldados. A discussão se arrastou por um longo tempo, sem que nenhuma das duas cedesse. Aborrecidas e exaustas, o relacionamento entre ambas azedou e cada uma foi para o seu canto naquele dia. Bitner se recusou a participar do jantar, alegando dor de cabeça. Pouco depois, Alexandra lhe enviou um bilhete pedindo que a preceptora não ficasse com raiva dela, explicando que tinha finalmente conhecido alguém à sua altura.[16]

Mas a imperatriz jamais mudaria seu jeito de ser. Simplesmente não conseguia parar de discutir e o fazia sobre os mais variados assuntos, como se ela sempre tivesse razão. Quando o assunto era religião, ela era firme e exigente. Os demais ocupantes e frequentadores da casa compreendiam isso e suspendiam a apresentação das peças noturnas — os "espetáculos", como chamavam — no primeiro domingo da Quaresma, e Gibbes desmontava o aparato de iluminação.[17] Em seus preparativos para a Páscoa, a família entrava em jejum, e Alexandra dava como certo que todos na casa fariam o mesmo. Bitner, porém, geralmente esperava para começar a fazer isso na Semana Santa e explicava que essa continuava a ser a sua intenção, levando Alexandra a deixar patente a todos o seu desagrado. Mas, assim como Alexandra, Bitner não estava nem um pouco disposta a mudar suas convicções.[18]

Já com relação a Nicolau, Bitner tinha uma opinião mais favorável. Pelo que pôde ver e ouvir na Casa da Liberdade, o principal objetivo do imperador era desempenhar seu papel de marido e pai no seio da família. Na visão de Bitner, ele queria muito levar uma vida tranquila e jamais teria concordado em voltar para o trono.[19] Mas Gilliard afirmaria depois que, pelo menos por algum tempo, Nicolau e Alexandra continuaram a alimentar a esperança de poder voltar a governar o país. Deve ter sido por isso que eles abandonaram o anseio inicial de conseguir exílio no exterior ou talvez tivessem simplesmente percebido que os dirigentes soviéticos jamais permitiriam que deixassem o país. Foram muitas as vezes que Nicolau falou a Kobylinsky do pavor que tinha de ele e a família serem mandados para o exterior.[20] O casal imperial permanecia inabalável em sua determinação para suportar qualquer destino que os soviéticos lhes impusessem. Segundo consta, Alexandra chegou a confidenciar a Gilliard: "Nosso amigo [Rasputin] previra todo esse sofrimento, mas disse que, depois desse verdadeiro calvário, viria um longo período de paz e felicidade."[21] Ademais, as filhas do casal viviam falando na possibilidade de voltar para Tsarskoye Sel, à exceção de Olga, que parecia pressentir que essas esperanças não passavam de sonhos irrealizáveis — e, pelo visto, seu pai concordava com ela. No fundo, Nicolau reconhecia que seus dias de monarca haviam chegado mesmo ao fim.[22]

Era uma questão que interessava a Bitner, tanto que perguntou ao jovem Alexei:

— E se você ascender ao trono?

— Não. Essa possibilidade não existe mais! — respondeu prontamente. Bitner voltou a indagar:

— Mas e se você acabasse mesmo vindo a governar o país?

Alexei deu uma resposta interessante.

— Será necessário então organizar as coisas de tal forma que eu fique mais bem informado sobre o que estiver acontecendo ao meu redor.

Será que ele ouviu a mãe falar que certas pessoas tinham enganado seu pai? Seria isso um indício de seu potencial para ser um governante mais exigente — e mais eficiente — do que Nicolau havia sido? Bitner achava que sim. Na opinião dela, Alexei já tinha ideias próprias. Perguntou o que faria com ela se ele se tornasse tsar, e ele respondeu que construiria um hospital para ela administrar e manteria todas as coisas do país em ordem.[23] Bitner também acreditava que ele não reverenciava Rasputin tanto quanto o restante da família. Ela chegou a essa conclusão após um pequeno incidente na ocasião em que, postada ao lado da cama, dava aulas para Alexei, adoentado. Em cima da mesa do quarto, geralmente ficava uma fotografia emoldurada do homem santo. Certo dia, a fotografia caiu no chão e Bitner fez menção de pegá-la. Alexei disse a ela que não se desse ao trabalho de fazer isso. Obviamente não significava nada para ele. E ela chegou a perceber uma ponta de ironia na voz do tsarzinho.[24]

Se Alexei já não tinha a mesma admiração que seus pais haviam devotado a Rasputin, Nicolau e Alexandra continuavam aferrados à mesma atitude de adoração que haviam sustentado durante anos. Para eles, parecia que nada do que acontecera desde março de 1917 justificava o fim do governo tsarista. Orgulhosos demais para sentir pena de si mesmos, eles estavam se preparando para suportar qualquer destino que a vida tivesse reservado para eles.

# 24. Camaradas em Marcha

Até mesmo a menor chance de libertação da família deixou de existir em 26 de março de 1918, quando, sem nenhum aviso, um destacamento da Guarda Vermelha com 250 integrantes apareceu em Tobolsk, enviado pelo Comitê Executivo do Soviete Regional da Sibéria Ocidental, em Omsk.[1] Receoso e preocupado, Pierre Gilliard ficou na expectativa de uma desgraça. Os soldados de Omsk eram turbulentos e indisciplinados, e o ódio que sentiam pela dinastia era externado na forma de arruaça.[2] Alexandra se recusava a ver as coisas de um modo tão sombrio quanto Gilliard e se persuadiu de que alguns dos recém-chegados eram oficiais monarquistas disfarçados, mas isso era pura especulação, fundada apenas em esperanças: Gilliard era o único que conseguia enxergar a dura realidade.[3]

Numa área de centenas de quilômetros ao redor de Tobolsk, Omsk e Ecaterimburgo eram os dois bastiões do bolchevismo. Omsk era a capital da região ocidental da Sibéria, enquanto Ecaterimburgo desempenhava o papel de importante centro político dos Urais, e havia muita rivalidade entre as duas por causa da questão dos Romanov.[4] As autoridades centrais do país haviam devolvido a Omsk a autoridade para cuidar do assunto simplesmente porque Tobolsk ficava na região ocidental da Sibéria, mas Ecaterimburgo se orgulhava de ter mais ardor revolucionário e queria encarregar-se da situação. Os bolcheviques das duas cidades concordavam, no entanto, com o fato de que a situação era intolerável. Na visão deles, Tobolsk era um território inimigo, pois ainda tinha um soviete controlado por socialistas-revolucionários e mencheviques. O destacamento militar incumbido da guarda dos Romanov havia sido formado por integrantes de regimentos que haviam servido em Tsarskoye Selo, e Kobylinsky era um emissário de Kerensky que continuara no cargo após a partida de Pankratov.[5] Havia

184 O ÚLTIMO TSAR

abundantes boatos de que a família imperial tinha esperanças de conseguir fugir para o Japão pela Ferrovia Transiberiana. A maior preocupação era que não houvesse ninguém em Tobolsk para impedir isso.[6]

Enquanto Ecaterimburgo discutia sobre o que fazer, Omsk agia.[7] O comandante do destacamento, comissário V. D. Dutsman, chegou ao local dois dias antes do grupo principal e requisitou um quarto na casa dos Kornilov.[8] Ele não era esperado nem fora convidado. Homem alto, com olhos azuis cinzentos e uma fisionomia insondável, tinha a índole de uma pessoa que sabia conduzir-se de maneira implacável na causa revolucionária (aliás, aparentemente, foi ele quem veio a assinar depois a ordem de execução do bispo Germogen).[9] Os outros moradores viam com desconfiança o fato de ele ser descendente de judeus-letões.[10] Nos dias subsequentes à sua chegada, ele foi absolutamente incapaz de controlar os membros da Guarda Vermelha que o tinham acompanhado na viagem de Omsk sob o comando do comissário A. D. Demyanov e de seu imediato, Degtyareyev. Demyanov havia sido expulso de um seminário da Igreja Ortodoxa. Já Degtyareyev fora subtenente numa unidade de cavalaria e, durante o tempo que passou na Universidade de São Petersburgo, pertencera à arquirreacionária União do Arcanjo Miguel.[11] Dutsman, Demyanov e Degtyareyev eram a lei. Uma cidade que tinha evitado as turbulências dos grandes centros urbanos foi tragada para o caos quando os soldados de Omsk saíram do controle, entregando-se a badernas e arruaças.

Em 29 de março de 1918, eles marcharam para a Casa da Liberdade, decididos a afrontar o destacamento da guarda. Mesmo cientes do risco de provocar uma explosão de violência, exigiram que os deixassem entrar na residência.[12] Ninguém sabia como lidar com eles. Conversas entre os dois destacamentos conseguiram acalmar um pouco a situação, mas a atmosfera permaneceu volátil.

Foi um alívio para os ocupantes da Casa da Liberdade quando Dutsman disse que uma de suas prioridades imediatas era pôr o Soviete de Tobolsk sob o controle dos bolcheviques e posicioná-lo no ápice do poder na cidade. Informou também que todas as outras instituições públicas seriam extintas ou submetidas ao "poder dos sovietes". Demyanov anunciou o fechamento das antigas agências do governo local, tais como a Duma da cidade, e a criação de um "conselho de administração de economia popular". Transformar a política não seria suficiente. A adormecida Tobolsk tinha de passar

CAMARADAS EM MARCHA

por um processo de revolução econômica que havia começado meses antes em outros centros urbanos russos.[13] Dutsman achava que, enquanto isso estivesse acontecendo, não haveria motivos para ele interromper o trabalho de Kobylinsky. Ao contrário, o que ele fez foi proclamar-se presidente do soviete da cidade, local em que passava a maior parte do tempo. Kobylinsky observava os acontecimentos a distância, embora ele também não fosse uma pessoa sem traços de antissemitismo na própria personalidade, tanto que, depois, se queixou de que a bolchevização do país servira para pôr os cargos de autoridade mais importantes nas mãos dos judeus.[14] Mas Dutsman não interferiu em nada, e Kobylinsky fez o que pôde para manter certa tranquilidade na Casa da Liberdade e evitar que os Romanov se preocupassem tanto quanto ele com o agravamento crescente da situação.

Vladimir Kosarev, presidente do Comitê Executivo do Soviete Regional da Sibéria Ocidental, enviou de Omsk uma carta a Lenin e a Trótski em 28 de março de 1918. Fazia, então, quase dois meses que o Sovnarkom lhe confiara o encargo de supervisionar a política em Tobolsk. Ele tivera de resolver dificuldades locais em Omsk, antes de se sentir capaz de enviar um destacamento militar para Tobolsk, situada a quase 650 quilômetros daquela cidade. Kosarev era um típico líder bolchevique, cheio de zelo e iniciativa revolucionária, mas a Guarda Vermelha de Omsk tinha então o controle da cidade, e Kosarev mantinha contato com Dutsman, Demyanov e Degtyareyev por telegrama. As informações que obteve foram suficientes para convencê-lo de que Lenin e Sverdlov haviam subestimado os riscos da situação. O Sovnarkom tinha desmobilizado o exército imperial antes de decidir o que deveria ser posto em seu lugar. O destacamento da guarda a serviço na Casa da Liberdade era formado por homens do velho exército, fato que levou Kosarev a adotar a solução de substituí-los por soldados de Omsk. Solicitou, pois, a Lenin e a Sverdlov que lhe delegassem poderes para nomear novos comissários e informassem isso aos que estivessem a serviço em Tobolsk.[15]

A situação em Tobolsk estava ainda mais turbulenta do que Kosarev teria tido condições de saber, estando ele tão longe. Mais ou menos na mesma ocasião em que seus soldados da Guarda Vermelha adentraram a cidade, outros cinquenta soldados dessa mesma corporação se dirigiram para lá partindo da meridional Tiumen. Nicclau ficou horrorizado com eles e os descreveu como "assaltantes bolcheviques". A unidade militar viajou de Tiumen para a cidade em quinze troicas com sinetes pendurados nas fardas de seus integrantes. Para onde quer que se dirigissem, causavam um tremendo alvoroço e muito barulho. Era óbvio que os tiumenitas tinham de aprender preceitos de disciplina militar. Se os membros da Guarda Vermelha de Omsk haviam sido desordeiros, os recém-chegados causaram um verdadeiro pandemônio na cidade.[16] Kobylinsky pediu que a imperatriz evitasse ficar na varanda pelo menos por três dias. Houve um debate sobre a conveniência de transferir a família para o ambiente seguro de um edifício da igreja na principal colina da cidade.[17] As notícias eram cada vez mais alarmantes. Embora Nicolau não pudesse observar muita coisa do lado de dentro da Casa da Liberdade, conseguia ouvir facilmente fuzileiros cantando ao som de balalaicas até as cinco da madrugada.[18] A Guarda Vermelha de Tiumen tinha entrado no terreno da propriedade e exigia o fornecimento gratuito de alimentos. Os soldados de Omsk dispunham de tantas armas quanto os homens sob o comando de Kobylinsky. Assim, as duas tropas se uniram para expulsar os invasores e a situação se acalmou.[19] Para o contentamento de todos, uma semana depois de terem chegado a Tobolsk, a Guarda Vermelha de Tiumen voltou para casa.[20]

Durante semanas a fio, o Comitê Executivo do Soviete Regional dos Urais acreditara que devia ter alguma participação na situação da cidade. Kosarev havia feito muito pouco desde que recebera a incumbência do Sovnarkom, e os riscos em Tobolsk aumentavam cada vez mais. Anos depois, Alexandre Belobodorov disse que havia um receio em Ecaterimburgo de que os alemães acabassem pressionando Lenin a providenciar a libertação da família imperial. Os dirigentes da região dos Urais se opunham à ideia de sua libertação e estavam determinados a "liquidar" Nicolau se houvesse necessidade.[21] Assim, já em fevereiro de 1918, eles planejavam governar Tobolsk por meio de um triunvirato sob a chefia de seu vice-presidente, Bóris Didkovski. Os comunistas de Ecaterimburgo enviariam para lá um de seus colegas mais talentosos. Didkovski era um ex-emigrante e geólogo formado que combinava o fervor revolucionário com conhecimento do mundo exterior à Rússia. Após a Revolução de Outubro de 1917, ele ocupou cargos na indústria de exploração de ouro e platina, e foi responsável pela nacionalização de muitas empresas em Ecaterimburgo — ele usava a lista telefônica da cidade como auxílio quando queria decidir quais empresas deveriam passar para o controle do Estado.[22] As instruções que recebeu em

CAMARADAS EM MARCHA 187

Ecaterimburgo eram para controlar Tobolsk em colaboração com o Comitê Executivo do Soviete Regional da Sibéria Ocidental.[23]

E assim, apenas alguns dias depois que a Guarda Vermelha de Omsk havia aparecido em Tobolsk, um destacamento da Guarda Vermelha de Ecaterimburgo, composto por quatrocentos soldados, partiu com destino à cidade.[24] Belobodorov e Didkovski os tinham posto sob o comando de Pável Cocryakov, que viajou disfarçado de comerciante, pois os inimigos do bolchevismo eram muitos no oeste da Sibéria. Cocryakov fingiu que era noivo de uma bolchevique de Ecaterimburgo cuja mãe morava no vizinho distrito de Yalutorovsk.[25] Na verdade, Cocryakov descendia de camponeses de Viatka. Na juventude, trabalhara como foguista em navios de guerra da marinha imperial. Calmo, equilibrado e avesso a ostentações, ele se tornou um dos bolcheviques mais importantes de Ecaterimburgo. Era um daqueles revolucionários que se desincumbia rapidamente das tarefas práticas que lhe atribuíam. Embora não fosse um grande orador, inspirava sentimentos de lealdade e, conquanto se expressasse com um tom de voz suave, era mais severo do que aparentava. Corria a história de que, tempos depois, ele mesmo fuzilou contrarrevolucionários levados de Tobolsk e Omsk para Ecaterimburgo. Dizia-se que, entre esses rebeldes, havia um padre que era irmão do bispo Germogen. Quando o padre suplicou que lhe poupassem a vida e pediu que comutassem a pena para trabalhos forçados, Cocryakov lhe dirigiu as seguintes palavras consoladoras: "Não se preocupe, senhor. Não vamos torturá-lo, mas apenas fuzilá-lo, e nada mais. Sem sofrimento desnecessário."[26]

Cocryakov tinha três assistentes que chegaram à cidade separadamente: Semêyen Zaslávski, Alexandre Avdeiev e Ivan Loginov. Avdeiev — magro, baixo, desalinhado e cabeludo — tinha sido torneiro-mecânico até quase os 30 anos e trabalhara na mesma fábrica que Loginov, em Zlokazovo. Costumava afirmar que tinha sido encarcerado quatro vezes na prisão de Kresty.[27] Zaslávski era um ferreiro enviado pelo Comitê Central para fortalecer a política na região dos Urais, onde, pouco depois, ele passou a chefiar o Soviete de Nadejdin.[28] No início de abril, um pequeno destacamento da Guarda Vermelha foi enviado à cidade para ajudá-los nos trabalhos. Esses homens evitaram também fazer a viagem em grandes grupos: Tobolsk e suas áreas circunvizinhas eram território inimigo, e parece que Cocryakov e seus camaradas estavam longe de se sentir despreocupados com o que descobriram na cidade. Cocryakov enviou relatórios a Ecaterimburgo expressando os temores que suas primeiras experiências lhe ocasionaram.[29] Os três dirigentes pretendiam livrar-se da influência de Omsk e instituir uma cadeia de comando que se coligasse a Ecaterimburgo. Cocryakov se concentrou na tarefa de conquistar autoridade no Soviete de Tobolsk. A tarefa de Avdeiev era granjear confiança entre as autoridades na Casa da Liberdade. Zaslávski ficara incumbido de centrar seus esforços no planejamento de uma forma de transferir Nicolau para Ecaterimburgo e pô-lo sob o controle da liderança dos revolucionários dos Urais.[30] Não seria fácil concretizar essas ambições, e Zaslávski informou num relatório a fria recepção que haviam tido tanto de Kobylinsky como do Soviete de Tobolsk.[31]

Mas a equipe de emissários de Ecaterimburgo estava determinada a ser bem-sucedida em sua missão e determinou que se fizessem revistas em todos que viajassem para fora de Tobolsk.[32] Ela queria eliminar toda possibilidade de uma fuga de Nicolau para o norte pelo Rio Ob. Uma unidade militar de cinco soldados foi enviada ao centro do distrito de Bereyezov para montar barreiras nas estradas. Outras unidades foram enviadas para Golyshmanovo e para as estradas que conduziam a Omsk. Foram instruções objetivas, sem espaço para dúvidas: qualquer um que se assemelhasse ao ex-imperador deveria ser fuzilado. Porém, tal como acontecia frequentemente com decisões tomadas por Ecaterimburgo, a execução das ordens foi cumprida com certa negligência. A unidade de Bereyezov foi presa pelas autoridades depois de ter feito a longa viagem para o norte. Nesse ínterim, descobriu-se que a unidade de Golyshmanovo continha homens que, depois de terem partido de Ecaterimburgo, passaram a se gabar de que sua tarefa era simplesmente "matar o tsar"; esses foram presos também. Ricos comerciantes de ambas as localidades tomaram providências contra os intrusos suspeitos.[33] Assim, ficou óbvio para Belobodorov e seus camaradas que, embora Tobolsk tivesse bolsões de atividades antibolcheviques, a área ao redor era ainda mais perigosa. A ideia de deixar que a família imperial permanecesse naquela província passou a fazer cada vez menos sentido.

Mas cumpre acrescentar que, de acordo com outro relato, o episódio foi muito mais violento. Segundo consta, dois grupos armados partiram de Ecaterimburgo para patrulhar as rotas de saída de Tobolsk. Em Bereyezov, o primeiro deles foi preso. O segundo foi enviado pelo Comitê Executivo do Soviete Regional dos Urais para o sul de Tobolsk e, rapidamente, chegou

CAMARADAS EM MARCHA

ao minúsculo povoado de Goloputovskoie. Moradores locais mataram seus integrantes depois que descobriram em nome de quem eles estavam agindo.[34]

Mesmo após a partida da Guarda Vermelha de Tiumen, Tobolsk ficou cheia de destacamentos de homens armados provenientes de outras cidades, e Kobylinsky acabaria confessando depois que não conseguira manter-se a par de todas as idas e vindas de soldados.[35] Com essa movimentação, as tensões entre um destacamento e outro começaram a aumentar de novo. Os homens de Kobylinsky se sentiam ameaçados tanto pelo contingente despachado de Omsk como pelo enviado por Ecaterimburgo, e os soldados de Omsk viam os membros da Guarda Vermelha de Ecaterimburgo como intrusos encrenqueiros que não tinham o direito de impor sua autoridade no oeste da Sibéria. Kobylinsky se sentia entre a espada e a parede, embora não quisesse nenhum envolvimento com a história. Três representantes do Soviete de Tobolsk visitaram a Casa da Liberdade para saber o que estava acontecendo. Mas isso serviu apenas para aumentar o clima de tensão. Houve também acirradas discussões em torno das pretensões do destacamento de Omsk de assumir o serviço da guarda dos Romanov.[36] Ao mesmo tempo, Dutsman e outros líderes da Guarda Vermelha de Omsk achavam que contavam com a total chancela do Sovnarkom para impor sua autoridade. Ocorreram encontros hostis em toda a cidade quando unidades militares bolcheviques ficaram frente a frente. Quando Cocryakov foi pedir satisfações aos líderes de Omsk, eles o agarraram e o acusaram de fazer "incitação" revolucionária. Somente depois que estabeleceram contato direto com o Comitê Executivo do Soviete Regional dos Urais é que seus captores concordaram em soltá-lo em vez de executá-lo.[37]

Entre os líderes da Guarda Vermelha, houve debate em torno da ideia de transferir os Romanov para a prisão de Tobolsk, e ela acabou sendo incorporada à política de tratamento da questão pelas autoridades do Soviete dos Urais, decisão que levou Kobylinsky a apresentar protestos imediatamente aos líderes da Guarda Vermelha. Quando eles se recusaram a atender à sua exigência, alegando que somente as autoridades de Moscou poderiam revogar a ordem de transferência, ele acentuou que eles não estavam sendo nada razoáveis, observando que, se a família imperial fosse transferida para a prisão, o corpo da guarda inteiro teria de se alojar lá também.[38]

Durante todo esse tempo, os Romanov tentaram manter-se a par dos acontecimentos, mas descobriram que o melhor antídoto para enfrentar o agravamento da situação era prosseguir com suas vidas como sempre haviam feito. Nos cardápios do café da manhã e do almoço na Casa da Liberdade eram oferecidos carne de peru fria com gelatina, pato silvestre, escalope de vitela e rosbife, além da massa de que a ex-imperatriz tanto gostava.[39] Como Alexandra nunca havia sido grande apreciadora de carne, pedia com frequência ao criado Ivan Sedneyev que lhe servisse uma porção de macarrão com molho de queijo, seu prato favorito, que ele preparava num fogão portátil.[40] O restante da família preferia os pratos de sempre. A situação se acalmara um pouco após os transtornos dos últimos dias e agora todos torciam para que o período de relativa tranquilidade não fosse interrompido por distúrbios provocados por um novo destacamento da Guarda Vermelha. A família fazia exercícios, lia livros e organizava jogos e brincadeiras para se distrair. E Nicolau, quando não se via ocupado com suas tarefas braçais nas áreas externas da residência, permanecia tranquilo na leitura de seus livros favoritos em seu recanto predileto, no telhado da estufa de laranjeiras.[41] Em 1º de abril, ele registrou em seu diário: "Eu soube, por intermédio de nosso incansável informante Alexandre Kirpichnikov, de muitas coisas interessantes sobre os bolcheviques que chegaram de Omsk."[42]

Mas não havia nada que a família pudesse fazer com o que Kirpichnikov lhe dizia. As notícias eram sempre ruins para ela e pareciam cada vez piores.

# 25. Tobolsk e Moscou

Depois do acordo de paz, começaram a correr em Tobolsk boatos sobre a extensão da invasão militar dos alemães e dos japoneses.[1] Os veículos de imprensa menchevique continuaram a funcionar na cidade, sempre lançando uma chuva de críticas sobre as políticas socioeconômicas dos bolcheviques;[2] também condenaram o acordo, por ser contrário aos interesses da classe operária.[3] Isso aconteceu num tempo em que as pessoas estavam reelegendo seus representantes nos sovietes e revertendo a situação de hegemonia dos bolcheviques. Tobolsk era uma das pequenas cidades do país que não teria causado nenhuma preocupação especial ao governo soviético se não estivesse abrigando o ex-imperador.[4] Os soldados que o protegiam viviam remoendo-se de raiva pelo desprezo do Sovnarkom, mesmo este sabendo que a situação no oeste da Sibéria continuava a piorar. Tobolsk ficou numa situação caótica durante o mês inteiro, e os chefes do destacamento lotado na Casa da Liberdade decidiram despachar para Moscou dois de seus homens, Pável Matveiev e um comissário do povo chamado Lúkin, com o objetivo de apresentar queixa em nome da unidade. Matveiev e Lúkin partiram às pressas para Tiumen, onde pegaram o próximo trem com destino à nova capital.[5]

Em 1º de abril de 1918, Lúkin conseguiu apresentar um relatório preliminar nas repartições do Sovnarkom, repassando informações detalhadas sobre os recentes distúrbios na Casa da Liberdade e adjacências. Ele declarou que muitos de seus colegas haviam abandonado o destacamento e que aqueles que lá ficaram estavam indignados com a falta de pagamento de salários. Lúkin falou às autoridades com o fervor de um soldado na ativa. Procurou deixar claro que, se as autoridades soviéticas quisessem manter os Romanov seguramente confinados, teriam de reformar o esquema de serviço na Casa da Liberdade. Vladimir Bonch-Bruevitch, o chefe de gabinete de Lenin, ouviu o suficiente para convencê-lo de que era necessário tomar uma providência urgente. Quando entrou em contato com autoridades do Comitê Executivo Central do Congresso de Sovietes, enfatizou: "É um problema sério." Na divisão informal de encargos entre Lenin e Sverdlov, era este último que, na condição de presidente do Comitê Executivo Central do Congresso de Sovietes, cuidava dos Romanov. Sverdlov convocou Lúkin imediatamente para um encontro, pois queria ouvir seu relatório pessoalmente.[6]

No mesmo dia, o Presidium do Comitê Executivo Central se reuniu com Sverdlov na presidência. Assim como os bolcheviques, os socialistas-revolucionários de esquerda Spiridonova e Proschyan também estiveram presentes. Todos aprovaram a necessidade de reformas em Tobolsk. Moscou designaria seu próprio comissário, que seria encarregado de levar um destacamento totalmente novo, composto por duzentos soldados — incluindo trinta do Destacamento de Guerrilheiros, apontado pelo Comitê Executivo Central, e vinte escolhidos pelos socialistas-revolucionários de esquerda para Tobolsk. O sistema de detenção na Casa da Liberdade seria modificado de tal forma que todos os seus ocupantes, incluindo Dolgorukov, Tatishchev e Gendrikova, passariam a ser tratados como prisioneiros, tal como Nicolau e sua família, enquanto a Gibbes seria dada a permissão de escolher entre continuar morando na residência sob as mesmas condições e permanecer distante de lá, sem nenhum contato com os Romanov. Sverdlov deu garantias de fornecer os necessários recursos financeiros para a manutenção de seus ocupantes. Essas providências seriam temporárias, pois Sverdlov ressaltou que o plano era transferir todo o grupo de detentos para Moscou assim que isso se tornasse uma possibilidade prática. Ele também proibiu qualquer divulgação das medidas que seriam tomadas. É que, depois de se haver inteirado dos problemas no oeste da Sibéria, Sverdlov queria tratar a questão dos Romanov com o máximo de sigilo.[7]

No entanto, isso não impediu a disseminação de boatos. Durante algum tempo, correram histórias dando conta de que o próprio Trótski iria para Tobolsk na condição de comissário, e o fato de que alguns membros da comitiva dos Romanov as levaram a sério mostra que quase não entendiam o funcionamento do Comitê Executivo dos bolcheviques.[8] Trótski poderia ter de optar por se exonerar do cargo de dirigente soviético se decidisse ir para a distante Tobolsk. Em vez disso concentrou suas energias no cumprimento das atribuições de seu novo cargo de ministro de Assuntos Militares. Talvez,

TOBOLK E MOSCOU 193

aliás, os ocupantes da Casa da Liberdade pudessem ser perdoados por terem entendido mal a situação. Afinal, eles não liam jornais como o *Pravda*, nem conheciam ninguém que estivesse familiarizado com os debates do Sovnarkom. De mais a mais, eles mesmos tinham ouvido o imperador falar, em uma de suas conversas, sobre a sua esperança de voltar ao trono russo um dia. Com isso, ficaram apenas a um passo de se sentir inclinados a exagerar a importância dos Romanov para os líderes bolcheviques em Moscou.

O Presidium voltou a tratar da situação em Tobolsk em 6 de abril e fez mais uma revisão do plano para lidar com o problema. Depois da substituição dos guardas na Casa da Liberdade, o novo comissário, que ainda seria designado para a missão, deveria providenciar rapidamente a transferência da família para a região dos Urais. As autoridades soviéticas haviam perdido a confiança em Tobolsk como local de detenção e, assim, Ecaterimburgo substituiu Omsk na condição de núcleo de autoridade preferencial, até que Nicolau fosse levado a julgamento em Moscou. Sverdlov se comprometeu a manter informadas as autoridades soviéticas regionais de Ecaterimburgo e Omsk; ele não queria que se repetisse a confusão que marcara os trabalhos desde o fim de janeiro. Anunciou também que estava apenas esperando que o Sovnarkom aprovasse o plano de ação — evidentemente, ele precisava que Lenin o sancionasse.[9]

Em 9 de abril de 1918, Sverdlov tinha conseguido, da parte de Lenin, a abonação das novas medidas que precisavam ser tomadas e, assim, pôde enviar um telegrama a Belobodorov, que ocupava o cargo de presidente de Comitê Executivo do Soviete Regional dos Urais, com as orientações. Ecaterimburgo recebera instruções ordenando que se preparasse para assumir a responsabilidade pelos Romanov e também o aviso de Sverdlov de que isso seria provisório. Absteve-se de fazer qualquer menção ao plano de longo prazo, que continuava a ser o de transferir Nicolau para Moscou, onde seria levado a julgamento público. Mas Belobodorov se tornaria o principal custodiante temporário do ex-imperador. Sverdlov designou o bolchevique Vasily Yakovlev para o cargo de comissário encarregado de supervisionar a transferência dos cativos para os Urais. Nicolau e sua família ficariam sob a guarda ou de Alexandre Belobodorov, presidente do Comitê Executivo do Soviete Regional, ou de seu então comissário militar, Filipp Goloschekin. Sverdlov deixou sob a responsabilidade do Comitê Executivo do Soviete Regional dos Urais a decisão de escolher entre mantê-los na prisão ou em alguma residência especialmente adaptada. O comissário advertiu que, assim que os Romanov chegassem a Ecaterimburgo, não deveriam ser transferidos, em hipótese alguma, para outro local sem a permissão de Moscou, acentuando a necessidade de se dar prioridade à garantia da segurança física deles.[10]

Belobodorov e Goloschekin formavam uma dupla formidável. Ambos eram bolcheviques veteranos. Em muito pouco tempo, Belobodorov — que tinha chegado a Ecaterimburgo somente em janeiro de 1918 — deixou impressionado o restante de seus colegas dirigentes e foi eleito presidente do Comitê Executivo do Soviete Regional dos Urais.[11] Belobodorov era um homem de estatura mediana, magro, de pele muito clara e barba e bigode bem cuidados.[12] Filho de um mineiro e nascido em 1891, na colônia de mineradores de Solikamsk, na região dos Urais, formara-se em eletrotécnica. Tornara-se membro da facção bolchevique na juventude e passara longos períodos na prisão. Ao contrário de seus camaradas em melhor situação de vida, ele nunca emigrou, e sua opção por se fixar na região em torno de Perm lhe deu uma profunda compreensão das condições práticas de sobrevivência do local. Seu amigo Goloschekin tinha "quase 40 anos, estatura um pouco acima da média, físico corpulento, cabelos encaracolados e um pequeno bigode".[13] Seu cognome nos meios revolucionários durante a clandestinidade era Filipp, e foi assim que ficou conhecido em Ecaterimburgo. Era uma pessoa que nunca se sentava se não houvesse necessidade, hábito que desenvolvera na experiência que teve na prisão, onde tentou manter a forma procurando movimentar-se tanto quanto possível. Após a Revolução de Outubro, durante uma série de viagens, tornou-se o principal elo entre a região dos Urais e a capital, e, no início de 1918, participou de missões em que trabalhou como elemento de cooperação e troca de informações com Lenin e Sverdlov. Ele fez essas viagens em fins de fevereiro e na primeira metade de março. Também em março, foi o representante do Soviete dos Urais no congresso do partido.[14]

A pessoa encarregada de transferir Nicolau de Tobolsk para outro local tinha de ser capaz de conquistar a confiança do destacamento da guarda na Casa da Liberdade. Os soldados de Ecaterimburgo já tinham dado mostras de que eram homens sem o mínimo de "diplomacia". E os militares de Omsk não ficavam atrás. Aliás, eram muito piores. Havia também a necessidade de se usar "uma pessoa neutra" nas tarefas de transferências dos cativos.[15] Além do mais, aparentemente Sverdlov enviou um telegrama ao Soviete de

## TOBOLK E MOSCOU

Tobolsk para encarregá-lo da administração do esquema de detenção na Casa da Liberdade até a chegada de Yakovlev ao local. Porquanto, além do fato de não confiar inteiramente nos dirigentes da região dos Urais, Sverdlov achava também que tinha razões suficientes para se preocupar com o caráter imprevisível do destacamento da guarda.[16] Entretanto, o destacamento teria de permanecer no serviço por vários dias e, em 11 de abril de 1918, depois que Matveiev e Lúkin retornaram de Moscou, os militares convocaram uma reunião de emergência do comitê dos soldados para a transmissão de notícias. Estes ficaram sabendo que, em sinal de reconhecimento por terem alertado as autoridades do que estava acontecendo no oeste da Sibéria a tempo, Moscou lhes concedera promoções.[17]

Lúkin lhes informou também a respeito da chegada iminente de um novo comissário e repassou a notícia de que, em breve, os soldados seriam substituídos por um destacamento totalmente novo, formado por elementos de fora de Tobolsk. Com isso, os membros do destacamento passaram a zelar com entusiasmo pelo cumprimento das ordens provenientes da capital e tomaram medidas para pôr a Casa da Liberdade na mesma situação de isolamento imposta ao Palácio de Alexandre, em Tsarskoye Seló.[18] Matveiev presidiu os debates, tendo convidado Dutsman, Demyanov e Zaslávski. Seguiu-se uma acirrada discussão porque elementos de fora, oriundos de Ecaterimburgo e Omsk, exigiram que fosse transferida para eles a responsabilidade da guarda dos Romanov, declarando que nunca haviam confiado em Kobylinsky nem no destacamento na Casa da Liberdade, e queriam assumir o controle total da situação antes que Yakovlev chegasse a Tobolsk. Matveiev, porém, não aceitaria isso de jeito nenhum. Afinal, ele e o destacamento haviam guardado a família com toda segurança e eficiência desde o verão do ano anterior e tinham vencido todas as ameaças; sentiram-se ofendidos com mais essa contestação de sua autoridade por forças estranhas ao grupo. Dutsman, Demyanov e Zaslávski ficaram furiosos. Como se não bastasse, antes que se retirassem, fizeram ameaças terríveis, advertindo-os do que aconteceria se Matveiev não voltasse atrás em sua decisão dentro de trinta e seis horas. Asseveraram que, se ele continuasse a desafiá-los, recorreriam a atos de violência.[19] Matveiev e os membros do destacamento não se abalaram. Como sabiam o que Moscou queria, prepararam-se para enfrentar qualquer coisa que os soldados de Ecaterimburgo ou de Omsk tentassem fazer contra eles. Ameaças haviam sido comuns por todo o mês de março. De qualquer forma, Matveiev e Lúkin explicaram a Kobylinsky as mudanças que pretendiam fazer, de modo que pudessem organizar uma frente de defesa e resistência unificada na Casa da Liberdade.

No dia seguinte, Kobylinsky inteirou Nicolau das ordens emitidas por Moscou. Explicou que certos cômodos estavam sendo esvaziados e que seus respectivos ocupantes seriam transferidos da casa dos Kornilov para outro local.[20] Acrescentou que móveis e malas estavam sendo levados para o outro lado da rua.[21] Com sete recém-chegados para acomodar, a residência logo pareceu superlotada, pelo menos para os padrões de uma monarquia governante. A notícia levou Nicolau a imaginar que, com essa demonstração de firmeza, o destacamento da guarda esperava impressionar o novo comissário, embora ele ainda estivesse por chegar.[22]

Os dirigentes do Soviete dos Urais, porém, não gostaram nem um pouco das ordens e, em 13 de abril de 1918, Bóris Didkovski enviou um telegrama a Lenin e a Sverdlov, com o objetivo de avisar que havia um perigo constante e crescente de os Romanov acabarem conseguindo fugir por mar ou por terra, frisando que não podiam descartar a hipótese de que talvez alcançassem a China. Defendeu a ideia de que seria bom que Cocryakov, auxiliado por Zaslávski e Avdeiev, fosse investido de autoridade máxima em Tobolsk, onde a situação, ressaltou ele, estava ficando fora de controle, pois a Guarda Vermelha de Omsk se recusava a se submeter à autoridade do soviete da cidade. Didkovski os alertou da iminência de um possível conflito armado envolvendo soldados de Ecaterimburgo, unidades militares de Omsk e o destacamento a serviço na Casa da Liberdade. Propôs que aceitassem os serviços de seus homens para transportar os Romanov para qualquer lugar que Sverdlov designasse.[23] Só havia uma maneira de interpretar seu telegrama: Didkovski não gostava da ideia de ver um estranho, como era o caso de Yakovlev, impondo autoridade a seus camaradas da região dos Urais. Mas argumentou também que não estava se rebelando. Estava apenas pedindo que, levando-se em conta seu relato da situação em Tobolsk, Sverdlov modificasse o plano de Moscou.

Enquanto isso, outras restrições foram impostas na Casa da Liberdade, onde o destacamento da guarda realizou uma vistoria em 15 de abril. Na ocasião, Nicolau estava usando seu *cherkesska*, um tradicional sobretudo com cinta, de origem caucasiana. Quando os guardas constataram que ele estava portando o tradicional punhal preso à vestimenta, exigiram que a família inteira fosse submetida a uma revista para se verificar se tinham armas. Como sempre, Kobylinsky teve de acalmar os ânimos. Nicolau ficou nervoso e irritado, mas entregou o punhal. Dolgorukov e Gilliard tiveram de entregar suas espadas cerimoniais depois que Kobylinsky convenceu todo mundo de que essa era a única forma de apaziguar as tropas.[24]

Embora Kobylinsky conseguisse manter o clima de paz nos momentos de tensão e conflito, ele mesmo teve os nervos abalados depois, quando os homens de seu próprio destacamento arrancaram suas dragonas. Destituído de seu último símbolo material de autoridade, seguiu direto ao encontro do imperador com a intenção de se exonerar do cargo. Nicolau, com lágrimas nos olhos, lhe cingiu os ombros com um dos braços e disse: "Eugênio Stepanovich, eu lhe suplico, em meu nome, no de minha esposa e de meus filhos, que você fique. Como pode ver muito bem, estamos sendo pacientes. E você pode ser paciente também."[25] Eles se abraçaram e se beijaram ao tradicional modo russo, e Kobylinsky acabou decidindo permanecer no cargo, mas seus problemas com os soldados se agravaram. Nicolau gostava de usar seu uniforme militar e, quando o comitê de soldados manifestou sua intenção de despojar o imperador de suas dragonas de forma idêntica, Kobylinsky advertiu que Nicolau talvez se opusesse fisicamente a essa decisão e que poderia haver consequências, caso seu primo britânico Jeorge V soubesse de qualquer ato de violência. Por fim, aconselhou o comitê a consultar Moscou para saber o que achavam disso. Essa manobra deu tempo a Kobylinsky para discutir a situação com Nicolau, o qual decidiu, então, que usaria seu casaco preto em suas caminhadas na área externa da residência. Em seu interior, porém, continuou a usar seu sobretudo militar com todos os acessórios.[26]

Noutras partes da cidade, as coisas também estavam em ebulição. A Guarda Vermelha dos Urais não estava conseguindo manter o controle da situação, mesmo tendo Cocryakov se tornado presidente do Soviete de Tobolsk. Em 20 de abril, o comissário enviou um relatório a Ecaterimburgo, informando Didkovski de suas dificuldades. No dia seguinte, quando Goloschekin soube disso, enviou-lhe um telegrama em que o repreendeu duramente. Na visão dele, Cocryakov havia fracassado no cumprimento dos deveres. Goloschekin informou que enviaria mais três unidades sob o comando de Piotr Guzakov para fortalecer a força militar proveniente de Ecaterimburgo. Nesse ínterim, ordenou que Cocryakov fizesse um pronunciamento público informando que, se houvesse a mais ligeira resistência à autoridade de Yakovlev, peças de artilharia seriam usadas para esmagar "o bolsão de resistência contrarrevolucionário".[27] Embora muito ressentidos com as ordens, os dirigentes dos Urais resolveram dispor-se a não tolerar problemas em Omsk ou em Tobolsk causados por quem quer que fosse. Mas houve também tensões entre dirigentes de Ecaterimburgo e seus emissários em Tobolsk. Era uma situação explosiva que serviria para testar a capacidade do muito aguardado comissário.

# 26. O Comissário Yakovlev

O comissário Vasily Yakovlev era, na verdade, Konstantin Myáchin, um amigo e camarada de Sverdlov desde os anos em que trabalharam juntos para os bolcheviques antes da Grande Guerra. Yakovlev e Sverdlov se tratavam pela forma familiar russa de "você" — e Sverdlov conhecia Yakovlev como "Anton", mais um de seus cognomes.[1] Yakovlev era um sujeito de olhos escuros, magro e musculoso. Usava o bigode à moda inglesa e chamava a atenção por sua mania de jogar os bastos cabelos para trás com um rápido movimento da cabeça. Sua maneira brusca de se expressar não deixava dúvidas de que não tolerava desobediência, evidenciando-se também seu jeito de ser pelo porte autoritário.[2]

Embora não pertencesse à elite comunista dos Urais que se formara no primeiro ano após a destituição de Nicolau do trono, Yakovlev conhecia a região desde criança. Nascido em 1886 e criado na província de Oremburgo, Yakovlev frequentou uma escola particular de padres até se tornar aprendiz de ofício, inicialmente de relojoeiro e, depois, de sapateiro. Ele fugiu das penosas condições de trabalho e mudou completamente de vida, tendo alcançado a condição de técnico de montagem e manutenção de máquinas numa metalúrgica, onde se filiou ao Partido Operário Social-Democrata Russo, alinhando-se com a facção bolchevique. Tornou-se também um valioso militante dos grupos de guerrilheiros dos Urais que os bolcheviques organizaram para atacar autoridades políticas e realizar assaltos — os bolcheviques não tinham escrúpulos em aumentar os recursos financeiros do partido por esses meios. Sujeito másculo e confiante, Yakovlev era extremamente calmo diante do perigo. Não havia praticamente nenhuma cidade em que não tivesse operado como bolchevique "expropriador" armado, numa época em que Lenin procurava obter recursos financeiros para os objetivos políticos da facção. O último assalto de Yakovlev aconteceu em 1909, num ataque à agência postal de Miass, situada a oeste de Tchelyabínski.[3]

Os roubos ajudavam a financiar a escola de doutrinação partidária que o romancista Máximo Gorki estava organizando na ilha de Capri, ao largo do litoral do sul da Itália. Yakovlev chegou a se refugiar no exterior para fugir à perseguição da polícia russa. Sem recursos próprios para se manter, conseguiu trabalho como eletricista, havendo trabalhado em Liège e Bruxelas, onde aprendeu francês e, ao mesmo tempo, se manteve em contato com o partido. Somente depois da Revolução de Fevereiro de 1917 houve condições seguras para que voltasse para a Rússia. (Assim como Lenin, ele fez isso com a ajuda das autoridades alemãs.) Ele foi para Ufá, onde conseguiu emprego na Fábrica de Sim, nas encostas ocidentais dos montes Urais, e continuou a promover a causa bolchevique. No outono, o Soviete de Ufá o enviou a Petrogrado como um dos representantes do conselho no Segundo Congresso de Sovietes. Yakovlev permaneceu lá para ajudar na criação da Tcheka, até fazer um requerimento solicitando que lhe dessem permissão para voltar para os Urais, a fim de se recuperar da fadiga resultante de seus esforços. As autoridades centrais sugeriram que ele se tornasse comissário militar em Ecaterimburgo. Depois de aceita a proposta, quando chegou à cidade, porém, ele descobriu que outra pessoa, ninguém menos que Filipp Goloschekin, já estava no cargo. Seguiu-se, por isso, uma breve discussão e, em vez de prolongar a discórdia, Yakovlev optou por voltar para Ufá, onde fez uma coleta gigantesca de grãos com a intenção de transportá-los para a faminta Petrogrado — e, em troca, Ufá recebeu recursos financeiros e armas.[4]

Ele se mudou para Moscou quando a capital foi transferida de Petrogrado para lá, e Sverdlov pediu que ele se encarregasse pessoalmente da transferência dos Romanov para a região dos Urais.[5] Sverdlov acreditava que Yakovlev era o homem perfeito para acabar com a desordem em Tobolsk. Ele achava que Yakovlev tinha a têmpera do revolucionário varonil; além do mais, seu escolhido já era um dos criadores do serviço secreto soviético. Sverdlov, sabedor de que os ânimos andavam exaltados, escolheu uma pessoa que conhecia bem a região dos Urais e não tinha razão para ser leniente com os mesmos dirigentes de Ecaterimburgo que o haviam recebido com frieza apenas algumas semanas atrás. Sverdlov tinha confiança na capacidade de Yakovlev para navegar pelo revolto mar de discórdias em ambas as localidades.

O COMISSÁRIO YAKOVLEV

Apesar do fornecimento de soldados por Moscou, Yakovlev teve de dar um jeito de completar seu destacamento militar. Primeiro, partiu às pressas para Ufá, sua terra natal, onde conhecia pessoas em quem podia confiar. Na ocasião, Goloschekin, do Comitê Executivo do Soviete Regional dos Urais, estava lá e os dois tiveram uma longa conversa sobre a missão de Yakovlev. Com isso, acabaram estabelecendo entre si certo grau de confiança mútua: afinal, para Yakovlev, fazia sentido ter a cooperação de Ecaterimburgo. De Ufá, ele viajou para Tchelyabínski e, na vizinha fábrica de Minyar, arregimentou voluntários para montar uma unidade de cavalaria. Não contou a ninguém seus verdadeiros objetivos enquanto, passando por Tchelyabínski, conduzia o destacamento para Ecaterimburgo, onde organizou debates com os dirigentes da região dos Urais, antes de seguir para Tiumen de trem. Então, ele já havia falado a seus homens sobre o plano, e todos ficaram bastante animados. O Comitê Executivo do Soviete Regional dos Urais enviou um comunicado a Tobolsk ordenando que sua população se submetesse à autoridade de Yakovlev. Tudo correu tranquila e harmoniosamente quando Alexandre Avdeiev partiu de Tobolsk para se encontrar com ele em Tiumen e acompanhá-lo no último trecho da viagem em direção ao norte.

Yakovlev levou consigo seu próprio operador de telégrafo e um enfermeiro — ambos, aparentemente, provenientes de Ufá, tal como Yakovlev. Ele achava que, caso tivesse de enfrentar uma situação difícil, precisaria ter uma forma de contato confiável com a capital e calculara que talvez houvesse ocasiões em que não poderia dispor de assistência médica. Assim, juntamente com Galkin, seu telegrafista, que ele usava como uma espécie de ajudante, estava pronto para impor sua autoridade no destino para o qual se dirigia.

Quando, na noite de 22 de abril, ele chegou a Tobolsk com seu contingente militar, soube do problema causado por Dutsman, Demyanov e Zaslávski. Isso aumentou a urgência em assumir o comando da situação. Mandou avisar às forças de Ecaterimburgo e de Omsk lotadas na cidade que não toleraria nenhuma interferência em sua missão e se pronunciou imediatamente perante o comitê de soldados. Em seguida, convocou uma reunião geral com todos os integrantes do destacamento da guarda. Gesticulando diante dos ouvintes os documentos com as ordens assinadas por Lenin, Sverdlov e V. A. Avanesov, presidente do Comitê Executivo Central do Congresso de Sovietes, Yakovlev deixou claro que ele — e ninguém mais — estava investido de plena autoridade para lidar com os Romanov. Revelou aos membros da guarda que já tinha prometido ao comitê de soldados que resolveria o problema de pagamentos de salário dentro de dois ou três dias. Depois disso, falou sobre as condições do serviço. Yakovlev explicou que, com a desmobilização do antigo exército, todos os soldados do destacamento estavam livres para partir ou ficar. Pediu, todavia, que fizessem tudo de uma forma ordeira. Afirmou que as tensões com os outros destacamentos militares em Tobolsk haviam sido resolvidas. Findou o pronunciamento afirmando que dissera tudo que precisava dizer e que esperava ser obedecido.[6]

Presidindo a reunião, Pável Matveiev lhes manifestou seu apoio e relatou as muitas dificuldades com que o destacamento da guarda se defrontara após a partida de Pankratov. Disse que Dutsman, Demyanov e Zaslávski só haviam causado problemas, tendo feito ameaças à integridade física dos que se lhes opunham.[7] Zaslávski, que participou da reunião, tentou transferir a culpa dos problemas para Demyanov, argumentando que agira estritamente de acordo com as instruções do Comitê Executivo do Soviete dos Urais, que consistiam em melhorar a segurança na Casa da Liberdade num tempo em que o Soviete de Tobolsk parecia irremediavelmente dividido. Mas Degtyareiev repudiou essa explicação e acusou Zaslávski de haver criado uma atmosfera de conspiração na cidade, afiançando que a guarnição local teria evitado recorrer ao uso da força.[8] Yakovlev estava vencendo o debate. Quando Matveiev mencionou o corrosivo problema da falta de pagamento de salário da tropa, Yakovlev agradeceu aos soldados a bravura e a lealdade demonstradas e prometeu tratar da questão do atraso dos salários em regime de urgência. Matveiev, por sua vez, lhe agradeceu a atitude providencial e disse que não via a hora de constatar a diminuição no clima de tensão em Tobolsk.[9]

Os Romanov foram mantidos sem informações. Temerosas de ser submetidas a mais uma revista, suas filhas queimaram as próprias cartas, receando a possibilidade de que Yakovlev acabasse achando algo nelas que lhes pudesse causar problemas (embora grande parte de sua correspondência tenha sido preservada). Maria e Anastácia chegaram a queimar também os próprios diários.[10] O clima de tensão aumentou quando Yakovlev mandou avisar que faria uma visita à Casa da Liberdade no dia seguinte, às 11 horas.[11]

Aliás, ele chegou lá meia hora antes, acompanhado por Galkin, o telegrafista, Kobylinsky, Matveiev, Avdeiev e um oficial de serviço de nome ignorado. Alexandra não estava preparada para recebê-los, mas Yakovlev explicou suas intenções a Nicolau e às suas três filhas. Eles ficaram aliviados quando viram Yakovlev sorrindo e, com uma atitude cordial, perguntar se tinham queixas contra o destacamento da guarda ou as condições e instalações do cativeiro. Com seu jeito afável de sempre, Nicolau respondeu que os soldados não estavam dando nenhum motivo para preocupação. Apesar do clima de cordialidade, Yakovlev disse que precisava tomar novas decisões e que, antes disso, teria de realizar uma vistoria abrangente na edificação. Um breve momento de inquietação invadiu o espírito de todos quando Yakovlev pediu para ver Alexei. Nicolau se recusou a atender à solicitação, ponderando que seu filho estava em péssimo estado de saúde. Ainda assim, Yakovlev reiterou a exigência com firmeza. As filhas do imperador nada disseram. Ficaram apenas observando e escutando a discussão. Mas Nicolau acabou permitindo que Yakovlev entrasse no quarto em que Alexei permanecia acamado. Com isso, o comissário confirmou que o garoto parecia mesmo mortalmente doente. Ele registrou em sua conclusão que a doença era resultado de uma herança genética da família de Hesse.[12]

Trinta minutos depois, Yakovlev voltou para falar com Alexandra, ocasião em que deu mais uma olhada em Alexei.[13] Nem Nicolau nem Alexandra tinham uma opinião muito favorável acerca do novo comissário bolchevique, mas ambos concordavam que ele poderia ter sido bem pior. Ele, definitivamente, não era um homem bruto, e sua educação era inquestionável. Após a conversa com o comissário, Alexandra manifestou uma surpresa agradável: "Está tudo bem: ele foi gentil na conversa que teve comigo."[14] Gibbes achava até que ele era um bom sujeito.[15] Mundel, um ajudante graduado que acompanhara os Romanov de Tsarskoye Selo para o novo local de cativeiro, o considerava um intelectual, tanto na forma de pensar como na maneira de se comportar, tendo percebido o uso frequente que ele fazia de expressões francesas. Kobylinsky chegou à mesma conclusão.[16]

Apesar disso, Yakovlev se recusava a ser realmente gentil com os cativos, tendo instituído algumas restrições mesquinhas em suas rotinas diárias. Ordenou também que fizessem uma redução em sua alimentação. Antes de sua chegada, aos Romanov e membros da comitiva, eram servidos três pratos no jantar. Quando Yakovlev cortou o açúcar de sua alimentação, eles não puderam mais sequer antegozar a delícia de ingerir pudins de sobremesa.[17] É possível que ele tenha agido assim levado pela ideia instintiva de que os Romanov tinham de reconhecer que somente ele podia mandar na Casa da Liberdade. Ou talvez simplesmente achasse que seus luxos e caprichos haviam sido satisfeitos por tempo demais, quando a maioria dos russos estava sofrendo de privações materiais crescentes. Em todo caso, sua principal preocupação não era com a alimentação dos Romanov, mas com a situação militar em Tobolsk. Durante dois dias inteiros após a sua chegada, trabalhou intensamente para manter o domínio da situação — e ele sabia que os destacamentos da Guarda Vermelha de Ecaterimburgo e de Omsk continham elementos eivados de ressentimento e indignação. Afinal, ele tinha seu próprio contingente militar e recebera o encargo de comandar o serviço da guarda na Casa da Liberdade. Mas, se quisesse evitar um conflito armado na cidade, tinha de convencer a todos de que era um autêntico revolucionário extremado. A força, por si só, não era suficiente para isso.

No entanto, foi impossível persuadir algumas pessoas. Entre elas, estava Semêyen Zaslávski, cujas intenções malignas para com os Romanov eram óbvias, embora ele fingisse que não.[18] As ordens de Moscou eram para que a família fosse mantida em segurança, mas Zaslávski se comportava como se não tivesse necessidade de obedecer ao Sovnarkom ou ao Comitê Central. Ele não estava agindo sozinho: como ficaria claro muitas décadas depois, vinha seguindo as diretrizes de um plano secreto que os dirigentes dos Urais haviam aprovado. Conquanto preferissem ter Nicolau em Ecaterimburgo a vê-lo mantido em Tobolsk, eles analisaram calmamente a ideia de matá-lo durante a transferência para outro local se houvesse "condições adequadas".[19] Zaslávski tinha instruções para executar esse plano em nome de seus líderes. Sua falta de discrição fez com que todos na cidade tivessem um pressentimento do que ele estava aprontando.[20] Ele chegou até mesmo a sugerir que Yakovlev evitasse sentar-se ao lado de Nicolau quando o comissário levasse os Romanov para Tiumen. Seria impossível dar um sinal mais claro de que o imperador sofreria uma tentativa de assassinato.[21]

Yakovlev ficou tão alarmado que mandou que Avdeiev, o próprio camarada de Zaslávski e seu conterrâneo de Ecaterimburgo, prendesse o colega. Avdeiev cumpriu a ordem à risca, havendo deixado Yakovlev contente com o fato de que tinha vencido o teste de força. Mas a medida foi apenas uma vitória temporária, pois Avdeiev logo enviou um homem para soltar Zaslávski, que deixou a cidade imediatamente. E ninguém sabia o que Zaslávski poderia fazer depois.[22]

# 27. A Ordem de Transferência

Em 24 de abril de 1918, Yakovlev repassou a Kobylinsky as últimas instruções de Moscou: o imperador e sua família deveriam ser transferidos de Tobolsk o quanto antes. Foi uma notícia chocante para Kobylinsky, que exclamou:

— Mas e quanto a Alexei? Ele não tem condições de viajar. Está doente!

Yakovlev o interrompeu, explicando:

— Veja, isso é o que vai acontecer. Falei diretamente com o Comitê Executivo Central. A ordem é deixar a família inteira aqui, mas transferir o ex-soberano.

Em seguida, ele pediu a Kobylinsky que o acompanhasse numa conversa com Nicolau no dia seguinte, após o café da manhã. Pouco depois, Tatishchev informou Nicolau a respeito da reunião.[1]

No dia seguinte, Nicolau e Alexandra ficaram esperando Yakovlev na hora marcada. Yakovlev foi cortês, chegando mesmo a fazer uma mesura para o ex-imperador. Mas ignorou Alexandra: obviamente, tinha coisas importantes para tratar. A mensagem que transmitiu ao casal imperial chocou a ambos: "Tenho que dizer que sou o comissário plenipotenciário extraordinário do Comitê Executivo Central designado por Moscou e que meus poderes envolvem a missão de levar a família inteira para outro local. Mas, como Alexei está doente, recebi uma ordem suplementar determinando partir daqui somente com você."[2] Ao ouvir isso, Nicolau perdeu a paciência e exclamou: "Eu não vou a lugar nenhum!" Yakovlev procurou lidar calmamente com o desafio à sua autoridade e explicou a dura realidade ao ex-imperador, que agora era seu prisioneiro:

Peço-lhe que não aja dessa forma. Pois tenho que cumprir minhas ordens. Se você se recusar a viajar, terei que recorrer à força ou repassar a outrem a tarefa de que fui incumbido. Nesse caso, eles poderiam enviar alguém muito menos humanitário do que eu. Fique tranquilo. Responderei com minha própria cabeça se algo de ruim lhe acontecer. Se não quiser viajar sozinho, poderá fazer isso na companhia de qualquer pessoa. Esteja pronto. Partiremos amanhã às quatro [da madrugada].

Curvou-se de novo, virou-se e saiu. Nicolau acenou para Kobylinsky, solicitando que voltasse a se juntar a eles, depois que viu Yakovlev se retirar da residência: ele precisava conversar sobre como lidar com a nova ordem. Quando Kobylinsky retornou, deparou com Nicolau e Alexandra em intensa discussão com Dolgorukov e Tatishchev.[3]

Nicolau fez um passeio solitário de uma hora pela área externa da residência, pensando nas alternativas de que dispunha. Alexandra estava desesperada. Como mãe, queria permanecer ali, na companhia do filho, mas, como esposa, sentia igual necessidade de continuar ao lado de Nicolau. Apesar da fragilidade, não conseguia sentar-se de jeito nenhum e conversava muito com sua filha Tatiana e com Pierre Gilliard. Às vezes, porém, falava consigo mesma, como se eles não estivessem presentes. De repente, ela disse com a voz exaltada: "É a primeira vez em minha vida que não sei absolutamente o que fazer!" Ela estava atormentada com a ideia do que aconteceria a Nicolau se partisse sozinho. Tinha certeza de que os bolcheviques iriam pressioná--lo a assinar um documento endossando o tratado de Brest-Litóvski — e até mesmo chegou a especular sobre a possibilidade de eles prejudicarem o restante da família caso ele se recusasse a fazer isso. Ficou andando de um lado para o outro do quarto, tentando tomar uma decisão. Tatiana e Gilliard imploraram que ela se decidisse. Após um tempo considerável, ela não aguentou mais pensar e chegou à única solução que achava que poderia suportar: "Bem, cheguei a uma decisão", disse ela. "Minha obrigação é ir com ele. Não posso deixá-lo sozinho. E vocês ficarão aqui para cuidar de Alexei."[4]

Quando Nicolau voltou para o interior da residência, a consorte disse a ele: "Eu vou com você. Não o deixarei ir sozinho." O ex-imperador não a impediria de fazer isso se ela estivesse realmente determinada a acompanhá-lo na viagem. Conforme Gilliard registraria depois, a resposta de Nicolau foi curta e simples: "A decisão é sua." Depois disso, passaram a conversar em inglês, talvez para evitar que o preceptor suíço soubesse o que estavam dizendo.[5]

Nicolau perguntou a Kobylinsky o lugar para onde Yakovlev pretendia levá-lo. Kobylinsky respondeu que havia indícios de que poderia até ser

Moscou — isso estava de acordo com a observação de Yakovlev, que achava que a viagem duraria quatro ou cinco dias. Fazia algumas semanas que os Romanov e sua comitiva estavam esperando por isso. Kobylinsky, porém, fez um comentário adicional, como um sinal tranquilizador, informando que Yakovlev esperava estar de volta a Tobolsk dentro de quinze dias para pegar o restante da família imperial. O conhecimento dos detalhes exatos dos planos da viagem deixou Nicolau menos nervoso do que a forma pela qual os dirigentes bolcheviques pretendiam tratá-lo no destino, até então não revelada: "Ora, o que eles querem é que eu endosse o tratado de Brest-Litóvski. Mas prefiro decepar a própria mão a fazer isso!", afirmou ele, indignado. Alexandra mostrou que concordava com o marido. E reiterou o que ela havia decidido, acrescentando que sua presença era fundamental para a capacidade do marido de enfrentar os bolcheviques: "Eu farei essa viagem também. Sem mim, eles o obrigarão a fazer qualquer coisa, tal como fizeram antes!" Ela estava se referindo ao que acontecera na Revolução de Fevereiro, que, na verdade, não tivera nada a ver com os bolcheviques. Movida pelas lembranças das circunstâncias da abdicação de Nicolau, ela deu mostras de que continuava a considerar Mikhail Rodzianko o maior responsável pela mudança na decisão do marido de permanecer no trono.[6]

Alexandra concordava com a ideia de que o plano dos bolcheviques era forçar Nicolau a endossar o tratado. Ela disse ao criado Volkov: "Vou deixar Alexei aqui. Portanto, cuide dele. Tomei minha decisão e preciso participar do destino do soberano."[7] O ultimato de Yakovlev veio num momento em que as pernas de Alexei estavam causando muitas dores ao garoto, levando-o a chorar sem parar e a chamar pela mãe. Lágrimas lhe escorriam pelo rosto ao imaginar que iria deixá-lo. Volkov nunca a tinha visto assim.[8] Somente a necessidade de se preparar para a viagem a mantinha de pé. Também tinha de se esforçar para transmitir força às filhas — Tatiana, especialmente, a achava em péssimo estado, apertando as mãos o tempo todo, de medo.[9] Quando Maria Tutelberg manifestou seus sentimentos de solidariedade, Alexandra respondeu: "Não superestime o tamanho de meu sofrimento, Tutels. Este é o meu momento mais difícil. Você sabe o que meu filho significa para mim. E tenho de escolher entre meu filho e meu marido. Mas tomei uma decisão, e é necessário ser firme. Tenho de deixar o menino e compartilhar a vida ou a morte com meu marido."[10]

Yakovlev quase não conseguiu acreditar na atitude tomada por Alexandra. Ele sabia, por observação direta e por comentários, quanto ela era apegada ao filho doente, e, de repente, estava planejando abandoná-lo aos cuidados de outras pessoas. O que acontecera com seu instinto maternal?[11] Seu argumento político não fazia muito sentido. O partido de Yakovlev quase se aniquilara por causa da discórdia suscitada pelo acordo de Brest--Litóvski. Lenin teve de enfiar o acordo goela abaixo dos integrantes do partido e agora era muito improvável que estivesse disposto a reacender a polêmica procurando um endosso do detestado imperador.

Na casa dos Kornilov, Yakovlev perguntou a Kobylinsky: "Quem o acompanhará nessa viagem?" O comissário finalmente admitiu que permitiria que Nicolau levasse consigo quem ele quisesse. A única restrição seria quanto ao tamanho da bagagem.[12] Kobylinsky voltou às pressas à Casa da Liberdade, onde Tatishchev lhe contou o que fora decidido. Nicolau queria levar Alexandra e sua filha Maria na viagem, juntamente com Yevgeny Botkin, Dolgorukov, o criado Terênti Tchemodurov, Ivan Sedneiev e Ana Demidova. Munido dessas informações, Kobylinsky voltou correndo ao encontro de Yakovlev, que disse a ele: "Para mim, não faz diferença!" O importante para Yakovlev era partir logo.[13] Sua impaciência era compreensível. Apesar das investigações que mandara fazer, persistia o fato de que ninguém sabia informar onde ou com quem estava Zaslávski. Yakovlev era um homem de ação e queria realizar a transferência de Nicolau para a região dos Urais antes que qualquer um dos uralianos pudesse impedi-lo de fazer isso. Com a firmeza de sempre, calculou que uma rápida partida de Tobolsk despistaria pessoas que, como Zaslávski, quisessem tentar frustrar seus objetivos. Desse modo, pressionou os membros de sua equipe a se preparar logo para a viagem.

Yakovlev solicitou a Moscou esclarecimentos de última hora a respeito das condições para a viagem. Recebeu uma resposta de I. A. Teodorovich, membro do Comitê Executivo Central do Congresso de Sovietes, dando permissão para que somente "o grupo principal" fosse transferido para Ecaterimburgo. (Teodorovich, escrevendo em uma linguagem vaga, para o caso de a mensagem parar em mãos erradas, estava abonando o plano do comissário de partir com Nicolau, Alexandra e Maria.) Ainda assim, Yakovlev continuou com algumas preocupações e resolveu solicitar informações sobre os dirigentes da região dos Urais. Ele queria saber se era verdade que Goloschekin tinha chamado Zaslávski de volta.[14]

Por ordem de Yakovlev, Kobylinsky reuniu os membros do destacamento da guarda para anunciar o plano de transferência sob o mais absoluto sigilo.

A ORDEM DE TRANSFERÊNCIA 209

O próprio Yakovlev falou aos presentes. Manifestando sua aversão aos Romanov, referia-se a Nicolau como "ex-imperador". Assegurou aos soldados que não havia dúvida de que a doença de Alexei impedia que a família, como um todo, fizesse a viagem. Por esse motivo, ele estava levando Nicolau, Alexandra e uma de suas filhas na primeira leva, que seria seguida pelo restante dos Romanov assim que Alexei estivesse melhor. Yakovlev, sabedor de que alguns soldados poderiam opor-se a isso, advertiu que qualquer um que se recusasse a obedecer às ordens poderia ser fuzilado. Informou que tinha solicitado a Kobylinsky que fizesse uma lista dos soldados mais apropriados para compor a escolta armada. Já havia queixas por Kobylinsky ter incluído nela os oficiais Nabokov e Matveiev. Yakovlev chegou a se perguntar se isso não poderia ser alguma artimanha para prejudicar a causa revolucionária, mas acabou descartando essa hipótese — afinal de contas, Matveiev era bolchevique também e, promovido agora, ascendera ao cargo a partir das fileiras desses mesmos soldados. Enfim, ele havia tomado uma decisão e agora esperava obediência absoluta.[15]

Kobylinsky achava que Yakovlev pretendia partir antes que qualquer dos dirigentes do Soviete de Tobolsk soubesse o que tinha acontecido. O problema era que os soldados do destacamento da guarda estavam descontentes com o plano e só mudariam de atitude se eles mesmos pudessem integrar a escolta. Yakovlev achava que poderia lidar melhor com a transferência usando seus próprios homens de Ufá. Mas propôs levar com ele Matveiev, Lúkin e outros de inquestionável confiabilidade revolucionária. Com isso, pretendia dar garantias a todos de que não estava planejando cometer nenhum tipo de traição.[16]

O clima era um fator importante. O inverno estava chegando ao fim e a primavera se aproximava, levando as águas congeladas dos rios da região norte a derreter. O gelo estava sendo substituído pela lama, mas fazia pouco tempo que esse processo tinha começado, o que fazia com que cavalos e carruagens, em vez de navios a vapor, fossem os meios de transporte necessários para que o grupo alcançasse a ferrovia em Tiumen.[17] Independentemente do tipo de transporte que usassem, teriam de enfrentar complicações políticas, pois, certamente, Yakovlev não podia achar que não teria problemas em alcançar até mesmo a periferia de Tobolsk com os três Romanov. Por isso, mandou que seu camarada bolchevique de Ufá D. M. Chudinov fosse à cidade em busca de garantias dos dirigentes soviéticos locais de que nada de prejudicial à transferência dos Romanov estava sendo maquinado. Outra tarefa de Chudinov era conseguir um grande número de carruagens de aluguel para o comboio — ele conseguira contratar dezenove.[18] Chegou também a um acordo com seus condutores, pelo qual seriam pagos por quilômetro percorrido. Providenciou, por fim, o preenchimento de faturas, que seriam dadas aos condutores durante a viagem.[19]

Enquanto isso, na Casa da Liberdade, os preparativos eram frenéticos, com o criado Fiódor Gorshkov empenhado na arrumação de quatro malas para o imperador.[20] Os três Romanov se prepararam para o pior e resolveram levar camas de lona portáteis.[21]

A família imperial jantou sozinha na véspera da partida do imperador, e a comitiva fez a ceia à parte. Estavam todos tristes e deprimidos.[22] Mas os Romanov haviam sido criados para que fossem fortes nos tempos de adversidade. As autoridades soviéticas, portanto, poderiam impor-lhes quaisquer condições que desejassem e a família aceitaria o inevitável. Com a aprovação de Yakovlev, o imperador e a imperatriz seriam acompanhados por Dolgorukov, pelo dr. Yevgeny Botkin, pelo criado pessoal do imperador, Terênti Tchemodurov, pela criada da imperatriz, Ana Demidova, e por Ivan Sedneiev. Yakovlev permitiu também que a grã-duquesa Maria acompanhasse os pais. Aliás, Demidova falou de seus temores: "Senhor Gibbes, estou com muito medo dos bolcheviques. Não sei o que eles farão conosco." Às 23 horas, serviram chá. Mas o ambiente parecia um velório. Ninguém disse praticamente nada, tampouco houve fingidas demonstrações de bom ânimo. Yakovlev anunciou que o grupo partiria na calada da noite. A comitiva voltou para o andar térreo, onde ficou aguardando ordens, finalmente transmitidas em plena madrugada, às três horas. Nicolau e Alexandra desceram a escada, onde fizeram uma dolorosa despedida de Alexei e dos outros filhos. Alexandra e Maria foram à frente de Nicolau. O momento da partida havia chegado.[23]

Manifestou-se uma desavença quando Yakovlev disse que queria que Nicolau e Alexandra viajassem em veículos diferentes. Embora Nicolau não tivesse nenhuma objeção em viajar numa carruagem com Yakovlev, Alexandra ficou horrorizada com a ideia de se sentar ao lado de Pável Matveiev. A uma imperatriz, mesmo uma ex-imperatriz, desagradava a ideia de manter proximidade física com um soldado de modos e aparência grosseiros. Exigiu, pois, que sua filha viajasse ao lado dela. Yakovlev concordou, já que não via razão para insistir na discussão. Dolgorukov se sentou ao lado de Botkin,

A ORDEM DE TRANSFERÊNCIA 211

enquanto Tchemodurov seguiu na companhia de Sedneiev. Yakovlev transferiu Matveiev para um assento ao lado de Demidova.[24] Olhando para Nicolau, perguntou por que ele estava usando apenas um sobretudo. Quando ouviram isso, alguns dos membros da comitiva imperial reagiram como se questionar Nicolau fosse uma quebra de etiqueta intolerável — a afetação deles era algo extraordinário. Mas Yakovlev estava acertadamente preocupado com as baixas temperaturas. Nicolau respondeu que era o tipo de agasalho que ele sempre usava em viagens, hábito que Yakovlev considerou a mais pura tolice. E bradou a Ivanov, o criado pessoal do tsaréviche: "Traga algo para ele!" Ivanov, contudo, estava acostumado com o uso de formas mais reverentes no trato com Nicolau; perguntou, pois, a Yakovlev a quem ele estava se referindo. O comissário apontou para Nicolau e exclamou: "O que você quer dizer com a quem estou me referindo? Claro que é a *ele*!" A explicação provocou a necessária reação em Ivanov, que foi buscar um cobertor para o ex-tsar de todas as Rússias se sentar.[25]

## 28. Rumo ao sul, para Tiumen

O comboio foi organizado de modo que fosse capaz de enfrentar qualquer ato de violência na viagem para Tiumen. Yakovlev não havia conseguido nenhuma informação sobre o paradeiro de Zaslávski e tinha de se preparar para a pior das situações. E, como ex-assaltante de bancos e ex-guerrilheiro de organizações revolucionárias clandestinas, sabia fazer planos. Assim, mandou que seguissem viagem, na primeira das carruagens, dois fuzileiros com as armas prontas para atirar; na segunda, postou um soldado armado com uma metralhadora. Os três soldados compunham uma vanguarda com ordens para atirar em qualquer um que atacasse. Yakovlev e Nicolau viajariam na quarta carruagem, com Alexandra e Maria seguindo na sexta. Dolgorukov e Botkin seriam levados na nona carruagem, e Tatishchev, na décima segunda. Na calada da noite e com o mínimo de barulho, as bagagens dos Romanov foram postas nas carruagens treze, quatorze e quinze.[1] A essa altura, o clima de tensão havia impregnado a todos os envolvidos. Quando, finalmente, todos se acomodaram, foi dada a ordem para partir. O ex-imperador de todas as Rússias, sua esposa e uma de suas filhas partiram.

Mesmo depois da partida, Yakovlev se recusou a divulgar o destino. Enquanto isso, Nicolau e Alexandra continuavam a se martirizar com o fato de que haviam deixado o filho amado para trás. Mas o frio era intenso, dando-lhes pouco tempo e oportunidade para se remoer com pensamentos inquietantes. Quando os cavalos e as carruagens atravessaram a cidade, ninguém podia duvidar de que um grupo significativamente grande estava viajando. Pouco antes de o grupo ter desaparecido de vista, Gibbes tirou uma fotografia do veículo que transportava a imperatriz.[2] A essa altura, já bastante à frente do comboio, seguiam cinco soldados a cavalo, enviados na frente por Yakovlev para que espionassem as condições de cada trecho do plano de rota — tinham ordens de se manterem prontos para repassar informações pessoalmente assim que avistassem o comboio.[3]

Yakovlev impôs forte ritmo ao deslocamento da caravana e não autorizou paradas para refeições. Se os viajantes e seus acompanhantes quisessem parar para beber alguma coisa, tinham de esperar a parada noturna ou tomar um gole de água durante a viagem.[4] A estrada em que seguiam para o sul era acidentada e lamacenta nessa época do ano, o que tornava o deslocamento desconfortável. Fazia horas que soprava um frio cortante e não demorou muito para que as rodas dos veículos congelassem. Todas as carruagens perderam pelo menos uma roda ou sofreram danos graves em determinado trecho da viagem. Yakovlev providenciou quatro trocas de cavalos no primeiro dia de jornada, próximo a Ievlevo, antes do anoitecer. O comboio havia percorrido quase 140 quilômetros, os quais incluíram a difícil travessia das águas profundas do Rio Irtiche. Os Romanov e seus acompanhantes, estoicos, mas exaustos, deram graças ao fato de que Yakovlev conseguira uma casa grande e limpa para que pernoitassem. Como fazia duas noites que não sabiam o que era uma cama, em pouco tempo os três caíram em sono profundo.[5]

Yakovlev, no entanto, não podia descansar. Avdeiev o acompanhara até Ievlevo com uma tropa armada, com ordens do próprio Yakovlev para confiscar um trem em Tiumen, com vistas ao prosseguimento da transferência dos Romanov.[6] Mas o encontro dos grupos em Ievlevo resultou em exaltadas trocas de insultos com alguns homens de Avdeiev, e Yakovlev mandou prender um deles.[7] Ficara evidente que uma trama tinha sido montada para desarmar o comboio e se apoderar dos Romanov, e que Zaslávski e Cocryakov estavam por trás disso prontos para atacar. Yakovlev enviou um telegrama a Didkovski e Goloschekin para avisar o que havia descoberto: "Tomem providências urgentes ou haverá derramamento de sangue. Repassem informações detalhadas a Tiumen. Zaslávski se evadiu de Tobolsk; não consegui prendê-lo. Estou partindo de Ievlevo." Em seguida, Yakovlev solicitou ao presidente do Soviete de Tiumen, Nemtsov, que preparasse tudo para a chegada do comboio; ordenou também que suas unidades se encontrassem com ele ao longo do percurso.[8] Por fim, passou instruções para que todos estivessem prontos para partir às cinco horas da manhã seguinte. Yakovlev, contudo, estava tão cansado que acabou dormindo demais, e a caravana partiu depois da hora programada.[9]

Nicolau observava o que estava acontecendo da melhor maneira possível, mas Yakovlev não lhe dizia muita coisa. Depois de interrogar o soldado de Ecaterimburgo que mandara prender, o comissário soube que ainda poderiam ter problemas pela frente e, como não queria deixar os Romanov nervosos, preferiu manter os próprios pensamentos em segredo.[10]

No segundo dia da jornada, as carruagens e carroças partiram com cavalos descansados. Quando alcançaram o Rio Tobol, os viajantes tiveram de descer dos veículos para atravessá-lo. Nicolau, sociável como sempre, se aproximou de Piotr Guzakov, o imediato e amigo de Yakovlev, visando descobrir suas verdadeiras intenções. O tempo havia mudado e o dia estava quente e ensolarado, mas as condições de viagem continuavam muito difíceis. Nas estradas havia poeira e, nas florestas, lama. Os passageiros sofriam com os solavancos e as trepidações das carruagens, o que deixou Nicolau preocupado com a saúde da esposa.[11] Sentado ao lado de Yakovlev, o ex-imperador não tinha nada para fazer, a não ser conversar com o comissário. Foram conversas que causaram algumas surpresas a Yakovlev, principalmente quando Nicolau afirmou que acreditava no princípio da total liberdade de consciência em se tratando de religião. No início, Yakovlev ficou sem saber se ele estava brincando ou apenas fingindo. Lembranças da perseguição a judeus antes de 1917 lhe vieram à mente. Nicolau olhou para o comissário com um semblante tão inocente que Yakovlev achou que ele estava realmente falando sério.[12]

Depois da travessia do Tobol, Yakovlev modificou as disposições do comboio e foi sentar-se na mesma carruagem de seu imediato, Piotr Guzakov, enquanto Chudinov, que comandava o destacamento, passou a ocupar o lugar ao lado de Nicolau. Nesse trecho da viagem, conversar foi quase impossível, já que tiveram de se proteger dos fortes e ocasionais espirros de lama produzidos pelo pesado avanço das carruagens. Nicolau pegou sua cigarreira e ofereceu um cigarro a Chudinov, que recusou a oferta, mas, quando tiveram um momento de descanso, Nicolau tentou mais uma vez fazê-lo aceitar o cigarro e perguntou:

— Em que escola militar seu comissário treinou?

— Até onde sei — respondeu Chudinov —, ele só frequentou uma escola de eletrotécnica na Bélgica.

— Ah, sim — observou Nicolau. — É óbvio que andou visitando algumas atrações turísticas. Ele é um comissário valoroso.[13]

Apesar de cansativa e de ter exigido muita resistência de seus participantes, a viagem foi emocionante para todos. Chudinov rememoraria depois a rápida conversa que teve com um camponês de barba grisalha num dos lugares em que fizeram a troca de cavalos:

Camponês: — Meu jovem, você poderia fazer a gentileza de me dizer, pelo amor de Deus, para onde estão levando nosso bom tsar [*tsar'-batyushka*]? É para Moscou?
Chudinov: — Para Moscou, vovô. Sim, para Moscou!

E, quando iam deixando a parada de diligências, Chudinov ouviu outra pessoa dizer: "Graças a Deus! Agora, teremos ordem!"[14] Não se sabe ao certo se o espectador queria que Nicolau fosse punido ou voltasse ao poder. Essa ambiguidade não era rara num tempo em que poucos russos tinham uma ideia clara da forma pela qual seria possível trazer estabilidade e prosperidade para seu país.

As trocas de cavalos seguiam um esquema previamente estabelecido. Chudinov chamava aos gritos o cavalariço, deixado no povoado anteriormente, e cavalos descansados e revigorados eram levados das baias para Chudinov. Geralmente, isso não levava mais de cinco minutos.[15] Pokrovskoie se tornou um dos mais inesquecíveis locais de uma dessas paradas de diligências. É que, por ironia do destino, os novos cavalos foram atrelados bem na frente da casa de Rasputin. Os Romanov ficaram comovidos quando viram a família inteira de seu finado amigo observando tudo de dentro da casa. Não foi permitido nenhum tipo de contato, e Chudinov apontou sua pistola Mauser para a casa, como forma de impor obediência. Correu o boato de que a esposa e a mãe de Rasputin fizeram o sinal da cruz e rezaram quando viram os viajantes parados nas proximidades. Assim que os cavalos foram atrelados, a caravana retomou a viagem, partindo a toda velocidade.[16]

Para Yakovlev, todos os dias eram um teste de resistência. Sverdlov dera a ele a tarefa de levar os Romanov em segurança para os Urais, mas os próprios dirigentes bolcheviques dessa região vinham conspirando contra seus esforços, o tempo todo. Yakovlev passou a achar que ele era a única autoridade que estava procurando cumprir a vontade de Moscou. Depois de atravessarem o Rio Irtiche, Yakovlev fez uma reunião com seu imediato, Piotr Guzakov, que tinha notícias inquietantes. Guzakov contou que, horas antes, havia deparado com Gusyátski, o subcomandante das tropas de Ecaterimburgo que tinham partido de Tobolsk na frente do grupo de Yakovlev. Ele advertiu que, dessa vez, Yakovlev tinha uma razão bem concreta para se preocupar, pois Gusyátski deixara escapar, na conversa com Guzakov, que realmente havia uma conspiração para emboscar o comboio e matar Nicolau. Foi uma confirmação do que Yakovlev vinha desconfiando durante toda a viagem. Ele ficou furioso e, quando se encontrou com Gusyátski, disse a ele que não hesitaria em executá-lo, bem como sua unidade militar inteira, se disparassem apenas um único tiro.[17]

Mas isso não pôs fim ao problema. Alexandre Nevolin, membro da Guarda Vermelha de Ecaterimburgo, o procurou em segredo naquela noite e revelou que a conspiração continuava de pé. De acordo com Nevolin, Gusyátski dissera a seus soldados que Yakovlev pretendia levar os Romanov para Moscou, onde lhes daria condições para buscar asilo no exterior. Já o plano de Gusyátski era levar Nicolau para Ecaterimburgo. Alguns soldados manifestaram preocupação quando Gusyátski falou de sua pretensão de emboscar a caravana dos Romanov e deixou claro que esperava liquidar não apenas Nicolau, mas também Yakovlev e seu destacamento. Na ocasião, Nevolin questionara: "Então, vamos dar uma de bandidos?" Seguiu-se uma discussão na qual Gusyátski se irritou ao constatar que Nevolin contava com muito apoio, e Nevolin, temeroso de ser assassinado, se bandeou secretamente para o destacamento de Yakovlev.[18]

Yakovlev partiu cedo no dia seguinte, mais uma vez mandando que os condutores seguissem o mais rapidamente possível para o destino. Kobylinsky dera ordens para que o destacamento o mantivesse informado do avanço da caravana, e Nabokov lhe enviou um telegrama de Pokrovskoie comunicando que estava tudo correndo bem.[19] Todavia, isso era verdade somente com relação ao número de quilômetros percorridos, pois os passageiros e a maior parte dos integrantes da escolta estavam chegando às raias da exaustão. Além disso, num trecho da estrada fundamente sulcado pelo trânsito de veículos, a carruagem em que Alexandra e Maria viajavam quebrou e seus ocupantes tiveram de se abrigar numa cabana nas proximidades até que se conseguisse substituí-la.[20] Depois, no povoado de Bórki, fizeram a última troca de cavalos. A essa altura da viagem, o dr. Botkin estava sofrendo de inchaço nos rins, o que acabou levando à decisão de deixá-lo para trás até que se recuperasse. Em Bórki, os viajantes tomaram chá e ingeriram

RUMO AO SUL, PARA TIUMEN          217

algumas iguarias na escola local. E Yakovlev, pelo menos dessa vez, não teve pressa em organizar a oitava e derradeira etapa da viagem para Tiumen. Em razão de suas preocupações com o que poderiam ter de enfrentar adiante, mandou que seus homens se preparassem para qualquer eventualidade e depois ordenou que a caravana iniciasse a longa viagem para Tiumen. Uma bela lua surgiu antes que a caravana alcançasse a cidade, às 21h15.[21]

Dezesseis homens da cavalaria da vanguarda do destacamento foram despachados de Tiumen para se encontrar com Yakovlev a uns 20 quilômetros a jusante do rio. Seu comandante, um homem chamado Permyakov, bradou, incentivando-os a avançar: "Façam o tsar conhecer a disciplina e o poder do Exército Vermelho, o exército mais livre do mundo!"[22] Disse isso com a autoridade de um homem que tinha comandado soldados no desarmamento da Guarda Vermelha de Tiumem após uma série de assaltos.[23] Quando a caravana e seus reforços se aproximaram das imediações da cidade, uma escolta adicional, composta por cerca de cinquenta homens, se apresentou para formar um cordão de isolamento.[24] A escuridão envolveu a cena quando o grupo atravessou uma ponte pênsil sobre o Rio Irtiche e se dirigiu à estação ferroviária.[25]

Sergei Markov, que se transferira para Tiumen depois de haver fracassado em sua tentativa de libertar os Romanov em Tobolsk, acreditava que, se fosse possível realizar uma ação determinada, haveria ainda uma boa chance de resgatar a família. Engenhoso e sempre otimista, ele tinha se infiltrado no Exército Vermelho passando-se por simpatizante dos soviéticos, e tão patente era sua competência que lhe deram o comando sobre um grupo de setenta recrutas. Certamente, ele tinha audácia suficiente para desafiar a própria sorte. E é até possível que tivesse conseguido induzir seus homens a organizar um ataque contra o comboio de Yakovlev. Mas ter sido capaz de concretizar o resgate é algo duvidoso, até porque teria sido grande a possibilidade de os Romanov acabarem sendo mortos em meio ao tiroteio. De qualquer forma, ele não tinha mais liberdade para agir. Porquanto, no início de abril, as autoridades do Soviete de Tobolsk, desconfiadas de que, na verdade, ele não era fiel ao Sovnarkom, o mandaram para a prisão. Foi no cárcere que ele soube da chegada de Nicolau.[26] Mesmo assim, ainda era tamanha a incerteza com relação à situação local que Yakovlev continuou agindo com cautela. Pois, embora o antibolchevique Markov estivesse preso, quem poderia dizer, com plena certeza, que ele não tinha comparsas ainda à solta? E onde estava o bolchevique Zaslávski e seus homens armados?

## O ÚLTIMO TSAR

Na estação ferroviária de Tiumen, um trem se mantinha à espera de Yakovlev e dos Romanov. Tinha apenas quatro vagões, um de primeira classe e os outros de terceira.[27] Seus futuros passageiros, exauridos pela viagem, deram graças ao fato de finalmente terem podido descer das três carruagens. A penosa viagem havia chegado ao fim, e eles tinham sobrevivido. Não gostaram das condições dos compartimentos dos vagões, os quais ninguém se dera o trabalho de varrer e limpar;[28] porém, não se queixaram. Pelo menos agora não sofreriam mais com solavancos o dia inteiro e sabiam onde iriam dormir à noite. Às 22 horas, desabaram na cama.[29]

Enquanto isso, Yakovlev consultava Moscou pelo telégrafo de Hughes.[30] Ele deixou Avdeiev no trem com ordens estritas para não sair de lá, porque era necessário haver alguém com autoridade para vigiar os Romanov. Mas Avdeiev não gostou da ideia de deixar que Yakovlev conversasse com Moscou sem a presença de uma testemunha. Quando, porém, Avdeiev desceu para a plataforma com a intenção de acompanhá-lo, os homens de Yakovlev o detiveram. Nisso, virando-se para Guzakov, ele questionou: "O que significa isso? Estou preso?" Quando ficou claro que Yakovlev não deveria ser incomodado enquanto estivesse no telégrafo, Avdeiev resolveu passar um bilhete a seu camarada Ivan Loginov pela janela do vagão, solicitando que informasse Ecaterimburgo do que estava acontecendo — algo que, nesse caso, Guzakov autorizou.[31]

Yakovlev implorou a Sverdlov que autorizasse uma mudança de planos, argumentando que não era possível confiar nos dirigentes de Ecaterimburgo. Seus representantes em Tobolsk haviam tido a clara intenção de eliminar "a bagagem"; chegaram a recomendar que ele não fizesse a viagem numa carruagem ao lado dos Romanov e que ficara óbvio que o objetivo deles era atacar o grupo de viajantes antes de chegar a Tiumen. Yaklovev frustrara esse objetivo empregando seus próprios soldados ao longo de todo o trajeto. No entanto, as unidades armadas de Ecaterimburgo continuaram a exercer sobre ele uma pressão intimidadora. Ele avisou que poderiam ser alvos de algum tipo de ataque antes que o trem chegasse a Ecaterimburgo. Ainda de acordo com Yakovlev, Goloschekin era o único dirigente dos Urais que não queria eliminar "a bagagem". Seria loucura prosseguir com a execução do plano original. Solicitou, então, que lhe dessem permissão para rumar até Omsk. Disse que, de lá, embarcaria num trem para o oeste numa linha auxiliar da malha ferroviária, rumo à região mineradora às margens do Rio Sim, onde sabia que conseguiria encontrar um lugar de confinamento seguro. Do contrário, não poderia dar garantias de manter em segurança os Romanov.[32]

Sverdlov, confortavelmente sentado, em Moscou, diante de seu telégrafo de Hughes e sobrecarregado de um número incontável de tarefas, perguntou ao velho camarada se ele não estava apreensivo demais. Depois de sua experiência em Tobolsk, Yakovlev se manteve convicto do teor de suas mensagens de alerta. Ele não estava pedindo compaixão, mas tão somente que prevalecesse o bom senso no tratamento da questão. Argumentou que, se tivesse de persistir na execução do antigo plano, as consequências poderiam ser desastrosas. Diante de tamanha determinação, Sverdlov autorizou a mudança de destino e prometeu enviar novas instruções quando Yakovlev se apresentasse, em Omsk, a Víctor Kosarev, presidente do Comitê Executivo do Soviete Regional da Sibéria Ocidental.[33]

O próprio Yakovlev enviou um telegrama a Goloschekin, queixando-se da atitude de Zaslávski, Cocryakov e Gusyátski. Acreditando na boa-fé de Goloschekin, disse que duvidava que o camarada tivesse sido posto a par da travessura planejada por seus camaradas dos Urais. Yakovlev afirmou que tinha certeza de que Zaslávski estava conspirando para emboscar o trem antes de chegarem a Ecaterimburgo. Os conspiradores fracassaram na realização de seu objetivo no trecho entre Tobolsk e Tiumen, e, agora, fariam uma tentativa na viagem de Tiumen para a capital dos Urais. Yakovlev disse a Goloschekin que estava determinado a resistir às ações "desses jovens" recorrendo ao uso da força. Enfatizou que estava cumprindo ordens do Sovnarkom e pediu ajuda a Goloschekin para executá-las.[34] Ele sabia que talvez não fosse suficiente ter uma autorização por escrito de Sverdlov, na distante Moscou. Se lhe fosse possível, queria convencer os dirigentes do Comitê Executivo do Soviete Regional dos Urais a mandar que Zaslávski providenciasse o fim das ações de seus mercenários. Mas, se pudesse, ele ainda pretendia evitar ter de ir para Ecaterimburgo. Sverdlov mandou que ele realizasse uma conferência com as autoridades locais quando chegasse a Omsk. Para Yakovlev, a determinação foi melhor do que ter recebido ordem de seguir para Ecaterimburgo, mas, ainda assim, era insatisfatória. Afinal, ainda havia muita coisa em jogo, e ele jogaria com a mesma firmeza e determinação de sempre.

Depois que Yakovlev voltou para o trem, disse a seus subordinados: "Vamos para Omsk e, de lá, iremos, via Tchelyabínski, para as instalações da Ust-Katav, na região [mineradora] do [Rio] Sim." Quando Avdeiev fez objeções e se recusou a partir, Yakovlev resolveu confrontá-lo. Afinal, o comissário havia enfrentado homens mais durões do que Avdeiev, e sua coragem era inquestionável. Ele disse a Avdeiev que o próprio Sverdlov havia determinado para onde ele tinha de se dirigir. Avdeiev tentou um último esforço de resistência, exigindo uma explicação para o fato de Yakovlev tê-lo mantido confinado no trem. Yakovlev respondeu, simplesmente, que alguém tinha de manter os Romanov sob constante vigilância. Somente então, Avdeiev concordou em obedecer.[35] É que o problema de Avdeiev não era só procurar ater-se rigorosamente à orientação partidária, de suma importância para todo bolchevique, mas também o fato de que ele não tinha como consultar seus camaradas em Ecaterimburgo. As ordens de Moscou prevaleceram sobre todas as considerações, e Yakovlev estava sabendo explorar a situação com a desenvoltura de sempre. Por ora, parecia que não importava se os dirigentes comunistas dos Urais desaprovavam a deliberação de Yakovlev.

# 29. Destino a ser Confirmado

Às cinco horas de 28 de abril, pouco antes do amanhecer, o maquinista e o foguista aumentaram a potência da locomotiva e rumaram para oeste, na direção de Ecaterimburgo — justamente no sentido contrário ao do plano que Yakovlev apresentara a Avdeiev.[1] Os trens da Rússia eram lentos em comparação com os de muitas redes ferroviárias da Europa central e setentrional, e até nas linhas principais era raro um trem russo alcançar a velocidade média de 40 km/h. (Em ramais, a velocidade média era ainda menor.)[2] Portanto, a viagem para os Urais duraria quase um dia inteiro. Pelo menos essa era a impressão que Yakovlev deu a todos que estavam na plataforma em Tiumen. Ele já dissera ao maquinista que sua verdadeira intenção era mandar que parasse o trem no primeiro entroncamento, fizesse meia-volta na locomotiva e seguisse para Omsk. Embora esse procedimento os levasse a tornar a passar por Tiumen, Yakovlev achava que completaria a manobra antes que qualquer pessoa na cidade se desse conta do que ele estava planejando. Sua intenção era despistar aqueles que ele achava que estavam trabalhando contra seus objetivos, e tinha certeza de que, em Omsk, teria a chance de decidir com precisão o que fazer sem se sentir ameaçado.[3]

Em Tiumen, porém, Loginov e Gusyátski viram o que estava acontecendo e enviaram um telegrama ao Comitê Executivo do Soviete Regional dos Urais informando sobre o redirecionamento do trem para Omsk. O telegrama chegou a Ecaterimburgo às 22 horas e, quando foi levado a Beloborodov, ele convocou imediatamente uma reunião do Comitê Executivo do Soviete Regional para condenar Yakovlev como traidor da revolução.[4] Ninguém em Ecaterimburgo sabia, até então, que Yakovlev havia consultado Sverdlov e conseguira sua aprovação para fazer isso. A única coisa que importava para os dirigentes dos Urais era que Yakovlev estava deliberadamente levando os Romanov para um lugar fora de seu alcance. Todas as advertências de Zaslávski em relação ao comissário pareciam ter-se confirmado. O Comitê Executivo também refletiu sobre a forma respeitosa como ele falava com Nicolau e como organizara a vida da família imperial em Tobolsk. Assim, o fato de Yakovlev não ter feito nenhuma consulta a Ecaterimburgo sobre a mudança de itinerário lhes deu motivos para suspeitas, e os dirigentes dos Urais ficaram apreensivos com a ideia de que talvez Yakovlev não tivesse nenhuma intenção de parar em Omsk. Beloborodov e seus camaradas chegaram a especular sobre a possibilidade de o comissário favorito de Sverdlov ser ninguém menos do que um monarquista secreto que planejava seguir para Vladivostok, onde libertaria Nicolau para, de lá, o imperador buscar exílio no estrangeiro.

Um plano como esse teria sido odioso para Nicolau, já que implicaria deixar seu filho e suas duas filhas entregues a um grande perigo na distante Tobolsk. Mas os dirigentes dos Urais passaram a ter as piores opiniões possíveis a respeito de Yakovlev, e alguns chegaram até mesmo a defender a ideia de matar Nicolau imediatamente. Entre eles, estavam os socialistas--revolucionários de esquerda Cotímski e Polyakov, bem como os bolcheviques Bóris Didkovski, Georgy Safarov, Ivan Tuntul e Piotr Voikov. Safarov falou em nome de todos quando se queixou do plano de transferência de uma forma geral, já desde a partida de Tobolsk: "Deixemos que o comissário militar, camarada Goloschekin, nos conte", propôs ele, como quem estivesse exigindo explicações, "como é possível que o tsar Nicolau tenha conseguido escapar para Omsk!" Voikov exclamou: "Canalha!"[5] Goloschekin, pálido e nervoso, fez o melhor que pôde para explicar o que tinha acontecido, mas não conseguiu eliminar a crescente impressão de que ele, um conhecido confidente de Yakovlev, havia ocultado importantes informações do Comitê Executivo. O Comitê Executivo decidiu contatar Moscou e, ao mesmo tempo, enviar telegramas alertando todas as estações ferroviárias ao longo da linha férrea para Omsk, determinando que não permitissem que Yakovlev prosseguisse com seu plano de evitar passar por Ecaterimburgo. Pelo menos com relação a isso, todos concordaram.[6]

Beloborodov enviou um telegrama indignado a Sverdlov, informando que "seu" comissário Yakovlev havia enganado todo mundo e, contrariando ordens, seguira para Omsk. Afirmou que ninguém sabia o destino final do trem e que a atitude de Yakovlev constituía verdadeira traição. Revelou

DESTINO A SER CONFIRMADO

ainda que os dirigentes do Soviete Regional dos Urais haviam ordenado sua prisão e sua transferência para Ecaterimburgo, juntamente com Nicolau.[7]

Em seu telegrama enviado às estações ferroviárias entre Tiumen e Omsk, Beloborodov acusou Yakovlev de ter desacatado ordens de Moscou. O Comitê Executivo do Soviete Regional dos Urais concluíra que Yakovlev se envolvera numa conspiração de "traição da revolução" e tinha "abandonado as fileiras revolucionárias". Beloborodov mandou que prendessem Yakovlev e que, se ele resistisse à prisão, fosse imediatamente fuzilado. Avisou também que o destacamento de Yakovlev inteiro deveria ser preso. Beloborodov dava como certo que haveria conflitos e disse que os outros passageiros podiam ser mortos também — isso teria incluído os Romanov, inevitavelmente. Ele solicitou que ninguém se deixasse influenciar por nenhum documento que Yakovlev porventura apresentasse como justificativa. Os dirigentes bolcheviques, socialistas-revolucionários de esquerda e maximalistas de extrema-esquerda da região dos Urais eram unânimes quanto à necessidade de pôr um fim no "esquema criminoso".[8] O Soviete Regional dos Urais ordenou que um de seus próprios trens partisse a toda velocidade para interceptar Yakovlev e seu grupo. A caça aos Romanov havia começado.[9]

Pouco antes de terem chegado a Ishim, localidade situada a uns 320 quilômetros a sudeste de Tiumen, Yakovlev permitiu que os Romanov descessem do trem para tomar ar fresco.[10] Autorizou também que enviassem um telegrama a Tobolsk com a seguinte mensagem: "A viagem está indo bem. Que Jesus fique com vocês! Como está a saúde de nosso pequenino? Yakovlev."[11] É praticamente certo que a mensagem tenha sido redigida por Nicolau ou Alexandra e repassada a Yakovlev para a devida aprovação. O comissário queria que os Romanov se sentissem bem na viagem para Omsk. Ele, por sua vez, tratava de concentrar-se na viagem que teriam pela frente. Apesar das muitas pressões sofridas e de sua incerteza do que os dirigentes dos Urais poderiam estar tramando, ele se mantinha calmo, embora Alexandra estivesse se comportando com a arrogância de sempre. Era algo que ela não conseguia evitar. Ela detestava cruzar com pessoas no corredor quando estava a caminho do banheiro. Como não pôde livrar-se dos guardas de Yakovlev e dos funcionários da ferrovia, passou a levantar-se da cama às quatro ou cinco horas da madrugada, quando era pouco provável que houvesse pessoas por perto, mas, caso deparasse com alguém, voltava para seu compartimento.[12]

Os Romanov haviam acordado bastante descansados em sua primeira manhã no trem. Quando viram lá fora os nomes das estações pelas quais iam passando, presumiram que estavam rumando para Omsk. Yakovlev ainda se recusava a dizer para onde estavam sendo levados, e Nicolau, assim como Beloborodov, imaginavam que poderia ser até para Vladivostok. Se isso fosse mesmo verdade, o único plano plausível do comissário seria o de providenciar o sumiço do casal imperial nas terras de um exílio no estrangeiro. Outra possibilidade seria Yakovlev mandar o maquinista dar meia-volta no entroncamento ferroviário com a linha auxiliar da Ferrovia Transiberiana e seguir para oeste, na direção de Moscou.

Às 11 horas, tiveram um almoço agradável em Vagai, onde Yakovlev ordenou que o maquinista fizesse uma parada. Nicolau transferiu para Maria a tarefa de obter informações sobre o destino final deles, e ela foi falar com os quatro fuzileiros do serviço da guarda na outra extremidade do vagão, mas, como não conseguiu arrancar nenhuma informação deles, achou que talvez não soubessem de nada também. Depois, os Romanov se distraíram olhando pelas janelas, para observar as pessoas lá fora comemorando o Domingo de Ramos. Foram dormir cedo, após um jantar de pratos frios, mas continuaram sem saber as intenções de Yakovlev.[13]

Avdeiev, apesar de ter prosseguido na viagem por imposição de Yakovlev, conversava sobre seus planos com ele. Yakovlev lhe falou de seu compromisso de levar os Romanov para Moscou — dessa vez, porém, não fez nenhuma menção a Ecaterimburgo. Apenas lembrou a Avdeiev as ordens que os dois tinham de proteger os Romanov e reiterou seu receio de que talvez Zaslávski estivesse escondido em um lugar qualquer com intenções letais. Ciente da imprevisibilidade da situação, mandou que parassem o trem de novo, dessa vez em Lyubino, e, depois de deixar o grupo com ordens estritas, confiscou um carro para ir a Omsk para saber o que acontecia por lá.[14] Estava torcendo para que não houvesse problemas. Víctor Kosarev, membro do Comitê Executivo do Soviete Regional da Sibéria Ocidental, era um antigo camarada e correligionário seu. Eles haviam frequentado a escola de doutrinação partidária de Capri juntos, e Yakovlev tinha esperanças de conseguir sua ajuda para enfrentar as pretensões de Ecaterimburgo.[15]

Kosarev tinha suas próprias preocupações em relação ao comportamento de Yakovlev e havia despachado unidades armadas para a pequena estação ferroviária de Kulomzino, situada a alguns quilômetros a oeste de Omsk, na

DESTINO A SER CONFIRMADO 225

linha entre Ecaterimburgo e Tchelyabínski. Ele fez isso logo após receber o telegrama das autoridades dos Urais. Enviou também quase 2 mil homens armados com metralhadoras e peças de artilharia para prender Yakovlev e os Romanov. Quando chegou à estação de Omsk, que ficava a pouco mais de três quilômetros da cidade, Yakovlev entendeu imediatamente que tinha de falar sem demora com Sverdlov pela linha direta. Sabia que somente Moscou poderia salvar a ele e a seus cativos imperiais do desastre.[16] Mais uma vez, Sverdlov ficou do seu lado e enviou um telegrama a Kosarev informando que Yakovlev merecia "confiança absoluta" e estava agindo em total consonância com suas instruções.[17] Nesse ínterim, Yakovlev descobriu que Zaslávski, o inimigo de todos os seus planos, estava em algum lugar em Omsk. Logo depois, foi informado de que Zaslávski havia desaparecido, alegando que tinha de retornar a Ecaterimburgo para tratar de certos assuntos. Yakovlev desconfiou que isso fazia parte da conspiração de assassinato. Entrou em contato com Goloschekin por telefone e perguntou se os dirigentes dos Urais haviam chamado Zaslávski de volta. Goloschekin negou que houvessem emitido esse tipo de ordem. Agora, pois, Yakovlev sabia que o plano de realizar o trabalho sujo continuava de pé e que Zaslávski estava por trás disso.[18]

Sverdlov enviou um telegrama ao Comitê Executivo do Soviete Regional dos Urais, defendendo Yakovlev da acusação de traição e enfatizando que ele estava obedecendo às suas ordens. Advertiu Beloborodov para que não tomasse nenhuma iniciativa sem a concordância de Moscou: "Repito: nenhuma interferência."[19] O Comitê Executivo não gostou nem um pouco de saber que Sverdlov se envolvera em consultas secretas com Yakovlev. A atitude de Sverdlov causou constrangimento aos dirigentes dos Urais, que alegaram que era tarde demais para "revogar" a ordem enviada a Omsk e a outras cidades ao longo da ferrovia, mandando prender Yakovlev. Isso, provavelmente, foi uma manobra para evitar que seus comandados deixassem de mandar que Yakovlev rumasse imediatamente para Ecaterimburgo. Informaram a Sverdlov que o assunto estava sendo discutido na Conferência do Partido Bolchevique.[20] De forma geral, queixaram-se do fato de Sverdlov ter deixado de mantê-los a par da modificação nos "objetivos do Sovnarkom". Como não receberam nenhuma resposta de Sverdlov, entraram em contato com Lenin por telegrama e perguntaram: "O que você acha disso?" Exigiram uma "resposta clara e objetiva". E reiteraram que Yakovlev cometera "uma estupidez colossal com a sua aprovação ao levar a 'bagagem' para Omsk".

226 O ÚLTIMO TSAR

Mas concluíram o contato dando garantias de que preservariam a integridade física dos Romanov: "Com a condição de que agora essa operação passe a ser intermediada pelo Soviete Regional."[21]

Beloborodov enviou um telegrama a Kosarev para invalidar a mensagem do telegrama nº 3.507, sobre a forma pela qual os mandatários deveriam lidar com Yakovlev. Ele aproveitou para assinalar que tinha conseguido a aprovação de Lenin e Sverdlov para fazer com que o trem com os Romanov seguisse agora para oeste, pela ferrovia que ligava Omsk a Tiumen, rumo a Ecaterimburgo. Informou ainda que, em breve, Moscou inteiraria Yakovlev do plano.[22] Beloborodov teve também de advertir Zaslávski, ordenando que abandonasse seus intentos e não fizesse nada para impedir que os Romanov fossem levados com vida para Ecaterimburgo. Ele fez uma transcrição do texto da respeitosa consulta de Sverdlov, inquirindo se os dirigentes dos Urais se contentariam com uma ordem de Moscou determinando que Yakovlev fosse para Tiumen e entregasse "a bagagem inteira" ao Soviete Regional dos Urais. Anexou ao texto a concordância de Didkovski, Safarov, Cotímski e Preobrajênski. Beloborodov não queria que Zaslávski tivesse dúvidas de que um plano de ação havia sido estabelecido em comum acordo entre Ecaterimburgo e Moscou, e ordenou que Zaslávski partisse imediatamente para Tiumen. Numa tentativa de amenizar qualquer ressentimento por parte de Zaslávski, Beloborodov mandou que ele se encontrasse com Yakovlev na estação ferroviária e lhe apresentasse o mandado e as ordens determinando que escoltasse, incólumes, os três Romanov, juntamente com Yakovlev, para a capital dos Urais.[23] Até então, Zaslávski fora um assassino agindo nas sombras; agora, ele se apresentaria de peito aberto e se encarregaria de cuidar daquilo que os envolvidos na operação chamavam de "bagagem". A autoridade de Yakovlev estava em queda livre.

Quando Yakovlev voltou a entrar em contato com Sverdlov pelo telégrafo de Hughes, ficou decepcionado ao receber a ordem de abandonar qualquer ideia de levar os Romanov para Omsk: "Chegamos a um acordo com os uralianos no que se refere a algumas coisas. Eles tomaram certas precauções — deram garantias com base na responsabilidade pessoal dos dirigentes regionais. Transfira toda a bagagem em Tiumen para o representante do Comitê Regional dos Urais. Precisamos fazer isso. Vá com eles e ajude seu representante."[24] Desse modo, Yakovlev deveria ficar no trem até que chegassem a Ecaterimburgo, onde entregaria "toda a bagagem" a quem fosse lá

DESTINO A SER CONFIRMADO

encontrar-se com ele. Sverdlov lhe agradeceu o serviço prestado: "Você fez a parte mais importante."[25] Mas acrescentou que Yakovlev deveria conseguir reforços militares junto a Kosarev em Omsk antes de voltar a se reunir com os Romanov. Era um reconhecimento tácito de que algo ainda poderia dar errado. Afinal, os dirigentes dos Urais eram homens teimosos e, portanto, não seria possível descartar a possibilidade de que ainda tivessem em mente algum estratagema com objetivos violentos.[26]

No início da madrugada de 29 de abril de 1918, Kosarev conversou com Georgy Safarov, membro do Presidium do Comitê Executivo do Soviete Regional dos Urais, pelo telégrafo de Hughes. Yakovlev ainda não tinha voltado para Lyubino, onde havia deixado os Romanov; aliás, ele também estava conversando com Moscou por intermédio de um desses telégrafos. Safarov assegurara a Kosarev que os dirigentes dos Urais haviam sanado os mal-entendidos com Sverdlov e que Yakovlev, gostasse disso ou não, tinha de levar "a bagagem" para Ecaterimburgo. Safarov queria saber se a chegada de Yakovlev a Omsk resultara em algum tipo de violência — era óbvio que ele estava querendo informações para criar um dossiê de acusações contra o comissário. Era uma situação estranha, pois essa conversa aconteceu na mesma ocasião em que os bolcheviques de Ecaterimburgo estavam na dependência de Yakovlev para fazer o que Sverdlov ordenara que ele fizesse. Mas Kosarev se recusou a participar de qualquer esquema para denegrir a imagem de Yakovlev. Em vez disso, reiterou a exigência que Sverdlov fizera, determinando que os dirigentes dos Urais ficassem longe da ideia de tentar fazer qualquer coisa contrária aos objetivos de Moscou.[27] Kosarev enviou um telegrama revogando a ordem emitida pelo telegrama de Beloborodov nº 3.507, enviado no dia anterior. Com a ênfase que imprimiu ao teor da mensagem, assinalando que Yakovlev tinha ido para Omsk somente com a aprovação do próprio Sverdlov, procurou levar os bolcheviques a realizar um bom trabalho em conjunto.[28]

Yakovlev fez uma última tentativa de convencer Sverdlov de que a região mineradora às margens do Rio Sim continuava a ser uma alternativa mais segura do que Ecaterimburgo. Argumentou que isso permitiria que as autoridades centrais transferissem "a bagagem" para Moscou numa ocasião mais oportuna. Ele não acreditava que isso seria possível depois que Nicolau fosse posto sob a custódia dos dirigentes dos Urais. Acentuou que Guzakov e Avdeiev eram unânimes quanto à existência de perigos constantes em torno da questão. Quando Sverdlov se recusou a modificar o plano, Yakovlev prometeu obedecer às ordens de Moscou, mas enfatizou que não poderia mais assumir a responsabilidade pelo que acontecesse depois. Queixou-se das condições caóticas do sistema de telegrafia e pediu ao comissário do povo V. I. Névski que desse ordens ao seu pessoal para que não aceitasse nenhum telegrama com instruções que se desviassem do plano que Sverdlov tinha estabelecido. Em seguida, finalizou o contato prometendo, mais uma vez, que levaria "a bagagem" para Ecaterimburgo.[29]

A essa altura dos acontecimentos, os dirigentes dos Urais tinham enviado seu próprio destacamento para Kulomzino e estavam bloqueando o acesso à linha auxiliar meridional da Ferrovia Transiberiana, que poderia ter levado Yakovlev e os Romanov de volta para Tchelyabínski. Agora, Yakovlev estava encurralado política e geograficamente. Com peso no coração, ele se despediu de Kosarev e voltou para Lyubino, onde deu a ordem para que o maquinista retornasse para Tiumen. Para ocultar a verdade aos Romanov, disse a eles que tinha sido forçado a modificar o plano, pois uma ponte na linha para Omsk havia sido destruída.[30]

Além disso, descumpriu uma das diretrizes de seu acordo com Sverdlov. Em vez de se encontrar com Zaslávski, o comissário seguiu direto para Tiumen, na calada da noite. O adversário de Yakovlev em Ecaterimburgo, Gusyátski, que permanecera em Tiumen, partiu em seu encalço depois que soube disso. Ninguém conseguiu saber ao certo para onde Yakovlev estava indo, o que gerou a preocupação de que pretendia seguir pela linha secundária para Chadrínski e sumir com os Romanov. Para o alívio de Gusyátski, contudo, este logo descobriu que Yakovlev estava cedendo à vontade de Goloschekin, dirigindo-se para Ecaterimburgo. Quando Nicolau soube disso, ficou desanimado. Ele conhecia a severidade dos revolucionários uralianos, embora não tivesse a mínima noção da complexidade de suas ideias marxistas. O ex-imperador foi ao encontro de Pável Matveiev no corredor do vagão e perguntou: "Diga-me: já foi definitivamente decidido que ficaremos em Ecaterimburgo?" Quando Matveiev confirmou a notícia, Nicolau suspirou e disse: "Eu preferia ir para qualquer lugar, exceto para os Urais." Matveiev tentou assegurar-lhe que não fazia nenhuma diferença o lugar que escolhessem dentro dos limites do poder soviético. Nicolau comentou, então, com tristeza que, se fosse crível o que a imprensa andava noticiando, os operários dos Urais alimentavam uma hostilidade feroz por ele.[31]

DESTINO A SER CONFIRMADO

Yakovlev não teve pressa de chegar ao destino. Depois que o trem rumou para oeste, ele ordenou duas vezes que o maquinista fizesse uma parada e autorizou que os Romanov esticassem um pouco as pernas. Na primeira dessas ocasiões, não permitiu que eles se afastassem da linha férrea na caminhada. Na seguinte, deixou que caminhassem até um descampado próximo em sua companhia. Isso serviu para melhorar o estado de espírito de todos.[32] Mas as paradas apenas adiaram o inevitável, tanto para os Romanov como para Yakovlev. Às 8h40 do dia 30 de abril de 1918, o trem chegou à estação nº 1 de Ecaterimburgo — Nicolau fez um minucioso registro dessa ocasião.[33] Uma multidão havia convergido para a estação, e Yakovlev mandou que o maquinista parasse o trem pouco antes da plataforma, de modo que pudesse avaliar a situação. Ordenou que seus homens se pusessem em ambos os lados da composição e ameaçou mandar que os operadores de metralhadora abrissem fogo caso os espectadores não se dispersassem. Ninguém deu a mínima importância. E alguém bradou: "Mostre-nos o sanguessuga!" Eles se haviam reunido ali para ver Nicolau — e talvez também para agredi-lo.[34] Yakovlev dissera a Sverdlov que a ideia de rumar para Ecaterimburgo era uma opção cheia de riscos. Mas Sverdlov lhe impusera sua vontade e agora, pelo visto, os pressentimentos de Yakovlev estavam prestes a se concretizar.

# 30. Para a Casa dos Ipatiev

Enquanto Yakovlev seguia seu improvisado itinerário de Tobolsk para Tiumen, Omsk e Ecaterimburgo, as autoridades de Moscou deram aos dirigentes dos Urais vários dias para definir a forma pela qual iriam manter os Romanov sob custódia assim que finalmente chegassem aos Urais. Precisavam de um local que fosse fácil de manter sob isolamento e inexpugnável a qualquer tipo de ataque. A escolha mais lógica era a prisão da cidade. Beloborodov e Goloschekin fizeram uma visita às instalações para ver se poderiam encarcerar Nicolau numa ala separada dos outros prisioneiros. Rapidamente, perceberam que a estrutura das edificações tornava isso impraticável. Outra coisa que fez Beloborodov desistir da ideia foi o fato de que Schetchnov, o diretor da prisão, tinha sido subdiretor da prisão de Perm quando ele mesmo cumprira pena ali, em 1911–1912 — aliás, haviam sido frequentes as ocasiões em que o próprio Schetchnov ordenara que Beloborodov fosse posto na solitária por mau comportamento. Por isso, Beloborodov se juntou a Cotímski, um dos mais importantes socialistas-revolucionários de esquerda do Comitê Executivo Regional, para a busca de outras possibilidades, empreendendo sondagens em toda a região central dos Urais para encontrar um local de confinamento adequado para os Romanov.[1]

Depois de examinarem vários edifícios públicos, concentraram suas buscas em residências de cidadãos ricos e fizeram uma inspeção na casa do dr. K. S. Arquipov, um liberal de Ecaterimburgo que havia cooperado com os bolcheviques. Não se sabe se Beloborodov achou inapropriado confiscar a mansão de Arquipov, mas acabaram optando por uma residência ocupada pela família Ipatiev, localizada na esquina da Avenida Voznesênski com a alameda de mesmo nome.

Nicolai Ipatiev foi um engenheiro de mineração e comerciante que se beneficiara da prosperidade econômica da cidade durante a Grande Guerra

PARA A CASA DOS IPATIEV

e nos anos que a antecederam. Pessoa ilustre e rico homem de classe média, sua propriedade foi considerada um alvo adequado para expropriação, ainda que apenas temporariamente. A casa dos Ipatiev era uma grande edificação de pedras com dois andares, um dos quais ficava parcialmente abaixo do nível do solo. Era uma mansão confortável, onde ele morava com a família. O telhado de ferro era pintado de verde e as paredes externas tinham as faces caiadas. Um pequeno jardim se estendia ao longo de um dos lados da alameda.[2] Num de seus lados, a casa dava vista para um grande lago e estava situada também no topo de uma colina.[3] Essas características a tornavam conveniente sob o ponto de vista da segurança. Além disso, ficava perto do centro da cidade: as autoridades bolcheviques gostaram da ideia de um local situado a uma distância que possibilitaria o rápido estabelecimento de contatos. A única desvantagem era o fato de o consulado britânico ficar logo em frente, no outro lado da Avenida Voznesênski.[4] Mas os dirigentes dos Urais pretendiam isolar a casa, de modo que ficasse vedada a possíveis olhares indiscretos dos ingleses, e eles acabariam transformando-a numa prisão sob todos os aspectos, exceto o nome.

Sua primeira providência foi conseguir a posse imediata do imóvel. Em 27 de abril de 1918, quando já haviam transcorrido vinte e quatro horas desde a partida do imperador de Tobolsk, Nicolai Ipatiev recebeu uma visita de A. N. Jilinski, o comissário da habitação dos Urais, que ordenou que a família desocupasse a residência num prazo de 48 horas. Informou que uma ordem por escrito seria entregue no dia seguinte. Ipatiev não teve autorização para saber a identidade dos novos ocupantes, exceto que eram pessoas "que não danificar[iam] nada". De repente, os Ipatiev se viram diante da necessidade de se empenhar num esforço frenético para empacotar e encaixotar tudo que fosse possível antes de partir. Na verdade, porém, eles só tiveram tempo para recolher alguns pequenos pertences, pois os dirigentes dos Urais acabaram fazendo questão de que as principais peças de mobília fossem deixadas para trás. De qualquer forma, Ipatiev tomou a precaução de guardar a louça e alguns tapetes em lugar seguro, mas depois lhe pediram — ou melhor, talvez o tivessem ordenado — que entregasse as chaves: as autoridades pretendiam pôr tudo à disposição dos novos ocupantes assim que chegassem a Ecaterimburgo. Ipatiev ficou irritado e pouco tranquilo com a chegada de Pável Bykov, um destacado bolchevique de Ecaterimburgo e membro do Comitê Executivo do Soviete Regional, para a elaboração de um inventário dos bens da casa.[5]

Dono de imóveis, Ipatiev estava mesmo prestes a perder todos os seus direitos civis e pessoais com o projeto da nova Constituição soviética. Era um "burguês", membro da classe social detestada e perseguida pelas autoridades soviéticas, e um homem marcado que tinha de viver temeroso da possibilidade de irritar a Tcheka. Assim, abandonou a casa e a maior parte de seus pertences, indo hospedar-se na casa de seus parentes de Golkôndski, no povoado de Kurinskoie, na periferia de Ecaterimburgo.[6] Só lhe restava agora torcer para que os bolcheviques tivessem sido sinceros quando disseram que cuidariam de sua casa até que lhe fosse possível reaver a posse do imóvel. Bykov concluiu o inventário e mandou guardar os bens que achou que seriam inúteis para os Romanov e o destacamento da guarda.[7] A tarefa maior seria transformar a residência numa fortaleza urbana. Para isso, Goloschekin deu a Jilinski, o comissário da Habitação, outras quarenta e oito horas para concluir a tarefa. Jilinski recrutou cem trabalhadores para reformar o interior da casa e organizar a segurança externa. Mandou instalar um portão para impedir que as pessoas entrassem na residência sem aviso prévio — o portão externo tornou tudo invisível, exceto as janelas do andar superior, ao mundo exterior. Jilinski conduziu as providências num ritmo frenético, levando o trabalho a ser concluído a tempo para a chegada de Nicolau.[8]

Os dirigentes comunistas dos Urais fracassaram, porém, em seu objetivo de manter o plano em segredo e, assim, muitas pessoas de Ecaterimburgo souberam que os três Romanov estavam sendo transferidos para lá. Por isso, quando chegou a notícia de que seu trem havia partido de Tiumen com destino à cidade, uma multidão barulhenta tinha se reunido no interior e nos arredores dos edifícios da estação ferroviária. Na Rússia do início do século XX, eram frequentes os ajuntamentos de multidões em estações ferroviárias, quando a chegada de trens ainda era causa de muita emoção para o público. Era natural, portanto, que rumores sobre a chegada do ex-imperador aumentassem muito a comoção geral.[9]

Contudo, foi tamanho o alvoroço na ocasião em que a locomotiva parou na estação nº 1 que Nicolau achou que se deflagrara outra acirrada discussão entre Yakovlev e os dirigentes bolcheviques dos Urais. A verdade, porém, foi que Beloborodov e Goloschekin haviam perdido o controle da situação no interior e nos arredores do edifício, já que mais e mais pessoas foram se aglomerando no local na tentativa de olhar os Romanov, ainda que de relance.[10] Alguns foram apenas por curiosidade, outros para despejar sua raiva em Nicolau e seus parentes. Os ânimos se exaltaram e houve os que bradaram ameaças: "Eles têm que morrer! Estão finalmente em nossas mãos!" Os guardas fornecidos pelos bolcheviques dos Urais começaram a se movimentar nervosamente pela plataforma, e atos de violência pareciam a ponto de explodir. A essa altura, Yakovlev tinha descido do vagão e ordenou que seus soldados formassem um cordão de isolamento em volta do trem com metralhadoras prontas para atirar. Ficou abismado quando viu o próprio comissário encarregado da estação atiçando a multidão e gritando: "Yakovlev! Mande o Romanov sair do vagão porque eu quero cuspir em sua cara nojenta!" Seguiu-se um impasse entre homens armados quando ficou claro que alguns dos soldados na plataforma deram mostras de que apoiavam o comissário da estação e ficaram brandindo suas armas carregadas.[11]

A solução, na visão de Yakovlev, foi mandar levar o trem para a estação nº 2, situada no outro lado da cidade e a alguns quilômetros da periferia. Essa estação era usada por trens de transporte de carga e demandaria mais uma curta viagem de quinze minutos até o destino. A esperança do comissário era que a locomotiva chegasse lá antes de uma parcela da multidão. Mas Yakovlev não contava com a longa persistência das dificuldades na plataforma da estação nº 1. Foram necessárias mais três horas de negociações enquanto se davam garantias de que os Romanov seriam mantidos sob severas condições de custódia e que não havia nenhuma conspiração para libertá-los. Yakovlev, por sua vez, se recusava a aceitar uma garantia que não fosse a de que nenhum mal seria praticado contra seus custodiados. Como ele mesmo nunca deixou de acentuar, Sverdlov ordenara que a integridade física de Nicolau fosse garantida e, como tivera de enfrentar uma ameaça após outra desde a partida de Tobolsk, Yakovlev queria garantias sólidas das autoridades dos Urais. E, durante todo esse tempo, a multidão se recusou a se dispersar. Mas o tempo acabou vencendo a todos, finalmente levando as partes a selar um acordo para que o maquinista pudesse dar a partida na locomotiva.[12]

Não surpreende, portanto, que a ruidosa disputa tivesse reforçado as preocupações de Yakovlev com relação à segurança dos custodiados. Assim, quando o trem entrou na estação nº 2, Yakovlev atrasou a entrega dos cativos a Beloborodov e Didkovski. Dessa vez, não houve calma na negociação, e os dirigentes uralianos, ainda indignados com a forma como ele fizera a viagem, ordenaram com rispidez que fosse buscar os Romanov no vagão.[13]

234 O ÚLTIMO TSAR

Dessa vez ele não poderia recorrer a uma intervenção de Moscou. Agora, Beloborodov era o dono da situação.[14] Em seu último ato de autoafirmação, Yakovlev mandou que os homens de seu destacamento se posicionassem em volta do trem, até que ele tivesse certeza de que as autoridades uralianas pretendiam realizar uma transferência civilizada. Isso levou alguns minutos, tempo suficiente para ele fazer uma sondagem das cercanias. Mas não era mais possível adiar a transferência. Com evidente relutância, ele conduziu Nicolau, Alexandra e Maria para fora do vagão, enunciando seus nomes em voz alta quando começou a entregá-los pessoalmente aos cuidados de Beloborodov e Didkovski.[15] Os dois dirigentes dos Urais lhe entregaram um documento formal:

30 de abril de 1918: Eu, o abaixo-assinado, Alexandre Georguievich Beloborodov, presidente do Soviete Regional dos Comissários dos Trabalhadores, Camponeses e Soldados dos Urais, recebi, de Vasily Vasilevich Yakovlev, a entrega do seguinte, proveniente da cidade de Tobolsk: 1) o ex-tsar Nicolau Alexandrovich Romanov; 2) a ex-tsarina Alexandra Feodorovna Romanov; e 3) a ex-grã-duquesa Maria Nicolaevna Romanov, a fim de mantê-los sob custódia na cidade de Ecaterimburgo.

A. Beloborodov

B. Didkovski (membro do Soviete Regional dos Urais)[16]

A boa organização administrativa era uma característica inconfundível em toda a esfera de influência do poder soviético. Em Ecaterimburgo, as coisas não eram diferentes, e os homens dos Urais, com o fornecimento desse recibo oficial, estavam mostrando a Yakovlev que sua autoridade de emissário plenipotenciário do Sovnarkom havia chegado ao fim.

Soldados conduziram os Romanov a duas limusines, veículos que os levariam à residência dos Ipatiev. Três dirigentes bolcheviques permaneceram lá para participar da supervisão direta de todo o processo: Didkovski seguiu no banco da frente de um dos veículos, com Nicolau e Alexandra nos bancos traseiros, enquanto Beloborodov e Avdeiev foram no segundo carro. O plano era seguir a toda velocidade para a casa dos Ipatiev, na Avenida Voznesênski. Nenhum batedor deveria acompanhá-los. Depois do alvoroço na estação nº 1, Beloborodov concluíra que, quanto menos pessoas

PARA A CASA DOS IPATIEV

se envolvessem diretamente na transferência, mais fácil seria entrar com os Romanov na residência. Isso não fazia parte do plano original, em que Goloschekin havia tomado providências para que um caminhão cheio de membros da Guarda Vermelha escoltasse a "bagagem" pelo caminho. Em vez disso, decidiram de improviso que a escolta seria formada unicamente por Didkovski, Beloborodov e Avdeiev. Cada um deles seguiu viagem portando uma arma — Didkovski tinha consigo um revólver Nagant; Beloborodov, uma pistola semiautomática Browning; e Avdeiev, uma semiautomática Mauser. Se algum grupo tivesse tentado um resgate organizado, teria tido uma boa chance de sucesso.[17]

Apesar dessas precauções para manter a operação em segredo, a notícia se espalhou e, quando chegaram à casa dos Ipatiev, havia uma multidão do lado de fora. Mas Goloschekin bradou uma ordem e os curiosos espectadores se dispersaram.[18] Os Romanov entraram contentes na mansão. Afinal, sua longa e exaustiva viagem tinha chegado ao fim. Embora não soubessem disso, estavam entrando numa casa da qual jamais sairiam vivos.

E esses acontecimentos não foram o fim dos problemas de Yakovlev e do destacamento que ele tinha levado de Tobolsk para lá. Assim que entregaram os três Romanov, eles mesmos passaram a ser tratados como suspeitos. Yakovlev e seus homens de Tobolsk estavam pagando agora pela quebra de confiança entre Yakovlev e Beloborodov. Ficou óbvio que os líderes dos Urais só haviam aceitado que Yakovlev continuasse encarregado da supervisão da transferência de Nicolau de Lyubino porque era a única maneira prática de assegurar o transporte deles para Ecaterimburgo, e também não queriam entrar em conflito com Sverdlov. Mas agora o destacamento teria de pagar um alto preço por ter-se envolvido nisso. Em vez de serem parabenizados pela realização de uma missão exaustiva em circunstâncias difíceis, seus integrantes foram mantidos sob custódia em Ecaterimburgo. Depois, esses soldados afirmariam haver ficado detidos num porão durante três dias.[19] Nabokov e Lebedev receberam um tratamento pior do que o dispensado a Matveiev, que ficara preso em local separado dos demais e dera um jeito de manter contato com Beloborodov e Goloschekin.[20] Matveiev, como correligionário bolchevique, ficou indignado com a insinuação de que andara apoiando um plano para a fuga de Nicolau.[21]

O próprio Yakovlev, acompanhado por seus homens, foi levado perante o Comitê Executivo do Soviete Regional dos Urais, cujos membros realizaram uma sessão de emergência para julgar seu comportamento recente. Foi um episódio turbulento, já que Zaslávski e Avdeiev o acusaram de ter agido como se fosse um súdito fiel de Nicolau em vez de um verdadeiro revolucionário. Yakovlev não se deixou intimidar. Como prova de seu direito de ter agido tal como o fizera, apresentou a fita de impressão telegráfica de suas conversas com Sverdlov. Embora, inevitavelmente, isso demonstrasse o tamanho de sua falta de confiança nos dirigentes de Ecaterimburgo, revelou também que ele tinha solicitado autorização a Sverdlov para levar os Romanov para a província de Ufá, sua terra natal, localizada nas montanhas. E, mais importante, isso provou que Yakovlev havia consultado Sverdlov ao longo dos últimos dias em que estivera em Tiumen e Omsk. Yakovlev acusou Zaslávski e Avdeiev de terem desejado matar Nicolau, ainda que Sverdlov lhe houvesse ordenado proteger todos os Romanov — foi somente por isso, disse ele, que solicitara autorização a Sverdlov para tomar o destino de Ufá. Ainda que Sverdlov tivesse rejeitado a ideia, pelo menos aprovara a sugestão de deixá-lo seguir para Omsk, como destino alternativo.[22]

Yakovlev provou sua inocência, levando o Presidium do Comitê Executivo do Soviete Regional dos Urais a reconhecer que ele realmente não era traidor. No entanto, Beloborodov e Yakovlev continuaram a se detestar. O veredicto não foi nada generoso. Registrou-se, nas atas da audiência, que Yakovlev havia agido com muito nervosismo e desconfiança. Não serviu como atenuante o fato de os dirigentes dos Urais terem dado a Yakovlev motivos para duvidar de que estivessem unanimemente empenhados em obedecer às ordens de Moscou.[23]

Apesar disso, não houve mais ameaças à integridade física ou à reputação de Yakovlev, e Beloborodov enviou um telegrama a Lenin e Sverdlov informando que Nicolau, Alexandra e sua filha Maria estavam num local seguro em Ecaterimburgo. As tensões nas relações internas do partido diminuíram. Beloborodov disse a Moscou que ficaria aguardando novas instruções.[24] Todavia, os dirigentes dos Urais deixaram claro seu desejo de não trabalhar mais com Yakovlev. E Goloschekin, com o qual ele tivera uma boa relação outrora, disse a ele: "Ah, Yakovlev, você perdeu o espírito revolucionário!"[25] O Comitê Executivo mandou que despachassem o comissário de volta para Moscou. Seus soldados tiveram as armas confiscadas, as autoridades mandaram pagar seus salários e eles foram dispensados do serviço militar; agora, estavam livres para voltar a seus lares ou para

PARA A CASA DOS IPATIEV

Tobolsk. Dali em diante, os bolcheviques de Ecaterimburgo ficariam responsáveis pela guarda dos Romanov.[26] Na ocasião, a primeira coisa que ocorreu a Yakovlev foi levar todos os membros de seu destacamento consigo para a capital e fazê-los confirmar as coisas que tivera de enfrentar desde que partira de Tobolsk. Ele tinha certeza de que Lenin e Sverdlov ficariam horrorizados. Antes de mais nada, porém, Yakovlev voltou para Ufá e, em 3 de maio de 1918, apresentou um relatório numa reunião de dois grupos de soldados da Guarda Vermelha. O comissário ainda estava irritado com o tratamento que recebera dos bolcheviques de Ecaterimburgo. Afinal, ele tinha cumprido o seu dever, tal como combinado com Sverdlov, mas, ainda assim, fora alvo de embustes e perigos constantes.[27] Somente depois desse encontro, ele partiu para Moscou. Seus soldados não mais o acompanhavam, e ele foi para lá sozinho.[28]

# 31. Os Urais e seus Bolcheviques

O destino dos Romanov, Ecaterimburgo, havia sido escolhido porque era um dinâmico centro de bolchevismo, cujos líderes haviam ficado famosos entre a maioria dos membros do partido. Entre os integrantes do Comitê Central Bolchevique eleitos em abril de 1917 estava Yakov Sverdlov, que deixara os Urais para se tornar seu secretário. Outro membro do Comitê Central proveniente da região era Nicolai Krestínski e, em agosto, Eugênio Preobrajênski ingressou também no órgão como deputado. Outros uralianos que se contentaram em permanecer em Ecaterimburgo foram Beloborodov, Didkovski, Goloschekin, Safarov e Zaslávski. Todos faziam parte da ala radical do partido envolvida nas muitas disputas em torno de políticas governamentais e diretrizes partidárias. Por isso, passaram a ser conhecidos, cada vez mais, como comunistas de esquerda. Fizeram campanha contra um acordo de paz separado com as Potências Centrais. Fizeram pressão para a adoção de medidas objetivando uma mudança fundamental na economia. Estavam determinados a concretizar seus sonhos marxistas o quanto antes e insistiam na ideia de que o principal motivo para deflagrar a Revolução de Outubro era aproveitar a oportunidade para se instituir imediatamente o comunismo no país. Para o restante do mundo, Lenin e Trótski pareciam radicais implacáveis, mas os comunistas de esquerda criticavam ambos por seu presumido excesso de cautela e consideravam os Urais uma região crucial para a tentativa de pôr suas ideias em prática.

Embora se houvesse transformado numa das grandes cidades do império, Ecaterimburgo ainda era classificada nos mapas como um simples município da província de Perm. Meses depois da Revolução de Outubro, Perm ainda preservava as instituições administrativas que haviam servido ao Governo Provisório. Além disso, os mencheviques e os socialistas-revolucionários

## OS URAIS E SEUS BOLCHEVIQUES

continuaram a chefiar o Soviete local até o inverno, ao passo que os bolcheviques assumiram o poder em Ecaterimburgo dias após o estabelecimento do Sovnarkom em Petrogrado.[1]

A atividade industrial se expandira muito nos Urais desde fins do século XIX e, juntamente com o advento da Ferrovia Transiberiana, estava no centro das características mais importantes da cidade. Modernidade e tradição coexistiam em toda a região. O antigo comércio de peles continuava a ser o ponto alto da feira anual em Irbit, a qual, em todo o império, perdia em tamanho apenas para a mundialmente famosa feira de Níjni Novgorod, às margens do Rio Volga.[2] Mas foi o setor de mineração que estimulou a expansão econômica. Fazia muitas décadas que carvão e ferro eram produzidos numa região perto de Ecaterimburgo. Grupos de exploradores russos se dirigiram para os Urais, onde descobriram a maior reserva de platina do mundo — já um importante mineral usado na indústria. A existência de cromita na região foi outra descoberta instigante, e estavam sendo iniciadas também escavações em busca de cobre, manganês e amianto. Uma área popularmente conhecida como Montanha Magnética, localizada a sudoeste de Tchelyabínski, foi demarcada para futura exploração e era tida, acertadamente, como um gigantesco depósito de metais muito procurados no mercado global.[3]

Embora os bolcheviques se orgulhassem do fato de terem conseguido pôr um grande centro "proletariado", tal como Ecaterimburgo, sob sua esfera de influência, sabiam que a classe operária estava longe de se enquadrar no estereótipo estabelecido pelo marxismo convencional. Muitos trabalhadores dos Urais preservavam seus vínculos com o campo e eram descendentes de camponeses que haviam sido obrigados a trabalhar em fábricas e minas desde o reinado de Pedro, o Grande. Essa imposição tinha por finalidade instituir uma espécie de servidão industrial. Os camponeses construíam assentamentos em volta desses empreendimentos fabris, onde era comum que cada uma das famílias tivesse não só uma casa, mas também uma horta. Esses trabalhadores eram metade camponeses, metade proletários. Era comum as famílias trabalharem para a mesma fábrica por várias gerações.

Esse vínculo com o campo sempre fizera da região um bom celeiro de novos recrutas para os socialistas revolucionários, cuja rivalidade com os bolcheviques continuou após a Revolução de Outubro. Durante algumas semanas, porém, eles mantiveram certa camaradagem. Os socialistas revolucionários de Ecaterimburgo — e até mesmo muitos dos mencheviques da cidade — não tinham, em relação aos bolcheviques, essa hostilidade típica da capital. A opinião dos revolucionários da cidade já estava pendendo a favor do estabelecimento do "poder soviético" no início do outono, e quando, em 7 de novembro, o recém-eleito soviete se reuniu em assembleia, a presença de bolcheviques no órgão aumentou, com a aprovação do atendimento à convocação de Lenin para participar da derrubada do Governo Provisório. Nesse dia, o Comitê Militar Revolucionário do Soviete de Petrogrado não perdeu tempo, organizando logo um levante e apresentando um plano de governo no Segundo Congresso de Sovietes. Os representantes dos Urais participantes do congresso, tanto os bolcheviques como os de outras vertentes revolucionárias, apoiaram com entusiasmo a Revolução de Outubro.[4]

Os bolcheviques de Ecaterimburgo começaram a espalhar suas brasas políticas pela região inteira. Já em 8 de novembro de 1917, o soviete da cidade se havia proclamado a única autoridade da urbe. O emissário plenipotenciário do Governo Provisório foi destituído do cargo e fecharam o jornal local simpático ao Kadets. A oposição foi mínima e, quando o sindicato dos trabalhadores dos correios organizou uma greve que deixou a cidade isolada do restante do país, o resultado foi manter de quarentena os inimigos locais do bolchevismo. Os bolcheviques, então, iniciaram a tarefa de empreender a transformação revolucionária. No começo, os mencheviques e os socialistas revolucionários colaboraram com eles, entrando para o Comitê Revolucionário Militar do Soviete em 14 de novembro, mas o clima de tensão voltou a se instalar entre os partidos socialistas. As ações revolucionárias promovidas por Lenin e Trótski na capital russa foram brutais, mas pouco eficazes, e mencheviques e socialistas revolucionários se opuseram abertamente a eles e mantiveram sua própria liberdade de ação.[5] Esses acontecimentos contribuiriam para a situação que adviria nos dias próximos à eleição da Assembleia Constituinte, quando acusações mútuas se tornariam corriqueiras entre os partidos.

Em 6 de dezembro, quando os resultados foram anunciados e o tamanho da derrota eleitoral da coalizão na disputa pelo controle do Sovnarkom se tornou patente, os bolcheviques locais reafirmaram que o Soviete de Ecaterimburgo continuaria a ser o único órgão investido de legítima autoridade na região dos Urais: estavam determinados a impedir que os socialistas revolucionários formassem um novo governo para o país.[6] Em 26 de dezembro, o soviete da cidade exigiu que os representantes do Kadets fossem impedidos de assumir seus cargos em Petrogrado. Na visão dos bolcheviques, o Partido Constitucional Democrata (Kadets) havia agido de forma inaceitável, com seu apoio à tentativa de golpe de Kornilov em agosto de 1917, bem como às suas campanhas militares e às dos generais Kaledin e Dutov, para derrubar o Sovnarkom. Os delegados bolcheviques participantes da Assembleia Constituinte, liderados por Nicolai Krestínski e Leon Sosnóvski, receberam instruções para dar apoio total aos decretos revolucionários de Lenin.[7] Tal como esperado, os socialistas-revolucionários de Ecaterimburgo se opuseram a isso e exigiram obediência à vontade da Assembleia Constituinte. Eles ficaram furiosos com o fechamento do Sovnarkom em 6 de janeiro de 1918 e, assim, a frágil aliança entre os socialistas dos Urais fracassou.[8]

Toda a estrutura partidária dos socialistas-revolucionários na cidade foi desmantelada, com seus líderes presos e levados a um julgamento, para mostrar ao público suas supostas atividades contrarrevolucionárias desde a queda dos Romanov.[9] O prédio do Comitê Executivo do Soviete Regional dos Urais foi imediatamente cercado por cidadãos, exigindo que fossem libertados. Os bolcheviques não podiam dar-se ao luxo de ignorar a opinião das ruas, pois tinham derrubado o Governo Provisório em nome do povo. Como os socialistas-revolucionários eram considerados autênticos revolucionários, a Tcheka de Ecaterimburgo, embora relutante, concordou em soltar alguns dos que haviam sido presos.[10]

Os bolcheviques prosseguiram com a execução de um abrangente programa de nacionalização de indústrias em janeiro e fevereiro de 1918,[11] medida que serviu apenas para apressar a falência da economia. A produção mensal de ferro-gusa caiu de 81 mil toneladas em janeiro de 1917 para 34 mil toneladas em maio de 1918.[12] Com a forte queda na produção de carvão e ferro na bacia do Don, os dirigentes do Sovnarkom se voltaram para as minas dos Urais, mas a esperança nelas depositadas logo se desfez. Os bolcheviques da região eram melhores na prática de nacionalização de empresas do que nos programas de recuperação da produção. Muitos centros fabris e de extrativismo mineral sofreram uma paralisação em suas atividades industriais. E começou a se espalhar entre os trabalhadores a preocupação com a possibilidade de passar fome se ficassem desempregados por muito tempo. Com isso, mencheviques e socialistas-revolucionários começaram a ser eleitos novamente para ocupar assentos nos sovietes. Em localidades

## O ÚLTIMO TSAR

como Zlatoust, os bolcheviques reagiram à crise ordenando que unidades armadas abrissem fogo contra manifestantes da classe operária. A revolução vermelha estava ficando cada vez mais vermelha e de uma forma que poucos esperavam. Com o objetivo de se manter no poder, em toda parte dirigentes bolcheviques providenciaram para que seus subordinados e membros de destacamentos militares passassem a receber melhores salários e cotas privilegiadas de mantimentos.[13]

Nesse ínterim, oficiais antibolcheviques do exército se haviam reunido em Oremburgo sob o comando do general Alexandre Dutov. Calejado membro da cavalaria, Dutov passara o ano de 1917 entre unidades militares cossacas e se tornara um de seus comandantes em outubro. Nenhum oficial do exército da província foi tão eficiente em montar uma força militar para derrubar o Sovnarkom. Em 15 de novembro, ele conquistou Oremburgo, evento que marcou o início da guerra civil nos Urais. Ao longo de vários meses, criou seu próprio exército com voluntários de Oremburgo.[14] Tinha certa inclinação para a política e fora eleito representante da província de Oremburgo na Assembleia Constituinte. Depois de seu fechamento em Petrogrado, ele ofereceu seus serviços ao Komuch enquanto permaneceu em Oremburgo.[15] O Soviete Regional dos Urais deparou com a primeira ameaça séria à própria existência quando avançou para o norte, na direção de Ecaterimburgo. Diante dessa ameaça, seus dirigentes exigiram uma "contribuição" financeira de 10 milhões de rublos dos membros da classe média, destinados à criação do novo Exército Vermelho. Na verdade, foram arrecadados apenas 2 milhões de rublos, mas os líderes bolcheviques foram capazes de treinar destacamentos militares que conseguiram resistir ao avanço das forças de Dutov. Os primeiros funerais de soldados do Exército Vermelho foram realizados em 31 de janeiro de 1918.[16]

Os vermelhos de Ecaterimburgo se impuseram como detentores do poder supremo em toda a região dos Urais e criaram um Comitê Executivo do Soviete Regional. Ainda assim, os bolcheviques enfrentaram resistência na própria cidade. A União Pedagógica dos Urais fez seus sindicalizados entrarem em greve como forma de se opor ao poder soviético. A reação de Beloborodov foi rápida e enérgica. Ele acabou com o antigo sistema educacional, criou um sistema totalmente novo e mandou que procurassem professores para as escolas que se mostrassem simpáticos à causa do Sovnarkom. Mas essa tarefa não foi nem um pouco mais fácil do que conseguir dinheiro para manter as finanças da região. Em novembro de 1917, o Congresso dos Produtores de Metais dos Urais exigiu o corte do fornecimento de recursos financeiros a bancos e empresas comerciais. Como as nacionalizações estavam prestes a acontecer, vinha ocorrendo fuga de capitais, com os donos de negócios se esforçando para pôr seus bens longe do alcance dos expropriadores bolcheviques.[17] Com a escassez de moeda corrente provocada por essa situação, os dirigentes dos Urais passaram a emitir sua própria moeda para usar na região.[18] Recorreram também a Moscou, em busca de ajuda financeira. Mas a crise econômica continuou a se agravar, levando ao aumento da discrepância entre a retórica dos soviéticos e suas realizações na prática.[19]

Em dezembro de 1917, quando o Sovnarkom baixou um decreto transformando todos os bancos em propriedade do Estado, os bolcheviques dos Urais arrombaram caixas-fortes de estabelecimentos em Ecaterimburgo e se apossaram dos valores ali depositados. Ao mesmo tempo, aboliram o sistema judiciário tradicional. Os antigos tribunais foram extintos, e um tribunal revolucionário começou a funcionar no teatro do bairro Alto Iset — seu primeiro caso envolveu o julgamento de pessoas acusadas da morte de um membro da Guarda Vermelha. A ala militar do soviete da cidade pressionou os bolcheviques a providenciar a desmobilização do antigo exército russo, iniciando o processo com a permissão para que soldados inválidos ou retirados dos campos de batalha se desligassem do serviço militar; exigiram também a destituição dos membros do estado-maior da velha corporação.[20]

Já no início de 1918, como para Goloschekin era óbvio que as finanças dos sovietes estavam numa situação desastrosa em toda a região dos Urais, lançou apelo para um esforço na busca de maior eficiência entre os bolcheviques, os quais não tinham feito quase nenhum preparativo para governar. Acentuou que agora o poder estava nas mãos deles e que tinham de aprender a exercê-lo com eficiência.[21] Houve também apelo para o aumento da disciplina em comitês partidários bolcheviques ou continuariam vulneráveis a campanhas armadas de inimigos do Sovnarkom. Os bolcheviques eram famosos por seu endosso ao centralismo político. Achavam que Vladimir Lenin, considerado por eles seu único e supremo líder, era capaz de impor o que ele quisesse ao partido. Mas a realidade era que o aspecto organizacional do partido era caótico. Ele também tinha importantes veteranos que não gostavam da ideia da imposição de um controle hierárquico a outros camaradas. Safarov, que tinha voltado para a Rússia com Lenin antes que se transferisse para Ecaterimburgo, fez advertências sobre o risco de uma centralização excessiva. Chamou a atenção de todos para o fato de que os marxistas alemães haviam trilhado esse caminho e acabaram adotando políticas hostis à autêntica revolução.[22] Outros eram contrários à centralização da administração da malha ferroviária do país. Muitos dos bolcheviques dos Urais achavam que somente os sovietes locais ou municipais eram capazes de alcançar o nível de agilidade que os trabalhadores da região queriam.[23]

A classe média de Ecaterimburgo sentiu a picada da revolução quando alguns de seus integrantes — como Nicolai Ipatiev — perderam suas casas para as novas instituições soviéticas. As autoridades tornaram carros, cofres e máquinas de datilografia também passíveis de confisco, e o processo foi formalizado com a instituição de uma Comissão de Confisco.[24]

Os bolcheviques tinham a intenção de contratar os serviços de especialistas, como professores e médicos, mas, ao mesmo tempo, sobrepunham os interesses da classe operária aos de todas as outras. A classe médica foi uma das primeiras a sentir os efeitos da introdução do "dever trabalhista". Foram baixados decretos determinando que médicos e cirurgiões prestassem assistência à população dentro de um esquema de serviço instituído pelo comissariado de saúde da cidade. Os bolcheviques determinaram que se desse prioridade ao atendimento dos pobres. Foram criadas também clínicas médicas gratuitas e instalações de serviços de saúde noturnos. Farmácias foram "municipalizadas" — isso obrigou a prefeitura da cidade a assumir o controle desses estabelecimentos e esperar que os farmacêuticos concordassem em trabalhar para ela como seus funcionários. As autoridades adotaram um plano de imposição de salários a todos os médicos. Cada um deles passaria a ganhar 300 rublos por mês, com um adicional de 50 rublos por membro de família atendida. Deveriam trabalhar de acordo com as ordens do comissariado. O comissário da Saúde Nicolai Sakovich — socialista-revolucionário de esquerda e médico — anunciou que, se ele decidisse enviar um deles para enfrentar um surto de disenteria nesse ou naquele lugar, esperava obediência total.[25]

Como as outras mudanças revolucionárias, as resoluções por escrito raramente eram integralmente executadas ou, às vezes, nem eram executadas. Sakovich esperava assegurar a obediência dos médicos municipais às suas determinações num congresso de medicina organizado por ele em março de 1918, mas eles se recusaram a comparecer ao evento. Ele tentou de novo em maio; porém, quando assinalou que o sistema de saúde seria desvinculado de influências políticas, os dirigentes bolcheviques dos Urais se opuseram à ideia. Dessa vez, os médicos apareceram, mas permaneceram no local apenas o suficiente para manifestar suas objeções às reformas.[26]

A essa altura dos acontecimentos, havia uma forte sensação no ar de que o "poder soviético" talvez estivesse próximo do fim. Embora grupos de profissionais liberais se opusessem à Revolução de Outubro, não tinham condições de enfrentar a Guarda Vermelha de Ecaterimburgo e conseguiam apenas participar de ações de resistência passiva, tais como parar de prestar serviços nas várias agências de assistência social e instituições de saúde do governo local.[27] Eles abandonaram tudo e tentaram viver de suas economias. Isso, no entanto, funcionaria apenas como um expediente temporário, numa época de inflação galopante, com o rublo se desvalorizando um dia após o outro e o aumento das necessidades financeiras dos bolcheviques uralianos e dos socialistas-revolucionários de esquerda, seus parceiros de coalizão. A escassez de alimentos era outro problema, e a posse de um cartão de racionamento se tornou necessidade vital para todos. O conflito de classes era elogiado pelos dirigentes soviéticos regionais, classificado por eles como o princípio norteador da revolução iniciada pelos bolcheviques de Petrogrado e de Ecaterimburgo, enquanto a "burguesia" era considerada um grupo cheio de irreconciliáveis inimigos do povo.

O Tratado de Brest-Litóvski desmantelou a coalizão governante, já que os socialistas-revolucionários de esquerda se exoneraram de seus cargos no Sovnarkom e condenaram as ações dos bolcheviques. Em Ecaterimburgo, os dois partidos continuaram a cooperar, embora a parceria se houvesse tornado constrangedora e preocupante. Os socialistas-revolucionários de esquerda dos Urais reconheceram que Beloborodov e seus camaradas nutriam a mesma revolta para com o acordo de paz independente que Lenin estabelecera com a Alemanha. A manifestação de solidariedade para com os bolcheviques de Ecaterimburgo parecia um objetivo desejável para os socialistas-revolucionários de esquerda, e esses mantiveram a posse de suas instalações no prédio da Assembleia Comercial, na Avenida Voznesênski, em Ecaterimburgo.[28] Juntos, os dois partidos haviam preparado as tempestades políticas de um longo inverno. Embora ameaças militares, principalmente provenientes do general Dutov, continuassem a espocar em localidades de toda a região, o apoio ao "poder soviético" entre os trabalhadores da indústria estava minguando aos poucos. Mas o Comitê Executivo do Soviete Regional dos Urais se orgulhava de suas realizações e estava determinado a manter vivo o espírito revolucionário em Ecaterimburgo. Beloborodov e seus camaradas achavam que quaisquer dificuldades locais podiam ser eliminadas em pouco tempo se pelo menos agissem com o necessário empenho. Bolcheviques e socialistas-revolucionários de esquerda da cidade se irmanavam no ódio pelo acordo de paz separado com a Alemanha; estavam ávidos para repor o Sovnarkom no caminho das ofensivas incondicionais contra o capitalismo e o imperialismo na Rússia e no mundo.

# 32. Enquanto Isso, em Tobolsk

Os dirigentes dos Urais não consideravam a casa dos Ipatiev adequada para abrigar grande parte dos empregados que chegaram com Nicolau, Alexandra e Maria Nikolaevna. Numa revista feita em Dolgorukov, a Tcheka encontrou algumas coisas suspeitas. Descobriu-se que ele tinha uma grande quantia em dinheiro, bem como dois mapas da Sibéria em que todas as vias de navegação fluvial estavam assinaladas com destaque. Isso foi o bastante para que o enviassem para a prisão de Ecaterimburgo.[1] Tatishchev sofreu o mesmo tipo de tratamento, ainda que por uma justificativa totalmente diferente. O fato era que os comunistas queriam privar os Romanov do apoio de qualquer pessoa que tivesse experiência militar ou política. Aprisionaram também Fiódor Gorschkov depois de Nicolau haver desaprovado sua dispensa do serviço por causa de problemas de saúde.[2]

Houve um endurecimento simultâneo da situação em Tobolsk, onde o presidente do soviete, Pável Cocryakov, realizou uma campanha de repressão política. Ele era o principal emissário de Ecaterimburgo na cidade, e a crescente influência do Comitê Executivo Regional dos Urais foi confirmada quando mensagens finalmente chegaram a Tobolsk informando que Nicolau, Alexandra e Maria tinham sido entregues em suas mãos. O segredo foi revelado em 3 de maio, quando Kobylinsky recebeu, na Casa da Liberdade, um telegrama de Pável Matveiev relatando a perigosa viagem do comboio. Até então se supunha que o destino dos viajantes era Moscou.[3] Agora, todos os caminhos pareciam levar a Ecaterimburgo, e Cocryakov foi o único homem deixado como encarregado do cativeiro quando Moscou o designou, por telegrama, sucessor de Yakovlev como comissário na Casa da Liberdade, à qual ele fazia frequentes visitas de inspeção.[4] Toda a Tobolsk sentiu o peso de sua autoridade. Em 28 de abril, ele ordenou a prisão do bispo Germogen

248 O ÚLTIMO TSAR

antes de enviá-lo para os Urais.[5] Germogen era um incansável opositor da Revolução de Outubro e se envolvera nas intermitentes tentativas de resgatar os Romanov. Tobolsk não tinha quase nenhum bolchevique natural da cidade e havia um sentimento antibolchevique generalizado na população. Cocryakov pretendia torná-la um local seguro para o Sovnarkom e não queria correr nenhum tipo de risco: todos os inimigos do "poder soviético" deveriam ser capturados e presos ou fuzilados.

Como parte de sua campanha de segurança, ele fez uma revista completa na baronesa Buxhoeveden e em seus pertences. A composição das tropas continuou a sofrer mudanças, com alguns dos soldados sendo dispensados e outros, incluindo letões, chegando para o serviço.[6] Cocryakov acelerou o processo, dispensando o que restava do contingente deixado por Yakovlev e o substituindo por integrantes da Guarda Vermelha de Ecaterimburgo.[7] Ele também solicitou aos dirigentes dos Urais que enviassem Rodionov, um socialista-revolucionário de esquerda e membro do Comitê Executivo do Soviete Regional, para Tobolsk, com vistas a fiscalizar a rotina na Casa da Liberdade, pois o comandante designado por Yakovlev se tornara alcoólatra e não era mais confiável.[8]

Rodionov, assim como o próprio Cocryakov fizera algumas semanas antes, evitou viajar passando por Tiumen, onde poderia enfrentar problemas.[9] Chegou a Tobolsk em 6 de maio, portando uma carta de Beloborodov, informando que oito dos soldados sob o comando de Yakovlev tinham sido presos por causa de um mal-entendido insignificante e passageiro, acrescentando que tudo fora resolvido e que eles tinham se despedido amistosamente. Descrever assim seus sentimentos foi um exagero. É provável que Beloborodov estivesse ciente de que muitos camaradas de Matveiev haviam permanecido em Tobolsk e que poderiam causar problemas. Beloborodov, tendo vencido a disputa com Yakovlev pela prisão de Nicolau, pretendia manter tudo em ordem em Tobolsk. Mas ele também queria que o bolchevismo triunfasse e ordenou que Cocryakov, presidente do Soviete de Tobolsk, obrigasse a classe média a dar uma "contribuição" financeira especial à causa e lidasse implacavelmente com qualquer sinal de ações contrarrevolucionárias. Cocryakov continuaria, pois, com sua campanha de repressão e enviaria todos os encrenqueiros perigosos a Ecaterimburgo.[10] Nabokov e Matveiev, que haviam escoltado Yakovlev, chegaram de Ecaterimburgo em 8 de maio de 1918, juntamente com cinco camaradas.[11] Mas, na visão de Cocryakov e Rodionov, eles eram irrelevantes, e o fato de que haviam tido uma boa relação com Yakovlev não depunha a seu favor. Yakovlev era passado.

Esguio e em boa forma física, Rodionov era um jovem com experiência militar e aspereza no trato, tanto que os membros da família imperial e seus empregados aguardaram sua chegada com certa apreensão, mas nem todos o acharam tão severo quanto esperavam. Tatishchev reconheceu no recém-chegado uma das pessoas que tinham servido no exterior na mesma época que ele antes da Primeira Guerra Mundial. Ele disse isso a Rodionov e lhe pediu ajuda. De acordo com Gilliard, Rodionov respondeu: "Sei que você é uma boa pessoa. Você nunca tratou ninguém com desprezo. Estou disposto a ajudá-lo tanto quanto me for possível em sua situação atual." Ao que Tatishchev respondeu: "Quero fazer apenas uma solicitação e ficaria grato se você pudesse atendê-la: gostaria que não me separasse do soberano e que me desse permissão para permanecer ao lado dele, independentemente do que acontecer." Rodionov, contudo, não pôde prometer que faria isso. Explicou que era um simples membro do Comitê Regional, e não um agente plenipotenciário. Acrescentou que estava disposto a agir com civilidade, mas não faria concessões sem a devida autorização.[12]

Quanto a Kobylinsky, sua autoridade estava desgastada — após um protesto dos soldados, ele chegou a perder o direito de entrar na Casa da Liberdade. Até conseguiu que as restrições fossem revogadas depois de ter apelado para Cocryakov, mas a chegada de Rodionov fez com que tudo voltasse como antes. Em 11 de maio, ele exonerou Kobylinsky de suas atribuições e, dessa vez, não houve revogação dessa decisão. Rodionov ordenou que os soldados letões barrassem sua entrada na residência. Depois de tanto esforço frustrado, a saúde de Kobylinsky se agravou e ele ficou acamado.[13] Enquanto isso, a troca do antigo pessoal encarregado do cativeiro continuou. Em 17 de maio de 1918, Rodionov dispensou o destacamento da guarda inteiro, substituindo-o pela força militar que tinha levado de Ecaterimburgo para lá.[14] Nesse mesmo período, ele começou a tornar mais rigorosos os esquemas de segurança diários usados na guarda dos Romanov. Rodionov estava preocupado com os boatos de conspiração para resgatá-los e ordenou que passassem a dormir com a porta de seus quartos entreabertas. Naturalmente, as filhas dos Romanov ficaram alarmadas com isso, mas, quando Alexei Volkov apresentou objeções em nome delas, Rodionov respondeu: "Meus soldados não passarão por essas portas. Mas, se vocês não acatarem minha ordem, tenho plena autoridade para mandar que [meus homens] atirem para matar imediatamente." A civilidade estava sendo substituída pela severidade.[15]

E o tratamento ficou ainda mais severo. Klemênti Nagorny, o fiel ex--marinheiro encarregado de cuidar de Alexei, foi submetido a uma revista quando voltou da cidade. Descobriram que ele trazia consigo uma carta endereçada ao tsaréviche, enviada pelo filho do dr. Derevenko. Rodionov disse então a Cocryakov que isso provava a necessidade de se aumentar o rigor nas condições do cativeiro. Ele confiscou também um punhal que havia sido deixado com Alexei. Quando freiras visitavam a Casa da Liberdade, os membros do destacamento as revistavam com imenso prazer, e Rodionov postava um guarda no quarto durante os ofícios religiosos. Olga não aguentou mais a situação e disse que, se houvesse sabido disso com antecedência, teria preferido que o padre não viesse.[16]

A intenção sempre fora fazer com que os jovens Romanov que haviam permanecido em Tobolsk se reunissem a seus pais assim que a saúde de Alexei melhorasse. Alexandra enviou uma mensagem a Tobolsk pedindo a seus familiares que levassem o maior número possível dos valiosos bens de família quando fossem para Ecaterimburgo. Ela se comunicou em linguagem cifrada, chamando suas joias de medicamentos.[17] Enquanto isso, os jantares na Casa da Liberdade continuaram a seguir a rotina de sempre. O cardápio ainda oferecia pratos de boa qualidade — a mesa dos Romanov chegava a ter carne assada.[18] As necessidades diárias da família nunca eram negligenciadas. Alexei vinha melhorando e, em meados de maio, para a alegria de suas irmãs, estava se sentindo bem melhor.[19] Tatishchev e Gilliard intuíam que era melhor adiar ao máximo a partida do grupo para Ecaterimburgo; sentiam, com certa razão, que todos estariam mais seguros em Tobolsk. Mas as três filhas dos Romanov queriam muito voltar à companhia dos pais, e nem Tatishchev nem Gilliard achavam justificável impedir que isso acontecesse.[20]

O segundo grupo de Romanov partiu de Tobolsk no vapor *Rus* às 11 horas de 20 de maio de 1918.[21] A bordo do navio estavam Olga, Tatiana, Anastácia e Alexei, acompanhados por vinte e seis membros da comitiva, que haviam ficado quando Nicolau, Alexandra e Maria partiram. Kobylinsky permaneceu em Tobolsk. A rigor, como emissário de Kerensky, ele não pertencia à comitiva, mas tinha cuidado dos Romanov da melhor maneira possível e era muito estimado por eles. Apenas a doença que o acometera

# ENQUANTO ISSO, EM TOBOLSK

impediu que seguisse viagem com eles.[22] Rodionov chefiou a operação. Trancou Alexei e Nagorny na cabine — talvez uma medida severa demais, já que não vira razão para fazer o mesmo com as irmãs, e Alexei não estava totalmente recuperado.[23] Dois dias depois, eles atracaram em Tiumen. Na ocasião, Maria, a filha de Rasputin, estava no porto, comprando passagens rumo ao norte, para Pokrovskoie. Ela percebeu que Alexei e Anastácia Gendrikova, sua preceptora, estavam olhando para ela pela janela de um navio a vapor e, embora não houvessem tido nenhum tipo de contato, ela registrou em seus escritos: "Eles pareciam anjos."[24] Os Romanov permaneceram sob severa vigilância quando foram escoltados para a estação ferroviária, de onde rumaram para Ecaterimburgo, no trem que os aguardava. Um vagão da quarta classe havia sido reservado para transportá-los.[25]

Eles chegaram a Ecaterimburgo às duas da madrugada de 23 de maio de 1918. Nas sete horas seguintes, o trem ficou indo e vindo com eles entre as duas estações ferroviárias da cidade. Esse carrossel ferroviário foi uma forma de garantir que não haveria multidões reunidas nesses locais para presenciar o episódio.[26] Às nove horas, Alexei e suas três irmãs foram os primeiros a ser retirados do trem e levados para a casa dos Ipatiev. Tatiana levou consigo seu cão de estimação.[27] Quando, por volta do meio-dia, os bolcheviques voltaram ao trem, retiraram Tatishchev, Gendrikova e sua colega preceptora Ekaterina Schneider do vagão. Depois, voltaram para pegar o cozinheiro Caritonov, o criado Sedneiev, o criado pessoal Volkov e o criado Trupp. Sophie Buxhoeveden, talvez porque houvesse se sentido abandonada, se transferiu para o mesmo vagão em que viajaram Gilliard e outros. Por fim, Rodionov informou a todos os integrantes da comitiva que permaneciam a bordo que eles "não eram mais necessários e estavam livres" — em seguida, transmitiu a ordem para que voltassem todos juntos para Tiumen.[28] No livro de serviço da guarda na casa dos Ipatiev, foi registrada a chegada de Olga, Tatiana, Anastácia e seu irmão, Alexei, juntamente com alguns membros da comitiva que eles haviam trazido de Tobolsk. Enfim, a família de Nicolau estava reunida de novo.[29]

## 33. Tolerando Ecaterimburgo

Nicolau, Alexandra e Maria haviam chegado à casa dos Ipatiev na véspera do Dia do Trabalho. Na manhã seguinte, antes do início das comemorações públicas do feriado, ouviram o canto dos pássaros nas árvores lá fora. Do interior da residência, dava para ouvir bem os sons das bandas marciais dos Vermelhos.[1] Distraído com essas coisas, Nicolau não se deu conta da perigosa instabilidade de humor do povo de Ecaterimburgo. Trabalhadores da fábrica do Alto Iset iniciaram um movimento para proclamar o "dia da vingança", com o objetivo de aplicar uma punição na família imperial. Isso deixou Beloborodov tão alarmado que ele programou uma reunião com dirigentes do Soviete Regional na casa dos Ipatiev prevista para durar vinte e quatro horas.[2] Sua prioridade era persuadir mais trabalhadores a se alistar no Exército Vermelho, numa época em que forças antissoviéticas estavam planejando lutar pela conquista do controle da região dos Urais. Desfiles militares ocorriam nas principais ruas da cidade, podendo ser ouvidos na Avenida Voznesênski. Em meio à agitação de estandartes, líderes soviéticos fizeram discursos sobre seus planos urgentes para a defesa de Ecaterimburgo. Cidadãos da classe média local foram compulsoriamente recrutados para a abertura de trincheiras. Ergueram-se barreiras. Houve cidadãos que caíram na condição de reféns e foram presos com ameaças de execução.[3]

Os dirigentes comunistas dos Urais disseram aos Romanov mantidos em cativeiro que não teriam misericórdia de seus captores. Alexandra se sentiu ultrajada com a exigência de Didkovski e Avdeiev para inspecionar seus pertences — achou que não havia justificativa para isso. Avdeiev, recém--chegado de Tobolsk e logo nomeado comandante do serviço de cativeiro na casa dos Ipatiev, rejeitou sua queixa, argumentando que as autoridades tinham de garantir sua própria segurança. O comentário fez com que Nicolau perdesse a compostura: "O Diabo deve estar por trás disso. Até aqui, tivemos um tratamento civilizado e pessoas decentes em toda parte... mas agora?!" Avdeiev explicou com rispidez que Ecaterimburgo não era Tsarskoye Selo e, se Nicolau causasse qualquer problema, eles o isolariam do restante da família. Como Nicolau se recusou a se acalmar, Avdeiev acrescentou que, se o imperador persistisse em sua rebeldia turbulenta, seria levado embora dali e submetido a trabalhos forçados.[4] A advertência venceu o espírito de resistência em Nicolau e Alexandra. Eles não conseguiam sequer pensar em viver separados não apenas um do outro, mas também dos filhos, quatro dos quais ainda estavam para chegar de Tobolsk.

Avdeiev e Didkovski tencionavam garantir que os Romanov vivessem somente da ajuda financeira fornecida pelo governo e, assim, não tivessem condições de financiar uma resistência armada. As investigações revelaram que nem Nicolau nem Alexandra tinham um tostão sequer — sua filha Maria estava levando apenas 16 rublos consigo, enquanto um dos integrantes da comitiva, Fiódor Gorshkov, tinha consigo mais de 6 mil rublos. Os bolcheviques se haviam apossado da maior parte dessas quantias, tendo deixado com seus donos declarações oficiais atestando a existência dessas quantias.[5]

Em 3 de maio, Sverdlov tinha enviado novas instruções por telegrama. A mensagem serviu não só para revelar seu constante apoio a Yakovlev, mas também para demonstrar que os acontecimentos haviam suplantado a possibilidade de um controle sutil por Moscou. Sverdlov determinou que Nicolau fosse mantido "sob as mais rigorosas" condições de isolamento, ao passo que Yakovlev deveria retornar para Tobolsk e organizar a transferência dos Romanov que lá permaneciam.[6] Beloborodov respondeu com rispidez. Disse no telegrama que os Romanov já estavam "sob as mais rigorosas" condições de cativeiro e que nenhum estranho tinha permissão de visitá-los. Acrescentou que membros da comitiva, incluindo Botkin, eram tratados como se tivessem sido presos e que tanto Dolgorukov como o bispo Germogen estavam na prisão. Informou também que documentos achados com Dolgorukov tinham apontado para a existência de um plano de fuga — Beloborodov recomendou a Sverdlov que não desse ouvidos a queixas de outras pessoas a respeito disso. Os dirigentes dos Urais continuavam avessos à ideia de reconhecer que Yakovlev tivera de tomar precauções para proteger "a bagagem" depois de Tobolsk, e Beloborodov informou que houvera uma despedida fria entre ambas as partes, mas o Comitê Executivo o absolvera da suspeita de intenções contrarrevolucionárias, atribuindo seu comportamento a excesso de nervosismo. Observou ainda que Yakovlev não estava mais em Ecaterimburgo, e sim na siderúrgica de Asha-Balaschev, no distrito do Rio Sim.[7]

O Comitê Executivo reduziu o tamanho da comitiva. Nicolau pôs a culpa dessa decisão em Beloborodov. Quando Beloborodov fazia visitas de inspeção, ficava óbvio que era o mais influente entre os dirigentes dos Urais.[8] Nicolau desenvolveu uma grande antipatia por ele e fez a um dos guardas perguntas sobre a formação religiosa de Beloborodov e de outros dirigentes. Sua investigação foi motivada por antissemitismo, pois Nicolau havia chegado à conclusão de que Beloborodov só podia ser judeu. Mas ficou surpreso quando um dos guardas explicou que isso não era verdade e que Beloborodov era russo.[9] Apesar disso, ele continuou a detestar o comissário e o Comitê Executivo por causa de seus infortúnios. Lastimava o tratamento dispensado à comitiva. Afinal, Dolgorukov, Tatishchev e Gorshkov, bem como Ivan Sedneiev e Klemênti Nagorny, estavam detidos na prisão de Ecaterimburgo. Em 28 de maio de 1918, Sedneiev e Nagorny enviaram uma carta a Beloborodov solicitando permissão para retornar às suas terras natais; disseram que reconheciam que seus serviços junto aos Romanov haviam chegado ao fim e que jamais voltariam a ser prestados.[10] Por fim, dezoito integrantes acabaram pegando um trem de volta para Tiumen, ainda que, a meio caminho do destino, tenham sido retidos por dez dias em Kamyschlov.[11]

Goloschekin escolheu alguns partidários do bolchevismo para trabalhar em um destacamento criado para fazer a guarda dos Romanov sob o comando de Avdeiev.[12] O número de guardas foi aumentando aos poucos. Serguei Mrachkóvski, recém-saído do comando da Guarda Vermelha na "frente de combate de Dutov", visitou a fábrica de Sysert, onde recrutou trinta trabalhadores, oferecendo-lhes um soldo de 400 rublos mensais. Uma semana depois, Pável Medvedev, um ex-minerador local, voltou à fábrica e recrutou outros vinte voluntários. A metalúrgica de Zlokazovo foi outro local de recrutamento, visitado pelo próprio Avdeiev em busca de voluntários. Embora a maior parte dos novos guardas fosse russa, alguns eram letões. As duas fábricas eram conhecidas como centros de apoio aos bolcheviques.[13] Não foi difícil convencer pessoas a ingressar na unidade. Com a diminuição das atividades industriais, era difícil conseguir trabalho, e serviços de guarda na casa dos Ipatiev eram bem pagos e forneciam boa alimentação, numa época em que a existência de fontes de renda e a oferta de gêneros alimentícios estavam em queda. Assim, em pouco tempo, a unidade incorporou mais de cinquenta homens armados cuja lealdade política era inquestionável. Goloschekin, Mrachkóvski e Avdeiev tinham montado um destacamento com integrantes provenientes das fábricas locais da região dos Urais, unidade em que a disciplina foi rigorosa desde o início. Com isso, o Comitê Executivo visava evitar o tipo de explosões de rebeldia que havia ocorrido com frequência em Tobolsk.[14]

Avdeiev passava todos os dias na casa, das nove da manhã às nove da noite. Seu imediato, Alexandre Moshkin, e Pável Medvedev moravam na residência.[15] O serviço da guarda foi dividido em quatro turnos diários.[16] O trabalho era simples. Medvedev explicou a todos que um guarda deveria estar sempre a postos durante o serviço e evitar pegar no sono.[17] Mulheres eram proibidas de entrar na residência.[18]

O principal consolo dos Romanov era sua fé religiosa, mas os bolcheviques não permitiam que frequentassem a igreja e autorizaram a realização de apenas algumas missas na casa dos Ipatiev. O padre Ioan Storojev celebrou missa na residência em 4 de maio de 1918. Já a missa seguinte só foi autorizada um mês depois. Aliás, houve apenas quatro ocasiões em que o clero teve autorização para oficiar missas na presença da família imperial.[19] Storojev se lembraria depois de um domingo — o dia 2 de junho — em que um soldado de má aparência e desarmado foi à sua casa após a missa matinal e disse: "Mandaram que eu o requisitasse para uma missa para os Romanov." Quando o padre perguntou para quem exatamente era a missa, o soldado respondeu: "Ora, para o ex-imperador." (Em Ecaterimburgo, os soldados se recusavam a prolongar o status de monarca de Nicolau.) Storojev concordou, desde que seu diácono, Buimirov, pudesse acompanhá-lo. Avdeiev havia estipulado, porém, que somente Storojev teria permissão para celebrar a missa. Como o padre não abriu mão da condição imposta, o soldado acabou cedendo e escoltou os dois clérigos até a casa dos Ipatiev. Avdeiev deixou que ambos entrassem, mas se opôs à ideia de autorizar que Storojev ministrasse a comunhão ao imperador — os bolcheviques não queriam correr o risco de permitir que alguma coisa fosse passada ao imperador sorrateiramente. Storojev explicou que não era possível realizar nem mesmo uma missa resumida sem hóstias, e Avdeiev acabou cedendo.[20]

A família vinha esperando com ansiedade a celebração da missa. Uma mesa tinha sido improvisada à guisa de altar, com o enfermo Alexei deitado em uma cama e sua mãe sentada numa cadeira ao seu lado. Capitaneados por Nicolau, os Romanov enfrentaram bem a situação — ou pelo menos essa foi a impressão que Storojev teve, embora Alexandra lhe parecesse indisposta. Nicolau rezou o pai-nosso com entusiasmo. Quando a missa terminou, o padre hesitou diante da ideia de oferecer ou não a cruz à família para que a beijasse. Ele e Nicolau olharam de relance para o comandante antes de prosseguirem e depois o restante da família beijou a cruz, à exceção de Alexei, do qual Storojev se aproximou para que pudesse fazer o mesmo.[21]

No que se refere à alimentação, Avdeiev começara exigindo que a entregassem diretamente aos Romanov e à sua comitiva exclusivamente do refeitório do soviete local e esquentada quando chegasse. Mas, depois que achou que tinha um controle satisfatório da situação, permitiu que os membros da comitiva cozinhassem para a família.[22] A abadessa do mosteiro de Ecaterimburgo enviou duas de suas freiras em trajes civis àquela casa para oferecer suplementos à alimentação da família. Estavam aí inclusos creme de leite, rabanetes, ensopados de peixe, pepinos em conserva, linguiça e pão. Avdeiev não via nenhum problema nisso e até fez sugestões com relação ao que achava que poderia beneficiar o adoentado Alexei.[23] Havia astúcia, porém, na aparente tentativa de ser prestativo, pois, assim que Avdeiev recebia os suprimentos alimentares, confiscava o que desejava para si e o destacamento antes de liberar o restante para os Romanov.[24] Além disso, a quantidade de talheres era insuficiente — em certa ocasião, por exemplo, ficaram faltando duas colheres para a sopa.[25] Às vezes, Avdeiev, na tentativa de impor sua autoridade, resolvia jantar com os Romanov. Ele fazia isso com uma arrogância grosseira e, certa feita, quando esticou os braços para se servir, atingiu o rosto do imperador com o cotovelo.[26] Por vezes, também ficava bêbado durante o serviço.[27]

Em 14 de maio de 1918, as condições do cativeiro pioraram, ocasião em que Nicolau soube, por intermédio do dr. Botkin, que a família ficaria limitada a apenas uma hora de exercícios diários nas áreas externas da residência. Quando Nicolau foi pedir explicação aos guardas, disseram a ele: "É para que isso aqui fique parecendo um regime de prisão."[28] No dia seguinte, um trabalhador apareceu na casa para cobrir de tinta todas as janelas. Os Romanov não poderiam ter mais nenhuma visão da rua e,

TOLERANDO ECATERIMBURGO

quando a família fez uma caminhada no jardim às 15h15, não permitiram que seus membros ficassem nem uma hora lá fora antes que ordenassem seu retorno para dentro da casa.

Nicolau passou a ter cada vez menos acesso a notícias sobre o que estava acontecendo em Ecaterimburgo ou qualquer outra parte da Rússia. Não recebia mais visitas ou jornais, e as cartas que chegavam às suas mãos continham pouca informação sobre assuntos públicos, pois seus correspondentes sabiam que tinham de evitar provocar os responsáveis pela censura. Para um homem que continuava preocupado com as consequências da derrocada militar russa, a total falta de notícias era dolorosamente frustrante. E a família inteira queria saber o que Moscou tinha em mente, se é que tinha mesmo alguma coisa, com relação ao desfecho de sua situação. Uma de suas poucas fontes de informação era o dr. Derevenko, cujo alojamento ficava em outra parte de Ecaterimburgo. Avdeiev viu o que estava acontecendo e determinou que Derevenko poderia prestar assistência aos Romanov apenas mediante sua supervisão, e havia dias, quando Avdeiev se ausentava, em que o médico não podia entrar na casa dos Ipatiev.[29] Até então, os Romanov tinham conseguido usar Derevenko como um canal de informações com o mesmo objetivo. Mas, agora, com Avdeiev vigilante o tempo todo, o médico não podia mais dizer ou tomar conhecimento de nada que pudesse criar problemas para Nicolau e Alexandra.[30]

Os Romanov nunca souberam muita coisa a respeito da política interna dos bolcheviques e agora sabiam menos ainda. Embora Pankratov, Kobylinsky e até Yakovlev houvessem funcionado como uma espécie de escudo entre eles e o "poder soviético", todas as autoridades lotadas na casa dos Ipatiev eram hostis à família. Fazia sentido para Nicolau, portanto, conseguir acesso a publicações da imprensa bolchevique. Quando Vorobeiev, editor do jornal bolchevique da região, exigiu o pagamento normal de um mês da assinatura de sua publicação, Nicolau aceitou sem hesitar. Mas também procurava obter notícias por intermédio dos guardas. Quando perguntou como a guerra estava indo, Pável Medvedev respondeu que agora os combates eram entre russos e russos.[31]

Nicolau gostava de perguntar a todo soldado com que cruzasse pelo caminho quando tinha ingressado no serviço militar, e toda vez que um deles respondia haver feito isso antes de 1917, ele o chamava de "meu soldado". Quando a resposta era 1917 ou 1918, ele apenas comentava que o soldado era jovem.[32] Um dia, Nicolau perguntou a Medvedev por que ele estava arrancando e despedaçando bardanas. A resposta revelou muita coisa a respeito das condições econômicas: Medvedev explicou que estava usando a planta como substituto do tabaco.[33] Nicolau tinha uma simpatia comovente em relação a esse tipo de pessoa, e até os líderes bolcheviques reconheceram que a família passara a abrir mão de muitas coisas próprias de uma vida luxuosa. O ex-imperador usava velhas botas remendadas. Muitas vezes, as filhas dos Romanov, que não tinham a arrogância da mãe, corriam para a cozinha a fim de misturar a massa e ajudar a preparar as refeições.[34] Todas as mulheres dos Romanov costuravam e tricotavam para se manter ocupadas, e Alexei improvisava pequenas correntes para seus soldados de brinquedo. Nicolau fazia algum trabalho externo, como em Tsarskoye Selo e Tobolsk, mas não demorou muito para que as autoridades o proibissem até mesmo de limpar o jardim.[35] Ele sofria também de hemorroidas e tinha de se deitar com uma compressa para aliviar a dor, o que levou o dr. Botkin a providenciar para que fizesse suas refeições na cama.[36]

Enquanto isso, Ecaterimburgo estava se transformando num polo de atração de grupos monarquistas. Um deles pertencia à 1ª Divisão de Cavalaria da Guarda Imperial, com base em Petrogrado, e se autodenominava União da Artilharia Pesada. Seus integrantes elaboraram um plano para que o coronel Cirilo Sobolev sondasse as possibilidades de ação. Em maio, ele chegou à cidade com o aparente objetivo de treinar na Academia Militar do Estado-Maior Geral, mas sua real intenção era planejar uma forma de resgatar os Romanov. O levantamento que ele fez, porém, das características geográficas e das precauções de segurança estabelecidas em torno da casa dos Ipatiev o convenceu de que seria suicídio atacar a propriedade. Embora houvesse permanecido na Academia e travado debates com colegas oficiais simpáticos à causa, preferiu evitar qualquer tipo de operação.[37]

Os hotéis de Ecaterimburgo continuavam a acolher visitantes que requisitavam autorização ao soviete regional para encontros com o imperador, e o consulado britânico local, situado do outro lado da rua, erigiu um posto de observação para acompanhar os acontecimentos na casa.[38] Os dirigentes comunistas dos Urais recusavam toda solicitação de entrevista com Nicolau. Essas solicitações serviam apenas para irritar os bolcheviques, que estavam muito preocupados com o risco de uma conspiração armada. Sophie Buxhoeveden, Pierre Gilliard e Sydney Gibbes pressionavam cons-

TOLERANDO ECATERIMBURGO

tantemente os consulados dos países do Ocidente a encontrar uma forma de libertar Nicolau e sua família.[39] Mas não havia nada que os diplomatas pudessem fazer diante da situação e descobriram que suas investigações sobre os acontecimentos na casa dos Ipatiev serviam apenas para agravar o estado de inquietação e nervosismo entre os dirigentes comunistas dos Urais. Apesar disso, o major Migich, que pertencia ao estado-maior geral das forças armadas sérvias e falava russo fluentemente, insistia muito em sua necessidade de discutir com Nicolau o curso da Grande Guerra. Outros chegaram à cidade, incluindo um segundo-tenente chamado Vozetich e um tal de Smirnov, que serviam na corte da rainha da Sérvia. Ficou claro que representavam a grã-duquesa Elena Petrovna, a esposa sérvia do primo de Nicolau Ioan Konstantinovich, que estava preso na região dos Urais.[40]

Beloborodov e Goloschekin jamais deixariam que uma estrangeira da família estendida dos Romanov entrasse na residência dos Ipatiev, ainda mais para tratar de assuntos da Grande Guerra. A família imperial deveria permanecer isolada, de modo que a causa soviética não sofresse nenhum dano.[41] Aliás, Nicolau nunca foi exatamente o prisioneiro inofensivo que fingia ser. Um dos agentes da Tcheka, I. I. Radzínski, afirmaria depois que Nicolau compunha versos ridicularizando os bolcheviques — segundo consta, eles foram achados na gaveta de seu criado-mudo.[42] E esse foi o mais inofensivo de seus atos de rebeldia. Certa vez, quando enviou uma carta aos parentes, incluiu um desenho da casa dos Ipatiev no envelope com informações sobre quem poderia ser achado em cada um de seus recintos. Isso ajudaria os invasores, caso algum dia descobrissem uma forma de entrar na edificação. Era óbvio, portanto, que Nicolau estava alimentando esperanças de tentativa de resgate, mas não contava com a possibilidade de que Avdeiev examinasse todas as suas cartas.

Avdeiev ficou furioso. Em vez de conversar com o dr. Botkin, como sempre fazia, intimou Nicolau pessoalmente. O ex-imperador solicitou que Botkin o acompanhasse. Como Avdeiev se recusou a atender a solicitação, Nicolau foi conversar com ele na companhia de uma de suas filhas. Quando ele chegou, Adveiev fez sinal para que se sentasse. Nicolau recusou o oferecimento, tendo preferido ficar em pé. Se o ex-imperador achou que isso lhe daria alguma vantagem, logo descobriria que estava enganado. Avdeiev iniciou a entrevista afirmando que um desenho proibido fora achado dentro do envelope da última carta enviada pelo ex-imperador. Nicolau

260 O ÚLTIMO TSAR

bradou que, para ele, isso era novidade. Avdeiev não aturava desaforo e retrucou que qualquer um seria capaz de perceber, com certeza, que a caligrafia era do soberano. Nicolau se deu por vencido, acabando por confessar que ele mesmo fizera o desenho e prometendo que não faria isso de novo. O comissário o advertiu então com toda a clareza que, se Nicolau descumprisse a promessa, ele mesmo o levaria para a prisão. A advertência bastou para acabar com a determinação do monarca: ele não podia suportar a ideia de ficar separado da família e, assim, retomou a atitude de cativo resignado com a situação.[43]

Piotr Voikov e I. I. Radzínski testaram sua sinceridade forjando duas cartas provocadoras endereçadas a Alexandra. Voikov, Comissário Regional do Abastecimento Alimentar, participou do plano porque sabia francês, já que havia trabalhado muitos anos no serviço de emigração. Ele ditou os textos para Radzínski, que os escreveu com tinta vermelha e os subscreveu com a identificação de "Oficial Russo". O objetivo era induzir os Romanov a se envolver numa conspiração fictícia.[44] Um dos guardas lhes entregou uma das cartas em fins de junho, cujo remetente era uma pessoa que a assinara se identificando dessa vez como "Oficial do Exército Russo" e os alertando para o agravamento da situação militar dos bolcheviques. A carta informava que Samara, Tchelyabínski e a Sibéria estavam agora sob o controle de seus inimigos e que a Legião Tchecoslovaca de Ex-Prisioneiros de Guerra, que se rebelara contra o Sovnarkom, se achava apenas a uns 80 quilômetros de Ecaterimburgo. Ainda de acordo com a carta, a iminência da derrota militar aumentava a ameaça que os bolcheviques representavam para Nicolau e sua família. O pretenso oficial pediu a eles, como preparativo para uma tentativa de resgate, que enviassem um esboço do interior da casa dos Ipatiev.[45] Seguiu-se a troca de várias outras correspondências, e o "oficial" recomendou que os cativos dormissem com roupas normais e ficassem preparados para sair da casa por uma janela na calada da noite. Os Romanov caíram no embuste e ainda pediram garantias de que não haveria derramamento de sangue, levando os dirigentes dos Urais a terem a confirmação de seu pressentimento de que Nicolau cooperaria com qualquer esforço sério para libertar os Romanov.[46]

A desconfiança aumentou em ambos os lados. Em 10 de junho, os guardas revistaram as malas guardadas no saguão e retiraram delas muitas coisas que tinham vindo de Tobolsk com os Romanov. Não deram nenhuma explicação.

1. Nicolau II e seu filho, Alexei, desfrutam de um momento de tranquilidade próximo à frente de combate.

2. Nicolau II vestido ao velho estilo moscovita que às vezes escolhia para aparições públicas.

3. Grigory Rasputin, a única pessoa que conseguia acalmar o jovem Alexei durante as crises de hemofilia.

4. O trem imperial em que Nicolau II assinou o ato de abdicação. Os tempos haviam mudado, e as pessoas poderiam agrupar-se ao redor do transporte e perguntar se o tsar tinha apreciado a viagem.

5. General Mikhail Alexeiev, o chefe do Estado-Maior: diligente, esforçado e exausto. Com tato, Alexeiev pressionou Nicolau a abdicar.

6. Grão-duque Mikhail Alexandrovich, que rejeitou o convite de seu irmão Nicolau a sucedê-lo no trono. Uma decisão sensata.

7. Um dos muitos rascunhos do ato de abdicação. Nicolau fez suas correções a lápis.

8. Nicolau II e Alexandra, em tempos mais felizes com seus cinco filhos.

9. Alexandra, aflita, cuidando do filho Alexei. Ela se culpava pela condição médica do garoto.

10. Alexandra doente na cadeira de rodas em Tsarskoye Selo.

11. Carta de "Niki" à mãe, Maria Feodorovna, de Tsarkoye Selo, desculpando-se pela escrita trêmula e contando que estava ensinando história e geografia a Alexei. Ele ainda usava seu antigo papel de carta.

12. Olga Romanov e a instável confidente de sua mãe, Ana Vyrubova. Kerensky ordenou o afastamento de Vyrubova do Palácio de Alexandre.

13. Primos monarcas, Nicolau II e Jorge V, antes da Primeira Guerra Mundial. Muito parecidos, quase idênticos.

14. Alexandre Guchkov, o outubrista ministro da Guerra no Primeiro Gabinete do Governo Provisório.

15. Alexandre Kerensky, o socialista-revolucionário ministro da Justiça que se tornou primeiro-ministro em julho de 1917.

16. Pavel Milyukov, democrata-constitucionalista e ministro das Relações Exteriores após a abdicação de Nicolau.

17. Sir George Buchanan, embaixador britânico em Petrogrado durante a guerra.

18. Lavr Kornilov, comandante militar de Petrogrado que ascendeu a comandante em chefe sob Kerensky. Kornilov voltou-se contra Kerensky em agosto de 1917.

19. Alexandre Kerensky entre oficiais e soldados do Exército antes da Revolução de Outubro.

20. A Casa da Liberdade, em Tobolsk, onde os Romanov foram mantidos depois de Tsarskoye Selo.

21. Setor do destacamento da guarda num dia nevado na Casa da Liberdade.

22. Nicolau na varanda da Casa da Liberdade, em Tobolsk.

23. Carta de Nicolau enviada à mãe dois dias após a Revolução de Outubro, lamentando a proibição da família de passear pelos arredores de Tobolsk.

24. Nicolau e Alexei cuidando das galinhas na Casa da Liberdade: tarefas domésticas eram a distração da família.

25. Olga Romanov puxando o irmão Alexei num trenó nas proximidades da Casa da Liberdade.

26. Vasily Pankratov, o ex-prisioneiro designado com plenos poderes para vigiar os Romanov em Tobolsk. Ele veste a indumentária típica siberiana.

27. Yevgeny Botkin, o dedicado médico particular dos Romanov. Botkin morreu junto com eles, em julho de 1918.

28. Sydney Gibbes, inglês e preceptor das crianças Romanov. O melindroso Gibbes reprovava a falta de privacidade em Tobolsk.

29. Baronesa Sophie Buxhoeveden, confidente de Alexandra. Em sua chegada a Tobolsk, não tardou a irritar os guardas e foi expulsa da casa de Kornilov.

30. Pierre Gilliard, preceptor suíço que auxiliou Alexandra com as finanças da família.

31. Estação de Ecaterimburgo nº 1, onde a multidão hostil aguardava que Nicolau, Alexandra e Maria desembarcassem do trem.

32. A isolada casa dos Ipatiev em Ecaterimburgo, para onde os Romanov foram levados depois de Tobolsk.

33. Alexandre Beloborodov, presidente do Comitê Executivo do Soviete Regional dos Urais. Ex-prisioneiro da cadeia de Perm.

34. Filipp Goloschekin, comissário militar do presidente do Comitê Executivo do Soviete Regional dos Urais. Goloschekin muitas vezes discutiu a questão dos Romanov com Lenin antes de Nicolau e sua família serem executados.

35. Yakov Yuróvski, último comandante na casa dos Ipatiev e chefe da equipe de fuzilamento, em julho de 1918.

36. Vladimir Lenin, líder do partido bolchevique e presidente do Sovnarkom. Lenin fez de tudo para que vestígios de sua participação na discussão sobre executar os Romanov fossem removidos.

37. Yakov Sverdlov, secretário do Comitê Central dos Bolcheviques e presidente do Comitê Executivo Central do Congresso de Sovietes. Camarada próximo de Lenin no ano seguinte à Revolução de Outubro.

38. Parede ensanguentada no porão da casa dos Ipatiev, após a execução dos Romanov.

39. Trem blindado usado por unidade militar da Legião Tchecoslovaca em 1918. Os tchecoslovacos tornaram suas locomotivas indestrutíveis contra ataques em rota por forças pró-bolcheviques.

40. O arquivo dos documentos cruciais do inquérito sobre o destino dos Romanov obtidos por Nikander Mirolyubov. Mirolyubov preservou o status de procurador do Palácio da Justiça de Kazan.

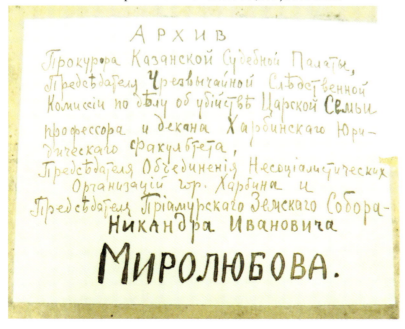

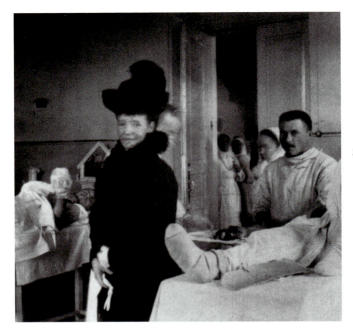

41. A imperatriz viúva Maria Feodorovna visitando os feridos no hospital de Tsarskoye Selo durante a Primeira Guerra Mundial. Depois de se despedir de Nicolau II em Moguilev em março de 1917, ela jamais voltaria a vê-lo.

42. Telegrama de "Alex" (Rainha Alexandra) para "Minnie" (Maria Feodorovna), em 21 de dezembro de 1918, implorando a ela que fosse para o exílio. Maria Feodorovna sentiu-se culpada por deixar o país.

```
MESSAGE RECEIVED BY WIRELESS TELEGRAPHY FROM THE
ADMIRALTY, LONDON, DATED THE 21st DECEMBER, 1918.
------------------
        Following from Queen Alexandra for Empress
Feodorovna, Crimea :-
    Darling Minnie,
        Have just been informed that it would be
most advisable for you to leave at once before
more complications and horrors, so please make
up your mind before too late to come to me here
in England at once.   Bring everyone you wish.
                Your loving sister,
                    A L I X.
------------------
```

## TOLERANDO ECATERIMBURGO

Nicolau teve certeza de que esses pertences iriam para as casas dos guardas e que nunca mais os recuperaria: "Revoltante!"[47] Ele percebeu uma mudança geral na atitude dos guardas, principalmente em sua nova relutância em falar com ele. Nicolau teve a impressão de que estavam preocupados com alguma coisa: "Não dá para entender!"[48] Então, em 15 de junho, o dr. Derevenko foi impedido de entrar na residência. Ficou do lado de fora, implorando permissão para pelo menos entregar leite e ovos. O dr. Botkin, que morava na casa dos Ipatiev com os Romanov, pediu autorização para enviar uma carta ao soviete regional com o intuito de solicitar que permitissem o aumento da sessão de exercícios para duas diárias e a abertura das janelas.[49] Nenhum dos médicos foi bem-sucedido em seus esforços. Aos olhos dos dirigentes dos Urais, os Romanov haviam manchado sua já pouca reputação e, agora, nenhuma súplica em favor deles tinha a mínima chance de ser atendida.

# 34. Uma Noção da Vida Real

O que mantinha o moral dos membros da família era o amor que sentiam uns pelos outros e sua fé cristã. Consequentemente, se as autoridades soviéticas tivessem desejado extinguir suas forças, o caminho óbvio teria sido separar Nicolau e Alexandra dos filhos e confiscar seus escritos religiosos. Outra coisa que teria igualmente enlouquecido Nicolau teria sido proibi-lo de ter acesso a livros. As autoridades soviéticas dos Urais negaram autorização para que ele solicitasse o envio de livros de uma biblioteca local, como fizera em Tobolsk, e o fato de os membros mais antigos de sua comitiva terem sua entrada barrada na casa dos Ipatiev fez com que ele não pudesse mais pegar livros emprestados deles. Alexandra continuava mergulhada na leitura de doutas pesquisas sobre o cristianismo, e o casal imperial deixou de ter as vibrantes conversas que haviam sustentado seu casamento durante os anos de sua permanência no poder. Mas Nicolau ainda podia recorrer aos livros que haviam trazido de Tobolsk, bem como aos que ele encontrara nas estantes da casa dos Ipatiev, os quais ele usava para se acalmar.

O primeiro livro que Nicolau leu era de Alexandra, um exemplar do autor belga Maurice Maeterlinck intitulado *A sabedoria e o destino*, no original em francês.[1] Tratava-se de uma coletânea de aforismos que conquistara um vasto universo de leitores nos anos anteriores à guerra, e foi graças a isso que Maeterlinck ganhou o Prêmio Nobel de Literatura de 1911. Nicolau devorou a obra rapidamente; ficou tão impressionado que a leu em voz alta para a família em suas instrutivas sessões de leitura noturna.[2]

Há muito tempo *A sabedoria e o destino*, com seu estilo sonolento e seu teor fatídico, perdeu seus admiradores. Nicolau não deixou nenhum registro das coisas de que gostou na obra, mas talvez se tenha sentido encorajado pelas páginas em que Maeterlinck rogava compaixão para Luís XVI, levando em conta suas dificuldades durante a Revolução Francesa:

UMA NOÇÃO DA VIDA REAL

Ponhamo-nos no lugar dele, no meio de suas dúvidas e desorientação, de suas trevas e dificuldades. Agora que sabemos o que aconteceu é fácil dizer o que deveria ter sido feito; mas nós mesmos estamos, neste momento, conscientes do nosso dever? Não estamos lutando com nossos próprios problemas e dúvidas? E não seria bom que aqueles que, um dia, nos criticaram achassem o rastro que nossas pegadas deixaram nas areias do outeiro em que subimos, movidos pela esperança de descortinar o futuro lá de cima? Luís XVI estava confuso: e, quanto a nós, sabemos o que devemos fazer? Sabemos o que é melhor abandonar, o que é melhor preservar? Somos mais sábios do que ele quando vacilamos entre os direitos da razão humana e aqueles que a circunstância reivindica? E, quando a hesitação é consciente, quase sempre não possui todos os elementos do dever?[3]

Se algum governante havia atravessado um vale de lágrimas semelhante, certamente foi Nicolau da Rússia, em março de 1917.

Nicolau tentara fazer a coisa certa ao se guiar pelos ditames da própria consciência — a mesma atitude que Luís XVI tivera em defesa da qual Maeterlinck se manifestou:

Podemos aprender uma lição de suma importância com o exemplo desse rei infeliz: é que, quando nos defrontamos com alguma dúvida que, por si só, é nobre e grandiosa, é nosso dever continuarmos avançando destemidamente, sem nos desviarmos nem para a direita nem para a esquerda, indo infinitamente além daquilo que parece razoável, prático e justo. A ideia de senso de dever que temos hoje, bem como do que seja justo e verdadeiro, pode parecer clara para nós agora, além de avançada e soberana, mas quanto parecerá diferente alguns anos, alguns séculos depois![4]

É fácil imaginar quanto essas palavras devem ter consolado um homem que continuou avançando "destemidamente", convicto de que estava cumprindo seu dever, a despeito das exigências políticas hostis.

Além do mais, de acordo com Maeterlinck, Luís XVI foi uma das primeiras vítimas do impacto de um conjunto de ideias novas e perturbadoras em seu reinado:

E existe algo neste mundo que possa ser mais tranquilizador ou mais entranhado em nós, mais intensamente humano, do que a ideia de justiça? É possível que Luís XVI tenha lamentado que essa ideia, que perturbou a sua paz, houvesse surgido justamente em seu reinado; mas essa foi a única maldição que ele pode ter lançado contra o destino e, quando nós mesmos nos queixamos do destino, nossas queixas têm o mesmíssimo valor.[5]

A França de fins do século XVIII havia sido um dos crisóis do Iluminismo europeu, com a zelosa adoção de seus adeptos dos princípios da racionalidade, da ciência e da justiça, conjugada a seu compromisso de eliminar as tradições absurdas e a opressão dos poderosos. No começo de 1917, a Rússia fervilhava de campanhas para a criação de uma sociedade mais justa. Não eram campanhas novas, mas campanhas que haviam sido empreendidas por décadas pelos inimigos da ordem tsarista. Nicolau sempre as repudiara e, depois que foi tirado do poder, nunca questionou a correção e a validade de suas próprias suposições. A provável razão disso talvez esteja no fato de ele haver obtido algum consolo, embora irrealista, nos sentimentos expressos por Maeterlinck.

Ele também pode ter-se consolado com o argumento do autor de que governantes não eram culpados por seus descuidos em prever acontecimentos:

> É bom que a pessoa acredite que pode contar com tudo, que tudo pode ser previsto; mas é bom também que tenhamos em nós uma ideia vaga, inviolável, incorruptível, que sempre nos lembre que, na maioria das vezes, tudo que é grandioso deve continuar imprevisível. Porquanto é o imprevisível, o desconhecido, que realiza o que nunca ousamos tentar realizar; mas essas coisas não virão em nosso auxílio se não acharem, no fundo de nossos corações, um altar consagrado à sua adoração. Homens da mais férrea vontade — homens como Napoleão — tiveram o cuidado de deixar a realização de boa parte de seus feitos mais extraordinários nas mãos do destino.[6]

Maeterlinck pintou um quadro da política como uma força indomável da natureza:

> Os períodos mais agitados da história lembram uma tempestade que vemos no mar; vindos de distantes regiões interioranas, corremos para a praia, cheios de grande expectativa; observamos as ondas enormes com viva ansiedade, com uma paixão quase infantil. E, de repente, vem uma que é três vezes maior e mais impetuosa do que as demais.[7]

Não é difícil imaginar que um imperador russo que cometera tantos erros evitáveis tenha encontrado ajuda na ideia de que a história poderia vencer o mais poderoso dos imperadores.

Maeterlinck acentuou que o destino desempenha importante papel nos acontecimentos humanos e que a crença no racionalismo é uma fé mal direcionada:

> Não nos tornaremos sábios cultuando apenas a razão, e sabedoria significa mais do que eterno triunfo da razão sobre os instintos inferiores. Triunfos dessa espécie podem nos ajudar pouco se não ensinarmos à razão a mais completa submissão a outro tipo de instinto — o instinto da alma.[8]

Nicolau, sempre fatalista, havia encontrado um autor que falava aos seus instintos.

Depois de *A sabedoria e o destino*, ele se voltou para a literatura russa, principalmente a obra *Neunyvayusshchie rossiyane* (*Russos que nunca desanimam*), que não era uma parte da lista de clássicos da literatura do século XIX, mas uma exuberante fonte de penetrantes observações das camadas sociais abaixo da aristocracia e do alto comando.[9] Uma voz em seu interior disse a Nicolau que ele sabia muito pouco sobre seu povo e, por isso, talvez estivesse finalmente começando a perceber que errara ao ignorar e desprezar o mundo mercantil em seus anos de monarca.[10] Leikin, um amistoso rival de Anton Tchekhov até o dia de sua morte, em 1906, ficara famoso com suas matérias sobre negociantes, publicadas no *Peterburgskaya gazeta*. O principal alvo de suas matérias era a classe dos comerciantes da capital, da qual ele mesmo descendia. O tom dos artigos de Leikin era espirituoso e simpático aos comerciantes e profissionais de razoável sucesso, apesar de seus defeitos. Embora apresentasse carinhosamente descrições detalhadas de suas roupas, de seus hábitos alimentares e de seu comportamento, fazia ataques demolidores a seu esnobismo nos meios sociais.[11] Mas, apesar da atitude satírica, Leikin tinha orgulho de ser russo. Ele retratava as cidades russas em seus escritos como caldos de misturas étnicas em que a cultura russa estava triunfando de forma pacífica e cabal sobre seus rivais no império.[12]

Nicolau também lia livros que apresentavam uma visão mais desoladora da sociedade russa. O engenheiro Ipatiev havia deixado para trás uma coletânea das obras de Mikhail Satykov-Schedrin em suas estantes, e não demorou muito para que Nicolau começasse a ler *A família Golovleiev*.[13] Era um romance em que o autor fazia uma impiedosa condenação do estilo de vida e das atividades comerciais nas pequenas cidades. O velho Golovleiev, um comerciante avarento, tiranizava os filhos, a quem acabou transformando em cópias de sua própria natureza, de homem rancoroso e sem imaginação. Leitores do século XIX levavam os escritos de Saltykov-Schedrin a sério, considerando-o um observador das poças de estagnação social que precisavam de umas remexidas para que a Rússia pudesse progredir. Nicolau não deixou nenhum registro de sua reação à leitura do romance, nem se sabe ao certo se o leu mesmo até sua última página de linhas deprimentes. (Se ele fez isso, a resistência de que deu mostras sob prisão domiciliar é realmente extraordinária.)

Após a leitura da obra de Saltykov-Schedrin, leu *Guerra e paz*, de Tolstói. Para os russos instruídos, essa obra era um dos grandes clássicos nacionais e — se nos basearmos nos registros de seu diário como guia —, ele nunca dera sequer uma folheada no livro antes do cativeiro em Ecaterimburgo. Tolstói, apesar da fama mundial, continuou a sofrer restrições da censura até os fins de seus dias na Terra, em 1910, além de ter sido excomungado pela Igreja Ortodoxa Russa. Mas havia algo em *Guerra e paz* que pareceu muito sedutor para Nicolau. O romance trata longa e cansativamente dos árduos trabalhos dos russos numa época de invasões, bem como da derrota para o Grande Exército de Napoleão, seguida de uma vitória. Quando Nicolau renunciou ao trono, no início de 1917, a Rússia ainda não havia sido derrotada, de forma alguma. Mas era um período de crise crescente, e as condições na frente de combate estavam indo de mal a pior assim que ele abdicou. Além do mais, o tratado de Brest-Litóvski significou uma derrota militar e uma perda de território para os alemães tão graves quanto as que os russos tinham sofrido nas mãos dos franceses, em 1812. Em fins desse mesmo ano, os russos expuseram a fraqueza logística da estratégia de Napoleão, e o Grande Exército foi forçado a se lançar numa retirada humilhante quando o próprio Napoleão fugiu para Paris a fim de salvar a própria pele.

Tão grande foi o entusiasmo de Nicolau com *Guerra e paz* que, nas noites de maio, ele leu a enorme parte final da obra para a família.[14] Eram páginas de capítulos abrasadores, descrevendo o incêndio provocado em Moscou, em 1812, por ordem das autoridades russas, objetivando privar os franceses dos frutos de sua vitória militar. Um dos heróis do episódio,

Pierre Bezukhov, deu início a uma fracassada missão pessoal para assassinar Napoleão. Enquanto isso, os exércitos russos eram reorganizados para um contra-ataque e logo os franceses se viram forçados a uma retirada humilhante. Não é difícil imaginar que a descrição das condições dos derrotados exércitos franceses tenha melhorado o estado de espírito de Nicolau e de sua família — afinal, na visão deles, talvez os invasores alemães acabassem tendo o mesmo destino. Os Romanov procuravam agarrar-se, com todas as forças, aos últimos fiapos de esperança.

# 35. A Guerra Civil

A transferência dos Romanov para Ecaterimburgo havia sido planejada com base na premissa de que lá eles estariam mais seguros do que em Tobolsk, até quando Moscou estivesse pronta para recebê-los, para um grande julgamento de fachada. A única coisa certa nesse cálculo era que Tobolsk era realmente um local inseguro para confinamento. Os bolcheviques nunca tiveram uma base política forte nas vizinhanças, e a soberania do Sovnarkom era totalmente atribuível a organizações militares externas de Petrogrado, Omsk e Ecaterimburgo. Até então, os atos de violência eram mínimos. Em junho, um destacamento da Guarda Vermelha fez mais uma incursão em Golyshmanovo. Quando o padre do povoado badalou o sino da igreja para alertar sobre sua aproximação, os membros da Guarda acharam que ele estava soando um alarme para que antibolcheviques corressem em busca de esconderijo. Após uma troca de tiros, o padre foi preso e o fizeram seguir marchando para um local de execução.[1]

Nos primeiros meses de 1918, a maior parte dos conflitos armados nos Urais e nas regiões adjacentes era de natureza local, com pouco significado para Moscou ou Petrogrado, e a situação foi a mesma na maioria dos territórios do antigo Império Russo. Os bolcheviques, apesar de suas conversas frequentes, em 1917, sobre a possível deflagração de uma guerra civil, foram de uma lentidão incrível na avaliação do tamanho e da extensão dos conflitos que sua tomada do poder poderia ocasionar. O Exército Popular do Komuch pretendia transferir-se para a Rússia central assim que contasse com soldados e equipamentos suficientes. Quando isso acontecesse, haveria uma guerra entre duas forças esquerdistas, uma liderada pelos socialistas revolucionários e outra pelos bolcheviques. Mas vinha ocorrendo também a formação de exércitos que estavam aderindo à direita política. O general Kornilov, depois

A GUERRA CIVIL

de ter fugido do cativeiro, aliou-se ao general Alexeiev no sul da Rússia, onde estavam recrutando um exército de voluntários. No início, foi constituído principalmente por ex-oficiais, mas Alexeiev pretendia expandir suas fileiras e, assim que possível, marchar sobre Moscou. O almirante Kolchak vinha buscando um objetivo semelhante no centro da Sibéria. Era apenas uma questão de tempo até que esses preparativos militares prorrompessem em uma guerra civil generalizada e obrigassem os bolcheviques a organizar um forte sistema de defesa das cidades controladas por eles na Rússia central.

Lenin, porém, tinha certeza de que a guerra civil havia terminado em janeiro daquele ano, quando os Vermelhos derrotaram, no sul da Rússia, uma pequena força militar cossaca sob o comando de Afrikan Bogaévski. Ainda em abril, o líder soviético continuava bastante despreocupado com questões militares:

> A tarefa de debelar a resistência dos aventureiros foi resolvida no período compreendido entre 25 de outubro de 1917 e (aproximadamente) fevereiro de 1918 ou a rendição de Bogaévski.
>
> A seguir, em nosso programa de ações vem... a tarefa — a tarefa que é urgente e representa a singularidade do momento atual — de organizar o *governo* da Rússia.[2]

Continuou a ser um dogma entre os bolcheviques o princípio de que, desde que conseguissem manter o apoio que tinham entre os trabalhadores da indústria, sua segurança estaria garantida. Em fevereiro, depois de terem desmobilizado o antigo exército imperial, eles começaram a organizar seu Exército Vermelho de Trabalhadores e Camponeses, mas sem qualquer urgência, e muito preconceito contra o profissionalismo militar permaneceu visível entre os dirigentes do partido.

Os bolcheviques e os socialistas-revolucionários de Ecaterimburgo concentraram seus preparativos militares nos sistemas de defesa contra a força militar do general Dutov. Estima-se que havia 12.375 membros na Guarda Vermelha na região dos Urais nos últimos meses de inverno e que, só em Ecaterimburgo, existiam nada menos que três mil deles.[3] O Comitê Executivo do Soviete Regional dos Urais os organizou em dois grupos. O primeiro era comandado por Ivan Malyschev; o segundo, por Serguei Mratchkóvski. No início de 1918, Malyschev partiu com seus homens para Oremburgo, com o objetivo de enfrentar uma força chefiada por Ataman Dutov. Mratchkóvski se concentrou nos preparativos das defesas de Ecaterimburgo.[4] Esses voluntários não eram páreo para soldados experientes. Os membros da Guarda Vermelha local estavam acostumados a fazer o que bem entendiam em vez de obedecer a ordens. Eles desaprovavam os instrutores que davam treinamentos no emprego de armas e também não gostavam da ideia de marchar ou combater em formação. E os líderes bolcheviques transformavam uma situação ruim em algo ainda pior. A. Kadomtsev, por exemplo, era um famoso veterano das unidades da facção armada que haviam lutado na Revolução de 1905. Orgulhava-se das realizações dos bolcheviques, alcançadas sem a ajuda do detestado corpo de oficiais do exército russo. Para ele, era bom que cada uma das unidades da Guarda Vermelha (ou *drujina*) agisse por conta própria. Para a formação delas, eles deram preferência ao recrutamento de trabalhadores de indústrias. Muitas vezes, nos primeiros encontros militares, houve disparos de rajadas mal direcionados quando o inimigo aparecia diante das tropas.[5]

Contudo, fora da região dos Urais, havia outras forças que se haviam aliado a Dutov. A principal delas era o Exército Popular do Komuch, que se espalhou para além da região do Volga e começou a procurar grupos armados para desafiar o Sovnarkom e suas agências de governo locais. Até então, o Comitê Executivo do Soviete Regional dos Urais não tinha enfrentado nenhuma ameaça direta do Komuch e de seus aliados, mas havia uma óbvia necessidade de se preparar qualquer mudança súbita na situação estratégica e, assim, foram feitos esforços em Ecaterimburgo para reforçar a capacidade militar da cidade.

A campanha de recrutamento dos Urais se intensificou depois de o tratado de paz ter sido assinado com a Alemanha, em Brest-Litóvski, e alguns dos voluntários daquela região afirmariam depois — na condição, conforme eles mesmos disseram, de prisioneiros de forças contrarrevolucionárias, ocasião em que podem ter desejado parecer mais patrióticos do que realmente eram — que estavam loucos para combater os alemães, mas acabaram sendo mobilizados contra as forças de Dutov.[6] Os líderes regionais bolcheviques incentivavam essas coisas. Embora não pudessem rasgar o tratado de paz e continuassem a acreditar que Lenin tinha cometido um erro terrível, dispuseram-se a dar o melhor de si aos preparativos militares; usaram também sua influência contra mais concessões à Alemanha imperialista.[7] Sua esperança era que o Comitê Central do Partido reconhecesse

A GUERRA CIVIL 271

que estava errado e instituísse uma cruzada militar contra o capitalismo mundial. O recrutamento militar era realizado com vistas à preparação de uma "guerra revolucionária" em que o Exército Vermelho enfrentasse germânicos e austro-húngaros e servisse para desmantelar os regimes políticos da Europa central, bem como para estabelecer governos comunistas em todo o continente. Os líderes uralianos reconheciam que não poderiam iniciar sozinhos uma guerra desse tipo. Enquanto aguardavam o desenrolar dos acontecimentos em âmbito nacional, empenhavam-se no objetivo de exercer total domínio sobre a região dos Urais. Isso exigia, sobretudo, a realização de uma campanha decisiva para as forças de Dutov na frente de combate; além disso, recrutas foram enviados aos povoados para confiscar grãos dos camponeses que relutavam em cooperar.[8]

A situação militar piorou ainda mais depois da transferência dos Romanov para Ecaterimburgo. Embora as origens do processo de agravamento não tivessem nada a ver com os Urais, em pouco tempo se revelaria forte seu impacto na região.

Nos Urais, a violência atingiu um novo auge de intensidade com a revolta da Legião Tchecoslovaca que explodiu em Tchelyabínski, situada apenas a pouco mais de 220 quilômetros de distância, ao sul de Ecaterimburgo, e ligada diretamente à cidade por uma ferrovia. A Legião era uma força militar composta por prisioneiros de guerra tchecos e eslovacos que viajaram em grupos para Vladivostok. A intenção deles era reingressar na Grande Guerra no lado dos Aliados, na Europa ocidental. Após Brest-Litóvski, Trótski, como ministro das Relações Exteriores, tentou manter alguma cooperação com os Aliados, como forma de contrabalançar o tratado com os alemães. Ele e Lenin sabiam que a paz estabelecida com o acordo de Brest-Litóvski talvez não durasse muito. Sempre era possível que a Alemanha resolvesse invadir a Rússia de repente e destituir os bolcheviques do poder. Para evitar o agravamento das relações com Berlim, Trótski continuou as conversações com diplomatas britânicos, franceses e americanos, e estabeleceu vantajosas ligações com Robert Bruce Lockhart, o principal emissário britânico em Moscou. A permissão dada à Legião Tchecoslovaca de partir para o exterior foi um dos gestos do Sovnarkom destinados a provar que as autoridades soviéticas ainda não estavam totalmente submetidas ao controle dos alemães. Mas havia também a esperança de que isso servisse para dissuadir os Aliados da ideia de enviar uma expedição militar hostil à Rússia soviética.

272 O ÚLTIMO TSAR

Era um tipo de política sempre arriscado, e a crescente desconfiança de Trótski em relação aos comandantes da Legião Tcheca o levou a emitir uma ordem no sentido de que a força militar em marcha fosse desarmada. Nos primeiros conflitos em Tchelyabínski, as forças militares dos Vermelhos não foram obstáculo para os soldados do velho exército austro-húngaro que haviam participado de combates no Front Oriental e continuavam com o moral alto e determinados. Os tchecoslovacos se apoderaram do sistema de telegrafia e convocaram para o combate os grupos armados que se achavam dispersos a leste e a oeste de Tchelyabínski, em trechos da Ferrovia Transiberiana. Em todas as estações ao longo da via férrea, eles esmagaram as resistências do Exército Vermelho e enviaram, por telegrama, as notícias de suas vitórias a seus camaradas estacionados em outros lugares.

O plano dos tchecoslovacos, que foi se desenvolvendo rapidamente, era reunir todos os seus grupos e aliar-se ao Komuch para tirar os bolcheviques do poder. De Tchelyabínski, enviaram unidades para o oeste, com o objetivo de conquistar algumas cidades mineiras, incluindo Miass e Zlatoust, em seu avanço para Ufá. Um grupo de combatentes tchecoslovacos se deslocou também para o norte, até a conexão ferroviária de Tchelyabínski-Ecaterimburgo, parando em Kyshtym; de Tchelyabínski, seguiram também para leste, avançando ao longo da Ferrovia Transiberiana, e conquistaram Chadrínski e Kurgan. Omsk caiu nas mãos de soldados tchecoslovacos em 7 de junho.[9] Suas vitórias incentivaram destacamentos militares russos antibolcheviques a iniciar operações. Mais ao norte, Tiumen sucumbiu aos ataques de uma força antibolchevique. Níjni Taguil teve o mesmo destino logo depois. Essas derrotas representaram perdas enormes para o governo da região, pois Tiumen ficava diretamente a leste de Ecaterimburgo, e Níjni Taguil, a norte. Já no início de julho, o cerco das tropas inimigas a Ecaterimburgo estava prestes a ser fechado.[10] Membros do governo não podiam viajar nem para o norte nem para o sul e, se quisessem fazer inspeções em Alapaievsk, tinham de seguir para lá pelo ramal ferroviário que contornava a cidade de Níjni Taguil. O Comitê Executivo do Soviete Regional dos Urais havia perdido quase toda a sua autoridade sobre as províncias da região.

O pânico se espalhou por Ecaterimburgo quando a notícia da queda de Tchelyabínski chegou à cidade. Quando a crise militar se agravou, o Soviete de Ecaterimburgo mobilizou um grupo de seus próprios deputados para fortalecer o Exército Vermelho enquanto ele se preparava para enfrentar ataques da Legião Tchecoslovaca.[11] As estações ferroviárias ficaram lotadas de gente.[12] Os bolcheviques de Ecaterimburgo precisavam de toda a ajuda de voluntários que conseguissem reunir para deter o avanço dos tchecoslovacos. Recorreram aos anarquistas também, a quem haviam expulsado de seus quartéis políticos na cidade pouco tempo atrás. A ameaça dos tchecoslovacos os uniu novamente e estabeleceu uma ação conjunta entre os membros da Guarda Vermelha e os grupos anarquistas armados.[13]

A esfera do poder soviético estava sendo desmantelada rapidamente. Em meados de junho, Omsk caiu diante de um assalto de cossacos siberianos, bem como dos tchecoslovacos em marcha, que assumiram o controle também da ferrovia próximo a Tiumen. O Exército Vermelho e seus líderes políticos realizaram uma retirada estratégica.[14] No começo do verão, houve generalizados levantes de trabalhadores dos Urais contra os bolcheviques.[15] Predominava, em toda parte, insatisfação causada pela incapacidade do Sovnarkom em promover a recuperação econômica, e era grande a revolta com os métodos de ação terrorista da polícia. No ano anterior, Lenin e seus camaradas haviam prometido mundos e fundos. A desilusão com essas promessas, até mesmo entre os membros da classe operária do setor industrial, chegou rapidamente à região dos Urais, onde, em toda parte, era frequente o clamor por novas eleições.[16] Podia ser apenas uma questão de tempo para que a Legião Tchecoslovaca decidisse marchar sobre Ecaterimburgo, onde eram desoladoras as perspectivas de sucesso dos defensores da cidade. Os bolcheviques contavam com pouco mais de mil homens armados, incluindo os membros da Guarda Vermelha, cuja disciplina estava longe de ser confiável. Além do mais, grande parte de suas armas era de baixa qualidade — muitos soldados portavam apenas fuzis de caça.[17]

Alguns dias depois, os soviéticos perderam o controle de grande parte da ferrovia entre a região do Volga e Vladivostok. Forças armadas bem organizadas, por menores que fossem, eram capazes de causar um impacto tremendo, se tivessem bastante determinação. Na capital, os dirigentes bolcheviques estavam plenamente cientes de sua fragilidade. Sem os fuzileiros letões no interior e ao redor do Kremlin, o Sovnarkom vivia em constante risco de ser atacado de surpresa. Por isso também, era bem possível que os tchecoslovacos, não mais podendo confiar em Lenin e Trótski, agissem como elementos de vanguarda de uma ofensiva destinada a esmagar a Revolução de Outubro.

# 36. Manobras Alemãs

Os alemães conseguiram o que pretendiam com o tratado de Brest-Litóvski: as operações no Front Oriental foram encerradas e as divisões do exército alemão puderam ser transferidas para combater os britânicos e os franceses antes que conseguissem reforços com a entrada dos americanos na guerra. Com isso, os alemães também puderam obter suprimentos alimentícios ucranianos para os soldados e civis. Agora, a Alemanha tinha finalmente o controle de vastos territórios situados a oeste da Rússia que eram muito interessantes para os empresários alemães. Em pouco tempo, portanto, a Rússia podia tornar-se um de seus vassalos econômicos.

Mas era possível confiar em Lenin e Trótski por muito tempo? Ludendorff e Hindenburg, os verdadeiros chefões da Alemanha, teriam sido imprudentes se houvessem achado que sempre poderiam contar com o Sovnarkom. Lenin tinha vencido o referendo sobre um acordo de paz separado enfrentando muita oposição dos membros da coalizão governante. Os socialistas-revolucionários de esquerda renunciaram aos cargos de ministro do povo (embora tivessem continuado a trabalhar nos escalões inferiores do governo). Bolcheviques que se opunham ao tratado continuaram a sustentar suas objeções. Trótski, em especial, era suspeito, pois tinha aceitado o acordo de paz com muita relutância e não parou de cativar as boas graças de diplomatas dos Aliados — ele e o diplomata britânico Robert Bruce Lockhart passavam tempo demais juntos e, assim, ninguém podia saber ao certo se Trótski acabaria voltando a defender sua preferência pela participação da Rússia na guerra. Aliás, muitos bolcheviques o teriam aplaudido por essa atitude. O governo soviético estava enfrentando dificuldades enormes e era perfeitamente imaginável que acabasse ruindo, à medida que fosse aumentando a insatisfação entre os trabalhadores da indústria e os camponeses. Por todas essas razões, a diplomacia alemã praticava uma política de vias opostas, de colaboração com os dirigentes bolcheviques e, ao mesmo tempo, de busca de possibilidades para estabelecer uma aliança com os russos pró-germânicos.

Dia após dia, o avanço pela última via foi-se tornando uma opção cada vez mais realista, já que grupos russos antibolcheviques vinham procurando formas de derrubar o Sovnarkom e se dispuseram a pensar na possibilidade de contar com o apoio financeiro ou militar da Alemanha. Seu raciocínio se baseava em razões práticas. Depois que chegaram à conclusão de que as forças militares russas não tinham mais condições de enfrentar o poderio alemão, previram a derrota dos Aliados na Grande Guerra. Já que a Alemanha poderia acabar imperando sobre a Europa Oriental, muitos russos patriotas pensavam na possibilidade de se conformar com a nova realidade, na esperança de conseguir tirar os bolcheviques do poder. Eles pretendiam persuadir Berlim de que um governo alternativo em Moscou era preferível ao comunismo e ao perigo que um sistema antimonárquico, anticapitalista e anticlerical representaria para todos os países da Europa, incluindo a própria Alemanha.

Somente em 26 de abril de 1918, o conde von Mirbach conseguiu concluir as obras da embaixada da Alemanha, na Denejny Pereulok (Rua do Dinheiro), e finalmente inaugurá-la. Era a mesma rua em que ficava a sede da delegação diplomática militar francesa, e os dois grupos de diplomatas viviam tentando mostrar que um era melhor que o outro. Foram muitas as vezes em que suas limusines oficiais quase se chocaram nas ocasiões em que resolviam transformar a Denejny Pereulok numa verdadeira pista de corrida.[1] Mirbach deu o exemplo aos colegas; ele agia como se os bolcheviques fossem meros guardiães temporários da soberania russa e deixou claro a quem ele apoiava fazendo visitas a importantes monarquistas; chegou a conseguir uma entrevista com Natália, a cunhada de Nicolau II.[2] Nicolau teria ficado horrorizado se tivesse sabido disso, já que continuava a considerar a Alemanha o maior inimigo de seu país. Mas Mirbach estava pensando numa futura Rússia, em que os alemães continuassem a ser a força dominante e os bolcheviques não existissem mais. É provável que um vitorioso Kaiser Guilherme quisesse reinstituir alguma forma de monarquia na Rússia. Mirbach, por sua vez, exigiu que os russos devolvessem aos seus donos as empresas alemãs que vinham sendo confiscadas desde 1914. O Sovnarkom viu-se forçado a atender e abriu uma exceção em seu esforço de estatização das indústrias do país: todas as propriedades pertencentes aos alemães deveriam permanecer intactas.[3]

Os monarquistas russos viram nisso uma chance para procurar a embaixada alemã e suplicar que os ajudasse a convencer os líderes soviéticos a melhorar as condições de cativeiro dos Romanov.[4] Embora Mirbach houvesse recebido solicitações do ex-senador Dmitri Neidgart em três ocasiões, apenas manifestou seu pesar, sem prometer que faria algo a respeito do assunto.[5] É natural que Neidgart tenha ficado desanimado com a experiência. Contudo, Alexandre Trepov, que tivera uma rápida passagem pelo cargo de primeiro-ministro no governo de Nicolau, em fins de 1916 se uniu aos ativistas monarquistas na tentativa de enfrentar o problema de outra forma. A ideia deles era procurar Pável Benkendorf e tentar persuadi-lo a interceder junto a Mirbach ao argumento de que, após o tratado de Brest-Litóvski, somente os alemães tinham autoridade para garantir a segurança da família Romanov. Trepov queria deixar implícita entre os alemães a advertência de que, se algo ruim acontecesse aos Romanov, ele e seus amigos contariam ao mundo que a culpa era da Alemanha.[6] Mirbach, aristocrata e diplomata profissional, recebeu Benkendorf com cortesia, mas não se mostrou mais animador do que havia sido com Neidgart. Argumentou que o destino de Nicolau II devia ser deixado nas mãos do povo russo. Disse que só concordaria em pensar no que a Alemanha poderia fazer pelas "princesas alemãs".[7]

Existem alguns sinais indicando que, depois disso, os alemães fizeram algumas sondagens e tentativas relacionadas ao assunto. Em abril de 1918, Mirbach procurou Sverdlov a pedido da família imperial alemã e da rainha da Espanha com vistas a tentar conseguir a transferência dos Romanov para Petrogrado. Segundo consta, Sverdlov disse a ele que faria o que fosse possível, mas acentuou que era difícil lidar com as autoridades soviéticas da região do cativeiro; ele não queria que o responsabilizassem depois por ter sido causa de aborrecimentos nos Urais.[8] Nem todas as autoridades da embaixada achavam que o lado alemão, se realmente quisesse, poderia ter insistido para que Nicolau fosse libertado do cativeiro, como parte do acordo de paz de Brest-Litóvski. Mas esses diplomatas reconheciam também que as autoridades de Berlim poderiam provocar atos de oposição entre socialistas no Reichstag se alguma iniciativa dessa espécie tivesse sido tomada — e, de qualquer forma, Nicolau correria o risco de ser assassinado se conquistasse a liberdade.[9] Todavia, por volta de 15 de maio de 1918, Gilliard percebeu que algo estranho

MANOBRAS ALEMÃS

estava acontecendo quando soube que uma missão da Cruz Vermelha da Alemanha estivera em Ecaterimburgo pouco tempo atrás, e, quando sentado num restaurante com Buxhoeveden e Alexandra Tegleva, eles viram duas enfermeiras alemãs conversando abertamente em seu próprio idioma.[10]

Há poucos indícios de que a família imperial tivesse feito qualquer outra coisa que não fosse cumprir as exigências de seus captores. Mas algumas coisas poderiam estar acontecendo nos bastidores. Já no mês de junho, Serguei Markov, o incansável candidato a libertador da família, chegara à conclusão de que a salvação dos Romanov só poderia acontecer com a ajuda da Alemanha.[11] Ele também acreditava que seu líder, Markov-II, já estava colaborando com "os alemães", o que parecia explicar por que tão poucos voluntários tinham chegado a Tiumen no início do ano — e Markov-II não podia dar-se ao luxo de irritar o governo alemão proporcionando a Nicolau condições para chefiar um movimento empenhado em invalidar o tratado de Brest-Litóvski. Eles achavam que os alemães apenas endossariam uma operação que objetivasse esconder os Romanov em algum lugar no exterior.[12] O general de divisão Vladimir Kislitsyn atestaria, em 1919, que se encontrara com Serguei Markov em Berlim, em dezembro de 1918. Markov lhe apresentou uma carta, supostamente enviada de Tobolsk por Alexandra a seu irmão, o príncipe Ernst de Hesse. Embora a carta estivesse lacrada, Kislitsyn teve certeza da caligrafia de Alexandra no envelope.[13] Assim como outros ex-oficiais do exército russo, Markov estava sendo bem tratado pelos alemães. Sentindo-se à vontade para falar, afirmou que o Kaiser — que, a essa altura, havia sido tirado do poder — tinha se oferecido para providenciar que levassem Alexandra e suas filhas secretamente para Berlim, mas Alexandra recusara categoricamente a ajuda.[14]

Markov nunca revelou o que achava que havia na carta e acabou levando o episódio consigo para o túmulo. Vasily Golitsyn, um jovem aristocrata filho de um general do antigo exército russo, conta uma história ainda mais extraordinária. Golitsyn disse que se encontrou em Ecaterimburgo com o subtenente Praslov, que havia conversado com um comissário que soubera, por intermédio de um comissário da Guarda Vermelha, que um general alemão tinha conseguido entrar secretamente em Ecaterimburgo e travar contato com o próprio Nicolau, na casa dos Ipatiev. Parece que, quando foi solicitado que endossasse o acordo de paz, Nicolau rejeitou a proposta com desprezo. Então, o general advertiu que ele acabaria sendo executado — ao que Nicolau retrucou dizendo que estava preparado para dar a vida pela pátria.[15] Não se sabe ao certo se essa conversa realmente aconteceu, mas é estranho que nenhuma agência de espionagem alemã tenha tentado descobrir o que estava acontecendo nos Urais. Numa situação como essa, não surpreende que tenha havido muitos boatos.

Enquanto isso, os alemães e os austríacos se comportavam de forma imperialista nos vastos territórios do antigo Império Russo que eles ocupavam. Toda vez que conquistavam uma importante cidade, realizavam um grande desfile militar. Seus soldados eram postados em ambos os lados das principais alamedas para conter as multidões. Todos usavam um ramo de pinheiro no capacete. A cavalaria ocupava lugar de destaque no desfile. Bandas marciais acompanhavam os regimentos em marcha e os eventos eram filmados. Perplexos, os habitantes assistiam a tudo no mais completo silêncio, observando os altos comandos alemão e austríaco comemorarem a vitória. Nos dias seguintes, as lojas reabriam e algo parecido com uma vida normal era retomado. Governos-fantoches eram instituídos com solícitos colaboradores ucranianos e russos, mas, a não ser por isso, pouco se tentava fazer para disfarçar a supremacia dos alemães — que faziam sombra até mesmo aos austríacos.[16] A Ucrânia se tornou um local de pessoas fugindo da tirania do governo soviético. Os alemães não tinham nenhum interesse em perturbar a velha ordem social, e as ricas e aristocráticas famílias russas podiam aparecer em público sem o tipo de importunação que haviam sofrido com frequência em 1917. Algumas começaram a achar que, já que a Rússia tinha perdido a guerra no Front Oriental, talvez a Alemanha imperial pudesse servir como um instrumento para a retirada dos bolcheviques do poder.

Portanto, embora Nicolau II permanecesse contrário a qualquer reconciliação com a Alemanha imperial, oficiais monarquistas do velho exército russo estavam dispostos a analisar a possibilidade de obter ajuda da Alemanha para organizar uma investida nos Urais e resgatar os Romanov. Em Kiev, alguns comandantes militares alemães eram favoráveis a essa possível solução, mas seus colegas diplomáticos não ficaram nem um pouco entusiasmados com a ideia. O general A. I. Mosolov, que havia trabalhado na corte imperial, pediu que Mumm, o embaixador alemão na Ucrânia, esclarecesse as intenções de Berlim. Mumm respondeu com rispidez, dizendo simplesmente que discordava da ideia de "que a questão do resgate do tsar fosse importante para a Alemanha".[17]

MANOBRAS ALEMÃS

O líder do Kadets Pável Milyukov, defensor apaixonado da vitória militar dos Aliados em 1917, foi a primeira das personalidades públicas da Rússia a fazer uma mudança radical em sua orientação política e a tentar obter a ajuda militar dos alemães. Em fins de maio de 1918, ele atravessou secretamente a nova fronteira russo-ucraniana sob o pseudônimo de professor Ivanov. Alegando representar o então recém-formado Centro da Direita Antissoviética, estabeleceu contato com as autoridades da ocupação alemã. Lançou apelos para que a Alemanha consentisse em ajudar oficiais russos do Exército de Voluntários de Alexeiev a organizar um golpe militar contra o Sovnarkom, em Moscou. Acentuou que uma força militar alemã seria fundamental para isolar o acesso à capital e representar uma ameaça capaz de avançar sobre os bolcheviques. Disse, por fim, que esperava que a Alemanha concordasse em fornecer armas e munição ao Exército de Voluntários.[18]

Milyukov tinha de agir com muita discrição. Afinal, se vazasse a notícia de que ele havia se humilhado, tendo ido suplicar ajuda aos alemães de chapéu na mão, os bolcheviques provocariam um escândalo na Rússia e arruinariam sua reputação. Em Kiev, Milyukov pediu a N. P. Vasilenko, um colega do Kadets que ocupava um cargo no ministério do governo ucraniano chefiado pelo protegido alemão Pavlo Skoropadskyi, que atuasse como seu intermediário junto aos alemães. Era um assunto delicado, pois Milyukov havia sido, até pouco tempo atrás, um feroz defensor da causa de uma vitória esmagadora contra a Alemanha e criticara duramente o tratado de Brest-Litóvski, assinado pelos dirigentes bolcheviques. Houve um curioso aspecto dinástico na viagem de Milyukov à Ucrânia. O contato de Vasilenko na administração militar alemã era o major Haase, que tinha importantes responsabilidades relacionadas a assuntos estrangeiros e de segurança, sob o comando do general Herman von Eichhorn. Haase era o cognome profissional do príncipe Ernst de Hesse, irmão de ninguém menos que a ex-princesa Alexandra. Naturalmente, Haase agiu com cautela. O tratado de Brest-Litóvski beneficiou a causa alemã na Grande Guerra, possibilitando a transferência de soldados do Front Oriental para o norte da França. Como havia a possibilidade de Milyukov chegar ao poder, Haase queria que lhe dessem garantias de que o esforço de guerra alemão não seria prejudicado.[19]

Num encontro com Haase em 21 de junho, Milyukov afirmou que o general Alexeiev e o Exército de Voluntários não se negavam mais a reconhecer os fatos objetivos da situação militar e estavam abertos à ideia de colaborar com a Alemanha. (Isso era pura fantasia da parte de Milyukov, mas talvez ele estivesse torcendo para que fosse verdade.) O príncipe Ernst o pressionou a explicar suas ideias acerca do futuro da Rússia. Milyukov exortou os alemães a moderar suas pretensões e explicou que, embora ele quisesse ver a Rússia reunificada com a Ucrânia, achava que a ligação entre ambos os países seria frágil — e esperava que a Alemanha ficasse satisfeita com isso. Como sempre desejara uma monarquia constitucional para o país, disse que tinha o desejo de que o grão-duque Mikhail assumisse o trono. Acrescentou que gostava do caráter brando de Mikhail e que não antevia nenhuma dificuldade em manipulá-lo. O problema era que os bolcheviques o mantinham sob custódia, mas Milyukov continuava otimista. Para ele, a sucessão era apenas "uma questão técnica". Sugeriu que as autoridades, caso Mikhail se mostrasse indisposto a cooperar ou intransigente, casassem o grão-duque Dmitri Pavlovich com Olga, a filha mais velha de Nicolau.[20]

Parece que Milyukov não ficou preocupado com o fato de ter demonstrado um cinismo tão extravagante falando desse jeito a respeito dos parentes próximos do príncipe. Afinal, o grão-duque Dmitri havia participado da conspiração que matou Rasputin, envolvimento que fizera Nicolau puni-lo com o exílio, enviando-o para combater na frente de batalha na Pérsia. Depois da Revolução de Fevereiro, assim como todos os outros Romanov, ele teve de deixar o serviço militar e optou pela busca de exílio político na embaixada britânica em Teerã. Era muito pouco provável que essas coisas servissem para que ele conquistasse a estima dos alemães. Além do mais, o plano de Milyukov de um futuro governo russo excluía a possibilidade da volta de Nicolau ao trono. Isso teria consequências ruins para a irmã de Ernst, Alexandra. Talvez Milyukov simplesmente presumisse que Ernst reconhecia que Nicolau tinha sido um completo desastre como governante. De qualquer forma, um casamento entre os dois primos — Dmitri e Olga — estava longe de ser um projeto que os geneticistas teriam aprovado. Milyukov estava envolvido com loucos esquemas de especulação. Desesperado com as perspectivas de seu país, era como um homem que, para não se afogar, se agarrava a qualquer galho. Sem nenhum tato ou noção de diplomacia, ele vinha implorando às autoridades alemãs que reconhecessem que seus interesses repousavam na necessidade de tratar com ele, um patriota, e não com fanáticos comunistas internacionalistas.

MANOBRAS ALEMÃS

Milyukov deixara de levar em conta que o Exército de Voluntários comandado por Alexeiev recrutava membros para seu corpo de oficiais entre homens preparados para considerar os alemães inimigos. Seria necessário muito esforço para induzi-los a apoiar Berlim. Em 4 de julho, ele recebeu uma mensagem de Alexeiev deixando claro que o comandante não tinha nenhuma intenção de adotar uma "orientação" favorável aos alemães.[21] Além do mais, os Aliados do Ocidente estavam começando a oferecer ajuda financeira às organizações empenhadas na luta contras os alemães.

No entanto, Milyukov não desistiu. Optando por continuar em Kiev, em 10 de julho ele se encontrou com o príncipe Ernst novamente, com o objetivo de reiterar a necessidade de cooperação entre a Alemanha e os russos antibolcheviques, tal como ele mesmo. Argumentou que o tratado de Brest-Litóvski, longe de consolidar a supremacia da Alemanha, foi um exagero para os alemães se eles estavam levando mesmo a sério a questão do interesse nacional — mas não explicou por que pensava assim. Ele reiterou seu compromisso com o princípio monárquico e asseverou que os camponeses, se não os trabalhadores, receberiam um novo tsar de braços abertos.[22] Mas, sem a ajuda de Alexeiev, sua esperança de tirar os bolcheviques do poder em Moscou não tinha fundamento algum. De qualquer forma, quando partiu de Kiev, ele havia fracassado em sua tentativa de conseguir um acordo com os alemães. E o que tornou as coisas piores foi a decisão de seus colegas do Kadets de se retirarem da Centro-Direita: era praticamente certo que isso tornaria mais difícil a retomada de alianças produtivas com os Aliados.[23] Ainda assim, os bolcheviques, se não tivessem se preocupado com a possibilidade de os inimigos dos russos se esforçarem para estabelecer um acordo com a Alemanha imperial, teriam ficado livres de sua constante preocupação com eventuais perigos nas relações internacionais. Era bem possível que os alemães rasgassem o tratado de Brest-Litóvski e buscassem novos parceiros em Moscou, mais flexíveis do que Lenin e Trótski.

# 37. Os Últimos Dias na Casa

Em maio de 1918, eram cada vez maiores as evidências da prática de atos ilícitos no destacamento da guarda lotado na casa dos Ipatiev. Avdeiev realizou uma investigação no fim do mês e, como resultado, demitiu seu imediato, Alexandre Moshkin, por haver roubado pertences dos Romanov. Mas o próprio Avdeiev também era corrupto. Quando, pouco tempo depois, ele foi condenado pela prática de furtos, o Comitê Executivo do Soviete Regional dos Urais o destituiu de suas funções e ele nunca mais foi visto na casa dos Ipatiev.[1]

O agente da Tcheka Yakov Yuróvski foi designado para substituir Avdeiev no cargo de comandante e restabelecer a ordem no sistema de detenção. O novo comandante era um homem alto, com as bochechas coradas e uma personalidade que combinava bem essas características.[2] Yuróvski havia trabalhado como enfermeiro de regimento nos hospitais do exército durante a guerra. Após a Revolução de Fevereiro, foi eleito para o Soviet de Ecaterimburgo. Diziam também que iniciara a vida de militante político como socialista-revolucionário.[3] Se isso era verdade, estava longe de ser uma mudança incomum de orientação política. Afinal, em 1917, os bolcheviques haviam funcionado como um ímã para muitas pessoas que os viam como o único partido capaz de amansar o capitalismo e pôr fim à Grande Guerra. Assim como outros jovens militantes, Yuróvski estava passando pelas provas de fogo da turbulência nacional e ascendeu a um cargo na diretoria regional da Tcheka nos Urais depois da tomada do poder pelos bolcheviques e do estabelecimento do Sovnarkom.

Os dirigentes dos Urais exigiram que se restabelecesse a ordem no destacamento da guarda. Não disseram nada a Yuróvski a respeito do destino final traçado para os Romanov, e, àquela altura, eles mesmos não sabiam nada além do que havia nos boatos provenientes de Moscou — e é difícil que os debates no Sovnarkom em torno da ideia de se levar Nicolau a julgamento tenham escapado ao conhecimento do Comitê Executivo do Soviete Regional e das autoridades de confiança.[4]

A primeira inspeção feita por Yuróvski na casa dos Ipatiev o convenceu de que a gestão do esquema de cativeiro sob o comando de Avdeiev tinha sido incompetente e corrupta. Ele decidiu levar novos guardas, embora os antigos tivessem sido incorporados ao serviço no fim de abril; levou consigo membros do destacamento de missões especiais atrelado à liderança governamental de Ecaterimburgo para criar um núcleo de segurança confiável.[5] Yuróvski tinha uma opinião negativa dos trabalhadores russos que Avdeiev havia recrutado nas fábricas dos Urais e, por isso, começou a empregar alguns letões confiáveis. Embora houvesse continuado a permitir que os guardas russos patrulhassem o exterior da casa, reservou as tarefas da segurança interna à equipe de guardas letões. E, apesar de, com isso, desejar intensificar a disciplina, também pode ter achado vantajoso ter guardas que não chegavam a ser fluentes em russo e não conseguiriam ter conversas informais com os Romanov.[6] Fez uma drástica reorganização das acomodações, o que possibilitou que os recém-chegados monopolizassem a ocupação do andar térreo da casa dos Ipatiev.[7] Sempre que estava de serviço, Yuróvski assinalava que as velhas complacências não seriam mais toleradas. Como autoridade da Tcheka, transformou a residência numa verdadeira bastilha.

Beloborodov fez uma visita para informar pessoalmente a Nicolau a mudança de membros da guarda. Disse que o roubo de pertences acabaria, e Yuróvski, juntamente com um assistente, criou um inventário de anéis e pulseiras de ouro. Ambos levaram objetos consigo para guardá-los em um local seguro, mas não sem antes terem explicado que vários casos de venda ilícita de artefatos haviam sido apurados — e que Avdeiev fora condenado por isso. (No fundo, Nicolau achou que Avdeiev tinha sido incapaz de controlar o esquema de cativeiro e se condoeu um pouco da situação dele.)[8] Yuróvski, no entanto, tinha outro ponto de vista. Achava que, se Avdeiev havia sucumbido à tentação, muitos letões poderiam sucumbir também. A realidade da coleta dos pertences era mais complicada do que ele havia imaginado, e acabou desistindo da tentativa de remover um bracelete do pulso da imperatriz quando ela disse, com veemência, que fazia vinte anos que o usava e que seria necessário empregar uma chave para tirá-lo.[9] Ele voltou no dia seguinte com um porta-joias contendo todos os pertences recolhidos e pediu que os Romanov verificassem se ainda estava faltando alguma coisa. Feito isso, lacrou o porta-joias e o entregou para que o guardassem.[10]

A lista de atos reprováveis cometidos por Avdeiev aumentou ainda mais: ele tinha deixado de criar um plano de evacuação do local em caso de incêndio; havia permitido a troca de correspondência entre os Romanov e seus amigos de fora da cidade, e freiras de um mosteiro das vizinhanças continuavam a levar alimentos para a residência.[11]

Yuróvski foi severo desde o início. Recusou-se a autorizar que Nicolau limpasse a área do jardim.[12] Obrigou a família a se alimentar com o mesmo tipo de comida que os cidadãos comuns de Ecaterimburgo e impediu que pessoas de fora entregassem guloseimas para complementar sua alimentação. Ele queria reduzir Nicolau à "condição de burguês comum". Nenhuma reivindicação de privilégios seria analisada. Ele rechaçou uma queixa do cozinheiro Kharitonov, que argumentou que não tinha condições de preparar uma refeição decente para a família com apenas pouco mais de 100 gramas de carne. Yuróvski insinuou que os Romanov tinham de se acostumar a viver como prisioneiros, e não como respeitados membros da extinta dinastia imperial.[13] Quando, tal como costumava fazer, a freira Maria Crocaleva apareceu na porta da residência com uma cesta de alimentos, ele perguntou: "Quem lhe deu permissão para trazer coisas [para cá]?" Crocaleva explicou que Avdeiev autorizara a entrega, aconselhado pelo dr. Derevenko. A explicação não o convenceu e ele perguntou de onde o leite vinha. Crocaleva respondeu que era das vacas pertencentes à fazenda do mosteiro. Por fim, a óbvia sinceridade da freira o tranquilizou, e ele também começou a fazer sugestões sobre outras coisas mais que o mosteiro poderia fornecer. (Assim como seu antecessor, provavelmente ele tinha a intenção de melhorar a alimentação dos ocupantes da residência como um todo.)[14]

Embora tivesse eliminado as práticas ilícitas permitidas por seu antecessor, não fez nada em relação aos padrões de comportamento de uma forma geral. Agentes da Tcheka como Yuróvski ambicionavam ingressar na classe política e, assim como os bolcheviques, sentiam desprezo pelos preconceitos da classe média. Independentemente de sua origem, cultivavam uma atitude de menosprezo vulgar por seus desafetos. Faika Safonov, um dos guardas da residência, pichou o muro com "foda" e outros palavrões libidinosos, e entoava canções indecentes. Não havia mais permissão para

OS ÚLTIMOS DIAS NA CASA                285

a realização de missas de imediato. E até atiraram em Anastácia quando ela tentou olhar para a rua de uma janela. Enquanto isso, Yuróvski e Nikulin se permitiam algumas regalias. Sentado ao piano no quarto do comandante à noite, Nikulin tocava algumas músicas revolucionárias — e os ocupantes da casa ouviam Yuróvski acompanhando-o nas cantigas. Aliás, Nikulin levou sua louríssima amante para morar com ele na casa.[15]

Relatórios sobre a ocorrência de problemas na casa chegaram a Moscou, levando Sverdlov a se lembrar das advertências que Yakovlev fizera com frequência acerca dos dirigentes dos Urais e de sua natureza selvagem. Ele enviou uma mensagem a Beloborodov manifestando suas preocupações, relatando o tipo de histórias que andara ouvindo. Beloborodov lhe assegurou que estava tudo bem agora que Moschkin estava preso, com Yuróvski tendo substituído Adveiev e a unidade da guarda interna completamente renovada. Portanto, na visão dele, não havia razão para Moscou se preocupar.[16] Mas alguns boatos estavam se espalhando rapidamente pelos Urais. De acordo com um deles, os bolcheviques tinham chacinado Nicolau e sua família. Em 9 de julho, o vice-cônsul da França, hospedado no consulado britânico em Ecaterimburgo, enviou um telegrama desmentindo essas histórias.[17] Mas, assim que conseguiam rechaçar uma falsa história, outra começava a circular pela cidade. Os cidadãos de Ecaterimburgo estavam cheios de pressentimentos quanto à aproximação da Legião Tchecoslovaca e muitos voltaram seus pensamentos para a questão do futuro que poderia estar reservado à família imperial.

O padre Ioan Storojev percebeu que os Romanov estavam deprimidos quando, em 14 de julho, oficiou uma missa para eles na residência. Sentiu que seu desejo de consolo espiritual era quase palpável e, embora estivessem proibidos de conversar com ele após a missa, achou ter chegado a ouvir uma de suas filhas dizer "obrigada" baixinho. Sentiu-se exausto após esse contato. No escritório do comandante, depois, Yuróvski perguntou:

— Por que está tão ofegante?

— Fiquei triste, pois não fiz uma boa missa e estou cansado e suado. Preciso ir agora e logo ficarei gripado.

Yuróvski finalmente descobriu algo em comum com o clérigo e disse:

— Pois então fechemos a janela para conter a friagem.

Storojev reiterou que precisava voltar para casa, mas Yuróvski disse que ele poderia esperar um pouco se quisesse, acrescentando, compassivo:

— Ora, eles fizeram suas orações e agora seus corações estão mais tranquilos — observou, rematando: — Nunca neguei a influência da religião e lhe digo isso com toda a sinceridade.

Surpreso com essas palavras, Storojev lhe agradeceu por ter permitido que oficiasse uma missa. Yuróvski pareceu irritado com isso e questionou com rispidez:

— Mas quando foi que proibimos esse tipo de coisa?

Storojev achou que seria imprudente prolongar a conversa e se calou. Yuróvski lhe estendeu a mão. Eles se cumprimentaram e se despediram.[18]

Depois que Storojev e seu diácono, Buimirov, haviam deixado a casa dos Ipatiev e estavam sozinhos, refletiram sobre a experiência que tiveram nesse dia. Buimirov externou a impressão que teve no episódio: "Sabe, padre, aconteceu alguma coisa com eles naquela casa." Storojev teve a mesma impressão, mas pediu que ele explicasse. Buimirov respondeu que nenhum dos Romanov havia cantado durante a missa. Os membros da família imperial eram conhecidos pelo entusiasmo com que costumavam cantar. Ele achou que seu mutismo devia ser um sinal de alguma coisa desagradável.[19]

De fato, os Romanov haviam descoberto por acaso algumas coisas que estavam acontecendo militarmente na área próxima a Ecaterimburgo, embora os guardas não lhes dissessem quase nada e, às vezes, chegassem a lhes passar informações falsas. Mas eles puderam ver e ouvir o suficiente para saber que grandes mudanças estavam a caminho, mudanças que, provavelmente, não seriam para melhorar sua segurança. Atentos ao barulho nas ruas, ouviram o conhecido ribombo dos disparos de peças de artilharia. Eles sabiam que ex-prisioneiros de guerra austríacos estavam sendo preparados para atuar na defesa contra a esperada ofensiva dos tchecos. A ironia da situação não passou despercebida por Alexandra, que registrou em seu diário, em 13 de julho, que forças austríacas e tchecoslovacas eram formadas por soldados que haviam estado sob a custódia dos russos.[20] Os distúrbios externos à Casa da Liberdade, em Tobolsk, eram insignificantes em comparação com os conflitos bélicos que estavam avançando pelos Urais e se aproximando de Ecaterimburgo. Antes situada na periferia de uma guerra civil cada vez mais intensa, a cidade estava fadada a se transformar numa de suas principais frentes de combate — e Nicolau e sua família sentiam que era praticamente certo que haveria consequências adversas para eles.

# 38. A Armadilha de Ecaterimburgo

O Sovnarkom e o Comitê Central dos Bolcheviques conseguiam fornecer ajuda a Ecaterimburgo apenas esporadicamente. As comunicações eram inconstantes e precárias — o sistema de telegrafia sofrera tantas avarias que, às vezes, mensagens entre os dois centros tinham de ser enviadas por intermédio de Petrogrado, o que tornava lenta a troca de notícias. Os bolcheviques haviam expandido seu poder fomentando um espírito de autossuficiência entre as elites de correligionários das províncias. Foram muitas as vezes que Lenin teve de cruzar os braços enquanto eles promoviam a causa do partido da forma que julgavam conveniente. O Sovnarkom e o Comitê Central dos Bolcheviques despachavam emissários para lá sempre que possível, mas os comitês partidários locais viviam implorando o envio de mais deles. O Partido Bolchevique sofria de carência crônica de membros qualificados. Como teve um crescimento cada vez mais intenso desde a primavera de 1917, não havia tido tempo para formar dirigentes que eram essenciais para um partido governante. Às vezes, a melhor coisa que Lenin podia fazer para remediar essa situação era promulgar decretos e lançar apelo a organizações partidárias inferiores para que tomassem a iniciativa de buscar soluções para implementá-los. Ele explicava que os decretos em si tinham apenas caráter "orientador", em vez de constituírem verdadeiras instruções legais detalhadas. Ele e Sverdlov asseveravam que isso era comum no calor das revoluções.[1]

Lenin e Sverdlov se mantiveram em estreito contato com Ecaterimburgo e houve frequentes conversas pelo telégrafo de Hughes quando Nicolau viajou de Tobolsk para Ecaterimburgo.[2] Em 2 de maio de 1918, o Sovnarkom debateu a questão dos Romanov pela primeira vez desde a chegada deles a Ecaterimburgo, três dias antes. Relatórios enviados da região dos Urais confirmaram que não havia nenhum perigo sério de uma fuga bem-sucedida.

As autoridades solicitaram que se fizesse um anúncio público da transferência de Nicolau e pediram a Sverdlov que redigisse uma nota à imprensa soviética.[3] De resto, pouca coisa a respeito do que estava acontecendo com os Romanov foi revelada. Mas houve uma exceção em 16 de maio, com a publicação, no *Izvestiya*, de uma entrevista com Yakovlev sobre a viagem partindo de Tobolsk. Yakovlev mencionou as conversas que tivera com Nicolau e Alexandra. Falou de Nicolau sem rancor, mas criticou sua "fenomenal limitação [intelectual]". Todavia, não hesitou em falar de Alexandra, a quem acusou de astuciosa e orgulhosa — e omitiu qualquer referência às disputas entre os bolcheviques em Tobolsk, Omsk e Ecaterimburgo.[4]

Em 19 de maio, o Comitê Central dos Bolcheviques voltou a pôr "Nicolau Romanov" em sua agenda de discussões. Sverdlov assinalou que o Presidium do Comitê Executivo Central, o qual ele presidia, havia debatido pouco tempo antes a questão do melhor "destino" para os Romanov. Ele informou que os líderes bolcheviques dos Urais estavam exigindo uma tomada de decisão com relação ao assunto. Por sugestão de Sverdlov, acabaram decidindo adiar qualquer providência relativa à questão e continuar zelando pela segurança física de Nicolau. Sverdlov comunicaria essa decisão aos correligionários dos Urais e os convenceria a compreender as condições cada vez mais difíceis em Moscou.[5] Todavia, o Comitê Central continuou a se concentrar nos preparativos para um julgamento de fachada. Em consonância com essas providências, em 4 de junho de 1918, o ministro da Justiça pôs o camarada Bogrov à disposição do Sovnarkom. Bogrov reuniria o necessário lote de documentos para o processo judicial, de modo que as autoridades pudessem dispor de uma confiável ficha criminal para usar contra Nicolau.[6] Era uma situação idêntica à de fevereiro de 1918, quando o Sovnarkom solicitara ao ministro, pela primeira vez, que preparasse o processo. Agora, o ministro estava transferindo a tarefa para o Sovnarkom e oferecendo o jovem Bogrov para ajudá-lo.

Em Moscou, jornais não controlados pelos bolcheviques publicaram reportagens informando que a Guarda Vermelha havia matado Nicolau em Ecaterimburgo.[7] O governo soviético ficou alarmado com a disseminação da história, que poderia afetar as relações da Rússia não só com os alemães, mas também com os Aliados. Além do mais, os dirigentes dos Urais eram conhecidos como correligionários que adotavam suas próprias linhas de ação. Era fundamental apurar a verdade. Em 20 de junho, o assessor pessoal

A ARMADILHA DE ECATERIMBURGO          289

de Lenin, Vladimir Bonch-Bruevich, enviou um telegrama perguntando se havia alguma verdade nas histórias sobre a execução de Nicolau pelos dirigentes dos Urais. A mensagem levou três dias para chegar a Ecaterimburgo. No dia seguinte, Bonch-Bruevich teve de repetir a pergunta.[8]

Moscou achava difícil ter certeza do que estava acontecendo em Ecaterimburgo, e havia a suspeita de que Beloborodov e seus camaradas não estivessem fornecendo informações imparciais. Quando mais uma história começou a se espalhar pela capital, de que o Comitê Executivo Regional tinha mandado executar os Romanov, Lenin e Sverdlov exigiram a apresentação de algum tipo de prova. Reinhold Berzins, o comandante em chefe na frente de combate do norte dos Urais e da Sibéria, recebeu ordens para realizar uma inspeção na casa dos Ipatiev. Em Moscou, o letão Berzins era visto como líder militar confiável que não tinha mercenários em sua tropa. Em 27 de junho, ele enviou um telegrama a Moscou informando o resultado de suas averiguações. Assegurou a Lenin e a Sverdlov que a história a respeito da execução do imperador era um mero ato de "provocação", desprovido de qualquer credibilidade.[9] Mas o episódio mostrou que, se Ecaterimburgo não tinha uma sólida confiança em Moscou, a recíproca era verdadeira. Afinal de contas, não serviu para melhorar quase nada a preparação dos militares soviéticos a decisão das autoridades bolchéviques de solicitar que um dos principais comandantes do Exército Vermelho abandonasse seus deveres de comando e realizasse pessoalmente uma investigação sobre alguns civis presos.

O Comitê Executivo do Soviete Regional dos Urais — assim como todos os seus membros e autoridades de fora da organização, como, por exemplo, Berzins, sabiam muito bem — estava enfrentando uma contestação cada vez maior na cidade. Mikhail Efremov, o chefe da Tcheka na urbe, organizou uma invasão aos escritórios do Kadets em maio de 1918 para confiscar documentos e prender alguns de seus principais ativistas.[10] Mas surgiu um movimento de oposição ainda mais perigoso quando os socialistas-revolucionários começaram a treinar grupos armados nos bosques da periferia da cidade. Dez membros da Guarda Vermelha foram enviados para expulsá-los do local. As buscas foram infrutíferas, e a possibilidade de uma oposição militar interna ao bolchevismo aumentou.[11] Em 17 de maio, a Guarda Vermelha se dirigiu ao Alto Iset, onde sufocou um levante de socialistas revolucionários, executando trinta militantes capturados.[12]

Anarquistas também tinham seu próprio grupo armado urbano e viviam criticando os bolcheviques. Seu líder, Piotr Jebenev, hasteou uma bandeira negra no topo do edifício do escritório que pertencera a um engenheiro chamado Jeleznov. A Tcheka emitiu um ultimato, ordenando que deixassem o local, pois, do contrário, ele seria tomado de assalto. E quando, mais tarde, descobriram seu esconderijo de metralhadoras, o governo soviético regional ficou convicto de que eles vinham tramando algo desastroso.[13]

Embora fosse firme o controle da situação na Avenida Voznesênski, outras partes da cidade não eram tão fáceis de controlar. Em 12 de junho de 1918, os líderes bolcheviques descobriram uma aparente tentativa de subversão por meio de uma manobra para armar soldados feridos que permaneciam na cidade. Informações do serviço de espionagem da Guarda Vermelha sobre a movimentação das forças tchecoslovacas na Sibéria e no Volga eram apavorantes. Omsk havia caído diante delas apenas quatro dias antes. E agora, aparentemente, os antibolcheviques estavam organizando uma investida interna contra o poder soviético. Os soviéticos reagiram com medidas preventivas que incluíram o sequestro de empresários e intelectuais. Se ocorresse um levante em Ecaterimburgo, essas pessoas seriam imediatamente executadas.[14]

Desde fins de maio, Beloborodov tivera de se preparar para o pior, quando relatórios sobre o movimento incessante de trens transportando membros da Legião de Tchecoslovacos chegaram à sua mesa. Uma tropa de quinhentos marinheiros de Kronstadt chegou à cidade para fortalecer o moral dos revolucionários, mas esses homens acabaram causando problemas, principalmente depois de terem se apossado de uma destilaria de vodca e de seus produtos.[15] Ecaterimburgo tinha de preparar seu próprio sistema de defesa e intensificou o recrutamento local de soldados para integrar as forças da Guarda Vermelha. Era uma tarefa que estava ficando difícil, já que começou a se espalhar a notícia de que os soldados do Comitê Executivo do Soviete Regional dos Urais combateriam em breve um destacamento militar que tinha esmagado todas as tropas soviéticas mobilizadas para enfrentá-lo. Beloborodov continuou otimista. Quando antibolcheviques entre os habitantes da cidade começaram a rezar para um rápido sucesso dos tchecoslovacos, ele resolveu dar-lhes uma lição, mostrando-lhes a determinação e a crueldade dos bolcheviques. Primeiro, mandou que prendessem um grupo de moradores ricos e o submetesse a trabalhos forçados. Era necessário abrir

A ARMADILHA DE ECATERIMBURGO     291

trincheiras na periferia da cidade e o governo soviético de Ecaterimburgo revogava garantias e direitos legais para esse tipo de emergência. Os cidadãos compulsoriamente recrutados levantaram objeções imediatamente, vários dos quais alegando incapacidade física. O comissário da Saúde Sakovich vetou três deles por ordem do Soviete Regional dos Urais — ele afirmaria depois que seu costume de liberar pessoas das obrigações impostas por autoridades soviéticas o fazia incorrer no risco de ele mesmo acabar sendo empregado em trabalhos de escavação.[16]

Os bolcheviques dos Urais se orgulhavam da própria recusa em seguir o caminho de contemporização que Lenin havia trilhado. Eles mantinham as políticas que haviam defendido em 1917 e, embora se abstivessem de envolver-se em ações de direta desestabilização do Sovnarkom, faziam o que podiam para as medidas dos bolcheviques se tornarem mais radicais. Achavam que havia em Moscou uma chance de Lenin, o arquiteto do tratado de Brest-Litóvski do lado russo, ceder a mais pressões de Berlim. Embora obedecessem a Lenin e seu Sovnarkom, não confiavam no líder soviético.

Quando autoridades moscovitas deram ordem para que alguns eminentes aristocratas da região do Báltico fossem transferidos de Ecaterimburgo para Petrogrado, o Comitê Executivo Regional começou a desconfiar de que alguma concessão abominável estava sendo preparada. Essas pessoas tinham chegado aos Urais pouco tempo antes para ser usadas como reféns políticas. Entre elas, estava o conde Lieven. Beloborodov e seus camaradas abominavam qualquer ideia relacionada com a possibilidade de que o Sovnarkom estivesse dobrando-se a exigências dos alemães para libertá-los.[17] Mas o Comitê Executivo do Soviete Regional dos Urais não podia simplesmente menosprezar a autoridade de Lenin. Afinal, com os tchecoslovacos cada vez mais perto da cidade, os bolcheviques de Ecaterimburgo precisavam de toda ajuda possível de Moscou. Numa época em que esperavam obter ajuda militar, pois sabiam que suas próprias forças eram precárias, Beloborodov e Goloschekin não podiam dar-se ao luxo de irritar a liderança do partido central além do razoável. Ecaterimburgo estava financeiramente arruinada e, no início de maio, suas autoridades haviam feito um apelo urgente a Moscou para socorrê-la — e o Sovnarkom enviara um trem cheio de dinheiro para a cidade. O Comitê Executivo do Soviete Regional dos Urais teve de manter as ruas do centro cheias de unidades da Guarda Vermelha enquanto os caixotes com as cédulas eram retirados da estação.[18]

O Comitê Executivo do Soviete Regional reconheceu que não poderia organizar um sistema de defesa eficiente para a cidade e mandou que tomassem providências para que se fizesse uma retirada de funcionários e recursos financeiros do governo antes que os tchecoslovacos chegassem. De acordo com relatórios confiáveis, o inimigo estava se aproximando, sem enfrentar nenhuma resistência, de duas direções. Enquanto a Legião de Tchecoslovacos avançara para o oeste ao longo da Ferrovia Transiberiana, outra força militar proveniente de Kuzino se aproximava.[19] O pânico começou a aumentar entre os simpatizantes do Sovnarkom à medida que os tchecoslovacos iam se aproximando cada vez mais. Esperado desde longa data, o conflito militar final estava próximo e todos os voluntários da Guarda Vermelha foram mobilizados. Safarov e outros eminentes camaradas percorreram às pressas as dependências das fábricas, num esforço para garantir que nenhum deles deixasse de se apresentar para o serviço militar; esforçaram-se também para recrutar novos voluntários.[20] Falaram aos trabalhadores voluntários a respeito dos horrores que os aguardava caso as forças contrarrevolucionárias saíssem vitoriosas do conflito. Mas todos os dirigentes dos Urais também sabiam que os bolcheviques não conseguiriam resistir por muito tempo. Priorizou-se o recolhimento de todas as coisas de valor e sua reunião na estação ferroviária para que fossem levadas para o oeste. O próximo destino só poderia ser Perm.

# 39. O Apoio de Moscou

Embora a situação não parasse de piorar, os bolcheviques continuavam com sua política de se concentrar na realização de um julgamento público de Nicolau em Moscou, assim que as circunstâncias permitissem. A maior preocupação de Lenin e Sverdlov era que os dirigentes dos Urais resolvessem impedir isso, procurando um pretexto para executá-lo, e, no começo de julho, começou a se espalhar mais uma vez o boato de que os bolcheviques tinham realmente executado Nicolau em Ecaterimburgo, levando os correligionários a perguntar a Trótski se isso era verdade. O ministro de Assuntos Militares tratou a questão com indiferença. Tal como observado por um diplomata alemão da embaixada em Moscou, Trótski disse simplesmente: "Não sei; isso não me interessa nem um pouco. Não posso interessar-me pela vida de um cidadão russo em particular."[1] Quando queria, Trótski conseguia ser tão puritano quanto um vigário e tão impassível quanto um juiz. Ele gostava de chocar os funcionários da embaixada alemã, principalmente os descendentes da nobreza, com sua indiferença.

Era tudo fingimento. A verdade era que, nos bastidores, havia muita discussão sobre o assunto na cúpula do Partido Bolchevique, e Trótski se manifestara com veemência sobre a ideia de se submeter Nicolau a um julgamento de fachada. Mas os acontecimentos estavam se sucedendo rápida e perigosamente demais para que o Sovnarkom conseguisse manobrar com a necessária habilidade dramatúrgica. No verão de 1918, Sverdlov discursara numa reunião fechada com a presença de cinquenta ou sessenta dirigentes da organização partidária de Moscou, informando, na ocasião, que os bolcheviques dos Urais haviam perguntado como as autoridades centrais reagiriam se eles decidissem executar a família imperial inteira. Segundo seu próprio relato, ele sorriu ao responder: "Acho que responderei por todos se eu disser que o assunto não é alvo de nossas preocupações diretas. [Somos a favor de] 'Todo Poder aos Sovietes' e, se camaradas de outras regiões acharem essa medida necessária por motivos locais, têm todo o direito de tomá-la; não vamos protestar!"[2] Esse foi o início dos esforços dos líderes supremos para se distanciar de qualquer coisa ruim que acontecesse com os Romanov. O governo soviético procurou eximir-se de toda culpa possível. Mas, até então, a política oficial permaneceu intacta: Nicolau deveria ser levado à capital para um julgamento.

Em 14 de julho de 1918, quando Goloschekin chegou a Moscou para o Congresso de Sovietes e consultas com as autoridades centrais, não fazia ideia das questões de que trataria. Era o que os bolcheviques de Ecaterimburgo chamavam de "enviar artilharia pesada".[3] Sua missão consistia em conversar com Sverdlov e Lenin sobre futuras providências. Dirigentes bolcheviques de ambos os centros políticos viam a necessidade de um bom plano de ação. A ofensiva dos tchecoslovacos contra Ecaterimburgo aconteceria dentro de alguns dias e os bolcheviques dos Urais precisavam saber que tipo de ajuda poderiam esperar da capital. Precisavam discutir também o que deveria ser feito com os cativos Romanov. Com a probabilidade de Ecaterimburgo sucumbir ao ataque dos tchecoslovacos no futuro próximo, o prolongamento de sua permanência na casa dos Ipatiev era inconveniente.

Goloschekin, Lenin e Sverdlov nem desconfiavam de que os alicerces que sustentavam a política de segurança estavam prestes a sofrer uma ruptura drástica — tampouco que haveria acontecimentos transformadores em Moscou e no restante da Rússia central, e não nos Urais. O Congresso de Sovietes começou da maneira prevista, no Teatro Bolshoi, na capital. Foi um evento bastante agitado, com a presença de representantes diplomáticos acomodados nos melhores camarotes. Num dos lados, estava Mirbach, com seus colegas austríacos, húngaros, búlgaros e turcos — e o chefe do serviço de espionagem alemão, Rudolph Bauer, também se achava presente. Eles ficaram de frente para os representantes dos Aliados, acomodados no outro lado do salão.[4] Lenin falou a respeito do tratado de paz de Brest-Litóvski, enquanto Trótski tratou da questão da preparação do Exército Vermelho. Não se viu nenhum sinal de discórdia entre um comissário bolchevique e o outro. Maria Spiridonova e os socialistas-revolucionários de esquerda, ainda agindo abertamente dentro do regime, criticaram veementemente o Sovnarkom — Bóris Kamkov disse aos gritos que seus integrantes eram

O APOIO DE MOSCOU 295

canalhas e, levantando a cabeça e olhando para o grupo de Mirbach, gritou ainda mais alto: "Abaixo os assassinos!"[5]

Esse espírito de indignação se refletia também nos bastidores. Seu Comitê Central estava arquitetando secretamente nada menos do que uma campanha de terrorismo em Moscou. A ideia não era matar Lenin ou Trótski, mas organizar um ato de "provocação" que arruinasse o tratado de Brest-Litóvski e repusesse os bolcheviques nos trilhos da "guerra revolucionária". Eles pretendiam fazer isso matando o embaixador Mirbach, cujo assassinato, acreditavam, forçaria Berlim a romper relações com Moscou.

Em 6 de julho, Yakov Blyumkin, um socialista-revolucionário de esquerda de 18 anos que ainda trabalhava para a Tcheka, entrou sorrateiramente na embaixada alemã e matou Mirbach a tiros. O Sovnarkom cassou imediatamente o partido inteiro e prendeu vários de seus dirigentes. Dzierzynski correu para a sede do partido com o objetivo de impor sua autoridade. Mas foi preso pelos socialistas-revolucionários de esquerda e só foi libertado quando fuzileiros letões intervieram, empregando forças superiores. Lenin e Karl Radek — um dos maiores especialistas do partido em assuntos germânicos — se dirigiram às pressas à embaixada alemã a fim de transmitir condolências formais, esperando, com isso, evitar uma ocupação militar alemã de Moscou.[6] Eles queriam preservar o acordo de paz estabelecido em Brest-Litóvski. Foi uma tarefa difícil para Radek, conhecido como veemente opositor do tratado. Lenin o estava usando como prova concreta de que a liderança soviética estava determinada a se manter fiel ao que tinha sido acordado entre Rússia e Alemanha. Os alemães exigiram que os assassinos e seus "inspiradores ideológicos" fossem presos e punidos; demandaram também o direito de enviar suas forças militares à Rússia.[7] Desesperado para atender logo às exigências, o governo soviético ordenou a execução de V. A. Alexandrovich, o socialista-revolucionário de esquerda no cargo de subcomandante da Tcheka.

As coisas se acalmaram, e os alemães sinalizaram discretamente que estavam satisfeitos com a reação dos bolcheviques. Radek chegou a fazer piada do episódio, dizendo que postos de trabalho haviam ficado vazios para que os generais de Nicolau II pudessem ingressar nos destacamentos de voluntários e depois chorar lágrimas de crocodilo publicamente no cortejo fúnebre de Mirbach.[8] Anatoly Lunatchárski, o ministro do Esclarecimento Público, assegurou aos diplomatas britânicos e franceses que a crise estava chegando ao fim. Assim como outros bolcheviques, ele estava preocupado com a possibilidade de os Aliados acabarem iniciando uma guerra preventiva para salvar a Rússia de uma provável ocupação alemã.[9]

E isso não era mera paranoia resultante dos esforços feitos pelos Aliados para se livrar dos bolcheviques. Os diplomatas e os serviços secretos britânicos e franceses incentivavam Bóris Savinkov a seguir adiante com seus planos para a realização de um levante com sua União pela Defesa da Pátria e da Liberdade, sediada em Yaroslavl, situada a 250 quilômetros a nordeste de Moscou.[10] A ideia era fomentar a resistência ao bolchevismo nas cidades do norte e do centro da Rússia, e Savinkov esperava obter apoio do chamado Exército Branco, força militar que o general Alexeiev estava organizando no sul.[11] Principalmente os franceses davam a Savinkov a impressão de que os Aliados estavam prestes a realizar uma invasão completa do país.[12] Em 6 de julho, quando os socialistas-revolucionários mataram Mirbach, os grupos armados de Savinkov seguiram com seu levante e ocuparam Yaroslavl e as cidades próximas.[13] No entanto, o Savinkov fora enganado pelos Aliados; logo descobriu que nenhuma ajuda estava sendo fornecida pelos Aliados enquanto as tropas do Exército Vermelho avançavam contra a força rebelde.[14]

Esses acontecimentos viraram a política em Moscou às avessas. Agora, nada mais era previsível, embora os alemães houvessem manifestado satisfação quanto à reação dos bolcheviques ao assassinato. Todavia, ninguém no Sovnarkom achava que podia confiar neles. Era possível que Berlim estivesse elaborando um plano secreto para invadir a Rússia e estabelecer um governo-fantoche, tal como fizera na Ucrânia. O restante daquele verão teria de ser dedicado ao apaziguamento da indignação das autoridades alemãs. Quando Goloschekin chegou para participar do congresso, os dirigentes bolcheviques ainda tinham a intenção de enviar o ex-imperador à capital para submetê-lo a um julgamento de fachada. Contudo, se havia algo mais que certamente inflamaria a opinião oficial na Alemanha, era um julgamento dessa espécie. O assassinato pôs um fim ao plano.

Em 9 de julho, os dirigentes do Soviete Regional dos Urais se reuniram em sessão conjunta com os dirigentes do Comitê Regional do Partido Bolchevique para discutir o episódio do assassinato de Mirbach e a revolta dos socialistas-revolucionários de esquerda. Numa votação com quinze votos a zero e cinco abstenções, decidiram enviar uma mensagem de solidariedade a Moscou, declarando que os socialistas-revolucionários de esquerda haviam "se retirado das fileiras revolucionárias". Mas deixaram a porta aberta para socialistas-revolucionários de Ecaterimburgo que desejassem deixar o partido e unir-se aos bolcheviques.[15] Afinal, os dois partidos dos Urais tinham sido unânimes em sua oposição ao acordo de paz. Haviam trabalhado em conjunto, e socialistas-revolucionários ocuparam cargos de responsabilidade de âmbito regional, mesmo depois de o tratado de Brest-Litóvski ter sido assinado. Embora Lenin tivesse ordenado a execução de alguns de seus dirigentes em Moscou, Beloborodov ainda estava disposto a acolhê-los com boa vontade, desde que reconhecessem a autoridade do Sovnarkom. Perdurava ainda a evidência das divisões entre Moscou e Ecaterimburgo.

Os dirigentes do governo central se mantinham atentos aos acontecimentos nos Urais. Lenin se envolveu mais diretamente nos contatos entre Moscou e Ecaterimburgo na semana subsequente ao dia 6 de julho do que em meses anteriores. Ele queria finalizar as providências relativas à situação de três finlandeses mantidos presos em Ecaterimburgo. Em 13 de julho, Safarov lhe assegurou que o caso deles estava resolvido.[16] Lenin recebeu também telegramas em resposta a indagações sobre seus primos Alexandre e Vladimir Ardaschev, que se haviam estabelecido em Ecaterimburgo. Em 17 de julho, a Tcheka dos Urais informaria que Alexandre Ardaschev, um democrata-constitucionalista, tinha fugido depois de organizar uma revolta na fábrica do Alto Iset — dois de seus sobrinhos haviam sido sequestrados como represália.[17] O sistema telegráfico era eficiente, mas lento: geralmente, eram necessários três dias para que uma mensagem enviada de Moscou chegasse a Ecaterimburgo.[18] Em 7 de julho de 1918, antes que Goloschekin deixasse Moscou, Lenin emitiu a ordem para que Beloborodov fosse posto em contato direto com o Kremlin.[19] Suas últimas experiências o tinham convencido de que ele e Beloborodov precisavam de uma forma mais eficiente e constante para a troca de informações. Sabedor de quão ruim era a situação militar não só em Moscou, mas também em Ecaterimburgo, ele previu que seria necessário tomar decisões quanto aos detentos mantidos na casa dos Ipatiev. Nem Lenin nem Sverdlov estavam dispostos a permitir que os dirigentes dos Urais tomassem essas decisões sozinhos.

# 40. O Homem que não queria ser tsar

Em todos os outros territórios sob controle soviético, os perigos continuavam a aumentar para os membros do clã dos Romanov. A Guarda Vermelha sequestrou Georgy Mikhailovich em Ritierv e o manteve sob prisão domiciliar em Vologda. Mas as autoridades concluíram que o local não era seguro e, já em abril de 1918, ele estava de volta a Petrogrado sob rigorosa vigilância.[1] A preocupação oficial dos soviéticos com os Romanov se espalhou pelos Urais, onde o Comitê Executivo Regional queria estar certo de que nenhum deles teria como fugir. Os participantes da Conferência do Partido na Província de Viatka queriam ficar livres dos seus Romanov e decidiram, por votação, que deveriam ser enviados para Ecaterimburgo. Os grão-duques Serguei Mikhailovich, Konstantin Konstantinovich, Ígor Konstantinovich, Ioan Konstantinovich, a grã-duquesa Elizaveta Feodorovna e o conde Vladimir Palei foram levados para Alapaievsk, a cerca de quinze quilômetros a noroeste de Ecaterimburgo.[2] A grã-duquesa Elena Pretrovna — esposa do grão-duque Ioan — foi uma felizarda. Ela era membro da família real sérvia e, a essa altura dos acontecimentos, os dirigentes do partido central queriam evitar um incidente internacional desnecessário.

Seus parentes consanguíneos continuaram a fazer apelos para que a deixassem viver livremente. No início, permitiram que ela se hospedasse no Hotel Ataman, em Ecaterimburgo, mas o Comitê Executivo Regional dos Urais não gostou da ideia de vê-la circulando pela cidade e a transferiu para Perm e depois para Moscou. Ela ficou angustiada com a insistência da Tcheka de que tinha de deixar o marido para trás.[3]

Mas ela não tinha escolha e recolheu obedientemente seus pertences, consolando-se com a ideia de que pelo menos ficaria perto dos filhos, a quem tinha sido forçada a deixar em Petrogrado. Na verdade, ela estava sendo usada como joguete na política externa soviética: o Comitê Central Bolchevique

O HOMEM QUE NÃO QUERIA SER TSAR

vinha pensando na ideia de trocá-la por importantes comunistas presos no exterior. Seus dirigentes achavam que, com certeza, valia a pena libertar um Romanov de pouca importância se isso possibilitasse a libertação de líderes marxistas alemães da extrema-esquerda, tais como Karl Liebknecht ou Rosa Luxemburgo. No entanto, o governo alemão permanecia indiferente a iniciativas dessa espécie e, somente no fim do ano seguinte, os bolcheviques conseguiriam trocar a grã-duquesa Elena por Béla Kun, após o fracasso da revolução comunista na Hungria.[4] Contudo, pelo menos em Moscou a ideia era incerta, tendo sido essa uma das razões para os membros do Comitê Executivo do Soviete Regional dos Urais continuarem apreensivos com a liderança de Lenin. Beloborodov e seus camaradas estavam preocupados com a possibilidade de ele decidir simplesmente libertar os Romanov se sofresse pressões claras dos alemães, tais como as que o levaram a aceitar o Tratado de Brest-Litóvski.

O Comitê Executivo estava consciente de que suas próprias necessidades de segurança não haviam sido atendidas. Embora ele pudesse garantir as condições de segurança em Ecaterimburgo, era também responsável pela Região dos Urais inteira e, em algumas áreas, membros da Tcheka estavam claramente necessitados de reforços. A transferência de tantos Romanov para Alapaievsk exigia mais organização e melhor comunicação. Em maio de 1918, o Comitê Executivo tomou providências nesse sentido, mesclando, numa só corporação, as Tchekas de Perm e Ecaterimburgo, pondo-as sob o comando de uma nova Tcheka dos Urais. Para a criação de seus escritórios, foram escolhidas as instalações do Hotel Americano, e a Tcheka de Ecaterimburgo deixou sua antiga sede na Rua dos Oficiais.[5]

Mikhail, o irmão de Nicolau, foi deixado em Perm. Aquele, que havia rejeitado o convite para ocupar o trono na Revolução de Fevereiro, tinha levado uma vida discreta na cidade com a esposa desde a época em que as autoridades soviéticas o haviam expulsado de Petrogrado. O casal tinha levado consigo seu fiel secretário particular, Nicolai Johnson. Eles ficaram hospedados na suíte imperial de um dos melhores hotéis da cidade e circulavam por suas ruas sem que os incomodassem. Em certa ocasião, em uma noite no teatro, alguns dos presentes atiraram flores em sua direção.[6] Os simpatizantes, porém, teriam sido mais sensatos se tivessem evitado um gesto de apoio como esse. Sempre houvera menos bolcheviques em Perm do que em Ecaterimburgo e eles viviam apreensivos com suas chances de permanência no poder. Isso tendia a reforçar suas inclinações para recorrer ao uso de violência. Eles achavam que uma demonstração de brutalidade ajudaria a desencorajar eventuais tentativas de tirá-los do poder. Do ponto de vista do partido, a maior desvantagem de Perm em relação a outras cidades era a escassez de fábricas, minas e indústrias. Os bolcheviques locais procuravam compensar isso aumentando ao máximo sua disposição para a luta, e seus métodos militares os tornavam uma força terrível. A constante permanência de Mikhail num hotel importante era um desafio a suas pretensões. O fato de as autoridades terem julgado que os outros Romanov deviam ser mantidos sob detenção fez surgir, entre eles, a questão do que deveria ser feito com Mikhail.

Uma das figuras mais influentes nas discussões entre bolcheviques era o líder partidário de Perm, Gavril Miasnikov. Obstinado e imprevisível, Miasnikov circulava com um porte arrogante e botas de cano longo, e cultuava uma aparência agressiva com seu bigode caprichosamente anelado. Fazia o que bem entendia quando estava a serviço do partido, e os bolcheviques de Motovilikha, situada nas cercanias de Perm, se acostumaram a obedecer a ele. Depois de concordar em trabalhar para a administração do Soviete de Perm, voltou para a cidade, onde podia contar com mais licenciosidade para agir conforme lhe aprazia.

Sua proposta para resolver a questão de Mikhail Romanov era sequestrá-lo e matá-lo. A ideia de mantê-lo em cativeiro num lugar qualquer não agradava a Miasnikov, que agia como se acreditasse que Romanov bom era Romanov morto. Ele preparou o terreno para realizar esse objetivo tentando persuadir Sorokin, o chefe da Tcheka de Perm, a assinar a ordem oficial. Como Sorokin hesitou em concretizar o ato, Miasnikov, furioso, provocou um tremendo escarcéu. Sorokin acabou cedendo e abriu caminho para Miasnikov organizar sua almejada operação. O sigilo era fundamental para o sucesso do plano. Em toda a região dos Urais, uma forma especial de despachar alguém para o outro mundo se tornara o método favorito das autoridades soviéticas. Essas costumavam dizer às vítimas, quando não eram fuziladas na prisão, que, por motivo de segurança, seriam transferidas para outro local. Geralmente, eram levadas de carro para a periferia da cidade e, quando a escolta chegava a um bosque, mandava que descessem. Longe da vista do público, elas eram executadas — às vezes, seus corpos eram atirados num dos muitos poços de minas desativados.

O HOMEM QUE NÃO QUERIA SER TSAR

Para Miasnikov, o problema era encontrar uma forma de induzir Mikhail a sair do hotel. Miasnikov chegou ao extremo de cortar o fio do telefone e trancafiar os empregados do grão-duque em seus quartos. Isso possibilitou que entrasse na suíte de Mikhail, onde lhe disse que ele estava correndo o risco de ser assassinado. Miasnikov, fingindo-se de seu protetor, persuadiu ele e Johnson a que deixassem o edifício numa carruagem protegida por guardas.[7] O plano funcionou perfeitamente. Mikhail e Johnson concordaram em ser levados para outro local e, quando chegaram a uma floresta, foi-lhes ordenado que descessem. Nisso, os algozes apontaram seus fuzis para as vítimas. Elas não tiveram nenhuma chance de fugir e foram mortas rapidamente.

Lenin não disse nem escreveu absolutamente nada sobre a natureza de seu envolvimento no assassinato. Foi uma atitude deliberada, pela simples razão de que ele queria evitar acusações de responsabilidade pessoal no caso. Ao longo do ano de 1917 inteiro, fizera tudo para evitar deixar vestígios que levassem as pessoas a descobrir a relação existente entre ele e a ajuda financeira que o Comitê Central dos Bolcheviques recebia do governo alemão. Realmente, não existe nenhum indício de que Lenin houvesse ordenado ou sancionado a ordem para a eliminação de Mikhail. O mais provável é que, se Miasnikov, dos Urais, o tivesse consultado, teria registrado isso em suas memórias. Embora ele e Lenin fossem oponentes na disputa pela guerra ou pela paz, tinham a mesma indiferença para com a necessidade humanitária de se refletir na execução de inimigos russos do Sovnarkom. Com suas exigências de instituição de uma ditadura e terrorismo estatal, Lenin fomentou o desenvolvimento de uma mentalidade em que assassinos brutais eram um componente essencial do dever de revolucionários engajados. Ele havia falado e escrito a respeito disso em 1917, e suas invectivas reveladoras de uma pessoa sedenta de sangue haviam aumentado nos meses subsequentes à Revolução de Outubro. Miasnikov, um bolchevique veterano, sabia que havia líderes de partidos que nutriam pensamentos de compaixão quanto à forma de se lidar com a questão dos Romanov.

Com relação à atitude de Lenin para com os Romanov, porém, existem provas em uma pessoa pertencente ao esquadrão da Tcheka que executou Mikhail Romanov em Perm. Trata-se de A. V. Markov, que, meses depois, em 1918, se apresentou a Sverdlov em Moscou. Sverdlov o levou para uma entrevista com Lenin, que o interrogou a respeito das execuções em Perm. Markov lhe assegurou que o procedimento havia sido rápido e indolor. Lenin

302 O ÚLTIMO TSAR

não se deu ao trabalho de aprofundar a questão. (Na verdade, a execução de Mikhail tinha sido macabra.) Ele simplesmente aplaudiu os esforços de Markov e dos bolcheviques regionais: "Bom, você agiu bem e procedeu corretamente."[8] Era a atitude costumeira de Lenin, tanto assim que ele enviava telegramas cheios de raiva a qualquer um que deixasse de agir com o máximo de brutalidade. No ano seguinte, ele repreenderia ninguém menos do que Beloborodov a esse respeito: "Não é necessário apenas derrotar o inimigo, mas aniquilá-lo. Não se limite a meias medidas."[9]

Mas, em meados de 1918, a Rússia inteira se viu envolta num turbilhão de boatos. Um deles indicava que Mikhail estava planejando assumir o trono que havia recusado na Revolução de Fevereiro. Cartazes e manifestos começaram a aparecer nos muros das cidades ostentando a alegação de que tinham sido assinados por ele. O general Alexeiev, que ainda estava organizando um exército de voluntários em território russo ao norte do Mar de Azov, ficou transtornado com isso. Como monarquista, mantinha sentimentos de afeto pelos Romanov, embora houvesse recomendado que Nicolau abdicasse do trono. Mas ele queria que sua nova força militar agisse com base em realidades conhecidas. Para ele, a situação estava confusa. Em junho de 1918, depois de empenhadas investigações, concluiu que o grão--duque Mikhail nunca mandara publicar tais cartazes ou manifestos. E ficou igualmente descrente da história de que algum Romanov havia conseguido chegar à Inglaterra.[10] Mas o general Alexeiev sabia também que suas próprias informações estavam longe de ser completas. Ele também havia tomado conhecimento da afirmação de que o grão-duque estava morto e de que os bolcheviques o tinham matado. Qual era a verdade, afinal? Alexeiev não tinha como saber. Empacado no sul da Rússia, estava tão confuso quanto praticamente todas as pessoas de fora das altas esferas do poder político dos bolcheviques, de Perm e Ecaterimburgo.[11]

# 41. Opções Reduzidas

Em 13 de julho, o Sovnarkom tornou mais severas as medidas contra os Romanov, determinando que todos os bens pertencentes a Nicolau e sua família fossem transformados em "herança" da República Socialista Federativa Soviética Russa. Isso deveria incluir tudo que possuíssem na Rússia e no exterior. O decreto abarcava todas as pessoas designadas como membros da família constantes no livro da árvore genealógica oficial; foi assinado por Lenin e seu chefe de gabinete Vladimir Bonch-Bruevich.[1] Isso foi mantido em segredo por vários dias, embora as terras dos Romanov já tivessem sido confiscadas pelo Decreto das Terras, sancionado por Lenin na Revolução de Outubro, e nenhuma autoridade soviética sofresse qualquer tipo de restrição no confisco de outros bens pertencentes à família. É bem possível que Lenin, ciente de que a família imperial estava prestes a ser executada, quisesse dar amparo legal a esses confiscos. Ele pode também ter discutido a tomada de medidas drásticas com Goloschekin na semana anterior em Moscou ou, possivelmente, com Beloborodov, por intermédio do telégrafo de Hughes. E talvez pretendesse impossibilitar que qualquer Romanov que viesse a conseguir refúgio no exterior reivindicasse os bens de Nicolau. Lenin era o suprassumo do niilista avesso às leis e achava que constituições eram um "golpe da burguesia". Mas era também um advogado qualificado que sabia quanto era importante tornar difícil para qualquer pessoa, tanto na Rússia como no exterior, prejudicar os assuntos do governo.

Na segunda semana de julho, Lenin e Sverdlov ficaram preocupados com o assassinato de Mirbach e com os levantes em Moscou e Yaroslavl, e parecia que os dirigentes da capital ainda não haviam chegado a uma decisão definitiva com relação aos Romanov. Pelo menos uma coisa era certa: na época, Moscou não era mais um local apropriado para o julgamento do ex-imperador.

Mas existe outra interpretação para isso. O comissário responsável pelo abastecimento de gêneros alimentícios, Piotr Voikov — de acordo com um livro de memórias publicado no Ocidente pelo dissidente G. Z. Besedóvski —, afirmou tempos depois que a nova política dos dirigentes da região dos Urais refletira outrora uma diferença de opinião com a relação à de Moscou. Mas Voikov acrescentou que Moscou em si estava politicamente dividida e que, enquanto Lenin se manteve disposto a preservar a vida de Nicolau, como moeda de barganha política em conversações com os alemães, Sverdlov e Krestínski apoiavam os camaradas dos Urais. Entretanto, segundo consta, Lenin mudou de atitude na capital quando soube do ataque que a Legião Tcheca estava prestes a desferir. O Comitê Central não deixou de advertir, porém, que as mortes de Alexandra e dos filhos dos Romanov tinham de ser mantidas sob o mais rigoroso sigilo, numa época em que as autoridades alemãs estavam falando na possibilidade de lhes dar asilo e em que ainda havia um grande receio de se irritar Berlim após o assassinato de Mirbach.[2] É uma teoria totalmente digna de crédito, mas também algo absolutamente impossível de provar. Além do mais, Voikov poderia muito bem estar simplesmente repetindo a explicação oficial que se achava prestes a ser acordada, segundo a qual a decisão final fora tomada unilateralmente em Ecaterimburgo. Outra possibilidade era que Lenin e Sverdlov houvessem despachado Goloschekin em missão munido de algumas possibilidades de ação aprovadas por eles e com a orientação de deixar a decisão final ao encargo do Comitê Executivo Regional.

Embora sejam escassos os documentos a respeito da culpabilidade de Lenin quanto à origem exata da decisão a essa altura dos acontecimentos, certamente ele foi responsável por facilitar o prosseguimento do plano de execuções. Durante o verão inteiro, ele repreendeu todo bolchevique do qual desconfiasse carecer da necessária inclemência para com os inimigos da Revolução de Outubro. Ele estava criando e endossando um ambiente de violência. Ele teve a chance de cessar as execuções nos Urais depois que soube da forma como Miasnikov havia eliminado Mikhail Romanov, mas se absteve de fazer qualquer comentário desaprovador. Aliás, é bem possível que Lenin houvesse dado, secretamente, autorização a Goloschekin para que tomasse a mesma providência contra os cativos na casa dos Ipatiev.[3]

Em 12 de julho, após Goloschekin retornar das negociações em Moscou, os membros do soviete regional se reuniram para analisar a própria situação. De acordo com o relato do integrante do Comitê Executivo Pável Bykov, apresentado alguns anos depois, a primeira grande pergunta feita ao comando militar foi simplesmente quanto tempo Ecaterimburgo conseguiria resistir ao ataque inimigo.[4] A resposta era absolutamente previsível. As forças tchecas estavam conquistando todas as cidades que alcançavam. Tchelyabínski se tornara seu centro militar nos Urais, assim permanecendo até que decidiram, ao mesmo tempo, enviar regimentos para a região do Volga, a fim de juntar forças com o Exército Popular do Komuch, e despachar outros, sob a chefia de um comandante russo, tenente-coronel Serguei Voitsecóvski, para marchar sobre Ecaterimburgo.[5] Os dirigentes comunistas dos Urais reconheceram que as defesas da cidade eram inadequadas e que as forças do Exército Vermelho continuavam inferiores ao novo inimigo em matéria de disciplina e experiência. Isso selou o destino dos Romanov em cativeiro. A ideia de levá-los a julgamento em Ecaterimburgo ou em qualquer outro lugar era irrealista. O "poder soviético" estava sob ameaça de extinção em toda a região, e Ecaterimburgo e Perm eram, afinal, os únicos grandes centros ainda sob o governo de bolcheviques. Assim, em vez de transferir a família para o Oeste, o Comitê Executivo resolveu executá-la. As autoridades consideraram isso melhor do que correr o risco de deixar que a família imperial caísse nas mãos de contrarrevolucionários. De qualquer forma, o Comitê Executivo continha vários indivíduos que haviam desejado matá-la muito antes do verão de 1918.[6]

Em 9 de julho de 1918, um homem não identificado apareceu na casa. Quando o mandaram embora, ele respondeu com palavrões. Os guardas o levaram preso para a sede da Tcheka.[7] Com o agravamento da situação militar, as autoridades não queriam correr nenhum tipo de risco. E o estado de tensão de todos estava no limite. Outro fato estranho que aconteceu naqueles dias foram as andanças do dr. Arkhipov pela cidade, cidadão cuja residência tinha sido poupada de confisco pelos bolcheviques. Arkhipov foi a todas as lojas em que julgou que poderia encontrar ácido sulfúrico. Aparentemente, estava querendo comprar 180 mililitros do produto — uma quantidade enorme para um médico comum e cujo objetivo letal só ficou óbvio quando analisado retrospectivamente.[8]

Em 14 de julho de 1918, Goloschekin saiu para um passeio a pé com Anuchin, seu imediato e comissário militar municipal na esfera de comando governamental dos Urais. Safarov se juntou a eles. Era assim que os bolcheviques sempre se reuniam para consultas mútuas antes de 1917, quando queriam evitar os olhares curiosos de senhorias e da polícia, e tão críticas eram as condições ameaçadoras que pendiam sobre as cabeças dos ecaterimburguenses que os dirigentes locais buscavam em outras partes uma fonte de alívio à necessidade de se reunir no ambiente grave das salas de reuniões de comitês. Como bem sabiam, essa poderia ser sua última chance antes de os combates começarem nos acessos à cidade. Os três concordaram quanto à necessidade urgente de executar todos os Romanov. Já outros do grupo rejeitaram a proposta. Entre eles, estava o membro do Comitê Executivo do Soviete Regional Nicolai Ufimtsev, para quem fazia mais sentido matar apenas Alexandra — ele argumentou que ela era a principal culpada pelo mau governo de Nicolau Romanov. Basicamente, Ufimtsev achava que Nicolau, marido submisso, não tinha opinião própria; o bolchevique também rejeitou qualquer ideia de chacinar os jovens Romanov. O grupo de bolcheviques voltou para a cidade sem resolver o problema de quem deveria ser executado. O assassinato fazia parte do plano de ação dos dirigentes de Ecaterimburgo, mas a lista das vítimas ainda estava para ser definida.[9]

Em 16 de julho, Yuróvski chegou à casa dos Ipatiev às oito horas da manhã, acompanhado por Beloborodov. Depois de inspecionarem o edifício, deixaram o local para participar de mais reuniões, tendo deixado Nikulin encarregado do esquema de segurança, até o retorno de Yuróvski, à noite.[10] Beloborodov decidiu providenciar as execuções assim que a autorização chegasse de Moscou.

Horas depois, os integrantes do Comitê Executivo do Soviete Regional dos Urais se reuniram no Hotel Americano — usado como sede regional da Tcheka — para ouvir o relato de Goloschekin sobre sua viagem a Moscou. Goloschekin estava morando lá, juntamente com os dirigentes da Tcheka.[11] Alguns dos presentes à sessão falaram de sua frustração em obter autorização expressa de Sverdlov para executar a família imperial. Num tom de voz incisivo, Safarov perguntou a Goloschekin por quanto tempo ele achava que Ecaterimburgo conseguiria resistir ao avanço dos tchecoslovacos.[12] Mas como e quando as execuções deveriam ser feitas e quem deveria ser morto? Após algum debate, decidiram que a tarefa deveria ser executada no interior da casa dos Ipatiev. Isso faria com que não só a família em si fosse chacinada, mas também o médico, o cozinheiro, o criado, a criada e o ajudante de cozinha que os servia. A justificativa era brutal: eles haviam resolvido participar do destino dos Romanov e agora tinham de enfrentar as consequências.[13]

Mas como perpetrar as execuções? Beloborodov sugeriu que simulassem uma tentativa de fuga dos Romanov enquanto a Tcheka os estivesse levando para um bosque na periferia da cidade e os matassem pelo caminho. Nesse caso, Nicolau em si deveria ser mantido na casa. A ideia era realizar uma execução pública do ex-imperador depois que as acusações contra ele tivessem sido lidas em voz alta. Alegando dificuldades práticas, Goloschekin se manifestou contrário à ideia; não conseguia ver como seria possível simular uma tentativa de fuga convincente. Achava preferível simplesmente levar a família para o bosque, executá-la e depois atirar os corpos em alguns poços de minas. Queria explicar isso depois, informando ao público, descaradamente, que os Romanov tinham sido transferidos para um local mais seguro. Voikov tinha outra ideia, que consistia em levar os Romanov para o rio, imobilizá-los com pesos fixados aos corpos e afogá-los.[14] No fim, foram as ideias de Goloschekin as que mais agradaram a maior parte do grupo. Seu plano tinha não só a vantagem da simplicidade, mas também a forma mais fácil de ocultar aos olhos dos curiosos.

Yuróvski, que recebera ordens para pô-lo em prática, voltou para a Avenida Voznesênski para tomar providências. Mandou que Pável Medvedev, que estava chefiando os serviços de rotina do destacamento, informasse os guardas de serviço a respeito do plano para executar a família imperial.[15] Ordenou também que transferissem o jovem criado da residência para a casa dos Popov, onde soldados do Exército Vermelho estavam aquartelados — aparentemente, Yuróvski, como defensor da classe operária, decidira que a vida do garoto deveria ser poupada. Mandou que Medvedev recolhesse todos os revólveres dos guardas. Quando Medvedev lhes entregou, Yuróvski explicou: "Vamos executar a família inteira hoje." Yuróvski havia decidido usar um pequeno grupo de integrantes próximos e seletos para compor o pelotão de fuzilamento e queria ter as melhores armas à disposição. Ele disse a Medvedev que recomendasse aos outros guardas que não ficassem nervosos quando ouvissem disparos de armas de fogo. Ele soava enérgico, lacônico e cuidadoso.[16]

Moscou tinha de ser informada das intenções de Ecaterimburgo, e Goloschekin e Safarov enviaram um telegrama assinado em conjunto a Zinoviev, em Petrogrado, em 16 de julho de 1918. Na época, essa havia se tornado a forma mais segura de enviar mensagens a Moscou, e Zinoviev estava encarregado de repassar o conteúdo a Sverdlov com uma cópia para Lenin. (Obviamente, a ordem de Lenin para que o Comitê Executivo Regional fosse capaz de se comunicar diretamente com ele não foi seguida.) O fato de Goloschekin e Safarov, em vez de Beloborodov, terem assinado o telegrama não tinha nenhuma importância. A cidade se achava prestes a sofrer um ataque, e o grupo governante estava fazendo a distribuição de tarefas enquanto se preparava para a retirada. Os dirigentes dos Urais queriam o endosso de Lenin e Sverdlov para executar os Romanov. Zinoviev se apercebeu imediatamente da importância do teor da mensagem e enviou um telegrama com o seguinte comentário sobre o telegrama de Ecaterimburgo: "Informem a Moscou que o julgamento acordado com Filipp [Goloschekin] não pode ser adiado por circunstâncias militares. Se suas opiniões forem negativas, favor informar com o máximo de urgência: Goloschekin e Safarov. Entrem em contato com Ecaterimburgo: Zinoviev."[17]

Segundo registros, o telegrama de Petrogrado chegou a Moscou às 21h22 do dia 16 de julho de 1918 ou às 23h22 na hora local dos Urais.[18] Seu conteúdo não tem nenhum sentido, exceto se for interpretado à luz de um código combinado. Assim como Sverdlov e Yakovlev haviam chamado, em abril, os Romanov em processo de transferência para outro local de "bagagem", é provável que Goloschekin e Safarov estivessem evitando usar uma palavra como "execução", dando preferência a algo mais inócuo, como "julgamento". Nenhum líder bolchevique podia ignorar a possibilidade de uma derrota dos soviéticos na guerra civil. E, se qualquer um deles fosse capturado pelo inimigo, este não seria nem um pouco misericordioso se visse que suas mensagens revelavam cumplicidade no plano para liquidar os Romanov. Os bolcheviques temiam a opinião pública e não queriam tornar-se alvo da desaprovação popular por terem matado Nicolau ou, principalmente, seus filhos inocentes. E, nos anos anteriores à Revolução de Fevereiro, eles se haviam tornado mestres na codificação e cifragem de mensagens. Após a Revolução de Outubro, quando assumiram o controle da rede de comunicação telegráfica, tomaram a decisão prudente de evitar abandonar essas precauções. Em todo caso, Goloschekin e Safarov sabiam que Lenin e Sverdlov ficariam sabendo o que eles pretendiam fazer, já que as partes haviam combinado uma forma de se comunicar por telegrama.

OPÇÕES REDUZIDAS 309

Na casa dos Ipatiev, o pelotão de fuzilamento foi mantido de prontidão durante todo esse tempo. Mas Yuróvski não poderia fazer nada enquanto os dirigentes do Comitê Executivo não recebessem instruções da capital dando-lhes autorização oficial para agir.[19] Isso invalida a ideia de que os líderes dos Urais agiam por conta própria e só depois informavam às autoridades de Moscou.

Em Moscou, houve intensa movimentação quando Lenin e Sverdlov se reuniram para consultas mútuas antes de entregarem uma mensagem a um dos guarda-costas de Lenin, A. I. Akimov, que a levou de motocicleta para o edifício da central de telegrafia por ordem de Sverdlov, o qual mandou que ele agisse com excepcional discrição e trouxesse a cópia e a fita do telegrama. Quando o telegrafista se recusou a obedecer, Akimov o intimidou, sacando o revólver. Em seguida, Akimov voltou para o Kremlin e retomou suas atividades de guarda. O telegrama foi enviado a Ecaterimburgo pela mesma rota sinuosa, via Petrogrado e depois Perm.[20] Nenhum vestígio da mensagem jamais veio à tona. Não existe, portanto, nenhuma confirmação de que Lenin e Sverdlov tenham ordenado a execução de Nicolau e de sua família. Isso foi premeditado. Os registros do Sovnarkom, do Comitê Executivo do Soviete Central e do Comitê Central do Partido eram mantidos o mais longe possível de tudo que pudesse inculpar a liderança bolchevique de Moscou. Desde as décadas subsequentes a julho de 1918, tem havido os que negam que os dirigentes bolcheviques do governo central soubessem da decisão de executar os Romanov na casa dos Ipatiev. Por sinal, é uma crença que continua a ser professada por muitos dos admiradores de Lenin até os dias atuais.[21]

# 42. Morte no Porão

Yuróvski havia feito preparativos, mas guardou segredo acerca dos detalhes de seu plano até o momento de agir. Teve de explicar a Medvedev, porém, que tinham de esperar um sinal do Comitê Executivo do Soviete Regional dos Urais. Nada poderia ser feito até que certo camarada chegasse à casa e proferisse a senha "limpador de chaminés". Nesse ínterim, Yuróvski divulgou o plano entre os membros escolhidos por ele para formar o pelotão de fuzilamento e, enquanto lhes repassava os detalhes, ouviu resmungos de discordância. Alguns dos letões se sentiram incomodados com a ideia de matar mulheres jovens e indefesas. Yuróvski os tirou do grupo, em vez de seguir adiante com pessoas que não tivessem um sólido compromisso com seus deveres revolucionários.[1] A operação seria sangrenta e ele precisava de açougueiros preparados. Assim que concluiu sua seleção, disse a cada um deles em quem deveriam mirar. Em seguida, entregou-lhes revólveres Nagant.[2] E por que revólveres em vez de fuzis? A única explicação era ele pretender pegar os Romanov de surpresa, e era improvável que percebessem o que estava sendo preparado se os soldados carregassem armas portáteis.

Em meio a tudo isso, os presentes na casa podiam ouvir os ribombos da artilharia dos tchecoslovacos, estrondos que se tornavam cada vez mais fortes.[3] O destacamento da guarda tinha plena consciência de que o momento final da crise estava próximo. No entanto, nada poderia acontecer na casa dos Ipatiev até que Moscou desse permissão para isso e seu telegrama houvesse sido entregue. Foi dito aos guardas que esperassem e tivessem paciência. Sob nenhuma hipótese, os Romanov poderiam descobrir o que lhes estava reservado. Lá fora, na rua, sem que a família soubesse, os bolcheviques instalaram metralhadoras e bloquearam o acesso à residência a qualquer pessoa.[4]

MORTE NO PORÃO                                    311

As horas de espera começaram a deixar todos nervosos quando se aproximava a meia-noite, e Yuróvski não tinha a menor ideia do que poderia estar atrasando as coisas. A tensão aumentou. Por volta da uma hora da madrugada, ele estava claramente preocupado: ainda não havia nem um sinal sequer emitido pelos dirigentes de Moscou. Quanto mais o tempo passava, mais difícil ficava manter o moral do pelotão de fuzilamento. Finalmente, à 1h30, chegou o sinal esperado, quando um camarada do partido apareceu no posto da guarda e transmitiu a ordem "limpador de chaminés". Havia chegado o momento. Como um bom agente da Tcheka, Yuróvski estava disposto a fazer tudo que achasse servir aos interesses da revolução e, desse modo, se chegassem ordens para matar os detestados Romanov, ele ficaria ávido para executá-las. No entanto, tal como se dera com tudo que havia acontecido desde fevereiro de 1917, líderes não podiam achar que seriam obedecidos sempre. Felizmente, ele tinha escolhido os integrantes de seu pelotão de fuzilamento com cuidado e sabia que fariam qualquer coisa que ele ordenasse.[5]

O próprio Yuróvski foi acordar o dr. Botkin e mandou que se vestisse. Para isso, usou o pretexto da ocorrência de distúrbios na cidade que o obrigavam a transferir os Romanov para um local mais seguro. O mesmo foi dito a todos os membros da família, aos quais também mandou que se vestissem e fossem para o porão. Yuróvski, deliberadamente, evitou apressá-los, com vistas a manter um clima de calma, e, embora tivesse sido uma ordem incomum e totalmente inesperada, a família obedeceu tranquilamente e se lavou antes de se apresentar aos guardas.[6]

Às duas horas, Nicolau desceu do andar superior para o porão carregando Alexei nos braços. Yuróvski assumiu o comando depois de se reunirem no recinto. Antes de dirigir a palavra ao grupo, ordenou que Alexandra e Alexei fossem sentados nas duas poltronas que haviam sido postas ali de antemão. Aos demais, solicitou que continuassem de pé. Yuróvski estava acompanhado de Nikulin; achavam-se presentes também Pável Medvedev, Mikhail Medvedev e Piotr Yermakov, bem como sete letões. Cada um da dúzia de homens pegou um dos doze revólveres Nagant que Yuróvski tinha confiscado horas antes.[7] (De acordo com o testemunho de Medvedev prestado posteriormente, Yuróvski ordenou que ele ficasse do lado de fora do porão para ver se era possível ouvir os tiros,[8] porém é muito provável que Medvedev houvesse dito isso movido pela vã esperança de evitar que o incriminassem.) Em seguida, Yuróvski anunciou laconicamente a ordem do Comitê Executivo do Soviete Regional dos Urais para executá-los. Nicolau se virou e, estupefato, tentou fazer uma pergunta.[9]

Yuróvski repetiu a mensagem e, sem hesitar, gritou: "Fogo!" Ele mesmo, tal como havia sido combinado, mirou e matou Nicolau. Alguns dos outros disparos foram feitos desordenadamente, com suas balas ricocheteando nas paredes. Apesar da pouca distância, nem todos os guardas miraram com precisão e, segundo alguns relatos, Mikhail Medvedev, da Tcheka dos Urais, foi o executor de Nicolau, tendo solicitado, antes da execução, que ele fosse o seu alvo.[10] Do lado de fora da casa, haviam providenciado para que acelerassem sem parar os motores de caminhões estacionados, de modo que abafassem o barulho vindo de suas paredes internas. Os disparos continuaram até Yuróvski mandar que parassem, depois de observar que não havia mais ninguém vivo. Em seguida, foi examinar as vítimas.[11]

Era uma cena terrível. O porão parecia a câmara frigorífica de um açougue, respingada de sangue, cheia de fraturas expostas e pedaços de carne dilacerada. Pável Medvedev disse em testemunho que todas as vítimas morreram logo, exceto Alexei, que continuou gemendo. Yuróvski disparou mais dois ou três tiros contra ele para acabar com sua agonia. Alguns membros do esquadrão não conseguiram suportar mais a cena, e Yuróvski ordenou aos gritos que Pável Medvedev fosse acalmar os outros soldados na sala do serviço de guarda. Eles tinham ouvido os tiros e queriam saber o que havia acontecido. Alguns deles toparam com Pável pelo caminho antes mesmo que ele pudesse dizer algo. Apontaram, então, o dedo para ele, dizendo que teria de assumir a responsabilidade pelo que haviam feito; com certeza, não queriam arcar com nenhuma culpa no futuro pelo episódio. Medvedev ordenou que voltassem ao serviço. Quando Yuróvski soube de seus receios, mandou que Medvedev voltasse lá e conversasse com os guardas novamente. Yuróvski tinha executado a tarefa que o Comitê Executivo lhe havia atribuído e não queria que as coisas se arruinassem por causa de críticas que porventura chegassem às ruas de Ecaterimburgo. Os guardas tinham de ficar de boca fechada a respeito do que havia acontecido.[12]

Yuróvski deu ordens para que lavassem os pisos e as paredes dos porões.[13] Os executores receberam baldes, esfregões e vassouras. Era uma tarefa desagradável e constrangedora, já que corpos, roupas e retalhos de carne tiveram de ser removidos antes que pudessem iniciar o trabalho. Depois

MORTE NO PORÃO                                    313

disso, os guardas quiseram voltar para seus alojamentos na casa dos Popov, para descansar. Medvedev proibiu que fizessem isso, receoso de que acabassem espalhando a notícia pela cidade inteira. Desse modo, ele os obrigou a dormir na casa de banhos da residência dos Ipatiev.[14]

Enquanto isso, os corpos dos Romanov e de seus empregados haviam sido amontoados num caminhão estacionado na casa dos Ipatiev e levados para fora de Ecaterimburgo sob o comando de Piotr Yermakov. A intenção era cremá-los e atirar os restos no poço de uma mina. Como a estrada era esburacada, a viagem levou mais tempo do que o esperado. Quando o caminhão chegou ao destino, Yermakov deu ordens para que fizessem uma revista minuciosa nos corpos em busca de joias e outros pertences. Descobriram, com isso, que os Romanov tinham escondido todo tipo de pequenos objetos de valor nas roupas. Fizeram depois uma pilha de corpos com vestidos e casacos para servir de material inflamável, sobre o qual despejaram latas de gasolina. Em seguida, quando acenderam um fósforo, as chamas subiram em direção ao céu. Foi uma cremação grosseira, e Yermakov concluiu que, para não deixar vestígios, seria sensato transferir os restos mortais para outra mina nas proximidades e embeber tudo em ácido. Embora Yermakov não conseguisse imaginar por que alguém iria querer descer em um poço de mina desativado, não queria que nenhum dos corpos fosse reconhecido.

Yermakov estava cumprindo ordens. Em questão de dias, a Legião Tchecoslovaca invadiria a cidade. Camponeses que moravam nas vizinhanças dos poços e que haviam recebido ordens para ficar longe do caminhão certamente notariam os efeitos da pira funerária em chamas e dificilmente manteriam segredo do que tivessem visto. Os dirigentes comunistas dos Urais não haviam refletido bem nas implicações do plano, e não seria necessário ser um gênio para descobrir o que poderia estar acontecendo no bosque. De qualquer forma, os bolcheviques já estavam planejando a retirada das tropas do Exército Vermelho de Ecaterimburgo: eles sabiam que, a não ser por um milagre, os tchecoslovacos e seus aliados russos seriam os detentores do novo poder da cidade. Os britânicos ainda tinham o seu consulado do outro lado da rua, na frente da casa dos Ipatiev. Ainda que tivessem sido enganados pelo barulho dos motores dos caminhões durante a execução da família imperial, com certeza deviam ter desconfiado de que havia algo errado, e Yuróvski já tivera dificuldade para impedir o vazamento de informações para o público. Além disso, em breve o empresário Ipatiev reivindicaria a devolução da propriedade e poderia contar ao mundo o que descobrisse lá.

Yuróvski e sua equipe pretendiam reduzir ao mínimo a quantidade de provas. Fogo e ácido fariam o serviço no poço da mina; escovas e detergentes completariam a tarefa na casa dos Ipatiev. Quando os dirigentes bolcheviques deixassem a capital dos Urais, eles e seus crimes simplesmente desapareceriam. Tinham alcançado a maior parte de seu intento. Afinal, seu maior truque de mágica havia sido um sucesso: os cativos Romanov haviam desaparecido no ar da noite.

# 43. A Retirada do Exército Vermelho

Beloborodov enviou um telegrama codificado urgente a Vladimir Gorbunov, ajudante de Lenin, às 21 horas do dia 17 de julho de 1918. A mensagem continha uma única frase: "Diga a Sverdlov que a família inteira teve o mesmo destino que seu chefe; oficialmente, a família terá perecido na retirada."[1] De acordo com o relato de I. I. Radzínski, feito algum tempo depois, um dos secretários de Sverdlov — um tal de Vinogradskaya — lhe contou que a notícia pegou Sverdlov de surpresa.[2]

No dia seguinte, Sverdlov levou o telegrama enviado por Ecaterimburgo ao Comitê Executivo Central do Congresso de Sovietes, obtendo a aprovação do que os dirigentes dos Urais haviam feito, e Sverdlov, Sosnóvski e Avanesov foram incumbidos de providenciar o rascunho de um pronunciamento oficial. O plano era fingir que apenas Nicolau tinha sido executado. Sverdlov pretendia também publicar uma série de documentos sobre os Romanov, incluindo o diário de Nicolau.[3] Horas depois, ele transmitiu a notícia em uma reunião do Sovnarkom presidida por Lenin e com a presença de Trótski. O Sovnarkom recebeu com indiferença a notícia da execução de Nicolau e endossou a decisão, que foi atribuída ao "Soviete de Ecaterimburgo".[4] Essa foi a origem da versão oficial dos soviéticos de que a iniciativa da execução havia partido exclusivamente da cidade uraliana, e não de Moscou, e os bolcheviques de Ecaterimburgo tinham apenas reagido à ameaça militar dos "bandos de criminosos tchecoslovacos". Supostamente, os outros Romanov mantidos na casa dos Ipatiev tinham sido levados para um lugar seguro. A história da grande mentira havia começado, tendo Sverdlov como seu principal autor.[5]

O motivo da recusa dos soviéticos em revelar quantos Romanov haviam sido executados ainda é um mistério e, até agora, não apareceu nenhum documento justificando por que Sverdlov e Lenin tomaram essa atitude.

É provável que soubessem que a execução dos cinco filhos dos Romanov causaria enorme indignação, tanto no país como fora dele. E de que, possivelmente, haveria implicações relacionadas à política externa. A cúpula governamental de Moscou tinha de fazer tudo para evitar que a Alemanha tivesse qualquer pretexto para uma intervenção militar. Como Alexandra era princesa de Hess de nascença, os alemães perguntavam com frequência a respeito das condições de segurança dela e dos filhos, e o kaiser Guilherme era bem capaz de mandar que seus comandantes e diplomatas dessem prioridade ao resgate dos Romanov com vida e ficaria furioso se soubesse que eles tinham sido eliminados. Melhor, portanto, devem ter pensado Lenin e Sverdlov, fazer todo mundo achar que apenas um homem adulto havia perecido na casa dos Ipatiev.

Depois de tratar dos assuntos em Moscou, Sverdlov teve uma conversa com Beloborodov pelo telégrafo de Hughes.[6] Sverdlov sabia que acontecimentos extraordinários estavam ocorrendo nos Urais e pediu que seus dirigentes regionais lhe fornecessem as últimas informações. O que havia acontecido em Alapaievsk? O que a Tcheka andava fazendo? Beloborodov não podia ou nem sempre se dispunha a dar respostas completas. Mas garantia que nem tudo estava perdido em Ecaterimburgo. Talvez estivesse querendo provar que tinha o espírito combativo de um verdadeiro líder bolchevique. Informou que todas as forças militares, exceto as do Exército Vermelho, já se haviam retirado da cidade. Explicou que os bolcheviques dos Urais iriam defendê-la. Sverdlov deu permissão para que Beloborodov divulgasse a decisão do Comitê Executivo Central; encorajou-o a aguentar firme e prometeu enviar reforços militares — ou, pelo menos, algumas centenas de trabalhadores de Petrogrado e Moscou que tinham feito propaganda política para a causa. Recomendou a Beloborodov que considerasse o que havia acontecido na retaguarda como tão importante quanto o conflito iminente na frente de combate.[7]

Beloborodov não deve ter considerado a promessa e o conselho nem um pouco impressionantes, num momento em que trens cheios de temíveis tchecoslovacos estavam prestes a avançar sobre Ecaterimburgo. Se Sverdlov tivesse sido capaz de despachar para lá um exército com tropas disciplinadas e treinadas no uso de armas, a história poderia ter sido bem diferente. Todavia, na condição de ministro de Assuntos Militares, Trótski estava se concentrando nos trabalhos com as forças do Exército Vermelho

A RETIRADA DO EXÉRCITO VERMELHO 317

mobilizadas na região do Volga, na frente de combate contra o Komuch. O único consolo que Sverdlov poderia proporcionar era o argumento de que a guerra com a Alemanha não mais tinha grandes chances de acontecer e que os alemães não estavam mais insistindo na ideia de enviar um de seus batalhões do exército para Moscou, tal como haviam ameaçado fazer após o assassinato de Mirbach.

Receios a respeito da situação militar se intensificaram muito em Ecaterimburgo. O esquema de segurança continuou o mesmo na casa dos Ipatiev e, somente na tarde de 17 de julho de 1918, disseram a Filipp Proskuryakov e a seus colegas da guarda que eles tinham permissão para sair e relaxar um pouco na cidade. Yuróvski, Nikulin e Medvedev supervisionaram o recolhimento dos pertences dos Romanov. A atividade ocupou dois dias inteiros após as execuções. Os que realizaram o trabalho estavam calmos, e algumas pessoas acharam que estavam ligeiramente embriagados quando arrumavam as malas para que fossem retiradas do local. Os guardas não viam razão para não se apossar dos objetos de valor. Mikhail Letemin ficou com um cão chamado Jack, ao qual havia se apegado. Na noite de 18 de julho, foi decidido que as tarefas estavam concluídas e Pável Medvedev falou aos guardas a respeito dos planos dos dirigentes dos Urais para o destacamento: todos os seus integrantes deveriam deixar Ecaterimburgo.[8] Teriam sido um alvo inevitável das forças antibolcheviques se permanecessem lá e, assim, metade do destacamento partiu pouco antes do fim do dia.[9] Se houvesse sido necessário apresentar alguma prova para mostrar que Beloborodov não tinha nenhuma intenção séria de lutar pela cidade, sua ordem para que levassem soldados confiáveis para fora do alcance do perigo teria servido para isso. O "poder soviético" estava se aproximando de um fim deplorável.

As malas foram levadas da casa dos Ipatiev até um trem. Feito o carregamento, Yuróvski partiu com seus subordinados letões.[10] Ele teve de enviar um telegrama a Beloborodov da estação ferroviária de Bisert em 20 de julho para explicar que, em sua apressada retirada da casa dos Ipatiev, havia esquecido 2 mil rublos em cima da mesa; disse que pediu que alguém fosse pegá-los para ele.[11]

Antes de partirem da região dos Urais, os dirigentes comunistas acharam prudente fazer um pronunciamento numa grande reunião pública. Em 19 de julho, uma multidão compareceu à Ópera da Rua Glavny para ouvir Goloschekin. Desejoso de acabar com os boatos sobre os Romanov,

Goloschekin fez um discurso inflamado, em que enalteceu a execução de Nicolau, o Sanguinário. Pautando-se por uma versão dos acontecimentos concebida de comum acordo com Sverdlov, afirmou que o restante dos Romanov cativos havia sido transferido para outro local, para sua própria segurança; manteve-se também fiel à história de que a decisão fora tomada exclusivamente pelos comunistas dos Urais — na verdade, estava apenas protegendo Moscou de qualquer insinuação de cumplicidade na execução. Muitos na plateia ficaram insatisfeitos com a explicação de Goloschekin e gritaram: "Mostre-nos o corpo!"[12] Mas esse foi o único momento de agitação. Os habitantes de Ecaterimburgo tinham problemas demais para se importar com o destino dos Romanov.[13]

A partida do destacamento da guarda fazia parte do plano criado por Beloborodov para a retirada das autoridades soviéticas, dos bolcheviques e das unidades do Exército Vermelho do local. Quando trens chegavam à cidade, pegavam passageiros e carga e depois retornavam para o Oeste. A única rota de fuga por ferrovia atravessava Perm. Autoridades governamentais e militantes tiveram prioridade. Muitas mulheres e crianças foram incluídas nos grupos de viajantes por receio de que, com a ausência dos homens das famílias, os tchecoslovacos extravasassem neles seu desejo de vingança. Cada uma dessas mulheres recebeu 300 rublos de ajuda para a própria subsistência.[14] (Nem todos conseguiram um lugar no grupo e algumas das famílias abandonadas logo seriam presas e interrogadas pelo inimigo.) Beloborodov pretendia reunir todos os recursos materiais e humanos disponíveis que fossem cruciais para uma eventual reação militar do Sovnarkom. Isso envolveu roubos a bancos e confisco de suprimentos médicos através de saques a farmácias.[15] Tudo que pudesse ter utilidade para as autoridades soviéticas no futuro era empilhado em carroças e levado para a estação ferroviária. Pretendiam, assim, deixar de herança para os antibolcheviques uma completa escassez de recursos.

Até 21 de julho, alguns guardas permaneceram no local, quando, então, a residência voltou à posse de seu legítimo dono.[16] Os bolcheviques estavam conscientes da possibilidade de moradores de Ecaterimburgo provocarem distúrbios se fosse revelado quantos membros da família imperial haviam sido mortos.[17] O problema era que Yuróvski, apenas dois dias antes das execuções, tinha solicitado às freiras do mosteiro que levassem ovos e leite para os Romanov. Ele havia entregado a elas também um bilhete de uma das

A RETIRADA DO EXÉRCITO VERMELHO 319

filhas dos Romanov pedindo mais linha de costura. As freiras apareceram lá em 17 de julho, poucas horas depois da chacina. Notaram a presença de um carro estranho do lado de fora da casa, mas acharam que não era nada de mais. Só estranharam a relutância de todos da casa em atender a porta. Quando um guarda finalmente apareceu, elas perguntaram: "Onde está Yuróvski?" Respondeu-lhes que ele ainda estava tomando café. Após mais um tempo de espera, outro guarda saiu da residência e informou: "Eles não precisam de mais leite. Estão doentes. Esperem um pouco", solicitou. E depois ele também desapareceu casa adentro. Quando as freiras se esforçaram para tentar ouvir alguma coisa, ouviram alguém perguntar: "O que deveríamos dizer a elas?" Quando abriram a porta de novo, outro guarda ordenou: "Querem saber de uma coisa? Não tragam mais nada para cá. Vão embora!"[18]

Foi um incidente marcante. Afinal, ninguém em Ecaterimburgo teria rejeitado uma boa refeição numa época de crescente escassez de alimentos. Só podia significar, portanto, que as pessoas que estavam na residência não ficariam lá por muito tempo. Contudo, se as irmãs perceberam que um assassinato havia sido cometido no local, tiveram a presença de espírito de não dizer nada aos guardas. Quem desconfiou do que tinha acontecido foi Eugênia Poppel, cunhada de Nicolai Ipatiev. Poppel andara observando atentamente os acontecimentos na Avenida Voznesênski e, em 22 de julho, depois que descobriu que o último dos bolcheviques tinha deixado a residência, enviou um telegrama velado ao cunhado: "O ocupante partiu."[19]

As condições na prisão da cidade haviam mudado quando os comissários ordenaram que os reféns que tivessem algum tipo de negócio ou ofício, principalmente alfaiates ou sapateiros, prestassem serviços à causa. Eles libertaram muitos dos perpetradores de pequenos crimes e depois até mesmo alguns dos reféns sequestrados por eles. Mas, aos detentos que integravam a criadagem dos Romanov, negaram esse tipo de tratamento. E chegou um momento em que o Comitê Executivo do Soviete Regional dos Urais começou a transferir os prisioneiros para o Oeste — a ideia era evitar que acabassem caindo nas mãos das forças antibolcheviques. As preceptoras Anastácia Gendrikova e Ekaterina Schneider estavam entre os transferidos, juntamente com Alexei Volkov, ficando para trás, na cadeia, o criado pessoal Terênti Tchemodurov, colega de Volkov. Quando perguntou qual seria o seu destino, um dos soldados respondeu que seria Moscou. Volkov receou que, na verdade, eles estivessem prestes a ser executados. Assim que saíram da prisão, ele convidou Gendrikova e Schneider, cochichando, a fugirem com ele. Ambas rejeitaram a ideia: disseram que estavam doentes e, de qualquer forma, não gostavam da natureza arriscada desse tipo de situação. Volkov se manteve fielmente ao lado delas, e, na verdade, o pequeno grupo foi levado de Ecaterimburgo para a prisão de Perm.[20]

Somente em 23 de julho, o *Ural'skii rabochii*, o jornal regional do Partido Bolchevique, noticiou o assassinato. Seguindo a diretriz oficial do partido, a matéria fez menção apenas à morte de Nicolau. Em seu editorial, Safarov declarou com rispidez: "Ele viveu até demais, desfrutando da indulgência dos revolucionários como um assassino coroado." A decisão de executá-lo foi atribuída ao Soviete Regional dos Urais. Safarov declarou ainda que o Governo Provisório se enchera de monarquistas e simpatizantes. A Revolução de Outubro tinha iniciado a consolidação das mudanças que melhorariam a sorte dos trabalhadores. Mas advertiu que os perigos haviam aumentado. A revolta dos tchecoslovacos ao longo da Ferrovia Transiberiana servira para desencadear pogroms pelas mesmas Centenas Negras que, antes da Guerra, tinham chacinado judeus nas regiões fronteiriças ocidentais do império. O general Alexeiev estava organizando uma força militar para reinstaurar a monarquia dos Romanov. Safarov se disse alarmado com a tentativa de Milyukov de obter ajuda do kaiser. Explicou que, por causa dessa situação, a vida de Nicolau teve de ser tirada. Admitiu que não houvera nenhum processo judicial. Mas Safarov afirmou que sentia orgulho da disposição dos bolcheviques para fazer o que fosse necessário a fim de preservar as mudanças realizadas pelo Sovnarkom desde a destituição do governo provisório.[21]

No mesmo dia, o Terceiro Exército enviou ao comandante em chefe do Exército Vermelho em Kazan, I. I. Vatsetis, um relatório desolador. Informou que não havia disponibilidade de novas forças militares para conter o avanço do inimigo em direção a Ecaterimburgo. Kuzino estava numa situação de perigo ainda maior.[22] Existira, até então, apenas uma pequena chance de os dirigentes dos Urais receberem ajuda externa. Quando Vatsetis retirou toda a esperança de isso acontecer, o Exército Vermelho de Ecaterimburgo foi condenado a um destino fatídico.

# 44. Assassinatos, Acobertamentos e Impostores

Quarenta e oito horas depois, a carnificina em Ecaterimburgo foi seguida por uma operação em Alapaievsk, onde, desde maio, outros Romanov vinham sendo mantidos cativos na escola de Napolnaya, na periferia da cidade. A eles foram concedidas liberdades maiores do que as desfrutadas por Nicolau e sua família. Até podiam caminhar pelas ruas e conversar com os moradores. Os letões que os vigiavam não eram tão rigorosos quanto os que estavam a serviço na casa dos Ipatiev e as autoridades permitiam que os grão-duques mais novos jogassem futebol e boliche com os jovens locais. Os Romanov procuravam manter-se ocupados ao máximo. Cuidavam de jardins de escolas; liam obras da literatura russa, bem como o Velho e o Novo Testamento.[1] No início de julho de 1918, porém, o regime revogou o direito deles de passear pela cidade e mandou instalar uma cerca de arame farpado em torno da escola. Além disso, abriram um fosso ao redor do estabelecimento para impedir ataques ou fugas. Agentes da Tcheka chegaram à pequena cidade em 17 de julho de 1918, no momento em que os corpos dos Romanov estavam sendo transportados da casa dos Ipatiev para o bosque, local de sua infame cremação.[2]

Na noite de 17 para 18 de julho, os agentes da Tcheka, juntamente com alguns dirigentes do soviete de Alapaievsk, chegaram sem avisar à escola de Napolnaya em várias carruagens de três cavalos e informaram aos detentos que eles seriam transferidos para um lugar mais seguro, pois era iminente um ataque de forças antibolcheviques. Mandaram que os grão-duques se preparassem para partir, levando apenas bagagens leves. Prometeram que seus outros pertences seriam devolvidos em momento oportuno. Meia hora depois, estavam a caminho do novo destino. O plano secreto era levá-los para uma mina nas proximidades, na qual seriam mortos. Quando as carruagens partiram de Alapaievsk, ouviram-se tiros e explosões de granadas. Era um truque da Tcheka para dar a impressão de que os contrarrevolucionários já estavam realizando uma investida contra a escola — as autoridades queriam poder alegar depois que haviam sido outros os culpados pelo desaparecimento dos Romanov no fogo cruzado. Quando as carruagens chegaram à mina, os cativos receberam ordens para descer. Logo em seguida, num procedimento horripilante, foram empurrados brutalmente e jogados dentro do poço. Pedras e terra foram jogadas pela grande abertura do poço. Um tiro foi disparado e atingiu Serguei na cabeça, matando-o imediatamente. Os demais continuaram vivos e, em meio a gemidos de dor, começaram a entoar louvores a Deus.[3]

Foi uma carnificina. Os homens armados diante da boca do poço ouviram os gemidos, mas não conseguiram ver suas vítimas ofegantes, suplicando por água e comida, e não foi providenciado nenhum socorro médico. Os Romanov morreram lentamente, com dores lancinantes e seus corpos cheios de fraturas provocadas pela queda. Nem mesmo o cenário macabro montado por Yuróvski no porão da casa dos Ipatiev tinha sido tão chocante.

A edição do jornal dos bolcheviques dos Urais de 20 de julho de 1918, publicada em Ecaterimburgo, trazia uma reportagem informando que os Romanov cativos haviam fugido da escola de Napolnaya durante um ataque de "bandidos" e ninguém sabia onde tinham ido parar.[4] Com o prosseguimento da evacuação da cidade, notícias sobre a morte de mais alguns Romanov tiveram pouca repercussão. Dessa vez, não houve reunião pública, nem discurso de Goloschekin ou editorial de Safarov. Em todo caso, certamente a execução do ex-imperador provocaria uma reação maior do que a do "desaparecimento" de outros membros da família. Foram raríssimas as vezes que o massacre horrível nas cercanias de Alapaievsk voltou a ser mencionado na impressa soviética dos Urais. Aliás, poucas notícias adicionais — ou ficções — sobre os Romanov seriam veiculadas nos jornais de Moscou, exceto a publicada em 19 de julho, com o texto do decreto do Sovnarkom, mandando confiscar todos os bens dos Romanov.[5] Lenin e Sverdlov estavam tentando minimizar a importância dos acontecimentos em Ecaterimburgo e enterrar o assunto da chacina macabra em Alapaievsk. Não se divulgou nenhuma informação sobre o local em que a esposa e os filhos de Nicolau estavam sendo mantidos em cativeiro. Ambos os líderes

ASSASSINATOS, ACOBERTAMENTOS E IMPOSTORES

soviéticos estavam torcendo para que a execução de um ex-imperador fosse assunto de importância secundária para a maioria dos russos, numa época em que a guerra civil havia atingido elevado nível de intensidade.

Já no que diz respeito a países estrangeiros, a coisa era diferente. Até então, o Sovnarkom tinha poucos representantes oficiais no exterior, pois nenhum governo dos países aliados os aceitaria em suas terras. Suíça, Alemanha e Suécia eram as exceções mais notáveis. O ministro Mikhail Pokróvski, que participara da sessão do Sovnarkom em 18 de julho, enviou uma carta à esposa, na embaixada soviética em Berna, falando sobre o assunto. Pokróvski não era um político sentimental, mas, em sua frase de que o ex-imperador tinha sido eliminado "como um cão", havia um traço do choque que ele sentiu com a notícia.[6]

Berlim era o centro internacional das atividades diplomáticas soviéticas. Adolf Ioffe fora enviado para lá como chefe de uma missão diplomática, visando estabelecer uma aliança com os alemães após a assinatura do tratado de Brest-Litóvski. Antes da guerra, Ioffe tinha morado em Viena durante anos, falava alemão fluentemente e era bastante instruído. Por algumas semanas, no entanto, se sentiu tolhido no cumprimento de seus deveres diante dos boatos sobre o destino dos Romanov. Em 24 de junho, ele tinha enviado uma carta a Lenin o advertindo das terríveis consequências se Nicolau II fosse executado. Quando Richard von Kühlmann, o ministro das Relações Exteriores da Alemanha, tocou no assunto, Ioffe respondeu que não tinha nenhuma informação sobre os Urais, mas acentuou que a ofensiva tchecoslovaca, combinada com uma hostilidade generalizada para com os alemães, tornou possível uma explosão de fúria popular em Ecaterimburgo. Essa foi sua maneira de dizer que os trabalhadores estavam querendo vingar-se de Nicolau. Ioffe queria que Lenin assegurasse que, independentemente do que acontecesse com os Romanov, ninguém fosse capaz de culpar os dirigentes comunistas de Moscou por qualquer tipo de violência; exigiu também que o mantivessem informado dos acontecimentos.[7] Nesse ínterim, os alemães pediram ao Sovnarkom que garantisse a segurança de Alexandra e de seus filhos, mas Ioffe ainda não tinha recebido nenhuma mensagem de Moscou sobre o que havia acontecido e, assim, implorou que o mantivessem a par dos fatos, de modo que pudesse fazer um trabalho melhor.[8] Mas ele só estava perdendo tempo. Ioffe era conhecido, entre os principais bolcheviques, como um homem correto, e até correto demais para fazer aquilo que dizem que os diplomatas costumam fazer: mentir no exterior pelo seu país. Afinal de contas, Lenin agira com cinismo. Embora valorizasse os esforços de Ioffe para lidar com a política alemã, recusou-se a inteirá-lo dos fatos sobre a carnificina.

O kaiser, porém, manifestou particular interesse pelo destino da família de sua prima e pediu a seus ministros que investigassem o que havia acontecido em Ecaterimburgo. O irmão da imperatriz Alexandra teve a mesma ideia. Mas isso serviu apenas para fazer Lenin querer continuar a manter Ioffe desinformado quando lhe falaram a respeito da curiosidade dos alemães. No outono de 1918, quando Dzierzynski interrompeu seus deveres em Moscou e viajou secretamente para Berlim, encarregado de uma missão para fomentar a revolução comunista, Lenin disse a ele: "Não deixe Ioffe saber de nada! Desse modo, será mais fácil para ele contar mentiras em Berlim!"[9] Tal como esperado, Ioffe respondeu ao pedido de informações com um desmentido categórico, afirmando que nenhum outro Romanov, exceto Nicolau, havia sido executado — somente um ano depois, Ioffe, que, a essa altura, tinha sido expulso da Alemanha, conseguiu arrancar a verdade de Dzierzynski.[10]

O segredo nunca fora absoluto entre os bolcheviques, e havia um misto de boatos, mentiras e testemunhos fiéis. Grande parte dessa confusão foi deliberadamente gerada pelos bolcheviques dos Urais. Fiódor Lukoyanov, o dirigente da Tcheka da cidade de Ecaterimburgo, disse à sua irmã que apenas Nicolau tinha sido morto. Ela não acreditou no irmão, achando que ele estava tentando poupar a mãe de sofrimentos, a qual estava escutando a conversa dos filhos, mas, pouco depois, outro bolchevique contou a verdade à senhora, dizendo que a família inteira havia sido executada.[11] Antes do esvaziamento da cidade, já era sabido por grande parte dos bolcheviques que a família do imperador morrera com ele em Ecaterimburgo.[12] Beloborodov confirmava isso em conversas, embora, ao mesmo tempo, desencorajasse discussões a respeito de detalhes da execução.[13] Com o passar do tempo, Beloborodov julgou conveniente manter-se distante da condição de cúmplice na decisão de matá-los, mas não conseguiria livrar-se totalmente de responsabilidade nesse caso, a menos que ousasse contestar a versão oficial, segundo a qual fora Ecaterimburgo, e não Moscou, que tomara a decisão — e, lançando mão de um artifício de certo modo capenga, acrescentou que estava dormindo quando as execuções foram realizadas.[14]

A política oficial de acobertamento da verdade levou muitas pessoas a se apresentarem como parentes dos Romanov. Segundo os primeiros investigadores antibolcheviques, os dirigentes da Tcheka desestimulavam zelosamente as investigações, com vistas a confundir as discussões, e uma maneira fácil de fazer isso era disseminando boatos sobre contatos visuais de alguém com os Romanov. O local tido como ideal para que iniciassem esse tipo de coisa foi Perm, a cidade para a qual os bolcheviques se haviam retirado após deixarem Ecaterimburgo. E, de fato, em pouco tempo começaram a aparecer malucos e vagabundos em Perm alegando que fugiram da casa dos Ipatiev. Antes do fim do verão, havia mais "Romanov" na Rússia do que a família tivera na última geração. O Sovnarkom deve ter preferido que as pessoas parassem de pensar no que tinha acontecido com os parentes mais próximos de Nicolau, mas havia um lado bom nisso tudo: as pessoas acabavam ficando confusas com tantas alegações conflitantes. Além disso, alguns dos empregados dos Romanov que sobreviveram, exaustos e confusos com suas experiências, diziam coisas que serviam para consolidar mentiras sobre as mortes em Ecaterimburgo. O criado Tchemodurov, que conseguiu chegar a Tiumen na segunda metade de agosto de 1918, assegurava a todos que o imperador e sua família ainda estavam vivos. Ele afirmou que haviam sido o dr. Botkin, Nagorny e outros da comitiva os que tinham sido mortos na casa dos Ipatiev.[15]

Serguei Markov, o aspirante a salvador dos Romanov, foi detido. Depois de solto da prisão em Tiumen, foi a Ecaterimburgo para averiguar pessoalmente a situação, tal como fizera em Tobolsk. Ele retornou para Petrogrado no dia seguinte ao assassinato de Mirbach e ainda estava lá quando fizeram o comunicado sobre a execução de Nicolau. Em 22 de julho, tomou a arriscada decisão de ir ao consulado alemão, onde implorou que Berlim interviesse para salvar a vida dos outros Romanov. Ele não tinha a menor ideia do verdadeiro número de corpos. Seu plano era conseguir ajuda para convencer o irmão da imperatriz e sua irmã Irena a facilitar a consecução de um acordo para libertar os Romanov cativos nos Urais.[16] Markov não era alguém que desistia diante do primeiro obstáculo. Em agosto, ele partiu para Kiev com a missão de persuadir as autoridades alemãs a ajudá-lo a resgatar os Romanov sobreviventes — nunca lhe ocorreu que a família inteira tinha sido chacinada.[17]

# 45. A Ocupação Tchecoslovaca

Sem enfrentarem nenhuma resistência, os tchecoslovacos entraram em Ecaterimburgo nas primeiras horas de 25 de julho de 1918. O último trem transportando bolcheviques havia partido na noite anterior. Dois dias depois, os moradores da cidade que detestavam o governo soviético saíram às ruas para comemorar, agitando bandeiras, cartazes e atirando flores nos vitoriosos participantes do desfile. Bandas de música aumentaram a atmosfera festiva, e ninguém parecia importar-se com o fato de que executavam músicas marciais alemãs. Em todas as igrejas, ouvia-se o badalar de sinos. Organizaram também um banquete no jardim público. E instituíram um novo Governo Regional dos Urais, sob o comando de Pável Ivanov, que prometeu unir todos os grupos políticos democráticos. Gritos de "Vida longa à Assembleia Constituinte!" ressoavam pela cidade.[1]

Nos dias seguintes, os proprietários que haviam sido expulsos de suas casas voltaram para retomar a posse de seus bens. entre eles Nicolai Ipatiev. Edificações requintadas haviam sido bastante maltratadas. Estabelecimentos comerciais tiveram seus produtos saqueados antes de os bolcheviques findarem a retirada dos membros do Exército Vermelho. A economia da cidade estava arruinada. Mas, pelo menos, a ferrovia e o sistema de telégrafos ainda estavam funcionando, as igrejas foram abertas e o clero não tinha mais de ficar o tempo todo com medo. Professores e outros profissionais não viam a hora de conseguir alívio para sua situação. Mas todos sabiam que, de uma forma geral, qualquer melhoria levaria muito tempo para acontecer. Em toda a região, muitas fábricas e minas haviam fechado as portas. Naquelas que continuavam funcionando, a produção era baixa e seus donos tinham imensa dificuldade em retomar as atividades normais de seus negócios agonizantes. Hospitais, farmácias e outros serviços médicos haviam sido reduzidos a pó.

A capital dos Urais não era mais o centro comercial e industrial vibrante que tinha sido desde a década de 1890.

O grupo de evacuados não incluiu todos os membros do governo soviético de Ecaterimburgo e do Partido Bolchevique. Houve casos de famílias que se recusaram a se mudar para outro local ou outras que não conseguiram vagas nos trens. A operação havia sido um atropelo louco e tremendo, com algumas pessoas se sentindo tão abandonadas que os bolcheviques concluíram que, por mais difícil que a vida pudesse ter-se transformado em Ecaterimburgo, seria muito pior para os refugiados em Perm. E a expectativa de conseguirem recrutar membros para o Exército Vermelho não encontrava apoio na população.

Em meio aos rumores locais conflitantes sobre o destino dos Romanov, já havia também uma conjectura generalizada de que a família inteira morrera em 17 de julho. Muitos habitantes de Ecaterimburgo haviam tomado conhecimento de alguma versão dos acontecimentos, embora os detalhes diferissem de um informante para outro.[2] Aliás, a execução era um assunto comum no seio das famílias bolcheviques, já que pessoas por dentro dos fatos sentiam a necessidade de desabafar.[3] Além disso, moradores da Avenida Voznesênski eram capazes de relatar o episódio com base no que tinham ouvido. Víctor Buyvid, morador do número 47, por exemplo, ficou alarmado com a série de tiros que ouviu tarde da noite. Imaginando o que tinha acontecido, continuou dentro de casa com medo de ser preso.[4] Mas a história não teve ampla confirmação. O barbeiro Fiódor Ivanov tinha muitos fregueses bolcheviques e perguntava com frequência a respeito do que andava acontecendo na casa. Enquanto cortava o cabelo de um oficial, o cliente lhe deu a seguinte certeza: "Vamos despachar Nicolau hoje." Ivanov ficou pensando no que tinha realmente acontecido e só depois descobriu a verdade sobre as mortes. Assim como outras pessoas, não acreditava muito na versão oficial dos fatos, mas também não havia informações confiáveis que a desmentissem.[5]

Outros cidadãos de Ecaterimburgo questionavam se, na verdade, o imperador não tinha sido executado até mesmo depois de os bolcheviques terem anunciado a sua morte.[6] A cidade inteira vivia comentando e conjecturando. Uma das primeiras coisas que os tchecoslovacos fizeram foi libertar os presos políticos que os bolcheviques não tinham levado com eles. Fiódor Gorshkov era um deles, mas, assim como a maioria das pessoas, Gorshkov não sabia de nada do que tinha acontecido com os Romanov e os membros de sua comitiva. Aliás, era o que sabia menos, pois fora mantido na prisão durante semanas.[7]

Já em 30 de julho de 1918, as autoridades militares tchecoslovacas iniciaram uma investigação em Ecaterimburgo e designaram Alexei Nameiêtkin, um "juiz de instrução" da cidade, para chefiá-la. A essa altura, as forças vitoriosas já tinham olhado o interior da casa dos Ipatiev, onde um simples relancear de olhos nas paredes e no piso do porão bastou para confirmar que havia ocorrido derramamento de sangue. As paredes do porão estavam cheias de buracos de balas, e grande parte do entulho, que incluía restos de roupas e pertences, indicava que algo violento havia acontecido. A menos que alguma coisa absolutamente improvável, tal como um tiroteio entre os guardas, tivesse ocorrido, a explicação lógica era que alguns — ou talvez todos os — integrantes da comitiva dos Romanov haviam sido fuzilados. Nem na cidade nem em Moscou, ninguém acreditava nas declarações dos bolcheviques e, assim, os tchecos fizeram uma busca imediata pelos corpos, busca que se intensificou depois que moradores da cidade começaram a falar de um pequeno e estranho comboio que tinha se dirigido para os poços de minas nas proximidades. Mas quem havia sido fuzilado? Apenas Nicolau, ou outros membros da família e da comitiva também tinham morrido? Alguém teria conseguido escapar da morte que lhe estava reservada? Eram mesmo autênticos todos os que agora alegavam ser membros da família? Quem realizara a execução e quem a ordenara — e de onde partira a ordem, de Ecaterimburgo ou de Moscou?

Os tchecoslovacos, porém, tinham mais coisas em mente do que apenas os Romanov. Seu objetivo inicial era avançar até Vladivostok para prosseguir de navio e se juntar aos Aliados no Front Ocidental. Os conflitos com os soviéticos desde maio de 1918 haviam modificado sua maneira de pensar, e eles foram incentivados pelos representantes dos Aliados na Rússia a permanecer lá para combater os bolcheviques. Aceitaram a mudança de planos, por considerá-la coerente com seus interesses. Em suma, calcularam que, se conseguissem ajudar os antibolcheviques a derrubar o governo soviético e arruinar o acordo de paz de Brest-Litóvski, permaneceriam eternamente nas graças da Inglaterra, da França e dos Estados Unidos. Acreditavam que, no fim da Grande Guerra, isso possibilitaria a criação de uma nova e independente Tchecoslováquia a partir das ruínas do Império Austro-Húngaro, o principal aliado militar da Alemanha.

A OCUPAÇÃO TCHECOSLOVACA                                    329

Embora a Legião Tchecoslovaca houvesse marchado sobre Ecaterimburgo sem ter enfrentado quase nenhuma resistência, os bolcheviques não haviam perdido a esperança de reconquistar a cidade. O grosso das forças do Exército Vermelho tinha apenas simulado uma retirada para Perm. Na verdade, a maior parte das tropas havia recebido ordens para se esconder na floresta ao redor de Ecaterimburgo e aguardar instruções. Ficou óbvio, em pouco tempo, que os tchecoslovacos tinham deixado uma guarnição de apenas oitocentos homens na cidade antes de avançar para Perm. Em 31 de julho, o Exército Vermelho iniciou um contra-ataque surpresa. Instalou-se o pânico até a chegada de uma força militar sérvia procedente de Tchelyabínski, força que desbaratou rapidamente a operação dos Vermelhos. A supremacia dos tchecoslovacos foi restabelecida.[8]

Enquanto isso, intensos combates aconteciam na região do Volga, com o Komuch ocupando Kazan e planejando uma ofensiva contra Moscou. Ele controlava as províncias de Samara e Ufá e partes consideráveis das províncias de Saratov, Simbirsk, Kazan e Viatka. O Exército Vermelho, mal dirigido e organizado, se esfacelou antes dessa campanha. Trótski não tinha nenhuma experiência militar além de seu trabalho como correspondente de guerra nos Bálcãs em 1912–1913. Tinha, porém, uma determinação extraordinária, autoconfiança e uma notável capacidade de adaptação. Por isso, os socialistas-revolucionários comemoraram incontáveis vitórias até sua chegada à periferia de Kazan. Sob o impetuoso comando de Trótski, o Exército Vermelho desenvolveu algum profissionalismo depois de ele insistir no emprego de competentes oficiais voluntários do extinto exército imperial. A cada nível da hierarquia militar, ele anexou um comissário político para assegurar a confiabilidade de suas forças militares. Quando dirigia a palavra aos soldados, falava com orgulho, fervor e também ameaçando possíveis desertores com a pena de morte. Em sua locomotiva e seus vagões especialmente reformados, conhecidos como o trem de Trótski, ia sempre de um local para outro e, assim, já em 7 de agosto, Kazan havia sucumbido a um assalto do Exército Vermelho.

O Komuch acabou revelando-se incapaz de recrutar não só uma equipe de comandantes, mas também um número suficiente de soldados. Embora camponeses tivessem votado nos socialistas-revolucionários, relutaram em combater para eles. Foi, portanto, muito consolador para o Komuch o fato de a Legião Tchecoslovaca haver se oferecido para formar uma coalizão militar contra o Exército Vermelho. O Komuch ainda controlava o poder na província de Ufá, no sudoeste dos Urais, e os tchecoslovacos mantinham o controle sobre Tchelyabínski e tinham ocupado Ecaterimburgo agora. A captura de Kazan pelo Exército Vermelho foi um golpe nas expectativas do Komuch, mas a guerra entre o Komuch e o Sovnarkom ainda não havia terminado, uma guerra entre duas lideranças políticas de extrema-esquerda veementemente opostas.

Com a intensificação dos combates, os bolcheviques endureceram o jogo rapidamente. Lenin havia sancionado um decreto de confisco de alimentos em maio que obrigava e dava o direito a unidades militares de confiscar grãos e outros produtos agrícolas sem levar em conta a vontade dos camponeses. Ele também endossou uma campanha mais rápida de nacionalização da indústria — antes, ele havia aconselhado cautela aos Comunistas de Esquerda, incluindo o Comitê Executivo do Soviete Regional dos Urais, a respeito disso. Mesmo assim, já havia decretado que todos os bancos e muitas grandes empresas metalúrgicas fossem transformadas em propriedades do Estado, e agora seu empenho extremado na expropriação de empresas privadas rivalizava com o que os dirigentes comunistas de esquerda estavam exigindo.[9] Para ele, era uma questão de vida ou morte. A única preocupação de Lenin era com a possibilidade de que os bolcheviques deixassem de demonstrar a necessária brutalidade. Mandou que os comunistas de Penza fossem implacáveis com o inimigo, principalmente os camponeses mais ricos, conhecidos como cúlaques:

> Os interesses da revolução *como um todo* exigem isso, pois "a derradeira e decisiva batalha" com os cúlaques está em curso em toda parte. Devo dar um exemplo:
>
> 1. Enforquem (e não deixem de fazer os enforcamentos *bem diante dos olhos do povo*) *nada menos do que cem* dos conhecidos cúlaques, homens ricos, sanguessugas;
> 2. Divulguem seus nomes;
> 3. Confisquem todos os seus grãos;
> 4. Apontem reféns de acordo com o telegrama de ontem.[10]

A OCUPAÇÃO TCHECOSLOVACA                    331

Era um bolchevismo rubro com o sangue de futuras vítimas.

Nessa ocasião, foi aos camponeses mais ricos que ele acusou de sangues-sugas. Ele também havia classificado Nicolau como tal e, para as pessoas da época e das gerações posteriores que duvidavam de sua disposição em exterminar a família Romanov, a mensagem transmitida por ele em Penza era algo perturbador. A verdade era que ele e a maioria de seus principais aliados tinham se convencido de que só venceriam a guerra civil se conseguissem praticar terríveis atos de violência na frente de combate e na retaguarda. O Sovnarkom e o Comitê Central dos Bolcheviques ainda não haviam centralizado e coordenado, de todas as formas necessárias, os componentes do Estado soviético para esmagar os exércitos que vinham avançando em massa contra eles. Os alemães continuavam pensando se deveriam ignorá--los e ocupar Petrogrado e Moscou. Já os Aliados enviaram forças expedicionárias para a região: os britânicos conquistaram Arcangelo, enquanto os franceses capturaram Odessa. Ex-oficiais do extinto exército russo que haviam desdenhado a ideia de ingressar nas forças militares socialistas do Komuch estavam treinando exércitos no sul da Rússia e na região central da Sibéria. O Sovnarkom nunca havia monopolizado o poder político na Rússia, e o território sob seu domínio era menor em meados de 1918 do que tinha sido no começo do ano. O Partido Bolchevique e o Exército Vermelho, no entanto, não perderam a esperança. Eles pretendiam vencer a guerra civil e depois fazer campanhas em prol da revolução comunista em toda a Europa.

A Legião Tchecoslovaca não desanimava. Seus comandantes, depois de esmagarem o "poder soviético" numa região entre Tchelyabínski e o centro da Sibéria, agora planejavam repelir o Exército Vermelho. Como parte de seus esforços, esperavam conseguir subsídio político nos resultados das investigações de Nameiêtkin em Ecaterimburgo. Embora a guerra só pudesse ser vencida por meios militares, a luta receberia apoio se pudessem demonstrar em que medida os bolcheviques haviam agido com brutalidade na zona soviética — e o episódio de Ecaterimburgo se tornou um importante fator nos cálculos dos tchecoslovacos. Mas Nameiêtkin acabou mostrando que era um emissário atrapalhado. Embora os tchecoslovacos houvessem prestado bons serviços à cidade, como seus libertadores, ele acreditava que eram os russos que deviam governar a Rússia. Assim, Nameiêtkin solicitou que um procurador local, em vez de um representante da força de ocupação estrangeira, confirmasse sua nomeação da forma tradicional. Os tchecoslovacos consideraram isso uma prevaricação. Ou até pior: suspeitaram que sua atitude havia sido um ato de hostilidade política. Em 7 de agosto, em vez de terem procurado uma forma de trabalhar com Nameiêtkin, os tchecoslovacos o substituíram pelo juiz Ivan Sergueiev.[11] Após a retirada do Exército Vermelho, Ecaterimburgo se tornara um domínio dos tchecoslovacos; somente em 8 de setembro de 1918, as forças do Exército Branco Russo, que tinham consolidado suas posições na Sibéria, se sentiram fortes o bastante para assumir o controle total da cidade, e o "comandante tcheco" deixou o cargo.[12]

Sergueiev durou mais tempo no cargo e conseguiu avançar com a investigação. Dezenas de moradores de Ecaterimburgo foram intimadas a depor — incluindo alguns que haviam sido guardas na casa dos Ipatiev ou tinham laços de sangue com importantes bolcheviques locais — e assinaram transcrições dos interrogatórios. Também se fez um registro detalhado dos objetos que haviam pertencido aos Romanov. Telegramas enviados aos dirigentes comunistas dos Urais e recebidos de lá foram copiados e, quando necessário, decodificados. Sergueiev e sua equipe forneceram abundantes provas para Nikânder Mirolyubov, que preservou o status de procurador do Palácio da Justiça de Kazan depois de se mudar para trabalhar no governo de Kolchak em Omsk, incluir em seu relatório preliminar em 12 de dezembro de 1918. Ele apresentou um pequeno resumo do que havia sido apurado com testemunhos e buscas materiais. Trabalhando rapidamente sob condições nada perfeitas, Mirolyubov chegou a conclusões que acabariam se confirmando no que se refere à maior parte de informações básicas. Ele também tinha razão em seu principal argumento: a família Romanov havia sido executada no porão nas primeiras horas de 17 de julho de 1918 e ninguém tinha conseguido fugir.[13]

# 46. Os Romanov Sobreviventes

A divulgação da execução de Nicolau aumentou as preocupações do Ocidente com a segurança dos Romanov que sobreviveram. Os bolcheviques estavam perseguindo incansavelmente todos que tivessem ligação com a família. No começo de setembro de 1918, Anastácia Gendrikova, Ekaterina Schneider e Alexei Volkov foram finalmente tirados da prisão sob escolta. Quando se aproximaram de uma floresta na periferia da cidade, o marinheiro que os escoltava fez sinal para que Volkov corresse o mais rapidamente possível dali. Dessa vez, Volkov não pensou duas vezes. Partiu em disparada para as árvores quando três projéteis passaram zunindo acima de sua cabeça. Felizmente, ninguém se deu ao trabalho de partir em seu encalço. Mas, para Gendrikova e Schneider, não houve chance de fuga dessa vez e elas foram fuziladas ali mesmo.[1]

A imperatriz viúva Maria e a grã-duquesa Xênia estavam agora em perigo, embora vivessem tranquilamente em Ai Todor desde 1917. Quando, após a assinatura do Tratado de Brest-Litóvski, a Ucrânia e a Crimeia ficaram sob o controle das forças de ocupação alemãs, foram deixadas em paz pelos revolucionários. Bolcheviques continuaram em Sebastopol e nos arredores, mas suas atividades se limitaram a preparativos para ocasionais tentativas de sabotar o domínio alemão sobre as principais cidades ucranianas. Enquanto isso, o Exército de Voluntários dos generais Kornilov e Alexeiev preencheram o vácuo de poder existente ao redor de Ialta. Não tiveram nenhum problema com as forças militares alemãs que estavam nas proximidades. Por outro lado, acharam prudente evitar irritar os invasores. Se bem que, como líderes do exército russo em 1917, fizessem questão de dizer que cada centímetro do solo russo tinha de ser defendido contra invasões estrangeiras. Kornilov e Alexeiev detestavam o que os bolcheviques haviam feito em Brest-Litóvski e, assim, o Sovnarkom substituiu a Alemanha na condição de seu principal inimigo. Eles providenciaram para que membros da cavalaria e da infantaria protegessem os Romanov na Crimeia quando, antes da derrota da Alemanha no Front Ocidental, forças alemãs começaram a se retirar da região. Trezentos oficiais russos estavam instalados no palácio de Ai Todor. Antes da infiltração dos bolcheviques na península, muitos deles haviam tido uma agitada vida social. Além disso, dois esquadrões de cavalaria patrulhavam os desfiladeiros nas montanhas próximas. Era uma formação confortável para eles, e os oficiais aproveitavam a chance para beber e farrear.[2]

Mesmo nessas circunstâncias, Maria Feodorovna e Xênia faziam de tudo para levar uma vida normal e detestavam a ideia de abandonar o país. Assim como Nicolau em seus últimos meses de vida, acreditavam que seu dever era permanecer lá em vez de fugir.

As autoridades militares alemãs as deixavam em paz e as tratavam com respeito. Embora a Alemanha ainda tivesse uma chance de vitória na Grande Guerra, as mulheres estavam seguras em Ai Todor. Mas a situação se tornou menos previsível quando as batalhas no Front Ocidental foram ficando cada vez mais favoráveis aos Aliados. A princesa Maria da Romênia, estabelecida em Jassy, na fronteira da Romênia com a Ucrânia, percebeu o perigo da situação. Chamada de Missie pelos parentes, em 1º de setembro de 1918 ela enviou uma carta à imperatriz viúva — sua tia Minnie — para manifestar condolências pelo falecimento de Nicolau. "Não ouso sequer mencionar", escreveu ela, "o nome de Nicky! É uma tragédia tão grande que a única coisa a fazer é cair de joelhos e implorar a Deus que lhe dê forças." Ela lamentou o "arremedo de paz" que se seguiu ao tratado de Brest-Litóvski.[3] Missie, que se tornara princesa da Romênia em outubro daquele ano, acrescentou a isso um apelo à imperatriz viúva, recomendando que usasse de sensatez e concordasse em se mudar para o exterior. Explicou que, assim que os alemães se retirassem do Oriente, todos os sobreviventes dos Romanov ficariam sob perigo mortal nas mãos dos bolcheviques; exortou, pois, a tia a deixar que um canadense, o coronel Boyle — "um homem de uma coragem e uma capacidade extraordinárias" —, a tirasse daquela situação perigosa e a levasse em um navio romeno.[4]

Boyle tinha uma fama impressionante. E ninguém ficou mais surpreso com esse plano do que as autoridades canadenses, que, inicialmente, lhe haviam recusado o ingresso no serviço militar, pois ele já estava na casa

## OS ROMANOV SOBREVIVENTES

dos 50 anos. Não havia ninguém que igualasse os atos de bravura de Boyle nas forças aliadas. A família real romena o adorava porque, em novembro de 1917, ele e o capitão George Hill, do serviço de espionagem britânico, haviam transferido secretamente as joias da coroa romena de Moscou para Iasi depois de terem confiscado uma série de trens, até chegarem a Kiev.[5] Portanto, se havia alguém que poderia organizar uma fuga para as duas integrantes do clã dos Romanov, essa pessoa era Boyle.

À medida que as semanas iam se passando, o plano da princesa romena foi se tornando cada vez mais convincente para todos, menos para a imperatriz viúva. Na primavera de 1918, a ofensiva alemã no Front Ocidental foi uma tentativa desesperada de alcançar a vitória. A capacidade de resistência da economia alemã foi levada ao limite; o moral da população estava em queda livre em Berlim e em outras grandes cidades, e os sinais de insatisfação política vinham aumentando. Para o desespero de Hindenburg e Ludendorff, os exércitos francês e britânico montaram um sistema de defesa eficiente. Durante todo o verão, os Aliados conseguiram conter as tentativas de avanço dos alemães e até os fizeram recuar um pouco. A perspectiva de forças americanas recém-chegadas reforçando as fileiras dos Aliados jogou um manto de abatimento sobre o alto comando alemão. Já em outubro, a situação logística era tão desesperadora que Hindenburg e Ludendorff, até então tratados como heróis nacionais, se exoneraram de seus cargos. Eles sabiam que a Grande Guerra estava perdida e não queriam assumir a responsabilidade de aceitar as condições que os Aliados poderiam impor. Afinal, o poderio alemão estava na iminência de se desmantelar no norte da França. A população começou a pensar no que iria acontecer na Rússia e na Ucrânia quando as tropas de ocupação militar da Alemanha fossem retiradas do país.

Enquanto as notícias chegavam rapidamente aos países do Leste Europeu, a família real romena reiterava seus esforços para viabilizar a fuga dos Romanov para a Crimeia. O coronel Boyle era o instrumento de que dispunham para isso. Ele se ofereceu imediatamente para comandar uma expedição partindo da foz do Danúbio em direção à Crimeia. De tórax largo e uma coragem que beirava a temeridade, fez algumas exigências antes de partir. Além de duzentos marinheiros e combustível para os navios, anteviu a necessidade de muito vinho, de modo que pudesse entreter os bolcheviques que encontrasse pelo caminho até chegar a Ai Todor, com a ajuda dos quais

336 O ÚLTIMO TSAR

teria de contar. A aventura em Jassy havia lhe ensinado a importância de se fazerem amigos e subornar conhecidos. Ele tinha um estilo absolutamente original, tendo chegado a levar a limusine do primeiro-ministro romeno na viagem, na qual pretendia transportar a imperatriz viúva do palácio para o navio.[6]

Após o desembarque do navio em Ialta, em meados de novembro, Boyle contatou a liderança bolchevique e organizou um magnífico jantar para seus integrantes. Algo, porém, que ele não mencionou foi o objetivo da visita. Ele sabia que as autoridades iriam querer manter todos os Romanov que estivessem vivos sob custódia. No dia seguinte, ele e um guia russo foram de limusine para a zona rural em busca de Maria Feodorovna. De sua equipe de empregados, que tinha diminuído no ano anterior, ainda fazia parte uma dama inglesa formidável, chamada srta. Dane. Boyle notou imediatamente que as condições deles haviam piorado. Viu que suas roupas estavam um tanto encardidas e que um dos oficiais tinha um remendo de couro nas botas. Apesar disso, a imperatriz viúva se recusou a se mudar. Embora comovida com o convite de Boyle, ela disse: "Sou uma mulher idosa agora. Minha vida está quase no fim. Aqui, posso ajudar na organização de algum tipo de resistência contra os bolcheviques. Você também não pode levar consigo todos que sacrificaram tudo por mim e minha família. Não posso abandoná-los."[7] Tal era seu estado de espírito que, quando um soviete local afirmou que ela precisava de documentos de identidade para poder receber sua ração de açúcar, ela assinou a papelada simplesmente com "Marie". O funcionário bolchevique se queixou de que era insuficiente. Mas ela retorquiu com orgulho: "Faz cinquenta anos que uso 'Marie' como assinatura; se isso não é suficiente, posso dispensar o açúcar."[8]

Boyle partiu do litoral da Crimeia com o espírito entristecido, depois da insólita falta de sucesso. Durante a viagem, viu ao longe, incumbida de uma missão idêntica, uma flotilha britânica se aproximando. Era a primeira vez que a Marinha Real havia atravessado o Estreito de Dardanelos desde os anos anteriores à Grande Guerra. Ela podia fazer isso agora porque os alemães se haviam rendido incondicionalmente aos Aliados em 11 de novembro de 1918. O kaiser abdicara do trono dias antes e, em ambos os lados do continente, a situação estratégica sofreu uma transformação. Os Aliados do Ocidente começaram a enfraquecer a condição de potência da Alemanha, e o desmantelamento de suas conquistas na Ucrânia e no Báltico estava em curso. Mas eles ainda precisavam criar uma política para lidar com a Rússia comunista, além de terem de apoiar os exércitos antibolcheviques que ainda estavam sendo formados. Os bolcheviques, por sua vez, pretendiam pôr a Ucrânia e a Crimeia sob o controle do Sovnarkom e fazer seu Exército Vermelho avançar na direção de Varsóvia e Berlim. Moscou vinha tratando a linha de chegada na competição da Grande Guerra — ou "Guerra Imperialista", tal como os bolcheviques a chamavam — como o ponto de partida de uma disputa pela conquista da supremacia em toda a Europa. A região em torno de Ialta se tornaria, inevitavelmente, palco para atividades militares assim que os alemães partissem.

Finalmente, Maria Feodorovna começou a aceitar os argumentos em defesa de uma retirada, quando reconheceu a existência de perigos crescentes. Boyle ordenou que seu navio acompanhasse o do vice-almirante Arthur Calthorpe, comandante em chefe da frota britânica no Mediterrâneo, numa viagem de volta à Crimeia, munido de maiores esperanças de conseguir persuadir Maria Feodorovna do que alguns dias atrás.[9] Calthorpe fez sua parte, enviando à monarca uma carta em 19 de novembro de 1918, dizendo que o rei George estava "muito apreensivo" em relação à sua segurança e se oferecendo, por intermédio do comandante Turle, para levá-la secretamente para Constantinopla e, de lá, para um local seguro na Europa num navio de guerra.[10] A mãe do rei, rainha Alexandra, enviou também da Grã-Bretanha um telegrama à sua irmã Maria em 21 de dezembro de 1918:

> Querida Minnie,
>
> Acabaram de me informar que é altamente aconselhável que você parta imediatamente, antes que haja mais complicações e horrores. Então, por favor, tome a decisão, antes que seja tarde demais, de vir para a Inglaterra de uma vez. Traga consigo todos que desejar.
>
> Sua adorada irmã,
>
> Alix[11]

Era uma mensagem em que se misturavam sentimentos de culpa e sincera compaixão.

A imperatriz viúva e suas filhas se sentiam mal-informadas sobre o que estava acontecendo em seu país. Como não confiavam no relato dos soviéticos sobre o destino de sua família em Ecaterimburgo, despacharam Pável Bulygin, um capitão de sua equipe de segurança, para a Sibéria, passando por Odessa, bem como para uma viagem marítima ao redor do mundo, com vistas a apurar os fatos.[12] Logo, porém, informações provenientes de Petrogrado se tornaram tão claras e tão chocantes que aumentaram a determinação de Feodorovna de partir. No fim do dia 24 de janeiro de 1919, quatro Romanov mantidos na prisão da Fortaleza de Pedro e Paulo — os grão-duques Nicolai Mikhailovich, Pável Alexandrovich, Dmitri Mikhailovich e Georgy Mikhailovich — foram tirados de suas celas e fuzilados. O presumível objetivo dessa execução era uma retaliação ao assassinato, em Berlim, dos líderes marxistas de extrema-esquerda Rosa Luxemburgo e Karl Liebknecht por um grupo paramilitar antissocialista. Maria Feodorovna escreveu em seu diário: "Os jornais estão veiculando a notícia aterradora de que quatro vítimas — Paul, Mitya, Nicolai e Georgy — foram executadas. Não posso acreditar na veracidade dessa notícia — é um ato bárbaro e revoltante demais."[13]

Tal como sua filha Xênia e o grão-duque Nicolau Nikolaevich, ela já não se sentia mais torturada pela sensação angustiante que lhe causava a perspectiva de abandonar seu país à própria sorte. Assim, embarcaram no HMS *Marlborough* e aceitaram a hospitalidade do vice-almirante.[14] Em 14 de abril de 1919, Jeorge V enviou uma carta à tia, dando graças ao fato de ela estar atravessando as águas plácidas do Mediterrâneo. Em breve, ela estaria em Malta, onde poderia expor seus "planos para o futuro".[15] Em 16 de abril de 1919, a rainha Alexandra enviou, por intermédio do Almirantado, um telegrama ao *Marlborough*, manifestando seu alívio com a fuga de Maria das garras dos bolcheviques.[16] Em 22 de abril de 1919, depois de receber uma mensagem de lamentação de Maria Feodorovna, a rainha respondeu dizendo que compreendia bem "seus sentimentos de infelicidade, indecisão e angústia".[17] Os Romanov fizeram baldeação em Valletta. Em 21 de abril de 1919, o rei enviou outro telegrama, agora do Castelo de Windsor: "[Estou] muito feliz por saber que vocês chegaram em segurança e que aceitaram vir n[o] Lord Nelson. Estou ansioso para me encontrar logo com vocês. Com muito amor, Jeorge."[18]

Ele poderia ter agido com a mesma generosidade para com Nicolau dois anos antes, mas preferiu não fazer isso. Ele não podia saber então que, mesmo que o tivesse feito, era duvidoso que Nicolau conseguisse deixar o país. Por isso, o destino de Nicolau continuava a lhe pesar na consciência.

Embora as duas famílias — ou o que restou dela no caso dos Romanov — houvessem se reconciliado, somente Xênia se sentia à vontade em passar seu exílio no Reino Unido. Nicolai ficou no sul da França e renunciou a qualquer reivindicação ao trono russo — foi uma atitude prudente, já que alguns veteranos do leste da Sibéria queriam proclamá-lo tsar. Maria Feodorovna ficou com sua irmã rainha Alexandra durante algum tempo, mas resolveu aceitar o convite de voltar para a Dinamarca, sua terra natal, que havia deixado em 1866, ano em que, na condição de princesa Dagmar, se casou com o futuro Alexandre III. Enquanto os bolcheviques e o Exército Vermelho lutavam para manter e expandir seu controle sobre a Rússia, os Romanov sobreviventes se conformavam com um retiro tranquilo no exterior.

# 47. A Investigação dos Antibolcheviques

Em novembro de 1918, a política na Sibéria sofreu uma transformação quando oficiais do exército russo derrubaram o governo pró-Komuch em Omsk e proclamaram o almirante Alexandre Kolchak líder supremo de Todas as Rússias. Ele detestava o governo do Komuch e prendeu ou demitiu seus oficiais sobreviventes em toda a Sibéria ocidental — ele os julgava quase tão culpados quanto os bolcheviques pelo que considerava a desintegração da Rússia desde a Revolução de Fevereiro. O Exército Branco, comandado por Kolchak, conquistou imediatamente a valiosa aliança da Legião Tchecoslovaca e, assim, pôde preparar-se para combater o Exército Vermelho. Suas forças receberam imediatamente apoio financeiro e logístico dos Aliados Ocidentais. Kolchak se recusava a defender a causa monarquista, pois sabia que, do contrário, perderia o apoio dos Aliados — e talvez compreendesse que reduziria o contingente de possíveis recrutas para seu Exército Branco se professasse a intenção de restaurar o poder dos Romanov. Muitos de seus comandantes continuaram fiéis ao juramento militar de aliança com Nicolau II, e Kolchak incentivava a continuação da investigação do massacre de Ecaterimburgo. Qualquer coisa que fosse descoberta em Ecaterimburgo poria os bolcheviques numa situação desfavorável diante de todos.

Depois de levar suas forças para Ecaterimburgo, Kolchak ordenou a realização de uma ofensiva-relâmpago para Oeste. O restante dos Urais estivera em estado de efervescência política desde meados do verão. Os trabalhadores da Fundição de Ijévski se rebelaram contra os bolcheviques depois que uma reeleição no soviete de Ijévski em julho substituiu a maior parte dos bolcheviques, os quais reagiram mobilizando membros da Guarda Vermelha em Kazan. Mas a situação continuou explosiva e, em 7 de agosto, trabalhadores bolcheviques se rebelaram contra o governo do comissário e extirparam todos os sinais de sua presença na região.[1]

A INVESTIGAÇÃO DOS ANTIBOLCHEVIQUES          341

O Exército Vermelho transferiu reforços às pressas para o Terceiro Exército em Perm com o objetivo de conter o avanço das tropas do Exército Branco. A essa altura, o Exército Vermelho havia mostrado o próprio valor em batalhas às margens do Rio Volga. Comandantes do Exército Vermelho advertiram, porém, que não seria fácil defender Perm. Mandaram, pois, que abrissem trincheiras e montassem sistemas de defesa. Tropas foram reunidas e comissários políticos circularam entre elas para explicar que a sobrevivência da Revolução de Outubro estava em risco. O Exército Branco de Kolchak, com o moral em alta e bem organizado, avançava como um rolo compressor por todos os obstáculos. Tal como os tchecoslovacos haviam constatado no verão, nem sempre os bolcheviques opunham resistência eficaz. Um estado de pânico se apossou dos espíritos dos dirigentes do partido, de membros do soviete e dos oficiais do Exército Vermelho, levando-os a empreender uma fuga em massa após a derrota na batalha pelo controle da cidade. Perm ficou completamente abandonada em 25 de dezembro de 1918, depois de uma tentativa extremamente ineficaz de defendê-la. O resultado foi uma retirada caótica, provocando o abandono de muito mais recursos do que durante a planejada saída de Ecaterimburgo. O Comitê Central dos Bolcheviques ficou horrorizado. Ecaterimburgo havia sido ruim, mas Perm fora expressivamente pior, e, se esse tipo de acontecimento se repetisse, em breve Kolchak se tornaria o chefão do Kremlin.

Quanto à investigação da morte dos Romanov, a captura de Perm possibilitaria que muitas questões que haviam deixado Ivan Sergueiev e Nikânder Mirolyubov sem respostas fossem tratadas com a convocação de um grupo de novas testemunhas em potencial. Afinal, as tropas do Exército Branco tinham capturado vários bolcheviques e simpatizantes que haviam participado da detenção ou da execução da família imperial. Mikhail Letemin pertencera ao destacamento da guarda a serviço na casa dos Ipatiev. De acordo com uma fonte soviética, ele foi preso em Ecaterimburgo depois de ser visto levando o cão dos Romanov, que ele acolhera, para passear. Segundo consta, foi o criado Tchemodurov quem reconheceu o animal.[2] Letemin se recusara a se alistar no Exército Vermelho e juntar-se às tropas na retirada; aliás, tremera diante da ideia de participar de qualquer tipo de combate: "Não fui contratado para isso — fui contratado apenas para servir na equipe de segurança em missão especial na casa." Ele alegou que tinha ficado com o cão para evitar que o animal morresse de fome. Os investigadores tomaram nota de seu depoimento, mas ignoraram sua alegação, e sua decisão de permanecer em Ecaterimburgo foi fatal. Quando fizeram buscas na casa de Letemin, encontraram uma pilha de pertences de Nicolau e Alexandra.[3] Como haviam obtido dele as informações que desejavam a respeito dos acontecimentos na casa dos Ipatiev, as autoridades do Exército Branco resolveram matá-lo.

Em 17 de janeiro de 1919, o almirante Kolchak designou o general Mikhail Diterikhs para chefiar a investigação. Até pouco tempo antes, Diterikhs havia comandado operações na frente de batalha e não tinha nenhuma experiência na área jurídica, mas Kolchak achou que ele imprimiria um novo ritmo de urgência ao processo. A essa altura, Sergueiev tinha caído no desagrado do comando militar. Na visão de Diterikhs, o juiz fora atraído para a esfera de ideias dos socialistas-revolucionários e não era nem um pouco patriota. Diterikhs acreditava também que Sergueiev não tinha simpatia por Nicolau e pela família imperial, e mostrava sinais de incompetência profissional: ele considerava especialmente grave o fato de Sergueiev haver interrogado as autoridades soviéticas e os prisioneiros do Exército Vermelho com brandura e falta de seriedade. Todavia, de acordo com Diterikhs, o pior de tudo era que talvez Sergueiev fosse descendente de judeus — e o fato de ele professar a fé cristã não fazia nenhuma diferença para Diterikhs. Em 25 de janeiro, ele mandou que Sergueiev lhe entregasse as pastas de documentos que tinha reunido desde o início da investigação.[4]

Diterikhs levou para Omsk tudo que lhe foi repassado e procurou formas de revigorar o processo. Com Sergueiev fora do caminho, ele pretendia recrutar outro investigador com a devida experiência na área jurídica. A escolha de Diterikhs recaiu sobre um juiz de Omsk chamado Nicolai Sokolov, que era conhecido por sua preocupação com minúcias. Mas, acima de tudo, Sokolov nascera e fora criado na Rússia e era cristão, além de patriota e um monarquista que não tinha nada da suposta brandura no trato com judeus bolcheviques, como, por exemplo, Trótski (ou Bronstein, como ele o chamava). Sokolov tivera de se refugiar num esconderijo para escapar da Guarda Vermelha durante uma difícil fuga para Penza. Em 5 de fevereiro, Kolchak o convocou para uma entrevista e lhe perguntou o de que precisaria. No dia seguinte, Sokolov voltou a se encontrar com Kolchak levando uma lista de requisitos práticos para cumprir a tarefa. Kolchak lhe explicou que a situação em tempos de guerra não contribui nem um pouco para condições

A INVESTIGAÇÃO DOS ANTIBOLCHEVIQUES 343

ideais de trabalho, mas pediu que ele realizasse a tarefa da melhor forma possível. De posse dos arquivos que Diterikhs lhe repassou, Sokolov pôs mãos à obra. Interrogou testemunhas tanto em Omsk como por intermédio de seus subordinados em outras localidades.[5]

Diterikhs era um nacionalista fervoroso, uma pessoa convicta da grandeza do "povo russo cristão" e antissemita fanático.[6] Vivia movido pela ânsia de acentuar que muitos revolucionários haviam mudado de nome e asseverava que nem Sverdlov nem Goloschekin eram russos.[7]

Era Sokolov, no entanto, quem chefiava os trabalhos diários, e Diterikhs o deixava prosseguir com tudo sem interferências. Sokolov nutria profunda simpatia pelo monarca assassinado, mas, assim que iniciava sua rotina de trabalho, esquecia a maior parte de seus sentimentos e se concentrava na apuração dos fatos concretos. Ele se inteirou rapidamente do considerável progresso realizado por Alexei Nameiêtkin e Ivan Sergueiev, e lançou sua equipe na procura de novas testemunhas e na análise de novos materiais. Ele vivia analisando documentos em busca de provas convincentes, à medida que relatórios iam chegando à sua mesa; e seus subordinados aprenderam a evitar qualquer negligência. Todos podiam ver que Sokolov era um verdadeiro profissional, meticuloso e relutante na aceitação de depoimentos sem maiores considerações. Ele fazia registros pormenorizados de seus interrogatórios, bem como dos realizados por seus subordinados. (Em longo prazo, isso não serviria para fazê-lo permanecer nas graças de seus superiores, principalmente no que se refere a Diterikhs, que passou a querer monopolizar o crédito pela investigação e também não gostava da indiferença de Sokolov em compartilhar de suas conjecturas mais simplistas acerca da Revolução Russa.)

Embora dispensado de suas atribuições, Sergueiev apresentou suas conclusões em 20 de fevereiro de 1919. Ele sabia o suficiente para acabar com os boatos de que alguém da família imperial cativo na casa dos Ipatiev havia sobrevivido. Citou também os nomes dos integrantes da comitiva que haviam perecido. Quanto a Pável Medvedev, então mantido em cativeiro, Sergueiev não tinha dúvidas de que ele havia mentido em seu depoimento e tivera participação direta nos assassinatos na casa dos Ipatiev.[8]

Uma das necessidades urgentes de Sokolov era averiguar as muitas histórias que diziam que os Romanov haviam conseguido fugir das garras de seus captores. Várias testemunhas continuaram a repetir esse ou aquele boato e, ao mesmo tempo, confessavam espontaneamente que era apenas algo que tinham ouvido dizer.[9] Um tal de Fiódor Sitnikov, por exemplo, disse em depoimento que conversara com uma mulher que dizia ser a grã-duquesa Anastácia, mas, quando pressionado a apresentar provas do que afirmara, o depoente acrescentou ao testemunho pouca coisa que pudesse ajudar o avanço da investigação.[10] "Provas" confiáveis vieram também de Alexandre Kirsta, que vasculhou Perm à procura de pessoas que alegavam saber o que acontecera com os Romanov. Kirsta foi um dos que receberam ordens para estender a investigação à cidade após dezembro de 1918, quando Kolchak expulsou o governo soviético de Perm. Ele achou rapidamente pessoas que disseram que haviam cruzado pelo caminho com Anastácia ou com outras mulheres integrantes da família Romanov, incluindo até a ex-imperatriz. Natália Mutnykh, irmã de uma autoridade do governo bolchevique de Ecaterimburgo, relatou que tinha visto de relance vários deles no cativeiro em Perm. Num dos interrogatórios, ela citou o nome de quatro filhas do casal, ao passo que, em outro, mencionou apenas três.[11]

Kirsta não era a única pessoa que se recusava a aceitar a ideia de que um pelotão de fuzilamento bolchevique tinha executado todos os Romanov mantidos em cativeiro na casa dos Ipatiev. O subprocurador Tikhomirov também estava convicto de que, após a execução de Nicolau, o restante da família tinha sido levado secretamente para Perm e, depois, para regiões mais interioranas do território dominado pelos soviéticos. Ele deu crédito à história a respeito da presença de Anastácia em Perm e destacou o fato de que provas de prescrições médicas de um tal dr. Útkin, referentes ao estado clínico dela, haviam sido descobertas. O problema era que acabaram verificando que elas haviam sido feitas em formulários impressos que pertenciam a um tal de dr. Ivanov.[12]

Cada vez mais, a competência profissional de Kirsta passou a ser questionada, bem como as condições que outros investigadores tinham de enfrentar. Um deles, V. Iordânski, se queixou de que as autoridades militares se recusavam a dar a ele e a seus colegas a necessária cooperação e de que, às vezes, ocultavam informações.[13] Além disso, quando ele investigou as alegações de Kirsta, logo ficou descrente da afirmação de Útkin de que este tratara de Anastácia em Perm depois de o médico se mostrar absolutamente incapaz de reconhecê-la em fotografias. Iordânski também não via nenhuma razão para rejeitar o depoimento de Pável Medvedev, que havia estado na casa

A INVESTIGAÇÃO DOS ANTIBOLCHEVIQUES 345

dos Ipatiev nas noites de 17 e 18 de julho, declarando que os sete Romanov e os membros de sua comitiva ali presentes haviam sido chacinados.[14] Pável Shamarin, o procurador do município de Perm, repassou suas impressões aos superiores. Quando conheceu Kirsta num contato direto, ele o achou presunçoso e evasivo. Kirsta, segundo Shamarin, havia perdido tempo com todos que lhe contaram histórias sobre a forma como tinham visto um ou outro dos Romanov em condições de cativeiro em algum lugar em Perm. Shamarin ficou chocado com a credulidade de Kirsta, principalmente porque os informantes eram mulheres. Natália Mutnykh, disseram a Shamarin, o iludira com extrema habilidade.[15]

A existência de embusteiros não era uma novidade. Várias pessoas vinham aparecendo na Sibéria, dizendo-se integrantes da família Romanov. Até mesmo quando a família estava sob detenção em Tobolsk, o londrino *The Daily Telegraph* publicara uma reportagem sensacionalista, noticiando que a princesa Tatiana desembarcara nos Estados Unidos. O número de impostores aumentou muito depois das execuções em Ecaterimburgo, mas, geralmente, eram logo desmascarados.[16]

Sokolov achava, no entanto, que tinha de levar o dr. Útkin a sério, já que ele era um profissional da medicina e estava fazendo importantes declarações. Afinal, se ele quisesse que a investigação tivesse a chancela da autoridade, todas as afirmações conflitantes tinham de ser minuciosamente analisadas. Mandou marcar, portanto, uma data para o interrogatório e, dessa vez, foi o próprio Sokolov que fez as perguntas. Ele não ficou impressionado com o médico, que, mais uma vez, foi incapaz de respaldar seu depoimento e falou da mesma forma não convincente reportada por investigadores anteriores. Sokolov chegou a uma conclusão lógica e se juntou aos que consideravam Kirsta uma pessoa tola e incompetente.[17] Já em 1º de abril de 1919, ele se sentiu em condições de redigir suas conclusões preliminares, que apresentaram pouca diferença, em aspectos essenciais, em relação às de Sergueiev, o investigador anterior: agora, Sokolov não tinha dúvida, com base numa quantidade impressionante de provas, de que a família imperial havia morrido na casa dos Ipatiev, juntamente com o dr. Botkin, o criado Trupp, o cozinheiro Kharitonov e a criada Demidova. Ele apontou Yuróvski como o chefe da equipe de fuzilamento, e Nikulin e Medvedev, como seus principais cúmplices. Situou a hora das execuções entre meia-noite e três da madrugada. Sua exposição foi exemplar.[18]

Agora, as forças da guerra civil estavam se voltando contra Kolchak. O Exército Vermelho, bem como o Partido Bolchevique e o governo soviético, se reorganizaram depois de haverem perdido Perm. Em março de 1919, elas selaram um acordo para a implementação da centralização do poder sob a direção do partido, e as mudanças foram drásticas e imediatas. Os bolcheviques sempre haviam sido bastante brutais. Agora, acrescentaram ao seu arsenal político a obrigatoriedade da dependência das instituições ao partido e, assim, conseguiram recrutar novos partidários a partir de um grande contingente demográfico e auferir benefícios dos grandes estoques de produtos industriais e do controle das redes de ferrovias. Em junho, reconquistaram Ufá, no sul dos Urais; no mês seguinte, voltaram a ocupar Tchelyabínski. Os combates se intensificaram ao longo do verão, quando Perm e Ecaterimburgo tornaram a cair nas mãos do Exército Vermelho, depois de Kolchak haver fracassado em sua tentativa de estabilizar as condições de resistência em sua linha de frente ao longo dos rios Tobol e Ishim. Já em novembro, o Exército Branco teve de recuar para Omsk. Trótski e o alto comando do Exército Vermelho estavam tão confiantes em uma vitória que conseguiram despachar suas tropas de volta para a Ucrânia e o sul da Rússia, com o objetivo de combater o outro Exército Branco, que tinha sido formado por Alexeiev e Kornilov e passou a ser comandado pelo general Anton Denikin após a morte deles.

Sokolov prosseguiu com o interrogatório de testemunhas e com o exame de telegramas dos bolcheviques e dos pertences dos Romanov da melhor forma possível. Mandou fazer um inventário minucioso de depoimentos e vestígios materiais. Em razão da ofensiva bem-sucedida do Exército Vermelho, ele se transferiu para Tchita, seguindo viagem ao longo da Ferrovia Transiberiana. Uma vez que não tinha mais como pedir que sua equipe vasculhasse Ecaterimburgo e as cercanias em busca de mais provas, teve de completar o trabalho com base, principalmente, no que havia nas caixas de transcrições e anotações que tinha levado consigo dos Urais. Mais uma vez, a Ecaterimburgo dos Brancos se tornou a Ecaterimburgo dos Vermelhos. Desse modo, a motivação profissional do juiz foi testada pela falta de cooperação das autoridades militares das forças de ocupação. Aliás, ele tinha inimigos entre membros do Exército Branco, que não faziam segredo da intenção de cometer um atentado contra ele. Sokolov ouviu por acaso alguns conspiradores conversando sobre o plano no compartimento vizinho ao dele. E, com a serenidade de sempre, solicitou: "Por favor, um pouco mais baixo, cavalheiros, pois saibam que estou bem aqui ao lado!" Sem nenhum sinal de desânimo, em 7 de outubro de 1919, ele produziu outro relatório, embora não fosse ainda o documento completo, mas agora estava enriquecido com novas e importantes informações. Ele o enviou a Mirolyubov, aproveitando para se queixar das autoridades do exército e lamentando o fato de que não pudera pôr as mãos em Yuróvski ou Goloschekin. O restante de seu relatório apresentava os custos de manutenção dos serviços dos muitos agentes que tivera de empregar.[19]

As exigências dos tempos de guerra e a rivalidade com as autoridades das forças de ocupação não eram as únicas fontes de tensão entre Sokolov e o comando do exército. Outra delas era o sentimento entre importantes oficiais do Exército Branco que achavam que ele era desprovido da necessária visão de um antibolchevique confiável. Diterikhs detestava judeus e não se dispunha a perder tempo com liberais ou até com conservadores moderados. Profundamente arraigado no chão do monarquismo de ortodoxia cristã de seus colegas comandantes, julgara Nameiêtkin e Sergueiev almas contaminadas por sua ligação com mentalidades abertas ao engajamento político que caracterizou o período administrativo do Governo Provisório. Mas Diterikhs continuava a ter alguma confiança em Sokolov e deixou que prosseguisse com seu trabalho, até que um dos oficiais da equipe de segurança de Sokolov, o capitão Pável Bulygin, falou a Diterikhs a respeito do perigo pessoal com que Sokolov tivera de lidar. (Esse homem era o mesmo Bulygin que tinha ido à Sibéria, a pedido da imperatriz viúva.) Bulygin acentuou que, se alguém atirasse uma granada de mão em Sokolov, ela também poderia destruir uma pilha inteira de documentos da investigação. Diterikhs ficou horrorizado com essa possibilidade, mas, em 19 de dezembro de 1919, em vez de reforçar o esquema de proteção a Sokolov, confiscou arbitrariamente suas caixas de documentos. Sokolov não suportou mais a situação e, no dia seguinte, enviou uma carta ao procurador Mirolyubov solicitando que o exonerassem de suas atribuições.[20]

Enquanto suas preciosas caixas de documentos eram levadas de volta para o oeste, pela ferrovia que ligava Verkhne a Udínski, ele, irritado e amargurado, estava convicto de que Diterikhs havia agido deliberadamente, visando acabar com sua participação na investigação. Na verdade, tal como Bulygin descobriu numa entrevista pessoal, Diterikhs acreditava piamente que tinha feito a única coisa que garantiria a sobrevivência da prova principal. Todavia, a situação militar continuava a se agravar para o Exército Branco na Sibéria, forçando Diterikhs a transportar as caixas para Harbin, na fronteira com a China, onde o consulado britânico concordou em tomar conta delas. Ao mesmo tempo, ele pediu ao consulado britânico que criasse condições para uma viagem segura de Sokolov para Harbin, devolvesse suas caixas e lhe possibilitasse seguir viagem com elas para a Europa. Sokolov, o profissional perfeito, esqueceu seus ressentimentos e deixou a Sibéria, acabando depois por se reencontrar com as caixas que tinha visto pela última vez em Tchita. Por acaso, Pierre Gilliard já estava em Harbin, onde presenciou a confusão na embaixada britânica, com funcionários chegando e saindo. Gilliard viu a necessidade de alguém se encarregar dos cuidados com as caixas e concluiu que o general francês Maurice Janin era a única pessoa com autoridade para providenciar seu transporte para Vladivostok, para, de lá, seguirem para a Europa.[21]

Naturalmente, Sokolov relutou em se separar de novo do material, mas, no fim das contas, reconheceu que essa era a única maneira realista de fazer com que saíssem em segurança da Ásia. Depois de suas peripécias, Sokolov ainda tinha apenas uma coisa em mente: concluir o trabalho de investigação a partir de uma base de operações na Europa Ocidental. As experiências difíceis que enfrentou não abateram sua determinação. Achava que, mesmo que os Vermelhos estivessem perto de vencer a guerra civil, não havia motivo para deixar que suas mentiras sobre as execuções nos Urais se espalhassem sem contestação. Provar a verdade histórica dos fatos se tornou a razão de ser da vida de Sokolov.

# 48. Discussões sem Concessões

Em março de 1919, quando os bolcheviques se reuniram em Moscou para participar do congresso do partido, ainda não havia nenhum esclarecimento público do que havia acontecido com os Romanov. As perguntas dos delegados eram passadas para a mesa em pedaços de papel. Um deles perguntou a Lenin por que a demora em levar Nicolau a Moscou para um grande julgamento público.[1] Somente um bolchevique muito mal-informado poderia ter feito uma pergunta dessas. O *Pravda* e outros jornais tinham feito o anúncio da execução oito meses antes, e não surpreende o fato de que não exista nenhum registro de que Lenin tenha se dado ao trabalho de responder. No entanto, por mais estúpida que a pergunta tenha sido, os dirigentes soviéticos certamente tinham ajudado a espalhar a confusão em torno da questão, e a mentira oficial de que apenas Nicolau tinha sido executado foi mantida. Por isso, prosseguia a disseminação de boatos, e muitos impostores continuavam a surgir em povoados e nas cidades provinciais. A história de que a esposa e a família de Nicolau tinham sido transferidas para algum lugar seguro não revelado, distante de Ecaterimburgo, deu origem a uma pergunta lógica: ora, então onde estão agora? Combinados, o silêncio e as mentiras das autoridades soviéticas criaram condições para o florescimento de outras histórias, e reacionários do Exército Branco apresentaram uma série de supostos monarcas como candidatos à restauração do trono dos Romanov.[2]

Esse artifício em si não serviu para forçar uma mudança da versão dos acontecimentos fornecida por Moscou; aliás, tal como anteriormente, a confusão em torno do assunto convinha aos governantes comunistas. Mas sua despreocupação chegou ao fim em 1920, quando refugiados do movimento dos Brancos em Istambul fizeram a primeira tentativa séria para divulgar os

350              O ÚLTIMO TSAR

documentos sobre as execuções na casa dos Ipatiev. Afinal, os comunistas podiam controlar o que era publicado na Rússia soviética, mas não podiam fazer nada em relação a obras de editoras estrangeiras. Esse livrinho, que foi disseminado entre as comunidades de imigrantes na Europa e em outras partes do mundo, continha documentos que apresentavam uma contestação fundamental da versão de Moscou. Ele resumia o que Alexei Nameiêtkin e Ivan Sergueiev haviam descoberto no verão de 1918. Em especial, relatava a descoberta de joias e outros objetos pertencentes aos Romanov. Mencionava também os interrogatórios de Fiódor Gorshkov, Pierre Gilliard e Miguel Letemin, e falava acerca dos comentários dos camponeses sobre os estranhos acontecimentos nos poços das minas. O livro também fazia referências às trocas de mensagens entre Moscou e Ecaterimburgo. Sua conclusão foi categórica: os Romanov presos na casa dos Ipatiev haviam sido fuzilados e nenhum deles conseguiu fugir.[3]

No mesmo ano, Robert Wilton desferiu um ataque demolidor na ficção oficial dos bolcheviques. Por ser conhecido de Diterikhs e Sokolov, pessoas a quem admirava, teve acesso aos dossiês da investigação e, como jornalista, sabia quanto era importante publicar seu livro o mais rapidamente possível. Mas não fez o melhor dos trabalhos. Wilton organizou as provas de uma forma extremamente tendenciosa, de modo a pôr a culpa pelas execuções numa conspiração de judeus. Supostamente, Sverdlov, um judeu, era o chefe dos conspiradores, enquanto o russo Lenin, um simples "tolo", e as autoridades dirigentes presentes supostamente eram todas também de origem judaica. Wilton chegou a afirmar que a razão pela qual o juiz Sergueiev se recusara a mencionar no relatório o envolvimento dos judeus se devia ao fato de ele mesmo ser judeu. Foi por isso, também, que Wilton julgou conveniente criticar o livro de Istambul, publicado meses antes, naquele mesmo ano. Com um fervor cheio de veneno antissemita, asseverou que seus autores haviam deixado de mencionar as origens judaicas dos assassinos, principalmente porque eles mesmos descendiam de judeus.[4]

Wilton aceitou, contudo, o fato de que todos os cativos da casa dos Ipatiev haviam morrido. E o general Diterikhs confirmou o acontecimento quando, em 27 de fevereiro de 1921, deu uma entrevista a um jornal em Vladivostok. O extremo oriente da Sibéria ainda não havia caído nas mãos dos Vermelhos, principalmente porque Lenin se precavia contra a possibilidade de irritar os japoneses, e isso fez com que as forças do Exército Branco que haviam

DISCUSSÕES SEM CONCESSÕES

sido expulsas dos Urais permanecessem no controle da cidade. Diterikhs sabia que suas declarações seriam imediatamente transmitidas ao exterior.[5]

Depois que explicou que Kolchak o tinha encarregado de chefiar a investigação, ele anunciou suas principais descobertas: "A família imperial inteira e os grão-duques foram assassinados. Os primeiros, em Ecaterimburgo, enquanto o segundo grupo, em Alapaievsk, a sessenta quilômetros [sic] de Ecaterimburgo. A família imperial foi morta, por ordem do Soviete Regional dos Urais, na noite de 16 para 17 de abril [sic]."[6] Descontando o erro na citação do mês, era um anúncio que não poderia ser facilmente ignorado, numa época em que a liderança soviética estava tentando estabelecer laços comerciais e diplomáticos com países estrangeiros nos quais o destino trágico dos Romanov continuava a ser uma questão controversa. Transações comerciais com o Reino Unido estavam atingindo um ápice histórico na época do anúncio de Diterikhs. As autoridades centrais soviéticas sabiam que essa alegação era verdadeira e podiam dar como certo que teriam dificuldade para manter viva a mentira de que somente Nicolau havia sido fuzilado; Diterikhs, depois de recuperar o controle sobre as caixas de documentos da investigação antibolchevique, enviara vinte e nove delas para o navio britânico *Kent*, que as levou para um lugar seguro na Europa Ocidental.[7]

Assim que ficou provado que a história de que somente Nicolau tinha sido executado era mentirosa, as autoridades comunistas tomaram a prudente decisão de alterar sua versão dos fatos. As alterações foram publicadas não em Moscou, mas nos Urais, quando a filial da Editora do Estado lançou a publicação *A Revolução dos Trabalhadores*. Ainda não havia a intenção de se revelarem os detalhes das mortes na casa dos Ipatiev, mas ficou claro que os dirigentes soviéticos tinham de reconhecer quantos Romanov haviam sido mortos.

A obra *The Worker's Revolution*, de Pável Bykov, começava com um capítulo intitulado "Os últimos dias do tsar". O autor que fizera parte do Comitê Executivo do Soviete Regional dos Urais, em 1918, tinha visitado a casa dos Ipatiev em nome do comitê e sabia tanta coisa quanto qualquer um que ainda estava em Ecaterimburgo apurando os fatos sobre o destino dos Romanov. Bykov relatou a transferência de Nicolau e de sua família de Tsarskoye Selo e depois para Tobolsk, até chegarem ao destino final de detenção, na casa dos Ipatiev. Ele afirmou que o crescente perigo de uma tentativa de resgate foi a razão pela qual eles foram transferidos para os

352 O ÚLTIMO TSAR

Urais. Até em Ecaterimburgo, havia sinais de conspiração. De acordo com Bykov, o Comitê Executivo do Soviete Regional dos Urais tomou, sozinho, a fatídica decisão de matar os Romanov que viviam nos territórios controlados por ele.[8] Bykov abriu mão de qualquer tentativa de fingir que somente uma pessoa havia morrido na casa dos Ipatiev. Segundo as palavras dele, o que ocorreu em 17 de julho de 1918 foi "a execução de Nicolau Romanov e de todas as pessoas que estavam com ele". Ele disse, sem meias palavras, que elas haviam sido enfileiradas bem junto à parede e fuziladas. Afirmou também que o pelotão de fuzilamento era composto apenas por quatro pessoas.[9] Não se sabe ao certo a razão por trás desse número falso, mas, pelo menos, ele veio acompanhado de uma confissão de que todos os mantidos em cativeiro na casa dos Ipatiev haviam sido eliminados.[10]

*The Last Days of the Last Tsar* foi a segunda obra sobre o assunto que publicaram na Rússia. Mais uma vez, uma editora de província foi escolhida para isso. Publicada em Tver, em 1922, seus autores centraram a obra na época do cativeiro em Tobolsk, onde havia "um grande número de elementos contrarrevolucionários e uma sequência enorme de mensagens instigantes sobre a fuga e a captura do ex-tsar". O livro assinalava também os sinais de conspirações subsequentes em Ecaterimburgo. A chegada do major Migić, membro do Estado-Maior do exército sérvio, na condição de emissário da rainha da Sérvia, indicara que algo estava sendo preparado. A responsabilidade pela decisão de matar os Romanov foi atribuída ao Comitê Executivo do Soviete Regional dos Urais. O número de fanfarrões aumentou de forma significativa. Certas informações foram reveladas pela primeira vez, como, por exemplo, a de que Nicolau e sua família tinham sido levados para o porão da casa dos Ipatiev para serem fuzilados. A verdade foi misturada com uma nova inverdade; pois foi dito que os corpos foram levados para uma floresta perto da fábrica do Alto Iset e do povoado de Palkina, onde foram cremados. Talvez tenham mentido sobre a verdadeira localização para evitar que os poços das minas se tornassem locais de peregrinação de simpatizantes da monarquia. Mas seus autores acentuaram que todos os Romanov mantidos em cativeiro em Ecaterimburgo, Perm e Alapaievsk haviam sido executados.[11]

Ao mesmo tempo, os Brancos foram acusados de haver disseminado o boato de que Nicolau e sua família não tinham sido executados, e sim levados de Ecaterimburgo para outro local — um "boato" que as próprias

DISCUSSÕES SEM CONCESSÕES

autoridades soviéticas haviam começado a espalhar por meio das páginas do *Pravda*. No entanto, publicações dos Brancos começaram a ser usadas sempre que corroboravam a nova versão de Moscou, e a então recente declaração de Diterikhs em Vladivostok foi usada para reforçar a ideia de que ninguém saíra vivo do porão da casa dos Ipatiev.[12]

O próprio Diterikhs reiterou a ideia em *O assassinato da família tsarista e de membros da Casa dos Romanov nos Urais*, obra que ele enviou às pressas para o prelo em 1922, antes de partir do território do antigo Império Russo em direção à China. A essa altura, Kolchak estava morto, tendo caído nas mãos de socialistas-revolucionários de esquerda no leste da Sibéria, os quais, em fevereiro de 1920, o entregaram aos bolcheviques. Após um rápido julgamento por um tribunal revolucionário, ele foi fuzilado e seu corpo atirado nas águas geladas do Rio Angara. Depois que o exército de Kolchak foi massacrado, Diterikhs, pelo menos, se livrou da necessidade política de evitar dizer coisas que pudessem desagradar os governos da América, França e Reino Unido. Uma de suas primeiras atitudes foi agitar uma bandeira do monarquismo, algo que Kolchak nunca poderia fazer se quisesse manter o apoio dos Aliados. Aliás, Diterikhs proclamou Nicolau Nikolaevich — o primo de Nicolau II — o novo tsar de Todas as Rússias. Seu livro foi um instrumento de enaltecimento de si mesmo, usado para menosprezar a contribuição que Nameiêtkin, Sergueiev e Sokolov tinham dado à investigação. Diterikhs falou abertamente sobre seus preconceitos. Disse, em seus escritos, que todos os bolcheviques, sem exceção, eram fanáticos ateus que agiam sob o comando de judeus.[13]

Enquanto isso, Nicolai Sokolov continuava a aperfeiçoar o trabalho da investigação que tivera de interromper em Tchita. Sua necessidade mais premente era encontrar um local de refúgio na Europa Ocidental. Em 19 de fevereiro de 1920, ele enviou uma carta a Sydney Gibbes ("Sidnei Ivanovich"), já que poderia ser uma pessoa que talvez o ajudasse a conseguir fazer a viagem. Retido pelas circunstâncias no lado chinês da fronteira com a Rússia siberiana, estava preocupado com as condições de segurança do material que havia levado dos Urais para lá. Havia cinco caixas grandes em sua bagagem, e sua preocupação era que agentes bolcheviques tentassem se apoderar delas enquanto ele se dirigisse para o sul através da China.[14] Após chegar a Pequim, seguiu para Xangai, onde tomou um navio para a Europa.[15] Quando desembarcou em Dubrovnik, iniciou uma longa viagem para Paris e contatou, por carta, a imperatriz viúva Maria Feodorovna. Mas ficou arrasado com a reação dela. Maria Feodorovna se achava psicologicamente despreparada para aceitar que seu filho e sua família estavam mortos e se recusou a atender às suas solicitações para conversar com ela, não tendo dado a ele nenhum tipo de cooperação além de ajuda financeira. O grão-duque Nicolau Nikolaevich também se recusou a ser entrevistado. Sokolov disse com tristeza que, se houvesse sabido de antemão que seu árduo trabalho seria tratado dessa forma, teria deixado suas caixas com o material da investigação aos cuidados de camponeses russos na Manchúria, em vez de fornecer "divertimento para intriguistas políticos".[16]

Doía-lhe o fato de sofrer publicamente duras críticas dos colegas monarquistas exilados que queriam acreditar que alguns dos Romanov haviam sobrevivido ao massacre de Ecaterimburgo. Mas o dever superou a dor, e Sokolov se dedicou com afinco ao trabalho de análise e revisão de seus quatorze volumes de anotações. Não se importou nem um pouco com o conselho de seus assistentes, que o exortavam a deixar de se preocupar com detalhes e publicar logo o seu livro. Sua ambição era concluir um relato confiável, próprio para ser usado num processo judicial.[17]

Em correspondências particulares, Sokolov deu vazão a várias atitudes que vieram à baila nos escritos de Diterikhs. Como monarquista leal à memória de Nicolau II, ele detestava o grupo de diplomatas russos deixados como legado pelo Governo Provisório e ainda a serviço nos prédios de embaixadas na Europa Ocidental. Sokolov tinha a louca convicção de que homens como Girs, embaixador em Roma, logo estariam trabalhando para os bolcheviques no exterior. Ele culpava o Governo Provisório por haver posto "o soberano" sob detenção e, desse modo, ter aberto o caminho que levou à sua execução. Tinha certeza de que a turma de Rasputin se coligara à rede de espionagem dos alemães. Percebeu que muitos dos indivíduos que rodeavam Rasputin eram judeus e achava que certamente esse tipo de gente não teria nenhum sentimento patriótico em tempos de perigo nacional para a Rússia. Via também a mão da Alemanha nas experiências difíceis que haviam acometido a Rússia após a Revolução de Fevereiro. Devidamente embasado, citou provas de que Bóris Solovyov, arvorado em candidato a salvador dos Romanov em Tobolsk, em 1918, na verdade poderia ter conspirado para arruinar as chances de uma fuga bem-sucedida. Mas Sokolov também foi mais longe do que poderia provar quando alegou que tinha sido

DISCUSSÕES SEM CONCESSÕES 355

a pressão feita pelos alemães ao Sovnarkom que levara à transferência de Nicolau de Tobolsk para outro local.[18]

Ele abandonou grande parte dessas conjecturas quando editou seu *Investigação judicial do assassinato da família imperial russa*, cuja primeira edição, em francês, foi lançada em 1924.[19] Sua análise cuidadosa e a citação de documentos, depoimentos e interrogatórios conquistaram fama internacional. Tendo ganhado rapidamente uma edição posterior em russo preparada por exilados, bem como uma em inglês, o trabalho se consolidou como a exposição ocidental clássica dos fatos.[20] Em seus aspectos fundamentais, as principais descobertas a respeito das mortes vieram a ser confirmadas por achados posteriores. Sokolov ficou esgotado com seus esforços e foi ignorado pelos exilados russos; ele morreu na cidadezinha de Salbris in Loir-et-Cher, no mesmo ano em que seu livro foi publicado.

A maioria dos volumes publicados nos primeiros anos subsequentes à morte de Nicolau se concentrava em seu último dia de vida. Sokolov forneceu mais informações do que Wilton ou Diterikhs sobre os meses anteriores, mas, de uma forma geral, se aferrou à tarefa de investigar as execuções. Foram publicados também livros de memórias pelas mãos de ex-integrantes da comitiva que haviam conseguido chegar à Europa. O primeiro a publicar um desses livros foi Pierre Gilliard, que, em 1921, tinha produzido um relato ocular de suas experiências com a família imperial.[21] A filha do médico, Tatiana Botkina, e Sophie Syroboyárksi seguiram o mesmo caminho, e o general Alexandre Syroboyárski publicou sua correspondência com a imperatriz.[22] A imagem transmitida por todos foi que os Romanov eram uma família sem defeitos: Nicolau, retratado como o patriarca gentil; o casal imperial, formado por consortes dedicados, com a ressalva de que Alexandra podia ser dominadora com todos, inclusive com os integrantes da comitiva; as filhas e o filho, tidos como doces criaturas inocentes. Em alguns casos, reconheceram os autores que a acolhida que o casal imperial dera a Rasputin tivera consequências funestas, mas, em geral, os autores consideravam ponto pacífico o direito do autocrata Nicolau de governar com poderes absolutos. Houve poucas análises críticas acerca de sua contribuição para a própria queda na Revolução de Fevereiro — e praticamente nenhuma com respeito à sua reação aos acontecimentos de 1917–1918.

Outros refugiados russos foram menos generosos para com o finado tsar, mas nenhum deles, com a passageira exceção de Alexandre Kerensky, tivera contato direto com algum dos Romanov após a Revolução de Fevereiro. Quando tentavam explicar as causas da ruína da dinastia, acabavam emitindo opiniões condenatórias sobre o longo reinado de Nicolau em relação à política, à economia e aos programas sociais. A maioria se interessava pouco pelo imperador como pessoa.

Eram atitudes idênticas às de analistas do Ocidente, à exceção de monarquistas incondicionais. Os que deram as boas-vindas à Revolução de Outubro faziam caricaturas do imperador com base no estereótipo de Nicolau, o Sanguinário, e não davam mostras de nenhuma compaixão por seu destino. Ademais, a maioria dos escritores que lamentavam o caos provocado pelos bolcheviques se mostrava ávida por culpar Nicolau por ter ele reduzido a Rússia a condições que tornaram possível a ascensão dos revolucionários ao poder. Isso gerava o resultado involuntário de permitir que monarquistas, russos ou estrangeiros, dominassem as discussões sobre a personalidade e as ideias de Nicolau, bem como sobre seu comportamento em relação aos membros da comitiva, simpatizantes, guardas e inimigos políticos. A partir de meados da década de 1920, os debates fora da Rússia foram influenciados pela dúvida sobre se uma mulher encontrada num hospício em Berlim e conhecida como Anna Anderson seria realmente a grã-duquesa Anastácia. Um processo judicial e uma investigação financiada pelo príncipe Ernst de Hesse, irmão de Alexandra, provaram a inautenticidade das alegações da mulher, mas isso serviu apenas para aguçar o desejo de jornalistas de muitos países de apoiar a causa da internada. E a resultante mistura de provas falsas fez com que as pessoas se concentrassem nas funestas execuções na casa dos Ipatiev.[23]

Nicolau foi transformado numa versão caricata de si mesmo, muito diferente do homem histórico e do ex-governante. O lado irônico disso é que foi justamente uma publicação soviética, o livro de memórias de Vasily Pankratov, a que mais se aproximou de uma descrição crível do ex-imperador nos meses de cativeiro, em que o autor relatou seus hábitos modestos, suas tentativas ineficientes de dar aulas a Alexei e seu entusiasmo por informações sobre a Sibéria. Existe também uma valiosa publicação documental, *The Fall of the Tsarist Regime* [A queda do regime tsarista], lançada em meados da década de 1920, o registro estenográfico dos autos processuais da Comissão de Inquérito Extraordinário do Governo Provisório, os quais incluíam depoimentos de muitas personalidades políticas que haviam servido no governo de Nicolau ou que tinham trabalhado para tirá-lo do poder. Mas, à exceção disso, as autoridades de Moscou preferiram enterrar o assunto e, sempre que faziam menção ao finado imperador, não dispensavam um tratamento mais justo do que aquele que concediam aos comunistas que ele detestava.[24]

# 49. Posfácio

Os últimos dezesseis meses da vida de Nicolau II são um assunto de fascínio perene. Fora da Rússia, ele costuma ser retratado como um marido e um pai adorável e um ex-monarca trucidado pelo inimigo. Vários foram os livros que trataram de suas qualidades nobres durante um cativeiro que, em Tsarskoye Seló, Tobolsk e, por fim, Ecaterimburgo, foi se tornando cada vez mais severo. O estereótipo atingiu o apogeu na obra *Nicholas and Alexandra*, de Robert e Suzanne Massie, livro que se tornou campeão de vendas mundial em 1967. Os Massie dão destaque, na obra, à cena macabra da execução coletiva na casa dos Ipatiev.[1] Eles atingiram em cheio a sensibilidade de milhões de leitores dispostos a aceitar a ideia de que, na Rússia, o comunismo provocou um banho de sangue no primeiro ano após a Revolução de Outubro — e os cônjuges imperiais foram retratados como pessoas totalmente isentas de culpa, tanto em pensamentos e ações como ao que pode ter levado à sua deposição do poder em 1917. Um quadro menos sentimental dos acontecimentos que levaram à Revolução de Fevereiro foi apresentado em *Rasputin: o monge louco*, da produtora britânica Hammer, com Christopher Lee no papel principal. O filme dá ênfase às forças tenebrosas que atuaram nos bastidores durante o reinado de Nicolau. (O roteiro, estranhamente, deixou o personagem Nicolau de fora da trama.) Mas a questão de maior interesse era o fato de que a Rússia, na época em que os Romanov perderam o poder, fez uma mudança brusca e desastrosa de rumo, embrenhando-se por um caminho que levou ao agravamento das tendências exóticas e absurdas que, até então, vinha consistentemente eliminando.[2]

Escritores soviéticos ignoravam essas tendências. De Lenin e Stálin em diante, segundo a visão oficial, os monarcas faziam pouca diferença para os assuntos públicos, não passando de marionetes de poderosas forças econômicas. Nicolau era classificado como tal pelos críticos. A questão que

POSFÁCIO 359

importava nos debates oficiais era determinar se o último tsar se dedicava aos interesses da elite de latifundiários hereditários ou se procurava alinhar seu governo com as exigências das novas forças industriais e financeiras. Os debatedores questionavam também se, no governo de Nicolau, o Império Russo foi de fato uma grande potência independente ou apenas o joguete de países imperialistas, principalmente Reino Unido e França. Nenhum relato completo de seu governo foi aprovado para publicação na URSS, nem antes nem depois da Segunda Guerra Mundial. A história macabra dos acontecimentos dos últimos dias em Ecaterimburgo foi mantida em segredo.

Por trás do véu de segredo, foram feitos esforços em Moscou para reunir documentos e depoimentos sobre os eventos em torno dos Romanov em 1917–1918. Nikita Kruschev, o sucessor de Stálin no cargo de secretário- -geral do partido, ordenou que se lançasse luz nos esconderijos do passado soviético. Seu principal objetivo era encontrar informações condenatórias sobre Stálin. Outra questão urgente para Kruschev era descobrir agentes que haviam contribuído para o avanço da carreira de Lenin, que se tornou o fator exclusivo de unificação do marxismo-leninismo na URSS. Empreenderam-se esforços persistentes para desenterrar todos os itens do projeto Leniniana. No que se refere à execução de Nicolau, os membros do pelotão de fuzilamento que continuaram vivos foram interrogados e tiveram seus interrogatórios gravados em áudio. Um dos objetivos oficiais era provar que Lenin nada teve a ver com a ordem para executar a família Romanov. Os interrogadores cumpriram à risca o que exigiram deles. Mas persistiam nas almas laivos de constrangimento em relação à carnificina na casa dos Ipatiev, e as gravações foram arquivadas. Além disso, não houve nenhuma tentativa séria para produzir um relato meticuloso do longo período de Nicolau na condição de imperador ou de seu destino fatídico como cativo do Governo Provisório e do Sovnarkom. Para impedir o ressurgimento de sentimentos monarquistas no governo de Leonid Brejnev, o sucessor de Kruschev, decidiu-se demolir o museu em que a casa dos Ipatiev em Ecaterimburgo havia sido transformada.

Foi inconsistente a reação dos escritores ocidentais especializados em historiografia às alegações dos soviéticos, preferindo dar ênfase à questão da fuga, e a credulidade em torno da fuga bem-sucedida de Romanov de Ecaterimburgo não se limitou ao caso da suposta "Anastácia". Em 1976, Summers e Tom Mangold, jornalistas investigativos da BBC, publicaram

360          O ÚLTIMO TSAR

*File on the Tsar*, livro em que alegavam provar a falsidade da história do assassinato de Nicolau e sua família. Summers e Mangold argumentaram na obra que um ou mais membros da família fugiram para um abrigo em Perm.[3] As provas eram insuficientes, e sua tentativa de explicar os acontecimentos era deplorável. Trabalhei com o mesmo "arquivo" (que consistia, principalmente, do lote de correspondências recebidas e enviadas por Nikânder I. Mirolyubov, procurador do Palácio da Justiça de Kazan) da Instituição Hoover, na Universidade de Stanford, e notem que Summers e Mangold se abstiveram de examinar as declarações constantes nas mesmas cartas que invalidavam sua crença na confiabilidade de testemunhas como Natália Mutnykh. Apesar disso, o livro continua à venda. Ademais, a hipótese aventada por eles, da transferência coletiva dos Romanov para Perm ou cercanias, continua a empolgar a imaginação de vários escritores. Embora, aparentemente, os britânicos tenham dominado desde sempre o mercado de narrativas bizarras acerca dos Romanov, autores americanos começaram a competir com eles. Talvez o fascínio pela vida particular dos que passaram pela Casa dos Windsor tenha gerado um sentimento de credulidade para com todas as dinastias reinantes do passado e do presente.

Diminuiu, porém, o interesse de historiadores profissionais por Nicolau II, profissionais que se veem mais atraídos pela história de imperadores anteriores, tais como Pedro, o Grande, e Catarina, a Grande. Uma exceção foi a meticulosa biografia lançada por Dominic Lieven em 1993, obra que emoldurou solidamente o último tsar na conjuntura política de sua época, e Richard Wortman destacou recentemente a relevância dos símbolos e das cerimônias criados por Nicolau para disseminar a ideia do tipo de Rússia que ele queria criar.[4] Geoffrey Hosking analisou a tensa relação entre o tsar e seu notável primeiro-ministro conservador Piotr Stolypin.[5] Heinz-Dietrich Löwe investigou as ligações entre Nicolau e algumas organizações e doutrinas antissemitas antes de 1917.[6] Simon Sebag Montefiore analisou seus fracassos como governante e, ao mesmo tempo, demonstrou que o casamento de Nicolau e Alexandra era uma combinação de paixão e solidariedade mútuas.[7] Helen Rappaport investigou as peculiaridades locais da situação em Ecaterimburgo.[8] Os autores desses relatos tomaram a saudável atitude de se afastarem dos melosos tratamentos dispensados ao assunto até então. Eles também frisaram a razão pela qual acham que Nicolau constitui assunto digno de atenção histórica.

POSFÁCIO    361

Nicolau tem conquistado o respeito do público na Rússia desde 1991, quando a URSS se desintegrou e o comunismo foi varrido do palco da história. Quando o presidente Yéltsin chamou as décadas posteriores à Revolução de Outubro de "pesadelo autoritário", a dinastia Romanov começou a ser vista de forma mais favorável do que fora permitido nos governos comunistas. Mesmo assim, Nicolau continuou a aparecer na condição de tenebrosa figura reacionária em muitas narrativas, e Genrikh Ioffe continuou resolutamente aferrado à crença de que foram apenas os homens de Ecaterimburgo, e não os de Moscou, que tomaram a decisão definitiva de executar os Romanov.[9] Mas os adeptos da tendência predominante retratavam Nicolau de modo positivo e como vítima fatal de Lenin. Aliás, a imagem romântica do tsar e de sua família se tornou um componente indispensável nas histórias populares. De notável importância na disseminação dessa imagem foi o dramaturgo Edvard Radzinski.[10]

Nesse ínterim, uma série de estudiosos eruditos — V. V. Alexeiev, A. N. Avdonin, Vladimir Khrustalov (juntamente com o historiador americano Mark Steinberg), L. A. Lykova, I. F. Plotnikov e Yúri Juk — descobriu novas fontes de informação sobre a situação dos Romanov entre o período do cativeiro e o dia das execuções. Adotaram a sensata atitude de evitar as controvérsias do Ocidente sobre Anastácia ou outros supostos fugitivos de Ecaterimburgo.[11] Concentraram-se nas fontes de informação na Rússia sem que houvessem podido dar igual atenção ao material complementar em acervos do Ocidente e têm-se inclinado a se limitar ao tratamento de questões sobre a culpabilidade de Lenin e das circunstâncias do confinamento e da execução das vítimas nos Urais. Alguns deles nutrem simpatia pelo monarquismo.

A reabilitação dos Romanov foi favorecida pela decisão de Yéltsin de transferir os restos mortais para a Catedral de São Pedro e São Paulo, em São Petersburgo, em 17 de julho de 1998, oitenta anos depois do dia da morte deles. As autoridades russas também mandaram fazer um trabalho de arqueologia forense no interior e no entorno dos poços de minas desativados da periferia de Ecaterimburgo. Os ossos desenterrados foram submetidos a testes de DNA e ficou comprovado que eram da linhagem dos Romanov. Yéltsin era o presidente do Partido Comunista quando, em 1973, executou as ordens de Brejnev para demolir a casa pertencente aos Ipatiev, tarefa da qual acabaria se arrependendo. A Igreja Ortodoxa Russa, porém, não aprovou cabalmente essas providências, pois não foram encontrados os restos mortais de todos os Romanov mantidos em cativeiro entre os fragmentos de ossos e roupas. Como seria de esperar, isso reacendeu o ânimo dos que vinham tentando convencer o mundo de que um ou mais integrantes da família haviam conseguido escapar das execuções. O presidente Pútin, que sucedeu Yéltsin no ano 2000, incentivou o público a nutrir constante respeito pelos Romanov assassinados. Apesar de reservas para com a recente investigação científica, o patriarca Alexei se manteve fiel à memória dos Romanov e os canonizou como "mártires" que procuraram viver pautados pelos preceitos dos Evangelhos.

Nicolau e sua família tiveram um fim horrível na casa dos Ipatiev. Apesar disso, a dignidade do ex-imperador nas circunstâncias do cativeiro foi impressionante. Ele era mesmo um marido fiel e um pai dedicado que abandonou o trono na Revolução de Fevereiro principalmente porque não conseguia suportar a ideia de se separar de Alexei, seu filho hemofílico. O que abalou sua confiança de monarca foi o fim do apoio que o alto comando militar lhe dava. Sua competência para chefiar a governança da Rússia nunca fora mais do que mediana e sua obstinação teocrática arruinou qualquer chance de uma transição gradual para um governo com uma Constituição mais equilibrada. Sua difundida imagem de monarca isento de culpa não é convincente. No poder ou fora dele, ele foi um nacionalista extremado, um nostálgico iludido e um antissemita radical. Quando mantido em cativeiro em Tsarskoye Seló, Tobolsk e Ecaterimburgo, esforçou-se para entender a própria situação lendo livros de história sobre as difíceis experiências de seus antepassados dinásticos. Iniciou-se também na leitura de livros que falavam sobre as classes sociais de seu império a respeito das quais ele não sabia quase nada. O casal imperial continuava a acalentar uma visão idealizada e ilusória dos russos como povo. Nem Nicolau nem Alexandra deram-se ao trabalho de pensar suficientemente nas causas de sua queda do poder e, à medida que Nicolau ia tentando entender o que tinha acontecido, passou a culpar forças estrangeiras, as quais achava que haviam enganado e manipulado seus ex-súditos.

Os antibolcheviques, em sua investigação de 1918–1919, concentraram--se no período compreendido entre a detenção e a execução dos Romanov. Foi um esforço louvável, pois agiram acertadamente num ambiente difícil para os investigadores. Os registros dos interrogatórios originais consti-

## POSFÁCIO 363

tuem os fundamentos deste livro. Logicamente, agora podemos examinar documentos e livros de memórias dos quais Nicolai Sokolov não dispunha. Nos dias atuais, podemos finalmente esclarecer, tal como vimos, pontos que permaneceram controversos por muito tempo: sobre as escolhas de rota por Yakovlev para transferir os Romanov de Tobolsk; a administração política dos dirigentes dos Urais no início de 1918; a participação de Lenin na definição de políticas no verão; e as relações entre Moscou e Ecaterimburgo.

Meu objetivo mais amplo tem sido estudar, a partir de ângulos que combinam aspectos políticos e pessoais, a situação do tsar desde o momento da abdicação até sua morte, e apurar até que ponto ele mudou suas atitudes em relação à Rússia, à política, à governança, à guerra, às relações internacionais e a si mesmo, após a renúncia ao trono. Seus diários, registros de conversas e hábitos de leitura são fatores reveladores de sua forma de pensar quando ele não estava mais na condução dos assuntos públicos. Seus objetivos supremos antes de 1917 provocaram debates durante décadas, e há dúvidas sobre se ele era mentalmente tão inflexível quantos seus inimigos afirmavam. As evidências indicam que estes tinham razão. No cativeiro, ele teve tempo para reconhecer qualquer um de seus erros e retificar sua visão fundamental da realidade. Mas, na verdade, ele não fez nada disso. Embora tivesse admitido tardiamente que, se seu filho, Alexei, houvesse tido condições de sucedê-lo, teria sido possível tentar a instituição de um tipo qualquer de monarquia constitucional, ele nunca manifestou arrependimento pelo fato de se opor inexoravelmente a qualquer tipo de desfecho dessa espécie enquanto se manteve no poder.

Nicolau era, no entanto, uma pessoa mais complexa do que qualquer um teria conseguido conhecer com facilidade, pois evitava revelar muitos de seus pensamentos a ministros, revolucionários e até mesmo a membros da comitiva. A melhor chance que ele teve de se relacionar mais aberta e intimamente com alguém foi quando travou conhecimento com o plenipotenciário Pankratov e o comissário Yakovlev. No caso de Alexandra, essa chance surgiu por ocasião de suas conversas com Bitner, a professora de seus filhos. Nicolau era mais propenso do que Alexandra a pensar no valor de algumas das ideias das pessoas de quem ele discordava. Mesmo assim, não chegou a modificar nenhuma de suas convicções fundamentais. Do ponto de vista psicológico, isso não é nem um pouco surpreendente. Em 1913, ele havia comemorado o tricentenário da dinastia Romanov. Quatro anos depois, perdeu o trono quando trabalhadores e soldados se uniram em manifestações de protesto contra Nicolau, o Sanguinário. Naturalmente, relutou em aceitar que ele mesmo foi o grande culpado por tudo que lhe aconteceu e pouco se esforçou para compreender as causas da Revolução de Fevereiro e da Revolução de Outubro de 1917.

Após a abdicação, passou a viver isolado numa Rússia que estava sofrendo uma transformação incessante. O Governo Provisório alterou características fundamentais da política oficial antes de ter sido derrubado pelos bolcheviques, que puseram em prática um conjunto de objetivos revolucionários ainda mais radicais.

As lideranças comunistas de Moscou e Ecaterimburgo detestavam e desprezavam Nicolau demais para tentar entender a ele e a seu ponto de vista. Está claro que Lenin e o Comitê Bolchevique foram regularmente consultados pelos camaradas regionais dos Urais sobre o que estava acontecendo em Ecaterimburgo nas semanas que antecederam as execuções na casa dos Ipatiev. Lenin e Sverdlov foram hábeis em apagar seus traços de responsabilidade pela ordem de execução. Ele e seus camaradas nem se deram ao trabalho de perder tempo em manifestar pesar pelo destino do ex-imperador e de sua família. Para os bolcheviques, estava perfeitamente claro que o futuro se achava, definitivamente e para sempre, nas mãos dos agentes da causa revolucionária. Até 1991, o slogan oficial foi: "Lenin viveu; Lenin continua vivo; Lenin viverá sempre!" Embora exumado das profundezas úmidas de uma mina desativada dos Urais, Nicolau tem levado uma longa vida no Além. Tal como no caso de Lenin, os partidários de mitos sobre o último tsar travam uma batalha feroz com os compiladores de registros históricos inquestionáveis. É assim que tem sido desde os sangrentos acontecimentos de 1918 nos Urais e, provavelmente, continuará a ser.

# Bibliografia

## Documentos de Arquivos Históricos

Arkhiv Prezidenta Rossiiskoi Federatsii [Arquivo do Presidente da Federação Russa] (Moscou)

Gosudarstvennyi Arkhiv Rossiiskoi Federatsii [Arquivo Estatal da Federação Russa] (Moscou)

Arquivo da Hoover Institution (Universidade de Stanford, Califórnia)
  Documentos de Miguel V. Alexaev
  Documentos de Nicolai de Basily
  Documentos de Vera Cattell
  Documentos de Agnes M. Diterikhs
  Documentos de Barbara Dolgorouky
  Documentos de Dmitri I. Fedichkin
  Documentos de Georgy Mikhailovich, Grão-Duque da Rússia
  Documentos de Xênia Aleksandrovna, Grã-Duquesa da Rússia
  Documentos de Alexis V. Lapteff
  Documentos de Robert Bruce Lockhart
  Documentos de Nikânder I. Miroliubov
  Documentos de Nicolau II
  Acervo de Bóris I. Nicolaevsky
  Documentos de Ivan I. Serebrennikov
  Documentos de Serebryakova
  Documentos de Nádia Shapiro
  Documentos de Rudolf von Stackelberg
  Documentos de Nicolai Alexeievich Sokolov
  Documentos de Lev Sukacev
  Documentos de Georgy Alexandrovich von Tal
  Documentos de Alexandre Tarsaidze

Documentos de Alexei B. Tatishchev

Acervo de Trótski

Documentos de Dmitri Antonovich Volkogono

Documentos de Ekaterina Zborovskaya

Documentos de K. Zershschikov

Arquivo Nacional (Kew)

Universidade de Oxford (Oxford)

Acervo de Sydney Gibbes (Acervos Especiais, Biblioteca Bodleiana)

Rossiiskii Gosudarstvennyi Arkhiv Sotsial'no-Politicheskoi Istorii [Arquivo Estatal Russo de História Político-Social] (Moscou)

## Jornais e Periódicos

*Argumenty i fakty* (Moscou)

*Evening News* (Londres)

*Izvestiya* (Moscou)

*Komsomol'skaya pravda* (Moscou)

*Literaturnaya gazeta* (Moscou)

*Ogonëk* (Moscou)

*Peterburgskaya gazeta* (São Petersburgo)

*Peterburgskaya pravda* (São Petersburgo)

*Pravda* (Moscou)

*Svet* (São Petersburgo)

*The Times* (Londres)

*Tobol'skie eparkhal'nye vedomosti* (Tobolsk)

*Tobol'skii rabochii* (Tobolsk)

*Ural'skii rabochii* (Ecaterimburgo)

## Livros e Reportagens

*14 mesyatsev vo vlasti bol'shevikov. (Permskie uzhasy)* (Ecaterimburgo: Russkoe byuro pechati, 1919).

R. Abraham, *Alexander Kerensky: The First Love of the Revolution* (Nova York: Columbia University Press, 1987).

E. Acton, V. Yu. Cherniaev e W. G. Rosenberg (eds.), *Critical Companion to the Russian Revolution* (Londres: E. Arnold, 1997).

BIBLIOGRAFIA 367

V. V. Alexeev, *Gibel' tsarkoi sem'i: mify i real'nost': novye dokumenty o tragedii na Urale* (Ecaterimburgo: Bank kul'turnoi infomatsii, 1993).

A. D. Avdeev, "Nicolai Romanov v Tobol'ske i Yekaterimburge", *Krasnaya nov'*, nº 5 (1928).

A. N. Avdonin, *V zhernovakh revolyutsii: dokumental'nyi ocherk o komissare V. V. Yakovleve* (Ecaterimburgo: Bank kul'turnoi informatsii, 1995).

H. Azar (ed.), *The Diary of Olga Romanov* (Yardley, Pensilvânia: Westholme, 2014).

S. Badcock, "Autocracy in Crisis: Nicholas the Last", in I. Thatcher, ed., *Late Imperial Russia: Problems and Prospects* (Manchester: Manchester University Press, 2005).

*Baedeker's Russia*, ed. K. Baedeker (Londres: T. Fisher Unwin, 1914).

N. de Basily, *Memoirs: Diplomat of Imperial Russia, 1903-1917* (Stanford, Califórnia: Hoover Institution Press, 1973).

D. Beer, "Vae Victis: Siberian exile as revolutionary battleground, 1900-1914": série de seminários históricos da St. Antony's College (Oxford), 2 de março de 2015.

D. Beer, *The House of the Dead: Siberian Exile Under the Tsars* (Londres: Allen Lane, 2016).

P. Benkendorf, *Last Days at Tsarkoe Selo* (W. Heinemann: Londres, 1927).

M. Bernshtam (ed.) *Ural i Prikam'e, noyabr' 1918 — yanvar' 1919: dokumenty i matterialy* (Paris: YMCA-Press, 1982).

G. Z. Besedovskii, *Na putyakh k termidoru* (Moscou: Sovremennik, 1997).

A. N. Bokhanov, *Sumerki monarkhii* (Moscou: Nauka, 1993).

K. von Bothmer, *Mit Graf Mirbach in Moskau: Tagebuch-Aufzeichnungen und Aktenstücke vom 19. April bis 24. August 1918* (Tübingen: Osiander'sche Buchandlung, 1922).

N. M. Bozhernyanov (ed.), *Trista let tsarstvovaniya doma Romanovykh* (São Petersburgo, 1913).

L. Bryant, *Six Red Months in Russia: An Observer's Account of Russia Before and During the Proletarian Dictatorship* (Nova York: George H. Doran, 1918).

A. D. Bubnov, *V tsarkoi stavke* (Nova York: Chekhov Publishing House, 1955).

G. Buchanan, *My Mission to Russia and Other Diplomatic Memories*, vol. 2 (Londres: Cassell and Co., 1923).

P. Bulygin, *The Murder of the Romanovs: the Authentic Account* (Londres: Hutchinson, 1935).

Yu. A. Buranov e V. M. Krustalëv, *Gibel' imperatorskogo doma* (Moscou: Progress, 1992).

S. Buxhoeveden, *The Life and Tragedy of Alexandra Feodorovna, Empress of Russia: A Biography* (Londres, Longman, Green and Co., 1929).

P. Bykov, "Poslednie dni psolednego tsarya" e "Yekaterinburgskii Sovet", in n°. I. Nikolaev (ed.), *Rabochaya revolyutsiya na Urale: epizody i fakty* (Ecaterimburgo: Gosizdat, Ural'skoe Oblastone Upravleinie, 1921).

P. M. Bykov, *Poslednie dni Romanovykh* (Sverdlovsk: Izdatel'stvo 'Ural'skiĭ rabochiĭ', 1990).

G. V. Chicherin, *Vneshnyaya politika Sovetskoi Rossii za dva goda* (Moscou: Gosizdat, 1920).

N. Cohn, *Warrant for Genocide: The Myth of the Jewish World-Conspiracy and the Protocols of the Elders of Zion* (Londres: Eyre and Spottiswood, 1967).

A. Cook, *To Kill Rasputin: The Life and Death of Grigori Rasputin* (Stroud: Tempus, 2005).

A. Cook, *The Murder of the Romanovs* (Stroud: Amberley, 2011).

D. Crawford, *The Last Tsar, Emperor Michael II* (Edimburgo: Murray McLellan, 2012).

R. Crawford e D. Crawford, *Michael and Natasha: The Life and Love of the Last Tsar of Russia* (Londres: Weidenfeld and Nicolson, 1997).

R. Day e M. M. Gorinov, *The Preobrazhensky Papers: Archival Documents and Materials*, vol. 1: *1886–1920* (Chicago: Haymarket, 2015).

L. Dehn, *The Real Tsaritsa* (Londres: Butterworth, 1922).

"Dioneo" (V. I. Shklovsky), *Russia under the Bolsheviks* (Londres: Russian Liberation Committee, 1919).

M. K. Diterikhs, *Ubiistvo tsarkoi sem'i i chlenov doma Romanovykh na Urale*, 1ª parte (Vladivostok: Voennaya Akademiya, 1922).

*Dnevniki imperatora Nikolaya II, 1894–1918*, vol. 2, 2ª parte, ed. S. V. Mironenko e Z. I. Peregudova (Moscou: Rosspen, 2013).

V. V. Dublënnykh, *Belaya armiya na Urale: istoricheskie spravki chastei i soedimenii* (Ecaterimburgo: Izd. Ural'skogo Universiteta, 2008).

V. Fic, *The Revolutionary War for Independence and the Russian Question* (Nova Deli: Abhinav Publications, 1977).

V. M. Fic, *The Bolsheviks and the Czechoslovak Legion: The Origin of their Armed Conflict, March — May 1918* (Nova Deli: Abhinav Publications, 1978).

J. T. Fuhrman (ed.), *The Complete Wartime Correspondence of Tsar Nicholas II and the Empress Alexandra, April 1914 — March 1917* (Westport, Connecticut: Greenwood Press, 1999).

W. C. Fuller, Jr, *The Foe Within: Fantasies of Treason and the End of Imperial Russia* (Ithaca, NY: Cornell University Press, 2006).

N. V. Galushkin, *Sobstvennyi Ego Imperatorskogo Velichestva Konvoi* (Moscou: Reittar, 2004).

BIBLIOGRAFIA 369

R. Giardina, *Complotto reale: l'ascesa dei Coburgo all conquista d'Europa* (Milão: Bompiani, 2001).

P. Gilliard, *Le tragique destin de Nicolas II et de sa famille* (Paris: Payot, 1921).

M. Golubbykh, *Ural'skie partizany: pokhod otryadov Blyukhera-Kashirina v 1918 godu* (Ecaterimburgo: Urakkniga, 1924).

F. Grenard, *La révolution russe* (Paris: Armand Colin, 1933).

J. Hanbury-Williams, *The Emperor Nicholas II as I Knew Him* (Londres: A. L. Humphreys, 1922).

J. R. Harris, *The Great Urals: Regionalism and the Evolution of the Soviet System* (Ithaca, Nova York: Cornell University Press, 1999).

T. Hasegawa, *The February Revolution: Petrograd, 1917* (Seattle: University of Washington Press, 1981).

G. A. Hill, *Go Spy the Land* (Londres: Cassell, 1932).

G. Hosking, *The Russian Constitutional Experiment: Government and Duma, 1907–1914* (Cambridge: Cambridge University Press, 1973).

V. Hugo, *Quatrevingt-treize* (Nova York: William R. Jenkins, 1896).

G. Z. Ioffe, *Revolyutsiya i sud'ba Romanovykh* (Moscou: Respublika, 1992).

G. Ioffe, *Revolyutsiya i sem'ya Romanovykh* (Moscou: Algoritm, 2012).

M. P. Iroshnikov, *Sozdanie sovetskogo tsentral'nogo apparata: Sovet narodnykh komissarov i narodnye komissariaty, oktyabr' 1917 g. — yanvar' 1918 g.* (Moscou/ Leningrado: Nauka, 1966).

R. L. Jefferson, *Roughing it in Siberia, With Some Account of the Trans-Siberian Railway, and the Gold-Mining Industry of Asiatic Russia* (Londres: Sampson, Low, Marston and Co., 1897).

S. Kallistov, *Tobol'skii Tsentral* (Moscou: Vsesoyuznoe obshchestvo politkat-orzhan I ss-poselentsev, 1925).

N. I. Kanishcheva et al. (eds.), *Dnevnik P. N. Milyukova, 1918–1921*) Moscou: Rosspen, 2015).

Princess Kantakuzen, *Revolutionary Days: Recollections of Romanoffs and Bosheviki, 1914–1917* (Londres: Chapman and Hall, 1920).

L. A. Kasso, *Rossiya na Dunae i obrazovanie Bessarabskoi oblasti* (Moscou: A. Snegirëva, 1913).

G. Kennan, *Siberia and the Exile System*, vol. 2 (Nova York: The Century Co., 1891).

M. Kheifets, *Tsareubiistvo v 1918 godu: versiya prestupleniya i fal'tsifitsirovannogo sledstviya* (Moscou: Festival, 1992).

V. M. Khrustalov, 'Taina "missii" chrezvychainogo komissara Yakovleva', *Rossiyane*, nº 10 (1993).

V. M. Khrustalov, *Alapaevsk: zhertvy i palachi* (Moscou: Dostoinstvo, 2010).

V. M. Khrustalov, *Petrograd: rasstrel Velikikh knyazei* (Moscou: Dostoinstvo, 2011).

V. M. Khrustalov (ed.), *Dnevniki Nikolaya II i imperatritsy Aleksandry Fëdorovny, 1917–1918*, vols. 1–2 (Moscou: Vagrius, 2008).

V. M. Khrustalov e M. D. Steinberg (eds.), *Skorbnyi put' Romanovykh 1917–1918 gg.: gibel' tsarkoi sem'i: sbornik dokumentov i materialov* (Moscou: Rosspen, 2001).

G. King e P. Wilson, *The Fate of the Romanovs* (Hoboken, Nova Jersey): John Wiley and Sons, 2003).

J. Klier e H. Mingay, *The Quest for Anastasia: Solving the Mystery of the Lost Romanovs* (Edgware: Smith Gryphon, 1997).

D. Koenker, *Moscou Workers and the 1917 Revolution* (Princeton, Nova Jersey: Princeton University Press, 1981).

B. I. Kolonitski, *Simvoly vlasti i bor'ba za vlast': k izucheniyu politicheskoi kul'tury Rossiiskoi revolyutsii 1917 goda* (São Petersburgo: Dmitrii Bulanin, 2001).

B. I. Kolonitski, *'Tragicheskaya erotika': obrazy imperatorskoi sem'i v gody pervoi mirovoi voiny* (São Petersburgo: Novoe Literaturnoe Obozrenie, 2010).

A. N. Kuropatkin, *Zadachi russkoi armii* (São Petersrburgo: V. A. Berezovskii, 1910), vols. 1–3.

*The Last Diary of Tsaritsa Alexandra*, ed. V. A. Kozlov e V. M. Khrustalov (New Haven, Connecticut: Yale University Press, 1997).

R. S. Latimer, *Dr. Baedeker and his Apostolic Work in Russia* (Londres: Morgan and Scott, 1907).

N. A. Leikin, *Neunyvayushchie Rossiyane: Rasskazy i kartinki s natury*, 2ª ed. revisada (São Petersburgo: M. A. Khan, 1881).

M. K. Lemke, *250 dnei v tsarkoi stavke: 25 sent. 1915 — 2 iyulya 1916* (Petersburgo [sic]: Gosizdat, 1920).

V. I. Lenin, *Biograficheskaya khronika*, vol. 5 (Moscou: Gosudarstvennoe izdatel'stvo, 1974).

D. Lieven, *Nicholas II: Emperor of all the Russias* (Londres: John Murray, 1993).

D. Lieven, 'Nicholas II', in E. Acton, V. Yu. Cherniaev e W. G. Rosenberg (eds.), *Critical Companion to the Russian Revolution* (Londres: E. Arnold, 1997).

D. Lieven, *Towards the Flame: Empire, War and the End of Tsarist Russia* (Londres: Allen Lane, 2015).

H.-D. Löwe, *The Tsars and the Jews: Reform, Reaction and Antisemitism in Imperial Russia, 1772–1917* (Reading: Harwood Academic Publishers, 1993).

S. Lyandres, "Progressive Bloc Politics on the Eve of the Revolution: Revisiting P. N. Milukov's 'Stupidity of Treason' Speech of 1 November 1916", *Russian History* nº 4 (2004), pp. 447–64.

BIBLIOGRAFIA 371

S. Lyandres, "Conspiracy and Ambition in Russian Politics Before the February Revolution of 1917: The Case of Prince Georgii Evgen'evich L'vov", *Journal of Modern Russian History and Historiography*, n° 8 (2015), pp. 99–133.

S. Lyandres (ed.), *The Fall of Tsarism: Untold Stories of the February 1917 Revolution* (Oxford: Oxford University Press, 2013).

L. A. Lykova, "V. I. Lenin i sud'ba tsarkoi sem'i", *Istoricheskii arkhiv* n° 5 (2005).

L. A. Lykova, *Perm': taina gibeli Mikhaila Romanova* (Moscou: Dostoinstvo, 2010).

L. A. Lykova (ed.), *Sledstvie po delu ob ubiistve Rossiiskoi imperatorskoi sem'i* (Moscou: Rosspen, 2007).

M. Maeterlinck, *Wisdom and Destiny* (Londres: George Allen, 1898).

S. Markov, *Pokinutaya tsarkaya sem'ya* (Viena: Amalthea, 1928).

R. Massie e S. Massie, *Nicholas and Alexandra* (Nova York: Atheneum, 1967).

A. Maylunas e S. Mironenko, *A Lifelong Passion: Nicholas and Alexandra, Their Own Story* (Londres: Weidenfeld and Nicolson, 1996).

L. McReynolds, *The News Under Russia's Old Regime: The Development of a Mass-Circulation Press* (Princeton, Nova Jersey: Princeton University Press, 1991).

T. E. Mel'nik-Botkina, *Vospominaniya o tsarkoi sem'e i eë zhizni do i posle revolyutsii* (Belgrado: M. I. Stefanovich, 1921; reimp. em Moscou: Ankor, 1993).

D. Mérejkowsky, "Préface" e "Religion et Révolution", in D. Mérejkowsky, Z. Hippius e Dm. Philosophoff, *Le Tsar et la Révolution* (Paris: Société du Mercure de France, 1907).

D. S. Merezhkovskii, *Khristos i Antikhrist*, vol. 1: *Smert' bogov. Yulian otstupnik*; vol. 2: *Voskresshie bogi. Leonardo da-Vinchi*; vol. 3: *Antikrist. Pëtr i Alexei* Aheila (São Petersburgo: M. V. Pirozhkov, 1907).

D. S. Merezhkovskii, *Aleksandr I*, vol. 6, in *Polnoe sobranie sochinenii*, 24 vols. (Moscou: I. D. Sytin, 1914).

S. S. Montefiore, *The Romonovs* (Londres: Weidenfeld and Nicolson, 2016).

A. A. Mosolov, *Pri dvore poslednego Rossiikogo imperatora* (Paris: Poslednie Novosti, 1934).

S. Mstislavskii, *Pyat' dnei: nachalo i konets fevral'skoi revolyutsii* (Moscou: Z. I. Grzhegin, 1922).

B. Mueggenberg, *The Czecho-Slovak Struggle for Independence, 1914–1920* (Jefferson, Carolina do Norte: McFarland and Co., 2014).

P. V. Mul'tatuli, *Vneshnyaya politika Imperatora Nikolaya II (1894–1917)* (Moscou: FIV, 2012).

*Neobkhodimost't otkrytiya porto-franko v ust'yakh rek Obi i Yeniseya* (Tobolsk: Gubernaskaya Tipografia, 1907).

N. I. Nikolaev (ed.), *Rabochaya revolyutsiya na Urale: epizody i fakty* (Ecaterimburgo: Gosizdat, Ural'skoe Oblastnoe Upravlenie, 1921).

*Nicolai II-oi Romanov: ego zhizn' i deytel'nost, 1894–1917 g.g., po inostrannym i russkim istochnikam* (Petrogrado: Gosudarstvennaya Tipografia, 1917).

M. Occleshaw, *The Romanov Conspiracies: The Romanovs and the House of Windsor* (Londres: Chapmans, 1993).

M. Occleshaw, *Dances in Shadows: The Clandestine War in Russia, 1917–1920* (Nova York: Carroll and Graf, 2006).

A. Olano-Eren'ya, "Ispanskii korol' i politika spaseniya sem'i Nikolaya II", *Novaya i noveishaya istoriya* n° 5 (1993), pp. 152–65.

Baronesa Orczy, *The Scarlet Pimpernel* (Londres: Hodder and Stoughton, 1960).

*Otrechenie Nicolai II: vospominaniya ochevidtsev, dokumenty*, ed. P. Ye. Shchegolev, 2ª ed. ampliada (Leningrado: Krasnaya gazeta, 1927).

M. Paléologue, *La Russie des tsars pendant la Grande Guerre*, vol. 3 (Paris: Plon, 1922).

V. Pankratov, *So tsarëm v Tobol'ske: iz vospominanii* (Leningrado: Kooperatinoe izdatel'skoe t-vo 'Byloe', 1925).

E. Pantazzi, *Roumania in Light and Shadow* (Londres: T. F. Unwin, 1921).

*Pis'ma svyatykh tsarstvennykh muchennikov iz zatocheniya*, ed. E. E. Alfer'evym, D. S. Tatishchev e S. P. Andolenko (São Petersburgo: Spaso-Preobrazhenskii Valaamskii monastyr', 1996).

I. F. Plotnikov, *Pravda Istorii: gibel' tsarkoi sem'i* (Ecaterimburgo: Sverdlovskaya regional'nayaa obshchestvennaya organizatsiya, 2002).

*Poslednie dni poslednego tsarya: inochtozhenie dinastii Romanovykh* (Tver: Tverskoe izdatel'stvo, 1922).

T. H. Preston, *Before the Curtain* (Londres: John Murray, 1950).

*Protokoly Tsentral'nogo Komiteta RSDRP (b), avgust 1917 — fevral' 1918* (Moscou: Gosudarstvennoe izdatel'stvo politicheskoi literatury, 1958).

E. Radzinskii, *'Gospodi — spasi i usmiri Rossiuy': Nicolai II, zhizn' i smert'* (Moscou: Vagrius, 1993).

H. Rappaport, *Ekterinburg: The Last Days of the Romanovs* (Londres: Windmill Books, 2009).

H. Rappaport, *Four Sisters: The Lost Lives of the Romanov Grand Duchesses* (Londres: Macmillan, 2014).

*Rasputin the Mad Monk* (Hammer Films UK: dir. D. Sharp, 1966).

D. Rayfield, *Anton Chekhov: A Life* (Evanston, Illinois: North-Western University Press, 1997).

P. Robinson, *Grand Duke Nicolai Nikolaevich: Supreme Commander of the Russian Army* (DeKalb: Nortern Illinois University Press, 2014).

K. Rose, *Jeorge V* (Londres: Weidenfield and Nicolson, 1983).

## BIBLIOGRAFIA 373

L. P. Roshchevskaya e V. K. Beloborodov, *Tobol'skii Sever Glazami politicheskikh ssyl'nykh XIX — nachala XX veka* (Ecaterimburgo: Sredne-Ural'skoe knizhnoe izdatel'stvo, 1998).

N. Ross, *Gibel' tsarkoi sem'i: materialy sledstviya po delu ob ubiistve tsarkoi sem'i, avgust 1918 — fevral' 1920* (Frankfurt am Main: Posev, 1986).

C. A. Ruud e S. Stepanov, *Fontanka 16: The Tsar's Secret Police* (Stroud: Sutton, 1999).

J. Sadoul, *Notes sur la révolution bolchevique, octobre 1917 — janvier 1919* (Paris: Sirène, 1920).

R. Service, *The Bolshevik Party in Revolution: A Study in Organisational Chance* (Londres: Macmillan, 1979).

R. Service, *Lenin: A Biography* (Londres: Macmillan, 1998).

G. N. Svastyanov et. al. (eds.), *Delo generala Kornilova: materialy Chrezvychainoi komissi po rassledovaniyu dela o byvshem Verkhovnom glavno komanduyushchem generale L. G. Kornilove i ego souchastnikakh, avgust 1917 g. — iyun' 1918 g.*, 2 vols. (Moscou: Materik, 2003).

P. E. Shchegolev (ed.), *Padenie tsarkskogo rezhima: stenograficheskie otchëty doprosov i pokazanii, dannykh v 1917 g. v Chrezvychainoi sledstvennoi komissii Vremennogo pravitel'stva*, 7 vols. (Leningrado-Moscou: Gosudarstvennoe izdatel'stvo, 1924-7).

N. K. Shil'der, *Imperator Paval Pervyi. Istoriko-biograficheskii ocherk* (São Petersburgo: A. S. Suvorin, 1901).

*Skorbnaya pamyatka*, ed. A. V. Syroboyarskii (Nova York: Kassa Pomoshchi Blizhnim v Pamyat' o Tsarkoi Sem'e, 1928).

W. Slater, *The Many Deaths of Tsar Nicholas II* (Londres: Routledge, 2007).

D. Smith, *Rasputin: Faith, Power, and the Twilight of the Romanovs* (Londres: Macmillan, 2016).

J. P. Smythe, *Rescuing the Czar: Two Authentic Diaries Arranged and Translated* (São Francisco: California Printing Co., 1920).

J. Snodgrass, *Bureau of Foreign and Domestic Commerce: Russia: A Handbook on Commercial and Industrial Conditions* (Washington, D. C.: Government Printing Office, 1913).

N. Sokoloff, *Enquête judiciaire sur l'assassinat de la famille impériale russe, avec les preuves, les interrogatoires et les dépositions des témoins et des accusés* (Paris: Payot, 1924).

N. Sokolov, *Ubiisvo tsarskoi sem'i* (Berlim: Slovo, 1925).

M. D. Steinberg e V. M. Khurstalëv, *The Fall of the Romanovs: Political Dreams and Personal Struggles in a Time of Revolution* (New Haven, Connecticut: Yale University Press, 1995).

N. Stone, *The Eastern Front, 1914-1917* (Londres: Holder and Stoughton, 1975).

A. Summers e T. Mangold, *File on the Tsar* (Londres: Gollancz, 1976).

I. Thatcher (ed.), *Late Imperial Russia: Problems and Prospects* (Manchester: Manchester University Press, 2005).

N. M. Tikhmenev, *Iz vospominanii o polsednikh dnyakh prebyvaniya Imperatora Nikolaya II v Stavke* (Nice: Kruzhok Revnitelei Russkogo Proshlogo, 1925).

D. W. Treadgold, *The Great Siberian Migration: Government and Peasant in Resettlement from Emancipation to the First World War* (Princeton, Nova Jersey: Princeton University Press, 1957).

*Ubiistvo tsarkoi sem'i i eë svity: offitsial'nye dokumenty* (Constantinopla: Russkaya Mysl', 1920).

F. I. Uspensky, *Istoriya vizantiiskoi imperii*, vols. 1-2 (São Petersburgo: Brokgauz--Efron, 1913).

V. N. Voeikov, *S tsarëm i bez tsarya* (Helsinque: Ou. Littera, 1936).

A. A. Volkov, *Okolo tsarkoi sem'i* (Paris: Moscou, 1928).

P. V. Volobuev (ed.), *Petrogradksii Sovet rabochikh i soldatskikh deputatov v 1917 godu*, 5 vols. (Nauka: Leningrado/São Petersburgo, 1991-2003).

A. Vyrubova, *Memories of the Russian Court* (Londres: Macmillan, 1923).

A Vyrubova, *Souvenirs de ma vie: avec 52 photographies hors-texte et 39 lettres inédites adressées à Anna Viroubova par le tsar, la tzarina, le tsarévich et les grandes duchesses, durant leur captitivté* (Paris: Payot, 1927).

P. Waldron, *Between Two Revolutions: Stolypin and the Politics of Renewal* (Londres: UCL Press, 1999).

F. Welch, *The Romanovs and Mr Gibbes* (Londres: Short, 2002).

R. Wilton, *The Last Days of the Romanovs, from 15th March 1917* (Londres: Thornton Butterworth, 1920).

R. Wortman, *Scenarios of Power: Myth and Ceremony in the Russian Monarchy from Peter the Great to the Abdication of Nicholas II* (Princeton, Nova Jersey: Princeton University Press, 2006).

R. Wortman, *Imperial Encounters in Russian History: Russian Monarchy: Representation and Rule* (Boston, Massachusetts: Academic Studies Press, 2013).

Yu. Zhuk, *Yekaterinburg: prizrak Ipat'evskogo doma* (Moscou: Dostoinstvo, 2010).

Yu. Zhuk, *Voprositel'nye znaki v 'tsarkom dele'* (São Petersburgo: Bkh V-Peterburg, 2013).

# Notas

## Abreviaturas

| | |
|---|---|
| DAMD | Documentos de Agnes M. Diterikhs |
| DAV | Documentos de Antonovich Volkogonov |
| *DNIIAF* | V. M. Khrustalov (ed.), *Dnevniki Nikolaya II i imperatritsy Aleksandry Fëdorovny, 1917–1918*, vol. 1 (Moscou: Vagrius, 2008) |
| *DINII* | *Dnevniki imperatora Nikolaya II, 1894–1918*, ed. S. V. Mironenko e Z. I. Peregudova (Moscou: Rosspen, 2013) |
| GARF | Gosudarstvennyi Arkhiv Rossiiskoi Federatsii |
| *GTSMS* | N. Ross, *Gibel' tsarkoi sem'i: materialy sledstviya po delu ob ubiistve tsarkoi sem'i, avgust 1918 — fevral' 1920* (Frankfurt am Main: Posev, 1986) |
| AHI | Arquivo da Hoover Institution |
| DGRKA | Documentos da Grã-Duquesa da Rússia Xênia Aleksandrovna |
| DNAB | Documentos de Nicolai Aleksandrovich de Basily |
| *PIGTS* | I. F. Plotnikov, *Pravda Istorii: gibel' tsarkoi sem'i* (Ecaterimburgo: Sverdlovskaya regional'naya obshchestvennaya organizatsiya, 2002) |
| *PTR* | *Padenie tsarkogo rezhima: stenograficheskie otchëty doprosov i pokazanii, dannykh v 1917 g. v Chrezvychainoi sledstvennoi komissii Vremennogo pravitel'stva* (Leningrado/Moscou: Gosudarstvennoe izdatel'stvo, 1924–7) |
| RGASPI | Rossiiksii Gosudarstvennyi Arkhiv Sotsial'no-Politicheskoi Istorii |
| AEBBUO | Acervos Especiais da Biblioteca Bodleiana da Universidade de Oxford |

| | |
|---|---|
| ASG | Acervo de Sydney Gibbes |
| *SPR* | V. M. Khrustalov e M. D. Steinberg (eds.), *Skorbnyi put' Romanvykh 1917–1918 gg.: gibel' tsarkoi sem'i: sbornik dojumentov i materialov* (Moscou: Rosspen, 2001) |
| *VZR* | A. N. Avdonin, *V Zhernovakh revolyutsii: dojumental'nyi ocherk o komissare V. V. Yakovleve* (Ecaterimburgo: Bank kul'turnoi informatsii, 1995) |

# Notas

## 1: O Tsar de Todas as Rússias

1. N. M. Bozheryano (ed.), *Trista let tsarstvovniya doma Romanovykh* (São Petersburgo, 1913).
2. I. I. Serebrennikov, "Moi vospominaniya", vol. 3: Documentos de Ivan I. Serebrennikov, Arquivo da Hoover Institution (doravante AHI), caixa 10, pp. 92–93.
3. S. K. Buksgevden [i. e. Sophie Buxhoeveden], "Gosudar' Imperator Nicolai II: iz vospominanii", 1ª parte: Documentos de Nicolai Aleksandrovich de Basily (doravante DNAB), AHI, box 23, pasta 1, p. 4.
4. Ye. S. Kobylinsky (depoimento de inquérito), 6–10 de abril de 1919: Documentos de Agnes M. Diterikhs (doravante DAMD), AHI, caixa 1, pasta 8, p. 754; A. A. Volkov (depoimento de inquérito), 20–23 de agosto de 1919: ibid. caixa 1, pasta 9, p. 1.119.
5. Padre Nicolau (S. Gibbes), memórias sem título (texto datilografado): Acervo de Sydney Gibbes (doravante ASG), Acervos Especiais da Biblioteca Bodleiana da Universidade de Oxford (doravante AEBBUO), caixa 1, MS Facs c. 106, p. 4.
6. S. K. Buksgevden (sic), "Gosudar' Imperator Nicolai II: iz vospominanii", 1ª parte: DNAB, AHI, caixa 23, pasta 1, p. 4.
7. Ye. S. Kobylinsky (depoimento de inquérito), 6–10 de abril de 1919: DAMD, AHI, box 1, pasta 8, p. 754; A. A. Volkov (depoimento de inquérito), 20–23 de agosto de 1919: ibid., caixa 1, pasta 9, p. 1.119.
8. A. A. Mosolov, *Pri dvore pslednego Rossiiskogo imperatora* (Paris: Poslednie Novosti, 1934), p. 27.
9. Ibid., pp. 28.-9.
10. Ibid., p. 29.
11. Ibid., p. 28.
12. S. K. Buksgevden (sic), "Gosudar' Imperator Nicolai II: iz vospominanii", 1ª parte: DNAB, AHI, caixa 23, pasta 1, p. 23.

13. N. de Basily, "Note sur l'Empereur et l'Impératrice": DNAB, AHI, caixa 23, pasta 1, p. 2. "Nicolas de Basily" foi a forma como Nicolai Basily (ou Nicolai de Basily) passou a ser conhecido no exterior depois da Revolução de Outubro de 1917; seus documentos estão guardados no Arquivo da Hoover Institution, na Pasta de Documentos de Nicolai Aleksandrovich de Basily.

14. Padre Nicolau (S. Gibbes), memórias sem título (texto datilografado): ASG, AEBBUO, caixa 1, MS Facs c. 106, p. 2.

15. S. Gibbes, "Ten Years with Russian Imperial Family" (texto datilografado): ASG, AEBBUO, caixa 1, p. 7.

16. Veja S. S. Montefiore, *The Romanovs* (Londres: Weidenfeld and Nicolson, 2016), pp. 496–7.

17. A. F. Romanova a N. A. Romanov, 14 de dezembro de 1916 (CA): J. T. Fuhrman (ed.), *The Complete Wartime Correspondence of Tsar Nicholas II and the Empress Alexandra, April 1914 — March 1917* (Westport, Connecticut: Greenwood Press, 1999), p. 675.

18. Mosolov, *Pri dvore poslednego Rossiiskogo imperatora*, p. 231.

19. V. B. Frederikhs (Depoimento perante a Comissão de Inquérito Extraordinária), 2 de junho de 1917 (CA): P. E. Shchegolev (ed.), *Padenie tsarkogo rezhima: stenograficheskie otchëty doprosov i pokazaniii, dannykh v 1917 g. v Chrezvychainoi sledstvennoi komissii Vremennogo pravitel'stva*, 7 vols. (Leningrado-Moscou: Gosudarstvennoe izdatel'stvo, 1924–7) (doravante *PTR*), vol. 5, p. 33.

20. Ye. S. Kobylinsky (depoimento de inquérito), 6–10 de abril de 1919: DAMD, AHI, caixa 1, pasta 8, pp. 754 e 758. Veja R. Wortman, *Scenarios of Power: Myth and Ceremony in the Russian Monarchy from Peter the Great to the Abdication of Nicholas II* (Princeton, Nova Jersey: Princeton University Press, 2006), p. 317.

21. Veja H.-D. Löwe, *The Tsars and the Jews: Reform, Reaction and Antisemitism in Imperial Russia, 1772–1917* (Reading: Harwood Academic Publishers, 1993), pp. 221–7.

22. Veja R. Wortman, "Nicholas II and the Revolution of 1905", in *Imperial Encounters in Russian History: Russian Monarchy: Representation and Rule* (Boston, Massachusetts: Academic Studies Press, 2013), p. 207.

23. A. F. Romanova a N. A. Romanov, 14 de dezembro de 1916 (CA): Fuhrman (ed.), *Complete Wartime Correspondence*, p. 675.

24. P. Gilliard a N. de Basily, 29 de abril de 1934 (notas): DNAB, AHI, caixa 2, pasta 62, p. 1.

25. S. K. Buksgevden (sic), "Gosudar' Imperator Nicolai II: iz vospominanii", 1ª parte: DNAB, AHI, caixa 23, pasta 1, p. 11.

## NOTAS

379

## 2: No Supremo Quartel-General

1. *Baedeker's Russia*, ed. K. Baedeker (Londres: T. Fisher Unwin, 1914), pp. 257-8.
2. Veja N. Stone, *The Eastern Front, 1914-1917* (Londres: Hodder and Stoughton, 1975), pp. 191-3.
3. A. D. Bubnov, *V tsarkoi stavke* (Nova York: Chekhov Publishing House, 1955), p. 179; N. M. Tikhmenev, *Iz vospominanii o poslednikh dnyakh prebyvanaiya Imperatora Nikolaya II v Stavke* (Nice: Kruzhok Revnitelei Russkogo Proshlogo, 1925), p. 10.
4. Bubnov, *V tsarkoi stavke*, pp. 179-81; Tikhmenev, *Iz vospominanii*, pp. 12-13.
5. Veja S. Lyanders, "Progressive Bloc Politics on the Eve of the Revolution: Revisiting P. N. Miliukov's 'Stupidity of Treason' Speech of November 1, 1916'", *Russian History* nº 4 (2004), pp. 447-64, entre 456-60.
6. Tikhmenev, *Iz vospominanii*, p. 14.
7. S. K. Buksgevden (sic), "Gosudar' Imperator Nicolai II: iz vospominanii", 1ª parte: DNAB, AHI, caixa 23, pasta 1, p. 20.
8. Bubnov, *V tsarkoi stavke*, p. 190.
9. Veja Stone, *The Eastern Front*, p. 187.
10. Ibid., pp. 191-3.
11. R. von Stackelberg, memórias sem título (texto datilografado): Documentos de Rudolf von Stackbelgerg, AHI, p. 47.
12. Veja Stone, *The Eastern Front*, pp. 191-3.
13. Veja S. Lyandres, "Conspiracy and Ambition in Russian Politics before the February Revolution of 1917: The Case of Prince Georgii Evgen'evich L'vov', *Journal of Modern Russian History and Historiography* nº 8 (2015), pp. 99-133, entre 102-12.
14. Bubnov, *V tsarkoi stavke*, pp. 182-3.
15. Ibid., pp. 183-4; veja também convincente argumento de Lyandres, "Progressive Bloc Politics on the Eve of the Revolution", pp. 454-7.
16. Bubnov, *V tsarskoi stavke*, pp. 183-4.
17. Mosolov, *Pri dvore poslednego Rossiiskogo imperatora*, p. 226.

## 3: A Revolução de Fevereiro

1. S. K. Buksgevden (sic), "Gosudar' Imperator Nicolai II: iz vospominanii", 1ª parte: DNAB, AHI, caixa 23, pasta 1, p. 20.
2. Ibid.
3. A. F. Romanov (diário), 21 de fevereiro de 1917 (CA): V. M. Krustaleov (ed.), *Dnevniki Nikolaya II i imperatritsy Aleksandry Fëdorovny, 1917-1917*, vol. 1 (Moscou: Vagrius, 2008) (doravante *DNIIAF*), p. 162.

4. S. K. Buksgevden (sic), "Gosudar' Imperator Nicolai II: iz vospominanii", 1ª parte: DNAB, AHI, caixa 23, pasta 1, p. 21.
5. A. A. Volkov (depoimento de inquérito), 20–23 de agosto de 1919: DAMD, AHI, caixa 1, pasta 9, p. 1.096.
6. S. K. Buksgevden (sic), "Gosudar' Imperator Nicolai II: iz vospominanii", 1ª parte: DNAB, AHI, caixa 23, pasta 1, p. 21.
7. Coronel K. Zershchikov, "Sobstvennyi ego velichestva konvoi v dni revolyutsii", p. 6: Documentos de K. Zershchikov, AHI.
8. S. Markov, *Pokinutaya tsarkaya sem'ya* (Viena: Amalthea, 1928), p. 116.
9. Ibid., p. 117.
10. M. G. Tutelberg (depoimento de inquérito), 1919: DAMD, AHI, caixa 1, pasta 8, p. 975.
11. M. V. Rodzianko (depoimento oral do Acervo da Polievktov): S. Lyandres (ed.), *The Fall of Tsarism: Untold Stories of the February 1917 Revolution* (Oxford: Oxford University Press, 2013), p. 109.
12. N. de Basily, rascunho do capítulo "End of the Monarchy" (em francês): DNAB, AHI, caixa 24, p. 10.
13. Ibid.
14. Veja T. Hasegawa, *The February Revolution: Petrograd, 1917* (Seattle: University of Washington Press, 1918), pp. 326–32 e 279.


## 4: A Abdicação

1. N. de Basily, rascunho do capítulo "End of the Monarchy" (em francês): DNAB, AHI, caixa 24, p. 11.
2. Ibid., p. 23.
3. Ibid.
4. N. de Basily, *Memoirs: Diplomat of Imperial Russia, 1903–1917* (Stanford, Califórnia): Hoover Institution Press, 1973), pp. 116–17.
5. M. V. Alexeev a N. A. Romanov (telegrama) de 2 de março de 1917: V. M. Krustalëv e M. D. Steinberg (eds.), *Skorbnyi put' Romanovykh 1917–1918 gg.: gibel' tsarkoi sem'i: sbornik dokumentov i materialov* (Moscou: Rosspen, 2001) (doravante *SPR*), pp. 40–1.
6. Ibid., p. 121.
7. Mosolov, *Pri dvore poslednego Rossiiskogo imperatora*, p. 226.
8. *Otrechenie Nicolai II: vospominaniya ochevidtsev, dokumenty*, ed. P. Ye. Shchegolev, 2ª edição ampliada (Leningrado: *Krasnaya gazeta*, 1927), pp. 107–8.

# NOTAS

9. A. A. Mordvinov, "Poslednie dni imperatora": ibid, p. 110. A conversa não teve testemunhas, mas quando, às 4 horas, deixou o vagão do imperador, Feodorov quebrou a etiqueta, revelando o teor a um grupo de militares.

10. De Basily, *Memoirs*, p. 138.

11. S. K. Buksgevden (sic), "Gosudar' Imperator Nicolai II: iz vospominanii", 1ª parte: DANB, AHI, caixa 23, pasta 1, p. 23.

12. Rascunho do documento de abdicação: Cofre da Hoover, AHI; de Basily, *Memoirs*, pp. 122 e 125.

13. Ibid., pp. 125-6.

14. Ibid., p. 119.

15. Veja Lyandres (ed.), *The Fall of Tsarism*, p. 83, nota 12.

16. V. Shulgin, "Podrobnosti otrecheniya", *Rech'* de 21 de março de 1917.

17. M. I. Skobelev (depoimento oral do Acervo da Polievktov): Lyandres (ed.), *The Fall of Tsarism*, pp. 186-7.

18. Veja Hasegawa, *The February Revolution*, pp. 519-24.

19. A. I. Guchkov (Depoimento perante a Comissão de Inquérito Extraordinária), 2 de agosto de 1917 (CA): *PTR*, vol. 7, p. 263.

20. V. Shulgin, "Podrobnosti otrecheniya", *Rech'* de 21 de março de 1917; A. I. Guchkov (depoimento perante a Comissão de Inquérito Extraordinária), 2 de agosto de 1917 (CA): *PTR*, vol. 7, p. 263.

21. A. I. Guchkov, "Otrechenie Gosudarya" (texto datilografado): DNAB, AHI, caixa 24, pp. 1-3; A. I. Guchkov (depoimento perante a Comissão de Inquérito Extraordinária), 2 de agosto de 1917 (CA): *PTR*, vol. 264; minutas da reunião de A. I. Guchkov e V. V. Shulgin com N. A. Romanov em 15 de março de 1917: *SPR*, pp. 45-6.

22. Ibid.

23. Conversa entre N. de Basily e A. I. Guchkov, 9 de novembro de 1932: DNAB, AHI, caixa 22, pp. 16-17. Essa foi também a impressão dada alguns dias depois em Tsarkoye Selo: P. Benkendorf, *Last Days at Tsarkoe Selo* (W. Heinemann: Londres, 1927), p. 48.

24. Conversa entre N. de Basily e A. I. Guchkov, 9 de novembro de 1932: DNAB, AHI, caixa 22, pp. 9-11.

25. Ibid., pp. 12-13.

26. Minutas da reunião de A. I. Guchkov e V. V. Shulgin com N. A. Romanov em 15 de março de 1917: *SPR*, p. 46.

27. Conversa entre N. de Basily e A. I. Guchkov em 9 de novembro de 1932: DNAB, AHI, caixa 22, p. 12.

28. Minutas da reunião de A. I. Guchkov e V. V. Shulgin com N. A. Romanov em 15 de março de 1917: *SPR*, p. 47.

29. A. I. Guchkov, "Otrechenie Gosudarya" (texto datilografado): DNAB, AHI, caixa 24, p. 4; A. I. Guchkov (depoimento perante a Comissão de Inquérito Extraordinária) em 2 de agosto de 1917 (CA): *PTR*, vol. 7, p. 265.

30. Minutas da reunião de A. I. Guchkov e V. V. Shulgin com N. A. Romanov em 15 de março de 1917: *SPR*, p. 47.

31. G. A. von Tal, "Memuary ob otrechenii ot prestola Rossiiskogo Gosudarya Imperatora Nikolaya II" (manuscrito): Documentos de Georgi Alexandrovich von Tal, AHI, p. 54.

32. V. V. Shulgin a A. I. Guchkov, junho de 1928, in G. Ioffe, *Revolyutsiya i sem'ya Romanovykh* (Moscou: Algoritm, 2012), p. 77.

33. A. I. Guchkov (depoimento perante a Comissão de Inquérito Extraordinária), 2 de agosto de 1917 (CA): *PTR*, vol. 7, p. 265; minutas da reunião de A. I. Guchjov e V. V. Shulgin com N. A. Romanov em 15 de março de 1917: *SPR*, p. 47.

34. A. I. Guchkov, "Otrechenie Gosudarya" (texto datilografado): DNAB, AHI, caixa 24, p. 4; A. I. Guchkov (depoimento perante a Comissão de Inquérito Extraordinária), 2 de agosto de 1917 (CA): *PTR*, vol. 7, p. 265.

35. A. F. Kerensky (depoimento de inquérito), 14–20 de agosto de 1920: Documentos de Dmitri Antonovich Volkogonov (dorante DAV), AHI, caixa 22, p. 106a.

36. G. A. von Tal, "Memuary ob otrechenii ot prestola Rossiiskogo Gosudarya Imperatora Nikolaya II" (manuscrito): Documentos de Georgy Alexandrovich von Tal, AHI, p. 57.

37. V. Shulgin, "Podrobnosti otrecheniya", *Rech'* de 21 de março de 1917.

38. De Basily, *Memoirs*, pp. 125–6.

39. N. de Basily, rascunho do capítulo "End of the Monarchy" (em francês): DNAB, AHI, caixa 24, pp. 26–7.

40. De Basily, *Memoirs*, p. 137.

41. N. A. Romanov (diário), 3 de março de 1917 (CA): *Dnevniki imperator Nikolaya II, 1894–1918*, ed. S. V. Mironenko e Z. I. Peregudova (Moscou: Rosspen, 2013) (dorante *DINII*), vol. 2, 2ª parte, p. 296; de Basily, *Memoirs*, pp. 139–40.

42. N. de Basily, rascunho do capítulo "End of the Monarchy" (em francês), p. 51 e bilhete anexo, citando trecho de biografia de autoria de A. I. Guchkov: DNAB, AHI, caixa 24.

43. Ibid., pp. 51–2.

44. N. de Basily, rascunho do capítulo "End of the Monarchy" (em francês), pp. 52–3 e bilhete anexo, citando trecho de biografia de autoria de A. I. Guchkov: DNAB, AHI, caixa 24. Para informações sobre o documento de abdicação de Mikhail, veja Documentos de Nicolau II, Cofre da Hoover, AHI.

NOTAS 383

45. N. de Basily, rascunho do capítulo "End of the Monarchy" (em francês): DNAB, AHI, caixa 24, p. 54; M. A. Romanov, documento de abdicação, 16 de março de 1917: *SPR*, p. 51.
46. Benkendorf, *Last Days at Tsarkoe Selo*, pp. 16–17.
47. S. KI. Buksgevden (sic), "Gosudar' Imperator Nicolai II: iz vospominanii", 1ª parte: DNAB, AHI, caixa 23, pasta 1, p. 23.
48. N. A. Romanov (diário), 3 de março de 1917 (CA): *DINII*, vol. 2, 2ª parte, p. 296.
49. J. Hambury-Williams, *The Emperor Nicholas II as I Knew Him* (Londres: A. L. Humphreys, 1922), p. 167: diário (19 de março de 1917).
50. Ibid., pp. 168–9: diário (19 de março de 1917).
51. Ibid., p. 170: diário (20 de março de 1917).
52. Ibid., p. 174: diário (21 de março de 1917).

## 5: Tsarskoye Selo

1. A. A. Volkov (depoimento de inquérito), 20–23 de agosto de 1919: DAMD, AHI, caixa 1, pasta 9, p. 1.098.
2. Ye. S. Kobylinsky (depoimento de inquérito), 6–10 de abril de 1919: ibid., caixa 1, pasta 8, p. 744.
3. T. H. Preston, *Before the Curtain* (Londres: John Murray, 1950), pp. 226–7.
4. S. Gibbes (diário), 26 de julho de 1916: ASG, AEBBUO, caixa 1.
5. Coronel K. Zershchikov, "Sobstvennyi ego velichestva konvoi v dni revolyutsii': Documentos de K. Zershchikov, AHI, p. 3.
6. Ibid., pp. 4–5.
7. P. A. (sic) Gilliard (depoimento de inquérito), 5–6 de março de 1919 (CA): DAMD, AHI, caixa 1, pasta 7, p. 456.
8. A. F. Romanova a N. A. Romanov, 17 de março de 1917: A. Maylunas e S. Mironenko, *A Lifelong Passion: Nicholas and Alexandra, Their Own Story* (Londres: Weidenfeld and Nicolson, 1996), pp. 552–4.
9. Reunião do Comitê Executivo em 16 de março de 1917: *Petrogradskii Sovet rabochikh i soldatskikh deputatov*, ed. P. V. Volobuev (Nauka: Leningrado/São Petersburgo, 1991–2003), vol. 1, p. 9.
10. Reunião do Comitê Executivo em 19 de março de 1917: ibid., pp. 16–17.
11. Reunião do gabinete em 20 de março de 1917: *SPR*, p. 57; interrogatório de A. F. Kerensky, 14–20 de agosto de 1920: DAV, AHI, caixa 22, p. 105.
12. Veja R. Abraham, *Alexander Kerensky: The First Love of the Revolution* (Nova York: Columbia University Press, 1987), pp. 156–7.

13. Sessão do Governo Provisório de 20 de março de 1917: Maylunas e Mironenko, *A Lifelong Passion*, pp. 554-5.
14. Hambury-Williams, *The Emperor Nicholas II as I Knew Him*, p. 173: diário (20 de março de 1917).
15. V. M. Vershinin, relatório ao Governo Provisório (sem data, não enviado antes de 22 de março de 1917).
16. Coronel K. Zershchikov, "Sobstvennyi ego velichestva konvoi v dni revolyutsii": Documentos de K. Zershchikov, AHI, p. 33.
17. Ibid.
18. De Basily, *Memoirs*, pp. 141-2.
19. Coronel K. Zershchikov, "Sobstvennyi ego velichestva konvoi v dni revolyutsii": Documentos de K. Zershchikov, AHI, p. 35.
20. V. M. Vershinin, relatório ao Governo Provisório (sem data, mas não enviado antes de 22 de março de 1917): *SPR*, p. 66.
21. Ibid.
22. A. F. Romanova (diário), 8 de março de 1917 (CA): *DNIIAF*, p. 340; capitão N. N. Krasnov, relato ditado a M. A. Polievktov em 5 de junho de 1917 (CA): http://rare-books.library.nd.edu/exhibits/polievktov/ssrr.shtml. Semion Lyandres fez a gentileza de me chamar a atenção para o depoimento de Krasnov sobre a visita de Kornilov.
23. Markov, *Pokimutaya tsarkaya sem'ya*, p. 114.
24. Ye. S. Kobylinsky (depoimento de inquérito), 6-10 de abril de 1919: DAMD, AHI, caixa 1, pasta 8, pp. 710-11.
25. Ibid., pp. 709-10.
26. Ibid.
27. Markov, *Pokinutaya tsarskaya sem'ya*, pp. 169-70.
28. Ibid., p. 170.
29. Ye. S. Kobylinsky (depoimento de inquérito), 6-10 de abril de 1919: DAMD, AHI, caixa 1, pasta 8, p. 714.
30. A. A. Volkov (depoimento de inquérito), 20-23 de agosto de 1919: ibid., caixa 1, pasta 9, p. 1.098.
31. Ibid.
32. P. Gilliard (depoimento de inquérito), 5-6 de março de 1919: ibid., caixa 1, p. 452.
33. N. A. Romanov (diário), 9 de março de 1917 (CA): *DINII*, vol. 2, 2ª parte, p. 297.
34. Markov, *Pokinutaya tsarskaya sem'ya*, p. 116.
35. N. A. Romanov (diário), 9 de março de 1917 (CA): *DINII*, vol. 2, 2ª parte, p. 297.

NOTAS 385

36. Ye. S. Kobylinsky (depoimento de inquérito), 6–10 de abril de 1919: DAMD, AHI, caixa 1, pasta 8, p. 711.

37. S. K. Buksgevden (sic), "Gosudar' Imperator Nicolai II: iz vospominanii", 1ª parte: DNAB, AHI, caixa 23, pasta 1, p. 22.

38. Hambury-Williams, *The Emperor Nicholas II as I Knew Him*, pp. 180-1: diário (24 de março de 1917).

39. Ibid.

40. A. A. Volkov (depoimento de inquérito), 20–23 de agosto de 1919: DAMD, AHI, caixa 1, pasta 9, p. 1.100.

41. Ibid.

42. Coronel K. Zershchikov, "Sobstvennyi ego velichestva konvoi v dni revolyutsii': Documentos de K. Zershchivkov, AHI, pp. 38-9.

43. Ye. S. Kobylinsky (depoimento de inquérito), 6–10 de abril de 1919: ibid., caixa 1, pasta 8, pp. 712-13.

44. Ibid., p. 713.

45. N. Lavrova, "Rasputin's Pyre is Russia's Revenge", *San Francisco Examiner*, de 7 de outubro de 1923: Documentos de Nadia Shapiro, AHI, caixa 5, pasta 18.

### 6: A Vida em Família

1. Padre Nicolau (S. Gibbes), relato sem título (texto datilografado): ASG, AEB-BUO, caixa 1, MS Facs c. 106, p. 6.

2. A. F. Romanova a N. A. Romanov em 22 de fevereiro de 1917 (CA): *SPR*, p. 24.

3. S. K. Buksgevden (sic), "Gosudar' Imperator Nicolai II: iz vospominanii", 1ª parte: DNAB, AHI, caixa 23, pasta 1, pp. 6-7.

4. Para informações a respeito de suas recomendações incisivas sobre indicações de cargos em ministérios, veja A. F. Romanova a N. A. Romanov, 14 de dezembro de 1916 (CA): Fuhrman (ed.), *Complete Wartime Correspondence*, p. 675.

5. Ye. S. Kobylinsky (depoimento de inquérito), 6–10 de abril de 1919: DAMD, AHI, caixa 1, pasta 8, p. 755.

6. N. de Basily, "Note sur l'Empereur et l'Impératrice": DNAB, AHI, caixa 23, pasta 1, p. 2.

7. S. K. Buksgevden (sic), "Gosudar' Imperator Nicolai II: iz vospominanii", texto datilografado, 1ª parte: DNAB, AHI, caixa 23, pasta 1, p. 3.

8. K. M. Bitner (depoimento de inquérito), julho de 1919: DAMD, AHI, caixa 1, pasta 8, p. 1.022.

9. S. K. Buksgevden (sic), "Gosudar' Imperator Nicolai II: iz vospominanii", texto datilografado, 1ª parte: DNAB, AHI, caixa 23, pasta 1, p. 3.
10. Ibid.
11. Ibid., p. 4.
12. Ibid.
13. Ibid., p. 6.
14. Registros de diário: Memórias da Princesa Barbara Dolgorouky, AHI, caixa 1, p. 78.
15. P. A. (sic) Gilliard (depoimento de inquérito), 27 de agosto de 1919: DAMD, AHI, caixa 1, pasta 9, p. 1.128.
16. Ye. S. Kobylinsky (depoimento de inquérito), 6–10 de abril de 1919: ibid., caixa 1, pasta 8, p. 756.
17. S. K. Buksgevden (sic), "Gosudar' Imperator Nicolai II: iz vospominanii", 1ª parte: DNAB, AHI, caixa 23, pasta 1, p. 10.
18. N. de Basily, "Note sur l'Empereur et l'Impératrice": DNAB, AHI, caixa 1, pasta 8, p. 974.
19. M. G. Tutelberg (depoimento de inquérito), 1919: DAMD, AHI, caixa 1, pasta 8, p. 974.
20. P. A. (sic) Gilliard (depoimento de inquérito), 27 de agosto de 1919: ibid., caixa 1, pasta 9, p. 1.129.
21. Ibid.
22. S. Gibbes (diário), 1–4 de março de 1917: ASG, AEBBUO, caixa 1.
23. K. M. Bitner (depoimento de inquérito), julho de 1919: DAMD, AHI, caixa 1, pasta 8, p. 1.019.
24. Ibid.
25. S. Gibbes (diário), 8 e 13 de outubro de 1916: ASG, AEBBUO, caixa 1.
26. S. I. Ivanov (depoimento de inquérito), 19 de julho de 1919: DAMD, AHI, caixa 1, pasta 8, p. 952.
27. Ye. S. Kobylinsky (depoimento de inquérito), 6–10 de abril de 1919: ibid., caixa 1, pasta 8, p. 758.
28. P. A. (sic) Gilliard (depoimento de inquérito), 5–6 de março de 1919 (CA): ibid., caixa 1, pasta 7, p. 456; Ye. S. Kobylinsky (depoimento de inquérito), 6–10 de abril de 1919: ibid., caixa 1, pasta 8, p. 712.
29. Ye. S. Kobylinsky (depoimento de inquérito), 6–10 de abril de 1919: ibid., caixa 1, pasta 8, p. 756.
30. Ibid., p. 757.
31. Ibid.

NOTAS 387

32. K. M. Bitner (depoimento de inquérito), julho de 1919: ibid., caixa 1, pasta 8, p. 1.017.
33. Ye. S. Kobylinsky (depoimento de inquérito), 6–10 de abril de 1919: ibid., caixa 1, pasta 8, p. 757; K. M. Bitner (depoimento de inquérito), julho de 1919: ibid., caixa 1, pasta 8, p. 1.018.
34. Ye. S. Kobylinsky (depoimento de inquérito), 6–10 de abril de 1919: ibid., caixa 1, pasta 8, p. 757.
35. Ibid.

## 7: O Governo Provisório

1. Interrogatório de A. F. Kerensky, 14–20 de agosto de 1920: DAV, AHI, caixa 22, p. 111a.
2. Ibid., pp. 107b-108a; Ye. S. Kobylinsky (depoimento de inquérito), 6–10 de abril de 1919; DAMD, AHI, caixa 1, pasta 8, pp. 713–14.
3. Ibid.
4. Interrogatório de A. F. Kerensky, 14–20 de agosto de 1920: DAV, AHI, caixa 22, pp. 107b-108a; Ye. S. Kobylinsky (depoimento de inquérito), 6–10 de abril de 1919; DAMD, AHI, caixa 1, pasta 8, pp. 713–14; S. Mstislavskii, *Pyat' dnei: nachalo i konets fevral'skoi revolyutsii* (Moscou: Z. I. Grzhebin, 1922), pp. 55–9.
5. N. de Basily, notas sobre a partida de Nicolau II e sua família: DNAB, AHI, caixa 27, pasta 11, p. 13.
6. A. A. Volkov, *Okolo tsarkoi sem'i* (Paris: Moscou, 1928), pp. 52–3.
7. A. A. Volkov (depoimento de inquérito), 20–23 de agosto de 1919: DAMD, AHI, caixa 1, pasta 9, pp. 1102.
8. Volkov, *Okolo tsarkoi sem'i*, p. 53.
9. Interrogatório de A. F. Kerensky, 14–20 de agosto de 1920: DAV, AHI, caixa 22, pp. 106a-b.
10. Ibid., p. 107b.
11. Ibid., p. 109a; Ye. S. Kobylinsky (depoimento de inquérito), 6–10 de abril de 1919; DAMD, AHI, caixa 1, pasta 8, p. 715.
12. Interrogatório de A. F. Kerensky, agosto de 1920: DAV, AHI, caixa 22, p. 106b.
13. Ye. S. Kobylinsky (depoimento de inquérito), 6–10 de abril de 1919: AMDP, AHI, caixa 1, pasta 8, p. 715.
14. A. A. Volkov (depoimento de inquérito), 20–23 de agosto de 1919: DAMD, AHI, caixa 1, pasta 9, p. 1.099.

388            O ÚLTIMO TSAR

15. Interrogatório de A. F. Kerensky, agosto de 1920: DAV, AHI, caixa 22, pp. 107b e 111a-112b.
16. A. A. Volkov (depoimento de inquérito), 20–23 de agosto de 1919: DAMD, AHI, caixa 1, pasta 9, p. 1.102.
17. Ibid.
18. Ibid., pp. 1.102-3.
19. Pankratov, *So tsarëm v Tobol'ske: iz vospominanii* (Leningrado: Kooperativnoe izdatel'skoe t-vo 'Byloe', 1925), p. 63.
20. S. K. Buksgevden (sic), "Gosudar' Imperator Nicolai II: iz vospominanii", 1ª parte: DNAB, AHI, caixa 23, pasta 1, p. 24.
21. A. A. Volkov (depoimento de inquérito), 20–23 de agosto de 1919: DAMD, AHI, caixa 1, pasta 9, p. 1.102.
22. S. K. Buksgevden (sic), "Gosusar' Imperator Nicolai II: iz vospominanii", 1ª parte: DNAB, AHI, caixa 23, pasta 1, p. 23.
23. Ibid., p. 24.
24. P. Gilliard a N. de Basily, em 29 de abril de 1934 (notas): DNAB, AHI, caixa 2, pasta 62, pp. 2-3.
25. Ibid., p. 3.
26. S. K. Buksgevden (sic), "Gosudar' Imperator Nicolai II: iz vospominanii", 1ª parte: DNAB, AHI, caixa 23, pasta 1, pp. 23-4.

## 8: A Proposta dos Britânicos

1. Debate do gabinete de ministros, 15 de março de 1917: *SPR*, p. 39.
2. *Krasnyi arkhiv*, vol. 23, p. 53, citado de N. de Basily, notas sobre a partida de Nicolau II e sua família: DNAB, AHI, caixa 27, pasta 11, p. 1.
3. N. de Basily, notas sobre a partida de Nicolau II e sua família: DNAB, AHI, caixa 27, pasta 11, pp. 2-3; conversa entre N. de Basily e A. S. Lukomskii, 24 de fevereiro de 1933: ibid., caixa 22, p. 2.
4. N. de Basily, notas sobre a partida de Nicolau II e sua família: ibid., caixa 27, pasta 11, pp. 4-5.
5. Ibid., p. 6.
6. Ibid.
7. Reunião do Comitê Executivo em 22 de março de 1917: *SPR*, pp. 63-4.
8. N. de Basily, notas sobre a partida de Nicolau II e sua família: DNAB, AHI, caixa 27, pasta 11, pp. 12-13.
9. M. Paléologue, *La Russia des tsars pendant la Grande Guerre*, vol. 3 (Paris: Plon, 1922), p. 264, citado ibid., p. 7.

NOTAS 389

10. Conversa entre N. de Basily e A. S. Lukomskii em 24 de fevereiro de 1933: DNAB, AHI, caixa 22, pp. 2–3.

11. N. de Basily, notas sobre a partida de Nicolau II e sua família: ibid., caixa 27, pasta 11, pp. 7–8.

12. G. Buchanan, *My Mission to Russia and Other Diplomati Memories*, vol. 2 (Londres: Cassell and Co., 1923), p. 105.

13. N. de Basily, notas sobre a partida de Nicolau II e sua família: DNAB, AHI, caixa 27, pasta 11, p. 10.

14. Ibid., p. 11.

15. *Petrogradskii Sovet rabochikh i soldatskikh deputatov v. 1917 godu*, pp. 587–9.

16. P. Gilliard a N. de Basily, 29 de abril de 1934 (carta): DNAB, AHI, caixa 2, pasta 62.

17. S. Gibbes à sua tia Hatte em 21 de abril de 1917: ASG, AEBBUO, caixa 2.

## 9: Regras e Rotinas

1. Ordem transmitida ao comandante da guarnição de Tsarkoye Selo em 30 de março de 1917: *SPR*, p. 68.

2. S. Gibbes ao grão-duque Alexander Nikolaevich, memórias sem título, 1º de dezembro de 1928: ASG, AEBBUO, caixa 1, p. 4.

3. Markov, *Pokimutaya tsarskaya sem'ya*, 154.

4. Ye. S. Kobylinsky (depoimento de inquérito), 6–10 de abril de 1919: DAMD, AHI, caixa 1, pasta 8, pp. 712 e 718.

5. Reunião do Comitê Executivo em 22 de março de 1917: *Petrogradskii Sovet rabochikh i soldatskikh deputatov*, vol. 1., pp. 29–33.

6. N. A. Romanov a X. A. Romanova em 18 de novembro de 1917 (CA): *SPR*, pp. 115–16.

7. Ye. S. Kobylinsky (depoimento de inquérito), 6–10 de abril de 1919: DAMD, AHI, caixa 1, pasta 8, p. 756.

8. Ibid., p. 712.

9. P. A. (sic) Gilliard (depoimento de inquérito), 5–6 de março de 1919 (CA): ibid., caixa 1, pasta 7, p. 457.

10. N. A. Mundel (depoimento de inquérito), 6 de agosto de 1919: ibid., caixa 1, pasta 8, p. 1.045; L. S. Tugan-Baranovskii (testemunho oral do Acervo da Polievktov): Lyandres (ed.), *The Fall of Tsarism*, p. 131.

11. A. A. Volkov (depoimento de inquérito), 20–23 de agosto de 1919: DAMD, AHI, caixa 1, pasta 9, p. 1.102.

12. Ibid., pp. 1.100–1.
13. Ye. S. Kobylinsky (depoimento de inquérito), 6–10 de abril de 1919: ibid., caixa 1, pasta 8, p. 717.
14. A. A. Volkov (depoimento de inquérito), 20–23 de agosto de 1919: ibid., caixa 1, pasta 9, p. 1.101.
15. Ye. S. Kobylinsky (depoimento de inquérito), 6–10 de abril de 1919: ibid., caixa 1, pasta 8, p. 716.
16. P. Gilliard, *Le tragique destin de Nicholas II et de sa famille* (Paris: Payot, 1921), p. 193; Ye. S. Kobylinsky (depoimento de inquérito), 6–10 de abril de 1919: DAMD, AHI, caixa 1, pasta 8, p. 717.
17. N. A. Romanov a M. F. Romanova, cartas do verão de 1917: Documentos de Kseniia Aleksandrovna, grã-duquesa da Rússia (doravante DGRKA), AHI, caixa 8, pasta 38. Nicolau nem sempre datava essas cartas.
18. *Skorbnaya pamyatka*, ed. A. V. Syroboyarskii (Nova York: Kassa Pomoshchi Blizhnim v Pamyat' v Tsarkoi Sem'e, 1928), p. 48: A. F. Romanova a A. V. Syroboyarski, 29 de maio de 1917 (CA). Fuhrman (ed.), *Complete Wartime Correspondence*, p. 529.
19. *Skorbnaya pamyatka*, pp. 48–9.

## 10: Sobre a Vida de Governantes

1. N. A. Romanov (diário), 24 de março de 1917 (CA): *DINII*, vol. 2, 2ª parte, p. 300.
2. N. A. Romanov (diário), 29 de abril de 1917 (CA): ibid., pp. 304 e 307.
3. N. A. Romanov (diário), 4 de maio de 1917 (CA): ibid., p. 308.
4. N. A. Romanov (diário), 2 maio de 1917 (CA): ibid., p. 308.
5. L. A. Kasso, *Rossiya na Dunae i obrazovanie Bessarabskoi oblasti* (Moscou: A. Snegirëva, 193), pp. 229–30.
6. A. N. Kuropatkin, *Zadachi russkoi armii* (São Petersburgo: V. A. Berezovskii, 1910), vol. 3, pp. 13–14, 61, 66–7 e 339–43.
7. F. I. Uspenskii, *Istoriya vizantiiskoi imperii* (São Petersburgo: Brokgauz-Efrom, 1913), vol. 1, pp. 99–135.
8. Ibid., pp. 126–31.
9. Ibid., vol. 2, pp. 813–72.
10. N. A. Romanov (diário), 3 de abril de 1917 (CA): *DINII*, vol. 2, 2ª parte, p. 303.
11. N. A. Romanov (diário), 21 de junho de 1917 (CA): ibid., vol. 2, p. 317.
12. N. A. Romanov (diário), 22 de junho de 1917 (CA), ibid., p. 317.

NOTAS      391

13. D. S. Merezhkovskii, *Khristos i Antikhrist* (São Petersburgo: M. V. Pirozhkov, 1907), vol. 2, *Voskresshie bogi. Leonardo da-Vinchi*, p. 816.
14. N. A. Romanov (diário), 4 de julho de 1917 (CA): *DINII*, vol. 2, 2ª parte, p. 319.
15. Merezhkovskii, *Khristos i Antikhrist*, vol. 3: *Antikhrist: Pëtr i Alexei*, p. 550.
16. N. A. Romanov (diário), 11 de julho de 1918 (CA): *DINII*, vol. 2, 2ª parte, p. 320.
17. D. S. Merezhkovskii, *Alexandr I*, vol. 6, in *Polone sobreni sochinenii*, 24 vols. (Moscou: I. D. Sytin, 1914), pp. 189–90.
18. Ibid., pp. 237 e 239.
19. D. S. Mérejkowsky, "Préface", in D. Mérejkowsky, Z. Hippius e Dm Philosophoff, *Le Tsar et la Révolution* (Paris: Société du Mercure de France, 1907), p. 14.
20. D. S. Mérejkowsky, "Religion et Révolution", ibid., pp. 147–8.
21. N. A. Romanov (diário), 3 de junho de 1917 (CA): *DINII*, vol. 2, 2ª parte, p. 430
22. N. K. Shil'der, *Imperator Pavel Pervyi. Istoriko-biograficheskii ocherk* (São Petersburgo: A. S. Suvorin, 1901), p. 503.
23. Ibid., pp. 26 e 477–504.
24. N. A. Romanov (diário), 3 de junho de 1917 (CA): *DINII*, vol. 2, 2ª parte, p. 430.
25. N. A. Romanov (diário), 9 de novembro de 1917 (CA): ibid., p. 339.
26. V. Hugo, *Quatre-vingt-treize*, p. 180.
27. Ibid., pp. 494–7.

## 11: O Dilema de Kerensky

1. *Nicolai II-oi Romanov: ego zhizn' i deyatel'nost, 1894–1917 g.g., po inostrangym i russkim istochnikam* (Petrograd: Gosudarstvennaya tipografiya, 1917), pp. 1., 59, 69 e 72–3.
2. Veja B. I. Kolonitski, *Simvoly vlasti i bor'ba za vlast': k izucheniyu politicheskoi kul'tury Rossiiskoi revolyutsii 1917 goda* (São Petersburgo: Dmitrii Bulanin, 2001), pp. 132–40.
3. Veja B. I. Kolonitskii, *"Tragicheskaya erótica": obrazy imperatorskoi sem'i v gody pervoi mirovoi voiny* (São Petersburgo: Novoe Leraturnoe Obozrenie, 2010), pp. 236–40.
4. Interrogatório de A. F. Kerensky, 14–20 de agosto de 1920: DAV, AHI, caixa 22, pp. 107b-108a.
5. N. de Basily, notas sobre conversa com M. Tereshchenko, 23 de abril de 1934: DNAB, AHI, caixa 27, pasta 11, p. 1.
6. Ibid., p. 2.
7. Ibid., p. 4.

8. Interrogatório de A. F. Kerensky, agosto de 1920: DAV, AHI, caixa 22, p. 108b.
9. N. A. Romanov (diário), 5 de julho de 1917 (CA): *DINII*, vol. 2, 2ª parte, p. 319.
10. L. Sukace, "Soldier Under Three Flags: The Personal Memoirs of Lev Pavlovich Sukacev" (Washington, D. C.: texto datilografado, 1974): Documentos de Lev Sukacev, AHI, p. 100.
11. M. A. Romanov a M. F. Romanova em 27 de março de 1917: DGRKA, AHI, caixa 8, pasta 37.
12. Veja Ioffe, *Revolyutsiya i sem'ya Romanovykh*, p. 194.

## 12: Transferência para um Local Remoto

1. Veja Ioffe, *Revolyutsiya i sem'ya Romanovykh*, pp. 194–5.
2. Interrogatório de A. F. Kerensky, 14–20 de agosto de 1920: DAV, AHI, caixa 22, p. 108b.
3. Ye. S. Kobylinsky (depoimento de inquérito), 6–10 de abril de 1919: DAMD, AHI, caixa 1, pasta 8, pp. 717–8.
4. Ibid., pp. 719–20.
5. Ibid., p. 720.
6. Ibid., pp. 720–1.
7. T. E. Mel'nik-Botkina, *Vospominaniya o tsarskoi sem'e i eë zhizni do i posle revolyutsii* (Belgrado: M. I. Stefanovich, 1921; reimp. em Moscou: Ankor, 1993), p. 64.
8. Ibid., pp. 63–4.
9. Ye. S. Kobylinsky (depoimento de inquérito), 6–10 de abril de 1919: DAMD, AHI, caixa 1, pasta 8, pp. 721–2.
10. S. K. Buksgevden (sic), "Gosudar' Imperator Nicolai II: iz vospominanii", 1ª parte: DNAB, AHI, caixa 23, pasta 1, p. 24.
11. Ibid.
12. Interrogatório de A. F. Kerensky, 14–20 de agosto de 1920: DAV, AHI, caixa 22, p. 108b.
13. Benkendorf, *Last Days at Tsarkoe Selo*, p. 107.
14. Interrogatório de A. F. Kerensky, 14–20 de agosto de 1920: DAV, AHI, caixa 22, p. 109a.
15. Ye. S. Kobylinsky (depoimento de inquérito), 6–10 de abril de 1919: DAMD, AHI, caixa 1, pasta 8, p. 722.
16. A. A. Volkov (depoimento de inquérito), 20–23 de agosto de 1919: ibid., caixa 1, pasta 9, p. 1.105.

NOTAS 393

17. Ye. S. Kobylinsky (depoimento de inquérito), 6–10 de abril de 1919: ibid., caixa 1, pasta 8, pp. 722-3.

18. M. A. Romanov a M. F. Romanova, 8 de agosto de 1917 (CA): DGRKA, AHI, caixa 8, arquivo 37.

19. A. A. Volkov (depoimento de inquérito), 20–23 de agosto de 1919: DAMD, AHI, caixa 1, pasta 9, p. 1.104.

20. E. A. Naryshkina (diário), 1º de agosto de 1917 (CA): *SPR*, p. 89.

21. Ye. S. Kobylinsky (depoimento de inquérito), 6–10 de abril de 1919: DAMD, AHI, caixa 1, pasta 8, p. 722.

22. M. A. Romanov a M. F. Romanova em 8 de agosto de 1917 (CA): DGRKA, AHI, caixa 8, arquivo 37.

23. S. K. Buksgevden (sic), "Gosudar' Imperator Nicolai II: iz vospominanii", 1ª parte: DNAB, AHI, caixa 23, pasta 1, p. 25.

24. M. A. Romanov a M. F. Romanova em 8 de agosto de 1917 (CA): DGRKA, AHI, caixa 8, pasta 37; E. A. Naryshkina (diário), 1º de agosto de 1917 (CA): *SPR*, p. 89.

25. Mel'nik-Botkina, *Vospominaniya o tsarkoi sem'e*, pp. 62-3.

26. E. A. Naryshkina (diário), 1º de agosto de 1917 (CA): *SPR*, p. 89.

27. Mel'nik-Botkina, *Vospominaniya o tsarkoi sem'e*, p. 63.

28. Ibid., p. 86.

29. A. A. Volkov (depoimento de inquérito), 20–23 de agosto de 1919: DAMD, AHI, caixa 1, pasta 9, p. 1.104.

30. Ye. S. Kobylinsky (depoimento de inquérito), 6–10 de abril de 1919: ibid., caixa 1, pasta 8, p. 723.

31. Ibid., p. 724.

32. Ibid.

33. Ibid., pp. 724-5.

34. Ibid., p. 724.

35. A. N. Romanova, livro de exercícios (s/d): ASG, AEBBUO, caixa 1.

36. N. A. Romanov (diário), 4 de agosto de 1917 (CA): *DNIIAF*, p. 17.

37. A. A. Volkov (depoimento de inquérito), 20–23 de agosto de 1919: DAMD, AHI, caixa 1, pasta 9, p. 1.120.

38. Interrogatório de A. F. Kerensky, 14–20 de agosto de 1920: DAV, AHI, caixa 22, p. 108b; veja também Ioffe, *Revolyutsiya i sem'ya Romanovikh*, p. 198.

39. F. N. Gorshkov (depoimento de inquérito), 31 de julho de 1918: DAMD, AHI, caixa 1, pasta 6, p. 7; Ye. S. Kobylinsky (depoimento de inquérito), 6–10 de abril de 1919: ibid., pasta 8, p. 725; Volkov, *Okolo tsarkoi sem'i*, p. 57; A. F. Romanova (diário), 6 e 13 de agosto de 1917 (CA): *DNIIAF*, pp. 21 e 29.

## O ÚLTIMO TSAR

40. Ye. S. Kobylinsky (depoimento de inquérito), 6–10 de abril de 1919: DAMD, AHI, caixa 1, pasta 8, p. 728.
41. A. F. Kerensky ao procurador de Tobolsk (s/d): ibid., caixa 1, pasta 9, pp. 1.401–2.
42. Interrogatório de A. F. Kerensky, 14–20 de agosto de 1920: DAV, AHI, caixa 22, p. 109a.
43. Ye S. Kobylinsky (depoimento de inquérito), 6–10 de abril de 1919: DAMD, AHI, caixa 1, pasta 8, p. 725.
44. A. F. Romanova (diário), 13 de agosto de 1917 (CA): *DNIIAF*, p. 29.

## 13: Destino: Tobolsk

1. N. A. Romanov a M. F. Romanova em 27 de outubro de 1917: DGRKA, AHI, caixa 8, pasta 38.
2. *Baedeker's Russia*, p. 527.
3. Ibid., p. 527; R. S. Latimer, *Dr. Baedeker and his Apostolic Work in Russia* (Londres: Morgan and Scott, 1907), p. 121.
4. *Neobkhodimost' otkrytiya porto-franko v ust'yakh rek Obi i Yeniseya* (Tobolsk: Gubernskaya Tipografia, 1907), p. 24. Veja também D. W. Treadgold, *The Great Siberian Migration: Government and Peasant in Resettlement from Emancipation to the First World War* (Princeton, Nova Jersey: Princeton University Press, 1957), p. 100.
5. J. Snodgrass, *Bureau of Foreign and Domestic Commerce: Russia: A Handbook on Commercial and Industrial Conditions* (Washington, D. C.: Government Printing Office: 1913), pp. 217–8.
6. *Neobkhodimost' otkrytiya porto-franko v ust'yakh rek Obi i Yeniseya*, p. 7.
7. Ibid., pp. 15–18 e 22.
8. Mel'nik-Botkina, *Vospominaniya o tsarskoi sem'e*, p. 78.
9. D. Beer, "Vae Victis: Siberian Exile as a Revolutionary Battleground, 1900–1914": St. Antony's College (Oxford) History seminar series, 2 March 2015. Veja também D. Beer, *The House of the Dead: Siberian Exile under the Tsars* (Londres: Allen Lane, 2016), pp. 373–81.
10. S. Kallistov, *Tobol'skii Tsentral* (Moscou: Vsesoyuznoe obshchestvo politkatorzhan i ss-poselentsev, 1925), p. 4.
11. "Golos s Katorgi" (relatório-queixa dos problemas de 1906–1908), pp. 1–6 e 57–8: Acervo de B. I. Nicolaevsky, AHI, caixa 112, pasta 6; Kallistov, *Tobol'skii Tsentral*, p. 11.
12. Beer, "Vae Victis".

NOTAS

13. Latimer, *Dr. Baedeker and his Apostolic Work in Russia*, p. 120.
14. Pankratov, *So tsarëm v. Tobol'ske*, p. 30.
15. Veja Ioffe, *Revolyutsiya i sem'ya Romanovykh*, p. 197.

## 14: O Plenipotenciário Pankratov

1. Interrogatório de A. F. Kerensky, 14–20 de agosto de 1920: DAV, AHI, caixa 22, p. 109a; Pankratov, *So tsarëm v tsarëm v Tobol'ske*, pp. 14–15; Gilliard, *Le tragique destin de Nicolas II et de sa famille*, p. 201.
2. Pankratov, *So tsarëm v Tobol'ske*, pp. 14–15 e 24; o Procurador de Tobolsk Koryakin a A. F. Kerensky, 4 de setembro de 1917: *SPR*, p. 107.
3. Ye. S. Kobylinsky (depoimento de inquérito), 6–10 de abril de 1919: AMDP, AHI, caixa 1, pasta 8, pp. 729–30.
4. "Plebei" [V. S. Pankratov], "Polozhenie uchenikov na zavodakh", *Literaturnye Otgoloski: Sbornik, Nperiodicheskii Izadnie*, nº 1 (7 de fevereiro de 1893 [CA]): Acervo de Boris Nicolaevsky, caixa 192, pp. 97–115.
5. Apresentação sem assinatura a Pankratov, *So tsarëm v Tobol'ske*, pp. 7–11.
6. K. M. Bitner (depoimento de inquérito), julho de 1919: DAMD, AHI, caixa 1, pasta 8, pp. 1.012–13.
7. P. Gilliard a N. de Basily em 29 de abril de 1934 (notas): DNAB, AHI, caixa 2, pasta 62, p. 3.
8. N. A. Romanov (diário), 1º de setembro de 1917 (CA): *DNII*, vol. 2, 2ª parte, p. 330.
9. Volkov, *Okolo tsarkoi sem'i*, p. 57.
10. Ye. S. Kobylinsky (investigação de inquérito), 6–10 de abril de 1919: DAMD, AHI, caixa 1, pasta 8, pp. 729–30.
11. Gilliard, *Le tragique destin de Nicolas II et de sa famille*, p. 201.
12. Ye. S. Kobylinsky (depoimento de inquérito), 6–10 de abril de 1919: DAMD, AHI, caixa 1, pasta 8, pp. 729–30.
13. Mel'nik-Botkina, *Vospominaniya o tsarkoi sem'e*, p. 85.
14. Pankratov, *So tsarëm v Tobol'ske*, p. 24.
15. Ibid., pp. 25 e 67.
16. Ibid., p. 67.
17. Ibid., p. 60; N. A. Romanov (diário), 22 de setembro de 1917 (CA): *DINII*, vol. 2, 2ª parte, p. 333.
18. T. N. Romanova a M. S. Khitrovo em 17 de outubro de 1917 (CA): Documentos de Alexandre Tarsaidze, Fichário de Assuntos, Cartas, AHI.
19. Pankratov, *So tsarëm v Tobol'ske*, p. 60; N. A. Romanov (diário), 22 de setembro de 1917 (CA): *DINII*, vol. 2, 2ª parte, p. 333.

20. V. S. Pankratov a A. F. Kerensky em 13 de outubro de 1917: *SPR*, p. 110.

21. Pankratov, *So tsarëm v Tobol'ske*, pp. 60-2.

22. Ibid., p. 62.

23. Ibid., p. 63.

24. K. M. Bitner (depoimento de inquérito), julho de 1919: DAMD, AHI, caixa 1, pasta 8, p. 1.021.

25. Procurador de Tobolsk Koryakin a A. F. Kerensky em 4 de setembro de 1917: *SPR*, pp. 105-7; Ye S. Kobylinsky (depoimento de inquérito), 6-10 de abril de 1919: AMDP, AHI, caixa 1, pasta 8, p. 721.

26. Interrogatório de A. F. Kerensky, 14-20 de agosto de 1920: DAV, AHI, caixa 22, p. 109a.

27. Chefe de gabinete de A. F. Kerensky a E. S. Botkin em 28 de setembro de 1917: *SPR*, p. 110.

28. Pankratov, *So tsarëm v Tobol'ske*, pp. 56-7 e 71.

29. Ibid., p. 57.

30. N. A. Romanov (diário), 29 de setembro de 1917 (CA): *DINII*; vol. 2, 2ª parte, p. 334. Para informações sobre a carta de Pankratov de 30 de setembro de 1917 (CA), veja ibid., p. 396, n. 106.

31. Volkov, *Okolo tsarskoi sem'i*, p. 58.

32. A. F. Romanova (diário), 1º de outubro de 1917 (CA): DNIIAF, p. 105.

33. Pankratov, *So tsarëm v Tobols'ke*, pp. 52-4.

34. N. A. Romanov a X. A. Romanova em 18 de novembro de 1917 (CA): *SPR*, p. 115.

35. Ye. S. Kobylinsky (depoimento de inquérito), 6-10 de abril de 1919: DAMD, AHI, caixa 1, pasta 8, p. 732.

36. Pankratov, *So tsarëm v Tobol'ske*, pp. 52-3.

## 15: A Revolução de Outubro

1. Markov, *Polkinutaya tsarskaya sem'ya*, p. 174.

2. Ibid.

3. Gilliard, *Le tragique destin de Nicolas II et de sa famille*, p. 204.

4. L. G. Kornilov, depoimento perante a Comissão de Inquérito Extraordinária em 2-5 de setembro de 1917 (CA): G. N. Sevastyanov et al. (eds.), *Delo generala Kornilova: matrialy Chrezvychainoi komissii po rassledovaniyu dela o byvshem Verkohvnom glavno komanduyushchem general L. G. Kornilove i ego souchastinikakh, avgust 1917 g. — iyun' 1918 g.*, 2 vols. (Moscou: Materik, 2003), vol. 2, p. 202.

NOTAS 397

5. L. G. Kornilov, "Apelo ao Povo", 28 de agosto de 1917 (CA): ibid., p. 493.
6. N. A. Romanov (diário), 29 de agosto de 1917 (CA): *DINII*, vol. 2, 2ª parte, p. 330.
7. N. A. Romanov (diário), 5 de setembro de 1917 (CA): ibid, p. 331.
8. Veja D. Koender, *Moscou Workers and the 1917 Revolution* (Princeton, Nova Jersey: Princeton University Press, 1981), p. 132.
9. N. A. Romanov (diário), 25 de outubro de 1917 (CA): *DINII*, vol. 2, 2ª parte, p. 337; A. F. Romanova (diário), 25 de outubro de 1917 (CA): *DNIIAF*, pp. 135-6.
10. Pankratov, *So tsarëm v Tobol'ske*, p. 81.
11. N. A. Romanov (diário), 11 de novembro de 1917 (CA): *DINII*, vol. 2, 2ª parte, p. 339.
12. Padre Nicolau (S. Gibbes), "Ten Years with the Russian Imperial Family" (texto datilografado): ASG, AEBBUO, caixa 1, p. 3.
13. N. A. Romanov (diário), 18 de novembro de 1917 (CA): *DINII*, vol. 2, 2ª parte, p. 340.

## 16: A Dispersão dos Romanov

1. G. M. Romanov a X. G. Romanova em 1º e 29 de junho de 1917 (CA): Documentos de Georgy Mikhailovich, grão-duque da Rússia, AHI, caixa 2.
2. G. M. Romanov a X. G. Romanova em 29 de junho de 1917 (CA): ibid.
3. N. M. Romanov a M. F. Romanova em 27 de abril de 1917: DGRKA, AHI, caixa 8, pasta 39.
4. G. M. Romanov a X. G. Romanova em 29 de setembro de 1917 (CA): Documentos de Georgy Mikhailovich, grão-duque da Rússia, AHI, caixa 2.
5. G. M. Romanov a M. F. Romanova em 28 de outubro de 1917 (CA): DGRKA, AHI, caixa 8, arquivo 25.
6. N. A. Romanov a M. F. Romanova em 19 de setembro de 1917 (CA): ibid., caixa 8, arquivo 38.
7. X. A. Romanova a N. A. Romanov, 6 de dezembro de 1917 (CA): *DINII*, vol. 2, 2ª parte, pp. 433-4.
8. N. A. Romanov a X. A. Romanova em 6 de dezembro de 1917 (CA): *Pis'ma svyatykh tsarstvennykh muchennikov iz zatocheniya*, ed. E. E. Alfer'evym, D. S. Tatishchev e S. P. Andolenko (São Petersrburgo: Spaso-Preobrazhenkskii Valaamskii manostyr', 1996), pp. 181-2, citado ibid., p. 435.
9. X. A. Romanova a N. A. Romanov em 6 de dezembro de 1917 (CA): *DINII*, vol. 2, 2ª parte, p. 434. Sobre as condições de detenção de Mikhail em Petrogrado, veja R. Crawford e D. Crawford, *Michael e Natash: The Life and Love of the Tsar of Russia* (Weidenfeld and Nicolson: Londres, 1997), pp. 336-7.

# 398  O ÚLTIMO TSAR

10. O. A. Romanova a N. A. Romanov em 27 de janeiro de 1918 (CA): ibid., p. 438.

11. X. A. Romanova a N. A. Romanova em 1/14 de fevereiro de 1918: ibid.

12. M. A. Romanov a M. F. Romanova em 11 de outubro de 1917 (CA): DGRKA, AHI, caixa 8, arquivo 37.

13. M. A. Romanov a M. F. Romanova em 25 de outubro de 1917 (CA): ibid.

14. M. A. Romanov a M. F. Romanova em 5 de novembro de 1917 (CA): ibid.

## 17: A Casa da Liberdade

1. A. A. Volkov (depoimento de inquérito), 20–23 de agosto de 1919: DAMD, AHI, caixa 1, pasta 9, p. 1.106.

2. S. Gibbes, memórias sem título, 1º de dezembro de 1928: ASG, AEBBUO, caixa 1, p. 5.

3. Mel'nik-Botkina, *Vospominaniya o tsarskoi sem'e*, p. 81.

4. Padre Nicolau (S. Gibbes), "Ten Years with Russian Imperial Family" (texto datilografado): ASG, AEBBUO, caixa 1, p. 8.

5. N. A. Romanov (diário), 18 de janeiro de 1918 (CA): *DINII*, vol. 2, 2ª parte, p. 407.

6. As fotografias foram arroladas por N. A. Sokolov numa lista detalhada de pertences achados dos Romanov, 27 de outubro de 1919: DAMD, AHI, caixa 1, pasta 9, p. 1.333.

7. "Bezique, como sempre": N. A. Romanov (diário), 21 de janeiro de 1918 (CA): *DINII*, vol. 2, 2ª parte, p. 408.

8. M. N. Romanova a Ye. E. Zborovskaya em 20 de setembro de 1917 (CA): DGRKA, AHI, caixa 8, arquivo 35.

9. A. N. Romanova a Ye. E. Zborovskaya em 20 de setembro de 1917 (CA): Documentos de Ekaterina Zborovskaya, AHI, caixa 2.

10. A. N. Romanova a Ye. E. Zborovskaya em 10 de dezembro de 1917 (CA): ibid.

11. A. N. Romanov a M. F. Romanova em 5 de novembro de 1917: ibid., caixa 8, pasta 10.

12. Ye. S. Kobynskii (depoimento de inquérito), 6–10 de abril de 1919: DAMD, AHI, caixa 1, pasta 8, p. 728.

13. A. N. Romanova a Ye. E. Zborovskaya em 19 de janeiro de 1918 (CA): Documentos de Ecaterina Zborovskaya, AHI, caixa 2.

14. As fotografias foram arroladas por N. A. Sokolov numa lista detalhada de pertences achados dos Romanov, 27 de novembro de 1919: DAMD, AHI, caixa 1, pasta 9, p. 1.333.

NOTAS 399

15. T. N. Romanova a M. S. Khitrovo em 23 de janeiro de 1918 (CA): Documentos de Alexandre Tarsaideze, AHI, Fichário de Assuntos, Cartas.
16. Mel'nik-Botkina, *Vospominaniya o tsarkoi sem'e*, p. 86-7.
17. Pankratov, *So tsarëm v. Tobol'ske*, pp. 46-7.
18. Ye. S. Kobylinsky (depoimento de inquérito), 6-10 de abril de 1919: DAMD, AHI, caixa 1, pasta 8, p. 735; Mel'nik-Botkina, *Vospominaniya o tsarskoi sem'e*, p. 87.
19. Ye. S. Kobylinsky (depoimento de inquérito), 6-10 de abril de 1919: DAMD, AHI, caixa 1, pasta 8, p. 728.
20. Gilliard, *Le tragique destin de Nicolas II et de sa famille*, p. 207.
21. Pankratov, *So tsarëm v Tobol'ke*, p. 83; Ye. S. Kobylinsky (depoimento de inquérito), 6-10 de abril de 1919; DAMD, AHI, caixa 1, pasta 8, pp. 732-3.
22. *Tobol'skie eparkhal'nye vedomosti*, n. 29-31, 10/23 de dezembro — 1/14 de dezembro de 1918, p. 285.
23. Ye. S. Kobylinsky (depoimento de inquérito), 6-10 de abril de 1919: DAMD, AHI, caixa 1, pasta 8, p. 732.
24. "Beseda s episkopom Germogenom", *Svet* (São Petersburgo), janeiro de 1912.
25. Ye. S. Kobylinsky (depoimento de inquérito), 6-10 de abril de 1919: DAMD, AHI, caixa 1, pasta 8, p. 733.
26. Ibid., pp. 733-4.

## 18: Aprendendo com os Outros

1. Pankratov, *So tsarëm Tobol'ske*, pp. 68-9.
2. Ibid., pp. 65-7.
3. P. Gilliard a N. de Basily em 29 de abril de 1934 (notas): DNAB, AHI, caixa 2, pasta 62, p. 4.
4. Pankratov, *So tsarëm v. Tobol'ske*, p. 58.
5. Ibid., pp. 73-4.
6. Ibid., pp. 68-9.
7. N. A. Romanov (diário), 18 de janeiro de 1918 (CA): *DINII*, vol. 2, 2ª parte, p. 407; S. Nilus, *Velikoe v malom*, livro arrolado por N. A. Sokolov numa lista detalhada de pertences achados dos Romanov, 6 de setembro de 1919: DAMD, AHI, caixa 1, pasta 9, p. 1.237. Sokolov registrou ter pertencido a Alexandra.
8. N. A. Romanov a M. F. Romanova, 27 de outubro de 1917: DGRKA, AHI, caixa 8, pasta 38.
9. Pankratov, *So tsarëm v Tobol'ske*, p. 42.

400        O ÚLTIMO TSAR

10. Ibid., pp. 42–3; Markov, *Pokinutaya tsarskaya sem'ya*, p. 47.
11. K. M. Bitner (depoimento de inquérito), julho de 1919: DAMD, AHI, caixa 1, pasta 8, pp. 1.012–13.
12. Ibid., p. 1.015.
13. Ibid., p. 1.013.
14. Pankratov, *So tsarëm v Tobol'ske*, pp. 42–3.
15. Ibid., p. 43.
16. K. M. Bitner (depoimento de inquérito), julho de 1919: DAMD, AHI, caixa 1, pasta 8, p. 1.020.
17. Ibid., p. 1.019.
18. Ibid., p. 1.020.
19. Ibid., p. 1.019.
20. Pankratov, *So tsarëm v Tobol'ske*, pp. 44–5.

## 19: Sem Nada para Fazer

1. *The Last Diary of Tsarista Alexandra*, ed. V. A. Kozlov e V. M. Krustalëv (New Haven, Connecticut: Yale University Press, 1997), 11 de fevereiro de 1918, p. 35.
2. Ibid., 11 de janeiro de 1918 (CA), p. 17, e 11 de fevereiro de 1918, p. 35.
3. N. A. Romanov (diário), 9 de janeiro de 1918 (CA): *DINII*, vol. 2, 2ª parte, p. 406.
4. N. A. Romanov (diário), 7 de janeiro de 1918 (CA): ibid.
5. Padre Nicolau (S. Gibbes), "My Tobolsk Books, Etc., Etc." (texto datilografado): ASG, AEBBUO, caixa 1, pp. 2–3, 8; N. A. Romanov (diário), 13 de março de 1918 (CA): *DINII*, vol. 2, 2ª parte, pp. 414 e 416.
6. N. A. Romanov (diário), 26 e 29 de setembro, 2, 9 e 17, 23 e 29 de outubro de 1917 (CA): *DINII*, vol. 2, 2ª parte, pp. 332–4 e 336–7.
7. N. A. Romanov (diário), 16 de outubro de 1917 (CA): ibid., p. 335.
8. N. A. Romanov (diário), 3 de outubro de 1917 (CA): ibid.
9. N. A. Romanov (diário), 19 de outubro de 1917 (CA): ibid., p. 336.
10. N. A. Romanov (diário), 1 e 4 de março de 1917 (CA): ibid., p. 411.
11. N. A. Romanov (diário), 13 de março de 1918 (CA): ibid., p. 412.
12. N. A. Romanov (diário), 6 de abril de 1918 (CA): ibid., p. 418.
13. N. A. Romanov (diário), 10 de novembro; 3 e 13 de dezembro de 1917; 26 de março de 1918 (CA): ibid., pp. 339, 342–3 e 414.
14. N. A. Romanov (diário), 19 de agosto de 1917 (CA): ibid., p. 329.
15. Baronesa Orczy, *The Scarlet Pimpernel* (Londres: Hodder and Stoughton, 1960), p. 9.

# NOTAS 401

16. N. A. Romanov (diário), 1 e 3 de novembro de 1917 (CA): *DINII*, vol. 2, 2ª parte, p. 338 (com referência a: *I Will Repay*; *The Elusive Pimpernel*; *Fire in Stubble*).
17. Baronesa Orczy, *The Scarlet Pimpernel*, cap. 28.
18. Ye. S. Kobylinsky (depoimento de inquérito), 6–10 de abril de 1919: DAMD, AHI, caixa 1, pasta 8, p. 754.
19. N. A. Romanov a M. F. Romanova em 5 de março de 1918: DGRKA, AHI, caixa 8, pasta 38.
20. N. A. Romanov a X. A. Romanova em 18 de novembro de 1917 (CA): *SPR*, p. 116.
21. N. A. Romanov (diário), 25 e 26 de março de 1918 (CA): *DINII*, vol. 2, 2ª parte, p. 414.
22. N. A. Romanov (diário), 27 de março de 1918 (CA): ibid., p. 416.
23. N. Cohn, *Warrant for Genocide: The Myth of the Jewish World-Conspirayc and the Protocols of the Elders of Zion* (Londres: Eyre and Spottiswood, 1967), p. 115.
24. *The Last Diary of Tsarista Alexandra*, 22, 24, 25 e 29 de abril de 1918 (CA), pp. 126–33; N. A. Romanov (diário), 27 de março de 1918 (CA): *DINII*, vol. 2, 2ª parte, p. 416.
25. N. A. Romanov (diário), 27 de março de 1918 (CA): ibid., p. 416.
26. K. M. Bitner (depoimento de inquérito), julho de 1919: DAMD, AHI, caixa 1, pasta 8, p. 1.014.

## 20: "Outubro" em Janeiro

1. Padre Nicolau (S. Gibbes), "My Tobolsk Books, Etc., Etc., Etc." (texto datilografado): ibid., pp. 2–3.
2. N. A. Romanov (diário), 18 de novembro de 1917 (CA): *DINII*, vol. 2, 2ª parte, p. 340.
3. Ye. S. Kobylinsky (depoimento de inquérito), 6–10 de abril de 1919: DAMD, AHI, caixa 1, pasta 8, p. 734.
4. Ibid., pp. 734 e736.
5. Ibid., p. 755.
6. N. A. Romanov (diário), 14 de março de 1918 (CA): *DINII*, vol. 2, 2ª parte, p. 414.
7. Pankratov, *So tsarëm v Tobol'ske*, pp. 58–60.
8. Markov, *Pokinutaya tsarskaya sem'ya*, verso da fotografia, p. 240.
9. Ye. S. Kobylinsky (depoimento de inquérito), 6–10 de abril de 1919: DAMD, AHI, caixa 1, pasta 8, p. 729.
10. Padre Nicolau (S. Gibbes), "Ten Years with the Russian Imperial Family" (texto datilografado): ASG, AEBBUO, caixa 1, p. 7.

11. Pankratov, *So tsarëm v Tobol'ske*, p. 81.
12. *The Last Diary of Tsaritsa Alexandra*, 29 de janeiro de 1918, p. 22.
13. Ibid., 30 de janeiro de 1918, p. 23.
14. A. N. Romanova a Ye. E. Zborovskaya, 19 de janeiro de 1918 (CA): Documentos de Ekaterina Zborovskaya, caixa 2.
15. A. N. Romanova a Ye. E. Zborovskaya, 15 de outubro de 1917 (CA): ibid.
16. Ye. S. Kobylinsky (depoimento de inquérito), 6–10 de abril de 1919: DAMD, AHI, caixa 1, pasta 8, pp. 730-1.
17. N. A. Mundel (depoimento de inquérito), 6 de agosto de 1919: ibid., caixa 1, pasta 8, p. 1.047.
18. Pankratov, *So tsarëm v Tobol'ske*, pp. 78-9; Ye. S. Kobylinsky (depoimento de inquérito), 6–10 de abril de 1919: DAMD, AHI, caixa 1, pasta 8, p. 730.
19. Ibid., p. 734.
20. N. A. Romanov (diário), 1–5 de janeiro de 1918 (CA): *DINII*, vol. 2., 2ª parte, p. 405. Anastácia ficou de cama por causa da doença em 28 de janeiro de 1918: ibid., p. 407; S. Buxhoeveden (diário), 1º de janeiro de 1918 (CA): DAMD, AHI, caixa 1, pasta 7, p. 440. Identifiquei Buxhoeveden com base nas evidências internas do diário, principalmente pela data de sua expulsão da casa dos Kornilov.
21. S. Buxhoeveden (diário), 18 de janeiro de 1918 (CA): DAMD, AHI, caixa 1, pasta 7, p. 440.
22. Pankratov, *So tsarëm v Tobol'ske*, p. 86.
23. Ibid.
24. Ibid., p. 87.
25. Ibid., p. 89.
26. N. A. Romanov a M. F. Romanova em 5 de março de 1918 (CA): DGRKA, AHI, caixa 8, pasta 38.
27. *The Last Diary of Tsaritsa Alexandra*, 24 de janeiro de 1918, p. 17.
28. Mel'nik-Botkina, *Vospominaniya o tsarskoi sem'e*, p. 80; S. Buxhoeveden, *The Life and Tragedy of Alexandra Feodorovna, Empress of Russia: A Biography* (Londres: Longman, Green and Co., 1929), pp. 314-5.
29. *The Last Diary of Tsaritsa Alexandra*, 24 de janeiro de 1918, p. 17.
30. S. Buxhoeveden (diário), 27 de janeiro de 1918 (CA): DAMD, AHI, caixa 1, pasta 7, p. 441.
31. Mel'nik-Botkina, *Vospominaniya o tsarskoi sem'e*, p. 86.
32. Pankratov, *So tsarëm v Tobol'ske*, p. 88.
33. O. N. Romanova a M. S. Khitrovo, 19 de fevereiro de 1918 (CA): Documentos de Alexandre Tarsaidze, Fichário de Assuntos, Cartas, AHI, caixa 16, pasta 4.
34. Mel'nik-Botkina, *Vospominaniya o tsarskoi sem'e*, p. 86.

NOTAS     403

35. Ibid.

36. Ye. S. Kobylinsky (depoimento de inquérito), 6–10 de abril de 1919: DAMD, AHI, caixa 1, pasta 8, p. 734.

37. O. N. Romanova a M. S. Khitrovo, 19 de fevereiro de 1918: Documentos de Alexandre Tarsaidze, Fichário de Assuntos, Cartas, AHI, caixa 16, pasta 4.

38. T. N. Romanova a M. S. Khitrovo, 19 de fevereiro de 1918: ibid.

## 21: Os Debates de Moscou

1. Minutas do Sovnarkom, 29 de janeiro de 1918: Gosudarstvennyi Arkhiv Rossiiskoi Federatsii (doravante GARF), pasta 130, op. 23, d. 7, p. 170.

2. L. Bryant, *Six Red Months in Russia: An Observer's Account of Russia Before and During the Proletarian Dictatorship* (Nova York: George H. Doran, 1918), cap. 24.

3. Minutas do Sovnarkom, 29 de janeiro de 1918: GARF, pasta 130, op. 23, d. 7, p. 170; M. P. Iroshnikov, *Sozdanie sovetskogo tsentral'nogo aparata: Sovet narodnykh komissarov i narodnye komissariaty, oktyabr' 1917 g. — yanvar' 1918 g.* (Moscou/Leningrado: Nauka, 1966), p. 265.

4. Minutas do Sovnarkom, 20 de fevereiro de 1918: GARF, pasta 130, op. 23, d. 8, p. 204.

5. Gilliard, *Le tragique destin de Nicolas II et de sa famile*, p. 213; Ye S. Kobylinsky (depoimento de inquérito), 6–10 de abril de 1919: DAMD, AHI, caixa 1, pasta 8, p. 736; S. Buxhoeveden (diário), 10 de março de 1918 (CA): ibid, caixa 1, pasta 7, p. 442.

6. N. A. Romanov (diário), 14 de fevereiro de 1918 (CA): *DINII*, vol. 2, 2ª parte, p. 410.

7. P. Gilliard (depoimento de inquérito), 5–6 de março de 1919: DAMD, AHI, caixa 1, pasta 7, p. 461.

8. F. N. Gorshkov (depoimento de inquérito), 31 de julho de 1918: ibid., pasta 8, p. 7; S. Buxhoeveden (diário), 10 de março de 1918 (CA): ibid., caixa 1, pasta 7, p. 442.

9. Mel'nik-Botkna, *Vospominaniya o tsarkoi sem'e*, p. 87.

10. Ibid.

11. *The Last Diary of Tsaritsa Alexandra*, 4 e 17 de março e 2 de abril de 1918, pp. 56, 69 e 85.

12. Mel'nik-Botkina, *Vospominaniya o tsarskoi sem'e*, p. 87.

13. Ibid. M. Medvedev, "Predystoriya rasstrela tsarkoi sem'i Romanovykh v 1918 godu': Rossiiski Gosudarstvennyi Arkhiv Sotsial'no-Politicheskoi Istorii (doravante RGASPI), pasta 558, op. 3s, d. 12, in DAV, AHI, caixa 15, p. 20.
14. N. A. Romanov (diário), 13 de março de 1918 (CA): *DINII*, vol. 2, 2ª parte, p. 414.
15. Reunião do Comitê Central em 23 de fevereiro de 1918: *Protokoly Tsentral'nogo Komiteta RSDRP(b), avgust 1917 — fevral' 1918* (Moscou: Gosudarstvennoe izdatel'stvo politicheskoi literatury, 1958), p. 215.
16. *Skobnaya pamyatka*, p. 64.
17. P. Gilliard, notas apensas à carta (29 de abril de 1934?) a N. de Basily, p. 2.
18. *Skorbnaya pamyatka*, p. 68.


## 22: Planos de Resgate

1. Diterikhs, *Ubiistvo tsarskoi sem'i i chlenov doma Romanovykh na Urale*, 1ª parte, p. 81; veja também P. M. Bykov, *Poslednie dni Romanovykh* (Sverdlovsk: Izdatel'stvo 'Ural'skiĭ rbochiĭ', 1990), p. 81; P. P. Bulygin, *The Murder of the Romanovs: the Authentic Account* (Londres: Hutchinson, 1935), p. 216.
2. B. N. Solo'ëv, 29 de dezembro de 1919 (depoimento de investigação): N. Ross, *Gibel' tsarskoi sem'i: materialy sledstviya* (Frankfurt am Main: Posev, 1986) (doravante *GTSMS*), p. 497.
3. Interrogatório de A. F. Kerensky, 14–20 de agosto de 1920: DAV, AHI, caixa 22, pp. 109b e 117.
4. N. Sokolov, *Ubiistvo tsarskoi sem'i* (Berlim: Slovo, 1925), pp. 95–6.
5. B. N. Solo'ëv, 29 de dezembro de 1919 (depoimento de inquérito): *GTSMS*, p. 496.
6. Ibid., p. 497.
7. Ibid.
8. Sokolov, *Ubsiistvo tsarskoi sem'i*, pp. 89–90.
9. B. N. Solo'ëv, 29 de dezembro de 1919 (depoimento de inquérito): *GTSMS*, p. 498.
10. *The Last Diary of Tsaritsa Alexandra*, 4 de fevereiro de 1918, p. 28.
11. B. N. Solo'ëv, 29 de dezembro de 1919 (depoimento de inquérito): *GTSMS*, P. 498.
12. *The Last Diary of Tsaritsa Alexandra*, 6 de fevereiro de 1918, p. 30; Markov, *Pokinutaya tsarskaya sem'ya*, p. 256.
13. Ibid., p. 259.
14. Ibid., p. 262.
15. Sokolov, *Ubiistvo tsarkoi sem'i*, pp. 89–90 e 94.
16. Ibid., p. 103.
17. Ibid.

NOTAS 405

18. Ibid., pp. 94-5.
19. Mel'nik-Botkina, *Vospominaniya o tsarskoi sem'e*, p. 75.
20. K. S. Melni, 2 de novembro de 1919 (depoimento de inquérito): *GTSMS*, p. 491; Sokolov, *Ubiistvo tsarskoi sem'i*, pp. 94-5.
21. Mel'nik-Botkina, *Vospominaniya o tsarkoi sem'e*, p. 76.
22. Ibid., p. 75.
23. Ibid., pp. 76-7.
24. Ibid., pp. 89-90 e 94; Bulygin, *The Murder of the Romanovs: the Authentic Account*, p. 217.
25. K. S. Mel'nik, 2 de novembro de 1919 (depoimento de inquérito): *GTSMS*, p. 491.
26. Markov, *Pokinutaya tsarskaya sem'ya*, pp. 83-4.
27. Ibid., p. 47.
28. Ibid., p. 188.
29. Ibid., pp. 194-5, 197 e 216.
30. Ibid., p. 248.
31. Ibid., p. 249.
32. Ibid., pp. 256 e 261.
33. Mel'nik-Botkina, *Vospominaniya o tsarskoi sem'e*, pp. 78-9.
34. Markov, *Pokinutaya tsarskaya sem'ya*, p. 220.
35. Ibid., p. 221.
36. *The Last Diary of Tsaritsa Alexandra*, 25 de março de 1918, p. 77.
37. Markov, *Pokinutaya tsarskaya sem'ya*, p. 260.
38. Ibid., p. 233.
39. Mel'nik-Botkina, *Vospominaniya o tsarskoi sem'e*, pp. 77-8.
40. Ibid., p. 78.
41. Ibid.
42. Ibid., pp. 77-8.
43. Ibid., p. 77.

## 23: O Futuro da Rússia

1. P. Gilliard a N. de Basily, 29 de abril de 1934 (notas): DNAB, AHI, caixa 2, pasta 62, p. 1.
2. N. A. Romanov (diário), 1º de fevereiro de 1918 (CA): *DINII*, vol. 2, 2ª parte, p. 409.
3. N. A. Romanov (diário), 7 de fevereiro de 1918 (CA): ibid., p. 410.
4. N. A. Romanov (diário), 12 de fevereiro de 1918 (CA): ibid.

5. P. A. (sic) Gilliard (depoimento de inquérito), 5–6 de março de 1919 (CA): DAMD, AHI, caixa 1, pasta 7, p. 462.
6. Ibid.; Gilliard, *Le tragique destin de Nicolas II et de sa famile*, p. 215.
7. P. A. (sic) Gilliard (depoimento de inquérito), 27 de agosto de 1919: DAMD, AHI, caixa 1, pasta 9, p. 1.129.
8. Ye. S. Kobylinsky (depoimento de inquérito), 6–10 de abril de 1919: ibid., caixa 1, pasta 8, p. 758; K. M. Bitner (depoimento de inquérito), julho de 1919: ibid., caixa 1, pasta 8, p. 1.016; *Skorbnaya pamyatka*, p. 64.
9. Gilliard, *Le tragique destin de Nicolas II e de sa famille*, p. 215.
10. Ye. S. Kobylinsky (depoimento de inquérito), 6–10 de abril de 1919: DAMD, AHI, caixa 1, pasta 8, p. 759.
11. A. F. Romanova a A. A. Vyrobova, 22 de janeiro de 1918: *SPR*, p. 129.
12. Mel'nik-Botkina, *Vospominaniya o tsarskoi sem'e*, p. 84.
13. K. M. Bitner (depoimento de inquérito), julho de 1919: DAMP, AHI, caixa 1, pasta 8, p. 1.014.
14. Ibid., pp. 1.014–15.
15. Ibid., p. 1.021.
16. Ibid., pp. 1.014–15.
17. S. Gibbes, memórias sem título (texto datilografado): ASG, AEBBUO, caixa 1, pp. 21–2.
18. K. M. Bitner (depoimento de inquérito), julho de 1919: DAMD, AHI, caixa 1, pasta 8, pp. 1.016–17.
19. Ibid., p. 1.014.
20. Ye. S. Kobylinsky (depoimento de inquérito), 6–10 de abril de 1919: ibid., caixa 1, pasta 8, p. 755.
21. P. Gilliard a N. de Basily, 29 de abril de 1934 (carta): DNAB, AHI, caixa 2, pasta 62.
22. Ibid.
23. K. M. Bitner (depoimento de inquérito), julho de 1919: DAMD, AHI, caixa 1, pasta 8, p. 1.019.
24. Ibid., p. 1.020.

## 24: Camaradas em Marcha

1. Depoimento do membro da guarda Zentsov, *Poslednie dni poslednego tsarya: inochtozhenie dinastii Romanovykh* (Tver: Tverskoe izdatel'stvo, 1922), p. 11.
2. Gilliard, *Le tragique destin de Nicolas II et de sa famille*, p. 216: 26 de março de 1918 (diário).

## NOTAS

3. Sokolov, *Ubiistvo Tsarskoye sem'i*, p. 88.
4. Ye. S. Kobylinsky (depoimento de inquérito), 6–10 de abril de 1919: DAMD, AHI, caixa 1, pasta 8, p. 738.
5. Ya. M. Yurovskii, "Poseldnii tsar' nashël svoë mesto': RGASPI, fichário 3, op. 58, d. 280, in DAV, AHI, caixa 15, p. 5.
6. Ibid.
7. Depoimento do membro da guarda Zentsov, *Poslednie dni poslednego tsarya: inochtozhenie dinastii Romanovykh*, p. 11.
8. S. Buxkoeveden (diário), 11 e 13 de março de 1918 (CA): DAMD, AHI, caixa 1, pasta 7, p. 443.
9. Mel'nik-Botkina, *Vospominaniya o tsarskoi sem'e*, p. 86.
10. Ibid.
11. Ibid., p. 84.
12. Gilliard, *Le tragique destin de Nicolas II et de sa famille*, p. 216; N. A. Romanov (diário), 29 de março de 1918 (CA): *DINII*, vol. 2, 2ª parte, p. 416.
13. N. A. Mundel (depoimento de inquérito), 6 de agosto de 1919: DAMD, AHI, caixa 1, pasta 8, p. 1.047.
14. Ye. S. Kobylinsky (depoimento de inquérito), 6–10 de abril de 1919; ibid., caixa 1, pasta 8, p. 738.
15. V. M. Kosarev a V. I. Lenin e L. D. Trotskii, 28 de março de 1918: *SPR*, p. 137.
16. N. A. Romanov (diário), 22 de março de 1918 (CA): *DINII*, vol. 2, 2ª parte, p. 415.
17. N. A. Romanov (diário), 28 de março de 1918 (CA): ibid., p. 416.
18. N. A. Romanov (diário), 23 de março de 1918 (CA): ibid.; A. V. Gendrikova (diário), 1º de abril de 1918; ibid., p. 443.
19. Mel'nik-Botkina, *Vospominaniya o tsarskoi sem'e*, p. 84.
20. N. A. Romanov (diário), 22 de março de 1918 (CA): *DINII*, vol 2, 2ª parte, p. 415.
21. A. G. Beloborodov, "Iz vospominanii', datado de fevereiro de 1922: A. N. Avdomin, *V zhernovakh revolyutsii: dojumental'nyi ocherk o komissare V. V. Yakovleve* (Ecaterimburgo: Bank kul'tunoi informatsii, 1995) (doravante *VZR*), p. 203.
22. Ibid.
23. P. M. Bykov, "Poslednie dni poslednego tsarya', in N. I. Nikolaev (ed.), *Rabochaya revolyutsiya na Urale: epizoy i fakty* (Ecaterimburgo: Gosizdat, Ural'skoe Oblastonoe Upravlenie, 1921), pp. 6–7.
24. Depoimento do membro da guarda Zentsov, *Poslednie dni poslednego tsarya: inochtozhenie dinastii Romanovykh*, p. 11.
25. Bykov, *Poslednie dni Romanovykh*, p. 88.

408            O ÚLTIMO TSAR

26. Ya. M. Yurovskii, "Poslednii tsar' nashël svoë mesto': RGASPI, fichário 3, op. 58, d. 280, in DAV, AHI, caixa 1, pasta 8, p. 751.
27. F. N. Goshkov (depoimento de inquérito), 31 de julho de 1918: ibid., caixa 1, pasta 6, p. 9.
28. A. G. Beloborodov, "Iz vospominanii", datado de fevereiro de 1922: *VZR*, p. 204.
29. Bykov, *Poslednie dni Romanovykh*, p. 88.
30. Ya. M. Yurovskii, "Poslednii tsar' nashël svoë mesto': RGASPI, fichário 3, op. 58, d. 280, in DAV, AHI, caixa 15, p. 5.
31. A. G. Beloborodov, "Iz vospominanii", datado de fevereiro de 1922: *VZR*, p. 204.
32. Bykov, "Poslednie dni poslednego tsarya', pp. 6–7.
33. Ibid.
34. Veja Bykov, *Poslednie dni Romanovykh*, p. 88.
35. Ye. S. Kobylinsky (depoimento de inquérito), 6–10 de abril de 1919: DAMD, AHI, caixa 1, pasta 8, p. 766.
36. S. Buxkoeveden (diário), 11 e 13 de março de 1918 (CA): ibid., caixa 1, pasta 7, pp. 443–4.
37. Bykov, "Poslednie dni pslednego tsarya", p. 9.
38. Ye. S. Kobylinsky (depoimento de inquérito), 6–10 de abril de 1919: DAMD, AHI, caixa 1, pasta 8, pp. 738–9.
39. Cardápios do café da manhã e do almoço da família imperial, 22–29 de abril de 1918 (OS?): ASG, AEBBUO, caixa 2.
40. K. M. Bitner (depoimento de inquérito), julho de 1919: DAMD, AHI, caixa 1, pasta 8, p. 1.022.
41. N. A. Romanov (diário), 11 de abril de 1918 (CA): *DINII*, vol. 2, 2ª parte, p. 419.
42. N. A. Romanov (diário), 19 de março de 1918 (CA): *DINII*, vol. 2, 2ª parte, p. 415.

## 25: Tobolsk e Moscou

1. S. Buxhoeveden (diário), 7 de março de 1918 (CA): ibid., caixa 1, pasta 7, p. 442.
2. *Tobol'skii rabochii*, de 31 de março de 1918.
3. Ibid., 16 de abril de 1918.
4. S. Buxhoeveden (diário), 3 de março de 1918 (CA): DAMD, AHI, caixa 1, pasta 7, p. 443.
5. Ye. S. Kobyulinskii (depoimento de inquérito), 6–10 de abril de 1919: ibid., caixa 1, pasta 8, p. 732.
6. V. D. Bonch-Bruevich a V. A. Avanesov, 1º de abril de 1918: *DINII*, vol. 2, 2ª parte, pp. 442–3.

## NOTAS

7. Minutas do Presidium do VtsIK de 1º de abril de 1918: V. V. Alexeev, *Gibel' tsarskoi sem'i: mify i real'nost': novye dokumenty o tragedii na Urale* (Ecaterimburgo: Bank kul'turnoi informatsii, 1993), p. 52.

8. F. N. Goshkov (depoimento de inquérito), 31 de julho de 1918: DAMD, AHI, caixa 1, pasta 6, p. 7.

9. Minutas do Presidium do VtsIK, 6 de abril de 1918: *SPR*, p. 53.

10. Ya. M. Sverdlov ao Soviete Regional dos Urais em 9 de abril de 1918; ibid., pp. 53-4.

11. Veja I. F. Plotnikov, *Pravda Istorii: gibel' tsarskoi sem'i* (Ecaterimburgo: Sverdlovskaya regional'naya obshchestvennaya organizatsiya, 2002) (doravante *PIGTS*), p. 156.

12. F. P. Proskuryakov (depoimento de inquérito), 1-3 de abril de 1919: DAMD, AHI, caixa 1, pasta 7, p. 644.

13. S. G. Loginov, 4 de abril de 1919 (depoimento de inquérito): *GTSMS*, p. 289.

14. Ibid.

15. Notas de V. V. Yakovlev (do acervo particular de L. K. Karpovaya), copiado em *VZR*, p. 18.

16. Aksyuta (discurso), minutas de reunião geral do destacamento da guarda, 22 de abril de 1918: *SPR*, p. 142.

17. Ye. S. Kobylinsky (depoimento de inquérito), 6-10 de abril de 1919: AMDP, AHI, caixa 1, pasta 8, p. 732.

18. Ibid., p. 737; padre Nicolau (S. Gibbes), "Ten Years with the Russian Imperial Family" (texto datilografado): ASG, AEBBUO, caixa 1, p. 8.

19. K. A. Stoyanovich (V. V. Yakolev), anotações de rascunho de projeto de livro, junho-julho de 1928, copiadas em *VZR*, p. 162.

20. N. A. Romanov (diário), 30 de março de 1918 (CA): *DINII*, vol. 2, 2ª parte, p. 417.

21. N. A. Romanov (diário), 31 de março de 1918 (CA): ibid.

22. N. A. Romanov (diário), 1º de abril de 1918 (CA): ibid.

23. B. V. Didkovsky a V. I. Lenin e Ya. M. Sverdlov, 13 de abril de 1918: *SPR*, p. 54.

24. N. A. Romanov (diário), 2 de abril de 1918 (CA): *DINII*, vol. 2, 2ª parte, p. 417; Ye. S. Kobylinsky (depoimento de inquérito), 6-10 de abril de 1919: DAMD, AHI, caixa 1, pasta 8, p. 734.

25. Ibid., p. 735.

26. Ibid., p. 736; N. A. Romanov (diário), 8 de abril de 1918 (CA): *DINII*, vol. 2, 2ª parte, p. 418.

27. F. I. Goloshchëkin a P. D. Khokhryakov, 21 de abril de 1918: *SPR*, p. 140.

410 O ÚLTIMO TSAR

## 26: O Comissário Yakovlev

1. Ya. M. Sverdlov aos dirigentes dos Urais (Ecaterimburgo), 9 de abril de 1918, transcrito em *PIGTS*, p. 38.
2. Ye. S. Kobylinsky (depoimento de inquérito), 6–10 de abril de 1919: DAMD, AHI, caixa 1, pasta 8, p. 739.
3. K. A. Stoyanovich (V. V. Yakovlev) a I. V. Stálin e V. R. Menzhinskii em 15 de março de 1928, transcrito em *VZR*, p. 152.
4. Ibid., p. 153.
5. Ibid., p. 154.
6. Minutas de reunião do destacamento da guarda, 22 de abril de 1918: *SPR*, p. 141.
7. Ibid., pp. 141-2; N. A. Mundel (depoimento de inquérito), 6 de agosto de 1919; DAMD, AHI, caixa 1, pasta 8, p. 1.048.
8. Minutas de reunião geral do destacamento da guarda em 22 de abril de 1918: *SPR*, pp. 141-2; K. A. Stoyanovich (V. V. Yakovlev), anotações de rascunho de projeto de livro, junho-julho de 1928, transcritas em *VZR*, p. 162.
9. Minutas de reunião do destacamento da guarda em 22 de abril de 1918: *SPR*, pp. 46 e 55-6; N. A. Mundel (depoimento de inquérito), 6 de agosto de 1919: DAMD, AHI, caixa 1, pasta 8, p. 1.048.
10. N. A. Romanov (diário), 9 de abril de 1918 (CA): *DINII*, vol. 2, 2ª parte, p. 418.
11. N. A. Romanov (diário), 10 de abril de 1918 (CA): ibid., p. 419.
12. O relatório de inspeção de 23 de abril de 1918 foi transcrito em *PIGTS*, pp. 42-3; N. A. Romanov (diário), 10 de abril de 1918 (CA): *DINII*, vol. 2, 2ª parte, p. 419.
13. Relatório de inspeção de 23 de abril de 1918: *PIGTS*, p. 43.
14. A. A. Volkov (depoimento de inquérito), 20–23 de agosto de 1919: DAMD, AHI, caixa 1, pasta 9, p. 1.107.
15. Padre Nicolau (S. Gibbes), "Ten Years with the Russian Imperial Family" (texto datilografado): ASG, AEBBUO, caixa 1, p. 8.
16. N. A. Bundel (depoimento de inquérito), 6 de agosto de 1919: DAMD, AHI, caixa 1, pasta 8, p. 1.048; Ye. S. Kobylinsky (depoimento de inquérito), 6–10 de abril de 1919: ibid., AHI, caixa 1, pasta 8, p. 739.
17. Padre Nicolau (S. Gibbes), memórias sem título (texto datilografado): ASG, AEBBUO, caixa 1, p. 15.
18. V. V. Yakovlev: minutas da reunião em Ufá do 1º e do 2º *druzhiny* [destacamentos] do Exército Vermelho em 3 de maio de 1918, transcritas em *VZR*, p. 147; A. G. Beloborodov, "Iz vospminanii", datado de fevereiro de 1922; *VZR*, p. 205.
19. Ibid., p. 204.
20. Ibid., p. 205.

NOTAS 411

21. V. V. Yakovlev: minutas da reunião em Ufá do 1º e do 2º *druzhiny* [destacamentos] do Exército Vermelho em 3 de maio de 1918, transcritas em *VZR*, p. 147.
22. Ya. M. Yurovskii, "Poslednii tsar' nashël svoë mesto': RGASPI, fichário 3, op. 58, d. 280, in DAV, AHI, caixa 15, pp. 5-6.

## 27: A Ordem de Transferência

1. Ye. S. Kobylinsky (depoimento de inquérito), 6-10 de abril de 1919: DAMD, AHI, caixa 1, pasta 8, pp. 742-3.
2. Ibid., p. 743.
3. Ibid.
4. P. A. (sic) Gilliard (depoimento de inquérito), 27 de agosto de 1919: ibid., caixa 1, pasta 9, pp. 1.125-7.
5. Ibid., p. 1.127.
6. Ye. S. Kobylinsky (depoimento de inquérito), 6-10 de abril de 1919: ibid., caixa 1, pasta 8, p. 744; S. Buxhoeveden (diário), 7 de março de 1918 (CA): ibid., caixa 1, pasta 7, p. 445.
7. A. A. Volkov (depoimento de inquérito), 20-23 de agosto de 1919: ibid., caixa 1, pasta 9, p. 1.109.
8. Ibid.
1. P. A. (sic) Gilliard (depoimento de inquérito), 27 de agosto de 1919: ibid., caixa 1, pasta 9, p. 1.126.
9. M. G. Tutelberg (depoimento de inquérito), 1919: ibid., caixa 1, pasta 8, p. 978.
10. Entrevista com V. V. Yakovlev: *Izvestiya* de 16 de maio de 1918.
11. Ye. S. Kobylinsky (depoimento de inquérito), 6-10 de abril de 1919: DAMD, AHI, caixa 1, pasta 8, p. 744.
12. Ibid.
13. I. A. Teodorovich e V. V. Yakovlev (conversa pelo telégrafo de Hughes), s/d: *SPR*, pp. 143-4.
14. N. A. Mundel (depoimento de inquérito), 6 de agosto de 1919: DAMD, AHI, caixa 1, pasta 8, p. 1.049.
15. Ye. S. Kobylinsky (depoimento de inquérito), 6-10 de abril de 1919: ibid., caixa 1, pasta 8, pp. 745-6.
16. V. V. Yakovlev: minutas da reunião em Ufá do 1º e do 2º *druzhiny* [destacamentos] do Exército Vermelho em 3 de maio de 1918, transcritas em *VZR*, p. 147.
17. D. M. Chudinov, "Kak my pervozili byvshuyu tsarskuyu sem'yu': *VZR*, p. 210.
18. Ibid.

412    O ÚLTIMO TSAR

19. F. N. Goshkov (depoimento de inquérito), 31 de julho de 1918: DAMD, AHI, caixa 1, pasta 6, p. 8.
20. M. G. Tutelberg (depoimento de inquérito), 23–27 de junho de 1919: ibid., caixa 1, pasta 8, p. 979.
21. Padre Nicolau (S. Gibbes), "Ten Years with the Russian Imperial Family" (texto datilografado): ASG, AEBBUO, caixa 1, p. 9.
22. Ibid., pp. 9–10.
23. Ye. S. Kobylinsky (depoimento de inquérito), 6–10 de abril de 1919: DAMD, AHI, caixa 1, pasta 8, p. 746.
24. S. I. Ivanov (depoimento de inquérito), 19 de julho de 1919: ibid., caixa 1, pasta 8, p. 950; A. A. Volkov (depoimento de inquérito), 20–23 de agosto de 1919: ibid., caixa 1, pasta 9, p. 110.
25. S. I. Ivanov (depoimento de inquérito), 19 de julho de 1919: ibid., caixa 1, pasta 8, p. 950; A. A. Volkov (depoimento de inquérito), 20–23 de agosto de 1919: ibid., caixa 1, pasta 9, p. 110.


## 28: Rumo ao Sul, para Tiumen

1. D. M. Chudinov. "Kak my pervozili byvshuyu tsarskuyu sem'yu': *VZR*, pp. 210–11.
2. Padre Nicolau (S. Gibbes), "Ten Years with the Russian Imperial Family" (texto datilografado): ASG, AEBBUO, caixa 1, pp. 9–10.
3. D. M. Chudinov, "Kak my pervozili byvshuyu tsarskuyu sem'yu": *VZR*, p. 211.
4. N. A. Mundel (depoimento de inquérito), relatando o que ele soube por intermédio do acompanhante ao retornar, 6 de agosto de 1919: DAMD, AHI, caixa 1, pasta 8, p. 1.050.
5. N. A. Romanov (diário), 13 de abril de 1918 (CA): *DINII*, vol. 2, 2ª parte, p. 419; *The Last Diary of Tsaritsa Alexandra*, 26 de abril de 1918, p. 109.
6. Ye. S. Kobylinksii (depoimento de inquérito), 6–10 de abril de 1919: DAMD, AHI, caixa 1, pasta 8, p. 749.
7. Veja Bykov, *Poslednie dni Romanovykh*, p. 96.
8. V. V. Yakovlev a F. I. Goloshchëkin em 27 de abril de 1918: *SPR*, pp. 144–6.
9. N. A. Romanov (diário), 14 de abril de 1918 (CA): *DINII*, vol. 2, 2ª parte, pp. 419–20.
10. V. V. Yakovlev a Ya. M. Sverdlov em 27 de abril de 1918, comunicado transcrito em *SPR*, p. 58; V. V. Yakovlev a F. I. Goloshchëkin em 27 de abril de 1918, transcrito ibid., p. 60.

NOTAS 413

11. N. A. Romanov (diário), 14 de abril de 1918 (CA): *DINII*, vol. 2, 2ª parte, pp. 419-20.
12. Entrevista com V. V. Yakovlev: *Izvestiya* de 16 de maio de 1918.
13. D. M. Chudinov, "Kak my perevozili byvshuyu tsarskuyu sem'yu': *VZR*, p. 212.
14. Ibid., p. 211.
15. Ibid., p. 212.
16. N. A. Romanov (diário), 14 de abril de 1918 (CA): *DINII*, vol. 2, 2ª parte, p. 420; Ye. S. Kobylinsky (depoimento de inquérito), 6-10 de abril de 1919: DAMD, AHI, caixa 1, pasta 8, p. 747; D. M. Chudinov, "Kak my perevozili byvshuyu tsarskuyu sem'yu": *VZR*, p. 212.
17. V. V. Yakovlev: minutas de reunião em Ufá do 1º e do 2º *druzhiny* [destacamentos] do Exército Vermelho em 3 de maio de 1918, transcritas em *VZR*, pp. 147-8; A. I. Nevolin (depoimento escrito), 3 de maio de 1918: *SPR*, pp. 156-7.
18. V. V. Yakovlev: minutas de reunião em Ufá do 1º e do 2º *druzhiny* [destacamentos] do Exército Vermelho em 3 de maio de 1918, transcritas em *VZR*, pp. 147-8; A. I. Nevolin (depoimento escrito), 3 de maio de 1918: *SPR*, pp. 156-7.
19. N. A. Romanov (diário), 14 de abril de 1918 (CA): *DINII*, vol. 2, 2ª parte, p. 420; Ye. S. Kobylinsky (depoimento de inquérito), 6-10 de abril de 1919: DAMD, AHI, caixa 1, pasta 8, p. 747.
20. M. G. Tutelberg (depoimento de inquérito), 1919: ibid., caixa 1, pasta 8, p. 978.
21. N. A. Romanov (diário), 14 de abril de 1918 (CA): *DINII*, vol. 2, 2ª parte, p. 420; entrevista com V. V. Yakovlev: *Izvestiya* de 16 de maio de 1918.
22. Markov, *Pokinutaya tsarskaya sem'ya*, p. 295.
23. Ibid.
24. Ibid.
25. N. A. Romanov (diário), 14 de abril de 1918 (CA): *DINII*, vol. 2, 2ª parte, p. 420; *The Last Diary of Tsaritsa Alexandra*, 14 de abril de 1918 (CA), p. 112.
26. Markov, *Pokinutaya tsarskaya sem'ya*, pp. 273, 280 e 297.
27. Ibid., p. 295.
28. N. A. Romanov (diário), 14 de abril de 1918 (CA): *DINII*, vol. 2, 2ª parte, p. 420.
29. Veja Bykov, *Poslednie dni Romanovykh*, p. 97.
30. Ibid.
31. Ya. M. Yurovskii, "Poslednii tsar' nashël svoë mesto": RGASPI, fichário 3, op. 58, d. 280, in DAV, AHI, caixa 15, p. 6.
32. V. V. Yakovlev a Ya. M. Sverdlov em 27 de abril de 1918, transcrito em *SPR*, pp. 58-9.
33. V. V. Yakovlev a Ya. M. Sverdlov (conversa pelo telégrafo de Hughes) em 27 de abril de 1918, transcrita em ibid., p. 59.

414  O ÚLTIMO TSAR

34. V. V. Yakvolev a F. I. Goloshchëkin em 27 de abril de 1918, transcrito em ibid., p. 60.
35. Ya. M. Yurovskii, "Poslednii tsar' nashël svoë mesto", RGASPI, fichário 3, op. 58, d. 280, in DAV, AHI, caixa 15, p. 6.

## 29: Destino a ser Confirmado

1. Bykov, *Poslednie dni Romanovkh*, 97.
2. Snodgrass, *Bureau of Foreign and Domestic Commerce*, p. 43.
3. V. V. Yakovlev: minutas de reunião em Ufá do 1º e do 2º *druzhiny* [destacamentos] do Exército Vermelho de 3 de maio de 1918, transcritas em *VZR*, p. 148. A. G. Beloborodov, 'Iz vospominanii', datado de fevereiro de 1922: *VZR*, p. 206.
4. Ya. M. Yurovskii, "Poslednii tsar' nashël svoë mesto": RGASPI, fichário 3, op. 58, d. 280, in DAV, AHI, caixa 15, p. 6.
5. Ibid., pp. 6–7.
6. Ibid., 7.
7. A. G. Beloborodov e G. I. Safarov a V. I. Lenin e Ya. M. Sverdlov, 28 de abril de 1918: *SPR*, pp. 147–8.
8. A. G. Beloborodov, telegrama a Omsk e outros lugares em 28 de abril de 1918, transcrito em *SPR*, pp. 148–8; A. G. Beloborodov, "Iz vospominanii", datado de fevereiro de 1922; *VZR*, p. 206.
9. Bykov, "Poslednie dni psolednego tsarya", p. 11.
10. Ibid.
11. Ye. S. Kobylinsky (depoimento de inquérito), 6–10 de abril de 1919: DAMD, AHI, caixa 1, pasta 8, p. 747.
12. Entrevista com V. V. Yakovlev: *Izvestiya*, 16 de maio de 1918.
13. N. A. Romanov (diário), 14–15 de abril de 1918 (CA): *DINII*, vol. 2, 2ª parte, p. 420.
14. Byjov, *Poslednie dni Romanovykh*, pp. 98–9; S. Gibbes a Sir Charles Elliot (nota), s/d, mas talvez um anexo à carta de 15 abril 1919: ASG, AEBBUO, caixa 2.
15. A. G. Beloborodov, "Iz vospominanii", datado de fevereiro de 1922: *VZR*, p. 206; G. I. Safarov e V. M. Kosarev (telégrafo de Hughes), 29 de abril de 1918, transcrito em *SPR*, pp. 64–6.
16. V. V. Yakovlev: minutas de reunião em Ufá do 1º e do 2º *druzhiny* [destacamentos] do Exército Vermelho em 3 de maio de 1918, transcritas em *VZR*, p. 148; Bykov, *Polsednie dni Romanovykh*, pp. 98–9; Ya. M. Yurovskii, "Poslednii tsar' nashël svoë mesto": RGASPI, fichário 3, op. 58, d. 280, in DAV, AHI, caixa 15, p. 7.

NOTAS 415

17. Ya. M. Sverdlov a V. V. Yakovlev em 28 de abril de 1918: *SPR*, p. 149.
18. V. V. Yakovlev: minutas de reunião em Ufá do 1º e do 2º *druzhiny* [destacamentos] do Esército Vermelho em 3 de maio de 1918, transcritas em *VZR*, p. 148.
19. Ya. M. Sverdlov aos dirigentes do Soviete Regional dos Urais em 29 de abril de 1918, transcrito em *SPR*, p. 63.
20. Soviete Regional dos Urais a Ya. M. Sverdlov (telegrama) em 29 de abril de 1918, transcrito em *VZR*, p. 139.
21. L. A. Lykova (ed.), *Sledstvie po delu ob ubiistve Rossiiskoi imperatorkoi sem'i* (Moscou: Rosspen, 2007), pp. 269–70.
22. A. G. Beloborodov a V. M. Kosarev, 29 de abril, transcrito em *SPR*, p. 65.
23. A. G. Beloborodov a S. S. Zaslavski, 29 de abril, transcrito ibid., pp. 67–8.
24. Ya. M. Sverdlov a V. V. Yakovelev em 28 de abril de 1918, transcrito em ibid., p. 64.
25. Ibid.
26. Ibid.
27. G. I. Safarov e V. M. Kosarev (conversa pelo telégrafo de Hughes) em 29 de abril de 1918, transcrita ibid., pp. 64–5.
28. V. M. Kosarev (ordem por telegrama), 29 de abril de 1918, transcrita em *VZR*, p. 148.
29. V. V. Yakovlev a Ya. M. Sverdlov em 29 de abril de 1918: *SPR*, p. 152.
30. Veja Bykov, *Poslednie dni Romanovykh*, p. 100.
31. Ibid., pp. 100–1.
32. N. A. Romanov (diário), 16 de abril de 1918 (CA): *DINII*, vol. 2, 2ª parte, p. 420.
33. N. A. Romanov (diário), 17 de abril de 1918 (CA): ibid.
34. Entrevista com V. V. Yakovlev: *Izvestiya* de 16 de maio de 1918.

## 30: Para a Casa dos Ipatiev

1. A. G. Beloborodov, "Iz vospominanii", datada de fevereiro de 1922; *VZR*, p. 206; veja também *PIGTS*, p. 71.
2. Relatório sobre o local de N. A. Sokolov, 15–25 de abril de 1919: DAMD, AHI, caixa 1, pasta 9, p. 1.381.
3. Preston, *Before the Curtain*, p. 99.
4. Bykov, "Poslednie dni poslednego tsarya", p. 14.
5. N. N. Ipatev (entrevista de I. A. Sergeev), 30 de novembro de 1918: Lykova (ed.), *Slevstvie po delu ob ubiistve Rossiiskoi imperatorskoi sem'i*, pp. 145–6.

6. A. G. Beloborodov, rascunho de memórias, transcrito em *DINII*, vol. 2, 2ª parte, pp. 450-1; N. N. Ipatev (entrevista de I. A. Sergeev), 30 de novembro de 1918: Lykova (ed.), *Sledstvie po delu ob ubiistve Rossiiskoi imperatorskoi sem'i*, p. 146. Veja também *PIGTS*, p. 71.

7. Bykov, "Poslednie dni poslednego tsarya"; Bykov, *"Poslednie dni Romanovykh*, p. 102.

8. A. G. Beloborodov, rascunho de memórias, transcrito em *DINII*, vol. 2, 2ª parte, pp. 450-1; veja também *PIGTS*, p. 71.

9. R. L. Jefferson, *Roughing It In Siberia, With Some Account of the Trans-Siberian Railway, and the Gold-Mining Industrial of Asiatic Russia* (Londres: Sampson, Low, Marston and Co., 1897), p. 5.

10. N. A. Romanov (diário), 17 de abril de 1918 (CA): *DINII*, vol. 2, 2ª parte, p. 420; Bykov, "Poslednie dni poslednego tsarya", p. 12; Bykov, *Poslednie dni Romanovykh*, p. 101.

11. V. Yakovlev, "Poslednii reis Romanovykh", *Ural* nº 8 (1988): *DINII*, vol. 2, 2ª parte, pp. 446-7.

12. N. A. Romanov (diário), 17 de abril de 1918 (CA): ibid., p. 420; Bykov, "Poslednie dni posledenego tsarya", p. 12; Bykov, *Poslednie dni Romanovykh*, p. 101; V. Yakovlev, "Posledenii reis Romanovykh", *Ural* nº 8 (1988): *DINII*, vol. 2, 2ª parte, p. 447; A. G. Beloborodov, "Iz vospominanii", datado de fevereiro de 1922: *VZR*, p. 207.

13. N. A. Romanov (diário), 17 de abril de 1918 (CA): *DINII*, vol. 2, 2ª parte, p. 420; Bykov, "Poslednie dni poslednego tsarya", p. 12; Bykov, *Poslednie dni Romanovykh*, p. 101; V. Yakovlev, "Poslednie reis Romanovykh", *Ural* nº 8 (1988): *DINII*, vol. 2, 2ª parte, p. 447.

14. N. A. Romanov (diário), 17 de abril de 1918 (CA): *DINII*, vol. 2, 2ª parte, p. 420; Bykov, "Poslednie dni poslednego tsarya", p. 12; Bykov, *Poslednie dni Romanovykh*, p. 101; V. Yakovlev, "Poslednii reis Romanovykh", *Ural*, nº 8 (1988): *DINII*, vol. 2, 2ª parte, p. 447.

15. A. G. Beloborodov, rascunho de memórias, transcrito em *DINII*, vol. 2, 2ª parte, p. 447.

16. A. G. Beloborodov e B. Z. Didkovski, 30 de abril de 1918: DAMP, AHI, caixa 1, pasta 9, pp. 1.397-8. Veja fotografia em N. Sokoloff, *Enquête judiciare sur l'assassinat de la famille impériale russe, avec les preuves, les interrogatoires et les dépositions des témoins et des accusés* (Paris: Payot, 1924), p. 16.

17. A. G. Beloborodov, "Iz vospominanii", datado de fevereiro de 1922: *VZR*, p. 207; Bykov, "Poslednie dni poslednego tsarya", p. 12.

18. P. T. Samokhvalov, 20-21 de novembro de 1919 (depoimento de inquérito): *GTSMS*, p. 494.

NOTAS 417

19. P. A. (sic) Gilliard (depoimento de inquérito) (que apresentou um relato sobre o que Nabokov e Matveiev lhe contaram), 5–6 de março de 1919 (CA): DAMD, AHI, caixa 1, pasta 8, p. 465. De acordo com seu livro, os soldados ficaram presos dois dias apenas: Gilliard, *Le tragique destin de Nicolas II et de sa famille*, p. 223.

20. Ye. S. Kobylinsky (depoimento de inquérito), 6–10 de abril de 1919: ibid., caixa 1, pasta 8, p. 748.

21. N. A. Mundel (depoimento de inquérito), 6 de agosto de 1919: ibid., caixa 1, pasta 8, p. 1.050; Ye. S. Kobylinsky (depoimento de inquérito), 6–10 de abril de 1919: ibid., caixa 1, pasta 8, p. 748.

22. Bykov, "Poslednie dni poslednego tsarya", p. 13; Bykov, *Poslednie dni Romanovykh*, p. 103.

23. Decreto do Presidium do Soviete Regional dos Urais, 30 de abril de 1918, transcrito em *SPR*, p. 69.

24. A. G. Beloborodov a V. I. Lenin e Ya. M. Sverdlov em 30 de abril de 1918, transcrito ibid., pp. 70–1.

25. Notas de V. V. Yakovlev, citadas em *VZR*, p. 25.

26. Bykov, *Poslednie dni Romanovykh*, p. 104; Bykov, "Poslednie dni poslednego tsarya", p. 13.

27. V. V. Yakovlev: minutas de reunião em Ufá do 1º e do 2º *druzhiny* do Exército Vermelho em 3 de maio de 1918, transcritas em *VZR*, pp. 147–9.

28. N. A. Mundel (depoimento de inquérito), 6 de agosto de 1919: DAMD, AHI, caixa 1, pasta 8, p. 1.050; Ye. S. Kobylinsky (depoimento de inquérito), 6–10 de abril de 1919; ibid., caixa 1, pasta 8, p. 748.

## 31: Os Urais e seus Bolcheviques

1. Bykov, "Poslednie dni poslednego tsarya", p. 96.

2. G. Kennan, *Siberia and the Exile System*, vol. 2 (Nova York: The Century Co., 1891), p. 420.

3. Snodgrass, *Bureau of Foreign and Domestic Commerce*, pp. 123–4 e 139.

4. P. M. Bykov, "Yekterinburgskii Sovet", em N. I. Nikolaev (ed.), *Rabochaya revolyutsiya na Urale: epizody i fakty* (Ecaterimbugro: Gosizdat, Ural'skoe Oblastone Upravlenie, 1921), p. 93.

5. Ibid., pp. 94–5.

6. Ibid.

7. Ibid., p. 98.

8. Ibid.
9. Ibid., pp. 97-9.
10. I. I. Radzinskii, livro de memórias gravado em áudio (1963): RGASPI, fichário 588, op. 3, d. 14, in DAVP, caixa 15, pp. 10-11.
11. L. A. Krol, "Polozhenie na gornozavodskom Urale v kontsa 1917 — pervoi polovine 1918", transcrito em M. Bernshtam (ed.), *Ural i Prikam'e, noyabr' 1918 — yanvar' 1919: dokumenty i materialy* (Paris: YMCA-Press, 1982), p. 50.
12. J. Harris, *The Great Urals: Regionalism and the Evolution of the Soviet System* (Ihaca, NY: Cornell University Press, 1999), p. 22.
13. "Dioneo" (V. I. Shklovsky), *Russia under the Bolsheviks* (Londres: Russian Liberation Committee, 1919), pp. 8-12.
14. Veja V. V. Dublënnykh, *Belaya armiya na Urale: istoicheskie spravki chastei i soedinenii* (Ecaterimburgo: Izd. Ural'skogo Universita, 2008), p. 313; Yu. Zhuk, *Voprositel'nye znaki v 'tsarkom dele'* (São Petersburgo: BkhV-Peterburg, 2013), p. 133.
15. I. I. Serebrennikov, "Moi vstrechi s atamanom A. I. Dutov": Documentos de Ivan I. Serebrennikov, AHI, caixa 11, pasta 1, p. 1.
16. Bykov, "Yekaterinburgskii Sovet", p. 100.
17. Harris, *The Great Urals*, p. 22.
18. Ibid.
19. Ibid.
20. Bykov, "Yekaterinburgskii Sovet", p. 97.
21. F. I. Goloshchëkin, relatório apresentado na Conferência Regional do Partido, *Ural'skii rabochii* de 5 de janeiro de 1918.
22. *Ural'skii rabochii* de 26 de janeiro de 1918.
23. Ibid., 11 de abril de 1918.
24. M. A. Medvedev, "Predystoriya tsarskoi sem'i Romanovykh v 1918 godu": RGASPI, pasta 558, op. 3s, d. 12, in DAV, caixa 15, p. 2.
25. N. A. Sakovich (depoimento de inquérito), 24 de agosto de 1918: DAMD, AHI, caixa 1, pasta 6, pp. 19-20.
26. Ibid., p. 20.
27. A. S. Kotousova (depoimento de inquérito), 18 de novembro de 1918: ibid., caixa 1, pasta 6., p. 99.
28. Ye. T. Lobanova (depoimento de inquérito), 1º de agosto de 1918: ibid., caixa 1, pasta 6, p. 12.

NOTAS                                                                              419

## 32: Enquanto Isso, em Tobolsk

1. Bykov, "Poslednie dni poslednego tsarya", p. 13.
2. F. N. Goshkov (depoimento de inquérito), 31 de julho de 1918: DAMD, AHI, caixa 1, pasta 6, p. 10.
3. P. A. (sic) Gilliard (depoimento de inquérito), 5–6 de março de 1919 (CA): ibid., caixa 1, pasta 7, p. 464; Ye. S. Kobylinsky (depoimento de inquérito), 6–10 de abril de 1919: ibid., caixa 1, pasta 8, p. 747.
4. Ibid., p. 749; S. Buxhoeveden (diário), 3–4 de maio de 1918 (CA): ibid., caixa 1, pasta 7, p. 446.
5. S. Buxhoeveden (diário), 15 de abril de 1918 (CA): ibid., p. 445.
6. Ye. S. Kobylinsky (depoimento de inquérito), 6–10 de abril de 1919: DAMD, AHI, caixa 1, pasta 8, p. 749/ A. A. Volkov (depoimento de inquérito), 20–23 de agosto de 1919: ibid., caixa 1, pasta 9, p. 1.111; A. G. Beloborodov a P. D. Khokhryakov em 6 de maio de 1918: *SPR*, p. 202.
7. S. Buxhoeveden (diário), 3–4 de maio de 1918 (CA): DAMD, AHI, caixa 1, pasta 7, p. 446.
8. Ye. S. Kobylinsky (depoimento de inquérito), 6–10 de abril de 1919: ibid., caixa 1, pasta 8, p. 749; A. A. Volkov (depoimento de inquérito), 20–23 de agosto de 1919: ibid., caixa 1, pasta 9, p. 1.111; A. G. Beloborodov a P. D. Khokryakov em 6 de maio de 1918: *SPR*, p. 202.
9. Markov, *Pokinutaya tsarskaya sem'ya*, p. 298.
10. A. G. Beloborodov a P. D. Khokryakov em 6 de maio de 1918: *SPR*, p. 202.
11. P. A. (sic) Gilliard (depoimento de inquérito), 5–6 de março de 1919 (CA): DAMD, AHI, caixa 1, pasta 7, p. 465; Gilliard, *Le tragique destin de Nicolas II et de sa famille*, p. 223.
12. P. A. (sic) Gilliard (depoimento de inquérito), 27 de agosto de 1919; DAMD, AHI, caixa 1, pasta 9, pp. 1.127–8.
13. Gilliard, *Le tragique destin de Nicolas II et de sa famille*, p. 223; Ye. S. Kobylinsky (depoimento de inquérito), 6–10 de abril de 1919: DAMD, AHI, caixa 1, pasta 8, pp. 750–1 e 762.
14. Gilliard, *Le tragique destin de Nicolas II et de sa famille*, p. 223.
15. Volkov, *Okolo tsarskoi sem'i*, p. 62.
16. Ye. S. Kobylinsky (depoimento de inquérito), 6–10 de abril de 1919: DAMD, AHI, caixa 1, pasta 8, p. 750.
17. P. A. (sic) Gilliard (depoimento de inquérito), 5–6 de março de 1919 (CA): ibid., caixa 1, pasta 7, pp. 464–5.
18. Cardápio de 29 de abril de 1918: ASG, AEBBUO, caixa 1.

## 420       O ÚLTIMO TSAR

19. S. Buxhoeveden (diário), 3–4 de maio de 1918 (CA): DAMD, AHI, caixa 1, pasta 7, p. 446.
20. Gilliard, *Le tragique destin de Nicolas II et de sa famile*, p. 224.
21. P. A. (sic) Gilliard (depoimento de inquérito), 5–6 de março de 1919 (CA): DAMD, AHI, caixa 1, pasta 7, p. 466.
22. Ye. S. Kobylinsky (depoimento de inquérito), 6–10 de abril de 1919 (CA): ibid., caixa 1, pasta 8, p. 750.
23. P. A. (sic) Gilliard (depoimento de inquérito), 5–6 de março de 1919 (CA): ibid., caixa 1, pasta 7, p. 466.
24. M. G. Solovëva (Rasputina) (diário), 22 de maio de 1918: *SPR*, p. 206.
25. M. G. Tutelberg (depoimento de inquérito), 1919: DAMD, AHI, caixa 1, pasta 8, p. 979.
26. P. A. (sic) Gilliard (depoimento de inquérito), 5–6 de março de 1919 (CA): ibid., caixa 1, pasta 7, p. 466. De acordo com F. N. Goshkov, o trem chegou a Ecaterimburgo em 22 de maio de 1918: F. N. Goshkov (depoimento de inquérito), 31 de julho de 1919: ibid., caixa 1, pasta 6, p. 10.
27. P. A. (sic) Gilliard (depoimento de inquérito), 5–6 de março de 1919 (CA): ibid., caixa 1, pasta 7, p. 466.
28. Ibid., pp. 466–7.
29. Livro de serviço da guarda da casa dos Ipatiev, 22 de maio de 1918, transcrito em *SPR*, p. 88.

### 33: Tolerando Ecaterimburgo

1. M. N. Romanova a Tobolsk em 1º de maio de 1918: *SPR*, p. 199.
2. Bykov, "Poslednie dni poslednego tsarya", p. 17.
3. Bykov, "Yekaterinburgskii Sovet", p. 101.
4. F. N. Gorshkov (depoimento de inquérito), 31 de julho de 1918: DAMD, AHI, caixa 1, pasta 6, p. 8; Bykov, "Poslednie dni poslednego tsarya", p. 14.
5. F. N. Gorshkov (depoimento de inquérito), 31 de julho de 1918: DAMD, AHI, caixa 1, pasta 6, p. 10.
6. Ya. M. Sverdlov a A. G. Beloborodov em 3 de maio de 1918, *SPR*, p. 201.
7. A. G. Beloborodov a Ya. M. Sverdlov em 3 de maio de 1918: ibid., pp. 201–2.
8. F. P. Prosjuryakov (depoimento de inquérito), 1–3 de abril de 1919: DAMD, AHI, caixa 1, pasta 7, p. 644.
9. Isso, evidentemente, chocou um pouco até mesmo os bolcheviques de Ecaterimburgo.

## NOTAS

10. I. D. Sednëv e K. G. Nagorny a A. G. Beloborodov em 28 de maio de 1918: DAMP, AHI, caixa 1, pasta 9, pp. 1.337-8.

11. P. A. (sic) Gilliard (depoimento de inquérito), 5-6 de março de 1919 (CA): ibid., caixa 1, pasta 7, p. 467.

12. G. N. Kotechev (depoimento de inquérito): ibid., caixa 1, pasta 6, p. 51.

13. M. D. Medvedeva (depoimento de inquérito), 9-10 de novembro de 1918: ibid., caixa 1, pasta 6, p. 57; A. A. Yakimov (depoimento de inquérito), 2 de abril de 1919: ibid., caixa 1, pasta 8, pp. 803-4; A. G. Beloborodov, "Iz vosominanii", datada de fevereiro de 1922; *VZR*, p. 208.

14. G. M. Suetin (depoimento de inquérito, s/d): DAMP, AHI, caixa 1, pasta 6, p. 52.

15. F. P. Proskuryakov (depoimento de inquérito), 1-3 de abril de 1919: ibid., caixa 1, pasta 7, p. 640.

16. M. I. Letemin (depoimento de inquérito), 7 de agosto de 1918: ibid., caixa 1, pasta 6, p. 28.

17. F. P. Proskuryakov (depoimento de inquérito), 1-3 de abril de 1919: ibid., caixa 1, pasta 7, p. 639.

18. Ibid., p. 641.

19. I. V. Storojev (depoimento de inquérito), 8-10 de outubro de 1918: DAMD, AHI, caixa 1, pasta 6, pp. 71-2.

20. Ibid., pp. 72-4.

21. Ibid., pp. 74-7.

22. F. P. Proskuryakov (depoimento de inquérito), 1-3 de abril de 1919: DAMP, AHI, caixa 1, pasta 7, p. 643.

23. M. L. Krokhaleva (depoimento de inquérito), 9 de julho de 1919: ibid., caixa 1, pasta 8, p. 909; P. Ya. Shamarin (procurador) apresentando relato do depoimento de P. Medvedev, 3-5 de outubro de 1919: ibid., caixa 1, pasta 9, p. 1.353.

24. Ya. M. Yurovskii, "Poslednii tsar' nashël svoë mesto": RGASPI, fichário 3, op. 58, d. 280, in DAV, AHI, caixa 15, p. 9.

25. F. N. Gorshkov (depoimento de inquérito), 31 de julho de 1918: DAMD, AHI, caixa 1, pasta 6, p. 8.

26. P. A. (sic) Gilliard (depoimento de inquérito), 5-6 de março de 1919 (CA): ibid., caixa 1, pasta 7, p. 468.

27. F. P. Proskuryakov (depoimento de inquérito), 1-3 de abril de 1919: ibid., caixa 1, pasta 7, p. 644.

28. N. A. Romanov (diário), 1º de março de 1918 (CA): *DINII*, vol. 2, 2ª parte, p. 424.

29. *The Last Diary of Tsaritsa Alexandra*, 31 de maio e 3 de junho de 1918, pp. 152 e 155.

30. Ibid., 21 de junho de 1918, p. 173.

# O ÚLTIMO TSAR

31. P. Ya. Shamarin (procurador) apresentando relato do depoimento de P. Medvedev, 3–5 de outubro de 1919: DAMD, AHI, caixa 1, pasta 9, p. 1.354.

32. G. M. Suetin (depoimento de inquérito, s/d): ibid., caixa 1, pasta 6, p. 52.

33. P. Ya. Shamarin (procurador) apresentando relato do depoimento de P. S. Medvedev, 3–5 de outubro de 1919: ibid., caixa 1, pasta 9, p. 1.364.

34. Ya. M. Yurovskii, "Poslednii tsar' nashël svoë mesto": RGASPI, fichário 3, op. 58, d. 280, in DAV, AHI, caixa 15, p. 11.

35. F. P. Proskuryakov (depoimento de inquérito), 1–3 de abril de 1919: DAMD, AHI, caixa 1, pasta 7, p. 643.

36. N. A. Romanov (diário), 24 e 25 de maio de 1918 (CA): *DINII*, vol. 2, 2ª parte, p. 429.

37. Depoimento de K. L. Sobolev em 30 de agosto de 1919 (CA): DAMD, AHI, caixa 1, pasta 9, p. 1.131.

38. I. I. Radzinskii, livro de memórias em áudio (1963): RGASPI, fichário 588, op. 3, d. 14, in DAV, caixa 15, p. 10.

39. Preston, *Before the Curtain*, p. 98.

40. *Poslednie dni poslednego tsarya: inochtozhenie dinastii Romanovykh*, p. 9; M. A. Medvedev, "Predystoriya rastela tsarskoi sem'i Romanovykh v 1918 godu": RGASPI, fichário 588, op. 3, d. 12, DAV, caixa 15, p. 7.

41. Bykov, "Poslednie dni poslednego tsarya", pp. 16–17.

42. I. I. Radzinskii, livro de memórias em áudio (1963): RGASPI, fichário 588, op. 3, d. 14, in DAV, caixa 15, p. 28.

43. A. D. Avdeev, "Nicolai Romanov v Tobol'ske I Yekaterinburge. Iz vospominanii komendanta", *Krasnaya nov'* nº 5 (1928), pp. 185–209.

44. I. I. Radzinskii, livro de memórias em áudio (1963): RGASPI, fichário 588, op. 3, d. 14, in DAV, caixa 15, pp. 23–5.

45. Primeira carta de um "oficial" à família Romanov, enviada não antes de 20 de junho de 1918: *SPR*, p. 210.

46. Cartas entre um "oficial" e a família Romanov, troca de correspondência não terminada antes de 4 de julho de 1918: ibid., pp. 212–14.

47. N. A. Romanov (diário), 19 de abril de 1918 (CA): *DINII*, vol. 2, 2ª parte, p. 412; livro de serviço da guarda da casa dos Ipatiev, 7 de junho de 1918, transcrito em *SPR*, p. 89.

48. N. A. Romanov (diário), 28 de maio de 1918 (CA): *DINII*, vol. 2, 2ª parte, p. 429.

49. Livro de serviço da guarda da casa dos Ipatiev, 9 de julho de 1918, transcrito em *SPR*, p. 91.

NOTAS                                                                      423

## 34: Uma Noção da Vida Real

1. N. A. Romanov (diário), 28 de maio de 1918 (CA): *DINII*, vol. 2, 2ª parte, p. 429.
2. *The Last Diary of Tsaritsa Alexandra*, 24 de abril de 1918 (CA): p. 128.
3. M. Maeterlinck, *Wisdom and Destiny* (George Allen: Londres, 1898), p. 53.
4. Ibid., p. 55.
5. Ibid., p. 58.
6. Ibid., p. 63.
7. Ibid., p. 64.
8. Ibid., p. 71.
9. N. A. Romanov (diário), 30 de abril de 1918 (CA): *DINII*, vol. 2, 2ª parte, p. 424.
10. Para informações sobre o desprezo de Nicolau pela classe dos comerciantes, veja Wortman, *Scenarios of Power*, pp. 387-8.
11. Veja L. McReynolds, *The News Under Russia's Old Regime: The Development of a Mass-Circulation Press* (Princeton, Nova Jersey: Princeton University Press, 1991), pp. 68-70.
12. Ibid., p. 195.
13. N. A. Romanov (diário), 13 e 18 de maio de 1918 (CA): *DINII*, vol. 2, 2ª parte, pp. 427-8.
14. Ibid., 8 de maio de 1918 (CA): p. 426.


## 35: A Guerra Civil

1. *Tobol'skie eparkhal'nye vedomosti* n[os] 29-31, 10/23 de dezembro – 1/14 de dezembro de 1918, p. 261.
2. "Ocherednye zadachi sovestkoi vlasti", *Pravda*, de 28 de abril de 1918.
3. Cálculo de M. Bernshtam em seu *Ural i Prikam'e noyabr' 1918 — yanvar' 1919*, p. 55.
4. M. A. Medvedev, "Predystoriya rasstrela tsarskoi sem'i Romanovykh v 1918 goud": RGASPI, pasta 558, op. 3s, d. 12, in DAV, caixa 15, p. 2.
5. Bykov, "Yekaterinburgskii Sovet", pp. 106-7.
6. P. V. Kukhttenkov (depoimento de inquérito), 13 de novembro de 1918: DAMD, AHI, caixa 1, pasta 6, p. 60.
7. *Ural'skii rabochii* de 28 de abril de 1918.
8. M. Golubykh, *Ural'skie partizany: pokhod otryadov Blyukhera-Kashirina v 1918 godu* (Ecaterimburgo: Uralkinga, 1924), pp. 8-9.
9. B. Mueggenberg, *The Czecho-Slovak Struggle for Independence, 1914-1920* (Jefferson, North Carolina: McFarland and Co., 2014), p. 174.

10. Veja Zhuk, *Voprositel'nye znaki v 'tsarkom dele'*, p. 135.
11. Bykov, "Yekaterinburgskii Sovet", p. 101.
12. G. Strumillo, "Iz zapiosk rabochego", *Zarya* (Berlim), n[os] 4 e 6 (1922), transcrito em Bernshtam (ed.), *Ural i Prikam'e, noyabr' 1918 — yanvar' 1919*, p. 45.
13. M. A. Medvedev, "Predystoriya rasstrela tsarskoi sem'i Romanovykh v 1918 godu": RGASPI, pasta 558, op. 3s, d. 12, in DAV, caixa 15, p. 7.
14. Markov, *Pokinutaya tsarskaya sem'ya*, pp. 323-4.
15. Veja Bernshtam (ed.), *Ural i Prikam'e, noyabr' 1918 — yanvar' 1919*, pp. 70-2.
16. G. Strumillo, "Iz zapisok rabochego", *Zarya* (Berlim), n[os] 4 e 6 (1922), transcrito em Bernshtam (ed.), *Ural i Prikam'e, noybar' 1918 — yanvar' 1919*, p. 32.
17. Veja Zhuk, *Vorpositel'nye znaki v. 'tsarskom dele'*, p. 134.

## 36: Manobras Alemãs

1. J. Sadoul, *Notes sur la révolucion bolchevique, octobre 1917 — janvier 1919* (Paris: Sirène, 1920), p. 319: carta a A. Thomas em 26 de abril de 1918.
2. Ibid., p. 322: carta a A. Thomas em 27 de abril de 1918.
3. Ibid., p. 365: carta a A. Thomas em 27 de maio de 1918; reunião do Sovnarkom em 25 de junho de 1918: GARF, pasta R-130, op. 2, d. 2.
4. D. B. Neidgart (depoimento de inquérito), 27 e 29 de janeiro de 1921, in Sokolov, *Ubiistvo tsarkskoi sem'i*, p. 106.
5. Ibid.
6. A. F. Trepov (depoimento de inquérito), 16 de fevereiro de 1921, in Sokolov, *Ubiistvo tsarkoi sem'i*, pp. 106-7.
7. Ibid., p. 108.
8. Veja A. Olano-Eren'ya, "Ispanskii korol' i politika spaseniya sem'i Nikolaya II", *Novaya i noveishaya istoriya* n° 5 (1993), pp. 152-65.
9. K. von Bothmer, *Mit Graf Mirbach in Moskau: Tagebuch-Aufzeichnungen und Aktenstücke vom 19. April bis 24. August 1918* (Tübingen: Osiander'sche Buchhandlung, 1922), p. 103 (22 de julho de 1918).
10. P. A. (sic) Gilliard (depoimento de inquérito), 27 de agosto de 1919: DAMD, AHI, caixa 1, pasta 9, p. 1.128.
11. Markov, *Pokimutaya tsarskaya sem'ya*, pp. 305 e 318.
12. Ibid., pp. 304 e 319-20.
13. V. A. Kislitsyn (depoimento de inquérito), 27 de agosto de 1919: DAMD, AHI, caixa 2 , pasta 9, pp. 1.153-4.
14. Ibid., p. 1.154.

NOTAS 425

15. V. V. Golitsyn (depoimento de inquérito), 2 de outubro de 1919: ibid., caixa 1, pasta 9, pp. 1.145–6.
16. E. Pantazzi, *Roumania in Light and Shadow* (Londres: T. F. Unwin, 1921), pp. 243–6.
17. A. I. Msolov, *Pri dvore imperatora*, pp. 220–2, citado em Ioffe, *Revolyutsiya i sem'ya Romanovykh*, p. 300.
18. N. I. Kanishcheva et al. (eds.), *Dvenik P. N. Milyukova, 1918-1921* (Moscou: Rosspen, 2015), p. 34 (21 de junho de 1918).
19. Ibid., p. 20 (12 de junho de 1918).
20. Ibid., pp. 33, 35 e 38–9 (21 de junho de 1918).
21. Ibid., p. 66 (4 de julho de 1918).
22. Ibid., pp. 82–3 (10 de julho de 1918).
23. Veja Ioffe, *Revolyutsiya i sem'ya Romanovykh*, pp. 293–4.

## 37: Os Últimos Dias na Casa

1. F. P. Proskuryakov (depoimento de inquérito), 1–3 de abril de 1919: DAMD, AHI, caixa 1, pasta 7, p. 641.
2. Serebryakova, "Moei docheri Zonre, ob eë ottse": Documentos de Serebryakova, AHI, p. 3.
3. A. I. Belogradskii (depoimento de inquérito), 22 de julho de 1919: DAMD, AHI, caixa 1, pasta 8, p. 964.
4. Ya. M. Yurovskii, "Poslednii tsar' nashël svoë mesto": RGASPI, fichário 3, op. 58, d. 280, in DAV, AHI, caixa 15, p. 8.
5. Ibid., pp. 8–9.
6. P. Ya. Shamarin (procurador) apresentando relatório sobre depoimento de P. S. Medvedev, 3–5 de outubro de 1919: DAMD, AHI, caixa 1, pasta 9, pp. 1.352–3.
7. F. P. Proskuryakov (depoimento de inquérito), 1–3 de abril de 1919: ibid., caixa 1, pasta 7, p. 642.
8. N. A. Romanov (diário), 21 de junho de 1918 (CA): *DINII*, vol. 2, 2ª parte, p. 431; F. P. Proskuryakov (depoimento de inquérito), 1–3 de abril de 1919: DAMD, AHI, caixa 1, pasta 7, p. 644; Ya. M. Yurovskii, "Poslednii tsar' nashël svoë mesto": RGASPI, fichário 3, op. 58, d. 280, in DAV, AHI, caixa 15, pp. 8–9.
9. Ya. M. Yurovskii, "Poslednii tsar' nashël svoë mesto": RGASPI, fichário 3, op. 58, d. 280, in DAV, AHI, caixa 15, p. 9.
10. N. A. Romanov (diário), 23 de junho de 1918 (CA) *DINII*, vol. 2, 2ª parte, p. 432.
11. Ya. M. Yurovskii, "Poslednii tsar' nashël svoë mesto": RGASPI, fichário 3, op. 58, d. 280, in DAV, AHI, caixa 15, pp. 8–9.

426       O ÚLTIMO TSAR

12. F. P. Proskyryakov (depoimento de inquérito), 1–3 de abril de 1919: DAMD, AHI, caixa 1, pasta 7, pp. 643–4.

13. Ya. M. Yurovskii, "Poslednii tsar' nashël svoë mesto": RGASPI, fichário 3, op. 58, d. 280, in DAV, AHI, caixa 15, pp. 9 e 21.

14. M. I. Krokhaleva (depoimento de inquérito), 9 de julho de 1919: ibid., caixa 1, pasta 7, pp. 645–6.

15. F. P. Proskuryakov (depoimento de inquérito), 1–3 de abril de 1919: ibid., caixa 1, pasta 7, pp. 645–6.

16. Fichário de documentos de inquérito, 5 de setembro de 1918: A. G. Beloborodov a Ya. M. Sverdlov (telegrama recebido em 4 de julho de 1918): ibid., caixa 1, pasta 6, p. 22.

17. Fichário de documentos de inquérito, 23 de fevereiro de 1919: vice-cônsul francês, telegrama de Ecaterimburgo a Moscou em 9 de julho de 1918: ibid., caixa 1, pasta 7, p. 407.

18. I. V. Storojev (depoimento de inquérito), 8–10 de outubro de 1918: ibid., caixa 1, pasta 6, p. 81.

19. Ibid., p. 82.

20. *The Last Diary of Tsaritsa Alexandra*, 12 de julho de 1918, p. 194.

## 38: A Armadilha de Ecaterimburgo

1. Veja R. Service, *Lenin: A Biography* (Londres: Macmillan, 1998), p. 317.

2. V. I. Lenin, *Biograficheskaya khronika*, vol. 5 (Moscou: Gosudarstvnennoe izadatel'stvo, 1974), p. 413.

3. Minutas do Sovnarkom de 2 de maio: *SPR*, p. 52. Citando GARF, fichário 130, op. 23, d. 13, pp. 58–9.

4. Entrevista com V. V. Yakovlev: *Izvestiya* de 16 de maio de 1918.

5. Comitê Central Bolchevique, 19 de maio de 1918: RGASPI, fichário 3, op. 58, d. 280, in DAV, AHI, caixa 15.

6. Veja Zhuk, *Vorpositel'nye znaki v. 'tsarskom dele'*, p. 141, e Yu. A. Buranov e V. M. Khurstalëv, *Gibel' imperatorskogo doma* (Moscou: Progress, 1992), p. 251.

7. Fichário de documentos de inquérito, 24 de março de 1919: R. Bērziņš, comandante em chefe na frente de combate do norte dos Urais e da Sibéria, ao Sovnarkom e ao VTsIK em 24 de junho de 1918: DAMD, HIA, box 1, pasta 7, p. 574.

8. Arquivo de documentos de inquérito, 12 de março de 1919: V. D. Bonch-Bruevich a A. G. Beloborodov, 20 e 21 de junho de 1918: ibid., caixa 1, pasta 7, p. 494.

NOTAS 427

9. Arquivo de documentos de inquérito, 24 de março de 1919: R. Bērziņš, comandante em chefe na frente de combate do norte dos Urais e da Sibéria, ao Sovnarkom e ao VTsIK em 24 de junho de 1918: ibid., caixa 1, pasta 7, p. 574.

10. M. A. Medvedev, "Predystoriya rasstrela tsarskoi sem'i Romanovykh v 1918 godu": RGASPI, fichário 558, op. 3s, d. 12, in DAV, caixa 15, p. 3.

11. Ibid., p. 6.

12. I. I. Radzinskii, livro de memórias em áudio (1963): RGASPI, fichário 588, op. 3, d. 14, in DAV, caixa 15, pp. 9 e 13.

13. M. A. Medvedev, "Predystoriya rasstrela tsarskoi sem'i Romanovykh v 1918 godu": ibid., pp. 6–7.

14. Bykov, "Yekaterinburgskii Sovet", p. 101.

15. Preston, *Before the Curtain*, p. 91.

16. N. A. Sakovich (depoimento de inquérito), 24 de agosto de 1918: DAMD, AHI, caixa 1, pasta 6, p. 21.

17. Veja Zhuk, *Vorpositel'nye znaki v. 'tsarskom dele'*, p. 148, citando registro de memórias de A. G. Beloborodov.

18. L. A. Krol, "Polozhenie na gornozavodskom Urale v kontsa 1917 — pervoi polovine 1918", transcrito em Bernshtam (ed.), *Ural i Prikam'e, noyabr' 1918 — yanvar' 1919*, p. 49.

19. Bykov, "Poslednie dni poslednego tsarya", p. 17.

20. I. I. Radzinksii, livro de memórias em áudio (1963): RGASPI, fichário 588, op. 3, d. 14, in DAV, caixa 15, p. 21.

### 39: O Apoio de Moscou

1. von Bothmer, *Mit Graf Mirbach in Moskau*, pp. 97–8 (registro de diário de 19 de julho de 1918).

2. N. S. Angarskii em entrevista com Boris Nicolaevsky, em 29 de abril de 1928 (Werder, Alemanha): Boris I. Nicolaevsky, AHI, caixa 525, pasta 8.

3. I. I. Radzkinskii, livro de memórias em áudio (1963): RGASPI, fichário 588, op. 3, d. 14, in DAV, caixa 15, p. 14.

4. G. A. Hill, *Go Spy the Land* (Londres: Cassell, 1932), p. 207.

5. F. Grenard, *La révolution russe* (Paris: Armand Colin, 1933), p. 321.

6. Sadoul, *Notes sur la révolution bolchévique*, p. 405: carta a A. Thomas em 10 de julho de 1918.

7. Sovnarkom, 15 de julho de 1918: GARF, fichário R-130, op. 2, d. 2.

8. Hill, *Go Spy the Land*, pp. 210–11.

428        O ÚLTIMO TSAR

9. Sadoul, *Notes sur la révolution bolchévique*, p. 405: carta a A. Thomas em 10 de julho de 1918.

10. Depoimento de Savinkov in "Sudebnoe razbiratel'stvo", *Pravda*, de 30 de agosto de 1924, pp. 4–5.

11. Telegrama de Lockhart de 26 de maio de 1918: FO 371/3332/9748 (NA).

12. Depoimento de Savinkov in "Sudebnoe razbiratel'stvo", *Pravda*, de 30 de agosto de 1924, pp. 4–5.

13. Grenard, *La révolution russe*, p. 322.

14. Depoimento de Savinkov in "Sudebnoe razbiratel'stvo", *Pravda* de 30 de agosto de 1924, pp. 4–5.

15. Soviete Regional dos Urais ao Birô de Imprensa, Comitê Executivo Central do Congresso de Sovietes, 13 de julho de 1918: fichário de documentos de inquérito, 24 de março de 1919: DAMD, AHI, caixa 1, pasta 7, p. 578.

16. G. I. Safarov a V. I. Lenin em 13 de julho de 1918: ibid., caixa 1, pasta 7, p. 577; veja também Lykova (ed.), *Sledstvie po delu ob ubiistve Rossiiskoi imperatorkoi sem'i*, p. 72.

17. V. Gorin a V. I. Lenin, 17 de julho de 1918: DAMD, AHI, caixa 1, pasta 7, p. 574; veja também Lykova (ed.), *Sledstvie po delu ob ubiistve Rossiiskoi imperatorskoi sem'i*, p. 72.

18. Arquivo de documentos de inquérito, 12 de março de 1919: V. D. Bonch--Bruevich a A. G. Beloborodov em 20 e 21 de junho de 1918: DAMD, AHI, caixa 1, pasta 7, p. 494.

19. Lenin, *Biograficheskaya khronika*, vol. 5, p. 616.


## 40: O Homem que não queria ser tsar

1. G. M. Romanov a X. G. Romanova em 5 de abril, 21 de julho e 23 de agosto de 1918: Documentos de Georgy Miguelobich, grão-duque da Rússia, AHI, caixa 2.

2. *Poslednie dni poslednego tsarya: inochtozhenie dinastii Romanovykh*, pp. 8–9. Veja também V. M. Khrustalëv, *Alapevsk: zhertvy i palachi* (Moscou: Dostoinstvo, 2010), pp. 12–13.

3. M. A. Medvedev, "Predystoriya rasstrela tsarskoi sem'i Romanovykh v 1918 godu": RGASPI, fichário 558, op. 3s, d. 12, in DAV, caixa 15, p. 8.

4. Ibid.

5. Ibid., pp. 3–4.

6. I. I. Radzinskii, livro de memórias em áudio (1963): RGASPI, fichário 588, op. 3, d. 14, in DAV, caixa 15, p. 36.

NOTAS 429

7. Ibid., pp. 38-9.
8. Veja *PIGTS*, pp. 258-9. I. F. Plotnikov cita A. V. Markov conforme transcrito em *Literaturnaya Rossiya* nº 38 (1990), p. 19.
9. V. I. Lenin a A. G. Beloborodov em 10 de junho de 1919: Acervo de Trótski, AHI, caixa 6, pasta 6.
10. M. V. Alexeev (relatório militar), provavelmente de junho de 1918: Documentos de Mikhail V. Alexseev, AHI, caixa 1, pasta 22, p.3.
11. Ibid.

## 41: Opções Reduzidas

1. O decreto está presente em *DINII*, vol. 2, 2ª parte, p. 474.
2. Veja Zhuk, *Vorositel'nye znaki v 'tsarskom dele'*, pp. 145-7, citando G. Z. Besedovskii, *Na putyakh k termidoru* (Moscou: Sovremennik, 1997), pp. 111-13.
3. Essa foi a conclusão a que chegou N. A. Sokolov, que chefiou a investigação dos antibolcheviques em 1919: Sokoloff, *Enquête judiciaire sur l'assassinat de la famille impériale russe*, pp. 287-9.
4. Veja Bykov, *Poslednie dni Romanovykh*, p. 114.
5. Mueggenberg, *The Czecho-Slovak Struggle for Independence*, pp. 141 e 175.
6. Veja Bykov, *Poslednie dni Romanovykh*, p. 114.
7. Livro de serviço da guarda da casa dos Ipatiev, 9 de julho de 1918, transcrito em *SPR*, p. 91.
8. Preston, *Before the Curtain*, p. 102.
9. Isso provém de um relatório de um agente secreto dos antibolcheviques apresentado ao subinspetor M. Talashmanov, que o repassou ao Departamento de Investigação Criminal de Ecaterimburgo em 22 de agosto de 1918: *GTSMS*, pp. 66-7. A data presente na fonte está grafada como um domingo, "em torno de 15 de julho". O dia 14 de julho é o único domingo possível. Quanto a Anuchin, a informação consta em V. Gorin a V. I. Lenin em 17 de julho de 1918: DAMD, AHI, caixa 1, pasta 7, p. 574.
10. F. P. Proskuryakov (depoimento de inquérito), 1-3 de abril de 1919: ibid., caixa 1, pasta 7, pp. 649-50.
11. A. N. Shveikina (depoimento de inquérito), 26 de fevereiro de 1919: ibid., caixa 1, pasta 6, p. 230.
12. M. A. Medvedev, "Rasstrel tsarskoi sem'i Romanovykh v gorode Yekaterinburge v noch' na 17 iyulya 1918 goda: vospominaniya uchastnika rasstrela": RGASPI, fichário 588, op. 3, d. 12, in DAV, caixa 15, pp. 1-2.

430         O ÚLTIMO TSAR

13. Besedovskii, *Na putyakh k termidoru*, p. 113.
14. Ibid.
15. F. P. Proskuryakov (depoimento de inquérito), 13 de abril de 1919: DAMD, AHI, caixa 1, pasta 7, pp. 649-50.
16. P. Ya. Shamarin (procurador) apresentando relato sobre o depoimento de P. Medvedev, 3-5 de outubro de 1919: ibid., caixa 1, pasta 9, p. 1.354.
17. O telegrama de G. E. Zinoviev a Ya. M. Sverdlov e V. I. Lenin (16 de julho de 1918) foi transcrito em *PIGTS*, p. 207.
18. Ibid.
19. Veja *PIGTS*, p. 208.
20. Ibid., pp. 208 e 258. Plotnikov cita o relato de A. I. Akimov transcrito em *Ogonëk* nº 38 (1990), p. 29, e em *Argumenty i fakty* nº 46 (1990).
21. Veja G. Z. Ioffe, *Revolyutsiya i sud'ba Romanovykh* (Moscou: Respublika, 1992), pp. 308-12; Buranov e Khrustalëv, *Gibel' imkperatorskogo doma*, pp. 257-9; E. Radzkinskii, *Gospodi — spasi i usmiri Rossiyu': Nicolai II, zhizn' i smert'* (Moscou: Vagrius, 1993), pp. 401-4.

## 42: Morte no Porão

1. Ya. M. Yurovskii, "Poslednii tsar' nashël svoë mesto': RGASPI, fichário 3, op. 58, d. 280, in DAV, AHI, caixa 15, p. 12.
2. Ibid.
3. Preston, *Before the Curtain*, p. 102.
4. Ibid.
5. Ya. M. Yurovskii, "Poslednii tsar' nashël svoë mesto': RGASPI, fichário 3, op. 58, d. 280, in DAV, AHI, caixa 15, p. 12.
6. Ibid.; F. P. Proskuryakov (depoimento de inquérito), 1-3 de abril de 1919: DAMD, AHI, caixa 1, pasta 7, p. 650; depoimento de P. Ya. Shamarin (procurador) apresentando relatório sobre o depoimento de P. Medvedev em 3-5 de outubro de 1919; ibid., caixa 1, pasta 9, p. 1.355.
7. Ibid.
8. Ibid., p. 1.356.
9. Ya. M. Yurovskii, "Poslednii tsar' nashël svoë mesto': RGASPI, fichário 3, op. 58, d. 280, in DAV, AHI, caixa 15, pp. 12-13; F. P. Proskuriakov (depoimento de inquérito), 1-3 de abril de 1919: DAMD, AHI, caixa 1, pasta 7, p. 650; depoimento de P. Ya. Shamarin (procurador) apresentando relatório sobre o depoimento de P. Medvedev em 3-5 de outubro de 1919: ibid., caixa 1, pasta 9, p. 135.

NOTAS                                                    431

10. I. I. Radzinskii, livro de memórias em áudio (1963): RGASPI, fichário 588, op. 3, d. 14, in DAV, caixa 15, p. 29.
11. Ya. M. Yurovskii, "Poslednii tsar' nashël svoë mesto': RGASPI, fichário 3, op. 58, d. 280, in DAV, AHI, caixa 15, pp. 12–13; F. P. Proskuryakov (depoimento de inquérito), 1–3 de abril de 1919: DAMD, AHI, caixa 1, pasta 7, p. 650; depoimento de P. Ya. Shamarin (procurador) apresentando relatório sobre o depoimento de P. Medevedev em 3–5 de outubro de 1919: ibid., caixa 1, pasta 9, p. 1.355.
12. Depoimento de P. Ya. Shamarin (procurador) apresentando relatório sobre o depoimento de P. Medevedev em 3–5 de outubro de 1919: DAMD, AHI, caixa 1, pasta 9, p. 1.356.
13. F. P. Proskuryakov (depoimento de inquérito), 1–3 de abril de 1919: ibid., caixa 1, pasta 7, p. 649.
14. Ibid., pp. 652–3.

## 43: A Retirada do Exército Vermelho

1. A. G. Beloborodov a V. D. Gorbunov em 17 de julho de 1918: documentos de Nicolai Alekseevich Skolov, AHI, pasta XX197–13.04. O telegrama foi transcrito pela primeira vez em Sokoloff, *Enquête judiciaire sur l'assassinat de la famille impériale russe*, p. 240.
2. I. I. Radzinskii, livro de memórias em áudio (1963): RGASPI, fichário 588, op. 3, d. 14, in DAV, caixa 15, p. 42.
3. Minutas do Comitê Executivo Central de 18 de julho de 1918, transcritas em *SPR*, p. 105.
4. Minutas do Sovnarkom de 18 de julho de 1918, transcritas ibid., pp. 105–6.
5. Conversa entre Ya. M. Sverdlov e, provavelmente, A. G. Beloborodov, s/d, mas, possivelmente, em 18 de julho de 1918: DAMD, AHI, caixa 1, pasta 9, p. 1.340; veja também Lykova (ed.), *Sledstvie po delu ob ubiistve Rossiiskoi imperatorskoi sem'i*, p. 76.
6. Conversa entre Ya. M. Sverdelov e provavelmente A. G. Beloborodov, s/d, mas, possivelmente, em 18 de julho de 1918: DAMD, AHI, caixa 1, pasta 9, p. 1.338.
7. Ibid., p. 1.339.
8. M. I. Letemin (depoimento de inquérito), 18–19 de outubro de 1918: ibid., caixa 1, pasta 6, p. 88.
9. Agente Alexeev, relatório de inquérito, 26 de fevereiro de 1919: ibid., caixa 1, pasta 6, p. 225.

432          O ÚLTIMO TSAR

10. F. P. Proskuryakov (depoimento de inquérito), 1–3 de abril de 1919: ibid., caixa 1, pasta 7, pp. 652–33.

11. Arquivo de documentos de inquérito, 5 de setembro de 1918: Ya. M. Yurovski a A. G. Beloborodov em 20 de julho de 1918: ibid, caixa 1, pasta 6, p. 22.

12. Veja H. Rappaport, *Ekaterinburg: The Last Days of the Romanovs* (Londres: Windmill Books, 2009), p. 206.

13. Preston, *Before the Curtain*, p. 105.

14. A. P. Belozerova (depoimento de inquérito), 24 de agosto de 1918: ibid., caixa 1, pasta 6, p. 21.

15. N. A. Sakovich (depoimento de inquérito), 24 de agosto de 1918: ibid., caixa 1, pasta 6, p. 196.

16. I. A. Sergeev, relatório de inquérito, 20 de fevereiro de 1919: ibid., caixa 1, pasta 6, p. 196.

17. P. Ya. Shamarin (procurador) apresentando relatório sobre depoimento de P. Medvedev em 3–5 de outubro de 1919: ibid, caixa 1, pasta 9, p. 1.367.

18. M. L. Krokhaleva (depoimento de inquérito), 9 de julho de 1919: ibid., caixa 1, pasta 8, p. 910.

19. Citado in Lykova (ed.), *Sledstvie po delu ob ubiistve Rossiiskoi imperatorskoi sem'i*, p. 147.

20. A. A. Volkov (depoimento de inquérito), 22 de outubro de 1918: DAMP, AHI, caixa 1, pasta 6, p. 93; Volkov, *Okolo tsarskoi sem'i*, p. 67.

21. *Ural'skii rabochii*, 23 de julho de 1918, citado em DAMD, AHI, caixa 1, pasta 6, pp. 145–8.

22. Relatório do III Exército a I. I. Vatsetis em 23 de julho de 1918, in Bernstham (ed.), *Ural i Prikam'e, noyabr' 1918 — yanvar' 1919*, p. 98.

## 44: Assassinatos, Acobertamentos, Impostores

1. I. S. Smolin, "The Alapaevsk Tragedy" (texto datilografado, traduzido): AHI, pp. 7–8.

2. Ibid., p. 8.

3. Ibid., pp. 8–9.

4. *Ural'skii rabochii*, 20 de julho de 1918, in I. S. Smolin, "The Alapaevsk Tragedy" (texto datilografado, traduzido): AHI, p. 12.

5. *Izvestiya*, 19 de julho de 1918.

6. M. N. Pokrovskii a L. N. Pokrovskaya em 26 de julho de 1918, citado em Lykova (ed.), *Sledstvie po delu ob ubiistve Rossiskoi imperatorskoi sem'i*, p. 89.

NOTAS

7. A. A. Ioffe a V. I. Lenin em 24 de junho de 1918, transcrito em *SPR*, p. 106.

8. A. A. Ioffe a G. V. Chicherin em 24 de julho de 1918, transcrito ibid., p. 107.

9. A. A. Ioffe, "N. Ioffe i nasha vneshnyaya politika" (datado de 20 de outubro de 1927): Arkhiv Prezidenta Rossiiskoi Federatsii, fichário 31, op. 1, d. 4, p. 216.

10. Ibid.

11. V. N. Karnaukhova (depoimento de inquérito), 2 de julho de 1919: *GTSMS*, pp. 386-7.

12. A. Ya. Valek (depoimento de inquérito s/d): DAMD, AHI, caixa 1, pasta 8, p. 702.

13. Ibid., pp. 701-2.

14. Ibid., p. 702.

15. P. A. (sic) Gilliard (depoimento de inquérito), 5-6 de março de 1919 (CA): DAMD, AHI, caixa 1, pasta 7, p. 467.

16. Markov, *Pokimutaya tsarskaya sem'ya*, pp. 331, 335, 336.

17. Ibid., p. 349.

## 45: A Ocupação Tchecoslovaca

1. Diterikhs, *Ubiistvo tsarskoi sem'i i chlenov doma Romanovykh na Urale*, 1ª parte, p. 23; Preston, *Before the Curtain*, p. 112.

2. F. N. Gorshkov (depoimento de inquérito), 31 de julho de 1918: DAMD, AHI, caixa 1, pasta 6, p. 1.

3. K. A. Agafonova, 13 de novembro de 1918: ibid., caixa 1, pasta 6, p. 64. Agafonova tinha um irmão bolchevique que trabalhou como comissário distrital de justiça.

4. V. Ya. Buyvid (depoimento de inquérito), 10 de agosto de 1918: ibid., caixa 1, pasta 6, p. 33.

5. F. I. Ivanov (depoimento de inquérito), 13 de setembro de 1918: ibid., caixa 1, pasta 6, p. 41.

6. A. G. Eliseeva (depoimento de inquérito), provavelmente 13 de setembro de 1918: ibid., caixa 1, pasta 6, p. 42.

7. F. N. Gorshkov (depoimento de inquérito), 31 de julho de 1918: ibid., caixa 1, pasta 6, p. 10.

8. Preston, *Before the Curtain*, pp. 113-14.

9. Veja Service, *Lenin: A Biography*, pp. 359-66.

10. *Komsomol'skaya pravda*, 12 de fevereiro de 1992.

11. Sokoloff, *Enquête judiciaire sur l'assassinat de la famille impériale russe*, pp. 9-10.

# O ÚLTIMO TSAR

12. *Prikaz komendanta goroda Ekaterinburga*, nº 37, 8 de setembro de 1918: Documentos de Vera Cattell, AHI, caixa 4, pasta de Iskander Riza Kuli Mirza.

13 Relatório de N. Mirlyubov, procurador do Palácio da Justiça de Kazan, ao ministro da Justiça em 12 de dezembro de 1918 (tradução inglesa), pp. 1–13: ASG, AEBBUO, caixa 2.

## 46: Os Romanov Sobreviventes

1. A. A. Volkov (depoimento de inquérito), 22 de outubro de 1918: DAMD, AHI, caixa 1, pasta 6, p. 93; Volkov, *Okolo tsarskoi sem'i*, pp. 71–2.

2. L. Sukacev, "Soldier under Three Flags: The Personal Memoirs of Lev Pavalovich Sukacev" (Washington, D. C.: texto datilografado, 1974): Documentos de Lev Sukacev, AHI, pp. 100–1.

3. Princesa Marie da Romênia a M. F. Romanova em 1º de setembro de 1918: KAGDRP, AHI, caixa 8, pasta 33.

4. Rainha Marie da Romênia a M. F. Romanova em 20 de outubro de 1918: ibid.

5. Hill, *Go Spy the Land*, pp. 115–48.

6. Pantazzi, *Roumania in Light and Shadow*, pp. 267–8.

7. Ibid., pp. 269–70.

8. Ibid., p. 270.

9. Ibid.

10. A. Calthorpe a M. F. Romanova, 19 de novembro de 1918: Documentos da grã-duquesa da Rússia Kseniia Alexsandrovna, AHI, caixa 8, pasta 16.

11. Rainha Alexandra a M. F. Romanova em 21 de dezembro de 1918: ibid., caixa 8, pasta 11.

12. Bulygin, *The Murder of the Romanovs: the Authentic Account*, p. 187.

13. Citado por V. M. Khrustalëv, *Petrograd: rasstrel Velikikh knyazei* (Moscou: Dostoinstvo, 2011), pp. 62 e 68–70.

14. *Evening News*, 4 de novembro de 1919. Agradeço a Nick Walshaw por essa referência.

15. Jeorge V a M. F. Romanova em 19 de abril de 1919: AHI, caixa 8, pasta 24.

16. Rainha Alexandra a M. F. Romanova em 16 de abril de 1919: ibid., caixa 8, pasta 11.

17. Rainha Alexandra a M. F. Romanova em 22 de abril de 1919: ibid.

18. Jeorge V a M. F. Romanova em 21 de abril de 1919: ibid., caixa 8, pasta 24.

NOTAS                                    435

## 47: A Investigação dos Antibolcheviques

1. D. M. Fedichkin, "Izhevskoe vosstanie v period s 8-go avgusta po 15-go oktya-brya 1918 goda' (São Francisco: manuscrito, 1931): Documentos de Dmitri I. Fedichkin, AHI.

2. M. A. Medvedev, "Predystoriya rasstrela tsarskoi sem'i Romanovykh v 1918 god": RGASPI, f. 558, op. 3s, d. 12, in DAV, caixa 15, p. 38.

3. M. I. Letemin (depoimento de inquérito), 18–19 de outubro de 1918: DAMD, AHI, caixa 1, pasta 6, pp. 87–8.

4. Sokoloff, *Enquête judiciare sur l'assassinat de la famille impériale russe*, pp. 10–12; Diterikhs, *Ubiistvo tsarksoi sem'i i chlenov doma Romanovykh na Urale*, 1ª parte, p. 14.

5. Ibid.

6. Diterikhs, *Ubiistvo tsarskoi sem'i i chlenov doma Romanovykh na Urale*, 1ª parte, p. 17.

7. Ibid., p. 21.

8. I. A. Sergeev, relatório à comissão de inquérito, 20 de fevereiro de 1919: DAMD, AHI, caixa 1, pasta 6, p. 198.

9. Depoimentos de inquérito, *GTSMS*, pp. 176 (A. Ya. Neustroev), 180 (S. F. Podorova), 181 (T. L. Sitnikova), 183 (F. F. Onyanov) e 186 (M. I. Solo'ëv).

10. F. V. Sitnikov (depoimento de inquérito), 28 de março de 1919: ibid., pp. 185–6.

11. N. V. Mutnykh (depoimento de inquérito), 8 de março de 1919: ibid., pp. 179 e 188.

12. P. Ya. Shamarin (procurador) apresentando relatório sobre depoimento de P. Medvedev, 3–5 de outubro de 1919: DAMD, AHI, caixa 1, pasta 9, pp. 1.372–3.

13. V. Iordanskii a N. I. Mirolyubov (procurador do Palácio da Justiça de Kazan) em 19 de fevereiro de 1919: Documentos de Nikander I. Miroliubov, AHI, caixa 1, pasta V. Iordanskii (1919).

14. V. Iordanskii a N. I. Mirolyubov em 23 de fevereiro de 1919: ibid.

15. P. Ya. Shamarin (depoimento de inquérito), 3–5 de outubro de 1919: DAMD, AHI, caixa 1, vol. 9, pp. 1.373–7. Quando prestou depoimento, no outono de 1919, Shamarin descreveu suas experiências no inverno de 1918–1919.

16. S. Gibbes ao grão-duque Alexander Nikolaevich, memórias sem título, 1º de dezembro de 1928: ASG, AEBBUO, caixa 1, p. 7.

17. P. I. Utkin (depoimento de inquérito), 28 de março de 1919: *GTSMS*, pp. 355–60.

18. N. A. Sokolov, relatório preliminar à comissão de inquérito, 1º de abril de 1918: DAMD, AHI, caixa 1, pasta 7, pp. 633–6.

436        O ÚLTIMO TSAR

19. N. A. Sokolov a N. I. Mirolyubov em 9 de outubro de 1919: Documentos de Nikander I. Miroliubov, AHI, caixa 1, pasta N. A. Sokolov; Bulygin, *The Murder ot the Romanovs: the Authentic Account*, p. 265.

20. N. A. Sokolov a N. I. Mirolyubov em 20 de dzembro de 1919: ibid.; Bulygin, *The Murder of the Romanovs: the Authentic Account*, pp. 265–6.

21. Ibid., pp. 268–9.

## 48: Discussões sem Concessões

1. Perguntas individuais feitas a Lenin no oitavo congresso do partido, em março de 1919: RGASPI, fichário 5, op. 2, d. 2, p. 5.

2. *Poslednie dni pslednego tsarya: inochtozhenie dinastii Romanovykh*, pp. 4–5 e 14–16.

3. *Ubiisto tsarskoi sem'i i eë svity: offitsial'nye dokumenty* (Constantinopla: Russkaya Mysl', 1920), pp. 1–5 e 14–15.

4. R. Wilton, *The Last Days of the Romanovs, from 15th March 1917* (Londres: Thornton Butterworth, 1920).

5. Recibo assinado por F. Finlayson em 18 de março de 1919: DAMD, AHI, caixa 1.

6. Citado por Bykov, *Poslednie dni Romanovykh*; Bykov, "Poslednie dni poslednego tsarya", p. 24.

7. Recibo assinado por F. Finlayson em 18 de março de 1919: DAMD, AHI, caixa 1.

8. Bykov, "Poslednie dni psolednego tsarya", pp. 20–1.

9. Ibid.

10. Ibid., p. 21.

11. *Poslednie dni poslednego tsarya: inochttozhenie dinastii Romanovykh*, pp. 14–16.

12. Ibid., pp. 4–5 e 14–16.

13. Diterikhs, *Ubiistvo tsarskoi sem'i i chlenov doma Romanovykh na Urale*, 1ª parte (Vladivostok: Voennaya Akademia, 1922).

14. N. A. Sokolov a S. Gibbes, 19 de fevereiro de 1920: ASG, AEBBUO, caixa 2.

15. Bulygin, *The Murder of the Romanovs: the Authentic Account*, p. 269.

16. N. A. Sokolov a M. K. Nikiforov, 22 de abril de 1922: DAMD, AHI, caixa 1, pasta 2; Bulygin, *The Murder of the Romanovs: the Authentic Account*, pp. 270–1.

17. N. A. Sokolov a M. K. Nikiforov em 22 de abril de 1922; Bulygin, *The Murder of the Romanovs: the Authentic Account*, p. 155.

18. N. A. Sokolov a M. K. Nikiforov em 22 de abril de 1922.

19. Sokolov, *Enquête judiciaire sur l'assassinat de la famille impériale russe*.

20. Sokolov, *Ubiistvo tsarskoi sem'i*.

## NOTAS

21. Gilliard, *Le tragique destin de Nicolas II et de sa famille.*

22. Mel'nik-Botkina, *Vospominaniya o tsarskoi sem'e*; Buxhoeveden, *The Life and Tragedy of Alexandra Feodorovna*; *Skorbnaya pamyatka*; Markov, *Pokinutaya tsarskaya sem'ya.*

23. J. Klier e H. Mingay, *The Quest for Anastasia: Solving the Mystery of the Lost Romanovs* (Edgware: Smith Gryphon, 1997).

24. *PTR*, vols. 1–7.

### 49: Posfácio

1. R. e S. Massie, *Nicholas and Alexandra* (Nova York: Atheneum, 1967).

2. *Rasputin the Mad Monk* (Hammer Films UK; dir. D. Sharp, 1966).

3. A. Summers e T. Mangold, *File on the Tsar* (Londres: Gollancz, 1976).

4. Wortman, *Scenarios of Power*; D. Lieven, *Nicholas II: Emperor of all the Russias* (Londres: John Murray, 1993).

5. G. Hosking, *The Russian Constitutional Experiment: Government and Duma, 1907–1914* (Cambridge: Cambridge University Press, 1973).

6. Löwe, *The Tsars and the Jews.*

7. Montefiore, *The Romanovs.*

8. Rappaport, *Ekaterinburg.*

9. Ioffe, *Revolyutsiya i sud'ba Romanovykh.*

10. Radzinskii, *"Gospodi — spasi i usmiri Rossiyu".*

11. *SPR*; Lykova (ed.), *Sledstvie po delu ob ubiistve Rossiiskoi imperatorskoi sem'i*; *PIGTS*; Zhuk, *Vosprositel'nye znaki v 'tsarskom dele'.*

# Índice Remissivo

Abalak 174

Ai-Todor 99, 100, 134-5

Akimov, A. I. 309

Alapaievsk 272, 298-9, 316, 321-2, 351-2

Alemanha, alemães 33-4, 62, 67, 70, 73, 95, 114, 127, 143-4, 154, 162-3, 167, 178-9, 245-6, 270-1, 274-5, 276-7, 278-9, 280-1, 295-6, 316-7, 323-4, 328, 334-5, 336, 354

Alexandra, imperatriz (princesa Alice de Hesse)

a execução de 304, 306, 311, 356

a importância de Rasputin para 33-4, 64, 180

acusações contra, em biografia anônima de Nicolau 94

comentário sobre acordo de paz 166-7

correspondências de 156, 169, 179, 277

crenças religiosas de 63, 85, 171, 256, 262

e a vida em Tsarskoye Selo 38, 41, 54, 81

e aceitação de entrevista com Yakovlev 202, 203, 205, 288

e alimentos favoritos 139, 190

e cativeiro em Tobolsk 113, 153, 165, 170-1

e conturbada viagem para Tiumen 204, 209, 212-3, 217-8, 219, 221, 223, 226, 228

e desconhecimento de acontecimentos na capital 26, 129

e estoicismo na atitude de deixar Alexei em Tobolsk 205-6, 207-8, 210

e invectivas contra o Kaiser e a Alemanha 167, 178-9, 277

e leitura intensa após a Revolução de Fevereiro 138, 148, 152

e noções de finanças 139, 140, 165

e objeção à volta de Nicolau para quartel--general 36

e otimismo persistente 84, 144, 171, 176-7, 181-2, 183

e preocupação com a segurança de Markov II 175

e reação à morte de Rasputin 33-4, 60

e reação estoica aos insurgentes 36-7

e recusa em deixar Tsarskoye Selo 53

e recusa em se sentar ao lado de Matveiev 210-1

e relação íntima com Nicolau 25, 54, 61, 71, 90

e relacionamento com Claúdia Bitner 145-6, 179, 180-1, 363

e relacionamento com Pankratov 121, 123, 142-3, 144

e sentimento de ódio contra ela 141, 180

e seu aprisionamento 55, 57, 59, 100, 106-3

e solicitação para que levassem suas joias para Ecaterimburgo 250

e sua contrariedade em se mudar para a Inglaterra 78

e sua grande desconfiança em relação a Kerensky 68-9, 70-1

e sua transferência para a casa dos Ipatiev 212, 216, 223, 230, 234, 247, 252-3, 256, 342

e tomada de conhecimento da abdicação 51, 53

nascimento e criação de 316, 323-4

personalidade e descrição de 61-2, 66, 355. *Veja também família* Romanov.

Alexandra, rainha 337-8, 339
Alexandre I 89, 90-1
Alexandre II 25, 54, 115
Alexandre III 22, 33, 49, 54, 65, 148, 339
Alexandre Mikhailovich 74
Alexandrovich, grão-duque Pável 338
Alexandrovich, V. A. 295
Alexei Nikolaevich
  a educação de 65-6, 83, 144-5, 146, 181-2, 356
  a execução de 311-2
  a saúde de 33, 42, 64, 108, 157
  como hemofílico 63-4, 65, 146, 362
  como sucessor de Nicolau 27, 41, 44-5, 46, 47, 49, 51, 363
  dando mostras de que não admira mais Rasputin 182
  doente demais para ser transferido de Tobolsk 203, 205-6, 207, 209, 210
  e a vida na Casa da Liberdade 138, 160, 250
  e a vida na casa dos Ipatiev 251, 258
  e aborrecimento com a apreensão de seu fuzil de brinquedo 83
  e chegada a Ecaterimburgo 108
  e contato com Kerensky 68
  e expectativa de permanência com o pai 42-3, 89
  e presença na missa na casa dos Ipatiev 256
  e repreensão por Nikolsky por ficar espiando pela cerca 117
  personalidade e descrição de 64-5, 146-7. *Veja também* família Romanov
Alexeiev, Mikhail
  a morte de 346
  e apelos a Nicolau para despertar seu senso de dever patriótico 40
  e companhia de Nicolau em Moguilev 32-3, 36
  e conhecimento de boatos sobre os Romanov 302
  e criação de exército no sul 296
  e esfacelamento da lealdade a Nicolau 32-3
  e levante do exército no sul 269, 279
  e Nicolau transferindo responsabilidades a 40-1
  e ordem para mandar escoltar o imperador 55-6

e rascunho do documento de abdicação 44
e recomendação para que Nicolau abdicasse 40-1, 42, 49
e recrutamento de força armada para reinstituir a monarquia Romanov 320, 333
e recusa em adotar uma "orientação" dos alemães 281
e reformulação do alto comando 32
e relatório diário a Nicolau 28-9
e repasse a Lvov das ideias de Nicolau sobre exílio 59, 74
e rogos para que Nicolau mudasse de ideia 33, 38-9
e sua ajuda no recrutamento para Exército de Voluntários 269
e sua mobilização de soldados para proteger os Romanov na Crimeia 74
Alexei, imperador 23, 49
Alexeiev, Nicolai 164
Alexeiev, V. V. 361
Alto Iset (Ecaterimburgo), fábrica do 243, 252, 289, 297, 352
Anarquistas 158, 273, 290
Anastácia Nikolaevna, grã-duquesa
  a execução de 304, 306, 311, 361
  acometida de sarampo 65
  comentários sobre Tobolsk de 138
  correspondência de 138, 156
  e a vida na Casa da Liberdade 138
  e alegação de Anna Anderson dizendo ser ela 356, 359
  e chegada a Ecaterimburgo 250-1
  e crença de que continuava viva, em Perm 344
  e dia em que viu Solovyov passar na frente da Casa da Liberdade 171
  e disparo de arma de fogo contra 285
  e ocasião em que queimou seus diários e sua correspondência 202
  personalidade e descrição de 66
  relato da viagem para Tobolsk de 107. *Veja também* família Romanov.
Anderson, Anna 356
Anesov, V. A. 201, 315
Angara, Rio 353

## ÍNDICE REMISSIVO

Anuchin (deputado a Goloschekin) 305
Apraxin, conde Piotr 79
Arakcheyev, Alexei 91-2
Arcangelo 331
Ardashev, Alexandre 297
Ardashev, Vladimir 297
Arkhipov, dr. K. S. 305
Arsha-Balashev, siderúrgica de 254
*Assassinato da Família Tsarista e de Membros da Casa dos Romanov nos Urais, O* 353
Assembleia Constituinte 45, 50-1, 104, 118, 136, 155, 158, 162, 240-1, 242, 326
Ataman, Hotel (Ecaterimburgo) 298
Áustria, austríacos 143, 154, 278, 286, 294
Austro-Húngaro, Império 33, 127, 163, 328
Avdeiev, Alexandre
    acompanhando os Romanov a Ecaterimburgo 218, 220-1, 224, 227, 234-5
    acusando Yakovlev de lealdade a Nicolau 236
    considerado corrupto e incompetente 256, 282-3, 284
    e descoberta de provas de transgressões na casa dos Ipatiev 257, 259, 260, 282
    e desconfiança em relação aos Romanov 252-3
    e ordem para confiscar um trem em Tiumen 213
    e prisão e soltura de Zaslávski 204, 224
    encarregado do cativeiro dos Romanov 196, 254-5, 256
    encontro com Yakovle em Tiumen 201-2
    na casa da Liberdade 188
    personalidade e descrição de 187
Avdonin, A. N. 361
Azov, Mar de 302

Baical, Lago 21
Barnaul 142
Bauer, Rudolph 294
Basily, Nicolai 23, 40, 44, 48-9
Beloborodov, Alexandre, 165
    alarmado com a possibilidade de retaliação aos Romanov 223-4
    conhecido como comunista de esquerda 238

    dando garantias a Sverdlov de que estava tudo bem na casa dos Ipatiev 285
    detestado por Nicolau, por achar que ele era judeu 254
    e advertência a Zaslávski, mandando que não impedisse a transferência dos Romanov para Ecaterimburgo 226
    e advertência para não intervir sem a concordância de Moscou 225
    e aparente amizade com Yakovlev 193
    e aviso a Moscou acerca da execução dos Romanov 315
    e condenação de Yakovlev como traidor 221-2, 223, 225-6, 227
    e conversa com Sverdlov sobre acontecimentos nos Urais 316-7
    e decisão de pôr a Guarda Vermelha sob o comando de Cocryakov 187
    e discussões para providenciar execuções 307
    e escolta dos Romanov até a casa dos Ipatiev 235
    e esforço para se eximir da culpa pela decisão de matar os Romanov 308, 324
    e experiências no cumprimento de longa pena de prisão 230
    e extinção do velho sistema de ensino 242
    e indisposição para trabalhar com Yakovlev 235-6
    e perda do controle da situação quando os Romanov chegam a Ecaterimburgo 232-3, 234
    e possibilidade da existência de antibolcheviques na região 248, 252
    e possibilidade de influência dos alemães na tentativa de libertação dos Romanov 291
    e repreensão de Lenin 302
    e seu envio de mensagem de solidariedade a Moscou 296
    e sua decisão para que as execuções fossem realizadas quando autorizadas por Moscou 306
    e sua escolha da casa dos Ipatiev como cativeiro dos Romanov 230

442 O ÚLTIMO TSAR

e sua organização da retirada de Ecaterimburgo 318

e sua permissão para que Sedneiev e Nagorny voltassem para suas terras natais 254

e sua recusa para que parentes estrangeiros visitassem ou contatassem os Romanov 253, 259

e sua solicitação de ajuda a Moscou contra o avanço da Legião Tchecoslovaca 290

e suspeita de fornecimento de informações falsas a Moscou 289

eleito presidente do Comitê Executivo do Soviete Regional dos Urais 245-6

informando Nicolau acerca da mudança de integrantes do esquema de segurança na casa dos Ipatiev 283

personalidade e descrição de 194

posto em contato direto com o Kremlin 297

Benkendorf, conde Pável 51, 104, 106, 276

Bereyzov 188

Berlim 12, 19, 162-3, 271, 275-6, 277-8, 281, 291, 295-6, 304, 323-4, 325, 335, 337-8, 356

Berzins, Reinhold 289

Besedóvski, G. Z. 304

Bitner, Cláudia 363

caso com Kobylinsky 57

e discussão com Alexandra 180-1

opiniões de Nicolau acerca de 152, 181

perguntando a Alexei o que ele faria se ascendesse ao trono 181-2

presenciando invectivas de Alexandra contra a Alemanha 179

relacionamento com Alexei 146-7

tornando-se preceptora das filhas dos Romanov 145-6

Blok, Alexandre 87

Blyumkin, Yakov 295

Bogaévski, Afrikan 269

Bogrov, camarada 288

Bolchevique, Comitê Regional do Partido, 296

Bolchevique, Partido 126-7, 225, 287, 293, 296, 320, 327, 331, 356

bolcheviques 19, 22, 37, 80, 94-5, 97-8, 100, 113, 117, 124-5, 127-8, 129, 130-1, 133-4, 135-6,

151, 153, 157-8, 160, 163, 166-7, 169, 174-5, 178-9, 183-4, 185, 187-8, 189, 190-1, 192-3, 194, 199, 206-7, 210, 215, 222-3, 227, 230-1, 232-3, 234, 237-8, 243-4, 245-6, 251, 253-4, 255, 257-8, 259, 260, 268-9, 270-1, 272-3, 274-5, 278-9, 280-1, 282, 284-5, 287-8, 289, 290-1, 292-3, 295-6, 297, 299, 300, 302, 305-6, 308-9, 310, 313-4, 316, 318-9, 320, 322-3, 324-5, 326-7, 328-9, 330-1, 332-3, 334-5, 336-7, 338-9, 340-1, 342, 346, 349, 350, 353-4, 356, 364

bolcheviques de Ecaterimburgo 227, 237, 240-1, 245, 273, 291, 294, 315

Bonch-Bruevich, Vladimir 191, 303

Bórki 216

Botkin, dr. Yevgeny

a execução do 311, 325, 345

acompanhando os Romanov na transferência de Tobolsk 139, 253

como médico particular de Nicolau 103

e administração de comprimidos à família para acalmá-la 105

e aviso a Nicolau de que seu exercício diário sofreria restrições 256

e conturbada viagem de Tobolsk 208, 210, 212

e discreto estudo clínico dos Romanov 63

e esforço para conscientizar Nicolau da necessidade da proteção dos guardas 155

e participação nos cuidados médicos de Alexei 42

e providência para que Nicolau fizesse suas refeições na cama 258

e repasse de donativos aos Romanov 120, 143, 173

e sofrimento com inchaço nos rins 216

e tentativas para ampliar o tempo da família ao ar livre 121, 261

e tratamento de Nicolau com iodo 31

fascinado por seu envolvimento com os Romanov 65

Botkina, Tatiana 160, 165, 172-3, 176, 355

Boyle, coronel Joseph 334-5, 336-7

Brejnev, Leonid 359, 361

Brest-Litóvski, Tratado de (1918) 12, 166-7, 178, 206-7, 208, 245, 266, 270-1, 274, 276-7,

## ÍNDICE REMISSIVO

279, 281, 291, 294-5, 297, 299, 323, 328, 333-4

Brusilov, general Alexei 31-2, 42

Bruxelas 200

Bublikov, Alexandre 55-6

Buchanan, Lady Georgiana 75

Buchanan, Sir George 75-6, 79, 96-7, 132

Buimirov, decano Vasily 255, 286

Bulygin, Pável 338, 347

Buxhoeveden, Sophia 27, 31, 36, 63, 71-2, 103, 105, 160, 174, 248, 251, 258, 277

Buyvid, Víktor 327

Bykov, Pável 231-2, 305, 351-2

Calthorpe, vice-almirante Arthur 337

Capri 200, 224

Casa da Liberdade, a (antiga Casa do Governador) (Tobolsk) 137, 139, 140-1, 142, 147, 154-5, 157-8, 159, 160, 162, 165, 171, 175-6, 181, 184-5, 186, 188, 190-1, 194-5, 202, 208, 210, 247, 249, 286

Cocryakov, encarregado do cativeiro na 247

dificuldades para proteger a casa e seus ocupantes 196-7

melhoria da segurança em 248

móveis e vinhos enviados para 118-9, 120

o confinamento dos Romanov em 250

planos de resgate e investidas contra 168-9, 172, 174, 179, 217

redução de despesas e dispensa de criados em 164

retirada dos Romanov de 183, 189, 192, 185, 200, 209, 210, 212-3

situação turbulenta e caos em torno 139, 144, 155-6, 204

casa do governador (Moguilev) 11, 28, 32-3, 36, 44, 49, 51-2, 55-6, 58-9, 74, 177

casa do governador (Tobolsk). *Veja* Casa da Liberdade

casa dos Ipatiev (Ecaterimburgo)

a chegada dos Romanov à 232-3, 234-5, 251-2

a vida dos Romanov na 260-1, 262, 265, 277, 286, 294

após as execuções 317

como local de execuções 301, 304, 306-7, 324, 345, 350, 356, 361, 364

confiscada para o cativeiro dos Romanov 230-1, 232, 244

evidências de transgressões e práticas ilícitas na 247, 257, 259, 260, 282-3, 289

freiras mandadas embora do local após a execução dos Romanov 318

missas realizadas na 255-6

o esquema de segurança na 254, 257-8, 259

Catarina, a Grande 43, 91, 360

Catedral Pedro-Paulo (São Petersburgo) 361

Cáucaso 32, 55, 58

Cáucaso, norte do 121, 166

Cavaleiros da Crimeia 173

Centenas Negras 320

Centro-Direita 281

Chadrinsk 228, 272

Chaira 100

Chernov, Viktor 96, 134, 158

China 13, 21, 38, 196, 348, 353

Chistyakov, S. A. 144

Chkheidze, Nicolai 67, 76, 94

Chudinov, D. M. 209, 210, 214-5

Cocryakov, Pável 187-8, 189, 196-7, 213, 219, 247-8, 249, 250

Comissão de Confisco 244

Comissão de Inquérito Extraordinária do Governo Provisório 67, 69, 70

Comissão de Inquérito Extraordinário 69, 356

Comitê Central Bolchevique 238, 298

Comitê Central do Partido 260, 309

Comitê de Membros da Assembleia Constituinte (Komuch) 158, 242, 268, 270, 272, 305, 317, 329, 330-1, 340

Comitê Executivo 39, 55, 75-6, 192, 222, 253-4, 255, 288, 299, 305, 309, 312

Comitê Executivo Central do Congresso de Sovietes 192, 201, 208, 315

Comitê Executivo Central dos Sovietes 113, 192, 205, 312, 31

Comitê Executivo do Soviete Regional da Sibéria Ocidental 157, 159, 162, 183, 185, 187, 219, 224

Comitê Executivo do Soviete Regional dos Urais 186, 188-9, 193-4, 201-2, 219, 221, 223, 225,

444          O ÚLTIMO TSAR

227, 230-1, 235-6, 241-2, 246-7, 248, 269, 270, 272, 282-3, 289, 290-1, 292, 298-9, 304, 306, 308-9, 310, 312, 319, 330, 351-2
Comitê Militar Revolucionário 136, 240
Comitê Provisório 39, 45-6
comunistas de esquerda 238, 330
comunistas, comunismo 128-9, 135, 186, 220, 323, 238, 247, 252, 258-9, 271, 275, 280, 299, 305, 313, 317-8, 323, 330, 332, 349, 350-1, 357-8, 361, 364 *Veja também* bolcheviques
Conferência do Partido na Província de Viatka 298
Congresso de Sovietes 113, 192, 200, 201, 208, 240, 294, 315
Congresso dos Produtores de Metais dos Urais (1917) 243
Congresso Pan-Russo de Deputados Camponeses 164
Congresso Pan-Russo de Sovietes (Segundo) 128
Conselho de Estado 33, 92
Conselho de Ministros 24, 26, 29, 30, 38, 48, 67-8, 72, 76-7, 79, 94-5, 98-9, 104, 114
Conselho do Comissariado do Povo (Sovnarkom) 128-9, 133, 153-4, 157-8, 159, 162-3, 164, 166-7, 178, 185-6, 189, 191, 193, 204, 217, 219, 225, 234, 239, 240-1, 242-3, 245-6, 248, 260, 268, 270-1, 273-4, 275, 279, 282-3, 287-8, 291-2, 293-4, 295-6, 297, 301, 303, 309, 315, 318, 320, 322-3, 325, 330-1, 334, 337, 355, 359
Constantinopla 337
constituição soviética 232
cossacos 36, 109, 124, 129, 134, 273
Cotímski (socialista-revolucionário de esquerda) 222, 226, 230
Crimeia 59, 74, 97, 99, 100, 129, 133-4, 142, 166, 333-4, 335-6, 337
Crimeia, Guerra da 92
Crimeia, Regimento de Cavalaria da 169, 173, 175
Crocaleva, Maria 284

*Daily Telegraph, The* 345
Dane, srta. 336

Dardanelos 95, 336
Degtyareyev 184-5
Dehn, Lili 69
Dekônski, segundo-tenente 102
Demidova, Ana 53, 156, 208, 210-1, 345
democratas-constitucionalistas (Cadetes) 151
Demyanov, comissário A. D. 184-5, 195, 201-2
Den, Yulia 169
Denikin, Anton 346
Derevenko, dr. Vladimir 103, 147, 250, 257, 261, 284
Derevenko, Kolya 65, 138
Dezembrista (1825), Revolta 90, 92
Didkovski, Bóris 186-7, 196-7, 213, 222, 226, 233-4, 235, 238, 252-3
Dinamarca 12, 100, 339
Diterikhs, general Mikhail 342-3, 347-8, 350-1, 354-5
Dniepre, Rio 28
Dolgorukov, Vasily
    acompanhando Nicolau na transferência de Tobolsk 208, 210, 212
    e conturbada viagem para Tiumen 173
    e conversas para a transferência dos Romanov de Tobolsk 206
    e crença de que ainda tinha o respeito do povo 56, 58
    e discussão sobre futuro incerto 85, 206
    e entrega de espada usada em cerimoniais 197
    e jantares com os Romanov na mesma mesa 139
    e questionamentos sobre quando os Romanov poderiam fazer caminhadas fora da Casa da Liberdade 121
    e repasse de dinheiro para ajudar os Romanov 140, 247
    e reportagens sobre os Romanov 179
    e seu envio para a prisão de Ecaterimburgo 253-4
    e solicitação para lidar com a situação financeira dos Romanov 164-5
    em caminhadas com Nicolau pelo parque da residência 81
    em despedida dos Romanov 253-4
    tratado como prisioneiro 192

## ÍNDICE REMISSIVO

Domodzyants (segundo-tenente armênio) 101
Don 134
  província do 166
  bacia do 241
Doyle, Arthur Conan 86-7
  e histórias de Sherlock Holmes 86
  e *O Cão dos Baskerville* 86
  e *O Vale do Terror* 86
Duma 25-6, 27, 30-1, 32-3, 34-5, 37-8, 39, 40-1,
  45-6, 49, 55-6, 94, 101, 169, 184
Dumas, Alexandre, *O Conde de Monte Cristo*
  92-3
Dutov, general Alexandre 241-2, 245, 254,
  269, 270-1
Dutsman, comissário V. D. 184-5, 189, 195,
  201-2
Dzierzynski, Félix 295, 324

Ecaterimburgo 12, 14, 338, 240
  a chegada dos Romanov a 170, 173, 208, 218-
    9, 221, 228-9, 230-1, 232, 234
  a vida dos Romanov em 250-1, 252-3, 255-6,
    257, 266, 283-4, 285-6, 362
  bolcheviques e revolucionários em 19, 239,
    240-1, 297
  cercada de inimigos 183
  como centro regional dos Urais 183
  como força suprema nos Urais 193, 242-3,
    244
  como polo de atração de monarquistas 258
  e a transferência dos Romanov para 16-7,
    18, 22, 268, 271
  e apoio intermitente dado a 245, 287
  e aviso a autoridades para se preparar para
    a chegada dos Romanov 193-4, 195
  e boatos envolvendo a cidade 20, 315, 324-5,
    327, 345-6, 349, 352, 359
  e desejos de aumentar sua influência e im-
    portância 224
  e divergências com Moscou 198, 200, 201,
    218, 220, 223, 225-6, 227, 236, 289, 290-
    1, 297, 363
  e encrenqueiros enviados para 248, 254
  e milícia em Tobolsk 186-7, 188-9

  e ocupação pelos tchecoslovacos 260, 272-3,
    294, 305-6, 316, 326-7, 328-9, 330-1
  e reconquista pelo Exército Vermelho 204
  e reforço da capacidade militar em 196-7,
    249, 252, 270
  e retirada de tropas do Exército Vermelho
    de 245, 269, 270, 313, 332
  e retirada geral de 341
  razões de sua escolha como paradeiro dos
    Romanov 113, 238, 268
  tamanho de 109, 239
  tida como local inseguro 186, 216
Eduardo VII 54
Efimov, segunto-tenente 106
Efremov, Mikhail 289
Engels, Friedrich 129
Ernst de Hesse, príncipe (vulgo major Hesse)
  277, 279, 356
Estados Unidos 13, 127, 328, 345
Exército Branco 296, 332, 340-1, 342, 346-7,
  348-9, 350
exército de voluntários 269, 279, 281, 302, 333
Exército do Popular 158
Exército Popular do Komuch 268, 270, 305
Exército Russo 26, 78, 127, 154, 166, 243, 260,
  270, 277-8, 331, 333, 340
Exército Vermelho 168, 175, 217, 242, 252,
  271-2, 273, 289, 294, 296, 305, 307, 313,
  315-6, 318-9, 320, 326-7, 329, 330-1, 332,
  337, 339, 340-1, 342, 346
Exército Vermelho de Trabalhadores e Camponeses 269

*Fall of the Tsarist Regime, The* (registro estenográfico de inquérito) 356
família Romanov 133, 167
  a segurança da 179, 333
  a transferência de seus membros para Ala-
    paievsk 272, 298-9
  Alexei como o favorito da 33, 42, 47, 64-5
  boatos relacionados à 20, 95, 315, 324-5, 327,
    345-6, 349, 352, 359
  capacidade de resistência da 24, 40, 42, 48,
    80, 253, 266

# 446 O ÚLTIMO TSAR

caso de hemofilia na 33, 42-3, 63-4

comentários finais sobre a 358

conjecturas e investigações sobre o destino da 20, 318, 323, 325, 327, 351, 355

considerado irrealista um possível julgamento da 162, 193, 268, 283, 288, 293-4, 296, 303, 305, 308, 349

conspirações contra a 46, 54, 66, 86, 95, 115, 151-2, 202, 204, 216, 223, 225, 233, 249, 258, 260, 350, 352

correspondências da 28, 69, 84, 117, 132, 138, 156, 171, 202, 260, 284, 354-5, 360

debates e acordo em Moscou para executá--la 331

discussões no Sovnarkom envolvendo a 153, 159, 162-3, 164, 166-7, 191, 283, 287, 288

dispersão da 132-3, 135

e a confusão oficial criada em torno do destino da 118, 167

e a decisão de Moscou de transferi-la para Ecaterimburgo 223

e a vida na Casa da Liberdade 137, 139, 140-1, 142, 147, 154-5, 157-8, 159, 160, 162, 165, 168-9, 171, 174-5, 176, 181, 184-5, 186, 188-9, 190-1, 192-3, 194-5, 196, 202, 204, 208, 210, 247-8, 249, 250, 286

e a vida na Casa dos Ipatiev 230-1, 234-4, 247, 251-2, 254-5, 257-8, 259, 260-1, 262, 277, 282-3, 296, 289, 294, 297, 304, 306. 309, 310, 313-4, 315-6, 317, 321-2, 325, 328, 332, 341-2, 343-4, 345, 350-1, 352-3, 356, 358-9, 362, 364

e a comemoração de seu tricentenário com entusiasmo 27, 363

e a decisão de tornar todas as suas propriedades um legado da República Soviética 303, 322

e dificuldades crescentes em Tobolsk 139, 169, 185, 197, 255

e o assassinato de seus membros 19, 49, 91, 115, 296, 306, 321, 323, 325, 338, 343, 353, 355

e o tratamento do Governo Provisório dado a 55-6, 58, 67, 70-1, 72-3, 74, 76-7, 78-9, 94, 96-7, 99, 100

e seu confinamento no Palácio de Alexandre 36-7, 53-4, 55, 57-8, 59, 67-8, 78-9, 99, 112, 138-9, 195

e sua entrega a dirigentes dos Urais em Ecaterimburgo 205, 208-9, 210, 213, 222-3, 234-5

e suas cogitações sobre o futuro da Rússia 72, 167, 177, 179, 181

e a viagem conturbada para Tiumen 212-3, 215, 217-8, 219, 221

envio de dinheiro e presentes por amigos à 106, 120, 165, 170, 172-3, 176, 179

envolvimento alemão com a 276

fazendo preparativos para se mudar de Tobolsk 19, 118-9, 121, 193-4, 200, 204, 247-8, 250

horrorizada com a intransigência de Nicolau 35

investigação dos antibolcheviques sobre o destino da 20, 340-1, 343, 345, 347, 362

lealdade à 30, 32, 58, 104, 165, 174

livros lidos pela 18, 66, 85-6, 89, 90, 92, 126, 148-9, 150-1, 152, 190, 262, 266, 362-3

Moscou informado da execução da 315

Nicolau como herdeiro da 21

o exílio da 73-4, 75-6, 78, 97, 99, 112, 136, 181, 222, 224, 280, 339

o fundador da 23

obsessão de Nicolau por 89

planos de resgate da 168-9, 171, 173, 175

preservação da 226, 304

publicações e filmes sobre a 90, 352-3, 354-5, 356, 358, 360, 362-3

razões de sua detenção em Tobolsk 100, 113

reabilitação da 361

seu relacionamento com a Duma 25-6, 27, 30-1, 32-3, 34-5, 40-1, 59

seu relacionamento com Pankratov e a srta. Bitner 121, 123, 142-3, 144-5, 146, 179, 180-1, 363

seus membros executados em Alapaievsk 321-2, 351-2

seus últimos membros transferidos para Ecaterimburgo 247-8, 250-1, 252-3, 298

sobreviventes da 325, 333-4, 335, 337, 339

## ÍNDICE REMISSIVO

sua execução nos porões da casa dos Ipatiev 17-8, 55, 150, 309, 312-3, 315-6, 318, 322-3, 324-5, 327-8, 332-3, 341, 344, 349, 352, 358-9, 361-2, 364

sua transferência para Tobolsk 101, 103, 105-6, 113, 155-6, 160, 164, 168

versão oficial dos soviéticos sobre o destino da 309, 315, 359

visita de Yakovlev à 202, 203, 205, 288. *Veja também* membros autoproclamados da 344-5.

Feodorov, professor Serguei 42-3, 56

Feodorovich, Alexandre 71, 124

Feodorovna, grã-duquesa Elizaveta 298

Feodorovna, Maria (Dagmar quando solteira), imperatriz viúva 22, 61, 124, 135

aceitação de exílio na Inglaterra e depois na Dinamarca de 337-8, 339

dando fotografias autografadas a guarda--costas antes da mudança para Kiev 59

e comentários sobre "Sodoma e Gomorra na capital" 84

e recebimento de correspondência da família 74, 84, 100, 134, 136, 145, 150, 159

e sua recusa à oferta de exílio na Dinamarca 97

e sua recusa em ajudar Sokolov 354

e vida discreta em Ai-Todor 334, 336

enviada para Ai-Todor, na Crimeia 99

personalidade e descrição de 22

pouca influência sobre Nicolau 25, 33, 56, 61

viagem para Tobolsk 100, 105 de *Veja também* família Romanov.

Ferrovia Transiberiana 109, 111, 113, 184, 224, 228, 239, 272, 292, 320, 346

Fevereiro (1917), Revolução de 15-6, 17, 19, 20-1, 35, 37, 39, 59, 61, 70, 80, 82, 100, 106-7, 133, 135, 143, 148, 153, 169, 170, 173, 177, 200, 207, 280, 282, 299, 302, 308, 311, 340, 354-5, 356, 358, 362, 364

Finlândia 11-2, 96, 127, 132

Fortaleza de Pedro e Paulo (Petrogrado) 67, 69, 71, 123, 338

França 73, 91, 93, 114, 127, 149, 264, 279, 285, 328, 335, 339, 353, 359

Francesa, Revolução 37, 54, 92, 149, 262

Frederiks, conde Vladimir 25

Galkin (telegrafista) 201-2

Gatchina 38, 50, 99, 135

Gendrikova, Anastácia 120, 139, 145, 192, 251, 319, 320, 333

Georgy (ou Georgique) (encarregado de pernas tortas dos fogos da casa) 161

Germogen, bispo 141, 174-5, 184, 187, 247-8, 253

Gibbes, Sydney 137, 139, 210

comentários sobre Nicolau 23-4, 130

e contato de Sokolov 353

e empréstimo a Nicolau de um livro de J. R. R. Greene 148

e expectativa de voltar para a Inglaterra 78

e obrigação de participar das brincadeiras de Alexei 65

e opção concedida de permanecer na Casa da Liberdade ou partir 180, 192

e pedido a Anastácia para fazer relato de viagem para Tobolsk 107

e proibição de voltar para o Palácio de Alexandre 79

e sua aversão por Kirpichnikov 174

e sua constante pressão para que os consulados conseguissem a libertação dos Romanov 258

e sua crença de que Yakovlev era um bom sujeito 203

e viagem para Tobolsk na companhia da srta. Bitner 145

levando correspondência à agência dos correios 156

tirando a derradeira fotografia da família imperial 212

Gibbon, Edward, *Declínio e queda do Império Romano* 87

Gilliard, Pierre 64, 206

ciente dos planos de exílio dos Romanov 78, 181

comentário sobre Rasputin 64

e a entrega de sua espada usada em cerimoniais 197

# 448      O ÚLTIMO TSAR

e a vida na Casa da Liberdade 137-8, 139

e apresentação de testemunho ocular de suas experiências 355

e comentário sobre o sofrimento de Nicolau 85, 167

e concordância com a ideia de confisco do fuzil de brinquedo de Alexei 83

e interrogatórios citados por escrito 350

e levantamento de suspeitas sobre o envolvimento de alemães na questão dos Romanov 167

e obrigação de participar das brincadeiras de Alexei 65

e seu comentário sobre Rodionov 249

e seus comentários sobre Kerensky e Pankratov 116

e solicitação para lidar com a situação financeira 164-5

e sua constante pressão para que os consulados conseguissem a libertação de Nicolau 258

e sua crença de que Janin deveria encarregar-se dos cuidados com as caixas de provas documentais 348

e tentativas para atrasar partida para Ecaterimburgo 250

ouvindo por acaso a conversa entre Nicolau e Pankratov 143

sua chegada a Ecaterimburgo 251, 276

temendo uma desgraça 183

tomando conhecimento da forma de governo de Nicolau 27, 117-8

Gippius, Zinaida 87

Girs, embaixador 354

Gogol, Nicolai

    *O casamento* 149

    *Reflexões sobre a liturgia divina* 149

Golitsyn, conde Nicolai 30, 38-9, 47

Golitsyn, Vasily 47, 277

Golodnikov, K., *Tobolsk e sua periferia* 148

Goloputovskoie 189

Goloschekin, Filipp 347

e alegações de que não era russo 342

e controvérsia com Yakovlev 200-1

e conversas sobre a situação dos Romanov com Lenin 297

e crença de que ele havia ocultado importantes informações 222

e providências para que a Guarda Vermelha escoltasse os Romanov 235

e queixa de Yakovlev contra Zaslávski apresentada a ele 208, 213, 219

e seu contentamento em permanecer em Ecaterimburgo 238

e seu envio de apelos urgentes a Moscou para salvá-los de dificuldades financeiras 291

e seu inflamado discurso sobre a execução de Nicolau 317-8, 322

e seu possível conhecimento da autorização para a execução dos Romanov 303-4, 305

e seu repasse a Zaslávski da veemente queixa de Yakovlev 213

e sua afirmação de que Yakovlev tinha perdido o espírito revolucionário 236

e sua conversa sobre a execução dos Romanov 307-8

e sua decisão de pôr os Romanov na casa dos Ipatiev 230, 232

e sua escolha a dedo de membros de destacamento para vigiar os Romanov 254-5

e sua exigência para que Yakovlev retornasse para Ecaterimburgo 235

e sua negação de que chamara Zaslávski de volta para Ecaterimburgo 225

e sua participação em Congresso de Sovietes em Moscou 294, 296

e sua percepção da ruinosa situação financeira dos soviéticos 243

e sua recusa em deixar que parentes estrangeiros visitassem ou contatassem os Romanov 259

questionado sobre as execuções dos Romanov 306

e seu envio de unidades militares para fortalecer as tropas de Ecaterimburgo 197

personalidade e descrição de 193-4

Golyshmanovo 188, 268

Gorbunov, Vladimir 315

Goremykin, Ivã 30

## ÍNDICE REMISSIVO

Górki, Máximo 200
Gorshkov, Fiódor 210, 247, 253-4, 327, 350
Governo Provisório 18, 157, 159, 170, 175, 238, 240-1, 320, 347, 354, 356, 359, 364
análise da possibilidade de exílio para os Romanov pelo 73-4, 77-8, 99, 100
apoio regional ao 51, 102-3
concordância em enviar os Romanov para Tobolsk do 113, 116, 118-9, 121, 124, 144, 153
debate sobre a possibilidade de Mikhail vir a ser imperador 49, 50-1
decretação de anistia pelo 112
derrubada do 22, 157, 159, 170, 175
enfraquecimento do 75-6, 82, 125, 127-8, 130
estabelecimento do 45
estipulação de regras para a vida dos Romanov em cativeiro pelo 79
publicação de biografia anônima de Nicolau pelo 94
revogação da nomeação de Nicolau Nikolaevich como comandante do Cáucaso pelo 58
sobrevivência do 22, 95-6, 97-8, 99
suas ideias sobre a questão e o tratamento dos Romanov 55-6, 67, 70-1, 72, 132, 135
Grabbe, conde Alexandre 79
Grande Guerra 27, 30, 45, 74, 86, 110, 180, 199, 230, 259, 271, 275, 334, 336-7
derrotas russas 24, 31-2, 127, 166, 272
e a Legião Tchecoslovaca na 260, 271, 273, 285, 313, 329, 331, 340
e a possibilidade de derrota dos russos na 127-8, 178, 260, 266, 335
e tratados secretos (1915) na 95
o fim da 163, 282, 328
o Front Ocidental na 21, 31, 163, 328, 334-5
o Front Oriental na 21, 28, 30, 32, 35, 39, 41, 45-6, 96-7, 98-9, 114, 121, 124, 131, 134, 154, 162-3, 166, 272, 274, 278-9
Grécia 21
Green, J. R. R.
*Breve história do povo inglês* 148
Gribunin, Semeien 55
Grischenko, sargento 154
Guarda Vermelha 19, 128-9, 179, 183-4, 185-6, 187, 189, 190, 196-7, 204, 216-7, 235, 237,

243, 245, 248, 254, 268-9, 270, 273, 277, 288-9, 290-1, 292, 298, 340, 342
Guchkov, Alexandre 45-6, 47-8, 49, 50-1, 69, 70, 72, 74, 77, 96
guerra civil 40, 50, 242, 268-9, 286, 308, 323, 331, 346, 348
guerra russo-japonesa (1904–1905) 86, 111
Guilherme II, Kaiser 70, 167, 178-9, 275, 316
Gusyátski (subcomandante das tropas de Ecaterimburgo) 216, 219, 221, 228
Guzakov, Piotr 197, 214-5, 216, 218, 227

Haase, major (cognome profissional). *Veja* Ernst de Hesse, príncipe
Hanbury-Williams, John (general de divisão) 51, 74
Harbin 13, 113, 348
Harding, Sir Charles 97
Helsinque 11, 132, 136
Hill, capitão George 335
Hindenburg, Paul von 274, 335
HMS *Marlborough* 338
Hoover Institution (Universidade de Stanford) 15-6, 20
Hosking, Geoffrey 360
Hotel Americano (Ecaterimburgo) 299, 306
Hotel Bristol (Moguilev) 28
Hugo, Vítor, *Noventa e três* 92

Ialta 12, 100, 135, 333, 336-7
Iermak 109
Ievlevo 213
Igreja da Anunciação (Tobolsk) 122, 140, 157, 161
Igreja Ortodoxa 15, 25, 63, 87, 113, 133, 140-1, 151-2, 184, 266, 361
Ijévski, Fundição de 340
Índia 21
Inglaterra 25, 68, 73, 76, 78, 132, 148, 302, 328, 337
Ioffe, Adolf 323-4
Ioffe, Genrikh 361
Iordânski, V. 344
Ipatiev, Nicolai 230-1, 232, 244, 319, 326
Irkútski 21
Irtiche, Rio 12, 110, 120, 213, 215, 217

450            O ÚLTIMO TSAR

Istambul 12, 349, 390
Ivanov (criado particular do tsaréviche) 211
Ivanov, dr. 344
Ivanov, Fiódor 327
Ivanov, general 40, 78
Ivanov, Pável 326
Ivanóvski, mosteiro de 122
*Izvestiya* 288

Jäger, Oskar, *História universal* 148
Janin, general Maurice 348
Japão 13, 21, 24, 142, 184
Jassy 334, 336
Jebenev, Piotr 290
Jelezniakov, Anatoli 158
Jeleznov (engenheiro) 290
Jilinski, A. N. 231
Johnson, Nicolai 299, 301
Jorge V 45, 48, 197, 338
*Journal des Débats* 153
judeus
   a proeminência dos 151, 185
   aversão de Markov por 169
   acusados pela morte dos Romanov 350
   em Moguilev 28
   matanças de 214, 320
   o ódio de Diterikhs por 342, 347, 353
   ódio de Nicolau por 26, 133, 150, 254
   os pontos de vista de Nilus sobre 151-2
   os pontos de vista de Sokolov sobre 342, 353-4
   perseguições sofridas por 15
   pontos de vista de Georgy Mikhailovich sobre os 133
   pontos de vista de Kuropatkin sobre os 86
Juk, Yúri 361
Juliano, imperador 87-8
   *O inimigo da barba* 87

Kadets. *Veja* Kadets e democratas-constitucionalistas
Kadets (partido político) 80, 98, 125, 140, 240-1, 279, 281, 289
Kadomtsev, A. 270
Kaledin, general Alexei 134, 241
Kálerin, Vladimir 164

Kalinin, Savéli 56
Kamkov, Bóris 294
Kamyschlov, 224
Kasso, L. A., *A Rússia no Danúbio*, 75
Kaufman-Turkestânski, 27
Kazan, 286
*Kent* (navio), 304
Kerensky, Alexandre 48, 76-7, 134-5, 142, 153, 355
   como estrela em ascensão do Governo Provisório 95
   e a acusação de ter objetivos contrarrevolucionários 106
   e a culpa pela derrocada do exército 124, 178, 183
   e a diminuição de sua popularidade 124
   e a promessa de não enviar Nicolau para o exílio na Inglaterra 100
   e a recuperação dos depauperados recursos financeiros do país 127, 169
   e a tentativa de manter Nicolau e Alexandra separados 68, 70
   e a vitória sobre Kornilov 124
   e o dilema envolvendo o exílio dos Romanov 94-5, 96-7, 98-9
   e o suposto uso de morfina 124
   e seu relacionamento com Nicolau 68, 71, 77, 103
   e sua decisão de transferir Vyrubova para a prisão em Petrogrado 57, 69
   e sua defesa da própria posição em relação aos Romanov 124
   e sua derrota para Lenin 133
   e sua fuga do Palácio de Inverno 128
   e sua indicação de Pankratov como encarregado dos Romanov em Tobolsk 115-6, 117, 119, 120, 129, 159
   e sua objeção a Mikhail como sucessor do irmão 50-1
   e sua permissão para que Nicolau passeasse por Tobolsk 121-2
   e sua permissão para que Tatishchev viajasse para Tobolsk 120
   e sua providência para a transferência dos Romanov para Tobolsk 102-3, 104-5, 106-7, 113, 250

# ÍNDICE REMISSIVO

e sua recusa em endossar a execução de Nicolau 55

e suas razões para o envio dos Romanov para Tobolsk 99, 101

e suas tentativas de confiscar estoques de grãos e verduras 126

encarregado do cativeiro dos Romanov 18, 57, 69, 71, 78

mantido informado da situação em Tobolsk 108-9, 112, 114

Kharitonov (cozinheiro) 15, 284, 345

Khitrovo, Margarita 108, 118, 120, 139

Khlynov, padre Vladimir 141

Khrustalov, Vladimir 361

Kiev 12, 28, 59, 99, 145, 278-9, 281, 325, 335

Kireyev (presidente de comitê) 159

Kireyev (subcomandante do 1º Regimento de Fuzileiros) 160-1

Kirpichnikov, Alexandre 174, 190

Kislitsyn, general de divisão Vladimir 277

Kobylinsky, Eugênio 56, 118, 189, 257

assumindo o comando da guarnição em Tsarskoye Selo 57-8, 80

convencendo todos a entregar suas espadas e punhais de cerimonial 196-7

e a aversão de Nicolau por judeus 150, 152

e a decisão de distribuir vinho entre os soldados 83

e a desconfiança em relação a 101

e a designação como comandante militar em Tobolsk 102-3, 106

e a ordem recebida para entregar o caixão de Rasputin a Kuptchínski 60

e a permissão para que entrasse na Casa da Liberdade 137

e o caso amoroso com Cláudia Bitner 145

e o choque com a decisão de transferir os Romanov de Tobolsk 205-6

e o comentário sobre Alexandra 62

e o recrutamento de destacamento para vigiar os Romanov 102, 104-5, 115

e seu comentário sobre a vida na Casa da Liberdade 155

e seu conhecimento da conturbada viagem dos Romanov para Ecaterimburgo 188, 207-8, 209, 216, 247

e seu reconhecimento das dificuldades financeiras dos Romanov 140

e seu relacionamento com os Romanov 82-3, 117, 120-1, 159, 175-6, 179, 181

e sua exoneração do cargo 249

e sua permanência em Tobolsk 153-4, 183, 185, 250

e sua permissão para que Nicolau fosse à igreja 141

e sua preocupação com a situação em Tobolsk 129, 156

e sua recusa em transferir Nicolau para a Fortaleza de Pedro e Paulo 67-8

e sua solicitação para que Alexandra não ficasse na varanda 186

e suas lembranças de Alexei 65

e visita à Casa da Liberdade na companhia de Yakovlev 202-3

efeitos da revolução em 157

Kolchak, almirante Alexandre 269, 332, 340-1, 342, 344, 346, 351, 353

observando os acontecimentos em Tobolsk a distância

persuadido a ficar na Casa da Liberdade

presenciando a partida de Vyrubova

Komuch. *Veja* Comitê dos Membros da Assembleia Constituinte

Konovalov, Alexandre 50

Konstantin Konstantinovich, grão-duque 298

Konstantinovich, grão-duque Ígor 298

Konstantinovich, Ioan 259

Korjenévski, Stanislau. *Veja* Solovyov, Bóris

Korkunov, professor Nicolai 44

*Kormilets* (barca) 109

Kornilov, a casa dos (Tobolsk) 137, 160-1, 184, 196, 208

Kornilov, general Lavr 99

a fuga e a ajuda na organização de Exército de Voluntários 268-9, 333

a morte de 346

e a suspeita de tramar um golpe de Estado e o consequente aprisionamento 125-6, 241

e sua mobilização de soldados para proteger os Romanov na Crimeia 124

e suas periódicas mudanças de membros da guarda à volta dos Romanov 82

452          O ÚLTIMO TSAR

sua chegada a Tsarskoye Selo 56-7
tratado como possível futuro ditador 134
Korovichenko, coronel Pável 57-8, 70
Kosarev, Víctor 219, 224-5, 226-7, 228
Kosarev, Vladimir 185-6
Kostrítski, Serguei 129, 142
Kotsebu, Pável 57
Kremlin 26, 273, 297, 309, 341
Kresty, prisão de 187
Kretínski, Nicolai 238, 241
Kruschev, Nikita 359
Kühlmann, Richard von 323
Kulomzino 14, 224, 228
Kun, Béla 299
Kuptchínski, comissário 60
Kurgan 14, 272
Kurinskoie 232
Kuropatkin, A. N., *A Rússia para os russos* 86-7
Kuzino 14, 292, 320
Kuznetsk 142
Kyshtym 272

Lebedev (oficial) 235
Legião Tchecoslovaca 260, 271, 273, 285, 313, 329, 331, 340
Lei Fundamental 48
Leikin, N. A. *Neunyvayusshchie rossiyane* 265
Lenin, Vladimir Ilyich
a visão de Nicolau com respeito a 178
acusando mencheviques e socialistas-revolucionários de traição política 95
como dirigente dominador 19, 133, 150, 199, 200-1, 240-1, 243, 358-9, 361, 363-4
como supremo opositor das leis 303
conversas sobre execuções dos Romanov e concordância em realizá-las 302, 304
e a assinatura de acordo de paz separado com a Alemanha 163, 166, 208, 245, 270-1, 281
e a assinatura de decreto relativo às propriedades dos Romanov 303
e a crença de que a guerra civil tinha acabado 269
e a divisão informal de atribuições com Sverdlov 194, 350

e a expropriação de empresas privadas 231, 330
e a ordem de execução de dirigentes dos socialistas-revolucionários de esquerda 297
e a ordem para que pusessem Beloborodov em contato direto com o Kremlin 297
e a preocupação de correligionários com sua liderança 238, 299
e a sanção de Decreto de Confisco de Alimentos 330
e a sanção de decretos 287
e as ordens a Dzierzynski para que não dissesse nada a Ioffe sobre os Romanov 323-4
e as tentativas de ocultar a notícia das execuções 316, 322, 349
e o contato permanente com Ecaterimburgo 287
e o envio de condolências pela morte de Mirbach 295
e o envio de missão diplomática a Berlim 162-3
e o mandado de prisão contra ele 98
e o não envolvimento na execução de Mikhail Romanov 301
e o problema dos Romanov 19, 153, 191-2, 193-4, 196, 293-4
e o projeto revolucionário 127-8, 129, 131
e o recebimento de carta de Kosarev 185-6
informado da chegada dos Romanov a Ecaterimburgo 236-7
informado das execuções dos Romanov 308-9, 315
informado do plano de Yakovlev 225-6
obedecido, mas com desconfiança 291
promessas não cumpridas de 273-4
recebendo garantias de que os boatos em torno dos Romanov eram falsos 289
Lermontov, Mikhail 146, 149
Leroux, Gaston, *O mistério do quarto amarelo* 86
Leskov, Nicolai, *O roubo* 148
Letemin, Mikhail 317, 341-2, 350
letões, fuzileiros 151, 184, 248-9, 254, 273, 283, 295, 310-1, 317, 321

## ÍNDICE REMISSIVO

Lichtenberg, duque Nicolai 79
Liebknecht, Karl 299, 338
Liège 200
Lieven, conde 291
Lieven, Dominic 360
Livádia 23, 38, 74
Lloyd George, David 77
Lockhart, Robert Bruce 271, 274
Loginov, Ivan 187, 218, 221
Louisa (navio a vapor) 110, 111
Löwe, Heinz-Dietrich 360
Ludendorff, Erich von 274, 335
Luís XVI 75, 92, 262-3
Lúkin (comissário da Casa da Liberdade) 191-
    2, 195-6, 209
Lukômski, general 44
Lukoyanov, Fiódor 324
Lunatchárski, Anatoly 295
Luxemburgo, Rosa 299, 338
Lvov, príncipe Georgy
    contrário à exoneração de Nicolau Niko-
        laevich 58
    e comentário de Nicolau sobre 72
    e concordância em deixar Nicolau perma-
        necer em Tsarskoye Selo 76
    exoneração de 95-6, 98
    indicado como chefe do gabinete de minis-
        tros 50, 59, 60
    indicado como presidente do Conselho de
        Ministros 48
    recebendo a notícia de asilo político de Te-
        reshchenko 96
    tornado ministro-presidente do Governo
        Provisório 45, 74
Lykova, L. A. 361
Lyubino 14, 224, 227-8, 235

Maeterlinck, Maurice, A sabedoria e o destino
    262-3, 264-5
Magnética, Montanha 239
Makarov, Pável 101, 103-4, 107-8, 112, 115
Malta 338
Malyschev, Ivan 269
Malyshev, segundo-tenente 176
Mangold, Tom (em coautoria com Anthony
    Summers), File on the Tsar 359, 360

Mar Branco 74, 96
Maria da Romênia, princesa 334
Maria Nikolaevna, grã-duquesa 60
    a execução de 304, 306, 311, 356
    a saúde de 65, 157
    acompanhando os pais na viagem de Tobol-
        sk 208, 210, 212, 250
    e a conturbada viagem para Tiumen 216
    e a ocasião em que viu Solovyov passar na
        frente da Casa da Liberdade 171
    e a queima dos próprios diários e corres-
        pondência 202
    e a vida na Casa da Liberdade 137
    e o roubo de seu dinheiro 253
    e pergunta sobre o destino do trem 224
    levada para a casa dos Ipatiev 234, 247, 252
    personalidade e descrição de 65. Veja tam-
        bém família Romanov.
Mariinsky, Palácio de 76
Marinha Real 74-5, 336
Markov, A. V. 301-2
Markov, Nicolai E. (vulgo Markov-II) 169, 170,
    173-4, 175, 277
Markov, Serguei 173, 217, 277, 325
Marx, Karl 129
marxistas, marxismo 163, 228, 238-9, 244,
    299, 338, 359
Massie, Robert e Suzanne, Nicholas and Ale-
    xandra 358
Mather, srta. 160
Matveiev, Pável 160-1, 191, 195, 202, 209, 210-1,
    228, 235, 247-8
maximalistas 228
Medvedev, Mikhail 311-2
Melnik, Konstantin 173
mencheviques 37, 55, 80, 95-6, 97-8, 113, 127-8,
    151, 153, 157, 183, 238, 240-1
Merejkowski, Dmitri 87-8, 91
    Alexandre I 87, 90
    O Cristo e o Anticristo, trilogia 88-9, 90
Miasnikov, Gavril 300-1, 304
Miass 14, 200, 272
Migich, major 259
Mikhail Alexandrovich, grão-duque 53, 97
    como herdeiro de Nicolau 43
    como possível chefe de gabinete 41, 43

como possível monarca constitucional 43, 280

como regente 41, 43-4, 46-7

e a despedida de Nicolau e sua família 105

e a esperança de se mudar para a Crimeia 100

e o desespero com a situação em Petrogrado 38

e sua vida discreta em Perm 299, 300

mantido sob vigilância 55, 73

possível exílio do 135-6

retiro em sua residência em Gatchina 99

sua execução por Miasnikov 301-2, 304

sua prisão pelos comunistas 134-5

sua renúncia ao trono 48-9, 50-1

transferência de volta para a capital do 38

Mikhailovich, grão-duque Dmitri 338

Mikhailovich, grão-duque Georgy 132-3, 134, 298, 338

Mikhailovich, grão-duque Serguei 49, 74, 298

Milyukov, Pável

a exoneração de 94-5, 96

e seu desejo de que o trono fosse passado a Mikhail 50

e sua busca por ajuda alemã 279, 280-1, 320

e sua defesa de exílio no estrangeiro para os Romanov 72-3, 74-5, 76-7

e sua determinação em criar um gabinete de ministros 31

Ministério da Guerra 70

Ministério da Justiça 164

Ministério das Relações Exteriores 23, 29, 73, 77, 95-6, 97, 128, 271, 323

Ministério do Interior 29, 35

ministro da Justiça 68, 76-7, 288

ministro da Propriedade Estatal 164

Minyar, fábrica de 201

Mirbach, conde Guilherme von 275-6, 294-5, 296, 303-4, 317, 325

Mirolyubov, Nikânder 332, 341, 347, 360

Mistislávski, coronel Serguei 67-8, 76

Moguilev 11, 28, 32-3, 36, 44, 49, 51-2, 55-6, 58-9, 74, 112, 165, 177

Montefiore, Simon Sebag 15, 360

Mordvinov, Alexandre 79

Moscou 12, 19, 26, 46, 55, 113, 121, 124, 161-2, 165-6, 189, 191-2, 193-4, 195-6, 197, 200-1, 204-5, 208, 215-6, 218-9, 220, 222-3, 224-5, 226-7, 228, 230, 234, 236-7, 243, 247, 253, 257, 266, 268-9, 271, 275, 279, 281-2, 285, 288-9, 291, 293-4, 295-6, 297-8, 299, 301, 303-4, 306-7, 308-9, 310-1, 315-6, 317-8, 319, 322-3, 324, 328-9, 331, 335, 337, 349, 350-1, 353, 357, 359, 361, 363-4

Moshkin, Alexandre 255, 282

Mosolov, general A. I. 278

mosteiro de Ecaterimburgo 256

Motovilikha, bolcheviques de 300

Mrachkóvski, Serguei 254-5

Mumm von Schwarzenstein, embaixador Alfons 278

Mundel (ajudante graduado) 203

Murmansk 11-2, 74-5, 96, 100

Mutnykh, Natália 344-5, 360

Myáchin, Konstantin. *Veja* Yakovlev, Vasily

Nabokov (oficial) 209, 216, 235, 248

Nadejdin, soviete de 187

Nameiêtkin, Alexei 328, 331-2, 343, 347, 350, 353

Napolnaya, escola de 321-2

Nagorny, Klemênti 250-1, 254, 325

Naryshkin, conde Cirilo 45, 56, 79

Naryshkina, duquesa Elizaveta 70, 104

Naryshkina, Maria 90

Negro, Mar 12, 15, 24, 38

Neidgart, Dmitri 276

Nekrasov, Nicolai 146

Nemtsov (presidente do soviete de Tiumen) 213

Neva, Rio 34

Nevolin, Alexandre 216

Névski, V. I. 228

Nicolai Mikhailovich, grão-duque, 85, *Veja também* família Romanov.

Nicolau I 54

Nicolau II

a execução de 304, 306, 311, 356

apelidado Nicolau, o Sanguinário 27, 94, 176, 318, 356, 364

comentários finais sobre

comentários sobre a situação crítica em Petrogrado 50

debates em Moscou sobre 331

# ÍNDICE REMISSIVO

e a cogitação de seu exílio no exterior 18, 55, 73-4, 75-6, 78-9, 99, 100

e a correspondência envolvendo a família 28, 69, 74, 84, 100,117, 132, 134, 136, 138, 145, 150, 156, 159, 171, 202, 260, 284, 354-5, 360

e a disseminação de boatos sobre sua morte 285, 317, 323-4, 325, 343, 349

e a ideia de levá-la a julgamento público em Moscou 162, 193, 293, 349

e o debate em torno de propostas para sua execução 303-4, 305, 307-8

e o incidente envolvendo um casaco e um cobertor 211

e o período de tensão em seu relacionamento com Alexandra 53, 70-1

e o tratamento recebido dos soldados da guarnição do cativeiro 58-9, 101-2

e os comentários sobre acontecimentos em Petrogrado e a Revolução de Outubro 30, 34, 37, 39, 41, 45, 71-2, 129, 135, 177

e os comentários sobre sua queda 72, 75, 89, 91, 116, 151, 168, 241, 355, 362

e seu confinamento com a família na Casa da Liberdade) 137, 139, 140-1, 142, 147, 154-5, 157-8, 159, 160, 162, 165, 171, 175-6, 181, 184-5, 186, 188, 190-1, 194-5, 202, 208, 210, 247, 249, 286

e seu confinamento com a família na casa dos Ipatiev 260-1, 262, 265, 277, 286, 294

e seu conhecimento acerca de distúrbios nas ruas de Ecaterimburgo 312

e seu desconhecimento em relação a acontecimentos externos 125-6

e seu relacionamento com Kobylinsky 82-3, 117, 120-1, 159, 175-6, 179, 181

e seu tormento com o tratado de Brest-Litóvski 167, 178, 207, 277

e sua transferência com a família para Ecaterimburgo 212, 216, 223, 230, 234, 247, 252-3, 256, 342

e sua transferência com a família para Tobolsk 101, 103, 105-6, 113, 155-6, 160, 164, 168

e suas tentativas de acompanhar os acontecimentos no mundo 78, 80-1, 126, 129, 130, 135, 166, 193, 257

horrorizado com os constantes distúrbios nas cidades 36, 83, 98

livros lidos e apreciados por 18, 85-6, 87-8, 89, 90-1, 92-3

perigos e suspeitas em torno de 19, 55, 75, 153, 155, 161, 196, 222, 287

personalidade e descrição de 16-7, 22-3, 24, 26, 62

rotulando a Guarda Vermelha de bando de "assaltantes bolcheviques" 185

seu confinamento com a família no Palácio de Alexandre 36-7, 53-4, 57-8, 59, 66, 67-8, 78-9, 99, 112, 138-9, 195

seu desprezo por Guilherme e a Alemanha 70, 167, 178-9

seu envio para a Sibéria 21, 101, 103-4, 106, 109, 110-1, 114

sua abdicação e consequências 40-1, 42-3, 44-5, 46-7, 48-9, 51, 65

sua ordem para prender os líderes rebeldes 37

sua recusa em transigir ou reformar o *status quo* 20, 25, 27, 30-1, 32-3, 34-5, 38, 94

sua rotina diária durante a Grande Guerra 28-9

sua transferência sob escolta para Tsarskoye Selo 55-6

sua viagem pelo mundo 21

*Veja também* família Romanov

Níjni Novgorod 239

Níjni Taguil 272

Nikolaevich, grão-duque Nicolau 32, 58, 100, 338, 353-4. *Veja também* família Romanov.

Nikolsky, Alexandre 115, 117

Nikulin, Grigory 285, 306, 311, 317, 345

Nilus, Serguei, *The Imminent of the Antichrist and the Realm of the Devil on Earth* 151-2

*Novoe vremya* 80

Ob, Rio 188

Odessa 331, 338

Okhrana (polícia secreta) 73

Olga Alexandrovna, grã-duquesa 134-5

Olga Nikolaevna, grã-duquesa 60, 280

a execução de 304, 306, 311, 356

a gravidez de 97

# 456 O ÚLTIMO TSAR

a saúde de 65, 157

a vida na Casa da Liberdade 138

chegada a Ecaterimburgo 251

e objeção à rotina severa 250

e sua descrença de que voltariam para Tsarskoye Selo 181

personalidade e descrição de 65, 81. *Veja também* família Romanov

Omsk 12, 14, 157, 159, 162, 168, 183-4, 185, 188-9, 190, 193-4, 195, 198, 201, 204, 218-9, 221-2, 223-4, 225-6, 227-8, 230, 236, 268, 272-3, 288, 290, 332, 340, 342-3, 346

Omsk, Guarda Vermelha de 179, 185-6, 187, 189, 196

Orczy, baronesa, *Pimpinela escarlate* 149, 150

Ordovsky-Tanaevsky, Nicolai 107

Oremburgo 199, 242, 269

Orsha 49, 56

Palácio de Alexandre (Tsarskoye Selo) 68, 70, 78, 105, 134, 138-9, 168, 173, 195

adega de vinho do 22

conversas da imperatriz com oficiais da guarda do 37

corte do fornecimento de água no 36

descrição do 53-4

e possibilidade de ser atacado 53-4, 55, 99, 112

membros dos Romanov confinados no 17, 55, 57, 59, 66-7

regras e rotina no 57-8, 59, 79

Palácio de Inverno 54, 124, 128-9, 135

Palchínski, Piotr 170

Palei, conde Vladimir 298

Paléologue, Maurice 75-6

Palkina 352

Pankratov, Vasily 19

condenado à pena de prisão e ao exílio 115-6

e ordem para deixar a casa dos Kornilov

e organização de esquema de ensino 118, 140, 146

e permissão para entrar na Casa da Liberdade 137

e sua medida para impedir a retirada de comida da Casa da Liberdade 139

e sua permanência na chefia do esquema de confinamento em Tobolsk 153-4

e sua permissão para Nicolau usar a biblioteca de Tobolsk 148

exonerando-se de suas atribuições em Tobolsk 158-9, 160, 162, 183, 202

lidando com a chegada de móveis e vinho para os Romanov 118-9, 120

livro de memórias de 142, 356

nomeado comissário plenipotenciário encarregado dos Romanov 115-6, 122, 129, 155-6, 157

os efeitos da revolução em 257

personalidade e descrição de 115-6, 117-8, 120

seu relacionamento com os Romanov 116, 121, 123, 142-3, 144-5, 363

Partido dos 33 100

Partido Operário Social-Democrata Russo 199

Paulo, imperador 25, 43-4, 49, 91

Pavlovich, grão-duque Dmitri 33, 77, 280

Pedro III 43, 49, 91

Pedro, o Grande 23, 25, 89, 145, 239, 360

Penza 331, 342

Penza, comunistas de 330

Perm 12, 14, 106, 194, 238, 292, 298, 309, 318, 325, 327, 329, 341, 344-5, 352, 360

Perm, prisão de 230, 320

Perm, soviete de 299, 300, 302, 305, 344, 346

Permyakov (comandante de um destacamento de cavalaria) 217

*Peterburgskaya gazeta* 265

Petrogrado (antiga São Petersburgo) 28, 30, 34-5, 37-8, 39, 41, 45-6, 47-8, 49, 50-1, 52, 54, 57, 60, 68, 73-4, 75, 79, 95, 98-9, 100, 104, 108, 113-4, 116, 118-9, 120-1, 124-5, 126-7, 130, 132-3, 135, 143, 153, 155, 157, 159, 162-3, 164, 166, 170, 172, 174, 200, 239, 258, 268, 276, 287, 291, 298-9, 307-8, 309, 316, 325, 331, 338

Petrogrado, soviete de 55, 67, 76-7, 80, 95-6, 128-9, 136, 168-9, 240-1, 242, 245

*Petrogradskaya gazeta* 80

*Petrogradskii listok* 80

Petrovna, grã-duquesa Elena 259

Pignatti, V. N. 101

Pilts, governador-geral Alexandre 21

# ÍNDICE REMISSIVO 457

Pisarévski (exilado político) 156-7
Pleskov 40-1, 44-5, 49, 69, 74, 167
Plevitskaya, Nadezhda 23
Plotnikov, I. F. 361
Pobedonostsev, Konstantin 24
Pokróvski, professor Mikhail 323
Pokrovskoie 107, 175, 215-6, 251
Polícia (russa) 28, 35-6, 37, 52, 73-9, 112, 114, 164, 200, 273, 306
Polyakov (socialista-revolucionário de esquerda) 222
Poppel, Eugênia 319
Potências Centrais 97, 162, 233
Praslov, segundo-tenente 277
*Pravda* 157, 166, 193, 349, 353
Preobrajênski, Eugênio 226, 238
Preobrajênski, marcha de 29
Presidium do Comitê Executivo Central 192, 288
Proschyan, P. P. 192
Proskuryakov, Filipp 317
Protopopov, Alexandre 35-6, 38, 47
Purishkevich, Vladimir 34
Pushkin, Alexandre 146
Pútin, Vladimir 362
Pyatigorsk 121

*Rabochaya pravda* 157
Radek, Karl 295
Radzínski, Edvard 361
Radzínski, I. I. 259, 260, 315
Rappaport, Helen 360
Rasputin, Gregory 61, 63-4, 70, 141, 143, 170, 180-1, 182, 354
  a casa de 107, 215
  acusações contra ele em biografia anônima de Nicolau 94
  bebedeiras e promiscuidade de 23
  comportamento turbulento em Tobolsk 113
  enterrado, desenterrado e cremado 60
  local de nascimento de
  o assassinato de 33-4, 35, 77, 280
  protegido pela família imperial 25, 355
  *Rasputin the Mad Monk* (filme de 1966) 358
Rasputin, Maria 251
Raukhufs, dr. 42
*Rech* 80

República Socialista Federativa Soviética Russa 303
Resin, general de divisão Alexei 53
*Revolução dos Trabalhadores, A* (publicado por editora estatal) 351
Revolução de 1905-1906 48
Revolução de Outubro (1917) 20, 22, 124, 129, 133, 135, 140, 152, 156, 158, 166, 168, 177, 186, 194, 238-9, 240, 245, 248, 273, 301, 303-4, 308, 320, 341, 356, 358, 361, 364
Ritierv 132, 238
Rodionov (socialista-revolucionário de esquerda) 248-9, 250-1
Rodzianko, Mikhail
  como presidente de um Comitê Provisório 39
  e a abdicação de Nicolau 49, 50, 72, 207
  e apelo a Nicolau para se livrar do próprio governo 38
  e autorização para organizar um novo governo 38
  e participação de complô para tirar Nicolau do poder 41
  e seu conselho a Alexandra para deixar Tsarskoye Selo 53
Rostov 12, 166, 173
Rostovtsev, conde Yakov 173
*Rus* (barca a vapor) 107, 250
*Russkaya volya* 80
*Russkoe slovo* 80
Rúzski, general Nicolai 45
Ryabushínski, Pável 126

Sacalina, Ilha 111
Safarov, Georgy 222, 226-7, 238, 243, 292, 297, 305-6, 307-8, 320, 322
Safonov, Faika 284
Sakovich, Nicolai 244, 291
Saltykov-Schedrin, Mikhail, *A família Golovleiev* 266
Samara 158, 260, 329
São Petersburgo 23, 28, 44, 86, 89, 123, 184, 361 *Veja também* Petrogrado
Saratov 329
Savinkov, Bóris 296
Schetchnov, diretor 230

Schneider, Ekaterina 139, 145, 251, 319, 320, 333

Sebastopol 12, 100, 333

Sebastopol, soviete de 134-5

Sedneyev, Ivan 190

Semyannikov, fábrica de 116

Serov, Valentin 135

sérvios 352

Shamarin, Pável 345

Shilder, N. K. 91-2

Shlisselburg, prisão de 116, 123

Shulgin, Vasily 45-6, 47-8, 49

Sibéria 12-3, 14-5, 21, 101, 103-4, 106, 109, 110-1, 114-5, 116, 120, 134, 142-3, 157, 159, 162, 170, 183-4, 185, 187, 189, 191-2, 195, 219, 224, 228, 239, 247, 260, 269, 272-3, 289, 290, 292, 320, 331-2, 338-9, 340, 345-6, 347-8, 350, 353, 356

Sim, distrito do Rio 218, 220

Sim, Fábrica de 200

Sim, Rio 218, 227, 254

Simbirsk 329

Sindicato dos Professores dos Urais 326

Sitnikov, Fiódor 344

Skobelev, Matvei 96

Skoropadskyi, Pavlo 279

Smirnov (criado sérvio) 259

Sobolev, coronel Cirilo 258

socialistas-revolucionários 37, 80, 95-6, 97-8, 113, 127-8, 151, 153, 156, 163, 183, 238, 241 268-9, 289, 297, 329, 342

socialistas-revolucionários de esquerda ministros do povo 158, 166, 192, 222-3, 230, 245-6, 274, 294-5, 296, 353

Sokolov, Nicolai 342-3, 345-6, 347-8, 350, 353-4, 363

    *Investigação judicial do assassinato da família imperial russa* 355

Solovyov, Bóris ("Stanislau Korjenévski") 170, 354

Solovyov, Matryona 170, 172

Solovyov, Vsevolod 149

Sorokin (chefe da Tcheka de Perm) 300

Sosnóvski, Lev 241, 215

Soviete de Deputados de Operários e Soldados de Petrogrado 39

soviete de Tobolsk 117, 119, 157, 168, 172, 184, 188-9, 197, 202, 209, 217, 248

soviete do distrito de Ecaterimburgo 240, 272, 315

Sovnarkom. *Veja* Conselho dos Comissários do Povo

Spiridonova, Maria 192, 294

Srednyaya Rogatka, estação ferroviária de 60

Stálin, Josef 358-9

Stavka (supremo quartel-general russo) 28-9, 31-2, 33, 41, 49

Steinberg, Mark 361

Stoker, Bram, *Drácula* 149

Stolypin, Piotr 360

    desconfiança de Nicolau em relação a 24-5

    horrorizado com pogroms nas regiões fronteiriças ocidentais 26

    seu programa para os camponeses antes da guerra 110, 152

    sua promoção de nova política agrária e tradições comunais dos camponeses 29

    e sua instauração de investigação sobre os Protolocos dos Sábios de Sião 151

Storojev, padre Ioan 255-6, 285-6

Stürmer, Boris 30, 47

Suíça, 281

Summers, Anthony (em parceria com Tom Mangold), *File on the Tsar* 359, 360

Suprema Comissão de Inquérito Extraordinária 67

Sverdlov, Yakov 276, 287

    como encarregado da questão dos Romanov 192

    e a acusação de ser o cabeça em conspiração de judeus 350

    e a execução de Mikhail Romanov 301

    e as garantias recebidas por ele de que boatos envolvendo os Romanov eram falsos 289

    e seu apoio aos planos de Yakovlev 193-4, 195-6, 200-1, 215, 218-9, 220-1

    e seu comunicado a Ecaterimburgo sobre os planos para assumir o controle da guarda dos Romanov 189, 195, 237

    e seu envio de novas instruções envolvendo os Romanov 253

## ÍNDICE REMISSIVO

e seu questionamento a Beloborodov quanto
a acontecimentos nos Urais 222, 285
e seus intensos contatos com Ecaterimburgo 287
e sua alegação de que não era russo 343
e sua amizade com Yakovlev 199
e sua concordância na transferência dos
Romanov para Ecaterimburgo 225-6,
227-8, 229, 233, 235-6
e sua decisão de encarregar o Soviete de
Tobolsk de comandar o cativeiro na
casa dos Ipatiev 248
e sua nomeação como secretário do Comitê
Central dos Bolcheviques 238
e sua participação em debates e concordância com a execução dos Romanov
293-4, 297, 304, 306, 308-9
e sua preocupação com o assassinato de
Mirbach 303
e sua subestimação dos perigos da situação
185
e sua sugestão para adiar providências com
relação aos Romanov 288
e sua tentativa de distanciamento dos acontecimentos em Ecaterimburgo 364
e sua tentativa de ocultar a notícia de execuções 317-8, 322
informado da chegada dos Romanov a Ecaterimburgo 236
informado da execução dos Romanov 315
inteirando-se da ocorrência de problemas
na casa dos Ipatiev
Syroboyarskaya, madame 167
Syroboyárski, general Alexandre 84, 179, 355

Tatiana Nikolaevna, grã-duquesa 60
a execução da
a saúde da 65, 157
aflita com a partida dos pais de Tobolsk
206-7
e a chegada a Ecaterimburgo 250-1
e a ocasião em que viu Solovyov passar na
frente da Casa da Liberdade 171
e a vida na Casa da Liberdade 108, 118, 139
e o suposto desembarque na América 345

personalidade e descrição da 65 *Veja também* família Romanov
Tatishchev, conde Ilya, 90, 104
achando graça no fato de Makarov ser socialista-revolucionário 103
e a chegada a Ecaterimburgo 251
e a concordância em acompanhar Nicolau
para Tobolsk 120
e a conversa para retirar os Romanov de
Tobolsk 205-6
e a solicitação para lidar com a situação
financeira 140, 144, 164-5
e a vida na Casa da Liberdade 137-8, 139
e seu envio para a prisão de Ecaterimburgo
247, 254
e sua solicitação para ficar com o soberano
249
e sua tentativa de adiar a partida para Ecaterimburgo 250
e tratamento como prisioneiro 192
e viagem conturbada para Tiumen 212
informando Kobylinsky sobre a transferência de Tobolsk 208
Tchaikovsky, Peter Ilich 23, 63
Tcheka (polícia política) 164, 200, 232, 241, 247,
259, 282-3, 284, 289, 290, 295, 297-8, 299,
300-1, 305-6, 307, 311-2, 316, 321-2, 324-5
Tchekhov, Anton 265
e *O Urso* 138
Tchelyabinsk 14, 109, 200-1, 219, 225, 228, 239,
260, 271-2, 305, 329, 330-1, 346
Tchemodurov, Terênti 208, 210-1, 319, 325, 341
Tchita 346, 348, 353
Tegleva, Alexandra 83, 277
Teodorovich, I. A. 208
Tereshchenko, Mikhail 96-7
Terras, Decreto das (1917) 303
*The Last Days of the Last Tsar* (1922) 352
*The Times* 153
Tikhomirov, subprocurador 344
Tiumen 14, 107, 109, 110-1, 113, 116, 119, 168,
170, 173, 175, 185-6, 189, 191, 201, 204, 209,
212-3, 217-8, 219, 221, 223, 226, 228, 230,
232, 236, 248, 251, 254, 272-3, 277, 325
Tobol, Rio 110-1, 214, 346

460      O ÚLTIMO TSAR

Tobolsk, biblioteca do liceu de 148
Tobolsk
  . a transferência dos Romanov para 101, 103, 105-6, 113, 155-6, 160, 164, 168
   a vida em 138, 160, 250
   e a ordem para se submeter à autoridade de Yakovlev 202-3, 205
   e os planos para a transferência de lá para outro local 212, 216, 223, 230, 234, 247, 252-3, 256, 342
   e a retirada dos Romanov de 139, 169, 185, 197, 255
   e o tratamento mais rigoroso em mudanças em 139, 169, 185, 197, 255
   no comissário e tropas enviadas para 191-2, 195-6, 209
   tensões em 139, 144, 155-6, 204
Tobolsk, presídio de 111-2
Tolstói, Leon 62
   *Anna Kariênina* 149
   *Guerra e paz* 266
Trepov, Alexandre 30, 276
Trieste 21
Trótski, Leon 127-8, 129, 131, 133, 173, 185, 192, 240, 271-2, 273-4, 281, 293-4, 295, 315-6, 329, 342, 346
Trupp (criado) 251, 345
Tsarítsin, Soviete de 114
Tsarskoye Selo 17, 36, 40-1, 53-4, 55-6, 57-8, 59, 63, 66-7, 68-9, 71, 74-5, 76-7, 78-9, 80-1, 85, 87, 95, 97, 99, 101-2, 104-5, 106-7, 112, 118, 120, 137-8, 139, 143, 145, 147-8, 154-5, 156, 160, 168, 173, 175, 177, 179, 183, 203, 253, 258, 351, 358, 362
Tseretéli, Irákli 96
Tuntul, Ivan 222
Tur, segundo-tenente 154
Turgueniev, Ivan
   *Águas da primavera* 149
   *Fumo* 149
   *Na véspera* 149
   *Relatos de um caçador* 149
Turle, comandante 337
Tutelberg, Maria 38, 63, 147, 207
Tver 352

Ucrânia 96-7, 98, 110, 114, 166, 274, 278-9, 280, 296, 333-4, 335-6, 337, 346
Ufá 12, 14, 200-1, 209, 236-7, 272, 329, 330, 346
Ufá, soviete de 200
Ufimtsev, Nicolai 306
União do Arcanjo Miguel 184
União dos Povos Russos 151
União pela Defesa da Pátria e da Liberdade 296
Universidade de São Petersburgo 44, 184
Urais 14, 17, 22, 106, 114, 183, 186-7, 188-9, 193-4, 195-6, 197-8, 199, 200-1, 202, 204, 208, 215, 218-9, 220-1, 222-3, 225-6, 227-8, 230-1, 234-5, 236, 247-8, 252-3, 254-5, 258-9, 260-1, 262, 268-9, 270-1, 272-3, 276, 278, 282-3, 285-6, 287, 289, 290, 296-7, 298-9, 300-1, 304-5, 306, 308-9, 310, 312-3, 314-5, 317, 318-9, 320, 323, 325, 326-7, 330, 332, 340, 346, 348, 351-2, 353, 361, 363-4
Urais, bolcheviques dos 232-3, 238-9, 240, 241-2, 243-4, 245-6, 288, 291-2, 293-4, 316, 322, 324
*Ural'skii rabochii* 320
Urítski, Moisei 164
Uspensky, F. I., *A história do Império Bizantino* 87
Ust-Katav, fábrica de 220
Útkin, dr. 344-5
Utkina, Ana 156

Varnakov, dr. 119
Varsóvia 12, 337
Vasilenko, N. P. 279
Vasilev, padre Alexei 122, 140-1, 171-2, 173
Vatsetis, I. I. 320
Vershinin, Vasily 56, 101, 103, 106-7, 108, 112, 115, 134
Viatka 187, 298, 329
Viena 21, 323
Vilyuisk 116
Vinci, Leonardo da 88
Vinogradskaya (secretário) 315
Vitória, rainha 25, 54, 62
Vitsyébski 56
Vladivostok 13, 222, 224, 271, 273, 328, 348, 350, 353
Voeikov, Eugênia 170

## ÍNDICE REMISSIVO    461

Voeikov, Vladimir 170
Voikov, Piotr 222, 260, 304, 307
Voitsecóvski, tenente-coronel Serguei 305
Volga, região do 12, 14, 114, 158, 270, 273, 290, 305, 317, 329
Volga, Rio 239, 341
Volkov, Alexei 83, 107, 122, 170-1, 174, 178, 207, 249, 251, 319, 320, 333
Volkov, Andrei 36, 70-1, 82
Vologda 12, 298
Vontade do Povo, organização 115
Vorobeiev (editor de jornal) 257
Vozetich, segundo-tenente 259
Vyrubova, Ana 57, 60, 68-9, 82, 156, 169, 170, 179

Wilton, Robert 350, 355
Worthing (Sussex) 132-3
Wortman, Richard 360

Xênia Alexandrovna, grã-duquesa 16, 122, 132, 134-5, 150, 333-4, 338-9 *Veja também* família Romanov
Xênia, grã-duquesa Georgievna 132

Yakovlev, Vasily (nome verdadeiro Konstantin Myachin) 16, 19, 257, 285, 308, 363
   assumindo a chefia do cativeiro de Tobolsk e da Casa da Liberdade 195-6, 198, 203
   e a ordem de voltar para Tobolsk 248-9, 253-4
   e a providência para completar seu destacamento militar 209, 216
   e a transferência dos cuidados com os Romanov aos dirigentes dos Urais 215-6, 229, 232-3, 234-5, 236-7
   e a viagem conturbada para Tiumen 204, 212-3, 214, 217-8
   e o tratamento como suspeito 218, 220-1, 222
   e seu envio para Tobolsk
   e seu retorno para Ufá 200-1
   e sua ajuda para criar a Tcheka 200
   e sua supervisão da transferência dos Romanov de Tobolsk 193, 206-7, 208-9, 210-1

   e sua tentativa de levar os Romanov para Omsk 219, 221-2, 223-4, 225
   entrevistado pelo *Izvestiya* sobre os Romanov 288
   informando os guardas dos planos para transferir os Romanov de Tobolsk para outro local 202, 205
   personalidade e descrição de 199, 200
   sendo forçado a levar os Romanov para Ecaterimburgo 225-6, 227-8, 229
Yalutorovsk 187
Yanuschkevich (empresário) 140
Yaroshinski, Karl 169, 170, 172
Yaroslavl 296, 303
Yéltsin, Bóris 361-2
Yermakov, Piotr 311, 313
Yussupov, príncipe Félix 34
Yuróvski, Yakov 322, 347
   assumindo a chefia do cativeiro na casa dos Ipatiev 282, 284-5-7
   atirando, examinando os corpos e organizando a limpeza do local 312-3, 314, 318-9
   e citação no inquérito como o chefe da equipe de execução 345
   e ordem para pôr em prática planos de execução 306, 309, 311-2
   e seu comentário sobre religião 286
   e sua escolha do pelotão de fuzilamento 307, 310
   e sua inspeção da propriedade dos Ipatiev 283
   supervisionando o recolhimento dos pertences dos Romanov 317

Zaslávski, Semêyen 187-8, 195-6, 201-2, 204, 208, 212-3, 217, 219, 222, 224-5, 226, 228, 236, 238
Zborovskaya, Ekaterina 138, 156
Zinoviev, Grigory 150, 307-8
Zlatoust 14, 242, 272
Zlokazovo 187, 254
Zlokazovo, metalúrgica de 254

Impresso no Brasil pelo
Sistema Cameron da Divisão Gráfica da
DISTRIBUIDORA RECORD DE SERVIÇOS DE IMPRENSA S.A.
Rua Argentina, 171 – Rio de Janeiro, RJ – 20921-380 – Tel.: (21)2585-2000